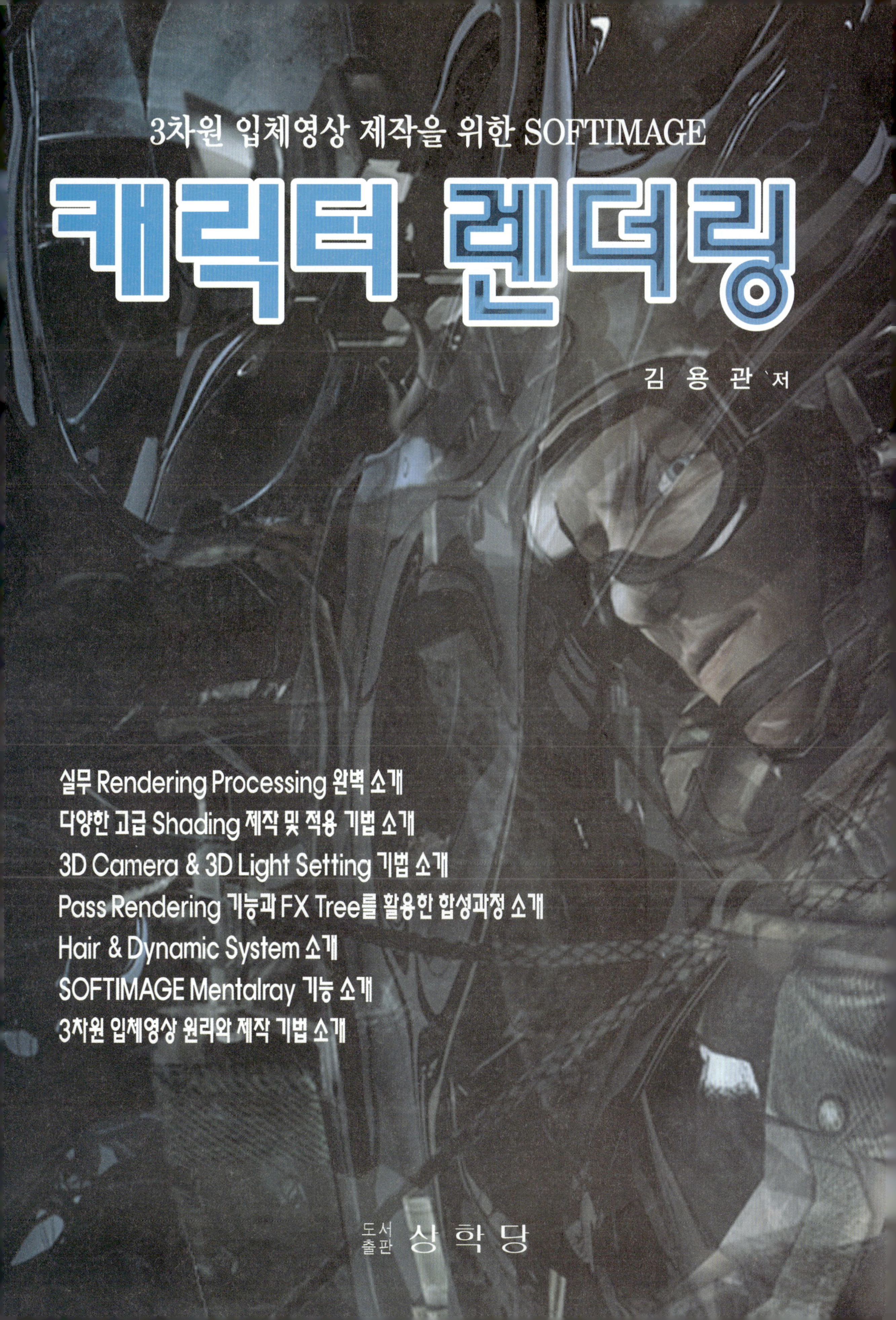

3차원 입체영상 제작을 위한 SOFTIMAGE

캐릭터 렌더링

김 용 관 저

실무 Rendering Processing 완벽 소개
다양한 고급 Shading 제작 및 적용 기법 소개
3D Camera & 3D Light Setting 기법 소개
Pass Rendering 기능과 FX Tree를 활용한 합성과정 소개
Hair & Dynamic System 소개
SOFTIMAGE Mentalray 기능 소개
3차원 입체영상 원리와 제작 기법 소개

도서출판 상학당

머리말

먼저 이 책이 세상에 나올 수 있도록 모든 길을 인도해 주신 하나님께 감사를 드립니다.

총 4권으로 구성된 시리즈의 첫 번째 작품인 ≪캐릭터 애니메이션≫(2009년)을 시작으로 ≪캐릭터 렌더링≫(2011년)을 마치기까지 총 3년이라는 시간이 흘렀습니다. 현장에서는 실무 작업을, 학교에서는 강의를 동시에 병행하면서 주어진 3년이라는 길다면 길고, 짧다면 짧은 시간 동안 4권의 책을 쓰는 작업이 결코 쉬운 작업이 아니었지만, 독자 여러분과 학생들에게 그리고 무엇보다도 저 자신에게 한 약속을 지키려고 이렇게 마지막까지 달려 오늘에 도착하게 되었습니다. 누군가 인생을 마라톤과 비교한 글을 읽은 적이 있는데 책을 쓴다는 작업 또한 이와 마찬가지인 듯합니다. 오로지 이 책을 완성(탈고)에만 목적을 두었다면 너무나 힘든 작업이었을 것입니다. 하지만, 책의 콘셉트를 정하고, 목차를 정하고 한 장 한 장 내용을 채워나가는 그 과정을 즐겼기에 오늘 여기까지 올 수 있었던 것 같습니다. 십수 년 전 처음 컴퓨터 그래픽 작업을 시작했을 때 결심한 작은 소망 중에 그 하나를 이루게 되어 개인적으로도 너무나 기쁘고, 그리고 모든 분께 감사를 드립니다.

콘텐츠 제작공정을 크게 Pre Production, Production, 그리고 Post Production 단계로 나눌 수 있습니다. 그리고 Production 공정은 다시 Modeling-Texturing-Acting-Rendering 제작공정으로 세분화됩니다. 이 교재는 3D 콘텐츠 제작 공정 중에서 Production 제작 공정의 마지막 제작단계인 Rendering에 관한 소개로 최종 Quality를 정할 수 있는 중요한 제작공정입니다. 아무리 훌륭한 모델링과 Texture 작업을 하고, 애니메이션 작업을 하였더라도 최종 Output에 대한 Quality가 정의되지 않는다면 아무런 소용이 없는 결과를 가져옵니다. 종종 모델링과 맵핑, 애니메이션 작업은 잘 만들어 놓고 최종 렌더링에서 어찌 진행할지 막막해하는 학생이나 제작진들을 접할 때 많이 안타깝고 답답했는데, 이러한 분들을 위해 무언가를 정리해야 할 필요성을 절실히 느꼈습니다. 단순한 Texturing 작업이 아닌 더욱 고급스럽고 효율적인 결과를 제작할 수 있는 다양한 Part의 고급 Texture & Shader 작업을 통한 렌더링 기법과 Mental ray의 개념과 활용법, Pass Render의 다양한 예제활용법과 FX Tree를 활용한 Composition(합성), Particle, Simulation(Hair, Cloth, 운동 Simulation 등)의 효과와 3D Light(조명), Camera를 다루는 기능 및 방법과 3D 입체 렌더링 원리와 Setting 법을 소개하였습니다.

이 시리즈를 기획하여 오늘까지 3여 년이 기간에 SOFTIMAGE User로서, 또한 SOFTIMAGE의 발전을 누구보다 염원하는 한 사람으로 생각이 아닌 실천을 통해 무언가 흔적을 남기고 싶은 염원으로 시작한 것이 오늘에까지 이르게 되었습니다. 이제는 우리나라 콘텐츠업계에 종사하는 한 사람으로서

SOFTIMAGE라는 Tool에서 벗어나 우리나라 CG 산업의 보다 큰 발전을 위해 무언가를 준비하고 달려야 한다는 새로운 각오를 가슴속에 다져봅니다.

이제 "처음부터 다시"라는 각오와 다짐으로 새로운 시작을 준비하겠습니다.

끝으로 이번 작업을 마치기까지 많은 도움을 주신 분들께 감사를 드립니다. 유한대학 조순복 교수님, 계원디자인대학의 양상민 교수님과 원하는 게임회사에 자랑스럽게 입사한 사랑하는 제자 상훈이에게 감사를 드립니다. 그리고 이 교재 역시 세상에 빛을 보게 해주신 상학당 임직원분들께도 감사를 드립니다.

마지막으로 언제나 늘 그러하듯 제 곁에서 힘이 되어주는 아내와 두 딸 정언, 도언이에게도 지면을 빌어 깊이 사랑한다는 말을 전하고 싶습니다. 지난 3여 년간 이들의 격려와 인내가 없었다면 아무런 결과도 얻지 못했을 겁니다. 늘 곁에서 빛이 되어준 가족들에게 감사합니다.

렌더링 작업에 대해 정의로 머리글을 마치겠습니다.

렌더링 = 섬세한(Detail) + 인내(Patience) + [?]

우리는 저 [?]에 대한 해답을 찾기 위해 오늘도 묵묵히 새벽을 맞이하고 있습니다.

2010년 12월

꺼지지 않는 열정으로

김 용 관 씀

차 례

제 1 장 Advanced Shader with Render Tree

제 2 장 3D Light

제 1 장
Advanced Shader with Render Tree

1-1 Character face shader

1-2 Ambient Occlusion과 Skin Shader를 활용한 Surface Shader 제작

1-3 Flame animation

1-4 Car Surface Shader 활용

SOFTIMAGE에서는 기본적으로 제공되는 Shader 외에 다양하게 활용할 수 있는 고급 Shader들이 많이 있다. 이러한 기본 Shader 외에 좀 더 다양한 Shader들을 Render Tree[7]의 기능을 이용하여 적용해 보도록 한다.

1-1 Character face shader

1-1-1 Face Surface shader 적용(Surface Scattering 효과 극대화하기)

1 모델링 데이터 제작하기 : 일단 사람의 얼굴 데이터가 있어야 하므로 직접 제작을 하거나, SOFTIMAGE에서 제공해 주는 Face Maker를 활용하여 얼굴 데이터를 준비한다.

Get 〉 Primitive 〉 Model 〉 Face Man 데이터를 불러온다.

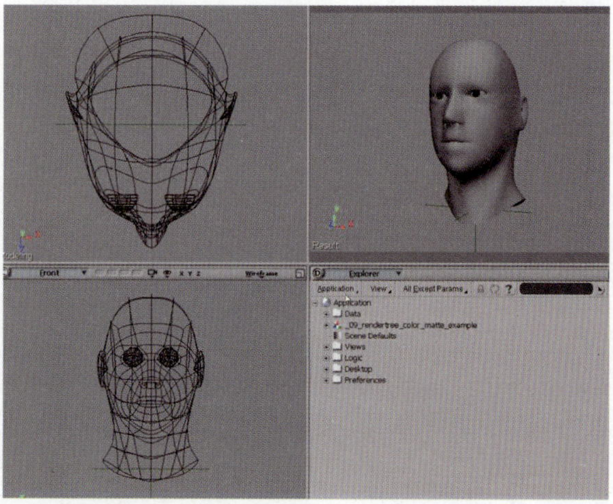

그림 1-1 Model 제작

2 Fractal 노드를 불러와서 연결하기 : Render Tree에서 Fractal 노드를 불러와서 Material의 Surface에 연결한다.

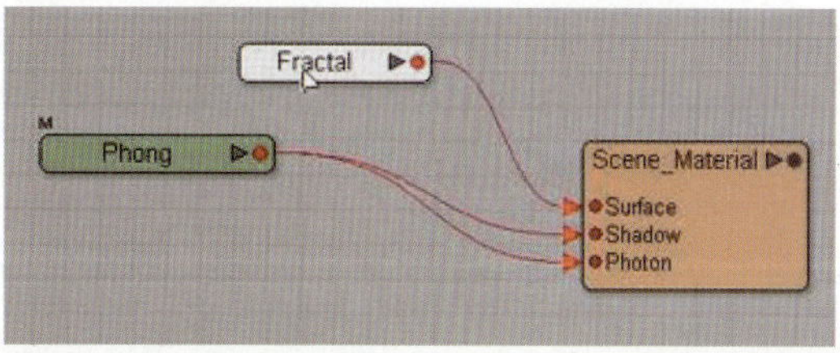

그림 1-2 Fractal 노드 연결

3 Fractal 노드의 옵션 값을 조절하여 이미지 결과 변화를 확인한다.

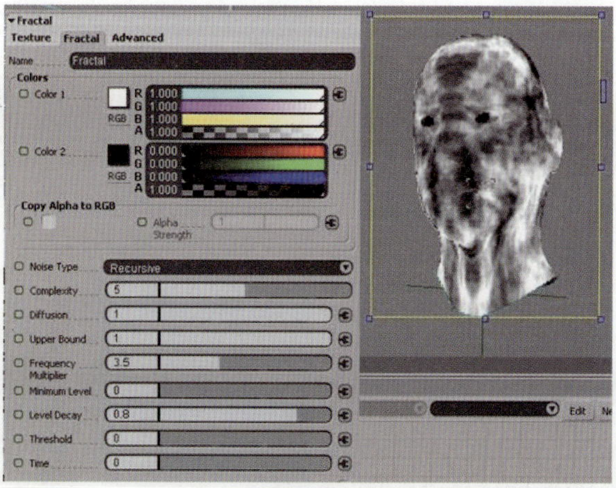

그림 1-3 Fractal 노드의 옵션 값을 조절

4 Color Mat 노드를 불러와서 Fractal 노드에 연결한다.

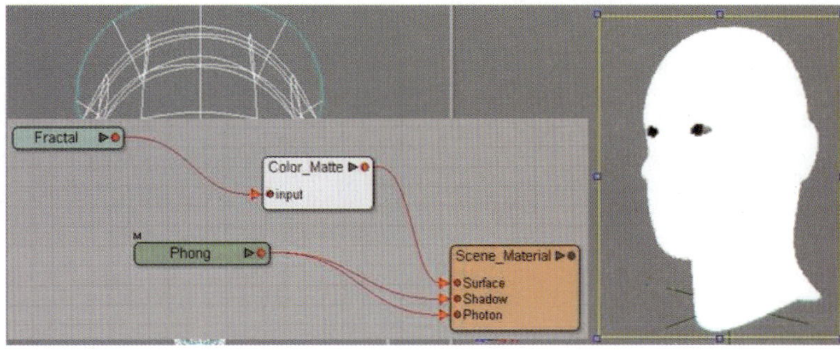

그림 1-4 Color Mat 노드를 Fractal 노드에 연결

5 Color Mat 노드의 옵션 값을 조절하여 옵션 값의 변화에 따른 다양한 효과를 직접 경험한다.

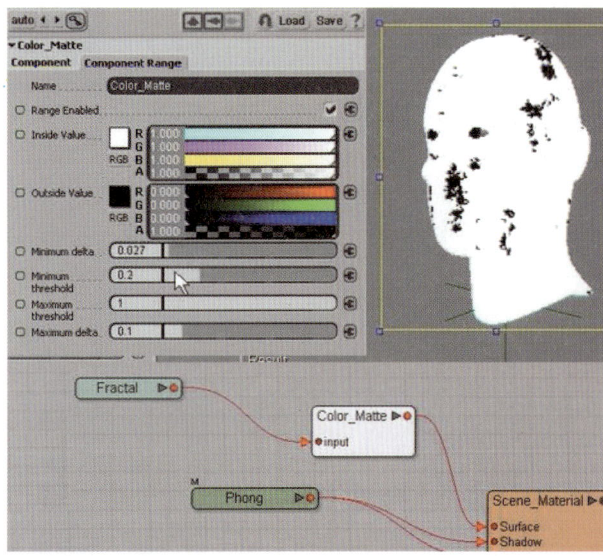

그림 1-5 Color Mat 노드의 옵션 값을 조절

6 캐릭터에 사용할 Map Image를 불러온다. 이때 사용할 Map 이미지는 SOFTIMAGE 〉 Sample 〉 Pictures에 들어있는 etho_27b.jpg 파일을 사용한다.

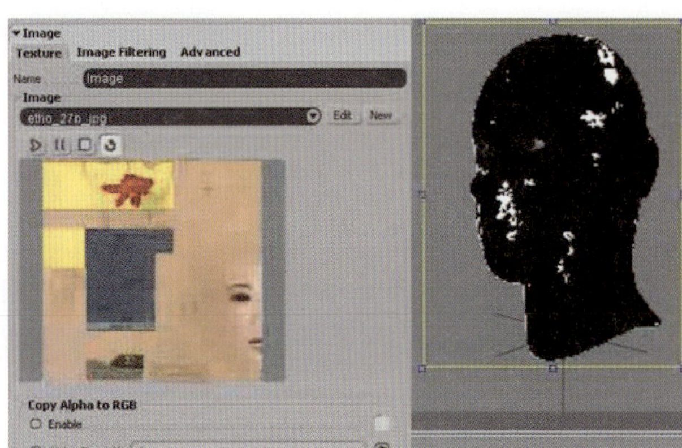

그림 1-6 Map Image를 불러오기

7 Node 연결 : 불러온 Texture Image 파일을 Phong shader의 Ambient와 Diffuse에 각각 연결한다.

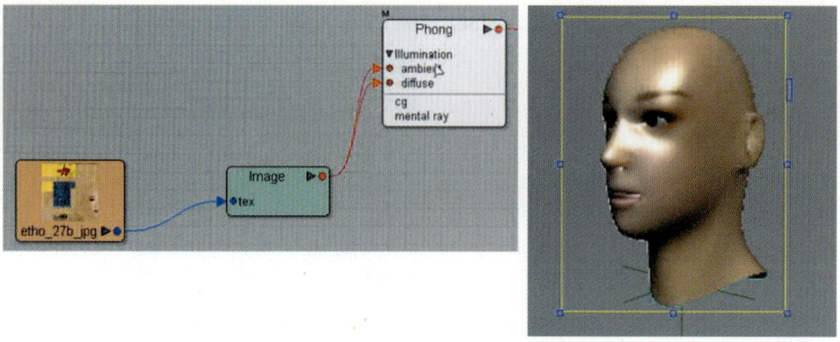

그림 1-7 Texture Image 노드를 Phong shader에 연결

8 Specular 옵션 수정 : Specular option 창에서 Specular decay의 수치를 "23"으로 낮추어서 Specular 효과를 축소하고 Color 값의 RGB 또한 0.2/0.2/0.2로 낮추도록 한다.

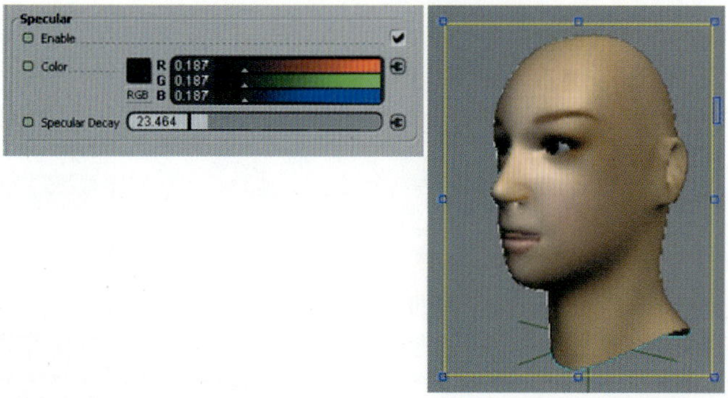

그림 1-8 Specular 옵션 수정

9 Phong shader 복사 : Render Tree 창에서 Phong shader를 복사 [Ctrl+C]한 후 붙여넣기 [Ctrl+V]를 한다.

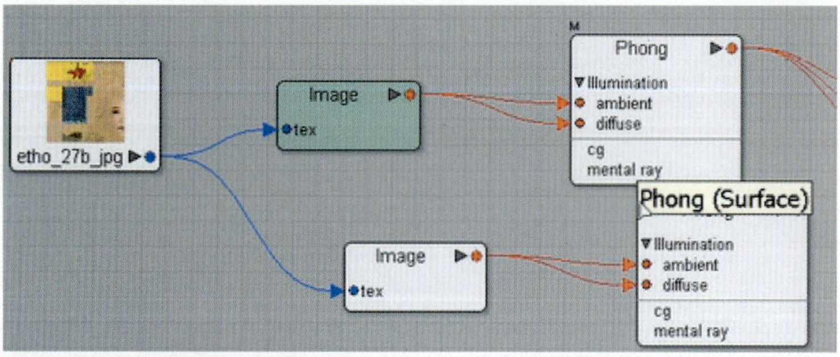

그림 1-9 Phong shader 복사

10 Color Correction 노드 연결 : Render Tree 창에서 복사한 Phong shader 노드 위에 마우스를 위치한 후 마우스 오른 클릭을 하고 Insert 〉 Color Correction 노드를 선택하면 자동 연결된다.

연결된 Color Correction 노드를 ambient 노드와 diffuse 노드에 각각 연결한다.

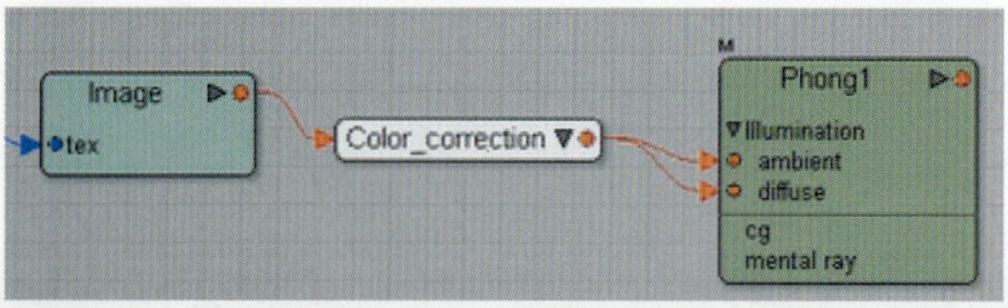

그림 1-10 Color Correction 노드 연결

11 Color Correction 노드 옵션 변경 : Color Correction 노드가 연결된 Phong shader를 Scene Material의 Surface에 연결한 후 Color Correction 노드의 옵션 창을 연다.

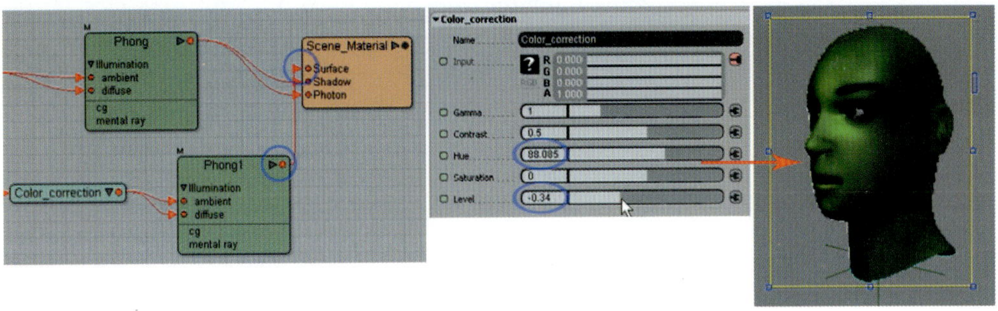

그림 1-11 Color Correction 노드 옵션 변경

12 Bump Map 효과 적용하기 : Color Correction 노드가 연결된 Image 노드의 옵션 창을 열고 Texture Projection을 설정하고 Bump Mapping 옵션을 조절한다.

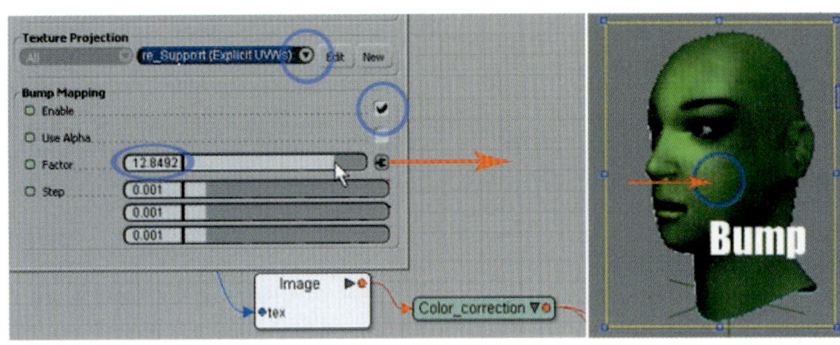

그림 1-12 Bump Map 효과 적용

13 Mix 2 Color 노드 열기 : Render Tree 노드에서 Mixers > Mix 2 Color 노드를 불러온다. 불러온 Mix 2 Color 노드에 Color Correction 노드가 연결이 안된 Phong shader 노드를 Base color에 연결하고 Color Correction 노드가 연결된 Phong shader는 color1에 연결한다. 그리고 Color Matte 노드를 Mix 2 Color 노드의 weight1에 각각 연결한다.

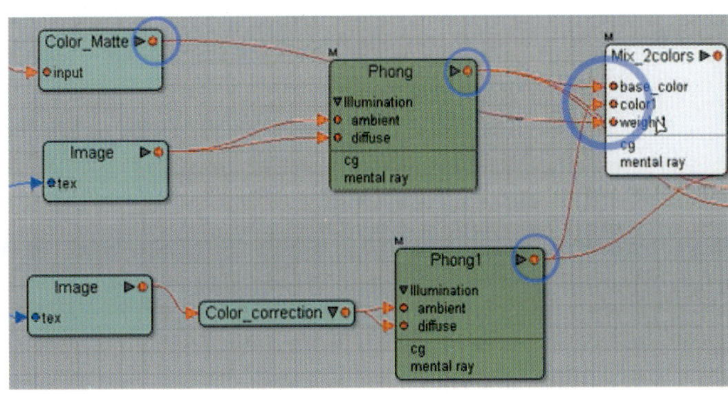

그림 1-13 Mix 2 Color 노드

14 Mix 2 Color 노드 연결 : Mix 2 Color 노드를 Scene Material의 Surface에 연결한다.

15 Color Matte 옵션 변경 : Color Matte의 Maximum threshold의 수치를 조절하면서 캐릭터 표면의 느낌을 조절한다.

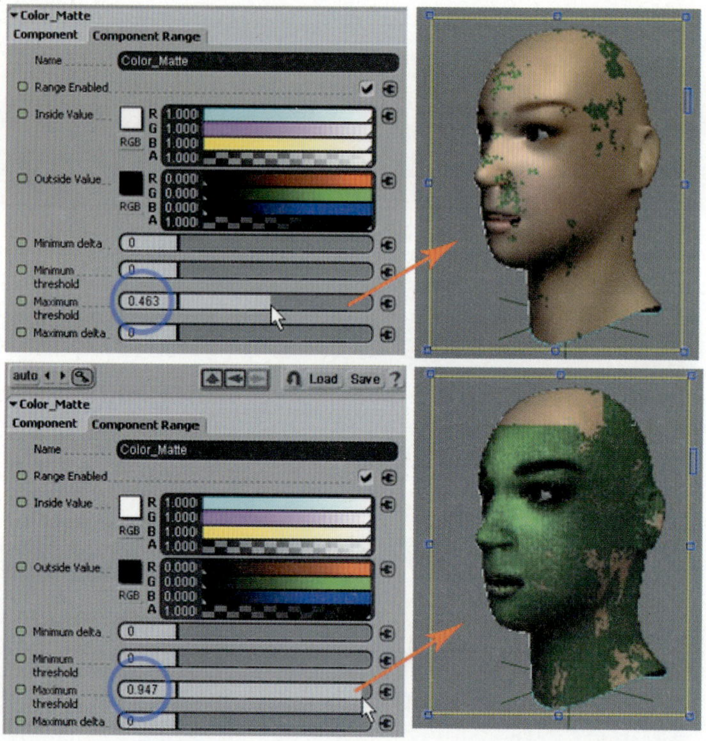

그림 1-14 Color Matte 옵션 변경

16 최종 결과 : 모델링 데이터를 Monster 형태로 변형하면 캐릭터 표면의 Texture shader 효과를 다양하게 적용해 보도록 한다.

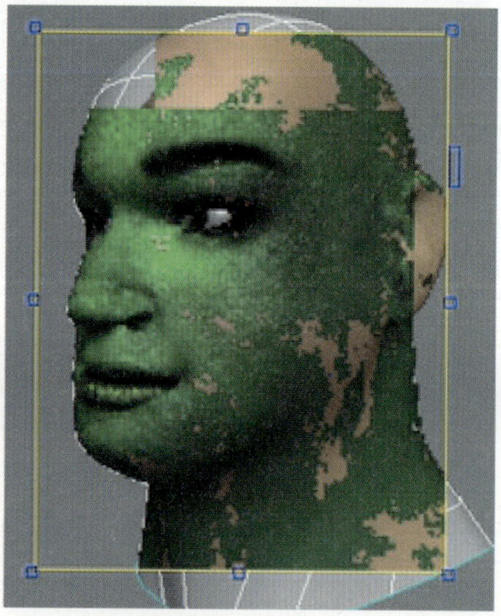

그림 1-15 최종 결과

1-1-2 Incidence Shader를 활용하여 캐릭터의 표면 제작하기

1 모델링 데이터 제작하기 : SOFTIMAGE에서 제공하는 face maker 데이터를 활용하여 개성 넘치는 캐릭터 모델링 데이터를 제작한다.

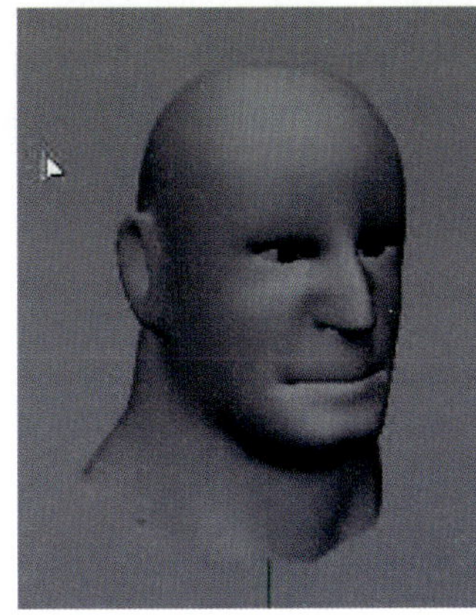

그림 1-16 모델링 데이터

2 Constant shader 적용 : 오브젝트를 선택한 상태에서 Material 〉 Constant shader를 적용한다.

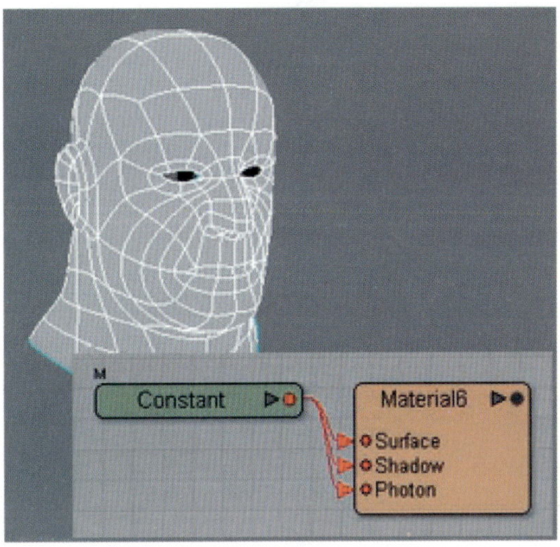

그림 1-17 Constant shader 적용

3 Gradient shader 연결하기 : Render Tree의 Node 〉 Mixer 〉 Gradient 노드를 불러와서 Constant 노드의 Color에 연결한다.

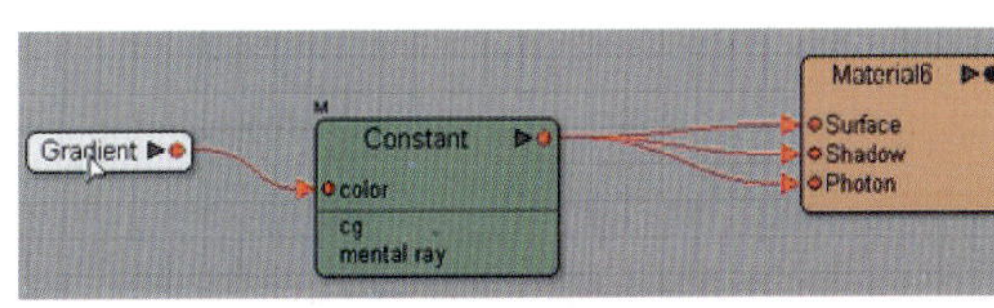

그림 1-18 Gradient shader 연결

4 연결된 Gradient 노드의 속성 창에서 Input tab에서 Input value의 수치를 "1"로 확인한다. Input value의 수치는 Object에 적용되는 Gradient의 영역을 나타내주는 수치이다.

"Input=1"인 경우 Maximum 영역에 위치한 단색의 Color 효과만 적용된다.

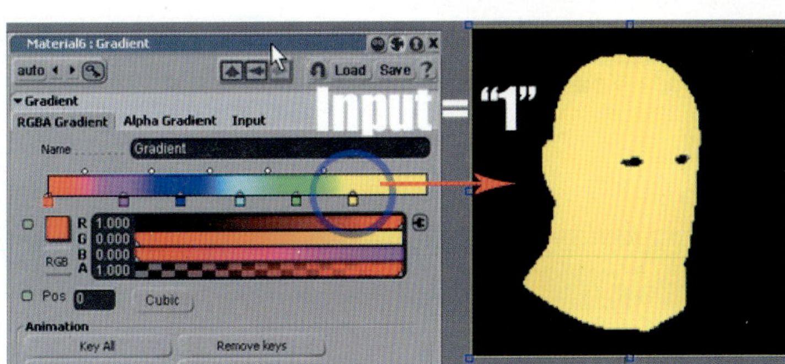

그림 1-19 Input value의 수치 조절

반대로 Input="0"인 경우 Minimum color가 적용된다. 그리고 Input ="0.5"일 경우 Gradient tab에서 지정된 중간 Color 값이 적용된다. 이와 같이 Gradient color 효과는 Input의 수치로 조절이 가능하다.

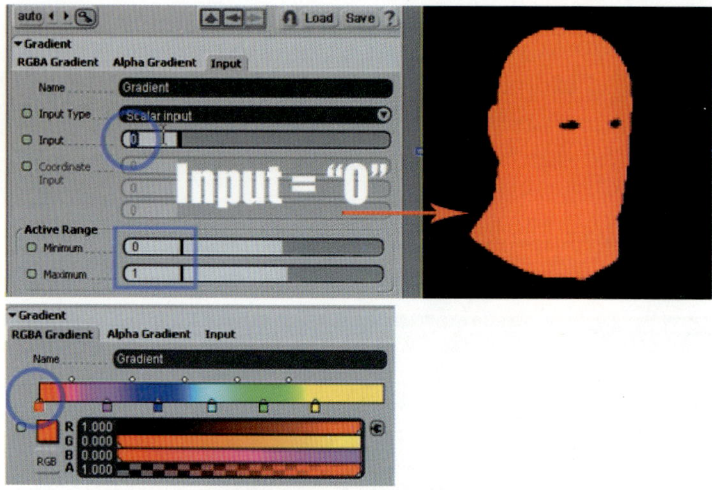

그림 1-20 Input value의 수치 조절

5 Input="0.5"로 setting한다.

6 Incidence shader 노드 열기 : Illuminate 〉 Incidence shader 노드를 불러온다.

7 Incidence shader 노드를 Gradient 노드의 Input에 연결한다.

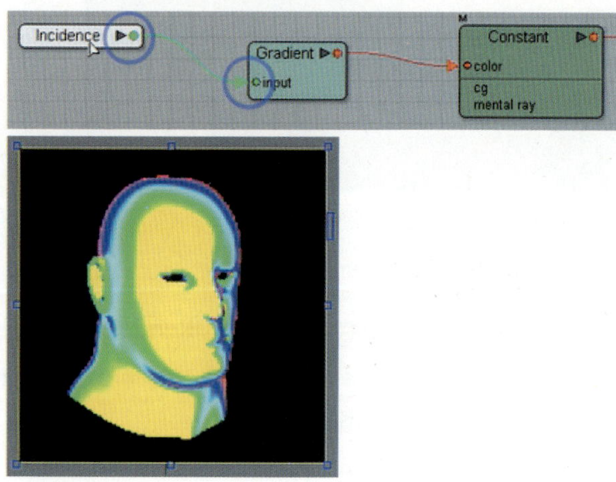

그림 1-21 Incidence shader 노드

8 Incidence 노드의 속성 창을 열고 Incidence Mode를 Surface/Light로 변경한다.

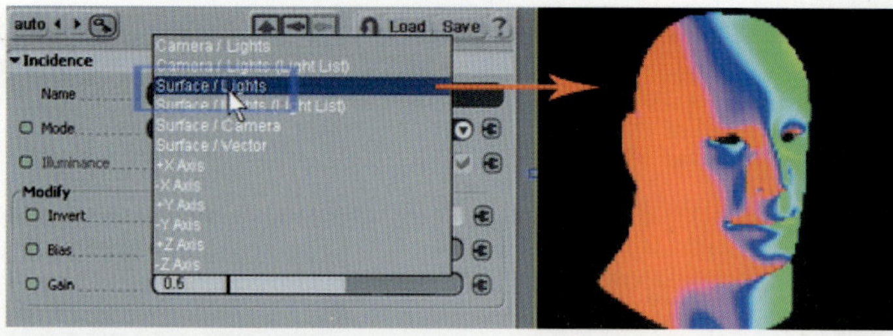

그림 1-22 Incidence 노드의 속성 변경

9 Gradient 노드의 속성 창에서 Preset > Black and White 옵션을 지정해준다.

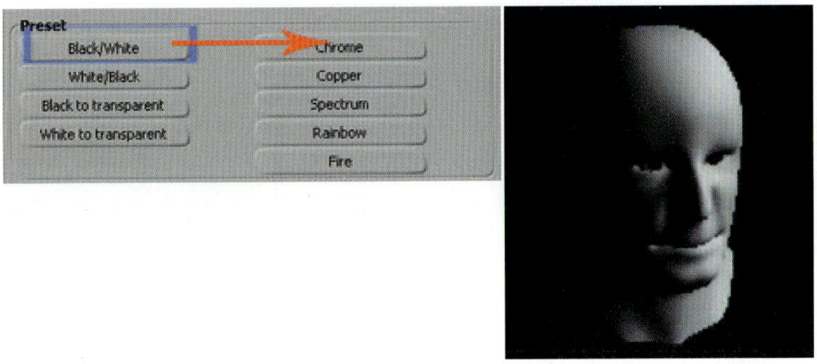

그림 1-23 Black and White 옵션을 지정

10 Incidence 노드의 속성 창에서 Shading Range를 180-degree로 변경한 후 결과를 확인한다.

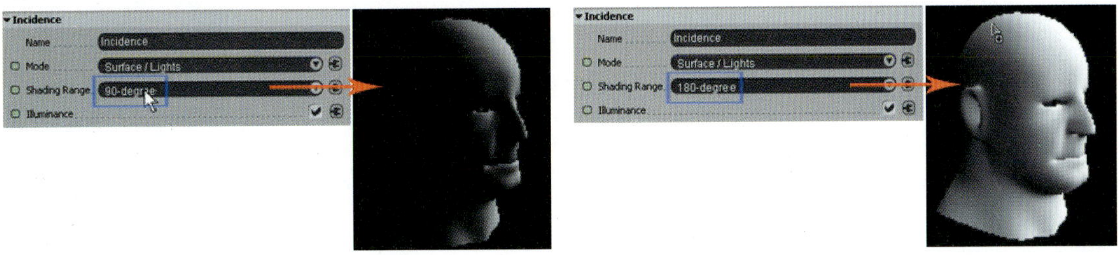

그림 1-24 Shading Range 변경

11 Gradient 옵션 변경 : Gradient 속성 창에서 RGBA Gradient의 Color 범위를 변경하면서 다양한 Shader효과를 제작할 수 있다. Back Light나 Lim light 등의 효과를 간단하게 제작할 수 있다.

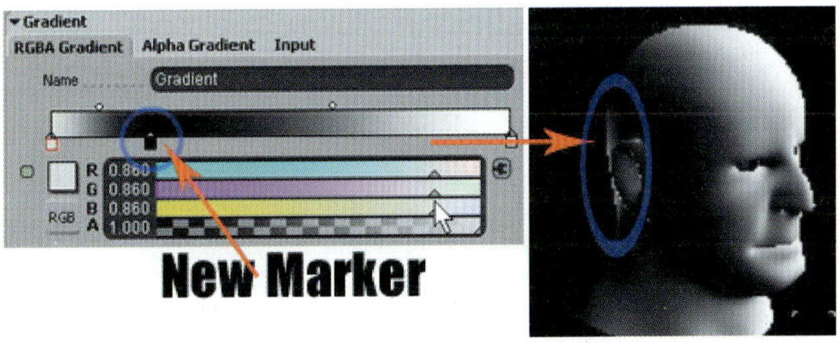

그림 1-25 Gradient 옵션 변경

12 Gradient의 범위를 조절하거나 RGB의 수치를 변경하면서 캐릭터에 적용된 Incidence shader의 효과를 확인한다.

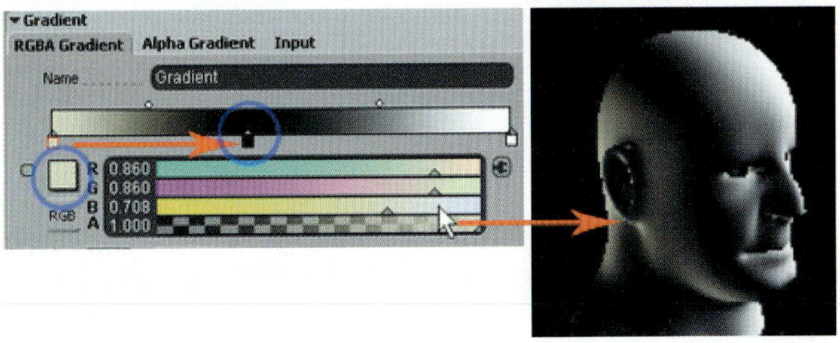

그림 1-26 Gradient 옵션 변경

1-1-3 Non realistic Illumination models(Toon 효과)

1 Gradient 노드의 옵션 창에서 Black and White 영역으로 Toon 이미지 제작 : Color Range를 Center 영역으로 변경하여 Toon shader의 질감을 연출한다.

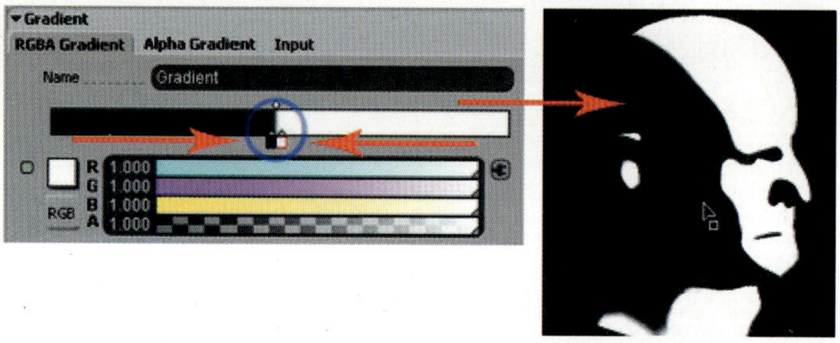

그림 1-27 Gradient 옵션 변경 - Black and White

2 실루엣 잉크 효과 나타내기 : Incidence 속성 창에서 Mode를 Surface/Camera 모드로 전환한 다음 Black and White Color 영역을 이동하여 Object의 외곽선을 따라 생성되는 실루엣 잉크 효과를 제작할 수 있다.

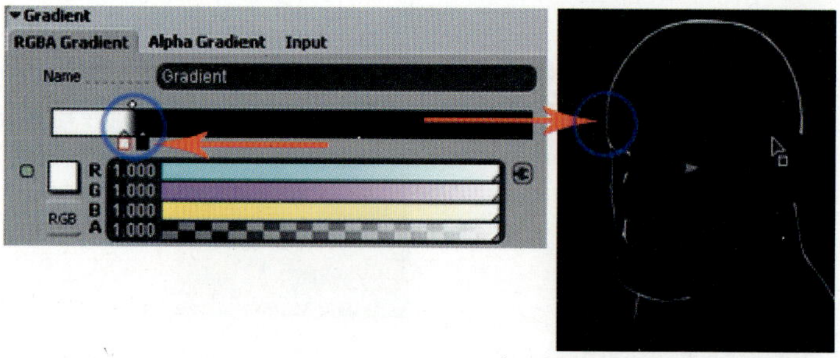

그림 1-28 실루엣 잉크 효과

1-1-4 Rim light effect on Skin shading

1 Phong shade를 적용 : 먼저 Object에 Material > Phong shader를 적용한다.

2 Incidence shader 노드 연결 : Incidence shader를 불러와서 Scene Material의 Surface에 연결한다.

3 Incidence 노드의 속성 창을 열고 Mode는 Surface/Camera로 지정되어 있는지 확인 후 Modify > Invert를 체크하고 Bass="0.95", Gain="0.6"으로 올려준 다음 Camera view에서 Object를 이리 저리 회전하면서 Shader의 변화를 확인한다.

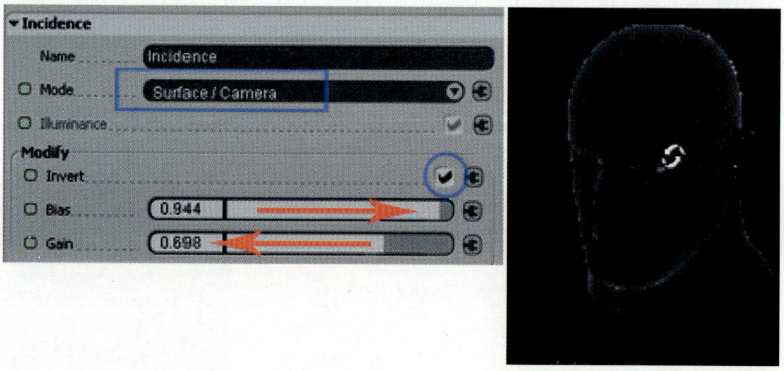

그림 1-29 Incidence 노드의 속성 변경

4 Incidence shader 오픈 : Incidence shader의 이름을 Rim Incidence로 변경한 후 Node에서 새로운 Incidence를 꺼낸다.

5 Incidence shader 연결 및 옵션 변경 : 새로 꺼낸 Incidence shader를 Scene Material의 Surface에

연결하고 Mode를 Surface/Light 모드로 변경한다.

6 Incidence shader Rename : 새로 꺼낸 Incidence shader의 이름을 Camera light Incidence로 변경한다.

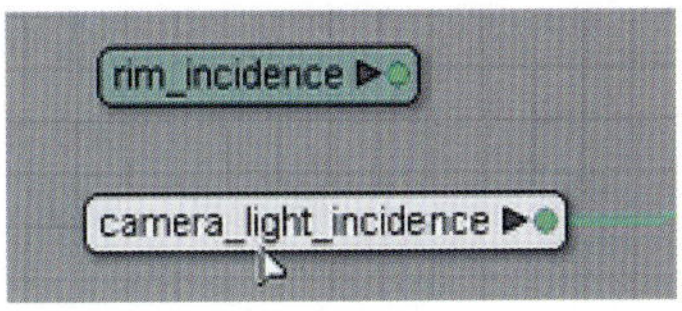

그림 1-30 Incidence 노드

7 Scalar Basic 노드 오픈 : Node 〉 Math 〉 Scalar Basic 노드를 꺼낸다.

8 노드 연결하기 : Rim Incidence 노드를 Scalar Math Basic 노드의 Input1에 Camera light Incidence 노드를 Scalar Basic 노드의 Input 2에 각각 연결한다. 그리고 Scalar Basic 노드를 Scene Material의 Surface에 연결한다.

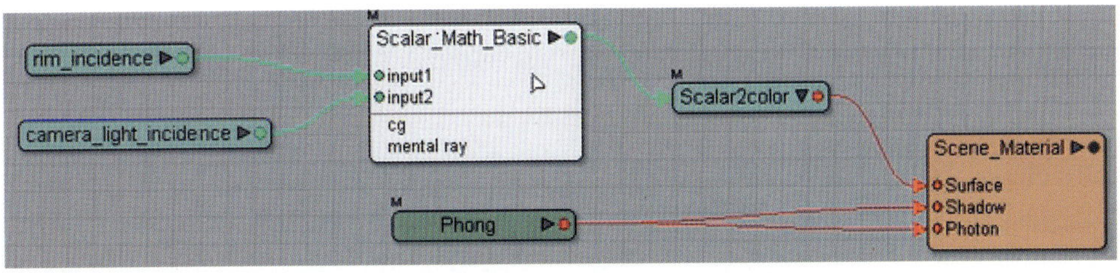

그림 1-31 Scalar Basic 노드를 Surface에 연결

9 Scalar Basic 노드의 속성 변경 : Scalar Basic 노드의 속성 창을 열고 Operation type을 Multiply로 변경한다.

10 Camera light incidence 노드의 속성 창을 열고 Base와 Gain의 수치를 조절하면서 캐릭터 외곽의 Rim 효과를 체크한다.

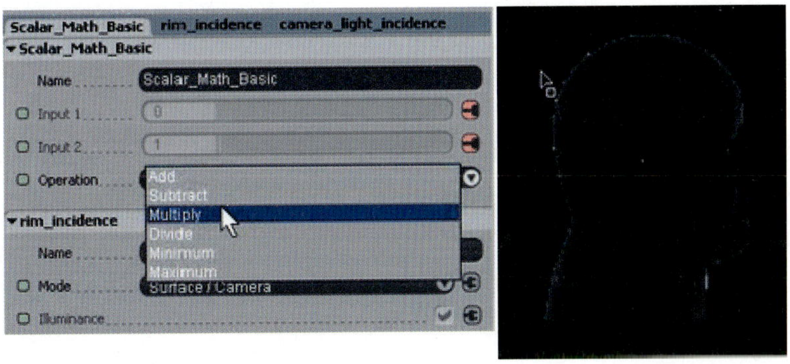

그림 1-32 Scalar Basic 노드의 속성 변경

11 Phong shader를 surface tab에 연결한 후 Phong shader 속성 창에서 캐릭터의 Skin color 값을 지정해주고 Specular의 수치를 조절하여 얼굴 피부의 질감 효과를 제작한다.

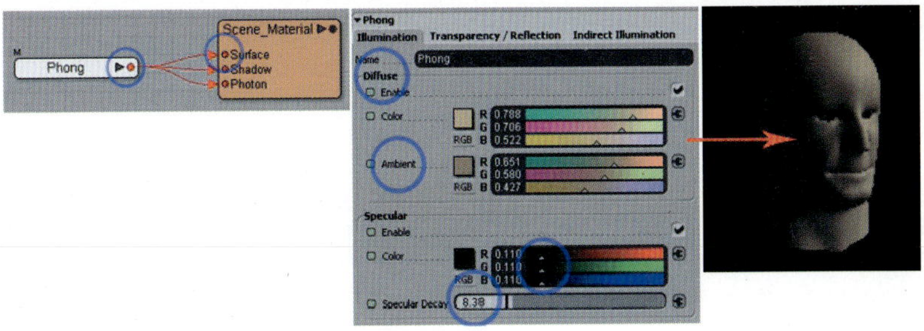

그림 1-33 Phong shader 속성 창 변경

12 Scalar Math Basic 노드를 Phong shader의 Scale Transparence tab에 연결한다.

13 Phong shader의 Transparence/Reflection tab에서 Transparence RGB 값을 "1"로 올려준다.

14 Rim Incidence 노드의 옵션에서 Bias와 Gain의 수치를 조절하면서 그 효과를 극대화한다.

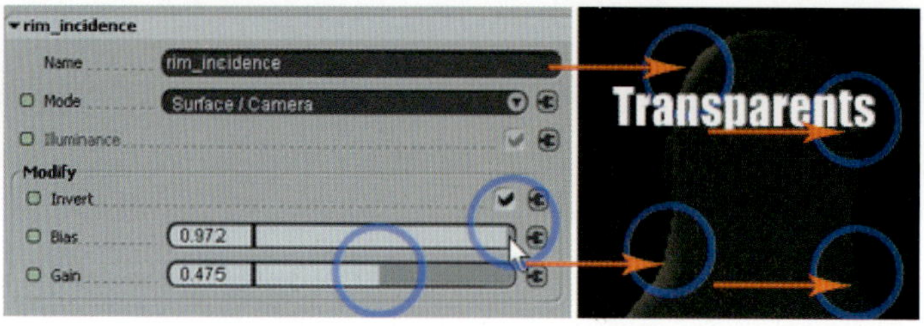

그림 1-34 Bias와 Gain의 수치를 조절

15 Scalar State 노드 오픈 : Node 〉 State 〉 Scalar State 노드를 Render Tree 창에 불러온다. 불러온 Scalar State 노드의 옵션 창을 열고 State Parameter를 Ray Length로 변경한다. Volume의 두께를 조절할 수 있는 기능을 수행한다.

16 Mix Gradient 노드 오픈 : Render Tree 창에 Mixer 〉 Mix Gradient 노드를 불러온다.

17 Scalar State 노드를 Mix Gradient 노드의 Input에 연결한다.

18 Gradient 노드를 Scene Material의 Volume tab에 연결한다.

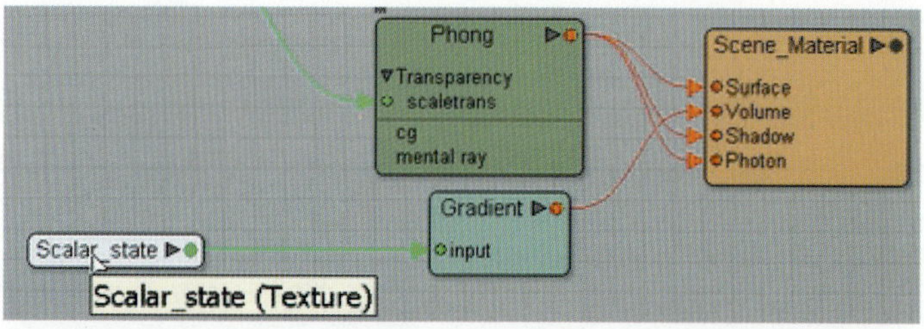

그림 1-35 Gradient 노드를 Volume tab에 연결

19 Gradient 노드의 옵션 창을 열고 Active Range의 Maximum 수치를 "3"으로 조절한다.

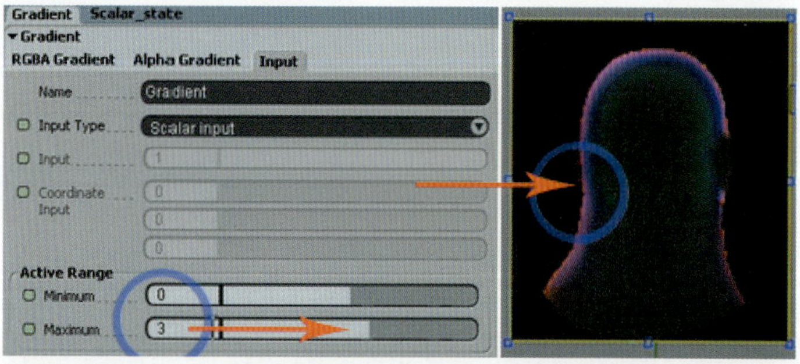

그림 1-36 Active Range의 Maximum 수치 조절

20 Gradient 노드의 옵션 창에서 RGBA Gradient Preset 옵션을 Black/White로 지정한 후 결과를 확인한다.

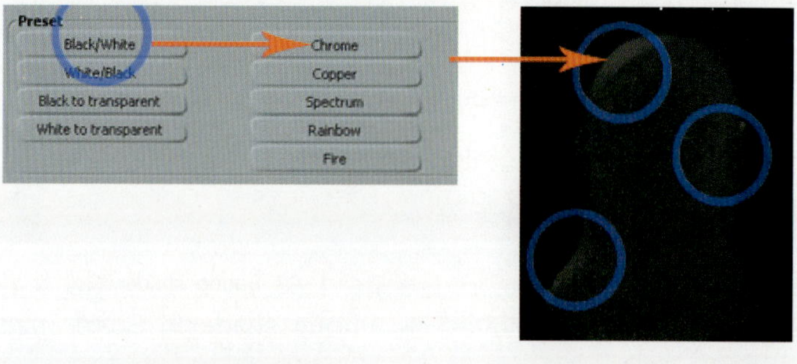

그림 1-37 Black/White로 지정

21 Gradient 노드의 옵션 창에서 RGBA Gradient color를 피부 톤의 컬러로 지정한 후 다시 결과를 확인한다.

22 Gradient 노드의 옵션 창에서 RGBA Gradient color를 조절하면서 최적의 Scatter shader 효과의 결과를 찾도록 한다.

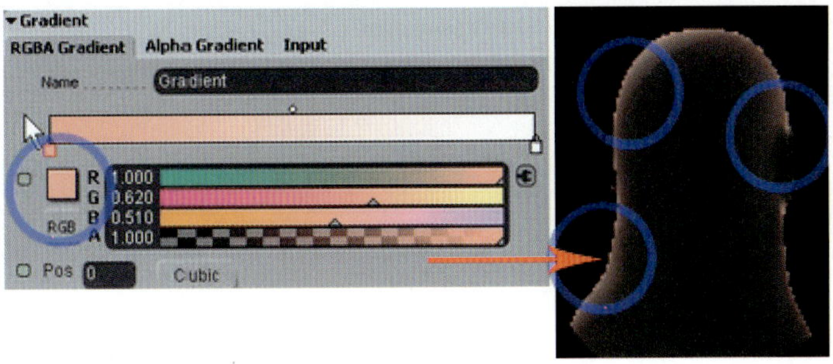

그림 1-38 피부 톤의 컬러로 지정

1-1-5 Fake Subsurface Scattering Look

1 모델링 데이터 제작하기 : SOFTIMAGE에서 제공하는 face maker 데이터를 활용하여 개성 넘치는 캐릭터 모델링 데이터를 제작한다.

2 Constant shader 적용 : Object를 선택한 상태에서 Material 〉 Phong shader를 적용한다.

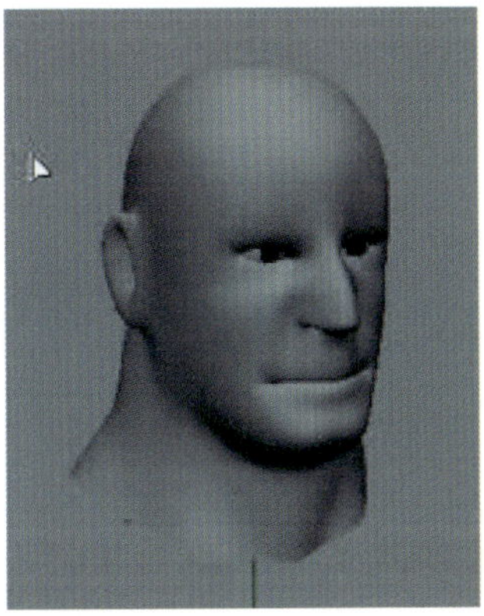

그림 1-39 모델링

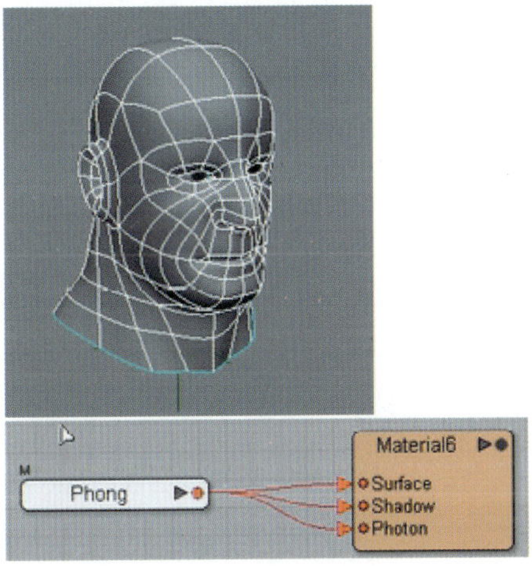

그림 1-40 Phong shader를 적용

3 Phong shader의 옵션 값 중에서 Transparence(투명도)를 최대한으로 높여서(RGBA의 수치를 "1") 완전 투명으로 만들어 준다.

4 Render Tree 노드에서 State 〉 Scalar state 노드를 꺼낸다.

5 Render Tree 노드에서 Mixer 〉 Gradient 노드를 꺼낸다.

6 Scalar state 노드를 Gradient 노드의 Input tab에 연결한다.

7 Gradient 노드를 Scene Material의 Volume tab에 연결하고 그 결과를 확인한다.

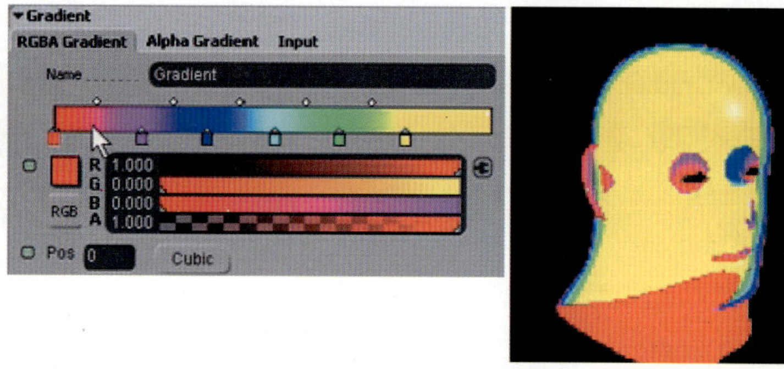

그림 1-41 Gradient 노드 Material의 Volume tab에 연결

8 Incidence 노드의 속성 창에서 Preset 〉 Black and White 옵션을 지정해주고 Gradient 노드 창에서 Input tab의 Active Range의 Maximum 수치를 "3"으로 조절한다.

9 Phong shader의 Specular 옵션의 체크를 해제하여 Specular 영역을 없애도록 한다.

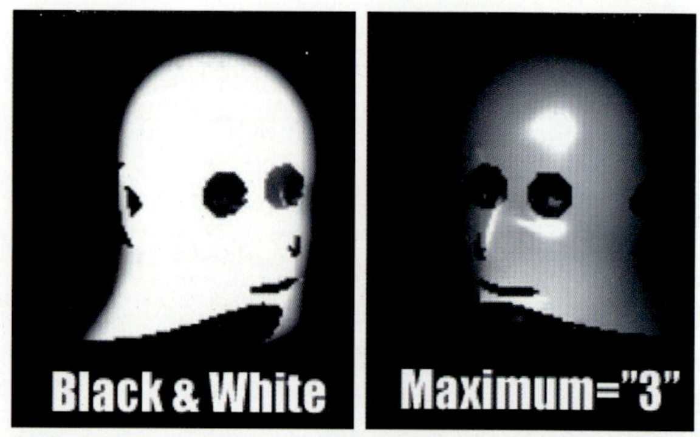

그림 1-42 Preset 〉 Black and White 옵션 지정

10 RGBA Gradient의 값을 0, 0.4, 2, 1로 각각 지정하여 밝은 Blue 계열의 color 값을 지정해준다.

11 Phong shader를 다시 Scene Material의 Surface에 연결한다.

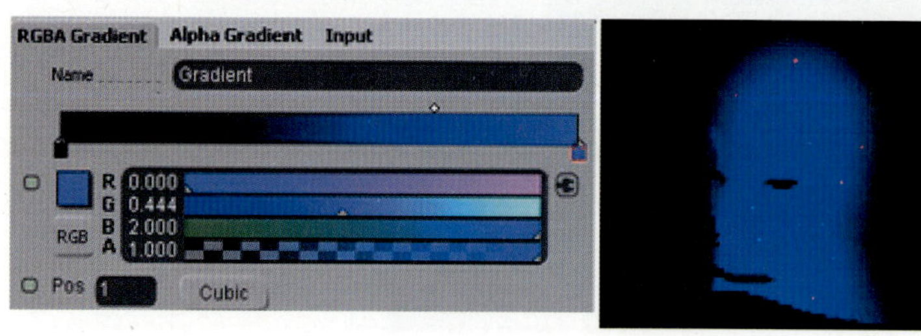

그림 1-43 Blue 계열의 color 값 지정

12 Incident 노드를 Phong shader의 Scale reflection tab에 연결한다.

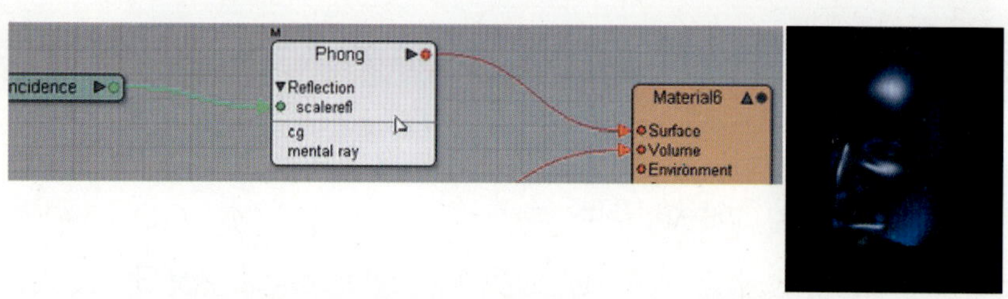

그림 1-44 Incident 노드를 Scale reflection tab에 연결

13 Incidence 노드의 속성 창에서 Invert 옵션을 체크를 하여 반대효과가 나타나도록 유도한다.

14 Incidence 노드의 속성 창에서 Modify 〉 Invert 옵션을 체크한다.

15 Illuminate 〉 Environment shader를 오픈한다.

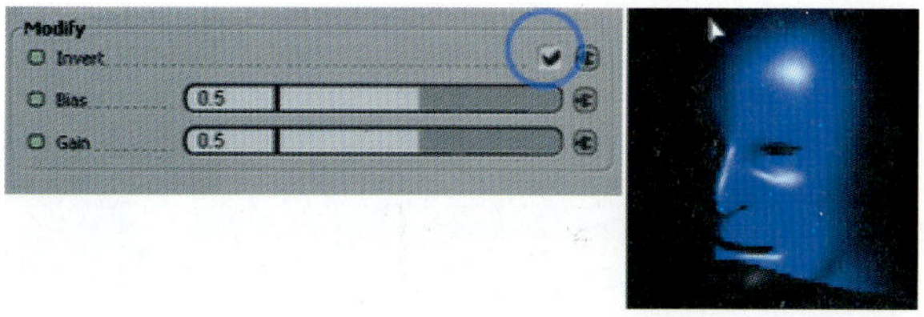

그림 1-45 Incidence 노드의 속성 창 변경

16 Open된 Environment shader를 Scene Material의 Environment에 연결한다.

17 캐릭터에 연결된 Phong shader의 Relection 옵션에서 Reflection Mode를 Environment Only 모드로 전환한다.

18 Phong shader에 연결된 Incidence shader의 옵션 창을 열고 Modify 〉 Bias : 0.9, Gain의 값을 0.5로 지정한다.

19 Environment 노드를 더블 클릭하여 속성 창을 연 다음 Environment map으로 사용할 이미지를 불러온다.

그림 1-46 Scene Material의 Environment에 연결

20 두 번째 Incidence 노드를 꺼내고 Phong의 Scale transparence 〉 Scale transparence tab에 연결한다.

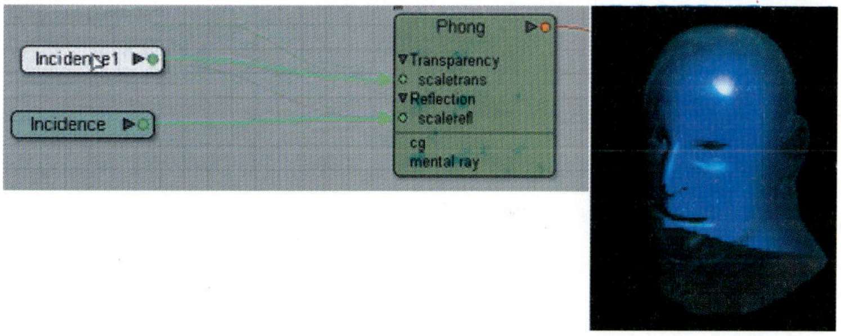

그림 1-47 Incidence 노드를 Scale transparence tab에 연결

21 Incedence 1 노드의 속성 창을 열고 Modify Bias와 Gain의 수치를 조절하여 보다 효과적인 Surface scatter 효과를 찾는다.

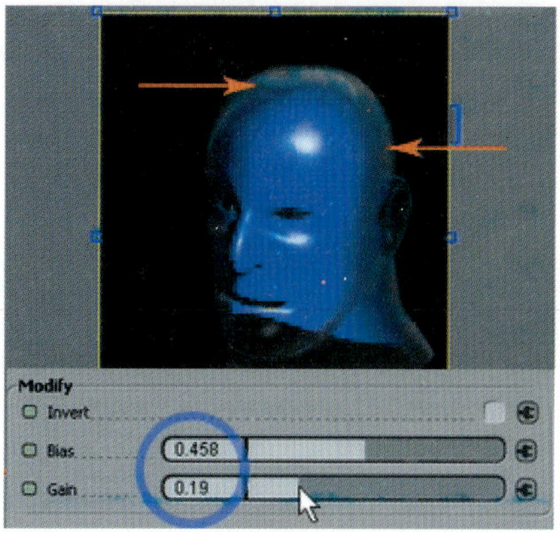

그림 1-48 Incedence 1 노드의 속성

22 Phong shader의 속성 창에서 Specular 영역의 수치를 조절하면서 보다 효과적인 결과를 찾는다.

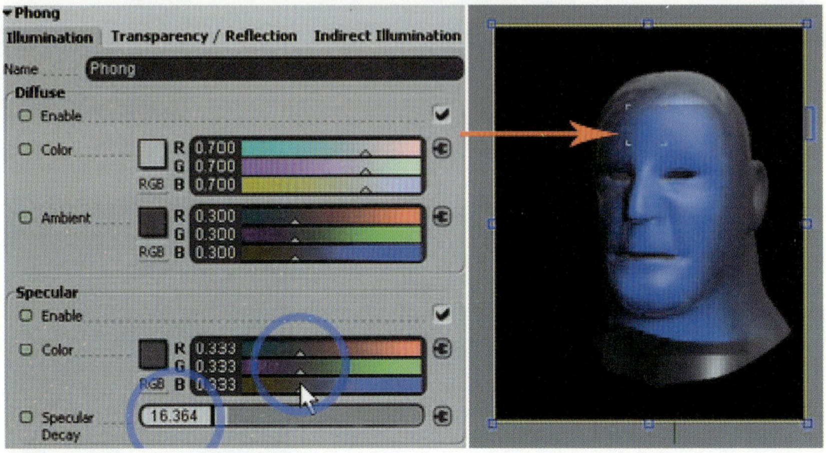

그림 1-49 Phong shader의 속성 창 수치조절

1-2 Ambient Occlusion과 Skin Shader를 활용한 Surface Shader 제작

1 Render Tree에서 Node 〉 Illumination 〉 SSS_Fast_ Sample 노드를 열어서 Material에 연결한다. 이때 기본 Material에 연결되어 있던 연결 라인은 흐려져 보이게 된다.

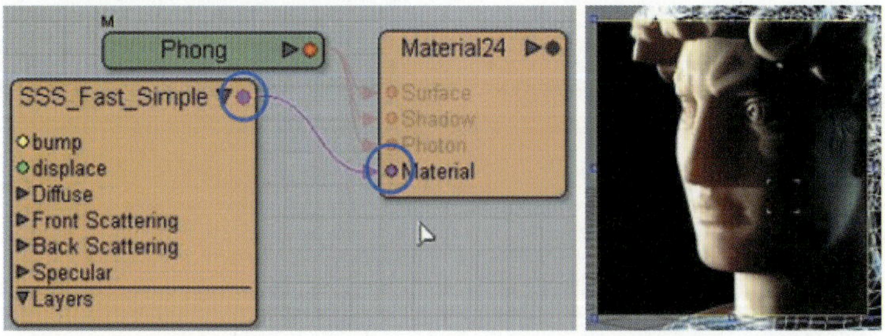

그림 1-50 SSS_Fast_Sample 노드

2 Surface tab의 Color data를 변형시키면서 결과를 확인한다. 기본적인 Color 값은 사람의 피부 질감에 가깝게 투명 피부 재질감을 나타낸다.

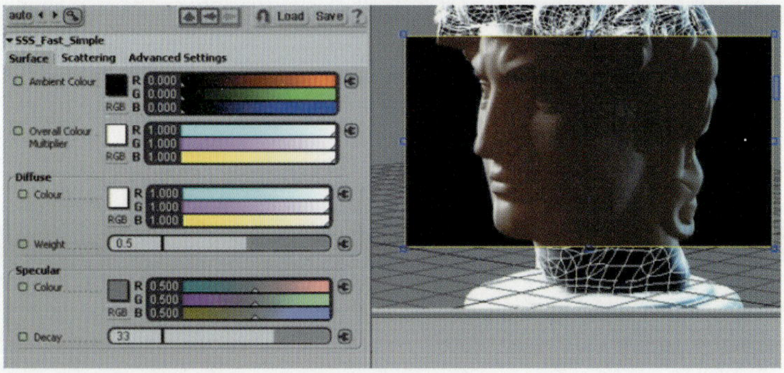

그림 1-51 Color 변형

3 Option 변경 : Scattering에서 Front scattering, Back scattering의 Color 값을 변화시키면서 재질 속을 채우고 있는 Color 값을 표현하게 된다.

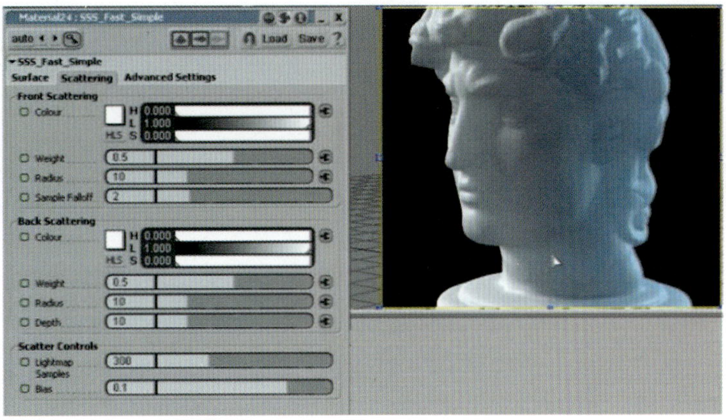

그림 1-52 Back scattering 속성 조절

4 Option 변경 : Surface tab에서 각 부분의 RGB 값을 바꾸게 되면 표면 자체의 색과 Specular를 변화시킬 수 있다.

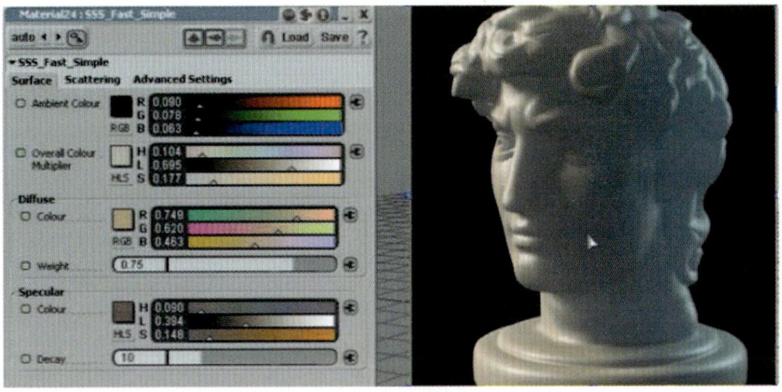

그림 1-53 Specular 속성 조절

5 Option 변경 : Scattering의 Color 값을 바꾸게 되면 붉은 대리석이나 피부의 질감을 표현할 수 있다.

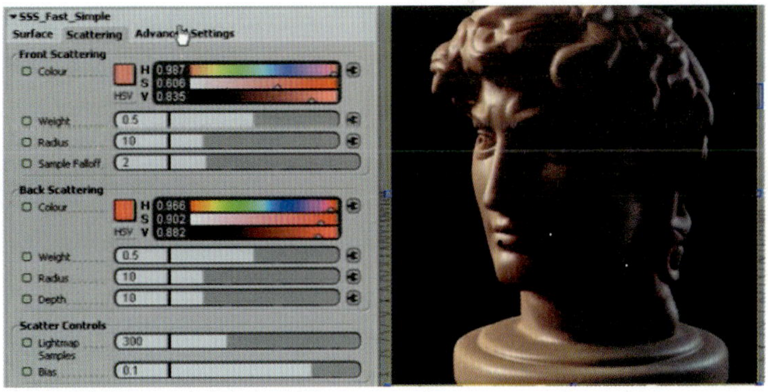

그림 1-54 Scattering Color 속성 조절

6 Option 변경 : Radius와 Sample Falloff 값을 바꾸면 그 빛의 반응의 넓이와 그 번짐의 끝을 조절할 수 있다.

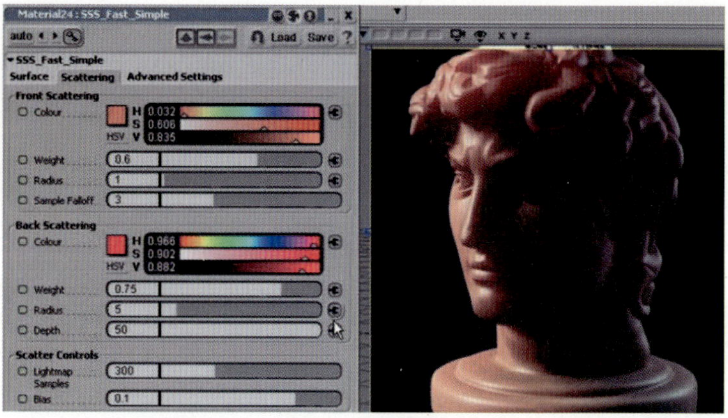

그림 1-55 Radius와 Sample Falloff 속성 조절

7 Option 변경 : Scatter controls에서 Light map sample 값을 올리면 그 빛의 번짐에 Quality를 높일 수 있다.

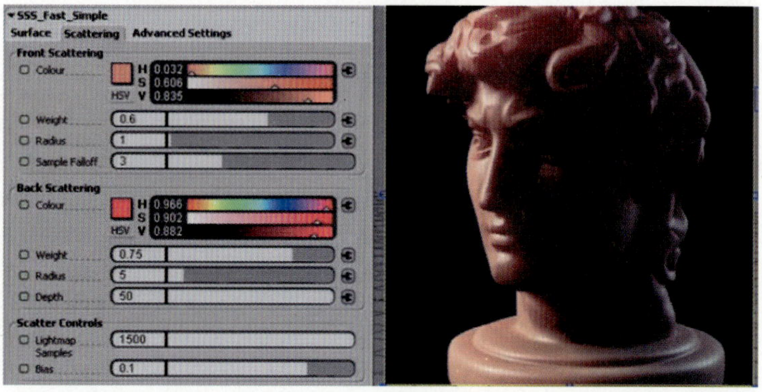

그림 1-56 Light map sample 속성 조절

8 Advanced tab에서도 다양한 효과를 경험할 수 있다.

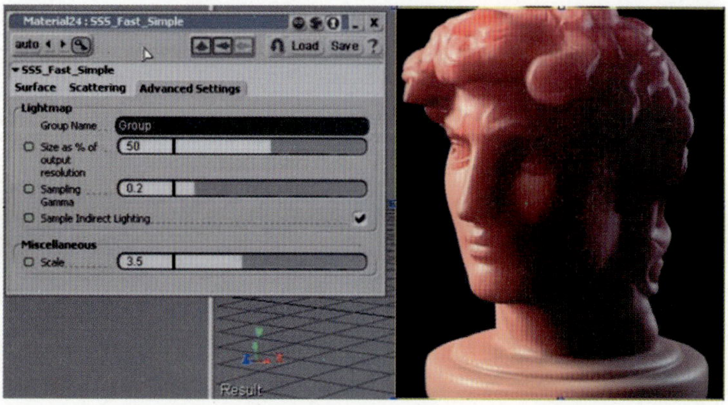

그림 1-57 Advanced tab 속성 조절

9 Option 변경 : Miscellaneous의 scale 값을 변화시키면 어두움의 강도가 강해진다.

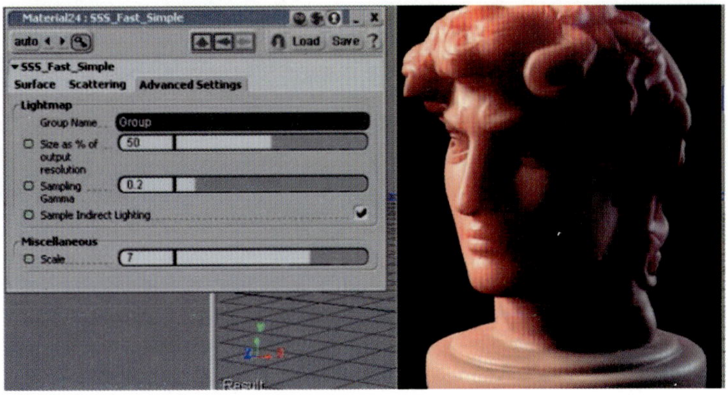

그림 1-58 Miscellaneous scale 속성 조절

10 SSS와 Ambient Occlusion 효과 연결하기 : Render Tree에서 Node > Illumination > Ambient Occlusion 노드를 연다. 열린 Ambient Occlusion 노드를 SSS 노드의 ambient, overall_color, diffuse color에 각각 연결한다.

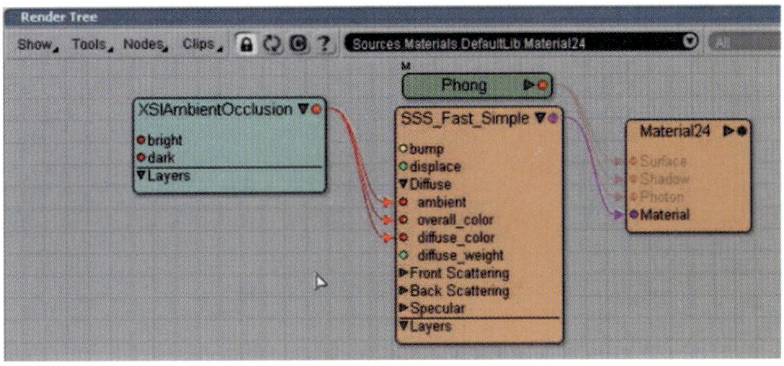

그림 1-59 Ambient Occlusion 노드 연결

11 Option 변경 : Final gathering이나 Global Illumination을 사용해야지만 표현 가능한 역광 부분의 명암단계가 이 Node만으로 충분히 표현된다.

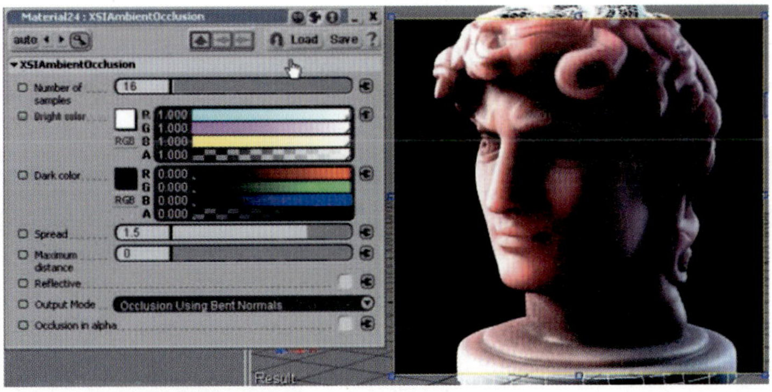

그림 1-60 Option 변경

12 Option 변경 : Number of Samples 의 수치를 올려주면 보다 정밀하고 부드러운 느낌의 깨끗한 명암을 얻을 수 있다.

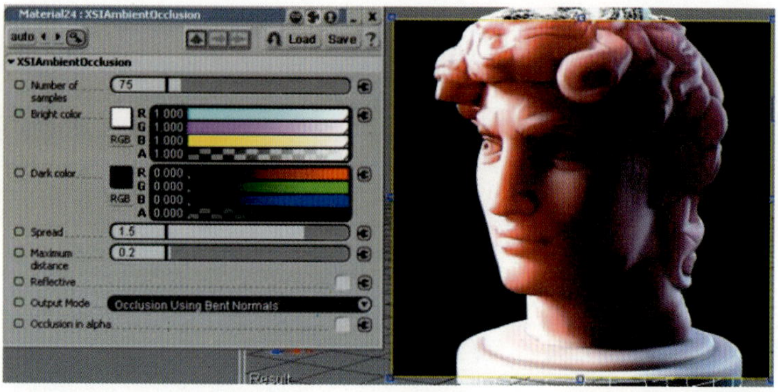

그림 1-61 Number of Samples 속성 조절

13 최종 결과확인

그림 1-62 결과확인

1-3 Flame animation

1 Grid 생성 : U/V Subdivision을 각각 "1"인 Grid 한 장을 꺼내고 Lambert shader를 적용한다.

2 Gradient shader 노드를 생성 : Render Tree창에 Node 〉 Texture 〉 Gradient 노드를 불러온다.

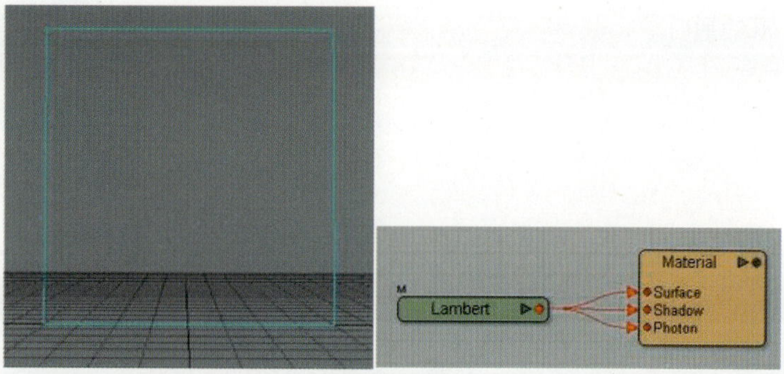

그림 1-63 Grid 생성 & Lambert shader 적용

3 Gradient shader 노드 연결 : Gradient shader 노드를 Material의 Surface에 연결한다.

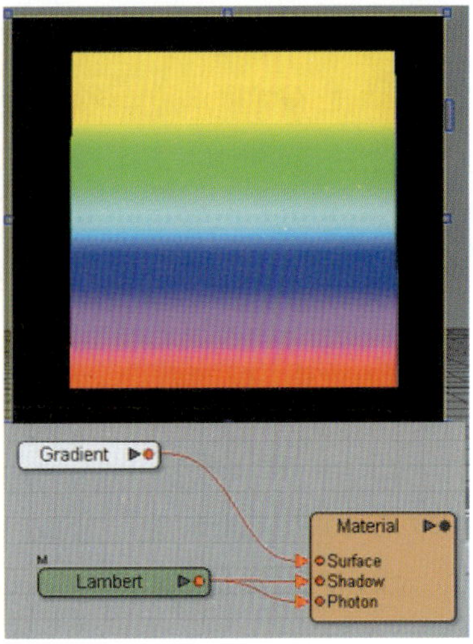

그림 1-64 Gradient shader 노드 Surface에 연결

4 Gradient shader 노드 속성 값 변경 : Gradient shader 노드의 속성 창을 열고 RGBA Gradient의 color 영역을 변경한다. 그리고 이름을 "frame"이라고 변경한다.

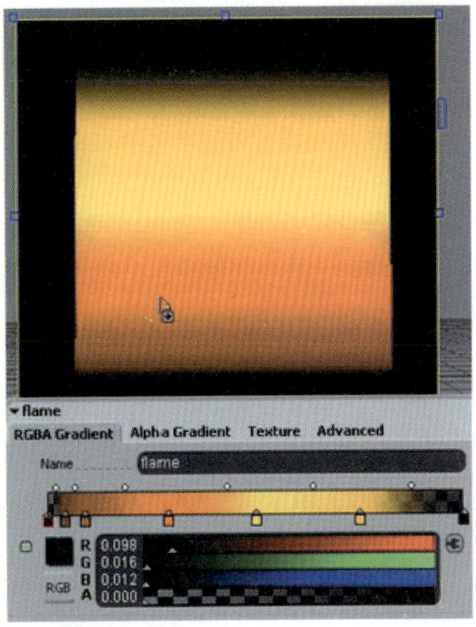

그림 1-65 Gradient shader 노드 속성 값 변경

5 Share Scalar 노드를 생성 : Node 〉 Share 〉 Scalar 노드를 생성한다.

6 Share Scalar 노드 연결 : 생성된 Scalar Share 노드를 Frame Gradient 노드의 Range Max tab에 연결한다. Share Scalar 노드는 Frame Gradient 노드 효과의 Range의 크기를 조절할 수 있는 기능으로 Scalar Share 노드의 속성 창에서 Input의 수치를 "1"로 하고, "0.5"로 지정하면 Grid에 나타나는 Frame의 크기가 변화되는 것을 확인할 수 있다.

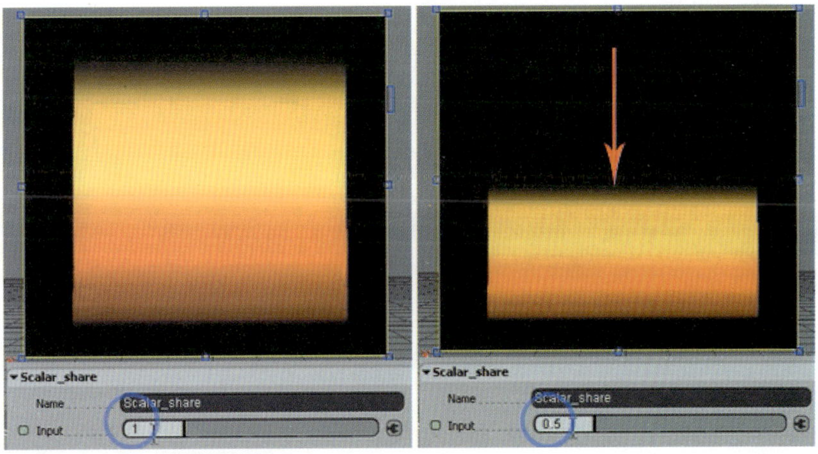

그림 1-66 Input의 수치 조절

7 Share Scalar 노드 연결을 끊고 새로운 Gradient 노드의 연결 : 새로운 Gradient 노드를 열고 Material 〉 Surface에 연결한 후 속성 창을 열고 Preset의 Black/White를 선택한다. 그리고 Gradient Type를 Radial Wave로 변경한다.

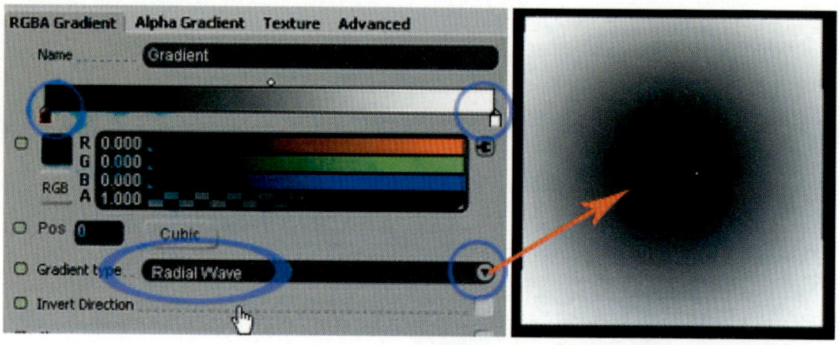

그림 1-67 Gradient 노드의 연결 & 속성 변경

8 Color range의 변경 : Gradient의 color range의 Black & White의 위치를 바꿔서 적용된 Black & White의 영역을 반전시킨다. 그리고 Gradient 속성 창의 Advanced 옵션에서 UV Remap에서 Minimum 0, 0.5, 0을 입력한다.

9 Gradient의 color range의 변경 : Gradient의 color range의 Black 영역은 바를 이동하여 영역을 좁힌다.

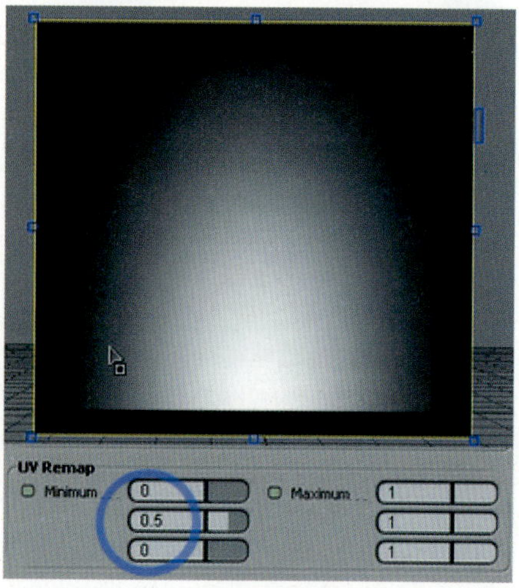

그림 1-68 Color range의 변경

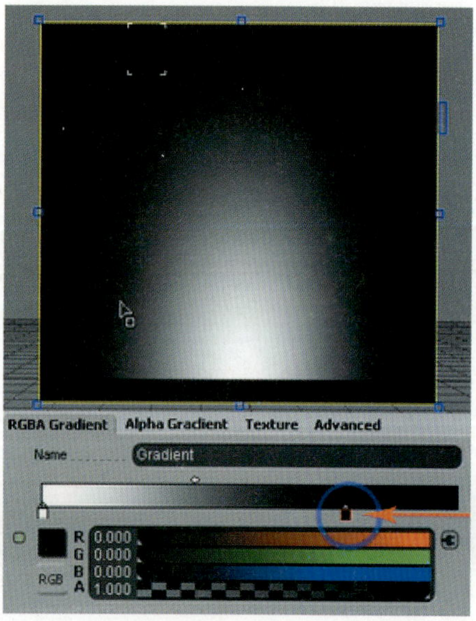

그림 1-69 Gradient의 color range의 변경

10 Fractal 노드 생성 : Texture 〉 Fractal 노드를 생성한다. Gradient 노드를 Fractal 노드의 Input에 연결한다.

11 Fractal 노드를 Material의 Surface 노드에 연결한 후 결과를 확인한다.

12 Fractal 노드의 속성 변경 : Fractal 노드의 속성 창을 열고 다양한 옵션을 변형하면서 결과를 확인한다.

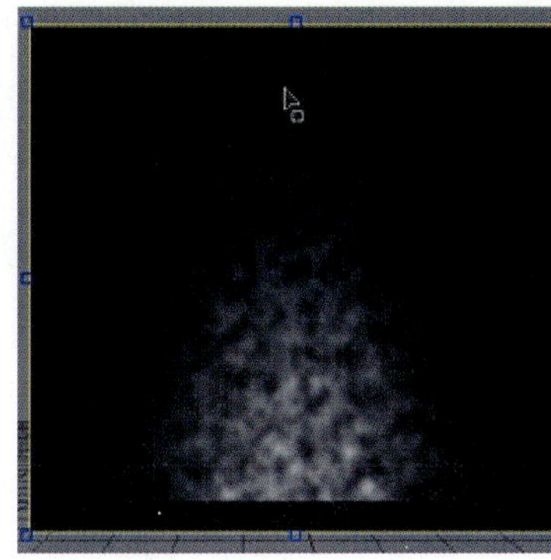

그림 1-70 결과확인

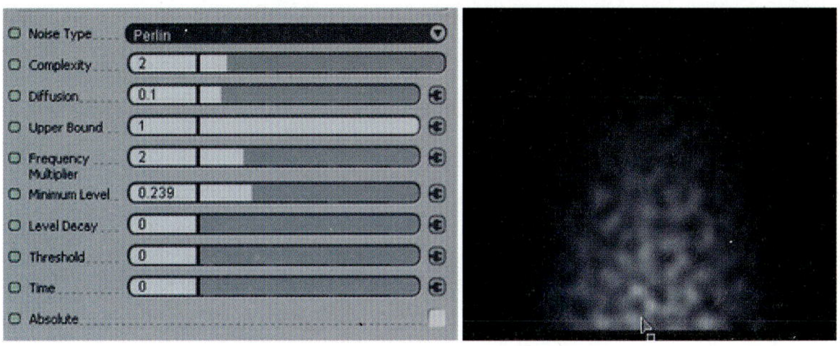

그림 1-71 Fractal 노드의 속성 변경

13 Gradient 노드의 연결 : Gradient 노드로부터 Fractal 노드의 Fractal 〉 Level decay tab에 연결한다.

14 Fractal 노드를 Frame Gradient에 연결한다.

15 Frame Gradient를 다시 Material의 Surface에 연결한다.

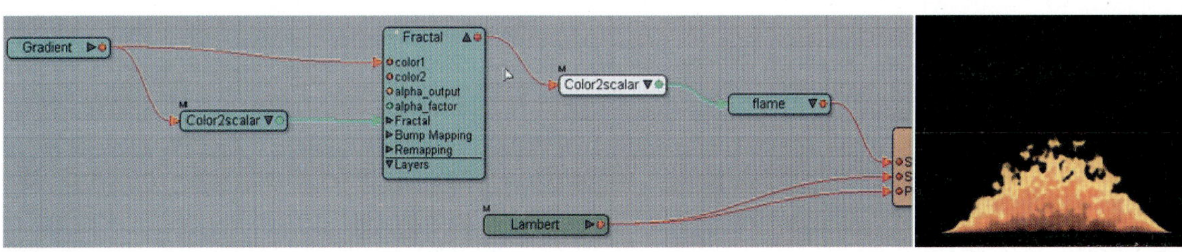

그림 1-72 Frame Gradient 노드를 Material의 Surface에 연결 & 결과확인

16 Fractal 노드의 옵션 창 설정을 통한 불꽃 애니메이션 제작 : Fractal의 Time 옵션의 Parameter를 조절하면서 Grid에 만들어진 불꽃의 모양의 변화를 관찰한다.

그림 1-73 불꽃 애니메이션 제작 & Time 옵션 Parameter 조절 후 결과확인

17 Vector state 노드 불러오기 : Node 〉 State 〉 Vector State 노드를 불러온다.

18 Vector state 노드의 속성 변경 : Vector state의 State Parameter 유형을 Intersection point로 변경한다.

19 Vector_coordinate_convertor 노드를 불러오기 : Node 〉 Conversion 〉 Vector_coordinate_convertor 노드를 불러온다.

20 노드 연결 : Vector state 노드를 Vector_coordinate_convertor 노드의 Vector _Input에 연결한다.

21 Vector_coordinate_convertor 노드의 속성 변경 : Vector_coordinate_convertor 노드의 속성 창을 열고 Type는 Point로 Transform은 to World 모드로 변경한다.

22 Vector 2 Scalar 노드를 불러오기 : Node 〉 Conversion 〉 Vector 2 Scalar 노드를 불러온다.

23 노드 연결 : Vector_coordinate_convertor 노드를 Vector 2 Scalar 노드의 Input에 연결한다.

24 Vector 2 Scalar 노드 속성 변경 : Vector 2 Scalar 노드의 속성 창을 열고 Component 방향을 "Z"로 설정한다.

25 노드 연결 : Vector 2 Scalar 노드를 Fractal 노드의 Fractal 〉 Time에 연결한다.

26 Time Line을 이동하면서 불꽃의 변화를 확인한다 : Frame 단위로 시간을 이동시키면 불꽃의 모양이 애니메이션되는 것을 확인할 수 있다.

27 Scalar_Math_Basic 노드 불러오기 : Node 〉 Math 〉 Scalar_Math_Basic 노드를 불러온다.

28 노드 연결 : Scalar_Math_Basic 노드를 Fractal 노드의 Fractal 〉 Time에 연결한다.

29 Scalar_Math_Basic 노드의 속성 변경 : Scalar_Math_Basic 노드의 속성 창을 열고 Input1과 Input2에서 Input1의 Animation icon에 Key animation data를 적용한다. 즉 1Frame에 "0"을 setting하고 100Frame에 "6"을 setting한다.

30 생성된 Animation Curve를 확인 : Set Key가 적용된 애니메이션 아이콘에 마우스를 올려놓고 오른 클릭을 하면 여러 속성 창에 대한 리스트가 나오는데 그 중에서 Animation Editor를 선택한다.

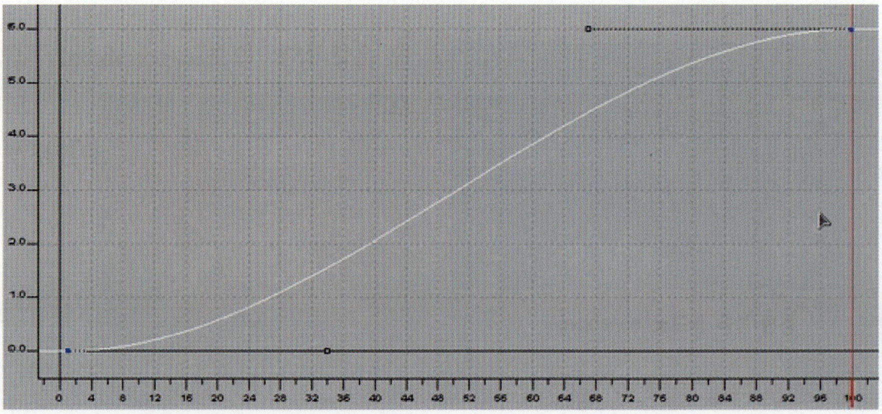

그림 1-74 Animation Editor 창 열기

31 Animation curve 형태 변경(무한 반복시키기) : 현재의 Spline 곡선의 Animation curve를 Linear 직선 커브로 변형하고 Curve 〉 Gradient Extrapolation 옵션을 선택한다. 그러면 무한 반복 Animation Linear curve가 생성된다.

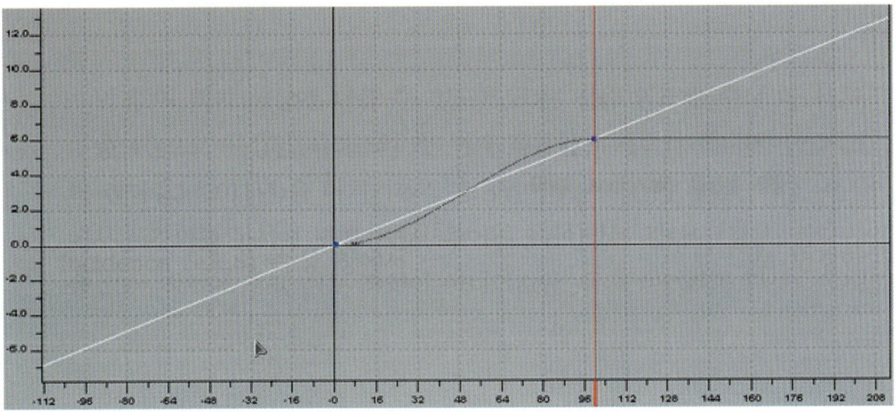

그림 1-75 Animation 무한 반복

32 애니메이션 결과확인 : Frame을 이동하면서 불꽃의 변화를 확인한다.

33 Vector 2 Scalar 노드를 Scalar_Math_Basic 노드의 Input2에 연결한다.

34 최종 결과확인 : 다양한 시간 변화에 따른 불꽃의 모양을 컨트롤할 수 있는 형태의 결과를 얻을 수 있다.

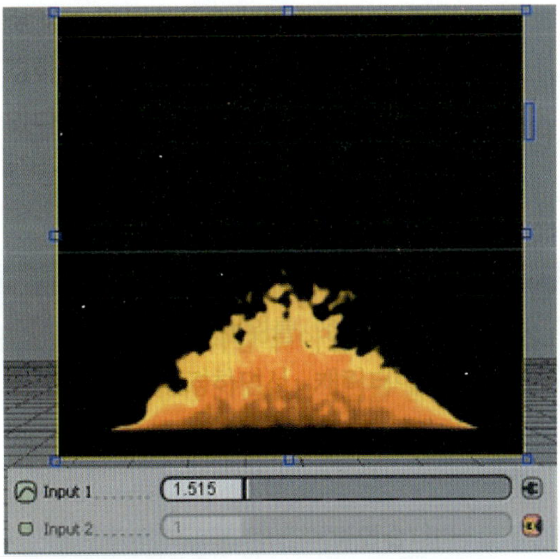

그림 1-76 최종 결과

1-4 Car Surface Shader 활용

1-4-1 Creating a Wipe Mask

1 자동차 모델링 데이터를 제작한다.

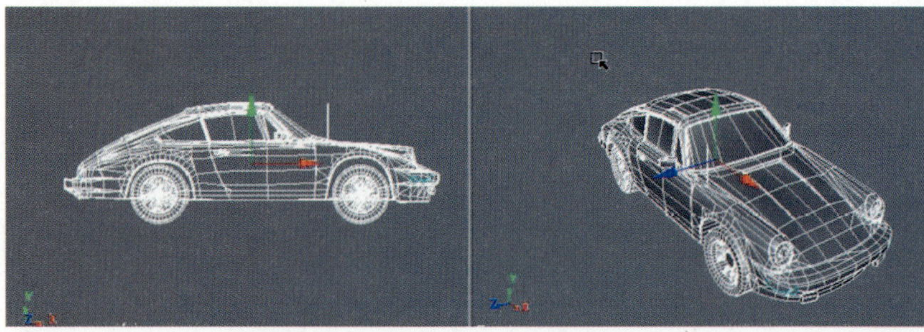

그림 1-77 모델링 데이터를 제작

2 Spatial projection 적용 : Render 〉 Property 〉 Texture Projection 〉 Spatial 명령을 적용한다. Spatial projection 기능을 오브젝트에 적용된 Texture의 위치정보가 저장이 되며 Spatial projection을 이동할 경우 적용된 shader나 Map의 이미지가 이동을 하게 된다. 특히 Shader나 Map의 애니메이션 작업에 많이 활용되는 기능이다.

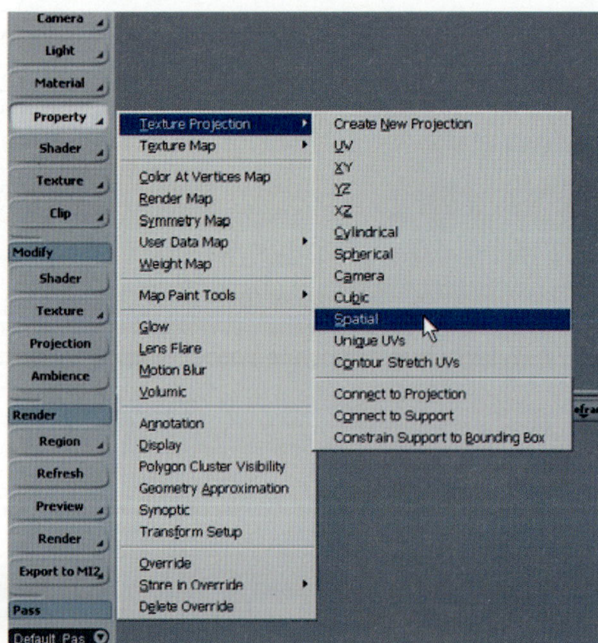

그림 1-78 Spatial projection 적용

3 생성된 Spatial projection 이동 : 생성된 Spatial projection을 이동하여 자동차 모델링의 뒷부분에 위치시킨다.

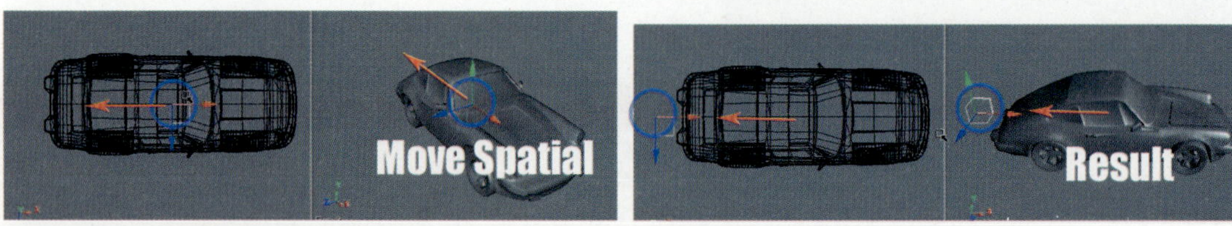

그림 1-79 Move Spatial Projection

4 Phong shader 적용 : 자동차 모델링 선택 후 Phong shader를 적용한다.

5 Texture Projection 노드 불러오기 : Render Tree 창을 열고 Node 〉 Texture Space Generators 〉 Projection 노드를 불러온다.

6 Gradient 노드를 불러오기 : Node 〉 Texture Generators Gradient 노드를 불러온다.

7 노드 연결 : Texture projection 노드를 Texture Generators Gradient 노드의 Color tab에 연결한다.

8 노드 연결 : 연결된 Texture Generators Gradient 노드의 연결 라인을 Material의 Surface에 연결하고 결과를 확인한다.

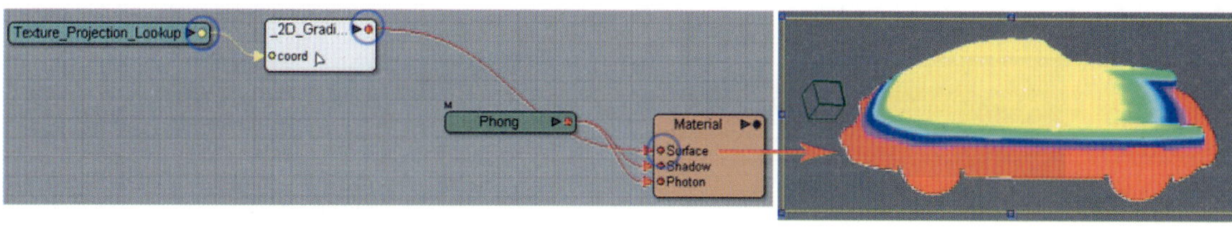

그림 1-80 Gradient 노드의 연결

9 Gradient 노드 속성 변경 : Gradient 노드의 속성 창을 열고 Gradient Type을 Horizontal 모드로 전환한다.

10 Gradient 노드 속성 변경 : Input tab의 Input Type을 "Vector Input"으로 변경하고 Active Maximum 수치를 "18"로 높여준다.

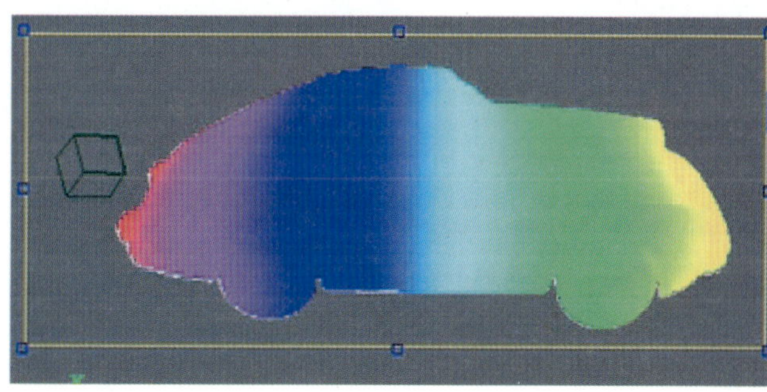

그림 1-81 Gradient 노드 속성 변경

11 Spatial projection 이동 : 제작된 Spatial projection을 선택하고 앞뒤로 이동시키면서 나타나는 결과를 확인한다.

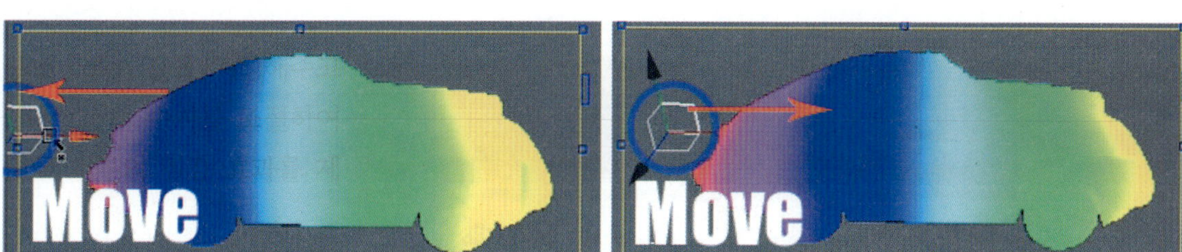

그림 1-82 Spatial projection 이동

12 Gradient 노드 속성 변경 : Gradient 노드 속성 창에서 Preset 모드에서 Gradient 효과를 Black & White로 변경한다.

13 Gradient 영역 변경 : 적용된 Black & White의 Gradient 영역의 parameter를 Black & White & Black으로 지정해주고 결과를 확인한다.

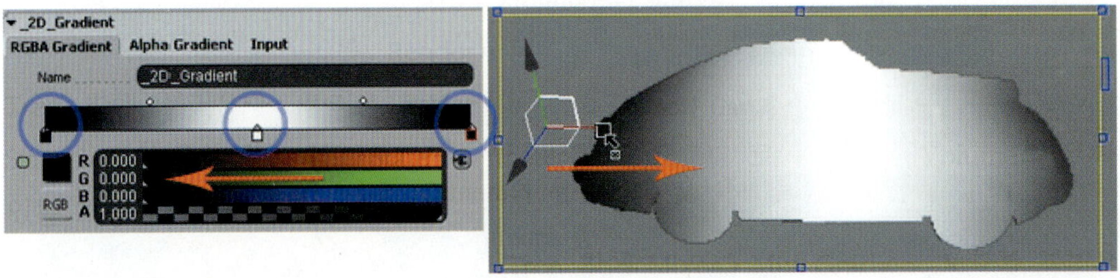

그림 1-83 Gradient 영역 변경

14 Gradient 영역 변경 : 적용된 Black & White의 Gradient 영역의 parameter를 Black & White & White로 지정해주고 Spatial projection 이동을 하면서 변화되는 결과를 확인한다.

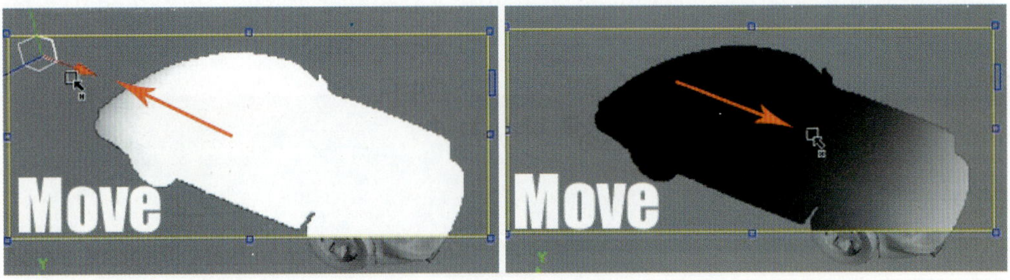

그림 1-84 Gradient 영역 변경 및 이동

15 Vein Texture 노드를 불러오기 : Node 〉 Texture Generators 〉 Vein 노드를 Render Tree 창에 불러온다.

16 노드 연결 : Texture projection 노드를 Vein 노드의 Coord에 연결하고 Vein 노드를 다시 Texture Generators Gradient 노드의 Color3에 연결한다.

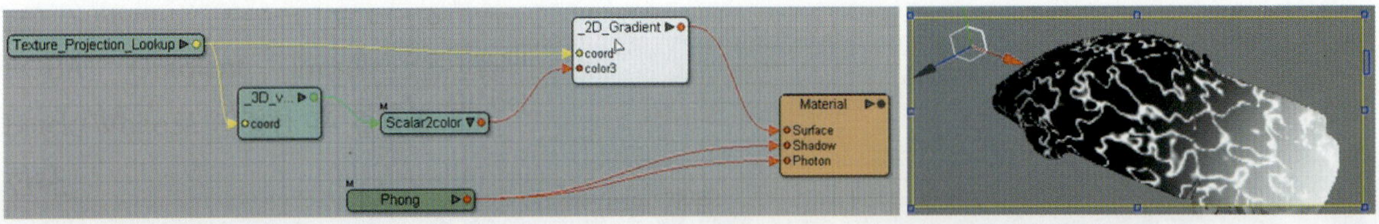

그림 1-85 Vein 노드 연결

17 Gradient 노드의 영역 변경 : 적용된 Black & White의 Gradient 영역의 변화를 통해 Vein shader의 효과를 좀 더 극대화한다.

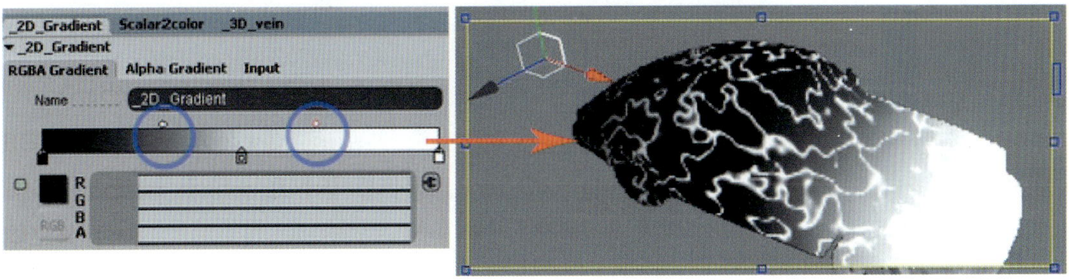

그림 1-86 Gradient 노드의 영역 변경

18 Spatial projection에 이동 Key 애니메이션 적용 : Spatial projection icon을 선택하고 1 frame에 White 영역을 100 frame에 Black 영역이 나타나도록 Key 애니메이션을 제작한다.

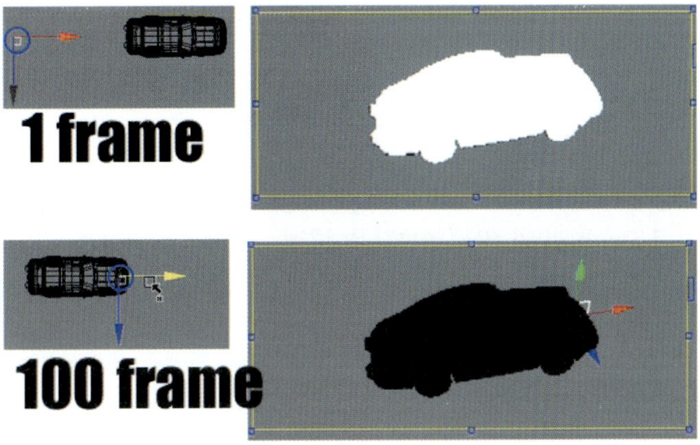

그림 1-87 이동 Key 애니메이션 적용

19 Spatial projection에 회전 Key 애니메이션 적용 : Spatial projection icon을 선택하고 회전 애니메이션을 제작/적용한다.

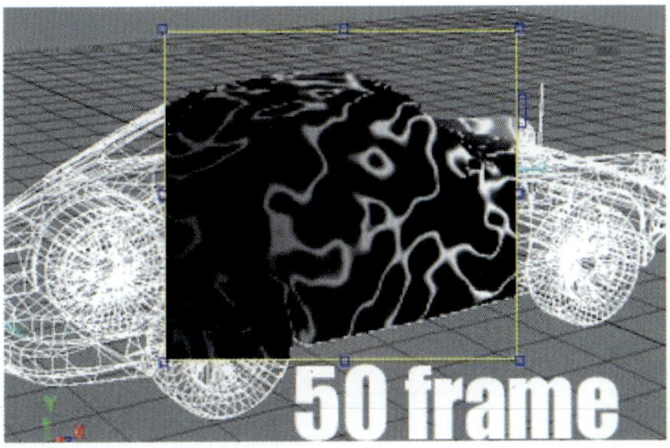

그림 1-88 회전 Key 애니메이션 적용

20 3D Wrap 노드 불러오기 : Node 〉 Texture Generator 〉 3D Wrap 노드를 Render Tree 창에 불러온다.

21 노드 연결 : Texture projection 노드를 3D Vein 노드의 texture_coord와 noise_coord에 각각 연결한다.

22 노드 연결 : 3D Vein 노드를 3D Vein 노드의 Coord에 연결한다.

23 3D Wrap 노드 속성 변경 : 3D Wrap 노드의 속성 창을 열고 Intensity와 Scale의 값을 변경하면서 그 변화를 확인한다.

24 Cloud 노드 불러오기 : Node 〉 Texture Generator 〉 Cloud 노드를 Render Tree 창에 불러온다.

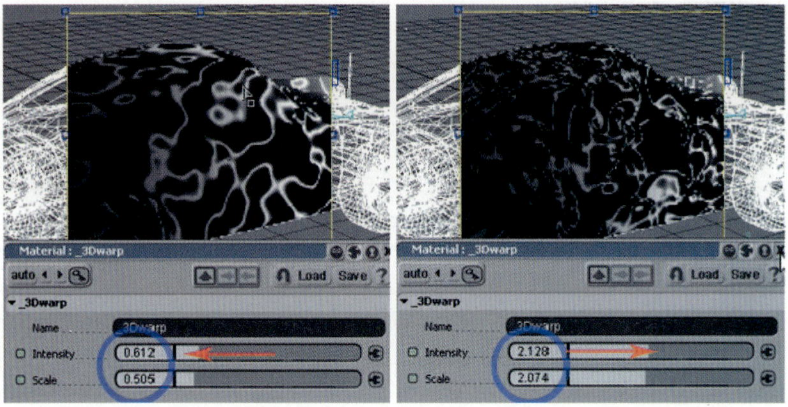

그림 1-89 3D Wrap 노드 속성 변경

25 Cloud 노드 연결하기 : Cloud 노드를 3D Wrap 노드의 noise coord에 연결하고 Texture projection 노드를 다시 Cloud 노드의 coord에 연결하고 그 변화를 확인한다.

26 3D Wrap 노드 속성 변경 : 3D Wrap 노드의 속성 창을 열고 Intensity와 Scale의 값을 변경하면서 그 변화를 확인한다. Intensity와 Scale의 값을 각각 "1.1"과 "1.1"로 지정해준다.

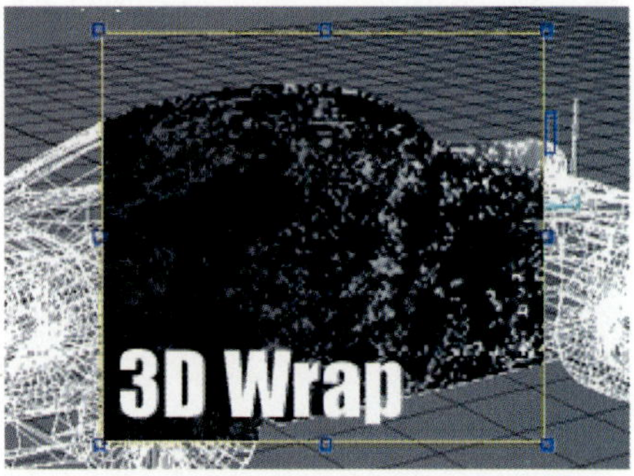

그림 1-90 노드 연결 & 결과확인

1-4-2 Using FX Tree to Composite

1 FX Tree 기능을 활용하여 자동차 표면의 질감표현을 극대화하고 시시각각 변화하는 애니메이션 환경을 제작한다.

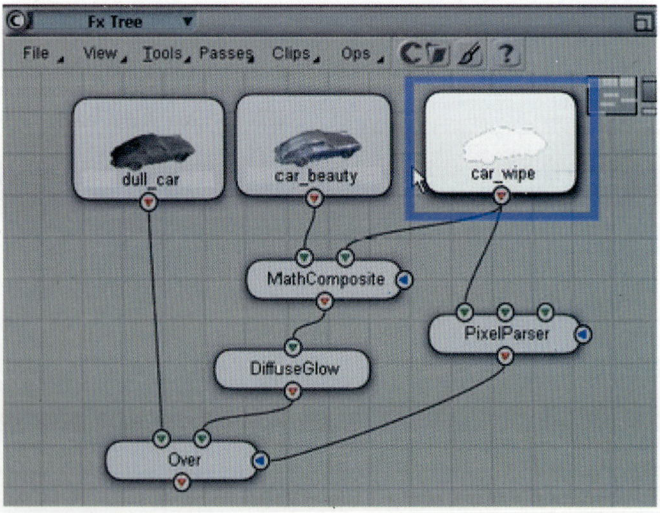

그림 1-91 FX Tree에 소스 불러오기

2 Spatial projection을 이동 : Spatial projection에 이동하여 FX Viewer에서 결과를 수시로 확인한다. 이 결과는 FX Tree에서 Alpha 소스로 활용된다.

3 Pixel Parser 효과 적용 : Material shader와 Color shader가 적용된 상태에서 자동차 표면의 다양한 shader가 적용된 결과를 Pixel Parser에 연결하고 그 결과를 확인한다.

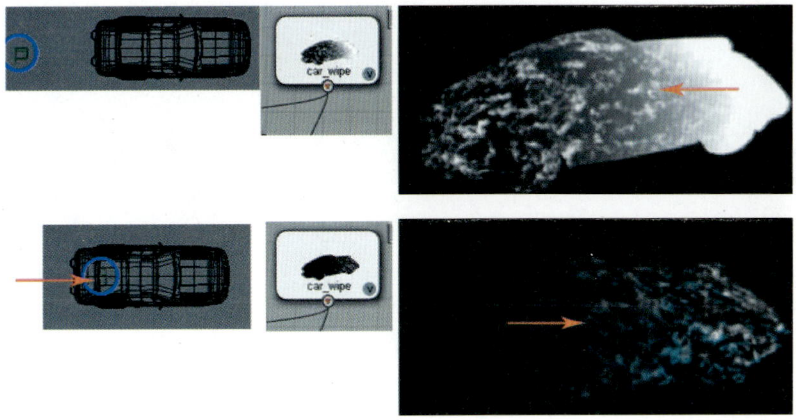

그림 1-92 소스 Clip 연결

여기에 적용된 FX 노드들은 Math Composition과 자동차 표면의 Shiny 효과를 나타내주는 Diffuse Glow 그리고 Pixel Parser 노드들이다.

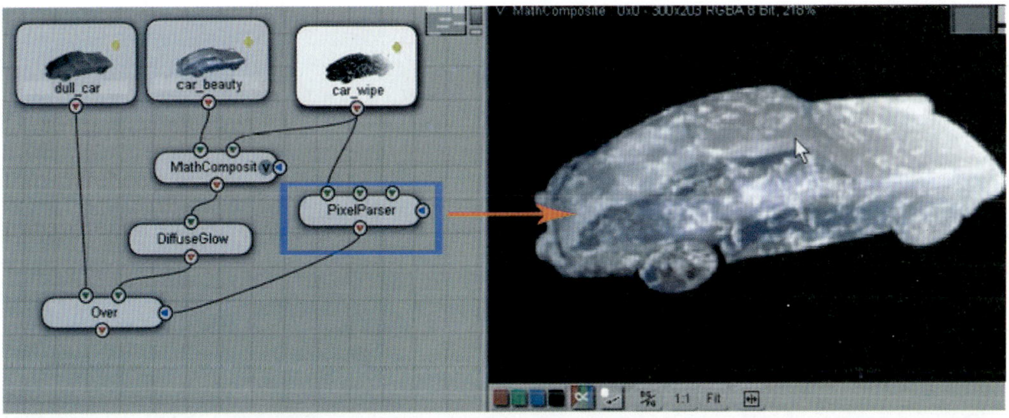

그림 1-93 Pixel Parser 효과 적용

4 Shiny car 최종 이미지 View

그림 1-94 결과확인

1-4-3 Car Painter를 활용한 자동차 표면의 질감 효과 극대화하기

1 자동차 모델링 제작 결과 열기 : 제1권 자동차 모델링편에서 제작한 자동차 모델링 데이터를 Scene에 불러온다.

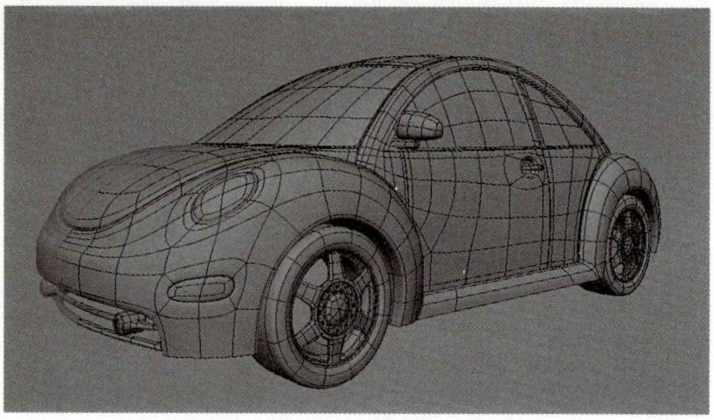

그림 1-95 자동차 모델링

2 Current Pass 설정 : Render 〉 Pass 〉 Edit Current Pass 명령을 실행한다.

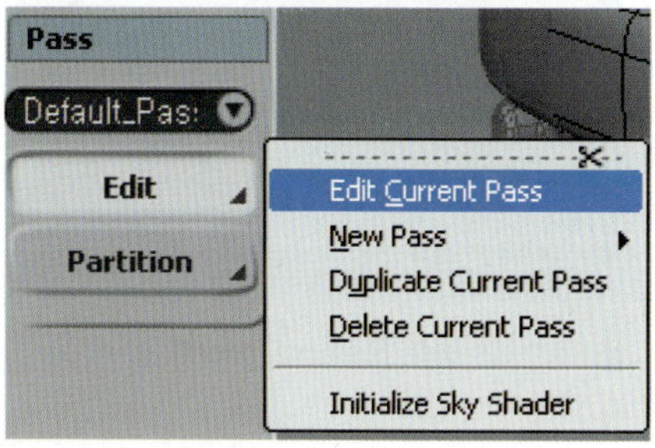

그림 1-96 Current Pass 설정

3 Environment map shader 적용하기 : Default Pass 속성 창에서 Pass Shaders tab으로 이동한 후 Environment tab에서 Add 버튼을 누른다.

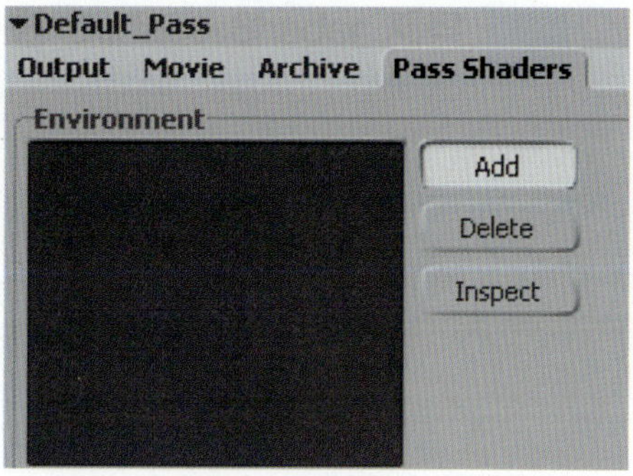

그림 1-97 Environment map shader 적용

4 Environment shader 적용 결과확인 : Default Pass 속성 창의 Pass Shaders tab내에 Environment map shade가 적용된 것을 확인한다.

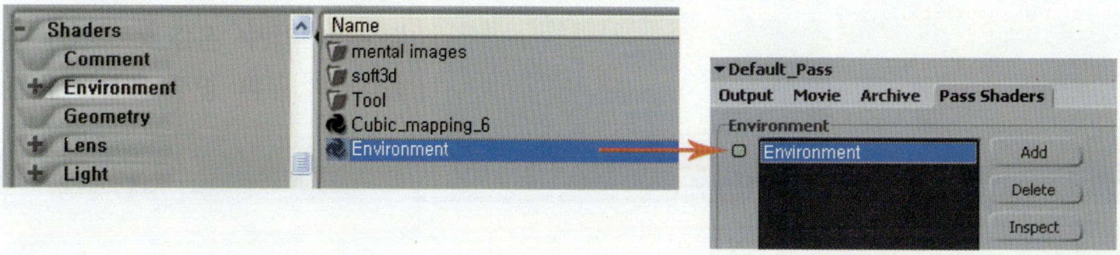

그림 1-98 Environment shader 적용

5 Environment map shade에 Image 적용하기 : 생성된 Environment shade를 선택하고 Inspect 명령을 실행한다.

6 Environment에 사용할 이미지를 불러온다. 이 경우 HDR Image를 사용하도록 한다.

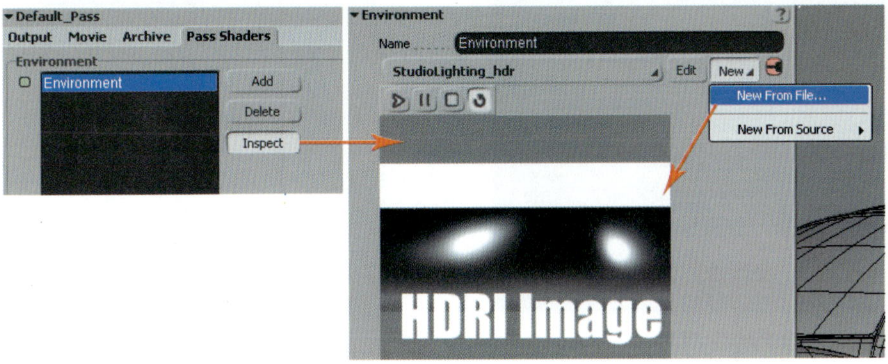

그림 1-99 HDR Image를 사용

7 결과를 확인 : Render를 걸어서 Environment shader가 적용된 결과를 확인한다. 자동차 모델링 자체에 shader가 적용되지 않았기 때문에 기대만큼의 결과는 아직 나오지 않는다.

8 Car Paint shader를 적용 : 이제부터 Render Tree 작업 창에서 자동차 차체에 대해 Car Paint shader를 적용한다. 먼저 Bone Net Mesh를 선택하고 Render Tree 창을 열고 Nodes > Illumination > Car Paint Shader 노드를 연다.

그림 1-100 결과확인

그림 1-101 Car Paint shader 적용

9 Car Painter shader 속성 변경 : Car Painter 속성 창을 열고 Base Color를 비롯하여 옵션을 설정한다.

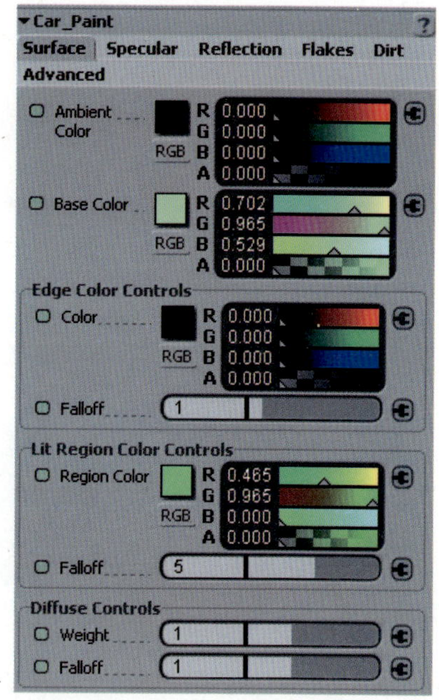

그림 1-102 Car Painter 속성 변경

10 Render 결과를 확인한다.

그림 1-103 Car Painter 적용 결과확인

11 Bone Net Mesh에 적용된 Car Painter shader 효과 전이 : Bone Net Mesh에 적용된 Car Painter shader 옵션 수치를 동일한 Mesh에 그대로 적용하도록 한다.

이때 Assign Material 기능을 사용하면 동일한 Mesh에 대해 Bone Net Mesh에 적용된 수치가 그대로 적용된다.

Assign Material 기능을 사용하는 방법은 적용대상의 Mesh를 먼저 선택한 다음 Get 〉 Material 〉 Assign Material 명령을 실행하고 소스 정보를 가진 Mesh를 선택한다.

그림 1-104 Assign Material 적용

12 동일한 작업을 통해 자동차 차체 mesh 전체에 적용한다.

그림 1-105 Assign Car Painter shader

13 Render를 걸어서 Car Painter 효과 적용 여부를 확인한다.

그림 1-106 Car Painter shader Rendering

14 이제 본체 Mesh외에 창문이나 반사 값이 큰 대상의 Mesh에 대해 Setting한다. 먼저 자동차의 앞 유리창 Mesh에 대한 효과를 준다. 먼저 앞 유리창 Mesh를 선택하고 Render Tree 창에서 Nodes 〉Illumination 〉 Architectural 노드를 불러온다. 불러온 Architectural shader를 Material에 연결한다.

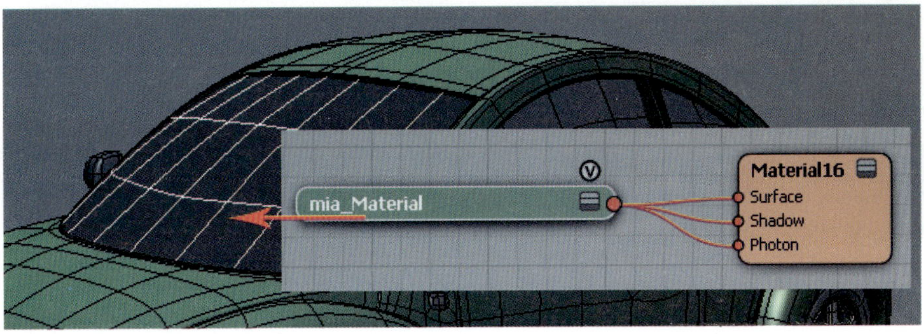

그림 1-107 Architectural shader를 Material에 연결

15 Architectural shader 옵션 변경 : Architectural shader의 속성 창을 열고 반가 값과 투명도 굴절 값에 대한 변경을 준다.

16 동일한 Mesh에 동일한 Shader 적용 : Architectural shader를 동일한 Mesh에 그대로 적용하기 위해서는 Assign Material 기능을 활용한다. 옆 유리와 뒤 유리창에 각각 적용한다. 그리고 Rendering을 걸어 결과를 확인한다.

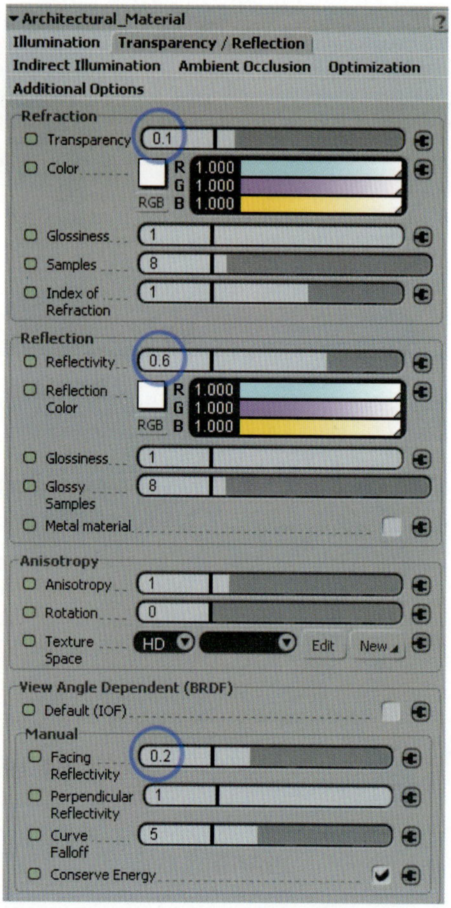

그림 1-108 Architectural shader의 속성변경

그림 1-109 결과확인

17 Wheel mesh Architectural shader 적용 : Wheel mesh를 선택하고 Architectural shader를 적용한다. 그리고 Architectural shader의 속성 창에서 Metal의 느낌으로 속성을 변경한다. 먼저 Illumination tab의 RGB 수치를 모두 "1.0"으로 Setting한다.

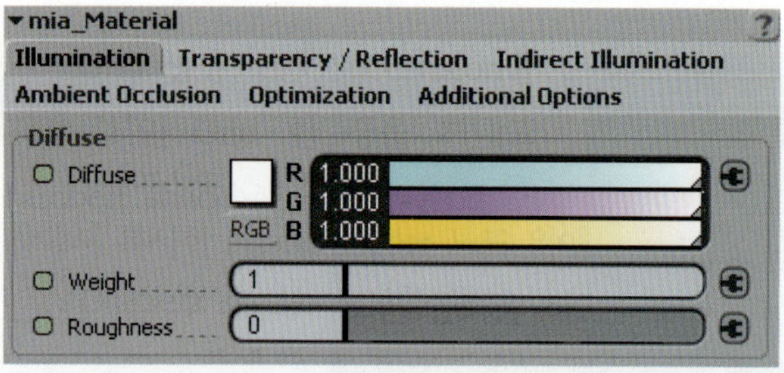

그림 1-110 Architectural shader를 적용 & 속성 변경

18 Architectural shader의 Transparence/Reflection 속성을 변경한다.

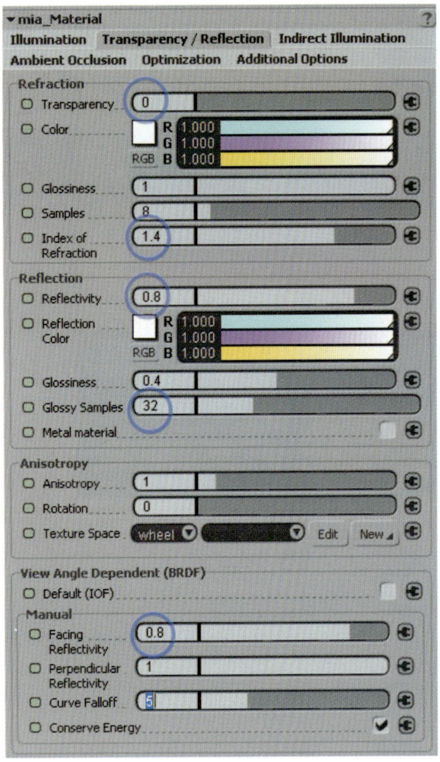

그림 1-111 Transparence/Reflection 속성 변경

19 Render 결과확인

그림 1-112 Render 결과

20 다른 세 개의 모든 Wheel mesh에 동일한 Shader 질감을 적용한다.

21 Tire shader 적용하기 : Tire mesh를 선택한 후 Blinn Material shader를 적용한 후 옵션 값을 변경한다.

22 나머지 다른 Tire에도 동일한 Shader를 적용하도록 한다.

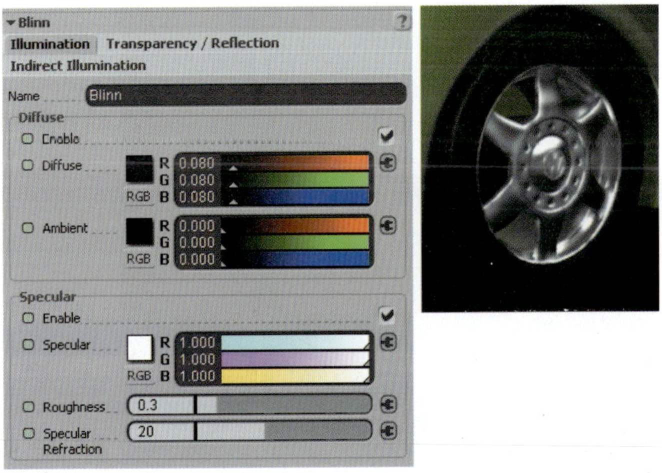

그림 1-113 Tire에 shader 적용

23 자동차 미등의 경우는 Phong shader를 적용하고 다양한 옵션을 조절하여 효과를 극대화한다.

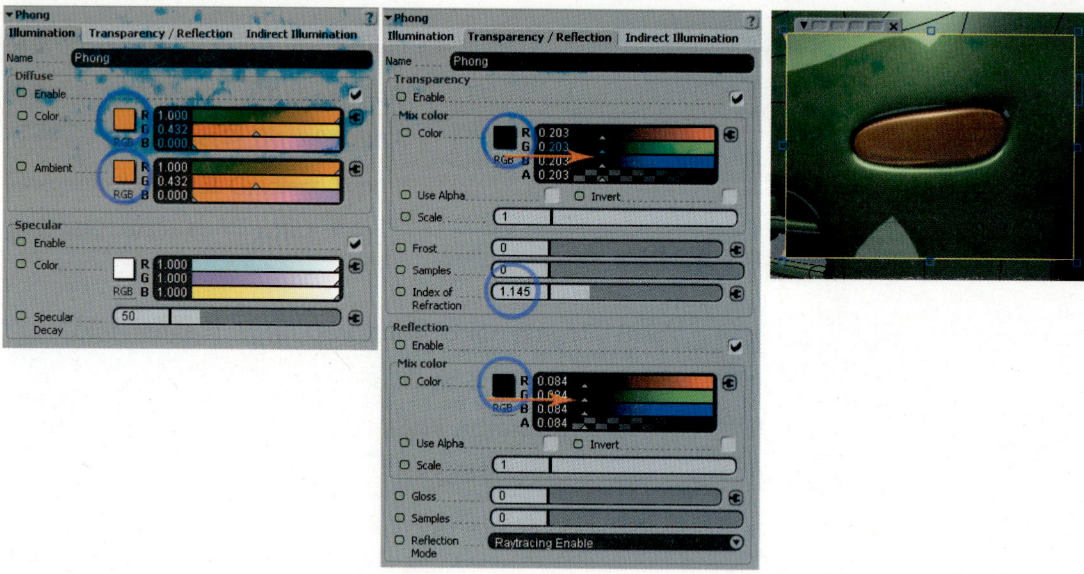

그림 1-114 Car Light에 Shader 적용

24 Car Painter shader의 장점은 자동차의 표면의 반사효과를 극대화할 뿐만 아니라 단순한 페인트에 광택의 느낌이 아닌 실제 자동차가 가지는 페인팅의 거친 느낌을 아주 쉽고 효율적으로 계산해서 생산해 낼 수 있는 장점이 있다.

그림 1-115 Car Painter shader 특징

25 전체적으로 다양한 옵션 값의 변화를 통해 Concept에 맞도록 효과를 만들어낸다. 특히 Environment shader의 강도를 조절하여 전체적인 반사의 느낌을 조절할 필요가 있으며 각 부분별 Mesh의 특징에 맞도록 옵션을 세밀하게 조절하여 최적의 결과를 얻는다.

그림 1-116 최종 결과

제2장
3D Light

2-1 Light의 원리 및 개념

2-1-1 Light 원리

색체란 광원으로부터 나오는 광선이 물체에 비추어 반사, 분해, 투과, 굴절, 흡수되면서 안구의 망막과 시신경에 자극을 일으킴으로써 감각되는 물리현상이다. 즉, 물체의 성질과 파장에 의해 개성화되고 생명화된 빛이 시간을 통하여 감지되는 것이다. 이러한 빛의 본질에 대해서는 대표적인 학설로 입자설, 파동설을 들 수 있다.

1. 입자설

빛이 직진한다는 사실을 전제로 하여 빛은 광원에서 나온 입자의 흐름이며 입자가 눈에 들어가면 색에 대한 감각이 생긴다는 설이다.

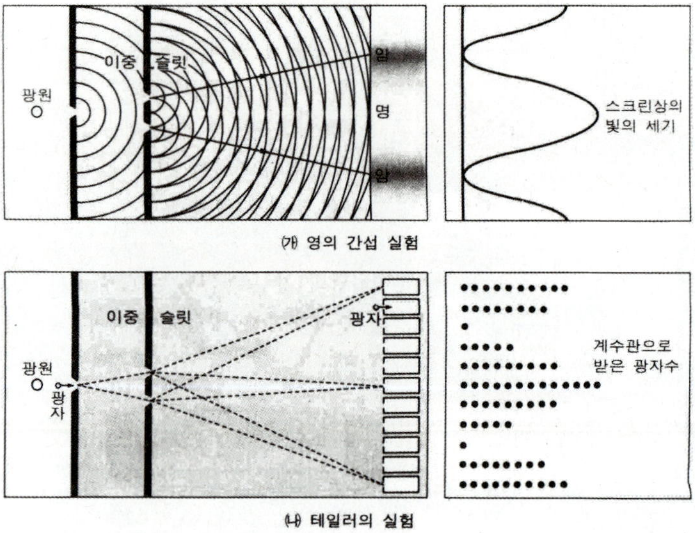

그림 2-1 빛의 입자설

2. 파동설

빛의 진동에 의하여 색의 감각을 느낀다는 주장설이다. 그리고 빛은 이 두 가지 주장 모두를 만족시키기에 빛은 이 두 가지 성질을 갖고 있다고 한다.

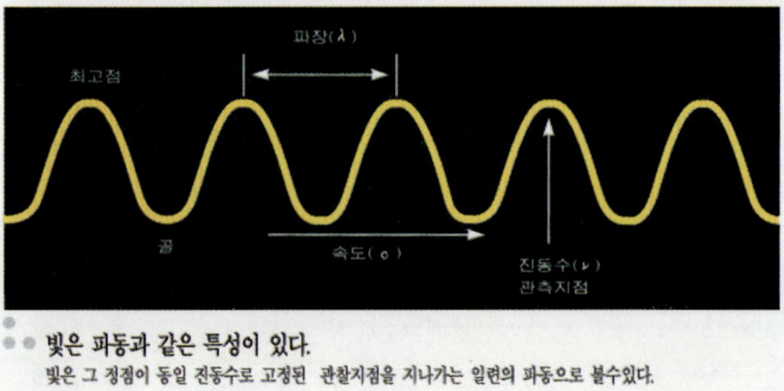

빛은 파동과 같은 특성이 있다.
빛은 그 정점이 동일 진동수로 고정된 관찰지점을 지나가는 일련의 파동으로 볼수있다.

그림 2-2 빛의 파동설

빛의 굴절현상을 이용해 태양광선을 프리즘을 통과시키면 장파장에서 단파장에 이르기까지 적색, 오렌지, 황색, 초록색, 보라색 순서로 나타난다.

각각의 색을 단광색이라고 하고 그 전체를 스펙트럼이라 한다. 또한 파장이 적색 이상인 것을 적외선이라 하고 보라색보다 파장이 짧은 것을 자외선이라 한다.

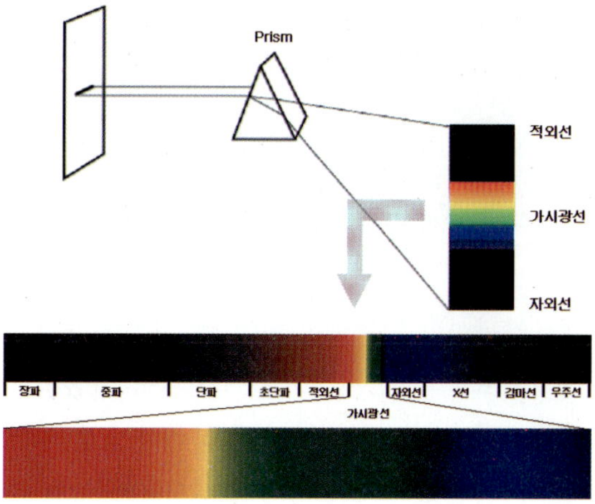

그림 2-3 빛의 굴절현상

빛이 물체에 비추어졌을 때 가시광선의 파장이 분해되어 반사, 흡수, 투과의 현상이 일어난다. 이때 광선의 일부가 색광의 성분에 따라 분해되는데 이 분해된 빛의 일부를 물체가 흡수, 반사, 투과한 색광을 물체색이라 한다. 물체가 빛의 일부를 선택흡수, 반사하기에 물체의 색들은 단색광들이 혼합된 현상이므로 복색광이라 한다.

2-1-2 빛과 색

1. 빛

빛은 비교적 파장이 짧은 전자기파의 종류로서 에너지 전달현상의 일종이며 각 파장의 길이에 따라 여러 특성을 지닌 빛이 된다.

그림 2-4 빛의 산란

① 색은 파장이 380~780mm인 가시광선을 말하나 넓게는 자외선과 적외선도 포함한다.
② 단색광 : 파장이 모두 같은 빛을 말한다.
③ 복합광 : 단색광이 혼합된 보통 빛을 말한다.
④ 프리즘을 회절격자를 사용하여 단색광으로 나눌 수 있으며, 이렇게 나누어 배열한 것을 “빛의 스펙트럼”이라 한다.

2. 빛의 성질에 따른 구분

① 광원색 : 광원 또는 발광체로부터 오는 빛의 파장을 말한다.
② 물체색 : 물리적인 물체에 반사되면서 보이는 빛의 파장을 말한다.
③ 투과색 : 물체를 투과하여 보이는 빛의 파장을 말한다.

그림 2-5 빛의 다양성

3. 가시광선

우리는 눈으로 볼 수 있는 빛의 영역으로 주파수 파장 길이를 전체 주파수 영역에 380~780mm인 사이에 존재하는 빛이다.

그림 2-6 빛의 굴절

① 프리즘 분광실험 : 1666년 뉴턴이 분광실험을 통해 빛이 7가지 스펙트럼의 색 파장으로 구성되었음을 발표하였다.
② 분광실험을 통하여 빛이 빨, 주, 노, 초, 파, 남, 보라색의 7가지 스펙트럼의 색 파장으로 구성되어 있음을 발표하였다.
③ 파장이 길면 굴절률이 작고 파장이 짧으면 굴절률이 크기 때문에 일어나는 현상으로 이러한 굴절률은 광파 속력이 진공 중에서 파장에 관계없이 모두 같지만 물질 속에서는 파장에 따라 달라지기 때문에 일어나는 현상이다.

4. 빛의 흡수

빛이 물체에 닿을 때 물체가 빛을 모두 빨아들이는 현상을 말한다.

그림 2-7 빛의 흡수

① 빛을 흡수하는 형태를 보면 거의 흡수하지 않으면 흰색에 가깝고 거의 대부분을 흡수하면 검은색에 가깝다.
② 물체에 떨어지는 모든 빛이 흡수되는 것은 아니며 흡수되지 않는 빛은 반사되거나 산란된다.

5. 빛의 반사

빛이 진행을 하다가 다른 매질의 경계면에서 반사되는 현상을 말한다.

그림 2-8 빛의 반사

① 빛이 물체에 도달하면 일부는 흡수되고 나머지는 산란되는데 반사는 산란의 특수한 형태이다.
② 매끈한 물체의 표면에 도달한 광자가 벽에 부딪혀 튕겨져 가는 공처럼 이동방향을 바꾸는데 빛이 표면에 입사한 각도와 반사각은 동일하다.

6. 빛의 산란

다른 입지와 부딪혔을 때 빛의 입자가 튕겨져 나가는 현상을 말한다.

① 거친 표면에 빛이 입사했을 때 여러 방향으로 빛이 분산되어 퍼져나가는 현상으로 빛의 산란은 대기 중에서도 발생한다.
② 새벽빛의 느낌, 낮의 태양광선, 흰 구름, 먹구름, 저녁노을 등 하루의 대기 변화를 느낄 수 있는 것은 빛의 산란과 관계가 있다.

그림 2-9 빛의 산란

7. 빛의 굴절

파동이 바뀌면서 꺾여 보이는 현상을 말한다.

① 다른 매질로 들어갈 때 파동의 진행 방향이 바뀌면서 일어나는 현상이다.
② 빛이 굴절되는 정도는 매질의 특성과 파장에 따라 다르다.

그림 2-10 빛의 굴절

2-1-3 색의 지각

1. 색의 지각

색은 광원, 반사대상, 관찰자가 있어야 존재한다.

① 광원 : 빛을 발하는 자체를 의미한다.
② 물체 : 자신에게 적합한 색의 파장을 흡수하고 반대의 색은 반사시킨다.
③ 관찰자 : 관찰자는 물체가 빛을 받아서 반사된 색을 지각하는 것이며 눈은 인간의 수용기로서 빛을 뇌에 전달시키는 첫 과정이다.

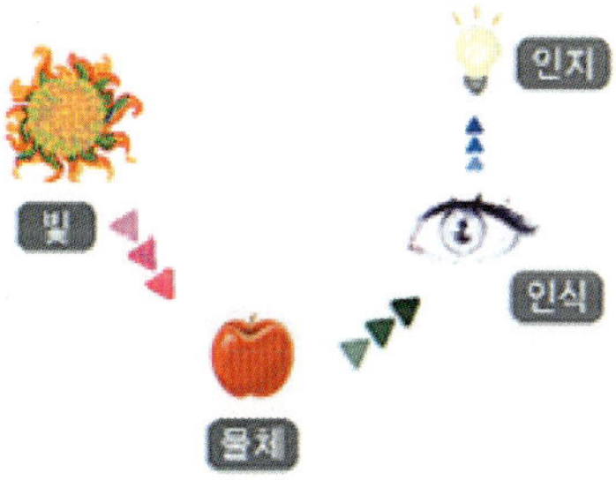

그림 2-11 색의 지각

2. 눈의 구조

눈의 감광물질이 빛을 수용하여 생화학 반응을 일으킨 후 전기 신호로 변환하여 전달하는 과정이다.

① 각막 : 빛을 굴절시켜 망막에 상이 맺히도록 한다.
② 홍채 : 빛의 양을 조절하는 기능을 담당한다.
③ 수정체 : 초점을 조절한다.
④ 동공 : 조리개 역할을 한다.
⑤ 망막 : 카메라의 필름에 해당하며 물체의 상이 맺히는 곳으로 망막 상엔 추상체, 간상체가 분포되어 있다.

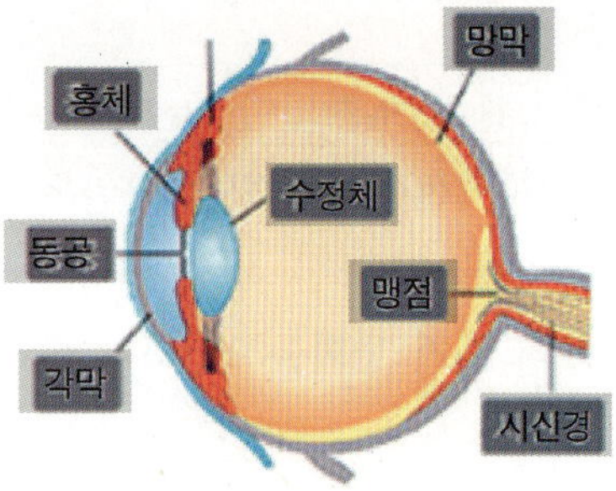

그림 2-12 눈의 구조

3. 상의 인식

추상체와 간상체를 통해 상을 인식하며, 중심과 주변은 간상체는 거의 없고 추상체로 이루어져 있다.

① 추상체(원뿔세포) : 밝은 조명 아래에서 색상을 감지하는 세포이다.
② 간상체(막대세포) : 밝기(명도)를 감지하는 단일 세포로 구성된다.

2-2 3D Light

2-2-1 Light 종류 및 구조

3D 작업시 조명효과 없이는 어떠한 Scene이라도 사실적으로 작업할 수 없기 때문에 Scene 내에서의 조명은 Scene 전체 밝기에 영향을 줄 뿐만 아니라 Light의 색깔과 속성의 변화를 통해 Scene의 이미지나 분위기를 바꿀 수 있다.

그림 2-13 Light 효과

1. Infinite

자연광(태양광)이라고 하며 Scene으로부터 무한대로 멀리 떨어져 있는 광원을 시뮬레이션한다. 무한 조명은 광원의 위치는 상관없고 방향에만 영향을 받는다. 모든 Object는 평행 조명 빛에 의해 빛을 낸다. Get 〉 Primitive 〉 Light 〉 Infinite 명령을 통해 생성시킬 수 있다.

Infinite Light의 특징은 자연광이기 때문에 위치에는 상관없고 특정 방향에 대해서 Light의 효과가 적용된다.

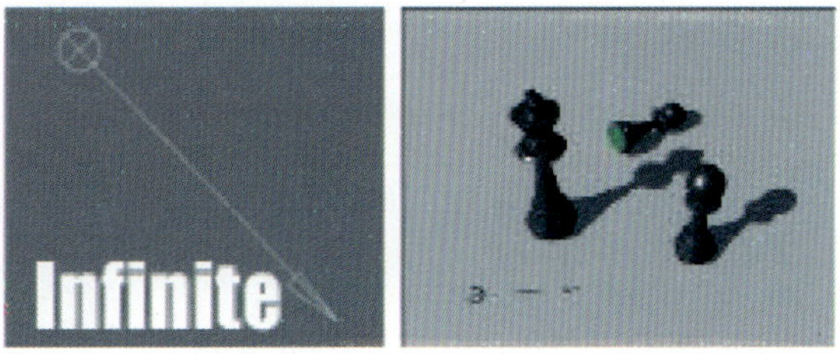

그림 2-14 Infinite Light

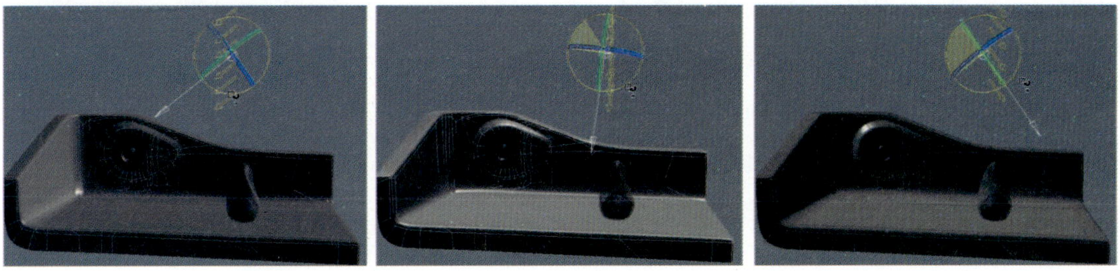

그림 2-15 Infinite Light의 특징

2. Point

백열등이라고도 하며 조명의 위치로부터 모든 방향으로 빛을 투사시킨다. 이것은 전구(백열등)와 비슷하며 빛은 광원으로부터 모든 방향으로 방출된다. Get 〉 Primitive 〉 Light 〉 Point 명령을 통해 생성시킬 수 있다.

Point Light의 특징은 Light의 방향이 모든 각도로 방출되기 때문에 어느 일정 영역에 대해 국부적으로 조명을 설치할 수 있다.

그림 2-16 Point Light

Infinite와는 반대로 방향성에는 무관하고 Point Light의 위치에 따라 그 조명 효과의 적용범위가 달라진다.

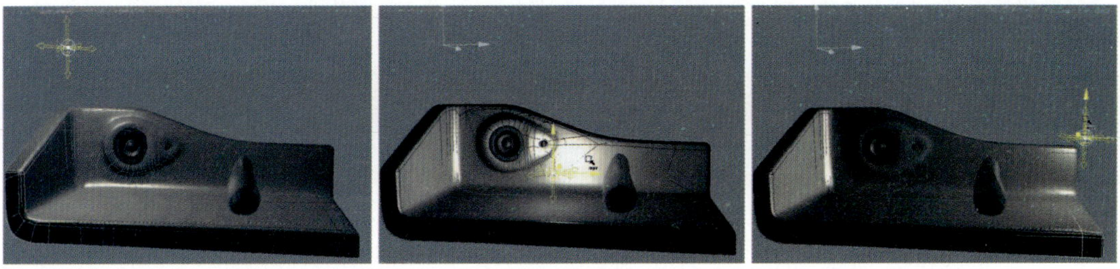

그림 2-17 Point Light의 특징

3. Spot

조명등이라고도 하며 원뿔형로 빛을 투사하여 실제 Spot Light(집중조명) 효과를 만들어낸다. Get 〉 Primitive 〉 Light 〉 Spot 명령을 통해 생성시킬 수 있다.

Spot light 구조는 조명(Spot Light)과 Interest(조명대상)로 구성되어 있으며 조명대상인 Interest의 위치를 임의 이동하여 조명의 방향을 변경할 수 있다(이는 카메라의 구조원리와 비슷하다).

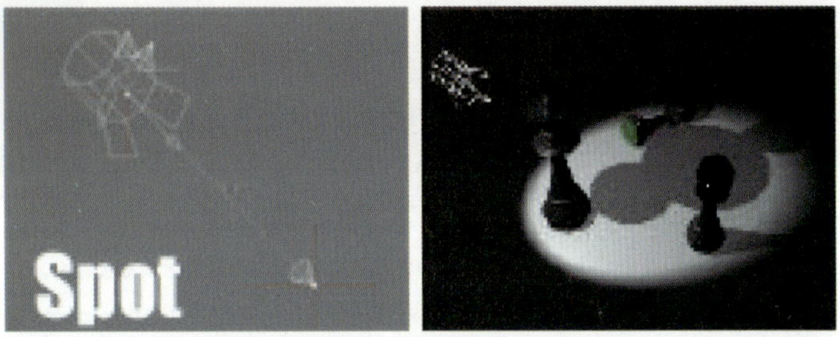

그림 2-18 Spot Light

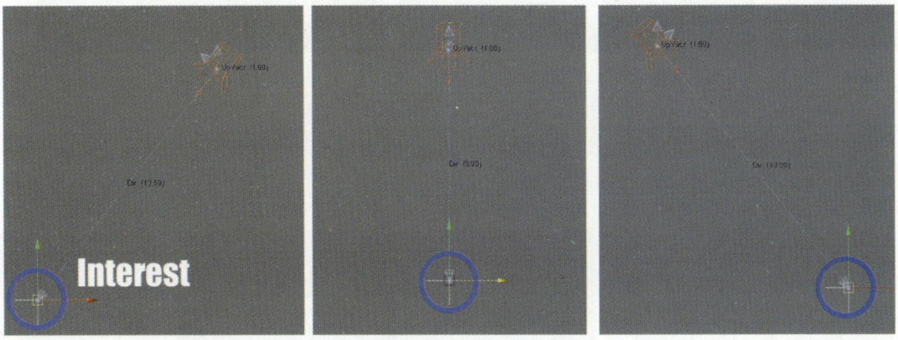

그림 2-19 Spot Light 구조

Spot Light는 지정된 특정 Interest(조명대상)에만 집중적으로 조명하는 집중조명 방식의 Light이다. 전체적인 영역보다는 어느 특정 영역에 대해서 집중적으로 조명 효과를 내고자 할 경우 사용하는 Light 방식이다.

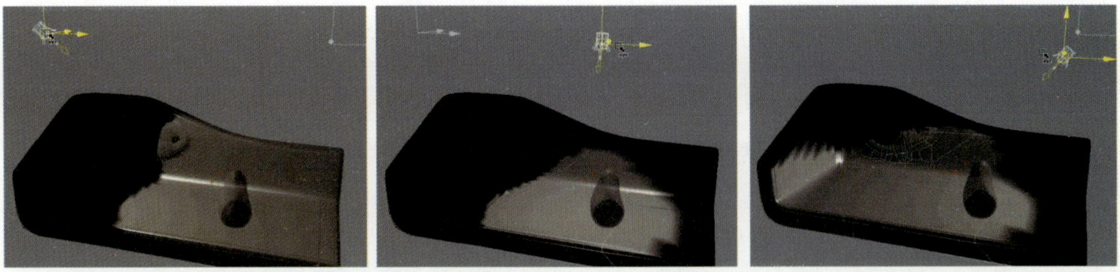

그림 2-20 Spot light 특징

특히 집중 영역의 범위를 자율적으로 조절이 가능하며 집중조명의 범위 내에서도 그 강도가 강한 Light의 영역의 범위 역시 임의로 조절 가능한 특징을 가지고 있다.

그림 2-21 Spot light 범위

또한 Fall off control의 생성을 통해 Light의 효과 영역에 대한 Fall off를 지정할 수 있다.

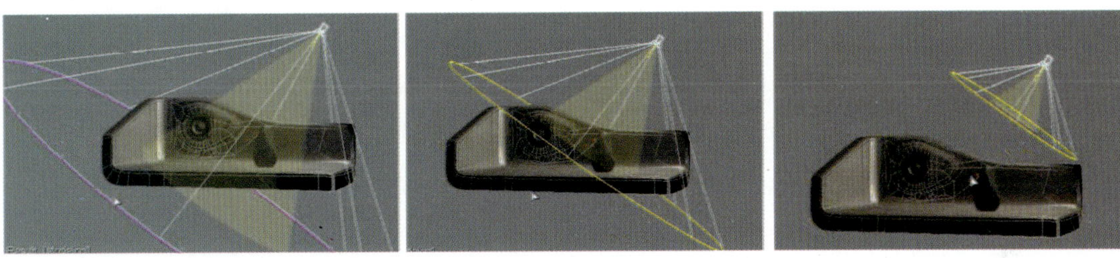

그림 2-22 Spot light Fall off

4. Light Box

스튜디오 조명 상자와 같이 흰 천에 의해 확산되는 빛을 시뮬레이션한다. 이 빛에 의해 만들어진 빛과 그림자는 매우 부드럽다. Specular는 계속 보이지만 눈에 띌 만큼은 약하다. Get 〉 Primitive 〉 Light 〉 Light Box 명령을 통해 생성시킬 수 있다.

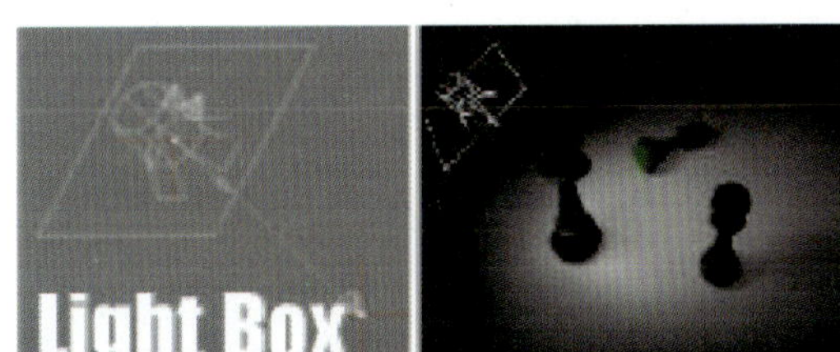

그림 2-23 Light Box

5. Neon

기본적으로 포인트 조명을 시뮬레이션하며, 설정 과정 형상을 바꾸어 네온 또는 형광등, 진공관을 닮는다. Get 〉 Primitive 〉 Light 〉 Neon 명령을 통해 생성시킬 수 있다.

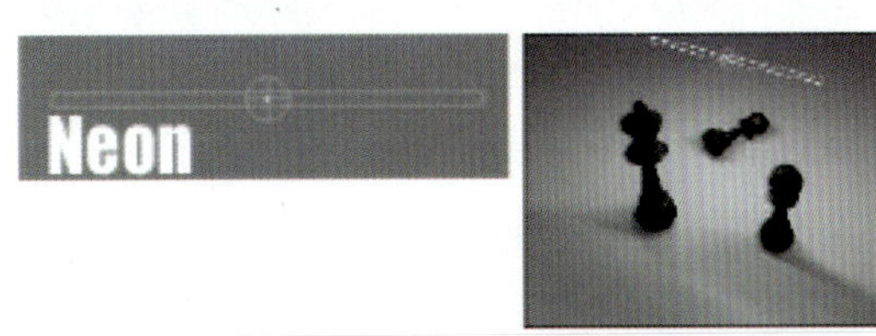

그림 2-24 Neon

6. Default Light

SOFTIMAGE에서 처음 Scene을 열면 기본 Light가 생성되어 있는데 이 Light를 Default light라고 하며 이 Default Light의 종류는 Infinite Light다.

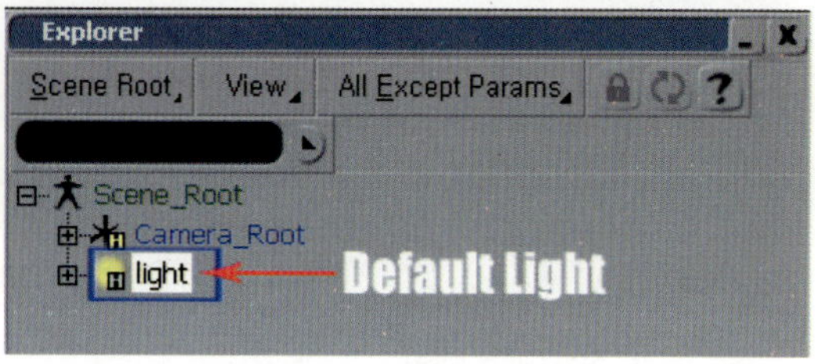

그림 2-25 Default Light in Explorer

2-2-2 Light의 선택/생성 및 삭제

일반적인 선택 방법은 Viewport 상에서 Object를 선택하듯이 동일하게 선택 및 해제를 한다. 그리고 Explorer 창에서 역시 Object를 선택하듯이 동일하게 선택 및 해제를 한다. 이때 3D 제작환경에서의 Light는 하나의 Object와 동일하게 인식되며 이러한 Light의 선택은 Explorer[8] 창에서 Object를 선택하듯이 원하는 Light를 Click 선택한다. 그리고 만약 Scene내에서 Light만을 선택하고자 할 경우에는 Select 모드에서 Light 선택 모드로 변환한 후 선택한다. 그리고 Light를 잠시 Hide시킬 경우 선택 후 [H] 버튼을 누르면 된다. 다시 Unhide 시킬 경우 Object에 적용하는 동일한 방식으로 다시 한번 [H]를 누르면 된다.

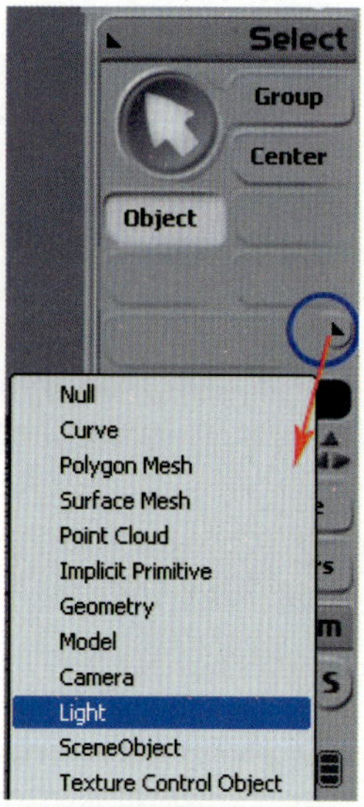

그림 2-26 Light Select

1. Light 생성

Scene에 새로운 Light를 추가할 경우 Get 〉 Primitive 〉 Light 명령을 찾아가면 다양한 종류의 Light들이 포함되어 있다.

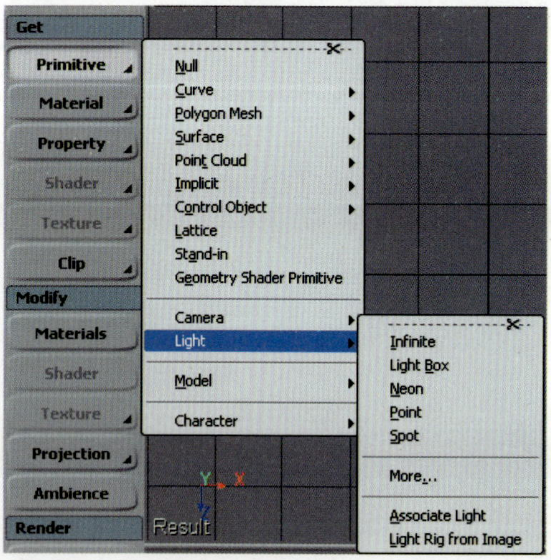

그림 2-27 Light 생성

2. Light 선택 / 해제

Scene 내의 Light는 Object와 동일한 대상으로 취급되므로 모델링 Object를 선택하거나 해제하는 방법과 동일한 방법으로 선택 및 해제를 할 수 있다. 선택 Click과 비선택 Click을 사용한다.

3. Light 삭제

Scene 내의 Light는 Object와 동일한 대상으로 취급되므로 Mesh Object를 삭제하는 방법과 동일한 방법으로 선택 후 삭제(Delete)를 할 수 있다.

4. Light Hidden / Un hidden

Scene 내의 Light는 Object와 동일한 대상으로 취급되므로 모델링 Object를 Hide하는 방법과 동일한 방법으로 단축키 [H]를 사용하여 Hide할 수 있다. Un hide는 다시 [H]를 눌러 원상태로 되돌릴 수 있다.

2-2-3 Light Property(속성에 대해)

1. General(일반 속성) 모드

[1] Light Type : 지정한 Light의 Type(종류)을 변경할 수 있다. 이 경우 변경된 Light Type에 따라 옵션 창이 변경된다.

[2] Cone Angle : Spot Light나 Light Box의 경우 주광의 범위, 즉 각도를 정할 수 있는데 그 경우 Cone Angle 옵션 창에서 원하는 각도를 지정해준다.

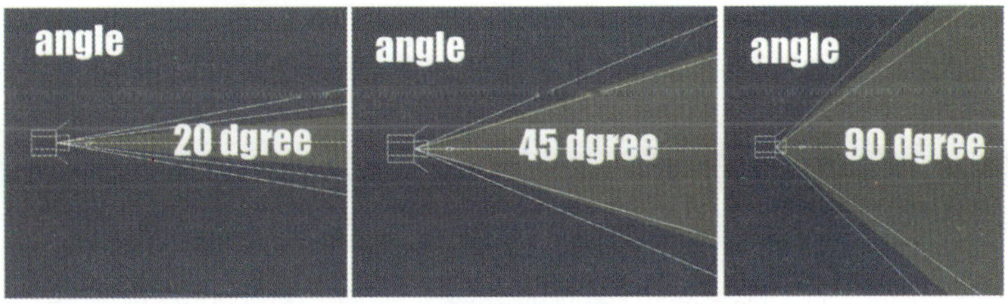

그림 2-29 Cone Angle 컨트롤

[3] Exponent : Light의 Fall off 효과증가에 사용되며 그 범위는 0.1~10 사이에 값으로 지정할 수 있다. 낮은 수치일수록 높은 Exponent 수치에 비해 더 천천히 Fall off 현상을 만들 수 있다.

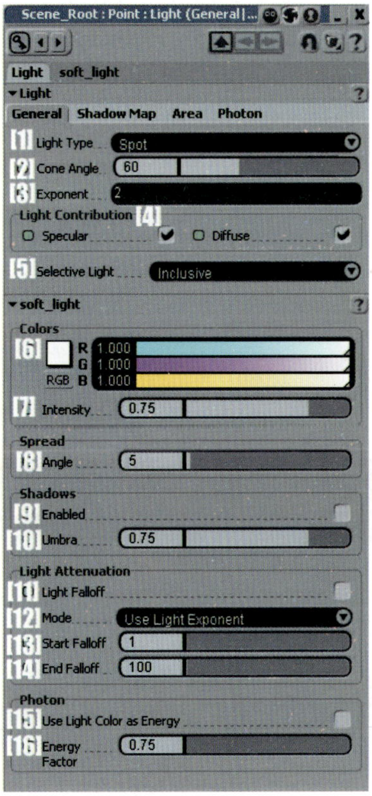

그림 2-28 Light 속성

[4] Light Contribution : Object의 Light가 미치는 영역 가운데 Specular와 Diffuse 영역이 있는데 Specular 옵션을 OFF할 경우 Light의 영향을 받고 있는 Object의 Specular 영역에 대한 Light 효과가 사라진다. 또한 Diffuse 옵션을 OFF할 경우 Light의 영향을 받고 있는 Object의 Diffuse 영역에 대한 Light 효과가 사라진다.

그림 2-30 Specular 효과 적용

[5] Selective Light : 동일한 Scene에서 어느 특정한 Object에 대해서만 Light의 효과를 적용(Inclusive)하거나 미적용(Exclusive)할 수 있는 기능이다.

그림 2-31 Light 효과 적용 및 미적용 방법

적용방법은 Light의 영향을 줄 대상 Object를 선택하고 Get 〉 Primitive 〉 Light 옵션의 Associate Light 명령을 실행한다. 그리고 Light 속성 창에서 지정(Inclusive)하거나 해제(Exclusive) 명령을 실행하면 그 명령에 따라 Light 효과가 적용 및 미적용된다. 이렇게 적용 또는 미적용된 Object를 해제하고자 할 경우에는 Explorer 창에서 Light의 아래 Step으로 가면 Associated Models Group 모드가 있는데 그 안에 들어가면 해당 Object가 포함되어 있다.

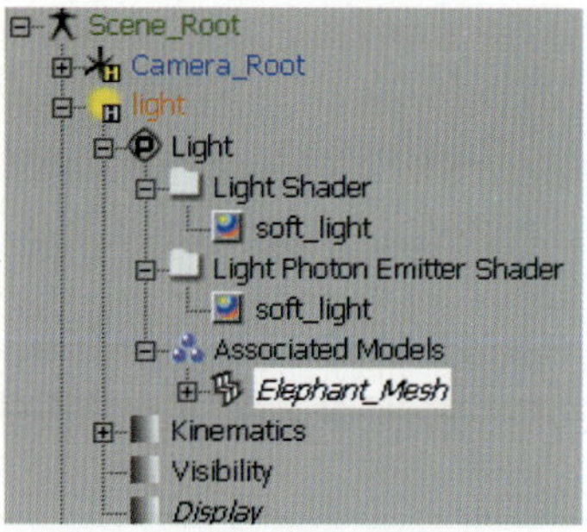

그림 2-32 Associated Model

해당 Object를 Associated Models Group으로부터 Remove시키면 Light의 Inclusive 또는 Exclusive 효과가 사라진다.

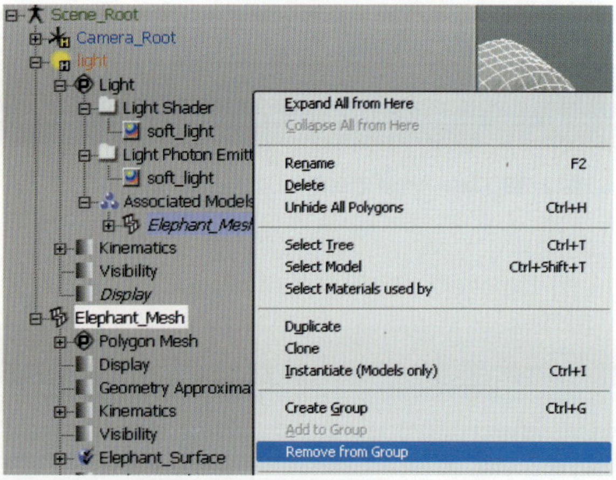

그림 2-33 Exclusive 효과 제외시키기

[6] Color : Light의 Color를 지정해 줄 수 있다. Light의 Color는 Light의 영향을 Scene 전체의 Color에 영향을 준다.
다양한 Light Color의 변형에 따른 Scene 내의 Object에 적용된 Color의 변화 결과이다.

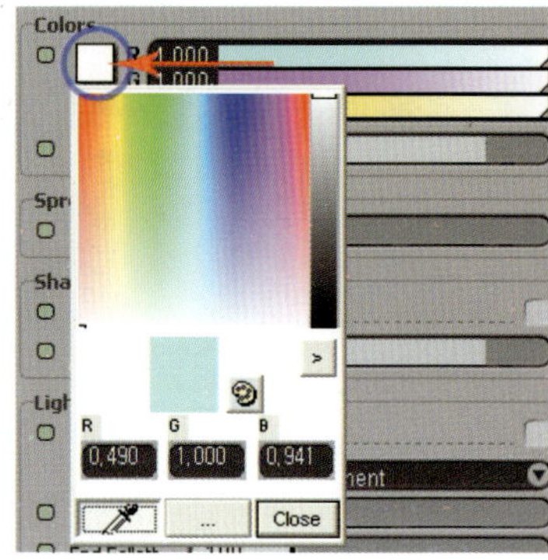

그림 2-34 Light의 Color

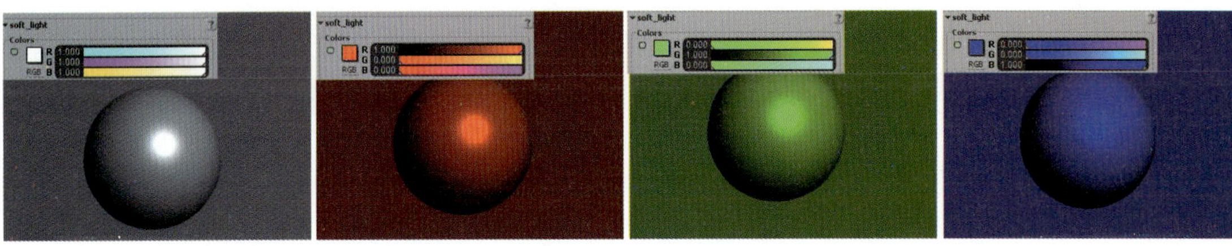

그림 2-35 Light Color 변경

[7] Intensity : 빛의 강도를 가감할 수 있는 기능을 한다. 수치를 높이면 강도가 높아지고 수치를 낮추면 빛의 강도는 낮아진다.

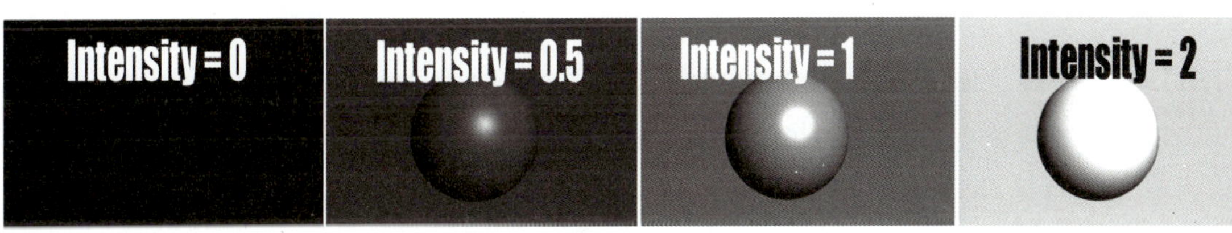

그림 2-36 Light Intensity

[8] Spread Angle : Light의 Spread 영역의 사이즈를 조절하는 기능으로 Light의 Spread 영역이란 Light의 효과의 Fall off가 시작되기 전에 거의 동일한 강도로 직접적인 영향을 받는 영역이다.

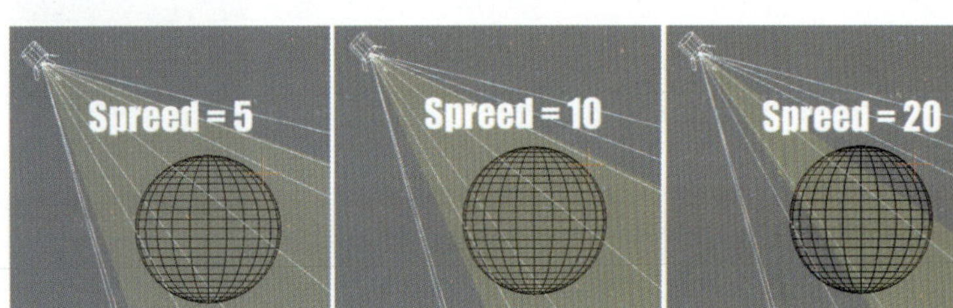

그림 2-37 Spread Angle

[9] Shadow Enable : Shadow는 그림자의 효과를 적용/미적용하는 기능이다.

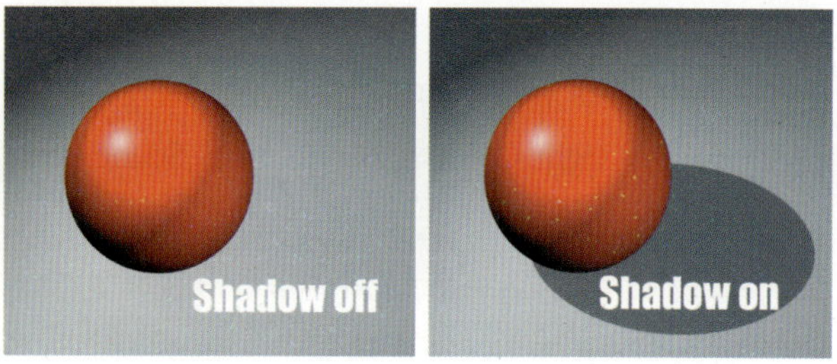

그림 2-38 그림자 효과

[10] Shadow Umbra : Shadow의 강도를 조절할 수 있는 기능 툴이다. Shadow Umbra의 수치를 높이면 Shadow의 효과가 감소되고 수치를 낮출수록 Shadow의 강도는 강해진다. 이러한 Shadow 효과의 패턴으로는 Raytraced와 Shadow-mapped, Sodtshadow가 있다.

그림 2-39 그림자 강도

① Raytraced : Raytracing renderer를 사용하여 제작하는 방식으로 그 결과가 매우 우수하지만 Rendering time이 많이 소요된다는 단점이 있다.

② Shadow-mapped : Scanlined Renderer를 사용하는 방식으로 매우 빠른 Render 속도를 제공한다. 하지만 정밀한 작업에는 적합하지 않다.

③ Sortshadow : Area Light의 효과에 의해 제작된다.

[11] Light Fall off : Light 효과의 적용 범위를 설정하는 기능으로 Light의 광원으로부터 어느 거리까지 Light의 효과를 적용할지에 대한 거리 값을 지정할 수 있다. Fall off의 기능을 비활성시 기본적으로 Setting된 Default 거리에 대해서 Light 효과가 적용된다.

[12] Mode : User Light Exponent 모드를 설정하면 Exponent의 설정 값에 따라 그 효과를 확인할 수 있다. Linear 모드의 빛의 효과를 확인한다.

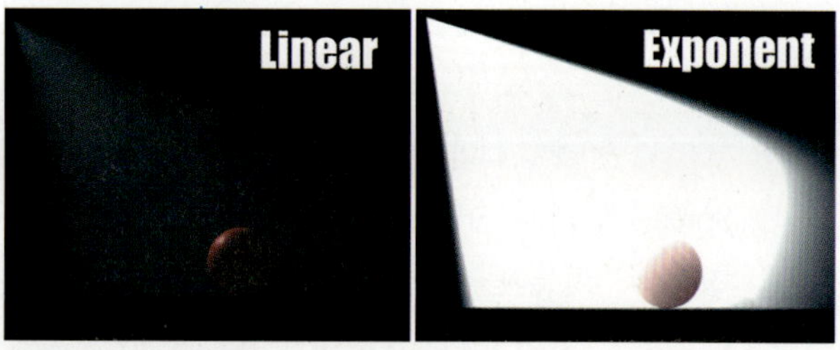

그림 2-40 Light Linear Mode

[13] Start Fall off : Light의 효과의 시작 지점에 대한 위치 설정을 할 수 있다. Light의 효과가 최초 적용되기 시작하는 지점에 대한 설정을 임의로 할 수 있는 기능이다. 광원으로부터 빛이 시작되는 시점으로 실제로 빛의 효과가 나타나는 시점이다.

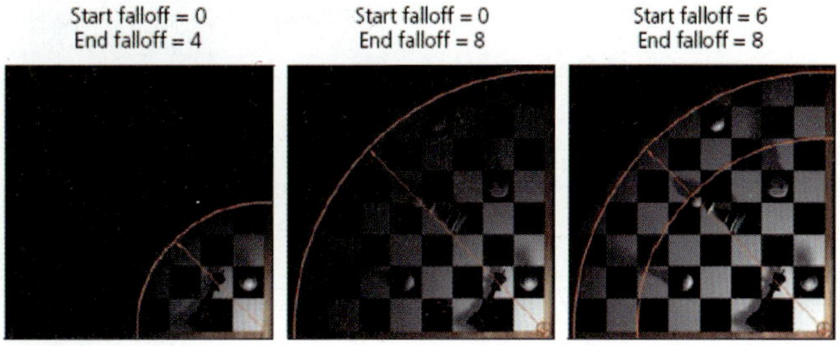

그림 2-41 Fall off 영역

[14] End Fall off : Light의 효과의 종점에 대한 위치설정을 할 수 있다. Light의 효과가 마지막으로 끝나는 지점에 대한 설정을 임의로 할 수 있다. 광원으로부터 빛이 끝나는 시점으로 빛의 효과가 실제로 끝나는 지점이다. 이러한 Fall off의 시작점과 끝점을 지정함으로써 빛의 효과에 대한 영역을 조절하여 빛의 효과를 극대화할 수 있다.

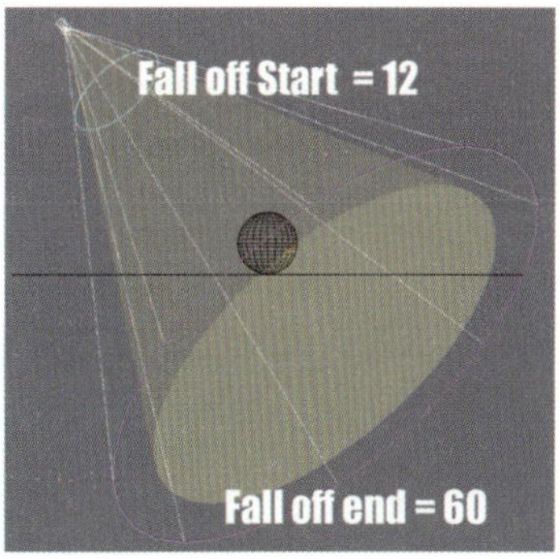

그림 2-42 Fall off 조절

[15] Use Light Color as Energy : 이 기능은 Light의 속성 중에서 Photon의 속성을 활성화할 경우에 사용하는 기능이다. 일반적으로 Light의 기능을 사용할 경우에는 사용되지 않지만 좀 더 Light의 기능을 확장하여 사용할 경우 사용한다. 3D Light에서의 Photon은 Global Illumination이나 Final Gathering, Caustics와 같은 좀 더 사실적인 Light의 효과를 나타내고자 할 경우에 사용한다.

[16] Energy Factor : Photon Energy 사용 범위를 지정하는 옵션이다.

2. Shadow Map

Area Light의 사용에서 가장 문제가 되는 것은 Rendering 시간이다. 좋은 결과를 위해 Samples 수치를 높이게 되면 결과는 향상시킬 수 있지만 Rendering 시간은 늘어나게 된다. 하드웨어의 성능에 따라 다소 차이는 있지만 일반적인 그림자와 Area Light를 사용했을 경우의 그림자의 Rendering에 소요되는 시간은 수배에서 수십 배에 이른다. 이 경우 Pass Render 기능을 활용하여 Shadow만을 따로 Rendering하여 처리하거나 Shadow Map 기능을 활용하기도 한다.

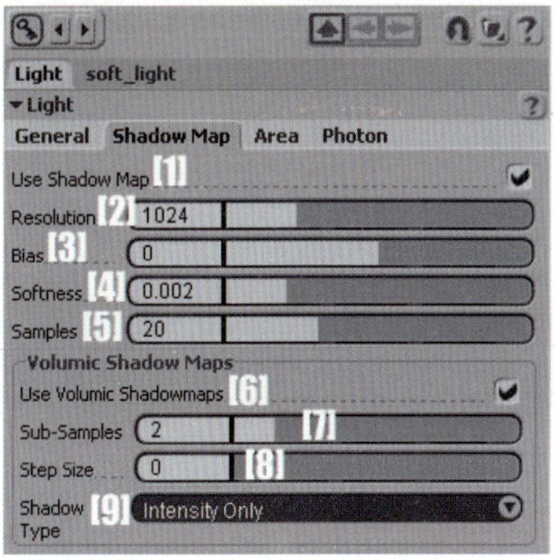

그림 2-43 Light Shadow Map 속성

[1] Use Shadow Map : Shadow Map 기능을 사용할 경우 활성화 체크를 한다.

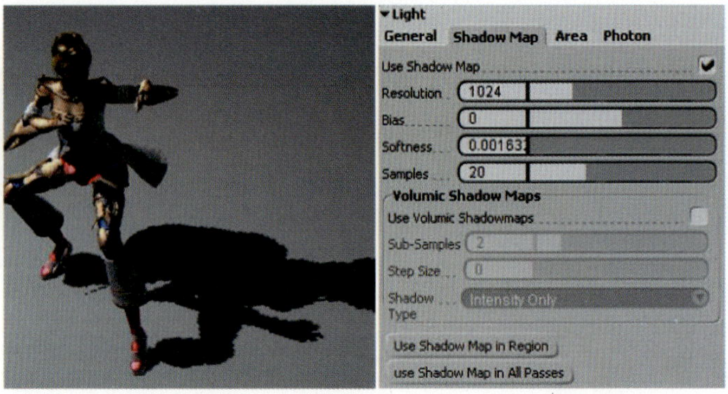

그림 2-44 Shadow Map 기능 활성

[2] Resolution : Shadow Map의 해상도를 조절할 수 있다. 수치가 낮을수록 해상도가 낮아져서 Shadow의 외곽의 모양이 각이 생기게 되고 수치를 높일수록 Shadow의 가장자리가 부드럽게 연출된다.

[3] Bias : "0"을 기준으로 "−"와 "+"로 이동하면서 그림자의 치우침 현상을 조절할 수 있다.

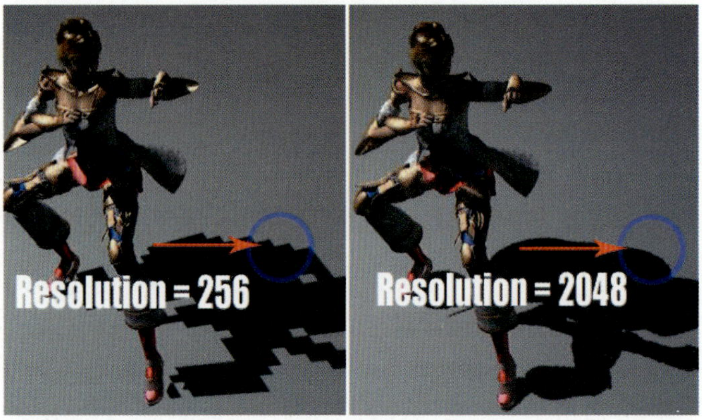

그림 2-45 Resolution 변경 결과

[4] Softness : Shadow 효과의 부드러운 정도를 설정할 수 있다. 수치조절을 통해 Area Light의 효과를 제작할 수 있다.

[5] Samples : 보다 부드러운 그림자 처리는 Shadow map의 영역의 Sample의 수에 의해 결정되는데 이때 Sample의 수치를 조절하는 기능을 한다.

[6] Use Volume Shadow maps : Volume Shadow map 기능을 사용할 경우 활용화 체크를 한다.

[7] Sub-Sample : Shadow map의 각각의 Pixel의 Over sampling을 조절하는 기능을 한다.

[8] Step Size : 원본 Light의 광원으로부터 전달될 때 각각의 Sample 간의 거리를 지정할 수 있다.

[9] Shadow Type : 그림자의 유형을 선택하여 효율을 높일 수 있다.

그림 2-46 Softness

3. Area

그림자의 외곽의 처리를 담당하는 기능으로 그림자 전체의 분명함 또는 흐려짐 등의 효과를 적용할 수 있다.

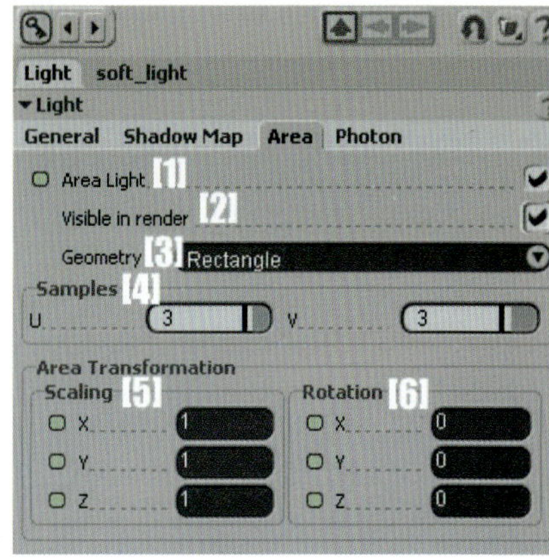

그림 2-47 Area 속성 창

[1] Area Light : Area Light 효과를 사용할 경우 활성화 체크를 한다.

그림 2-48

[2] Visible Render : Rendering 시에만 결과를 확인할 수 있도록 하는 옵션이다.

[3] Geometry : 설정하는 Geometry Type의 형태대로 광원을 설정하는 기능이다. Rectangle과 Disc, Sphere, Cylinder 등과 같은 종류들이 있으며 이는 광원의 형태를 결정짓는 기본 형태를 지정해 주는 기능이다.

[4] Samples : 그림자의 부드러운 정도를 나타낼 수 있는 옵션 창이다.

① U : U 방향으로 그림자의 퍼짐 현상을 볼 수 있다.

② V : V 방향으로 그림자의 퍼짐 현상을 볼 수 있다.

[5] Area Transformation〉 Scaling : Area 결과에 대해 Object와의 거리에 대해 Scaling할 수 있는 기능이다.

[6] Area Transformation〉 Rotation : Area 결과에 대해 Object와의 거리에 대해 Rotation할 수 있는 기능이다.

4. Photon

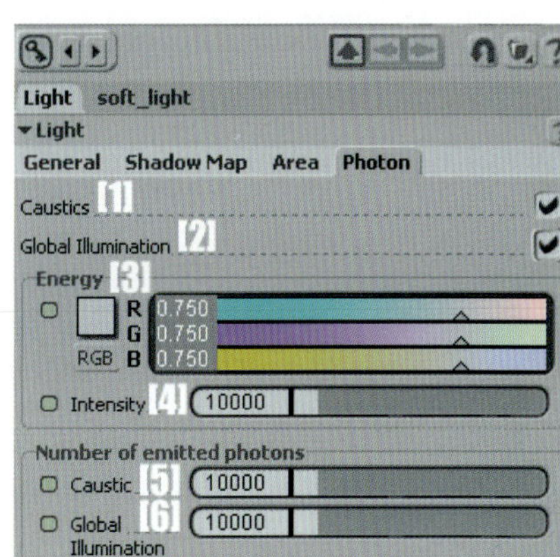

그림 2-49 Photon tab 속성 창

[1] Caustic : Caustic 효과를 실행할 경우 사용한다.

[2] Global Illumination : Global Illumination의 효과를 나타내고자 할 경우 사용한다.

[3] Energy : Global Illumination의 Color 값을 지정한다.

[4] Intensity : Global Illumination의 Intensity(강도) 값을 지정한다.

[5] Caustics : Caustic 효과에 사용되는 빛의 Photon(입자)의 수를 지정할 수 있다.

[6] Global Illumination : Global Illumination 효과에 사용되는 빛의 Photon(입자)의 수를 지정할 수 있다.

2-2-4 3점 Lighting

1. 3점 Lighting의 개념

3점 Lighting은 "실제와 같은 느낌"이나 "독특한 분위기"를 만들기 위한 방법이라기보다는 "피사체를 돋보이게" 하기 위한 조명으로 정리하는 편이 좋을 것 같다. 다시 말해 3점 Lighting은 피사체를 돋보이게 하기 위해선 어떤 경우라도 이러한 원리를 사용할 수 있지만 3점 조명의 원리가 모든 조명상태에 적용되는 것은 아니라는 이야기가 될 수 있다. 하지만 3점 Lighting 기술은 어떤 임의의 대상물에 대하여 집중 조명 Setting의 방법으로 거의 모든 매체분야에서 표준에서 사용되는 방법이며 비디오 영상 매체와 같은 영화, 애니메이션, 방송, 영상물 등 여전히 사진과 컴퓨터로 제작되는 환경에서는 대부분의 조명의 기본을 형성하는 중요함과 동시에 완전한 시스템이다.

2. 3점 Lighting 기본 Seeing

(1) Key Lighting(주광)

"주광"이라고도 하며 가장 중요한 조명으로 Object의 전체적인 shape의 형태, 즉 Volume감을 드러내주는 핵심 Light이다. 3D View Port상에서 Object의 강조하고 싶은, 혹은 강조의 필요성이 있는 형태에 대해 Gradation 효과를 통해 충분히 표현되도록 설치하여야 한다. 일반적으로 카메라의 위치보다 좀 더 좌측(혹은 우측) 위쪽에 설치되는 이유도 이와 같다.

특히 3D Digital Lighting 환경에서는 Object의 표면 shader에 의해 쉽게 Gradation 효과가 잘 나타날 방향을 예측할 수 있으므로 그에 맞게 설치하도록 한다. 그림자를 표현할 때도, 일반적으로 이 Key Lighting에만 그림자를 생성하는 기능을 활성화한다.

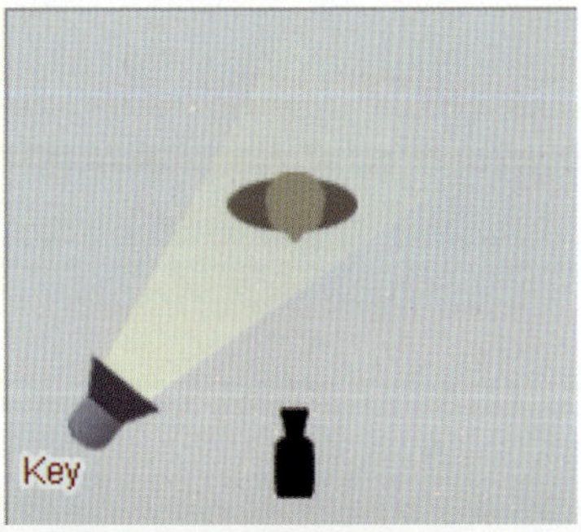

그림 2-50 Key Lighting

(2) Fill Light(보조광)

"보조광"이라고도 하며 Key Light를 적용하면 대부분 지나치게 어두운 부분이 Key Light의 반대편 방향으로 반드시 생성되는데(예를 들어 Key Light가 왼쪽 45도 방향에서 비추었을 때 반대쪽 오른쪽 45도 방향의 뒷부분은 빛이 닿지 않기 때문에 극히 어두워 보일 수 있다.) 그러한 부분에 적절한 밝기를 주기 위한 라이트가 이 Fill Light이다. 그런 관점에서 본다면 Fill Light로 Ambient Light의 효과를 대체할 수 할 수 있다고 생각할 수 있겠는데 그 역시 맞는 말이지만 아시다시피 Ambient Light는 상수와 같이 취급되기 때문에, 즉 모든 부분의 밝기가 일정량만큼 증가하는 개념이기 때문에, 어두운 부분에서 평면적인 느낌이 나는 경우가 많다.

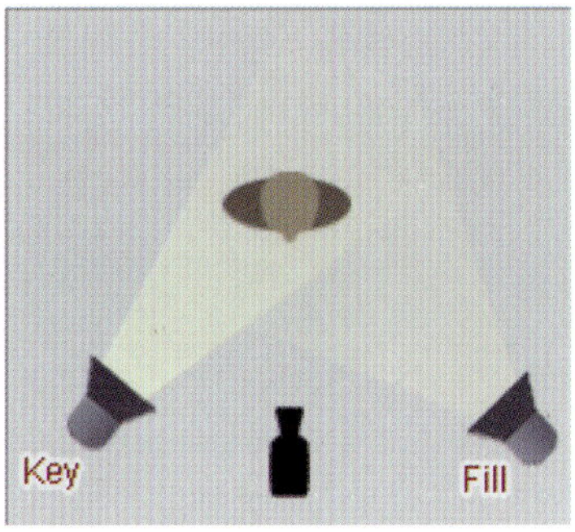

그림 2-51 Fill Light

따라서 Key light와 같이 spot light이나 Infinity(Directional) light 등을 설치하여 어두운 부분에도 적절한 Gradation이 표현될 수 있도록 하는 것이 바람직하다. 또한 조명 전체의 전체적인 콘트라스트를 위하여 Fill Light는 Key Light의 반대방향에서 절반정도 (경우에 따라서 Key Light 밝기의 30~40% 정도로 처리하기도 함)의 밝기를 사용하는 것이 일반적이다.

(3) Back Light(역광)

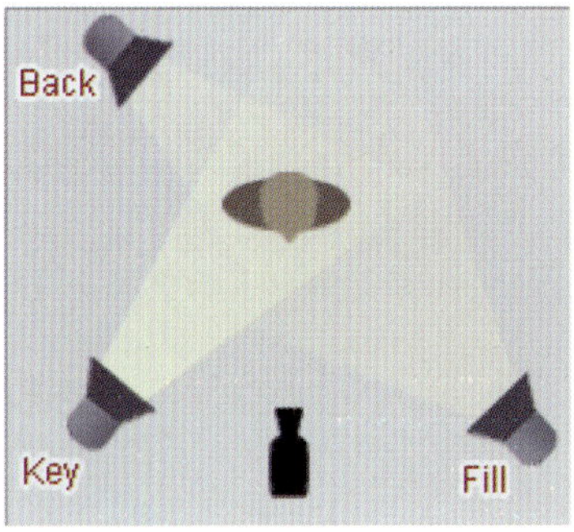

그림 2-52 Back Light

“역광” 또는 ”Lim Light”라고도 하며 Back Light는 Object의 윤곽선을 섬세하게 표현하기 위한 라이트로, Object의 후방 상단에서 강한 Spot Light를 비춰 Object의 윤곽에 따라 Highlight를 강하게 내는 조명이다. Object의 외곽 윤곽부분의 밝기를 조절해주는 Light이다. Specular 효과의 경우 이 Back Light의 영향을 많이 받기 때문에 머리카락이나 반짝이는 Object의 경우 필수적으로 사용한다.

Back Light는 Object의 뒷부분 특히 약간 상단에 배치하는 것이 일반적인 방법이다. Back Light의 밝기는 보통 Key Light와 거의 동일하게 하거나 경우 따라서는 Key Light보다 다소 높게 설정하는 경우도 있다.

SOFTIMAGE에서 제공하는 Plug in인 Light Rig 기능을 활용하여 보다 간편하고 효율적으로 3점 Lighting Setting을 할 수 있다. Quick_Light_Rig 설치 파일을 홈페이지에서 다운받아서 Install Add on 기능으로 추가 설치할 수 있다. Add on 설치 후 File 〉 Import 〉 Add on 〉 emdl 폴더 안에서 Quick_Light_Rig.emdl 파일을 선택하여 Scene에 불러온다.

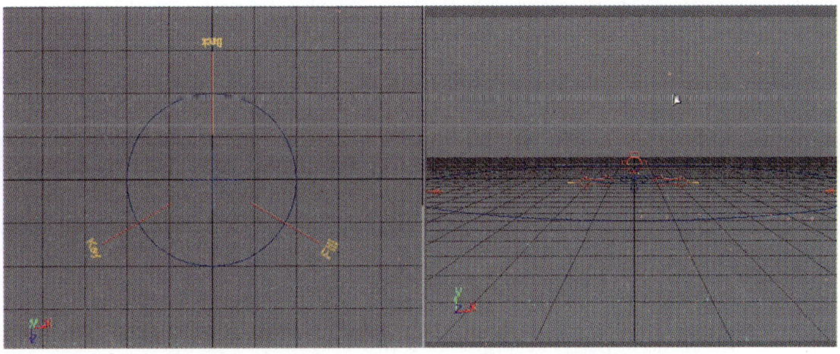

그림 2-53 Quick_Light_Rig

다양한 옵션 창에서 원하는 Right의 효과를 제작하기 위해 Setting할 수 있다.

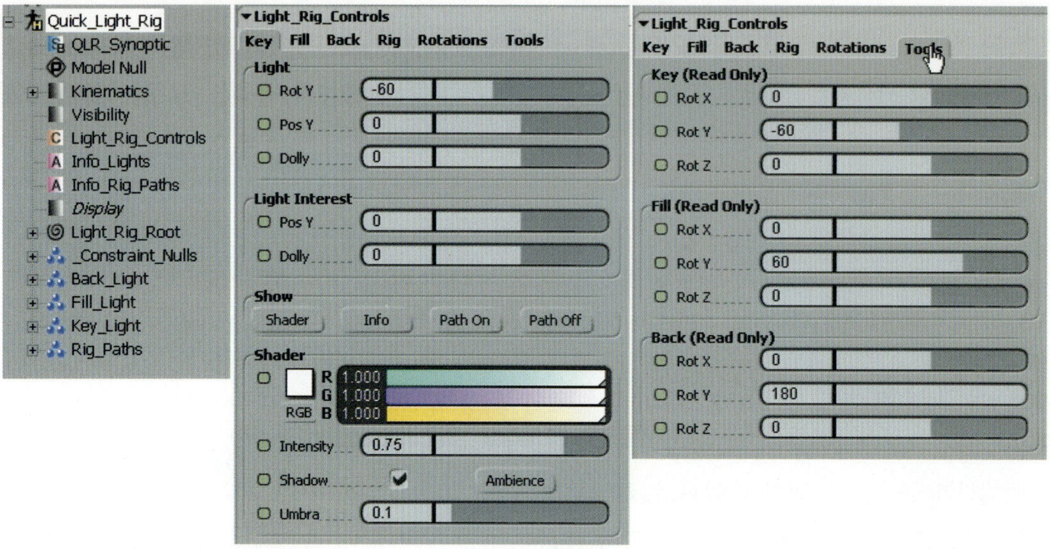

그림 2-54 Quick_Light_Rig 속성

2-3 3점 Lighting 활용한 Scene 제작

1 먼저 간단한 모델링 데이터를 제작한다.

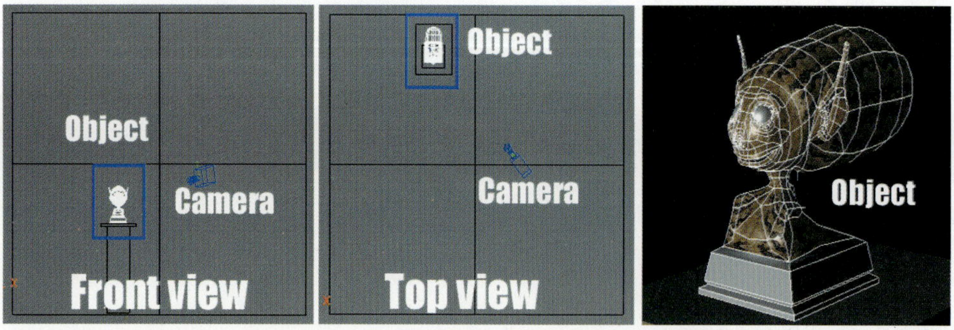

그림 2-55 Scene 제작

2 Light 삭제 : 우선 Scene내에 존재하는 모든 Light는 삭제한다. Main 명령 창에서 Explorer 〉 Light 버튼을 선택하면 Scene내에 존재하는 모든 Light의 목록들을 볼 수 있도록 해 준다.

모든 Light를 없애고 Scene의 Ambient Light의 수치를 "0"으로 만든다. Ambience light는 Render 〉 Modify 〉 Ambience 명령을 실행하여 Ambient Light의 속성 창을 열고 RGB Color 값을 모두 "0"으로 낮추도록 한다.

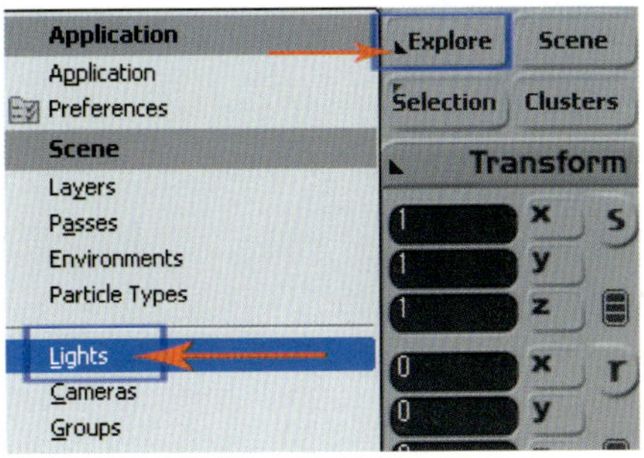

그림 2-56 Default Light 삭제

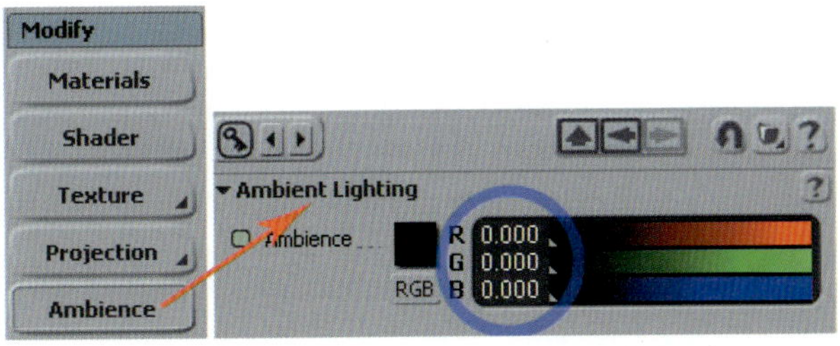

그림 2-57 Ambient Light의 수치 "0"

3 Key Light 제작

① Light 추가 : Get 〉 Light 〉 Spotlight를 꺼내서 Key Light를 만든다.

② Viewport를 Spot Light Viewport로 설정하여 보다 정확한 Light의 위치를 찾아 대상 Object에 적용하여 Light의 효과를 극대화시키도록 한다. Light Viewport 모드에서의 동심원들은 Light 효과의 Fall off거리를 나타낸다.

③ Light 속성 창을 열고 Shadow의 Umbra의 수치를 "0"으로 하고 Intensity 수치를 "2"로 setting한다. Spot light의 원뿔 확산 정도를 조정하여 보다 정확한 Lighting 효과를 만들어준다.

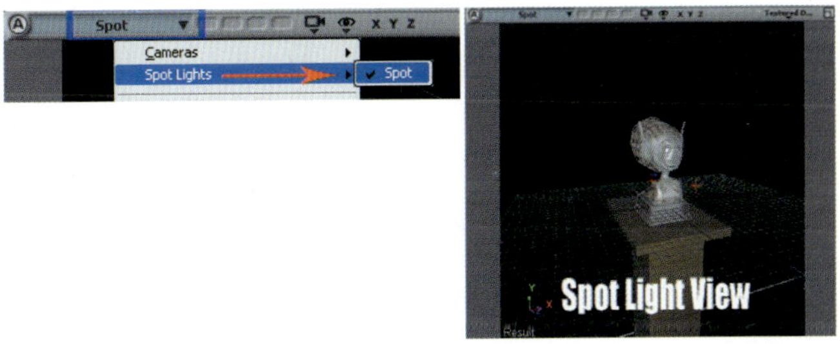

그림 2-58 Spot Light View

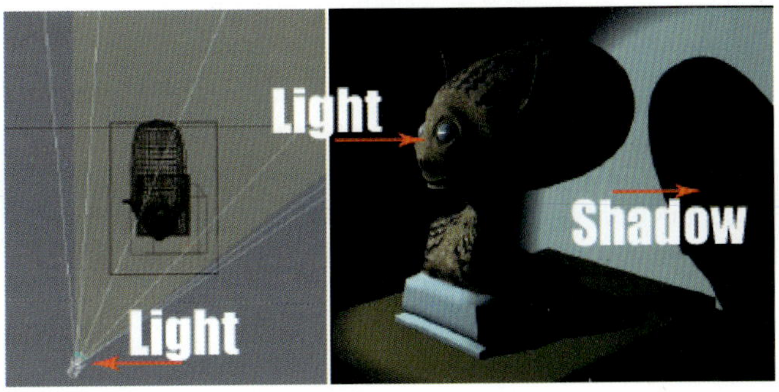

그림 2-59 Spot Light 속성 창

4 Spot 라이트(광원)를 선택하고 단축키[B]를 눌러 Manipulator를 작동시킨다. 이 Manipulator는 Click+drag를 통해 자유롭게 영역을 컨트롤할 수 있다.

5 Object의 얼굴은 잘 빛나지 않고 어깨에 명확한 선이 만들어진 상태가 아니다.

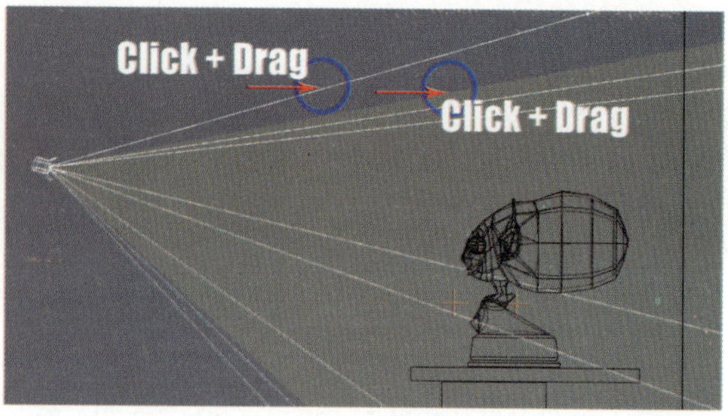

그림 2-60 Spot Light Manipulator 조절

6 Fill Light 제작

① Get 〉 Light 〉 Spotlight의 명령을 실행하여 또 하나의 Spot Light를 생성한다.

② Fill Light의 속성 창에서 Intensity를 0.66으로 설정하고 Shadow Enable의 설정을 해제한다.

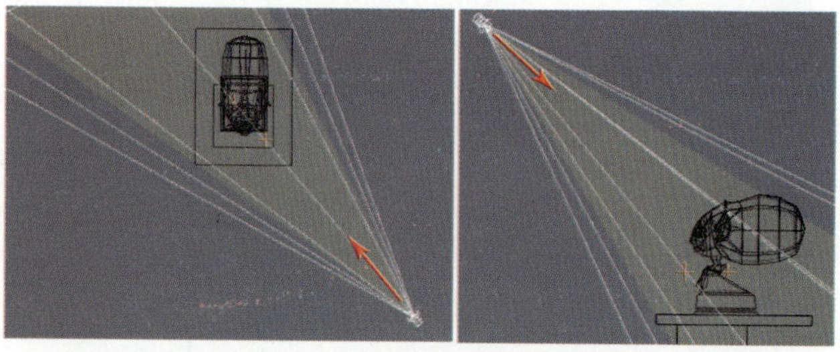
그림 2-61 Fill Light 위치

③ Fill Light는 Key Light에 의해 만들어진 그림자를 부드럽게 하고 어두운 영역에 Detail을 효과를 나타내기 위해 사용된다.

Fill Light의 밝기는 Key Light 밝기의 1/3 수준(50%를 넘지 않는다)을 유지한다. 그리고 Specular 영역에 대한 표현은 하지 않는다.

그림 2-62 결과

7 Back Light 설정

① Get 〉 Light 〉 Spotlight의 명령을 실행하여 또 하나의 Spot Light를 생성한다. Back Light의 속성 창을 열고 Intensity를 "2.0"으로 높인다. Back Light의 Specular 영역도 나타나지 않도록 한다.

② Back Light를 높은 각도로 이동시키고 약간 Camera를 향하도록 위치시킨다.

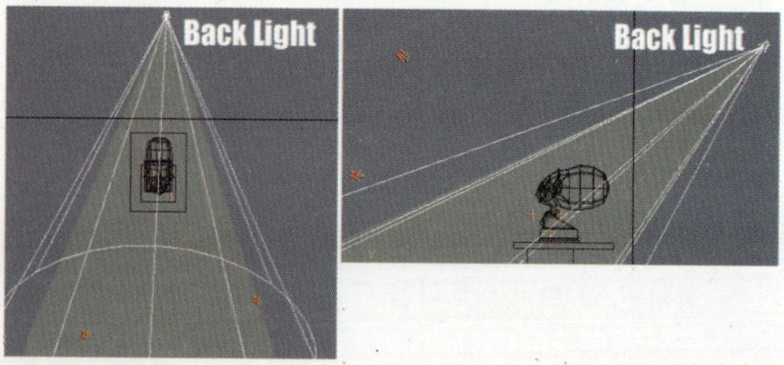

그림 2-63 Back Light 위치

③ Scene의 상황이나 Object의 형태에 따라 여러 개의 Back Light를 사용할 수 있다.

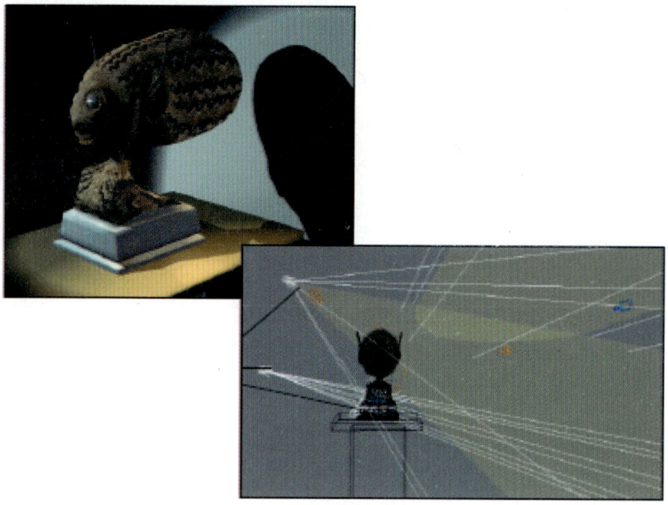

그림 2-64 3점 라이트 적용 결과 및 위치확인

2-4 Volume Light

2-4-1 Volume Light 정의

Volume Light란 광원으로부터 출발한 빛이 공기 중에 있는 다양한 입자들과 부딪치면서 생기는 Scatter(산란) 현상을 이용하여 조명 효과 특히 안개나 햇빛의 Scatter(갈림) 현상, 레이저 효과 등의 집중현상 등의 느낌을 표현할 때 사용하는 Light 표현 방식이다.

그림 2-65 Volume Light 효과

2-4-2 Volume Light 제작

지금부터 Volume Light 효과의 기본적인 활용법에 대해 알아보도록 한다.

1 먼저 Volume Light 효과를 테스트하기 위한 간단한 Scene을 제작한다.

바닥 Grid를 생성하고 Sphere 하나를 올려놓고 조명(Spot Light)을 다음과 같이 설치한다.

2 Light에 Volume 효과를 적용하기 : Spot Light를 선택한 상태에서 Render 툴 바에서 〉 Get 〉 Property 〉 Volumic 명령을 실행한다.

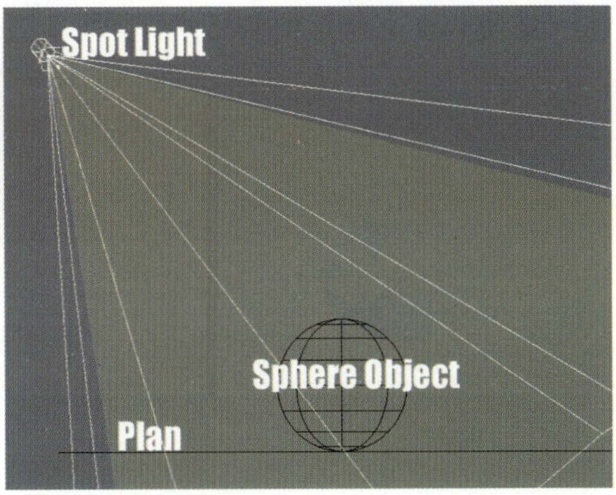

그림 2-66 Scene 제작

그림 2-67 Volume 효과 적용

3 Volume 효과가 적용된 Light의 영역을 렌더링하여 확인한다.

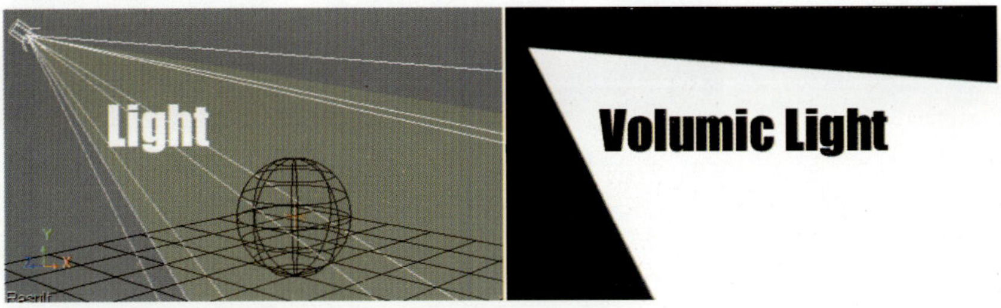

그림 2-68 Volume 효과 적용

4 Volumic 속성 창에서 속성 변경을 통해 좀 더 부드럽게 Scattering되는 빛의 패턴을 만든다. Volumic 속성 창에서 Volumic tab에서 Reflection 수치를 낮춰서 Volumic의 강도를 줄인다.

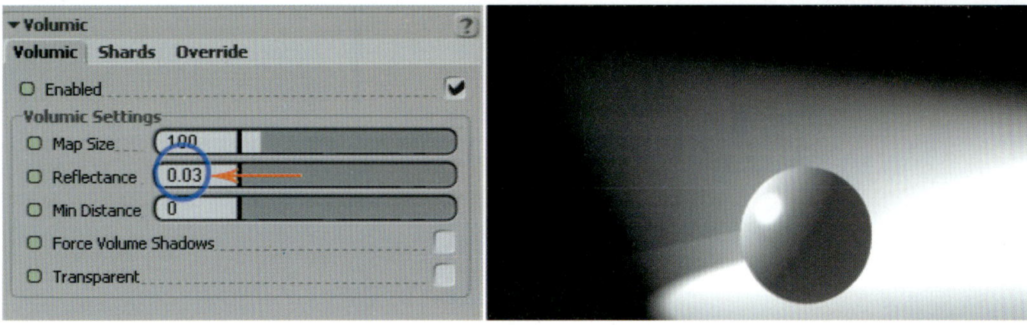

그림 2-69 Volumic 속성 변경

5 Volumic tab의 Force Volume Shadows를 체크한다. 이 기능은 Light가 바닥 Grid를 인식함에 있어 빛의 투과성을 제한하는 기능으로 바닥 Grid를 빛이 통과하지 못하도록 한다.

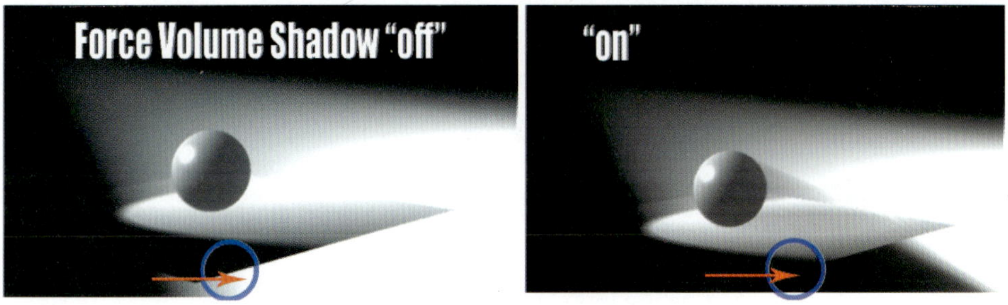

그림 2-70 Volume Shadows "ON"

6 Sphere를 Close up하여 가까이에서 빛의 Scatter 현상을 확인한다.

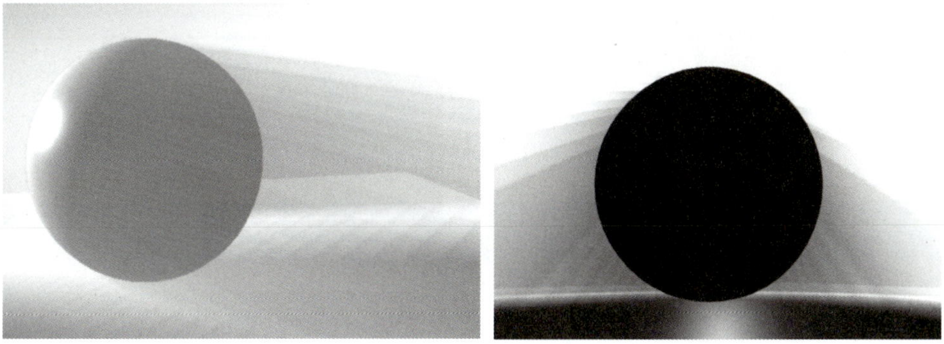

그림 2-71 빛의 Scatter 현상

7 Light 속성 창에서 Shadow(그림자) 옵션을 활성화하고 다시 Rendering test한다.

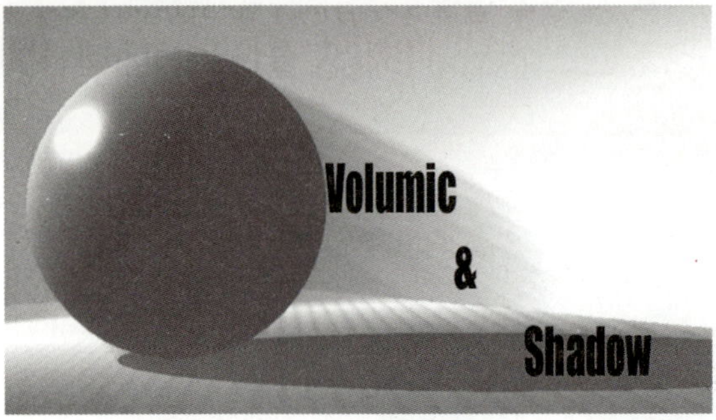

그림 2-72 Scatter & Shadow 효과

8 다음은 좀 더 섬세한 빛줄기 표현을 제작한다. Volumic 속성 창에서 Shard tab으로 이동한 다음 Shard 옵션을 활성화시킨다. 결과를 확인한다.

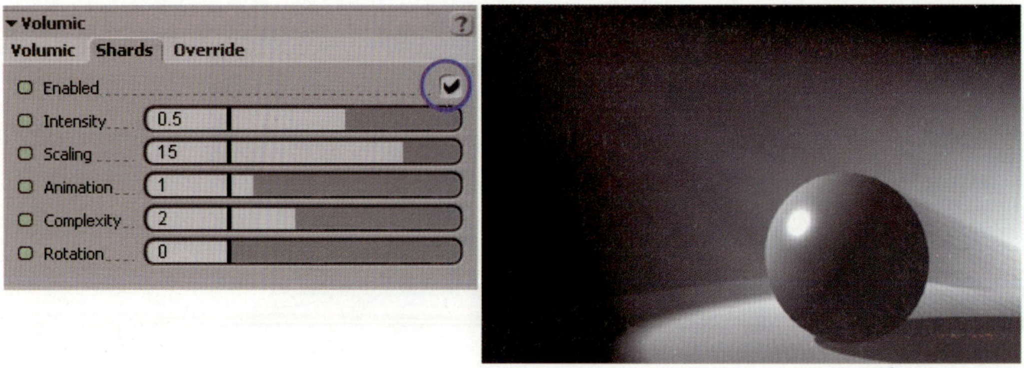

그림 2-73 Shard 활성

9 Volumic 속성 중에서 Distance 기능을 활용하여 광원의 시작점을 변경시켜 줄 수 있다.

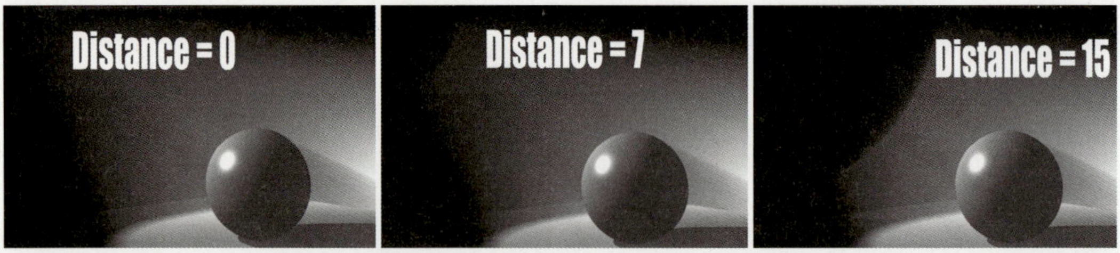

그림 2-74 Distance

2-5 3D Light Setting 활용

2-5-1 3D Light 실내 활용

일상생활에서 마주치는 빛의 종류는 너무나 많고 다양하다. 예를 들어 사무실공간을 살펴보면 주가 되는 빛은 천장에서 발광하는 형광등 불빛이 되고 이 불빛은 다시 책상이나 기타 가구 또는 책상위의 서류에 반사되어 빛의 수명이 다 할 때까지 지속적으로 발광을 한다. 이렇기 때문에 사실에 가까운 장면을 연출할 경우 Lighting의 개수와 위치, 그리고 강도 그림자 위치와 세기 등의 다양한 옵션이 필요한 까닭이다.

최근 들어 사실감 표현에 근간을 두고 실제 빛이 가지고 있는 성질들의 속성을 이용하여 HDRI의 기법이나 Final Gathering이나 Global Illumination 등의 적용 방법이 사용되고 있다. 하지만 이런 적용 방법들에는 Rendering 속도라든가 그림자의 일렁임, Anti-aliasing 처리 등의 해결해야 하는 과제들이 많이 남아있다. 물론 이런 문제들 역시 시간이 지나감에 따라 기술적이든 경험적이든 하나씩 처리되어가는 실정이긴 하지만 현재로서는 하드웨어나 소프트웨어적인 한계를 가지고 있음은 분명하다.

간단한 모델링 데이터를 준비한다. 책상에 과일하나와 조명으로 사용할 Stand형 Light 형태의 모델링을 제작한다.

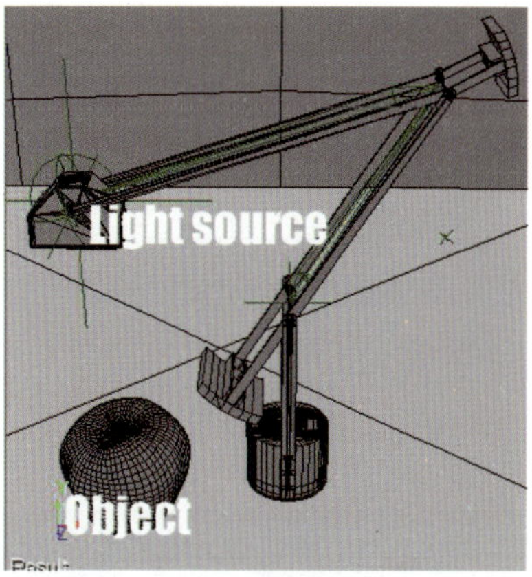

그림 2-75 (그림 2-53) Scene 제작

1 Texturing 작업 : 각각의 Object에 Texturing 작업을 한다.

2 Default Light 삭제 : Scene 내에 기본적으로 포함되어 있는 Infinity Light를 삭제한다.

3 Ambience Light의 값을 "0"으로 맞춘다. Render Toolbar에서 > Modify > Ambience 옵션을 선택해서 RGB의 값을 모두 "0"으로 낮춘다. Ambience Light는 기본적으로 전체 Scene 내부의 밝기를 조절하기 위해 Default로 적용되어진 Light이다.

그림 2-76 Texturing 적용결과

4 New Light 생성 : Scene에 기본적으로 들어있는 default Light를 삭제하고 Spot Light를 하나 생성한다.

5 Spot Light View 모드에서 조절 기능을 활용하여 대상 Object(사과)를 중심으로 라이트의 방향과 범위를 조절한다.

6 Spot Light 속성 변경하기 : Spot Light의 기본 속성에서 우선 Cone Angle 값을 60도 정도로 조절하여 대상에 적용하고 Light의 Color는 RGBA를 모드 "1"로 지정하여 White color로 변경한다. 그리고 Intensity 수치는 "1"로 올려주고 Shadow 옵션을 활성화하여 그림자 효과를 주도록 한다.

7 Area Light 효과를 적용한 뒤 광원의 모양이 사각형이므로 Geometry를 Rectangle로 설정하고 Area Transform의 Scaling의 X, Y값을 조절하여 광원의 형태와 같도록 맞춰준다.

8 Render 결과확인

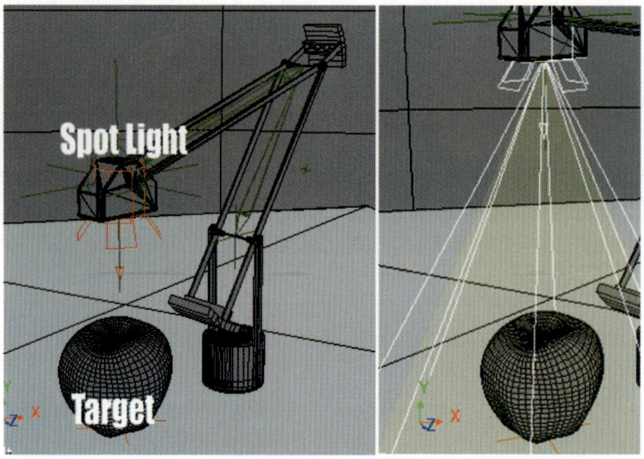

그림 2-77 Spot Light View로 변경

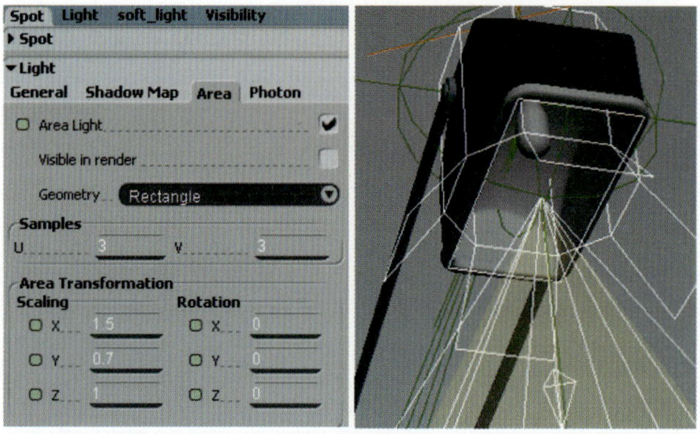

그림 2-78 Spot Key Light Setting

그림 2-79 Spot Key Light 적용 결과

9 3점 Light Setting : Light의 기본적인 Setting 방법인 3점 Lighting을 기준으로 했을 때 스탠드에서 나오는 주광(Key Light)이라고 설정했을 때 Bounce light가 있고, Key Light와 Bounce light 사이에서 수많은 입자들이 부딪혀 생성되는 Fill Light가 있을 것이다.

먼저 책상에서 반사되어 나오는 Bouncing Light를 Infinite Light로 제작한다.

Infinite Light를 4개를 불러와서 방향성을 아래에서 위로 지정해주고 각각의 Light 속성 값들을 새로 지정해준다.

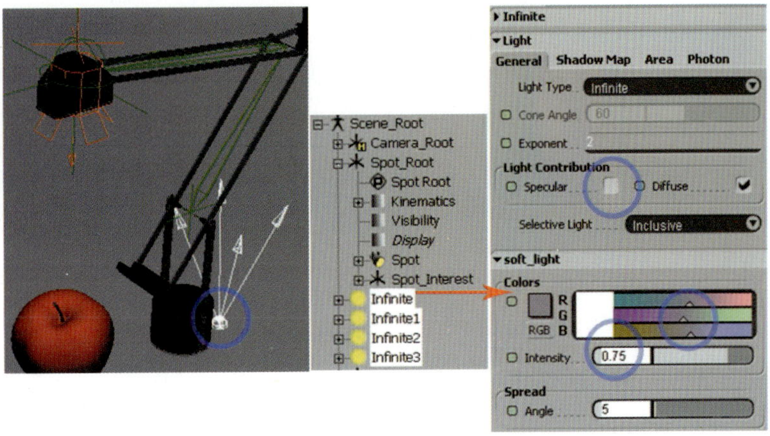

그림 2-80 Bouncing Light 생성 및 속성 변경

10 Result 확인

그림 2-81 Bouncing Light 적용 결과

11 Point Light(Minus Light) 생성 및 적용 : 사과의 Bouncing Light의 효과로 인하여 사과의 역광부분이 밝아지게 되는데 밑바닥에는 실제로 사과의 그림자로 인해 책상으로부터 반사되는 빛이 사실상 약해지게 된다. 따라서 Color의 값이 Minus인 Point Light를 사과의 아래에 배치하고 Light의 Fall off를 조절하여 어둠의 효과가 단지 사과 아래 부분에만 적용되도록 설정한다.

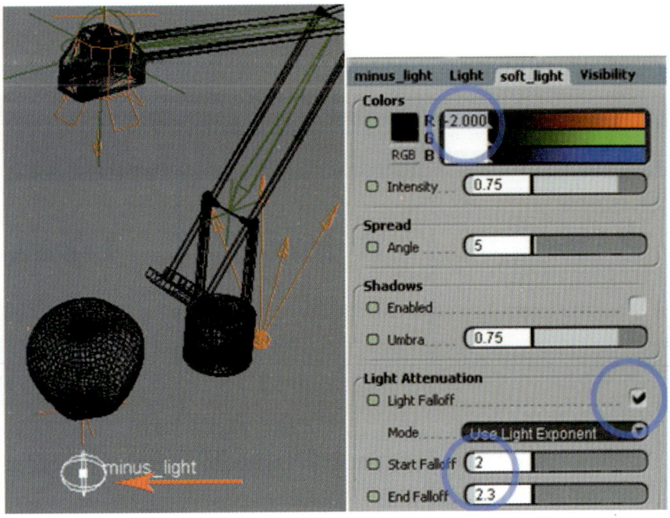

그림 2-82 Point Light

12 Minus Light의 적용 결과확인

그림 2-83 결과확인

13 Fill Light Setting : 반사광 다음으로 사과에 직접 부딪히는 스탠드의 불빛이 반사되어 주변의 물체에 영향을 미치는 Fill Light를 Point Light 4개로 제작한다.

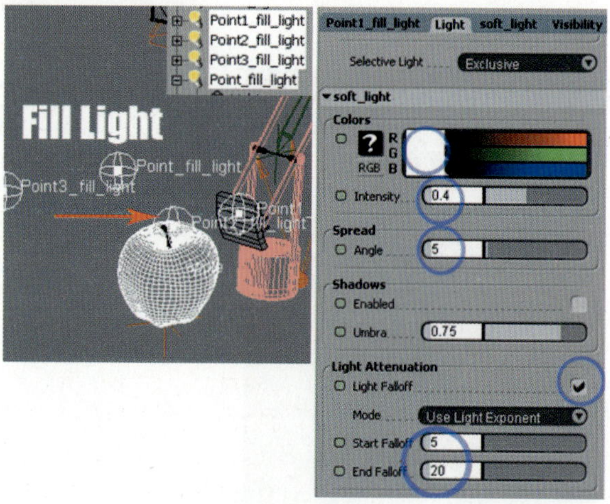

그림 2-84 Fill Light Setting

14 Fill Light 적용 결과 : 여기서 한 가지 주의할 점은 사과로부터 Fill Light가 만들어지는 효과를 Point Light가 하고 있으므로 그 광원은 사과의 밝은 표면이 된다. 따라서 스스로 밝히는 반사 빛은 자기 자신에게 비출 수 없으므로 사과는 Fill Light의 영향을 받지 않도록 해야 한다.

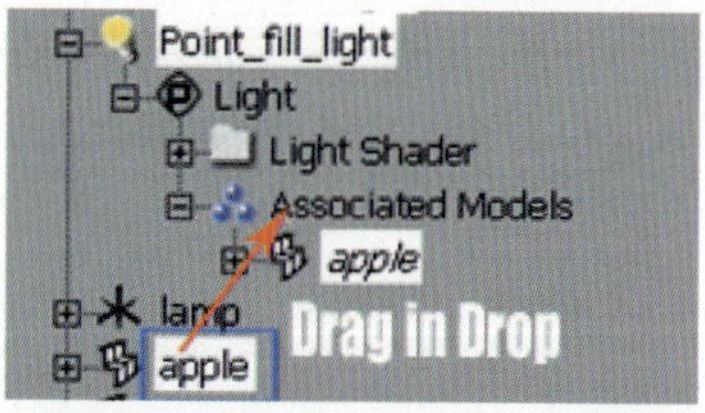

그림 2-85 Exclusive Light

Light의 속성 창에서 Selective Light의 설정을 Exclusive로 한 다음 Explorer에서 Fill Light의 Associated Models 아래 Apple Modeling을 Drag in Drop하여 Group에 등록을 시킨다. 그 결과 Fill Light는 사과 모델링 데이터에는 영향을 주지 않게 된다.

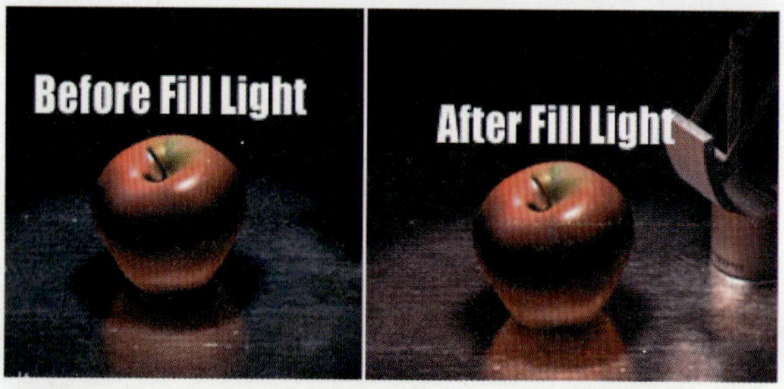

그림 2-86 Fill Light 적용 결과확인

15 주광에 Volumic 효과 적용 : 스탠드로부터 방출되는 주광(Key Light)에 Volume shader 효과를 주도록 한다. 먼저 Key Light인 Spot Light를 선택하고 Render > Property > Volumic 효과를 적용한다. 그리고 Volumic 속성 창에서 몇 가지 옵션의 변화를 주도하면서 원하는 Volumic 효과를 찾는다.

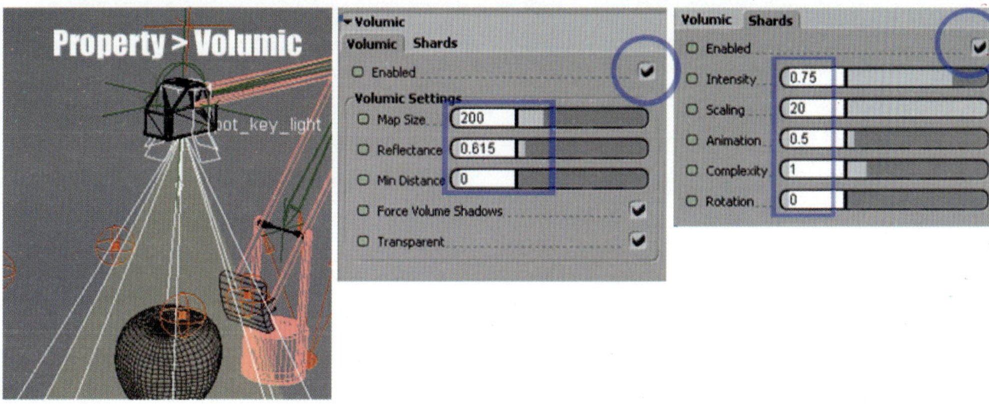

그림 2-87 Volume Shader 적용

16 Volume shader 결과확인

17 Volumic 옵션 중에서 Reflectance는 광원에서 가장 빛나는 부분의 거리를 설정하며 Min distance는 Light의 Center를 기준으로 얼마만큼의 거리를 두고 Volume 효과를 나타낼 것인가를 결정하는 속성들이다.

그리고 Shards tab에서의 Intensity는 Volume 효과가 적용된 Light의 강도를 나타내며 Scaling 옵션은 그 빛줄기의 수량을 어떻게 표시할 것인가를 결정짓는다. 그리고 Animation은 그 빛줄기의 움직임을 설정할 수 있도록 도와준다.

그림 2-88 Volume shader 결과

18 Volume 효과의 면적 넓히기 : 결과 이미지에서 확인할 수 있듯이 광원으로부터 출발되는 Volume 효과의 면적이 너무 작다. 스탠드 형광등 전체의 면적으로 제작해야 한다. 즉 스탠드 커버의 크기로부터 광원의 Volume 효과가 나타나야 사실적 표현이 가능해진다.

이 경우는 여러 가지 해법으로 해결할 수 있지만 다른 방법에 비해 쉽고 빠르게 접근할 수 있는 방법 중 하나가 Spot Key Light를 복사[Ctrl+D]하여 스탠드보다 위쪽에 위치시키고 Volumic 속성 창에서 Volumic tab에 있는 Min distance의 값을 위쪽으로 배치한 만큼 설정한 후 Light의 Intensity를 "0"으로 하고 Area light의 실행을 "OFF"모드로 한다.

물론 Shadow 옵션 역시 "OFF"시킨다. 그리고 기존의 Key Light에서 Volumic shader의 효과를 삭제한다. 그러면 스탠드의 커버 크기만큼 Volume 효과가 극대화된다.

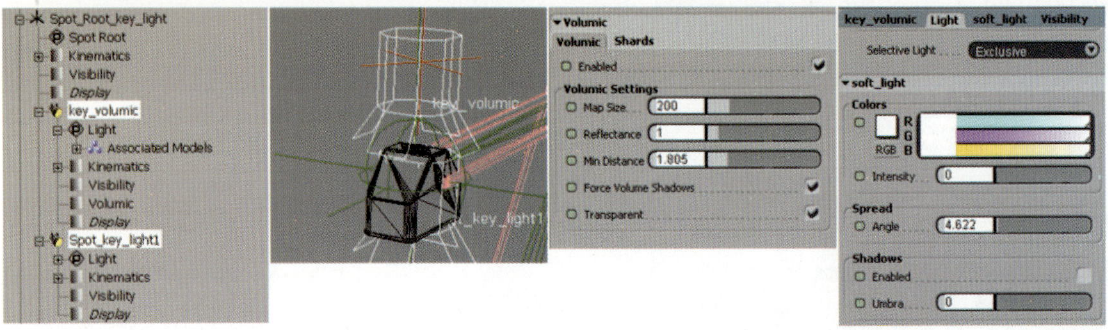

그림 2-89 Volume 효과 극대화

19 복사한 Key Volumic Light의 Associate models에 스탠드 Object를 등록시킨다. Volumic property는 Light와 독립적이므로 Light의 밝기와 그림자와는 상관없이 렌더링할 수 있다.

20 결과확인

그림 2-90 결과확인

21 Fill Light 제작 추가하기 : 사과와 스탠드 주변에 몇 개의 Fill Light를 더 제작하여 배치한다.

그림 2-91 Fill Light 추가

22 Glow 효과내기 : 스탠드 광원 주위에 Glow효과를 나타내도록 한다. 이 효과는 공기 중에 포함된 많은 수분으로 인해 생성된 안개와 같은 효과를 만들어낼 수 있다. 우선 Volumic 효과에 사용되었던 Light를 삭제하고 Cube와 Render Tree 기능을 사용하여 Volumic 효과를 나타내 보도록 한다.

23 Cube 제작 및 배치 : Primitive 〉 Poly mesh 〉 Cube를 하나 꺼내서 Scene 전체를 감쌀 수 있는 크기로 조절한다.

24 Cube에 Surface shader 적용하기 : Cube를 선택하고 Material 〉 Constant shader를 적용한다. Constant shader 속성 창에서 Transparence와 Reflection의 수치를 조절한다.
그리고 Indirect Illumination tab에서 Incandescence의 Enable 기능을 “Off”한다.

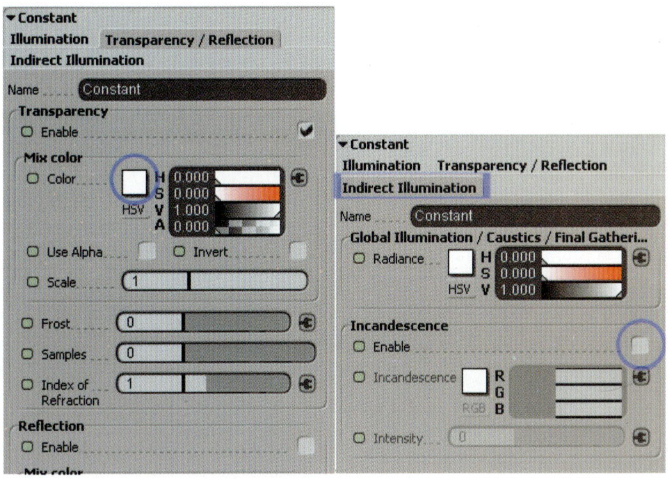

그림 2-93 Surface shader 적용

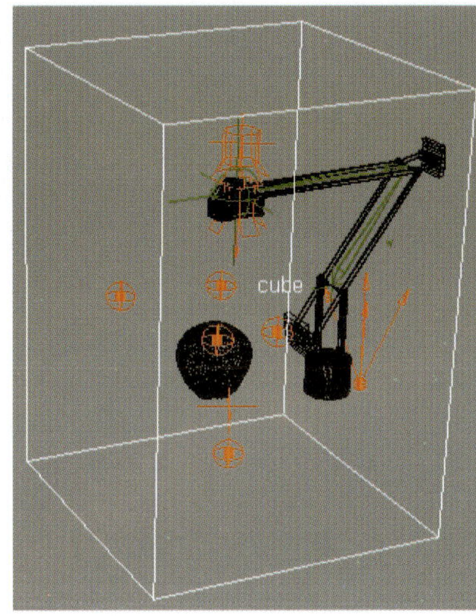

그림 2-92 Cube 제작 및 배치

25 Volumic Light 삭제 : Cube는 투명해져서 육안으로는 보이지 않게 된다. 효과를 높이기 위해 Fill Light를 몇 개 삭제 후 스탠드 위에 놀려 놓았던 Volumic Light를 삭제한 후 결과를 확인한다.

그림 2-94 결과확인

26 Render Tree에서 노드 연결 : Render Tree[7] 창을 열고 Volume Effect node를 Cube의 material의 Volume에 연결한다.

27 결과를 확인하면 전체적으로 어둡게 나타난다.

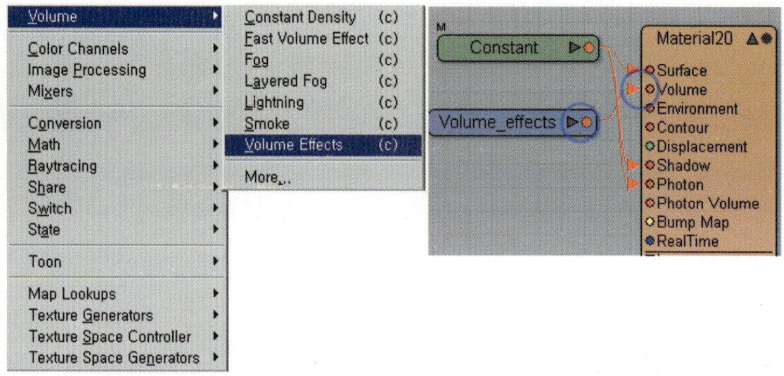

그림 2-95 Volume Effect node를 Cube의 material의 Volume에 연결

28 Volume 노드의 속성 변경하기 : Render Tree에서 Volume effect node의 속성 창을 열고(더블클릭) Light tab으로 이동하여 Pick item 버튼을 눌러 마우스 커서를 Pick 모드로 전환시킨 다음 Explorer 창에서 스탠드에 있는 Key Light를 선택한다.

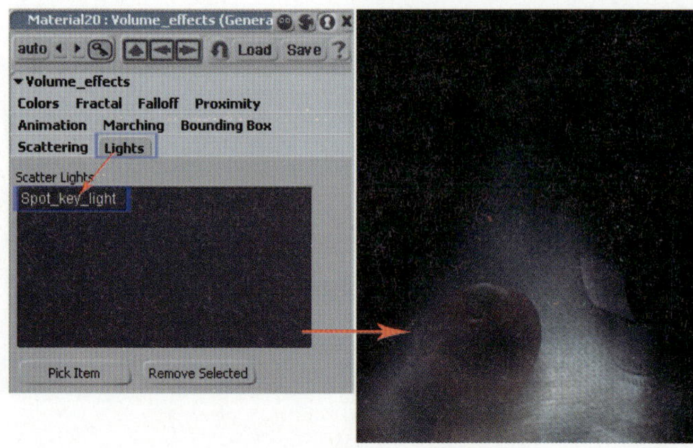

그림 2-96 Volume 노드의 속성 변경 〉 Key Light 적용

29 Point Light 추가 및 Pick Item에 추가하기 : Point Light를 추가하여 스탠드 아래에 위치하고 Point Light 또한 Pick Item을 눌러 Pick하여 Volume effect에 추가시킨다. 이때 주의할 점은 Point Light의 Center가 스탠드의 Modeling에 가려지지 않도록 한다.

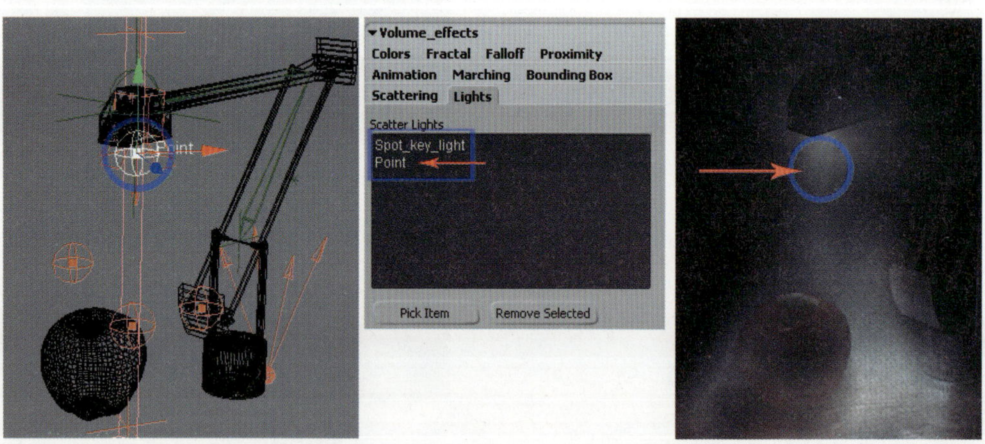

그림 2-97 Point Light 추가

30 Fall off 조절 후 결과확인 : Fall off tab의 None을 “Off”하여 Distance를 자신의 Scene의 Unit에 맞도록 수치를 조금씩 조절하면서 결과를 확인한다.

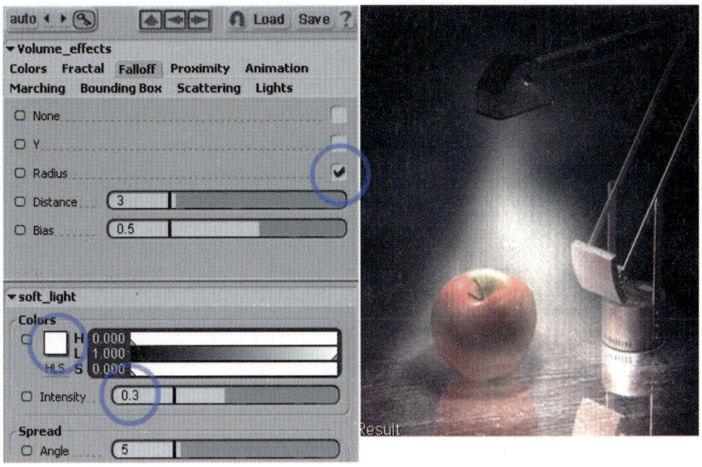

그림 2-98 Fall off 거리 값 조절하기

31 속성 변경 후 결과확인 : Volume effect를 사용할 때 보다 안정적인 Shot을 얻기 위해서는 Scene의 Scale이 넓어야 한다. 그리고 안개 속에 있는 사과의 이미지를 Fractal과 Marching의 속성 값을 조절하면서 재구성한 결과이다.

32 Camera의 Depth 효과 적용 : Camera의 Depth 효과를 이용하여 안개 현상에 깊이 값을 느끼게 하여 보다 입체적인 결과를 만들어 낸다. Camera의 Depth 효과는 제3장 Camera편에서 자세히 다루도록 한다.

그림 2-99 속성 변경

그림 2-100 최종 결과

2-5-2 3D Light 실외 활용

다양한 Light 효과의 구현을 통해 각자 자신의 Scene 연출에 도움이 되도록 구성을 한 Tutorial로 Light 효과를 극대화하여 표현하였다.

그림 2-101 Light shader 적용 결과

1 간단한 모델링 제작하기 : 실내 빛이 나오게 될 만한 창문과 계단 아래로 내려갈 수 있는 공간과 그 계단을 비출 수 있는 가로등을 가지고 있는 간단한 Scene 모델링 데이터를 제작한다.

그림 2-102 Scene data

2 Scene 내에 모든 Light 삭제 : 먼저 Scene 내에 존재하는 모든 Light는 선택하여 삭제한다. 그리고 SOFTIMAGE에서 기본적으로 제공되어지는 Ambient Light(Render Toolbar에서 〉 Modify 〉 Ambience 옵션을 선택)의 수치 역시 "0"로 변경하여 Scene 내에 어떠한 Light의 효과도 적용되지 않은 상태를 만든다.

3 Key Light 제작 및 적용 : 어떤 Scene에 Light 효과를 적용하고자 할 경우에는 가장 중요한 핵심 조명인 Key Light의 종류와 위치 그리고 강도를 먼저 정해야 한다. 이 Key Light의 속성에 따라 보조 Light 등의 종류나 개수, 빛의 강도 등을 결정할 수 있기 때문이다.

모든 Setting이 끝났으면 Get 〉 Light 〉 Spot 라이트를 선택하여 Scene 내에 불러온다. 4개의 Viewport 중에서 어느 하나를 Light Viewport로 만들어 준다. 보통 Key Light로 Spot Light를 사용하는 이유는 Spot 라이트를 사용할 경우 모든 Viewport를 마치 카메라처럼 Key의 방향과 영역을 조절할 수 있기 때문에 라이트가 비추고자 하는 대상과 방향을 정확하고 쉽게 확인할 수 있기 때문이다.

4 Spot Light의 위치와 방향 설정 : 카메라 Viewport와 같이 임의의 Viewport 하나를 Spot light viewport 모드로 전환한 다음 화면의 제일 중앙부분에 정렬시킨다.

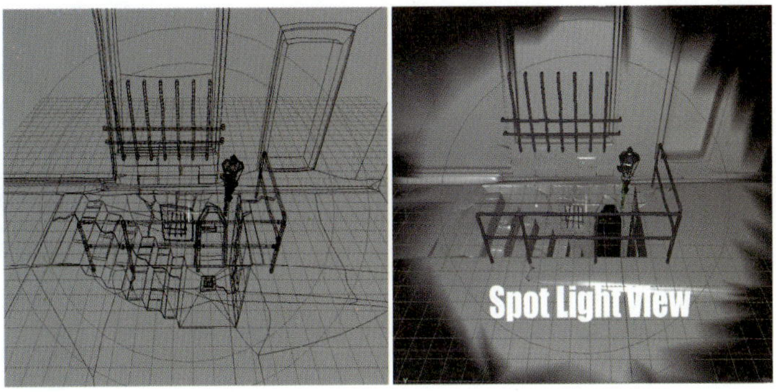

그림 2-103 Spot Light Viewport로 확인

5 Spot Light의 기본 속성 변경 : Spot Light의 속성 창을 열고 Spot Light의 속성 창에서 Light tab의 Light Exponent 값을 "0.2"로 바꾸도록 한다. Light Exponent 값이 낮을수록 Light의 Fall off(감소율)가 더욱 완만해진다.

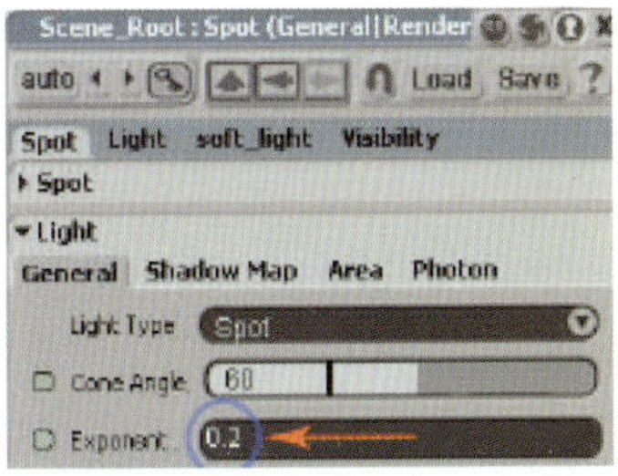

그림 2-104 Light 속성 변경

6 Umbra의 수치를 "0"으로 하여 그림자에 빛의 영향력이 전혀 나타나지 않도록 한다. 즉 Object가 투명하지 않다면 빛이 투과할 수 없다는 의미이다.

7 Light Attenuation 옵션의 Light Fall off를 활성화하고 Start Fall off를 "20", End Fall off를 "50"으로 설정한다.

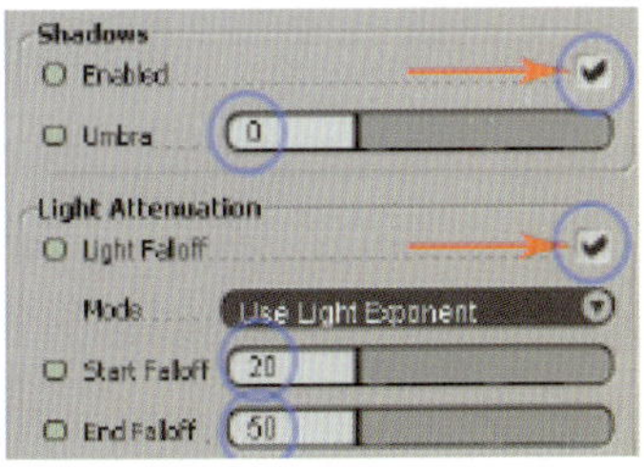

그림 2-105 Light Attenuation

8 Spot Light manipulator(영역조절기) 활용하여 빛의 영역 면적과 크기 조절하기 : Spot Light의 시작점과 끝점을 정확하게 조절할 수 있다. 일단 Right Viewport에서 Spot Light가 보일 때까지 Zoom in하고 Spot Light가 선택된 상태에서 단축키[B]를 누르면 Spot Light의 Cone과 Manipulator가 생성이 된다.

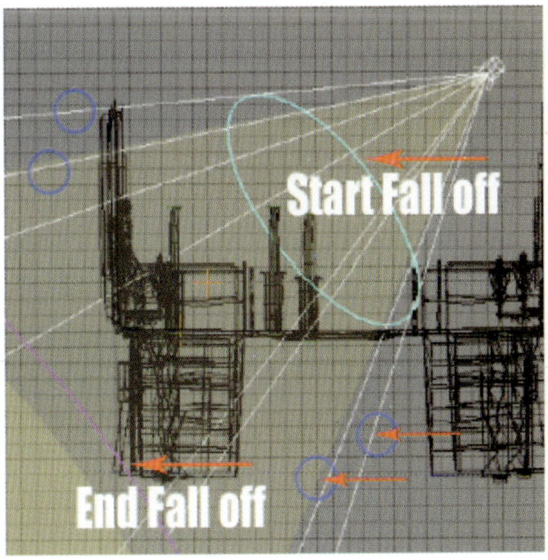

그림 2-106 Spot Light manipulator & Fall off 조절

그림 2-107 Light 결과확인

9 Render Region : 수시로 변화하는 옵션에 대한 결과를 바로바로 확인하기 위해서는 Render Region을 항상 켜두도록 한다.

10 Key Light 광원에 이미지 효과내기 : 광원으로부터 어떤 형상의 이미지를 적용하여 실제 외부 라이트와 같은 사실감을 증가하도록 한다. 즉 실제 외부 라이트는 다양한 형태의 간섭현상이 있다. 즉 나뭇잎이나 먼지, 빗방울, 곤충 등이 빛의 광원을 가로막으면서 이러한 형상들이 빛에 투과되어 나타난다. Key Light에 나뭇잎 상이 맺혀 대상 Object에 나타나도록 한다. 먼저 Key Light인 Spot Light를 선택하고 단축키[7]을 눌러 Render Tree창을 연다.

11 Render Tree 창에서 노드 연결 : Nodes 〉 Light 메뉴에서 More를 선택한다. Light 폴더에서 sib_slide_proj_light shader를 선택하여 Soft_Light Shader의 Color input에 연결한다.

그림 2-108 Render Tree에서의 노드 연결

12 sib_slide_proj_light shader 노드에 이미지 연결하기 : sib_slide_proj_light shader 노드를 더블 선택하여 shader 속성 창을 연다. New 버튼을 선택하여 〉 From file을 선택하고 Pictures 폴더에서 흔히 주변에서 구할 수 있는 미리 준비한 나무 그늘 이미지를 선택한다.

그림 2-109 이미지 shader

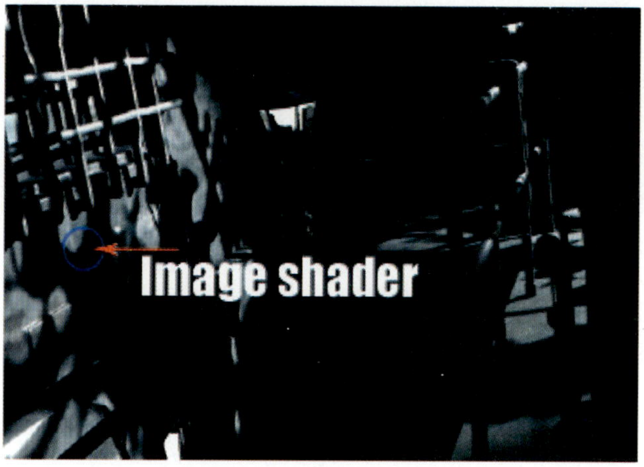

그림 2-110 Light에 적용된 Image shader

13 결과확인 : 만약 원하는 이미지 shader의 결과가 나오지 않은 경우 Spot의 위치나 Fall off의 거리를 조절하면서 원하는 Light의 그림자 효과를 찾아낸다.

14 Point Light로 가로등 Light 효과주기 : 가로등에 약간의 Color 값을 가진 Light 효과를 주면서 분위기 연출을 한다. 여기서는 Point Light를 사용하도록 한다. 먼저 Render > Get > Light > Point 라이트를 선택하여 Scene에 불러온다.

15 Spot Light의 위치이동 : 생성된 Spot Light를 가로등의 정확한 위치에 이동하고자 할 경우 Spot 라이트를 선택하고 MCP(Main Command Panel) > Transform> Match Transform 명령을 실행하고 가로등 Object를 선택한다. 그러면 가로등 Object에 정확하게 Spot Light가 위치한다.

16 Associate Light 설정하기 : 가로등 Object 속에 정확히 위치한 Point Light는 가로등 Object 때문에 가려져 있어서 Light의 효과가 전혀 나타나지 않는다. 이 경우 Light의 Associate 기능을 활용하여 가로등 Object는 Point Light의 효과를 받지 않는 대상으로 설정해야 한다.

먼저 Point Light가 선택된 상태에서 Render > Get > Light > Associate Light 명령을 실행한다. 그리고 가로등 Object를 선택한다. (이 단계는 반대로 작업을 할 수 있다. 즉 가로등 Object를 먼저 선택하고 Associate Light 명령을 실행한 후 Point Light를 선택할 수 있다.)

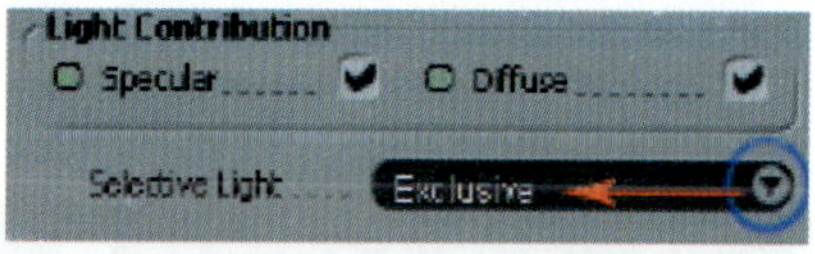

그림 2-111 Selective Light 옵션

여전히 Point Light의 효과는 나타나지 않는다. 그 이유는 아직까지 Point Light가 가로등 Object에만 적용되고 있기 때문이다. Point Light의 속성 창을 열고 Selective Light의 옵션에서 Exclusive로 설정한다.

그러면 Point Light는 가로등 Object를 제외한 Scene 내의 모든 Object에만 그 Light 효과가 적용된다.

17 Point Light 속성 변경 : 먼저 Point 라이트의 Shadow를 활성화하여 그림자 표현을 가능하게 한 후 Umbra의 수치를 "0.2"로 설정한다. 그리고 Exponent 수치를 "0.8"로 설정하고, Light의 Fall off 기능을 활성화하고 Start와 End Fall off 수치를 각각 "1"과 "22"로 설정한다.

18 Light의 Color 변경 : 다소 은은한 분위기를 연출하고 싶을 경우 Light의 Color 값을 순 노랑색으로 설정한 다음 노랑색의 채도를 낮춰 은은한 노랑색을 연출할 수 있다.

그림 2-112 Light의 Color 변경의 결과확인

19 Lens Flare 효과 만들기 : Lens Flare는 직사광선이 카메라 렌즈에 닿을 때 발생하는 현상으로 현실에서는 사진작가들이 피하고 싶은 현상 중 하나지만 컴퓨터 그래픽 작업에서는 현실감을 위해 인위적으로 적용해 주는 빛의 현상 중 하나이다.

가로등에 있는 Point Light를 선택한 후 Render Tollbar에서 Get 〉 Property 〉 Lens Flare 기능을 선택한다.

Classic lens flare

Long Ray lens flare

Real lens flare

Sharp Ray lens flare

Short Ray lens flare

그림 2-113 Lens Flare의 다양한 효과

20 Lens Flare 속성 변경하기 : Lens Flare 속성 창에서 Lens Flare type을 Short Ray Bright(Large)로 설정한다.

그림 2-114 Lens Flare 효과

21 Lens Flare에 Glow 효과 추가하기 : 가로등 주변으로 특정 영역의 Light의 밝기를 조절하여 빛의 입체감을 나타내 줄 수 있는데 이때 사용하는 기능으로 Glow 효과가 있다. Glow tab에서 Glow를 선택한다. Glow 속성을 조절하면서 원하는 효과를 찾도록 한다.

그림 2-115 Glow 효과

22 Volumic 효과 : 지하실 내에서 창문 밖으로 새어 나오는 Light의 효과를 가장 잘 표현할 수 있는 기능이 Volumic 효과이다. 안개 낀 밤이나, 불빛이 전혀 없는 도심의 한 지하에서 새어 나오는 빛은 선명하다기 보다는 다소 공기 중에 퍼져 보이는 데 이를 Volume 현상이라고 한다. 지금부터 Volumic 효과를 제작해 보도록 한다.

23 Volume Light 꺼내기 : Render 〉 Get 〉 Light 〉 Spot을 선택하여 새로운 Spot 라이트를 꺼낸다. 새로 생성된 Spot Light는 Spot View 모드에서 그 위치를 잡아주는데 창문 뒤에 위치시키고 그 방향은 바깥쪽을 향하도록 한다. Spot Light를 창문에 가깝게 위치시키고 Spot angle을 넓게 사용한다.

24 Spot 라이트의 속성 창을 열고 Shadow 기능을 활성화하고 Umbra의 수치를 "0"으로 설정한다.

그림 2-116 Volume Light 꺼내기

25 Volumic 효과 적용하기 : Spot Light를 선택하고 Get 〉 Property 〉 Volumic 명령을 실행하여 Volumic 효과를 적용한다. Volumic 속성 창을 열고 속성을 변경하면서 최적의 Volume 효과를 찾아낸다. Map size를 "100"으로 유지하고 Reflectance 수치를 "20"으로 설정한다.

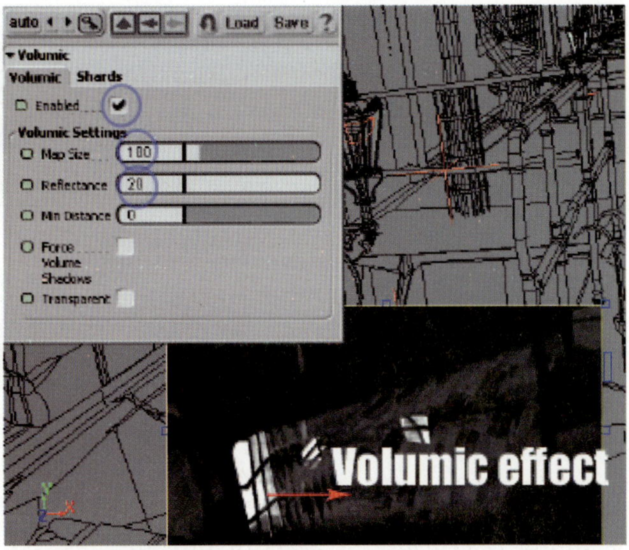

그림 2-117 Volumic 효과 적용

26 Volume Property 창에서 속성 변경하기 : Explorer 창에서 Scene root 바로 아래 Volume Property 노드의 아이콘을 클릭(또는 Volume Property 이름을 더블클릭)하여 속성 창을 열고 Sampling tab에서 Step 값을 "1"로 Max Ray Length 값을 "3~5" 사이에서 맞춘다. 이것은 Volume effect에서의 Fall off 기능과 같다. (효과가 잘 나타나지 않을 경우 값을 높여서 확인해본다.) Max Ray Length 값은 Spot Light와 창문 간의 거리에 의해 달리 적용할 수 있기 때문에 창문과 라이트와 거리가 멀면 더 높은 값으로 지정해줘야 한다.

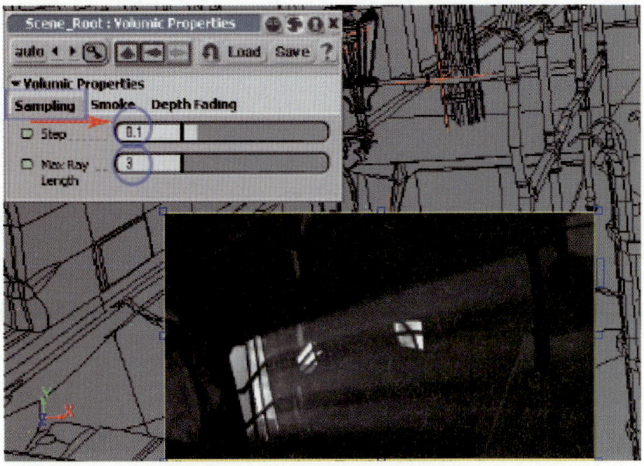

그림 2-118 Volume Property 창에서 속성 변경

27 Volume 효과에 Noise 효과 더하기 : Volume 효과가 너무 선명하게 나타나면 현실감에서 다소 멀어질 수 있으므로 Volume 효과에 약간의 Noise 효과를 준다. Volume Property 창에서 Smoke tab으로 이동하여 Smoke 기능을 활성화시킨다.

28 Depth Fading 효과 적용하기 : Volume Property 창에서 Depth Fading tab으로 이동해 Depth Fading 기능을 활성화시킨다. Start Distance 수치를 "18"로 End Distance 수치를 '300"으로 각각 설정한다.

29 최종 결과를 확인한다.

그림 2-119 **최종 결과확인**

제3장
3D Camera

3-1 3D Camera의 구조 및 이해
3-2 Camera Shader
3-3 Motion Blur

3-1 3D Camera의 구조 및 이해

3-1-1 3D Camera 구조

1. 명 칭

SOFTIMAGE에서 사용되는 Camera의 구조는 Camera의 전체를 컨트롤하는 기능을 가진 Root 내에 Camera(시점)와 Camera Interest(대상 또는 종점)가 존재한다.

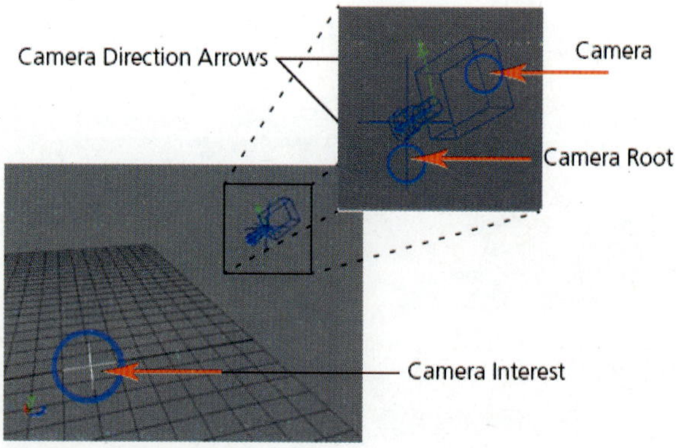

그림 3-1 카메라 구조

(1) Camera Root

카메라의 구성요소인 카메라와 카메라 Interest의 상위 Object로 카메라와 Camera의 Interest 구조 전체의 컨트롤러로서 전체 이동(애니메이션 포함) 및 전체적인 컨트롤에 사용되는 Object이다.

(2) Camera

어떤 사물(Object)을 촬영하는 도구이다.

(3) Interest

어떤 사물(Object) 또는 그 대상을 지칭한다.

2. 관계구조

그 관계구조는 Schematic View (단축키[9])이나 Explorer 창(단축키[8])에서 알 수 있다.

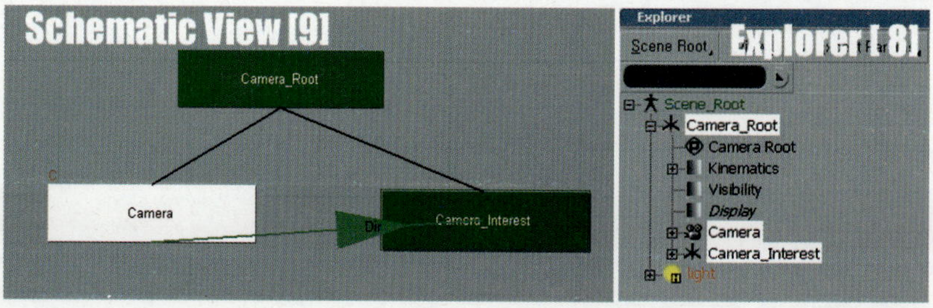

그림 3-2 Camera 관계구조도

3. Camera와 Interest 관계 1

Camera와 Camera Interest와의 관계는 시점과 종점간의 관계로 Constrain 〉 Direction(방향)관계로 설정이 되어 있다.

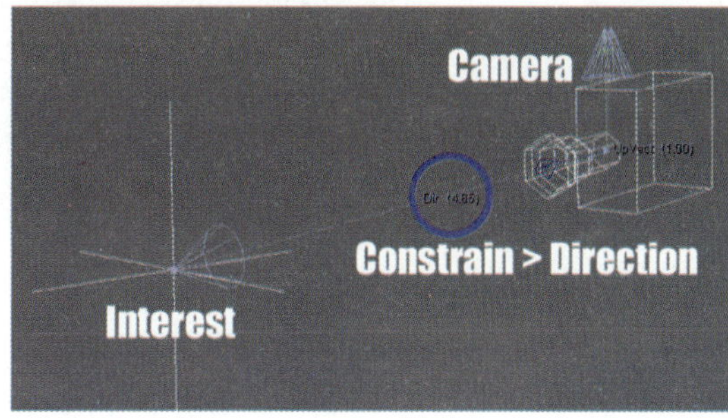

그림 3-3 카메라의 구속관계

4. Camera와 Interest 관계 2

Camera의 Interest(종점)가 이동할 경우 Camera(시점)은 Camera의 Interest(종점)를 따라 자동으로 이동한다.

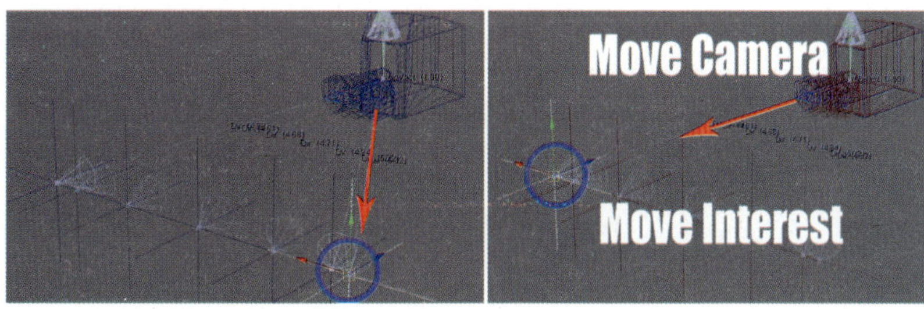

그림 3-4 Camera와 Interest의 관계

5. Camera 애니메이션

Camera와 Camera의 Interest는 각각 독립된 Object로 인식되기 때문에 Object와 동일하게 Key 애니메이션 작업을 할 수 있다.

3-1-2 Camera의 생성/선택 및 삭제

1. Create(생성)

최초 Scene을 Open할 경우 기본 Default Camera 1대가 동시에 생성이 된다. 이는 Hide되어 있어 Scene에서는 찾아볼 수 없다. Explorer 창에서 Hide[H]된 Camera를 Un hide[H]를 하면 Scene 내에서 그 위치를 찾을 수 있다.

만약 작업상 하나 이외의 여러 대의 Camera가 필요한 경우 얼마든지 많은 Camera를 생성하여

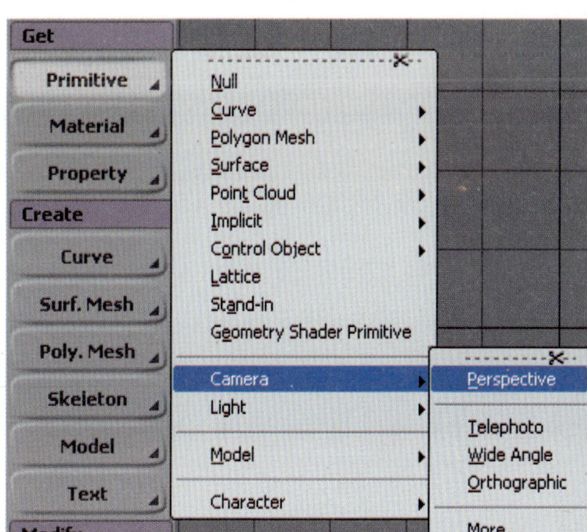

그림 3-5 Camera의 생성

작업을 할 수 있다. Camera는 Get 〉 Primitive 〉 Camera 기능을 이용하여 생성할 수 있다.

2. 선택[Space bar]

Camera의 선택은 Object와 동일한 성질로 간주되기 때문에 Viewport상에서는 Object를 선택/해제하는 방식과 동일하게 선택 및 해제를 할 수 있다.

그리고 다양한 Object와 여러 개의 Camera가 섞여있는 Scene 내에서 Camera만 선택하고자 할 경우에는 MCP 패널의 Select 모드의 Click to select additional filter 내에서 Camera 항목을 지정해 주면 Scene 내에 존재하는 Camera만을 선택할 수 있게 된다. 이 경우 Scene의 다른 어떤 대상도 선택할 수 없고 오로지 선택한 항목만을 선택할 수 있게 된다. 다른 대상에 대해서도 동일하게 적용할 수 있다. 만약 Scene 내에 Object만을 선택하고 싶을 경우 Scene Object 항목을 선택하면 된다.

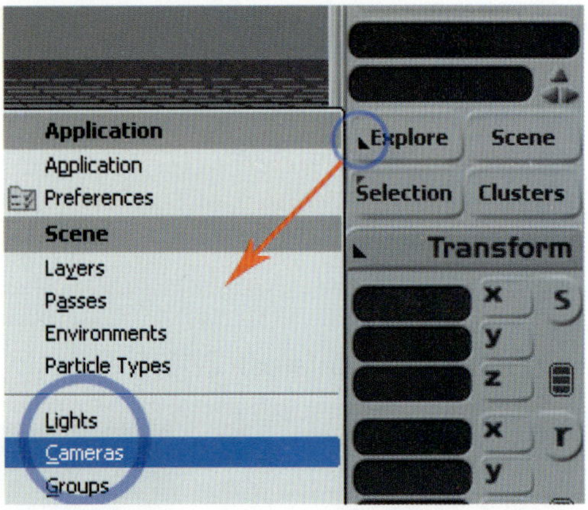

그림 3-6 Camera 선택방법 1

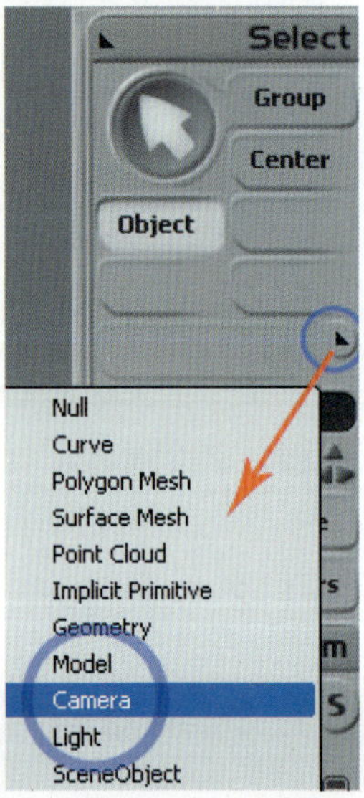

그림 3-7 Camera 선택방법 2

3. 삭제[Delete]

Camera의 삭제 방법은 Object와 동일한 성질로 간주되기 때문에 Object를 삭제하는 방식과 동일하게 선택[Space bar] 후 삭제[Delete]를 할 수 있다.

4. Camera의 Hide/Unhide

Object의 Hide와 동일하게 Hide하고자 할 경우 단축키[H]를 사용하고 다시 Un hide하고자 할 경우에도 단축키[H]를 사용한다.

5. Camera의 Scene 정보

Scene 내에 존재하는 모든 Camera의 정보를 알고자 할 경우 Main Command Area(MCP)의 Select 모드에서 〉 Explorer 〉 Camera를 설정해준다.

그러면 Scene 내에 존재하는 모든 Light가 포함되어 있는 정보 창이 나온다.

그러므로 현재의 Scene에 몇 개의 Light가 어느 구조 내에 배치되어 있는지에 확연히 알 수 있다.

6. Camera View 모드 선택

한 Scene 내에 여러 개의 Camera를 사용하고 있을 경우 원하는 Camera 모드로 작업 화면을 변경하고자 할 경우에는 Viewport 모드의 Camera 선택 모드에서 지정할 수 있다.

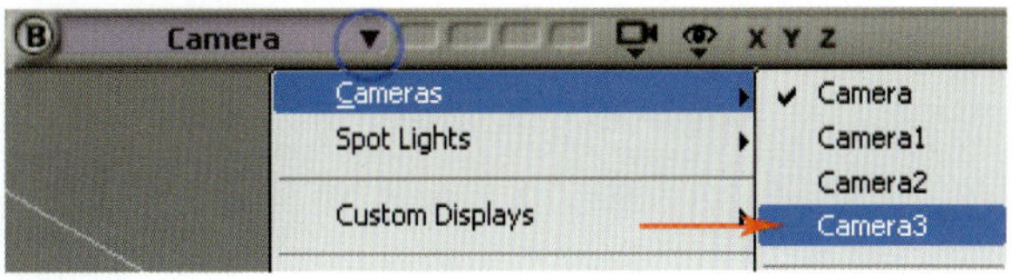

그림 3-8 Camera View 모드 선택

3-1-3 3D Camera 종류

1. Perspective

SOFTIMAGE default 카메라로 깊이를 시뮬레이션하는 Perspective Projection을 사용한다.

이 Projection은 실제 카메라처럼 시뮬레이션하는데 유용하게 사용된다. Perspective View는 기본적으로 설정되는 Default camera이다.

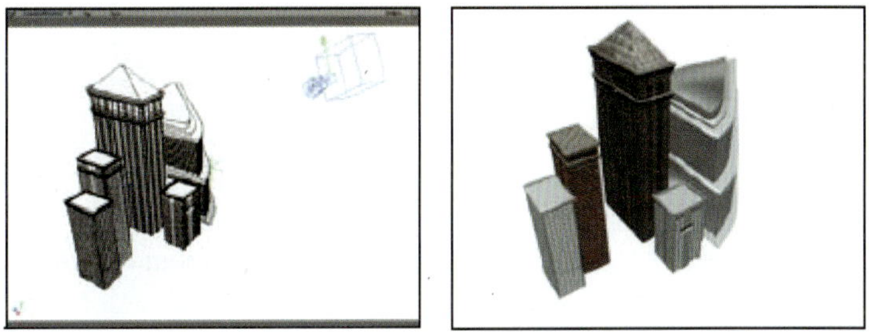

Original scene　　Perspective

그림 3-9 Perspective camera

2. Telephoto

Perspective Projection을 사용하고 망원 렌즈 View를 시뮬레이션 하기 위해 작은 각도(5도)의 View를 사용한다.

Original scene　　Telephoto

그림 3-10 Telephoto camera

3. Wide Angle

Perspective Projection과 큰 각도(100도)의 View를 사용하여 광각 View를 만든다.

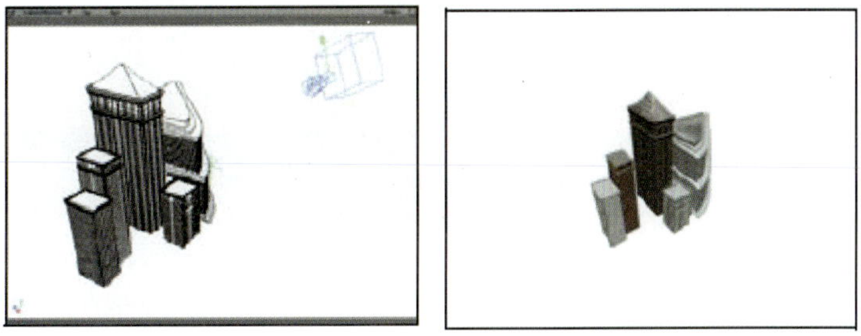

Original scene　　Wide Angle

그림 3-11 Wide Angle camera

4. Orthographic

Orthographic Projection을 사용한다. 모든 카메라 빛들은 평행이며 Object는 카메라로부터의 거리가 바뀔 때 크기가 바뀌지가 않는다. 이 Projection은 건축과 엔지니어링 렌더링에 유용하다.

Depth of Field shader 프로퍼티 페이지상의 심도(Depth of Field) 설정은 Orthographic projection에 의한 효과는 없다.

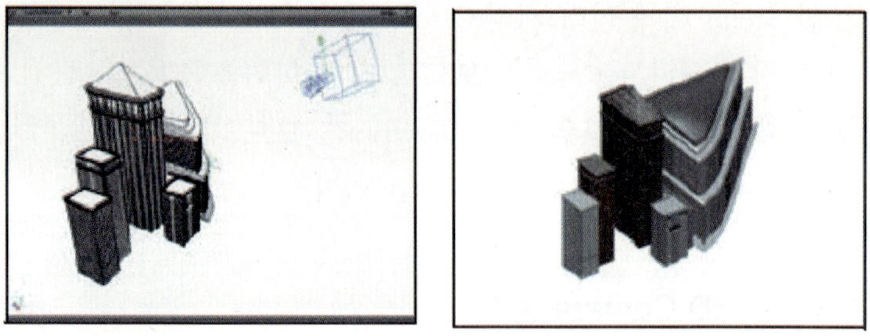

Original scene　　Orthographic

그림 3-12 Orthographic Camera View

3-1-4 Viewport 상에서의 다양한 Camera Option

Viewport상에서 중요하게 활용할 수 있는 Camera와 관련된 다양한 기능들이 들어있는 기능 창이다.

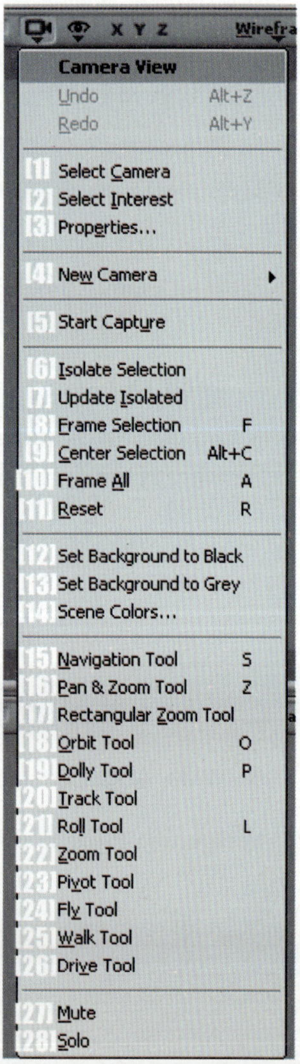

그림 3-13 Camera Icon Option

[1] Select Camera : Camera를 선택하는 기능이다.

[2] Select Interest : Camera의 Interest를 선택하는 기능이다.

[3] Property : Camera의 속성 창을 열수 있는 기능이다.

[4] New Camera : 새로운 종류의 Camera를 꺼내고자 할 경우에 사용하는 기능이다.

[5] Start Capture : 설정된 Camera로부터 Animation된 data이나 Still data를 Capture 받는 기능이다. 특히 애니메이션 데이터의 빠른 테스트 작업에 용이하게 활용되며 렌더링과 무관하게 동작을 Capture 받을 수 있기 때문에 애니메이션 Time과 Pose를 확인하는 기능으로 많이 활용된다. Start capture의 몇 가지 속성에 대해 알아보도록 한다.

① 저장 경로를 지정할 수 있다.

② 저장 경로를 새로 지정할 수 있다.

③ 저장할 Format을 설정할 수 있다. Still과 동영상 모두 가능하다.

④ 동영상으로 Capture 받을 경우 Play Codec 설정할 수 있다.

⑤ Capture 받을 결과 이미지의 크기(가로*세로)를 설정할 수 있다.

⑥ 정해진 이미지에 대한 가로*세로의 비율을 조절할 수 있다.

⑦ Pixel의 비율

⑧ Time을 원하는 구간만큼 지정할 수 있다.

⑨ 초당 Frame의 비율을 설정할 수 있다.

⑩ Capture 작업 완료 후 결과가 자동으로 Play이 되도록 설정한다.

⑪ 설정된 Player로 출력을 할 수 있다.

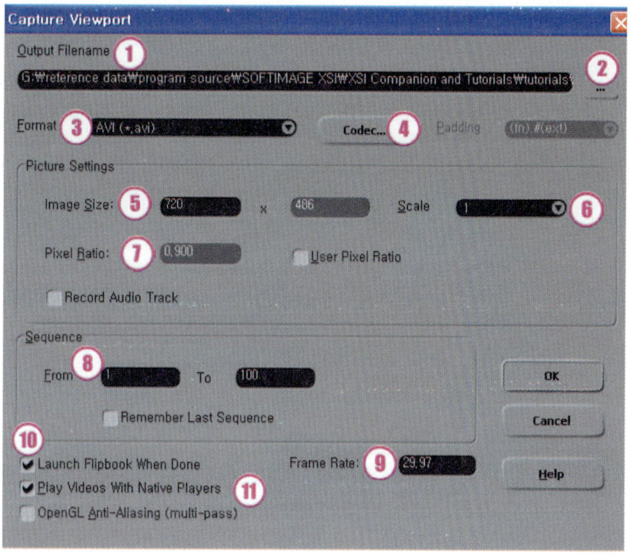

그림 3-14 Start Capture 메뉴

[6] Isolate Selection : 현재의 Viewport상에서 선택한 Object만을 보이게 하고 다른 Object는 인위적으로 Hide시킨다. Isolate Selection 모드를 비활성하면 원래상태로 모든 Object가 나타난다. 여러 개의 Object가 공존하는 Scene에서 특정 Object만을 작업하고자 할 경우에 활용하면 편리하다.

[7] Update Isolated

[8] Frame Selection[F] : 선택한 Object를 현재 선택된 Camera View 모드의 Center에 Zoom Extension(확대)시키는 기능이다.

[9] Center Selection : 선택한 Object를 작업 중인 Viewport상의 Center에 위치시키는 기능이다. 이때 Zoom Extension(확대) 기능은 없고 위치이동만 한다.

[10] Frame All[A] : Scene 내의 모든 Object를 Camera Center에 Zoom Extension(확대)시키는 기능이다.

[11] Reset[R] : 카메라 초기 Setting 값으로 초기화시키는 기능이다.

[12] Select Background to Black : 배경색을 검은색으로 지정해준다.

[13] Select Background to Gray : 배경색을 회색으로 지정해준다.

[14] Scene Colors : Scene 전체에 대해 모든 Color 값을 지정 및 변경할 수 있는 기능이다.

[15] Navigation Tool[S] : Scene의 View 모드로 Tracking(마우스 첫 번째 버튼), Zoom(마우스 두 번째

버튼), Orbit(마우스 세 번째 버튼) 기능을 한다.

[16] Pan & Zoom Tool : Pan(카메라의 이동으로 Object의 Zoom In-Out 기능을 수행) 기능과 Zoom [Z] 기능으로 카메라의 렌즈의 각도 조절을 통해 Zoom In-Out 기능을 수행한다.

[17] Rectangular Zoom Tool : 사각 선택형 Zoom In 기능으로 사각 선택 영역을 카메라에 Fitting한다.

[18] Orbit Tool [O] : 카메라 View에서만 실행되며 카메라 Viewport에서 Object의 상/하/좌/우 회전을 할 수 있다.

[19] Dolly Tool [P] : 카메라 View에서만 실행되며 카메라 렌즈의 각도가 아닌 카메라의 이동으로 Zoon In-Out 기능을 한다.

[20] Track Tool : 원하는 View 모드로 화면을 이동시키는 기능이다.

[21] Roll Tool : 카메라 View에서만 실행되며 현재 카메라 View를 중심으로 Center의 이동 없이 화면 전체를 회전할 수 있다.

[22] Zoom Tool[Z] : 카메라 렌즈의 각도 조절을 통한 Zoom In-Out 기능이다.

[23] Pivot Tool : 카메라 View에서만 실행되며 현재 카메라 View를 중심으로 Center의 이동 없이 화면 전체를 이동할 수 있다. Center가 고정되어 있는 것이 특징이다.

[24] Fly Tool : 카메라 View에서만 실행되며 마치 하늘에서 새가 날아가는 것처럼 비행하듯 카메라가 이동한다. 이는 3D 1인칭 Shutting 게임과 같이 유저가 마우스 컨트롤을 이용하여 자유 이동을 하는 기능이며, 평균속도(마우스 첫 번째 버튼), 빠른 속도(마우스 두 번째 버튼), 느린 속도(마우스 세 번째 버튼) 조절 기능이 있다. 방향의 이동은 왼쪽 방향은 A, 오른쪽 방향은 D, 앞쪽 방향은 W, 뒤쪽 방향은 S키를 사용한다.

[25] Walk Tool : 카메라 View에서만 실행되며 실제 걸어가는 듯 일정 높이에서 카메라를 이동하면서 Scene을 확인하는 View 모드이다. 사용법은 Fly Tool과 동일하다.

[26] Drive Tool : 카메라 View에서만 실행되며 마치 운전을 하듯 카메라를 조절할 수 있다. 평균속도(마우스 첫 번째 버튼), 빠른 속도(마우스 두 번째 버튼), 느린 속도(마우스 세 번째 버튼) 조절 기능이 있다.

[27] Mute : 선택한 카메라의 기능을 정지시킨다.

[28] Solo : 선택한 카메라의 기능만을 활성화시킨다.

3-1-5 Camera Lock

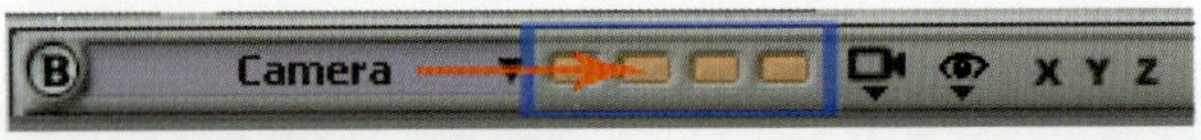

그림 3-15 Camera Lock button

SOFTIMAGE에서는 하나의 Camera를 사용하여 4개까지 View 모드를 저장할 수 있다. 원하는 동일한 카메라를 사용하여 동일 Scene내에서 원하는 카메라 각도를 찾을 경우 많이 활용된다. 활용방법은 일단 원하는 View 모드를 설정한 후 마우스 첫 번째 버튼으로 Camera Rock 버튼을 실행한다. 그리고 동일한 방법으로 원하는 Camera View 모드를 더 지정한다. 저장된 각각의 Camera 모드를 다시 확인하고 싶을 경우 마우스로 저장된 Camera의 Rock 버튼을 누르면 저장된 각각의 화면으로 이동한다. 만약 원하는 카메라 모드가 설정되지 않아 Camera의 Rock을 지우고자 할 경우 마우스 중간 버튼을 클릭하면 저장된 Rook 모드가 해제된다.

그림 3-16 Camera Lock 활용

3-1-6 Camera Property

카메라의 기본적인 속성을 변경하여 원하는 카메라 Setting을 할 수 있다. Camera의 속성 창을 여는 방법은 카메라 모드의 카메라 Property 명령을 실행하거나 Explorer 창에서 열고 싶은 카메라를 더블클릭하거나 카메라 아이콘을 클릭하면 된다.

1. Primitive 모드

카메라의 기본적인 Setting 옵션들이 들어있는 기능 창이다.

[1] Name : 현재 카메라의 이름을 변경해 줄 수 있다.

[2] Standard : 영상출력 방식이며 PAL과 NTSC 방식이 대표적인 국제 출

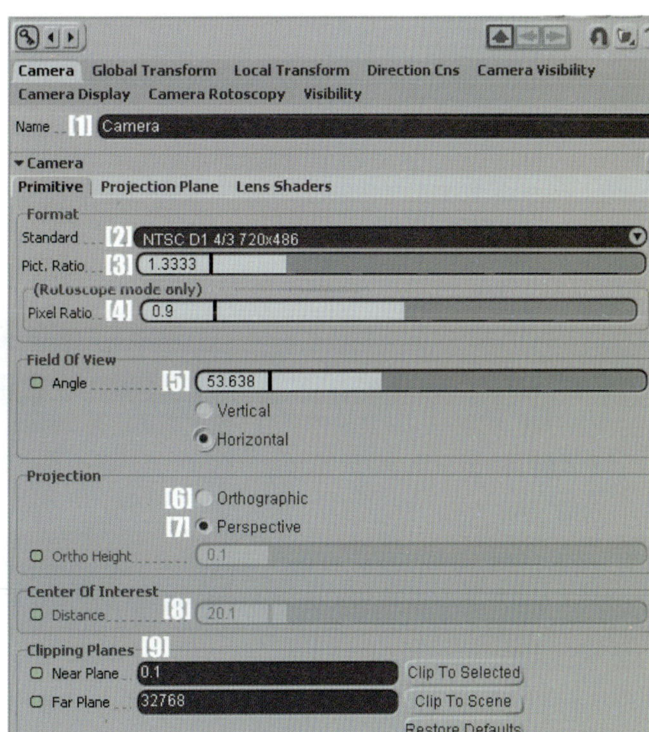

그림 3-17 Camera Property(속성)

력 방식인데 우리나라의 경우 NTSC 국제표준방식을 채택하고 있다.

[3] Pic.Ratio : 이미지의 출력 비율로 세로를 1로 기준했을 때 가로는 1.33의 비율을 갖는 이미지로 보여준다. 이 비율을 변경하면 작업 화면의 비율이 바뀌게 된다.

[4] Pixel Ratio : 이미지를 만드는 Pixel의 비율을 산정하는 옵션이다.

[5] Angle : Camera가 Camera의 Interest를 기분으로 몇 도의 각도로 화면을 보여 줄 것인가를 정해주는 옵션이다. 즉 Zoom의 기능을 담당하는 영역으로 각도가 작으면 Zoom in과 같은 현상으로 Close되어 보이고 각도가 크면 Object는 Zoom out되어 보인다.

그림 3-18 Camera Angle 설정에 따른 결과

여기서 한 가지 유의할 점은 작업 중 Object가 이중으로 겹쳐지면서 Polygon면이 깨진 것처럼 보이는 현상을 경험한 사람들이 많을 것이다. 이는 Angle의 값이 1보다 작게 조절이 되면서 생기는 일종의 왜곡현상으로 Camera viewport에서 Reset(단축키[R]) 명령을 실행해주면 원래 초기의 angle 값으로 Reset된다.

[6] Projection Orthographic : 모든 Object가 카메라에 비춰지는 형태가 평면의 형태이다. 즉 렌즈의 굴곡을 가진 각도를 산정하지 않고 모든 면이 동일한 평면상에 존재한다는 가정 하에서 촬영이 되는 것이다. 그러므로 Object의 크기에 변화가 없어 보인다. 이 모드는 건축물 제작이나 엔지니어분야의 작업 시 많이 활용된다.

[7] Projection Perspective : 깊이 값을 가지고 있기 때문에 Object가 카메라로부터 멀리 떨어져 보이게 된다. Ortho Height는 Camera View에 있는 Scene Object들이 포함할 수 있도록 최대/최소의 수치를 지정해 주는 기능 창이다.

[8] Center of Interest 〉 Distance : 카메라와 카메라 Interest와의 거리를 지정해주는 기능 창이다.

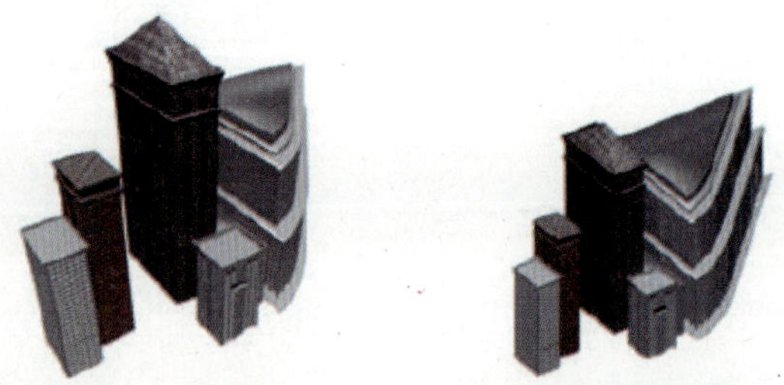

그림 3-19 Projection Orthographic

[9] Clipping plane : 작업을 하다가 Object를 아주 가까이서 보고자 할 경우 Object가 잘려서 보이지 않은 경우가 있다. 이것은 Near Plan의 값을 기본 값인 0.1보다 작게 하면 보이게 된다. 이것은

Camera의 Center로부터 0.1(Unit) 거리에서부터 계산해 본다는 의미이다. 특정 Object에 가까이 가는 장면이 없다면 이 수치를 조금 크게 해서 Rendering 속도를 향상시킬 수 있다.

2. Projection Plane

카메라의 위치 이동이나 카메라의 대상, 즉 Interest의 이동에 따른 카메라의 X/Y/Z/축의 이동 경로나 회전의 동향까지 파악할 수 있다. 카메라의 Orbit이다. Zoom in-out 그리고 Panning 시 이 수치들이 변한다. 그리고 이러한 카메라의 다이나믹한 변화에 대해 애니메이션 제작이 가능하다.

3-1-7 Camera Animation

1. Camera Key animation

Camera와 Camera Interest는 하나의 Object로 인식되기 때문에 Scene 내에 존재하는 Object와 동일하게 Key Animation 작업을 할 수 있다.

Key Animation 제작 방법은 《제3권 캐릭터 애니메이션》 편을 참고하면 쉽게 이해할 수 있다.

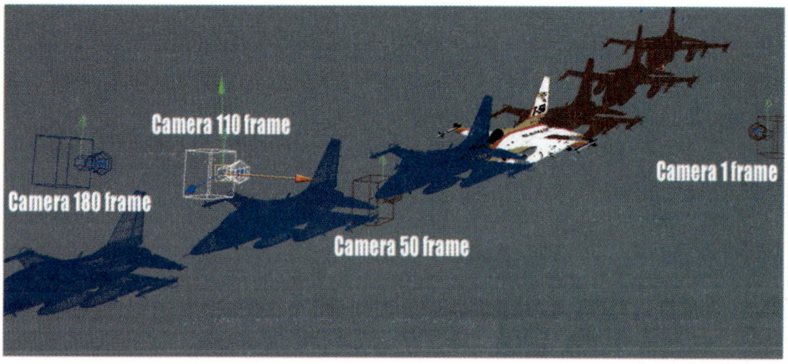

그림 3-20 Camera Key animation

2. Path animation

Camera와 Camera Interest는 하나의 Object로 인식되기 때문에 Scene 내에 존재하는 Object와 동일하게 Path Animation 작업을 할 수 있다.

Path Animation 제작 방법은 《제3권 캐릭터 애니메이션》 편을 참고하면 쉽게 이해할 수 있다.

그림 3-21 Camera Path animation

3. Render Option에서의 Camera Setting

모든 작업을 마치고 최종 결과를 제작하는 공정이 Rendering인데 Rendering 작업 시 Camera에 대한 환경을 구성해야 한다. 예를 들어 작업 Scene 내에서 여러 개의 카메라를 사용했을 경우 최종 결과는 어느 카메라 View로 렌더링을 걸 것인지에 대한 지정과 최종 렌더링 옵션에 대한 Camera 방식에 대해 변경이 있을 경우 반드시 Rendering 속성 창에 있는 Camera의 속성 또한 동일하게 변경을 해줘야 한다. Inspect Camera는 기본적인 Camera의 속성이 들어 있는 명령 tab이고 Output format은 최종 렌더링 시 추출한 결과에 대한 Format을 지정해 주는 기능 Tab이다.

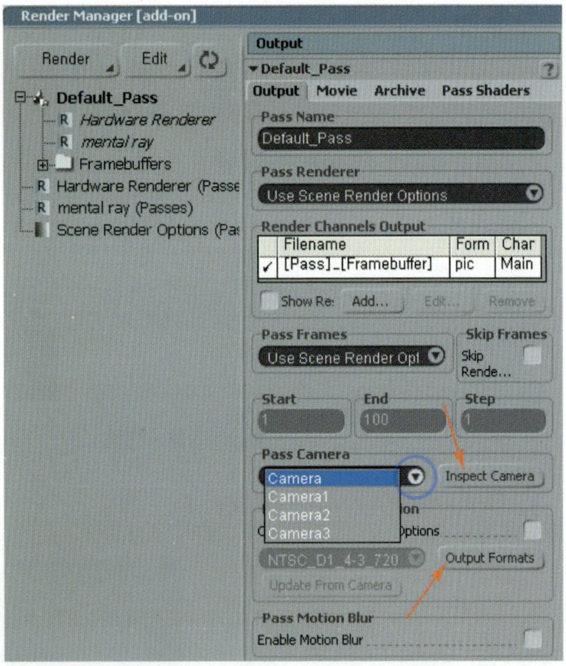

그림 3-22 Render Option에서 Camera의 속성

3-2 Camera Shader

3-2-1 Camera Depth of Field 이해

"피사계심도"하고 하는데 카메라 렌즈를 사용하여 피사체를 잡을 경우 카메라 렌즈에 형성되는 피사체의 상에 뚜렷하게 보일 수 있는 가장 가까운 거리와 가장 먼 거리 사이의 범위를 지칭. 특정피사체에 초점을 맞추면 그 피사체 전후에 있는 피사체도 초점이 맞는 것으로 보인다. 특정피사체에서 먼 쪽에 초점이 맞는 것을 후방 피사계심도, 카메라에 가까운 쪽에 초점이 맞는 것을 전방 피사계심도라 하며 이 범위를 피사계심도라 한다.

그림 3-23 Depth of Field

초점은 전방에서 후방으로 갈수록 점차 조금씩 흐려지나 흐림이 매우 적은 피사계심도 내에서는 초점을 맞춘 거리와 같은 정도로 선명하게 찍히며 이것을 피사계심도의 기준이 되는 허용 흐림이라고 한다. 보통 전방보다도 후방심도가 크므로 의식적으로 앞쪽에 초점을 맞추면 피사계심도를 유효하게 쓸 수 있다. 또 피사계심도는 렌즈를 좁힐수록 또는 피사체 거리가 멀수록 심도는 깊어진다.

3-2-2 Depth of Field 적용 1

위에서 설명한 Depth of Field Automatic mode는 Expression된 Null의 위치를 변경할 때마다 자동으로 전방심도와 후방심도의 Focus를 조절해서 Depth of Field의 효과를 제공해준다. 이번에는 인위적으로 전방심도(Near focus)와 후방심도(Far focus)의 위치를 조절하면서 Depth of Field의 효과를 만들어 낼 수 있는 Custom mode에 대해 알아보도록 한다.

1 먼저 간단한 Scene을 구성한다. Sphere 5개를 복사해서 일정한 거리 값을 위치에 차례로 둔다.

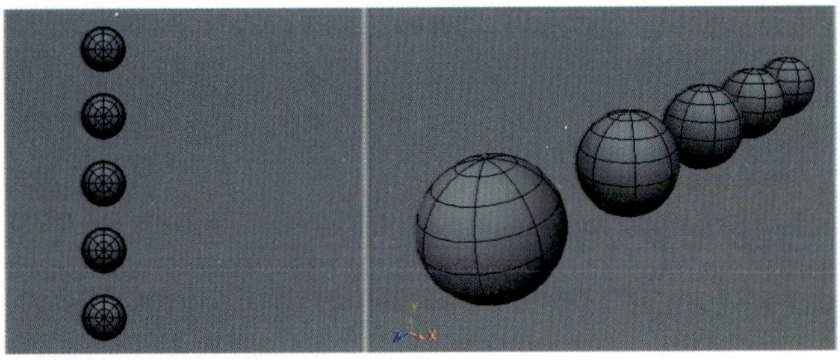

그림 3-24 Scene 제작

2 Phong shader와 함께 간단한 Map을 만들어 각각의 Object에 적용한다. 여기서는 거리 값 조절에 따른 Depth of Field의 구분을 잘 할 수 있도록 하기 위해 숫자(1~5까지)를 하나씩 Texture 작업을 했다.

그림 3-25 Shader & Texturing

3 Camera 속성 창을 연다. 여기서 Lens Shaders tab으로 이동한다. 여기서 〈Add 버튼〉을 눌러 제공되는 Camera shader 중에서 Depth of Field에 적용할 shader를 찾아 적용한다.

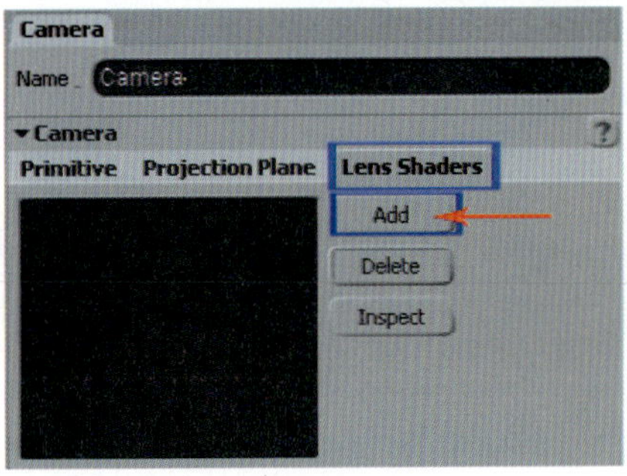

그림 3-26 Lens Shader 〉 Add

4 Shader 〉 Lens 〉 Depth of Field Shader를 찾아 적용한다.

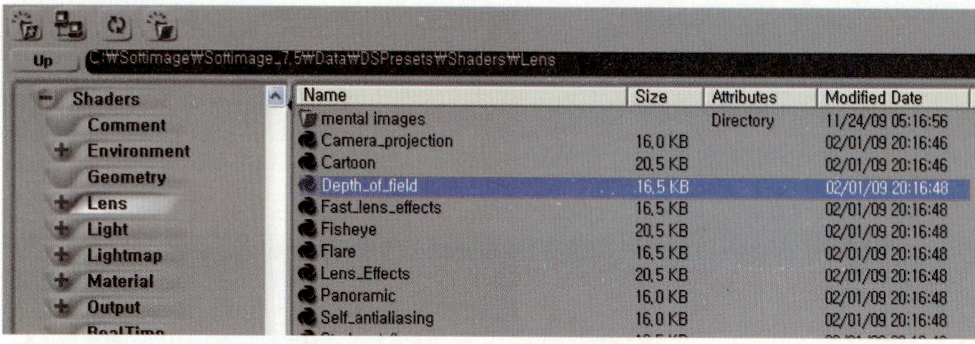

그림 3-27 Depth of Field Shader 적용

5 Camera의 속성 창에서 Lens Shader tab에서 Depth of Field Shader가 적용되었음을 확인할 수 있다. 결과를 확인한다. 1번과 2번 shader가 많이 흐려져 있음을 확인할 수 있다.

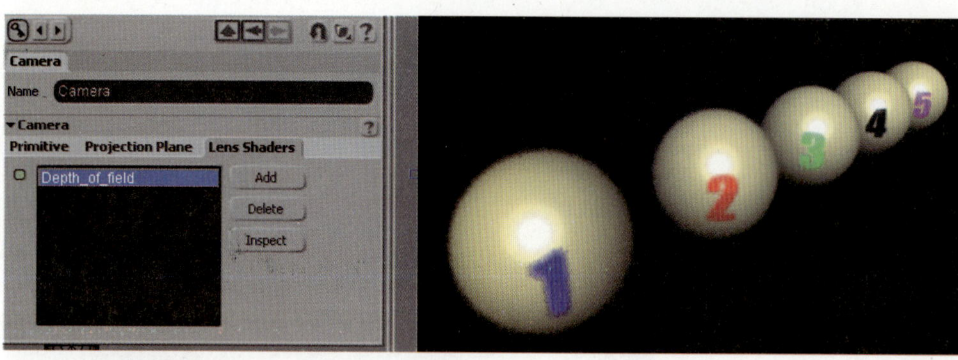

그림 3-28 결과확인

6 Depth of Field Shader의 속성 창 알아보기 ; Camera의 속성 창에서 Lens Shader tab에서 Depth of Field Shader를 선택하고 Inspect 명령을 선택하여 Depth of Field의 속성 창을 연다.

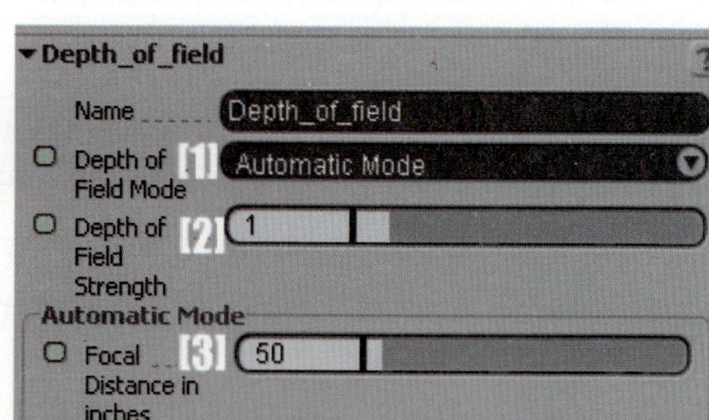

그림 3-29 Depth of Field Shader의 속성 창

[1] Depth of Field Mode : Depth of Field의 적용되는 Pattern을 정하는 옵션으로 기본적으로 Automatic 모드로 설정되어 있는데 설정된 Focal Direction Inches로 설정된 카메라와의 거리 값을 기준으로 자동으로 전방심도와 후방심도의 Focus를 조절해서 Depth of Field의 효과를

제공해주는 모드이다. 이에 반해 Custom 모드는 인위적으로 전방심도(Near focus)와 후방심도(Far focus)의 위치를 조절하면서 Depth of Field의 효과를 만들어 낼 수 있는 모드이다.

[2] Depth of Field Strength : Depth of Field 효과의 세기, 즉 흐림의 정도를 나타내는 수치이다. 수치를 높일수록 흐림의 정도가 강해진다.

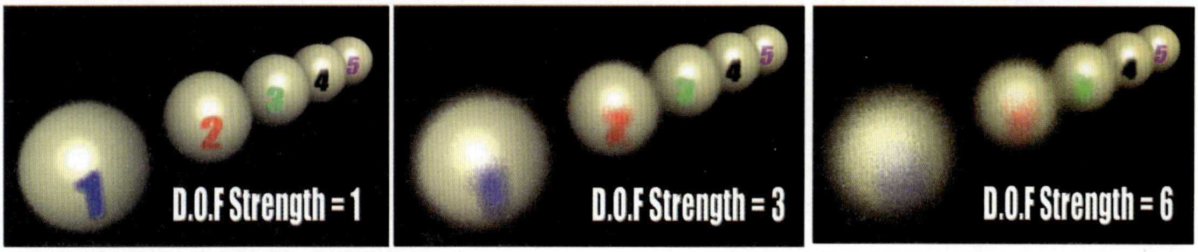

그림 3-30 Depth of Field Strength

[3] Focal Distance In inches : 지정된 수치(SOFTIMAGE Unit)에 따라 카메라와 Depth of Field Strength의 효과가 적용되도록 조절할 수 있다. 기본 단위 "50"일 경우 1~4번 Sphere에까지 Depth of Field의 영향이 적용되고 5번 Sphere는 Camera와의 거리 값이 50이 넘기 때문에 Depth of Field의 효과 적용이 안된다. 여기서 단위는 SOFTIMAGE 기본 Unit 단위를 사용한다. 카메라와 Object 간의 거리 값을 측정하고자 할 경우 Camera viewport의 Eye icon에서 Distance to Output Camera 명령을 실행한다.

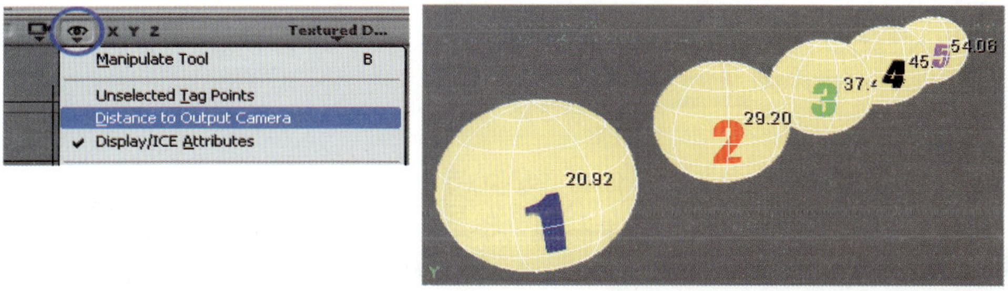

그림 3-31 Distance to Output Camera

예를 들어 Focal Distance In inches의 값을 "40"으로 지정했을 경우 위의 거리 값을 기준으로 한다면 1~3번 Sphere까지만 Depth of Field의 효과가 적용되고 그 이후의 4, 5번 Sphere는 Depth of Field의 효과가 적용되지 않는다.

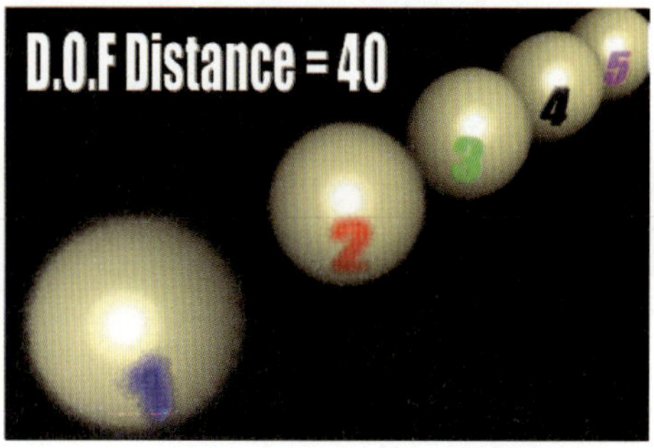

그림 3-32 Depth of Field Distance 조절

7 위와 같은 거리 값을 일일이 확인하고 속성 창에서 수치를 조절하면서 테스트하는 작업이 다소 능률적이지 못한 부분이 있다. 이렇게 Depth of Field의 기능을 많이 사용하는 Scene이거나 환경에서는 Depth of Field의 거리 값을 임의로 조절할 수 있는 가상의 Controller을 만들어서 그 가상 Controller에 Camera의 Depth of Field 거리 값을 자동으로 입/출력할 수 있는 Expression 기능을 연결하여 그 가상 Controller의 이동에 따라 자동으로 Depth of Field의 효과가 나타나도록 할 수 있다.

8 먼저 가상 Controller로 사용할 Object인 Null을 하나 생성한다. 생성된 Null의 이름을 "Automatic focus"로 변경한다.

9 Depth of Field의 속성 창에서 Automatic mode의 Focal Distance In inches 명령 창의 애니메이션 아이콘 위에 마우스 올려놓고 세 번째 버튼을 누르고 .Expression Editor 명령을 실행한다.

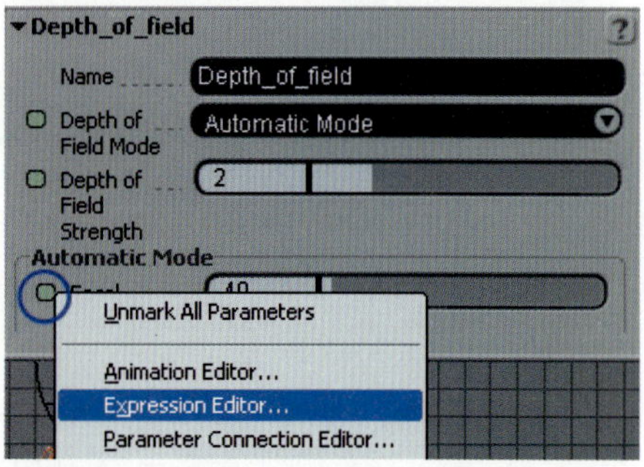

그림 3-33 Expression Editor

10 Expression Editor 속성 창에서 Function 〉 Distance 〉 to Camera 명령을 실행한다.

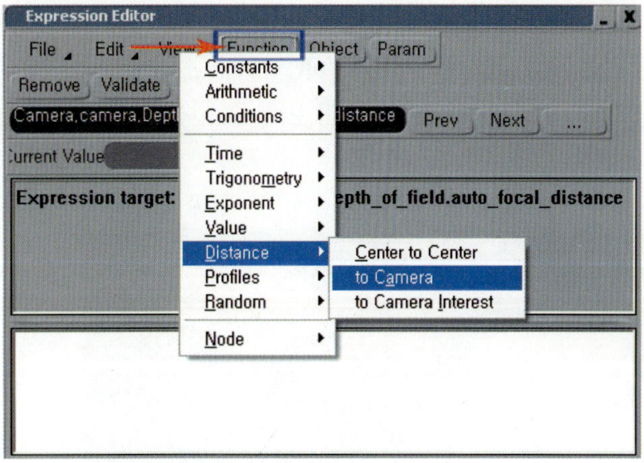

그림 3-34 Expression 요소(To Camera) 지정

11 Expression Editor 속성 창에 나타난 명령속성 중에서 〈elem1〉 영역을 선택하고 Object 명령을 실행한 후 Automatic focus null을 선택한다.

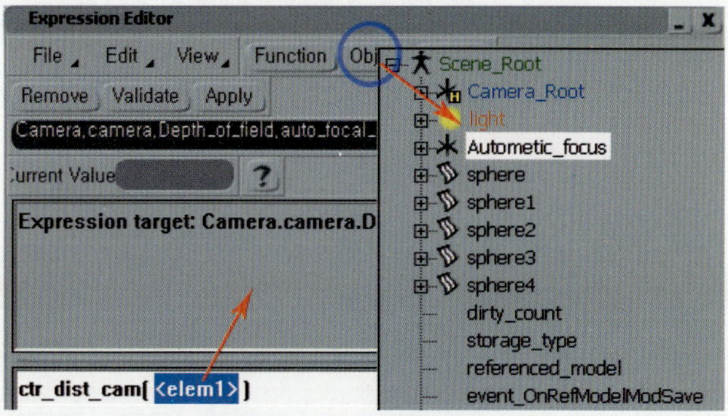

그림 3-35 Expression(대상 Object) 지정

12 Expression 적용 결과를 확인한다. 자동으로 카메라와의 거리 측정을 하는 Object가 ⟨elem1⟩에서 Automatic focus null로 변경되었음을 확인한다.

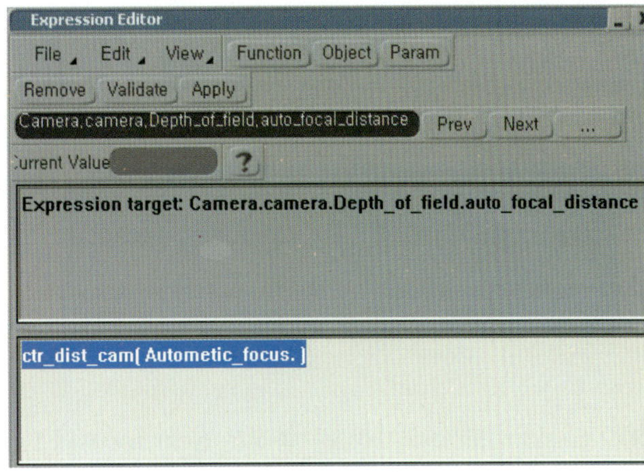

그림 3-36 Expression 적용 결과확인

13 ⟨elem1⟩에서 Automatic focus null로 변경되었음을 확인한 후 Expression Editor 속성 창에서 Validate 명령을 실행하여 적용하려는 명령이 제대로 입력되었는지 검증을 받고난 후 검증이 끝났으면 Apply 명령을 선택한다.

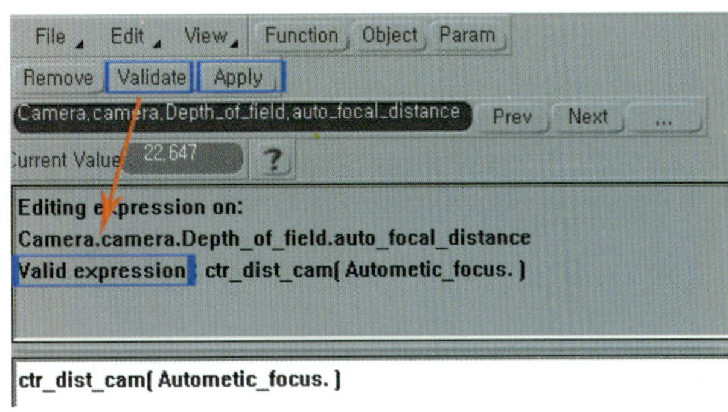

그림 3-37 Validate & Apply 명령

14 이제 테스트를 해보도록 한다. 먼저 Automatic focus null을 선택하여 이동을 하면서 Depth of Field의 Focal Distance In inches의 수치가 실시간으로 변화를 하는지 확인한다. Automatic focus null을 각각 Sphere이 인이이 위치에 이동시키게 되면 그 위치를 기준으로 전방심도(Near focus)와 후방심도(Far focus)를 자동으로 맞추면서 Depth of Field 현상이 나타나게 된다.

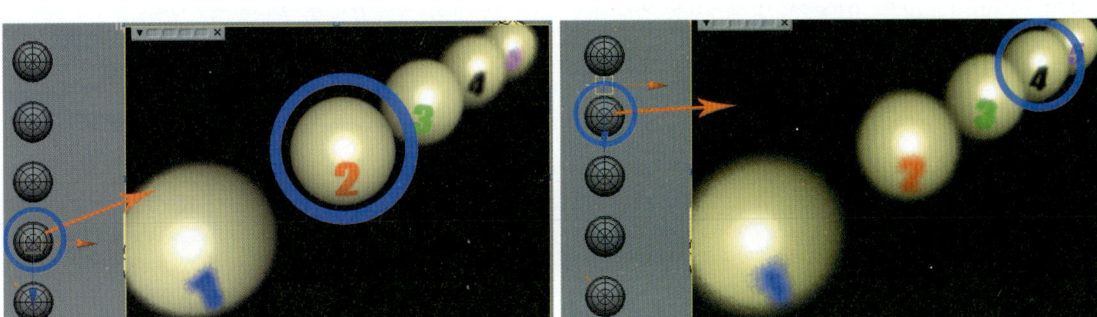

그림 3-38 전방심도(Near focus)와 후방심도(Far focus) 자동 조절확인

15 이번에는 Custom mode를 사용하여 Depth of Field의 전방심도(Near focus)와 후방심도(Far focus)의 위치를 인위적으로 필요한 거리나 수치 값을 적용하면서 Depth of Field의 효과를 만들어 낼 수 있도록 한다.

16 먼저 Depth of Field의 속성 창을 연다. Custom mode로 전환시킨다. 그 결과 기본 Default인 Automatic Mode 작업은 환경에서 Custom mode의 작업환경으로 전환된다.

17 Custom 모드의 가장 큰 특징은 Near focus와 Far focus 옵션 창이 활성화되는 것이다. 이는 인위적으로 전방심도(Near focus)와 후방심도(Far focus)의 위치를 조절하면서 Depth of Field의 효과를 만들어 낼 수 있도록 하였다.

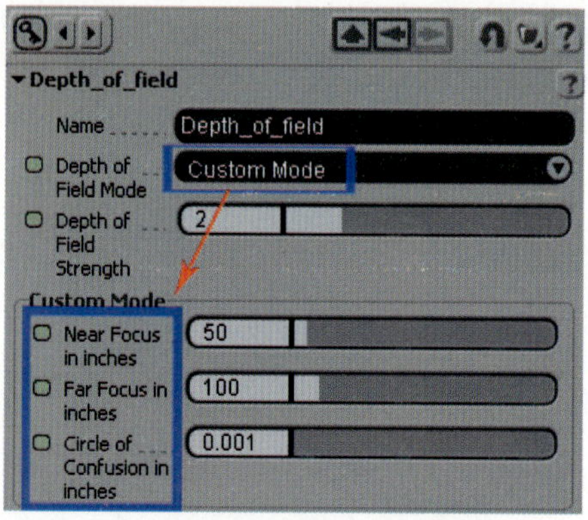

그림 3-39 Depth of Field의 속성

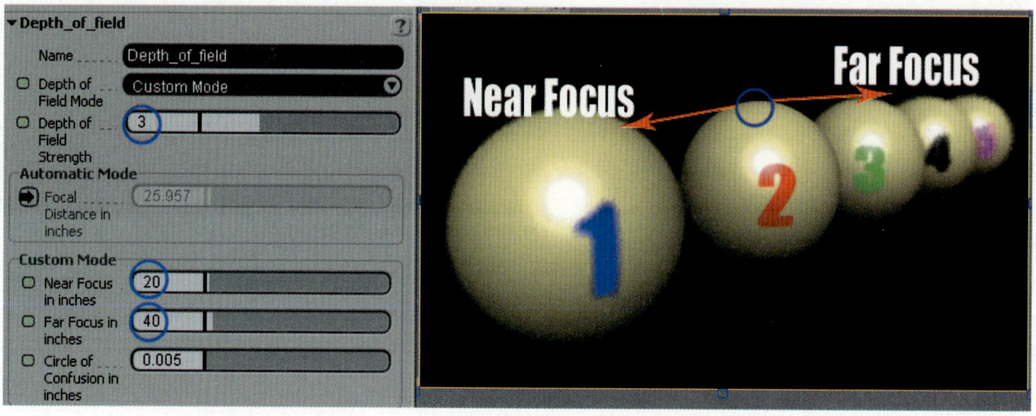

그림 3-40 Near focus와 Far focus 지정

18 Custom 모드의 전방심도(Near focus)와 후방심도(Far focus)의 위치 역시 Expression 기능을 적용하여 Control bar의 이동에 의해 자동으로 focus를 맞춰질 수 있도록 만들 수 있다.

19 우선 Focus controller로 사용될 Null 2개를 꺼낸다. 각각의 이름을 'Far focus Null', 'Near Focus Null'로 지정해준다.

20 Depth of Field 속성 창에서 Custom mode에서 Near Focus in Inches와 Far Focus in Inches의 명령 앞에 있는 애니메이션 Icon에 마우스를 올리고 위에서 Automatic Focus 때와의 작업방법과 동일하게 작업을 진행한다.

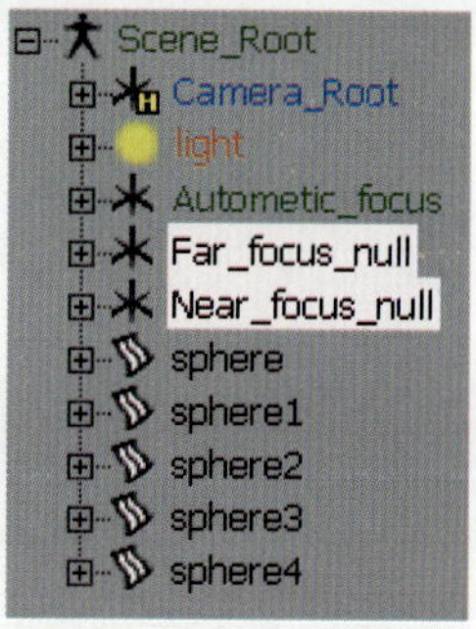

그림 3-41 Focus Controller

먼저 각각 Expression Editor 명령을 실행한 후 Function > Distance > To Camera로 지정해주고 Object > 각각 'Far focus Null', 'Near Focus Null'로 지정해준다.

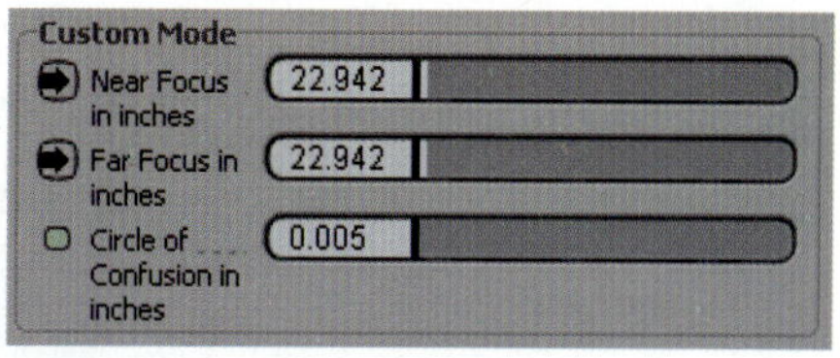

그림 3-42 Expression 적용

21 이제부터 'Far focus Null', 'Near Focus Null'을 이동시키면서 Depth of Field 효과를 임의로 설정하거나 편집할 수 있다. Near focus를 1번 Sphere에 Far focus Null을 3번 Sphere 위에 위치시키게 되면 2번 Sphere를 기준으로 전방심도(Near focus)와 후방심도(Far focus)의 결과가 나타나게 된다.

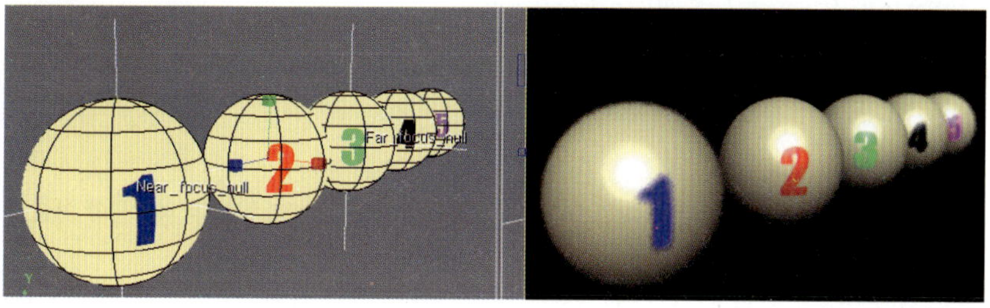

그림 3-43 전방심도(Near focus)와 후방심도(Far focus)의 결과

3-2-3 Depth of Field 적용 2

우선 3D Camera부분에서 반드시 다루어져야 할 부분이 Depth of Field(카메라를 사용한 Scene의 원근 표현)이다.

1 우선 간단한 모델링 데이터를 제작한다. Cube만을 활용하여 거대한 도시배경을 모델링을 제작하였고 이제 모델링된 각 건물들 숲을 지나면서 원근감을 표현하는 방법에 대해 알아보도록 한다.

그림 3-44 Scene 제작

2 우선 Camera를 고정하여 원하는 영역으로 View 모드를 고정한다. 간단한 형태의 빌딩이지만 상당한 거리 값이 느껴지는 구조임에도 불구하고 입체감이 살지 않는 평면적인 느낌이 강하다. 이러한 구조를 입체감 있게 표현하는 방법은 다양하지만 Camera와 시점의 깊이를 활용한 Depth of Field 기능을 활용하면 보다 사실적인 원근감 표현이 가능해진다.

그림 3-45 Camera 구도

3 Camera에 Depth of Field 기능 적용하기 : 먼저 Camera 속성 창을 열고 Lens Shader tab으로 이동한다. 여기서 Add 버튼을 누르고 Preset shader에서 Lens 〉 Depth of Field를 선택한다.

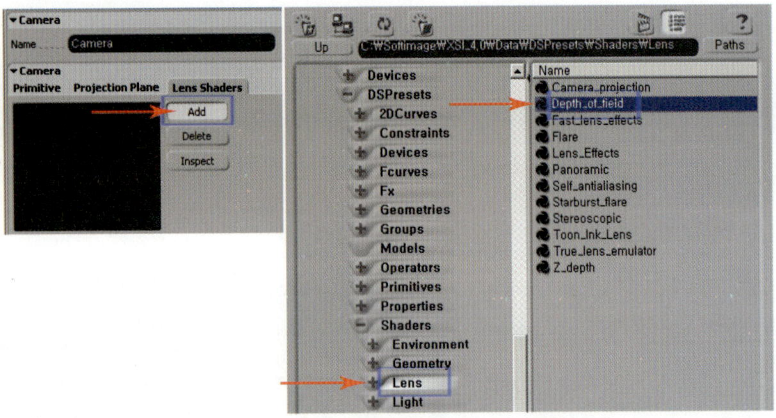

그림 3-46 Lens Shader (Depth of Field) 적용

4 Lens Shader에 추가된 Depth of Field의 기능 창 변경 : Lens Shader에 추가된 Depth of Field를 적용하고 OK를 누르면 Camera Lens Shader에 Depth of Field 기능이 추가된다. 이 상태에서 Inspect를 실행하면 Camera Depth of Field 속성 창이 나타난다.

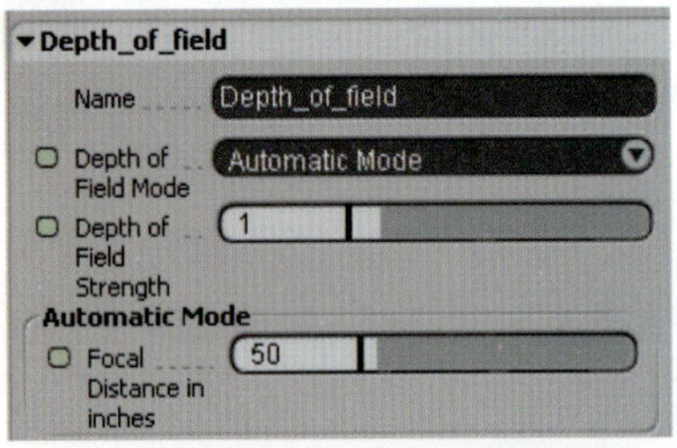

그림 3-47 Depth of Field 속성 창

기본적으로 Automatic mode로 설정되어 있는데 Depth of Field의 값이 흐려지는 Blur 효과의 강도를 증대시킨다. 현재 상태(기본 Default)의 결과를 확인한다.

5 거리 값 입력 : 초점을 맞출 Object와 Camera와의 거리를 확인한 다음 그 수치를 입력한다. Object와 Camera의 정확한 거리 값은 Viewport에서 View에 관련된 기능 창인 EYE Icon에서 아래 부분에 보면 Distance to Camera 기능이 있다. 그 기능을 활성화시키고 Object를 선택하면 기본 Camera로부터의 정확한 거리 값이 화면에 나타난다.

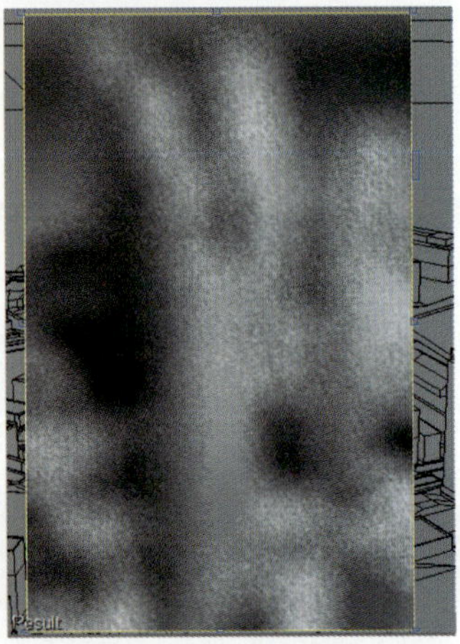

그림 3-48 Default 결과확인

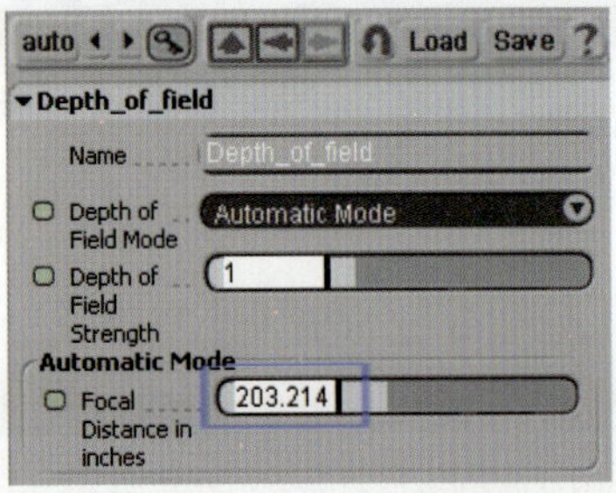

그림 3-49 Camera로부터 거리 값

그림 3-50 결과확인

6 Camera와의 거리 값을 적용한 상태에서 결과를 확인한다.

7 Depth of Field의 속성 변경 1 : Depth of Field Mode의 종류는 크게 Custom Mode와 Lens Mode가 더 있는데 이중에서 Custom Mode는 Neat Focus와 Far focus를 설정할 수 있기 때문에 사용자가 Scene내의 원하는 부분에 초점을 맞출 수 있다. 초점이 맞아야 할 부분(근거리)과 그렇지 않은 부분(원거리)의 거리를 확인하여 입력한다. 그 결과를 동시에 확인한다.

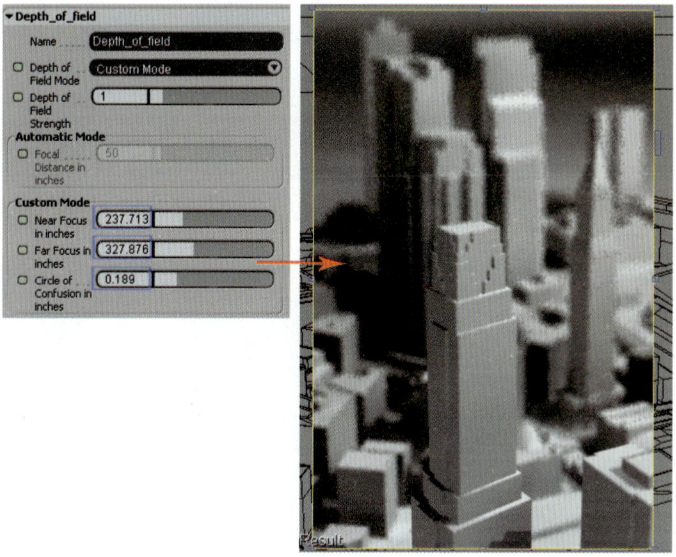

그림 3-51 Custom Mode 속성 변경

8 Depth of Field의 속성 변경 2 : Lens mode에서는 더 섬세한 값을 얻을 수 있는데 Focal Length in mm과 Fstop의 값이 실제 Camera처럼 조작이 가능하다. 다음과 같은 수치를 입력하고 결과를 확인한다.

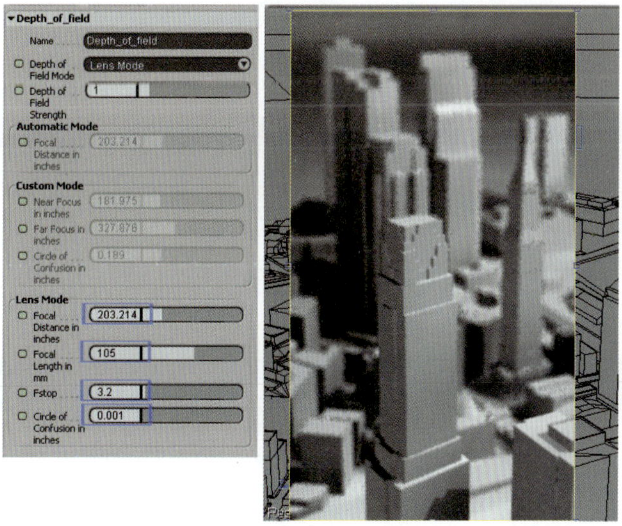

그림 3-52 Lens Mode 속성 변경

9 Depth of Field의 속성에 대한 설명 : Custom mode와 Lens mode에서 Circle of confusion in inches라는 설정 값이 있는데 이것은 초점이 맞지 않은 부분에 번지는 넓이의 계산을 Inches에서 얼마만큼의 크기로 Rendering하겠느냐 결정하는 기능이다.
0.001보다 값이 커지게 되면 흐려지는 범위가 Rendering 시간도 오래 걸리지 않는다. Circle of confusion in inches의 수치를 01.에서 1로 변경했을 경우 나타나는 중간 Rendering 결과이다.

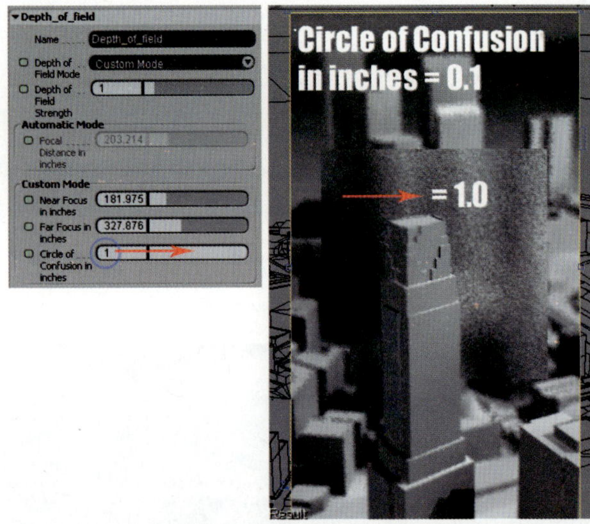

그림 3-53 Circle of confusion in inches 속성 변경

10 보다 좋은 결과를 얻기 위해서는 Depth of Field의 값을 내려주고 Circle of confusion in inches의 수치를 올려주면 되는데 World의 크기나 Object와 Camera와의 거리에 따라 이 설정 값들 또한 다르게 설정되어야 하므로 많은 경험과 테스트를 통해 최적의 결과를 얻을 수 있도록 해야 한다.

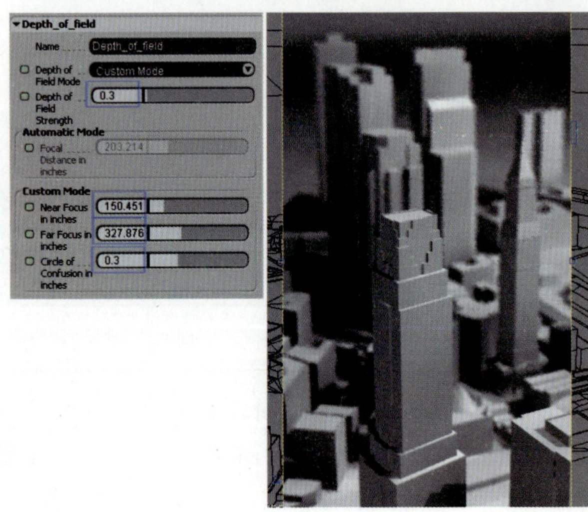

그림 3-54 Depth of Field 속성 변경

그림 3-55 near focus, far focus 지정

11 여기서 이제 한 가지 짚고 넘어가야 할 것이 있다. 이와 같은 작업을 할 때는 custom mode에서 하는 것이 거리 설정하기가 편하긴 하지만 여전히 수치로 조절해야 하는 불편함이 있다.

이것을 특정한 Object를 이용하여 그 Object가 있는 곳이 초점이 맞는 거리의 표적이 되도록 설정을 할 수 있다. 우선 다음 그림처럼 null 두 개를 꺼내어 각각 이름을 near focus, far focus라고 명명한다.

12 depth of field 에서 depth of field mode를 custom mode 로 설정하고 near focus in inches 앞에 있는 파라미터 아이콘을 마우스 right button을 눌러 pop up menu 중에서 expression editor을 선택한다.

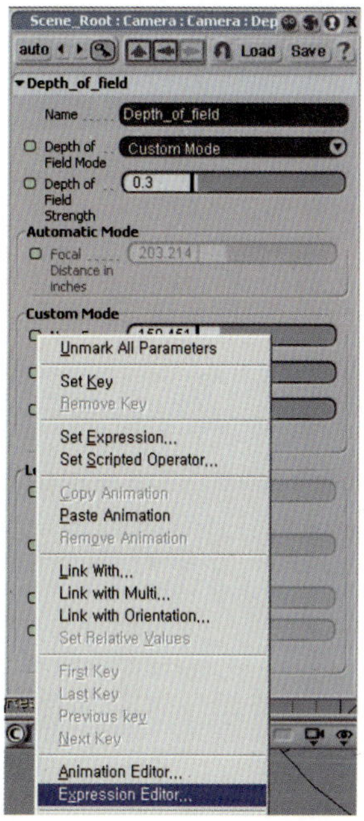

그림 3-57 Set Expression

13 expression editor에서 function을 선택하여 distance/to camera를 선택한다.

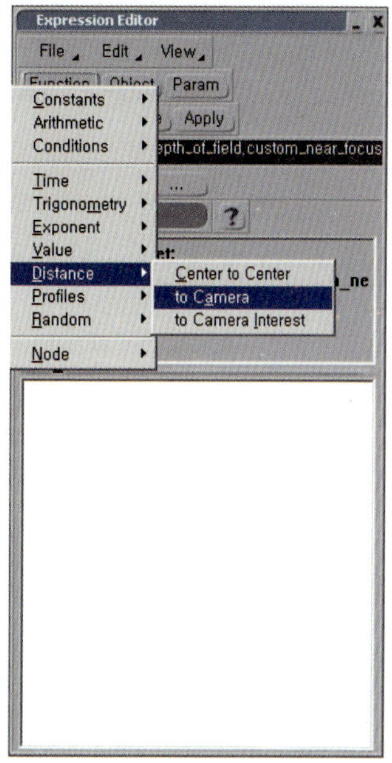

그림 3-58 Expression 실행

14 입력 창에 나타난 ctr dist_cam(〈elem1〉)에서 '〈elem1〉' 부분을 선택한다. 이것은 near focus의 위치를 camera에서부터 특정 거리에 있는 element (〈elem1〉)로 대체시킨다는 뜻이 된다.

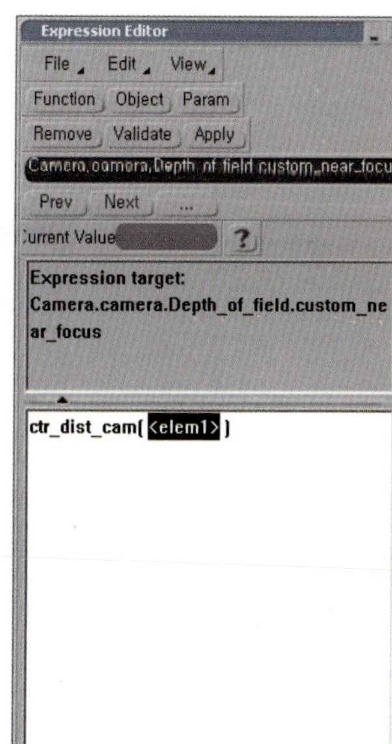

그림 3-56 Expression 대상 적용

15 expression editor에서 object를 클릭하면 탐색 창이 뜨는데 거기서 near focus를 picking 한다.

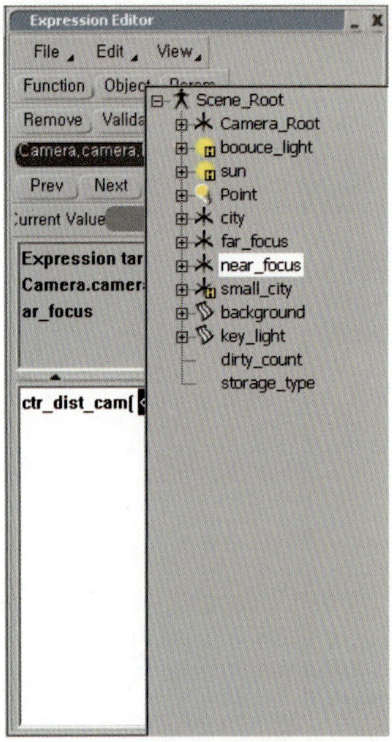

그림 3-60 대상 Object 설정

16 선택되었으면 입력 창을 확인하고 apply를 선택한다. 만일 입력 창에서 선택부분의 영역이 잘못되었거나 철자가 잘못되어도 상황 창에 error found at this point라고 하면서 error message가 나타난다.

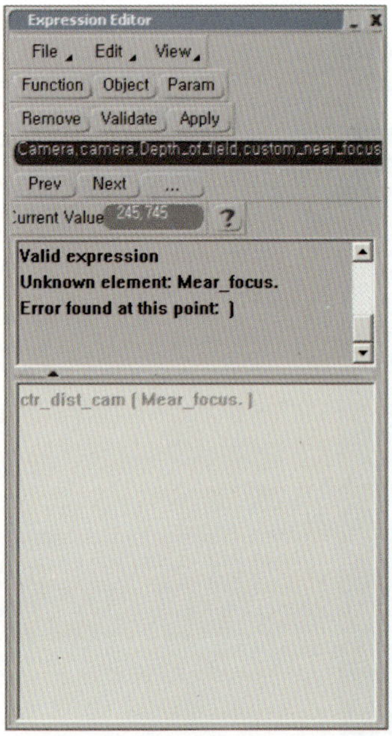

그림 3-61 결과확인

17 같은 방법으로 far focus를 expression 걸어 준다.

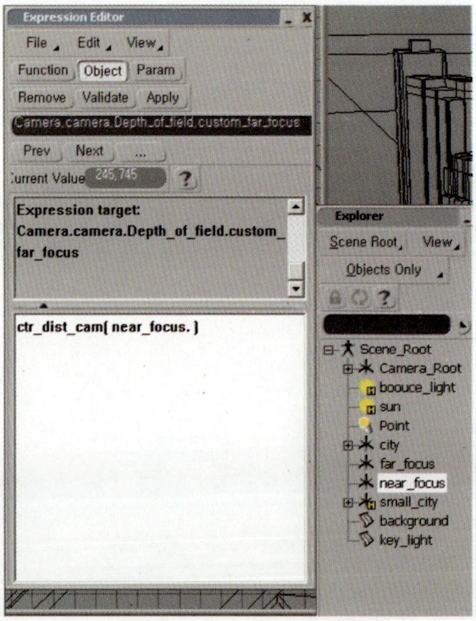

그림 3-59 Set Expression

18 이제 depth of field 창을 확인해보면 near focus in inches과 far focus in inches 값은 드래그를 해도 변화되지 않고 오로지 null인 near focus와 far focus에 의해서 depth of field 효과가 제어된다.

19 다음 그림은 expression 설정된 후 camera view 상에서 null인 near focus와 far focus를 초점을 맞추고 싶은 위치에다가 이동시킨 모습이다.

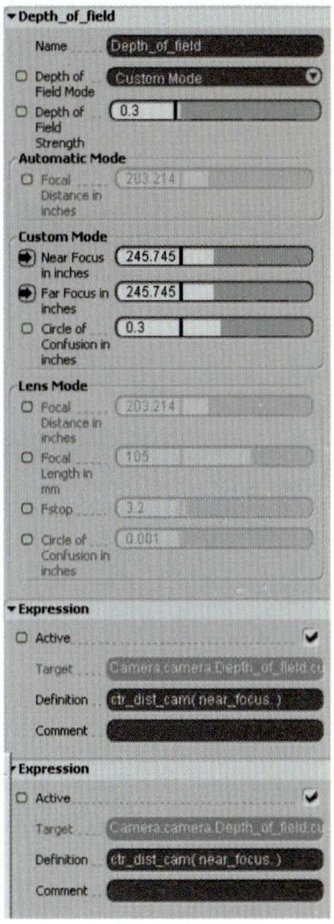

그림 3-62 Expression 결과확인

그림 3-64 Focus Controller 이동

20 다음 그림은 중간쯤에 있는 건물에 초점을 맞춘 뒤 region render한 모습이다.

21 null인 near focus와 far focus의 위치에 의해 depth of field가 조절이 되게 만들어 보았다. camera에서 lens shaders를 통해 만들어지는 depth of field는 정확한 계산이 이루어져 모델링의 blur을 완벽에 가까울 만큼 소화를 해내는 반면 rendering 시간이 다소 걸린다는 것이 문제이다. 물론 하드웨어의 성능에 따라 달라질 문제이지만 개인 작업을 하는 사람들에게는 부담이 될 수 있는 소지가 있다. 이를 위해 2D depth of field가 있다. 다소 모델링의 외곽부분에 depth 효과가 떨어지기는 하나 rendering 시간이 상당히 빠르다. 그럼 설정을 한 번 해보자.

그림 3-63 결과확인

22 camera의 properties에서 lens shaders의 depth of field를 delete 한다.

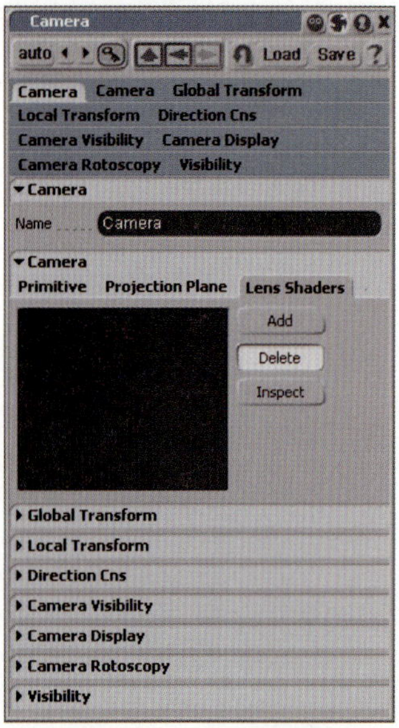

그림 3-65 Lens Shader 삭제

23 explorer에서 p키를 눌러 passes mode로 바꾼다. 그리고 list 항목에서 default pass를 그 아이콘을 선택한다.

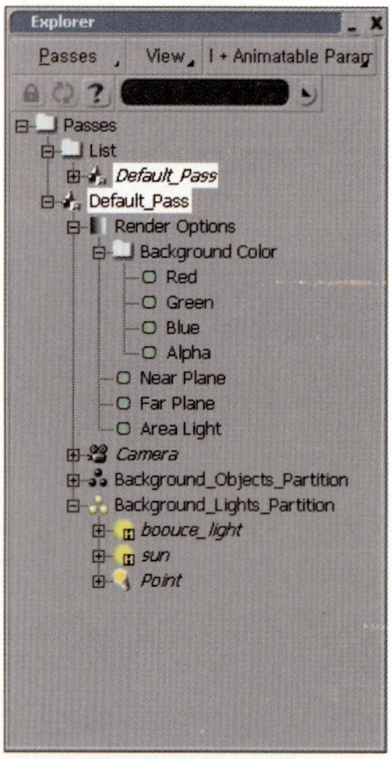

그림 3-66 Pass 선택

24 default pass에서 output shaders tab로 간 뒤 add를 선택한다. 여기서는 rendering할 pass를 선택하고 그 pass 설정에 의해 별도의 rendering되는 것으로 아래쪽에 있는 render current pass라는 button을 클릭하면 rendering이 시작된다.

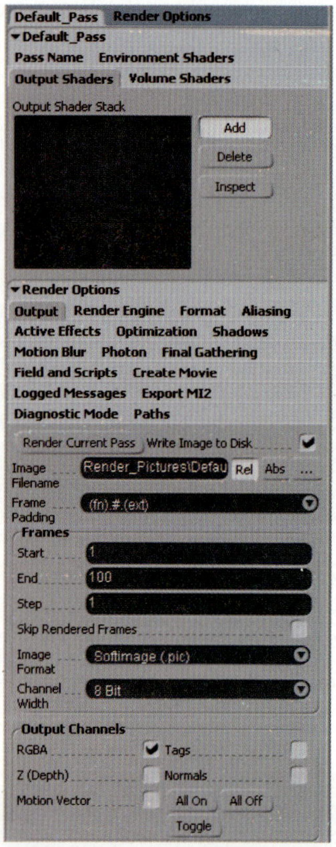

그림 3-67 Add mode 옵션

25 load a preset 창을 보면 2d auto depth of field와 2d depth of field의 두 항목이 모두 depth of field 효과를 내는 것인데 camera lens shaders의 depth of field의 효과 같은 near와 far를 통해 조절할 수 있는 것은 2d auto depth of field이다.

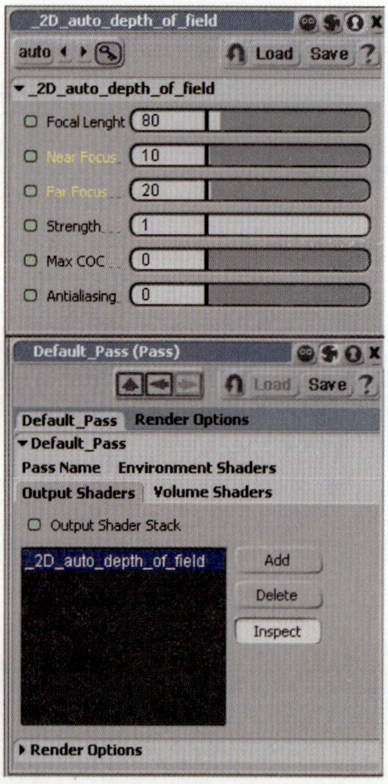

그림 3-68 2D auto depth of field 적용

26 다음 그림은 near focus와 far focus를 expression을 건 모습이다. 이 expression은 이미 lens shaders의 depth of field의 효과를 줄 때에 연결했던 null인 near focus와 far focus를 같은 방법으로 연결한다.

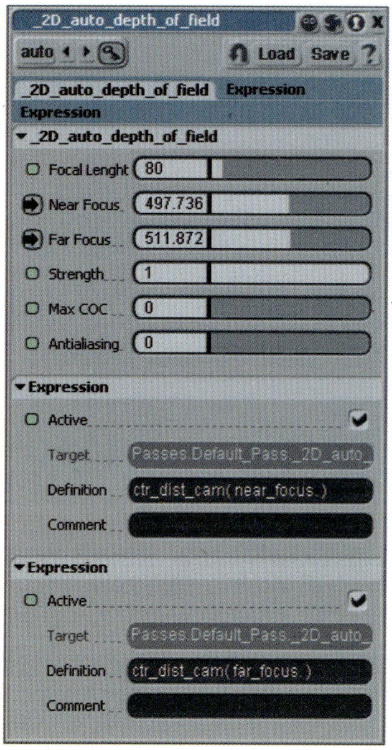

그림 3-69 2D depth of field

27 다음 그림은 위의 값을 기준으로 region render한 것인데 region render되고 있는 동안은 2d auto depth of field 효과가 나타나질 않는다.

화면전체 rendering 끝난 뒤 z depth를 계산하여 2d depth of field를 계산하기 때문이다.

그림 3-70 결과확인

28 blur 효과는 괜찮지만 몇 군데 모델링의 외곽 부분이 선명하게 두드러져 보이는 곳도 있다. 따라서 이 효과는 빠른 rendering 시간을 자랑하지만 그 효과의 정도가 심하면 많은 왜곡현상을 불러옴으로 focal length의 값을 많이 주지 않도록 한다. 그리고 Max COC의 수치 값을 조절하여 circle of confusion와 같은 번짐 정도 또한 조절하도록 한다. 다음 그림은 이러한 값을 조절하여 region render한 것이다.

그림 3-71 Max COC 수치 조절

29 depth of field 효과처럼 camera에 많은 추가적 효과를 줄 수 있다.

3-2-4 Depth of Field 활용 3

Expression을 통한 Camera Depth of field의 포커스 맞추기는 Mental Ray에서의 Depth of field는 높은 Quality를 보여주지만 부담스러운 렌더링 소요 시간과 직관적이지 못한 컨트롤이 단점으로 지적된다. 이번에 소개할 팁에서는 Depth of field의 적용과 함께 좀 더 직관적인 카메라 포커스 조절에 대해 알아볼 것이다.

1 Get 〉 Primitive 〉 Null을 하나 만든다. 이 Null은 향후 카메라의 포커스를 조절하는 조절 기능을 담당하게 된다.

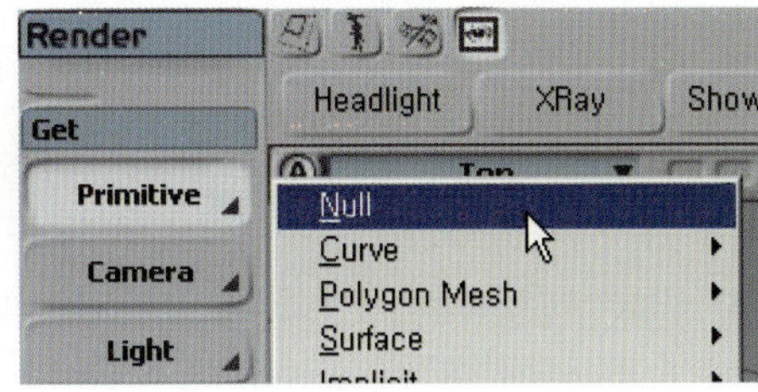

그림 3-72 Control Null 제작

2 Explorer에서 Camera_root 〉 Camera를 선택하고 프로퍼티 창을 띄운 후 Lens Shader 탭으로 가서 Add를 선택한다.

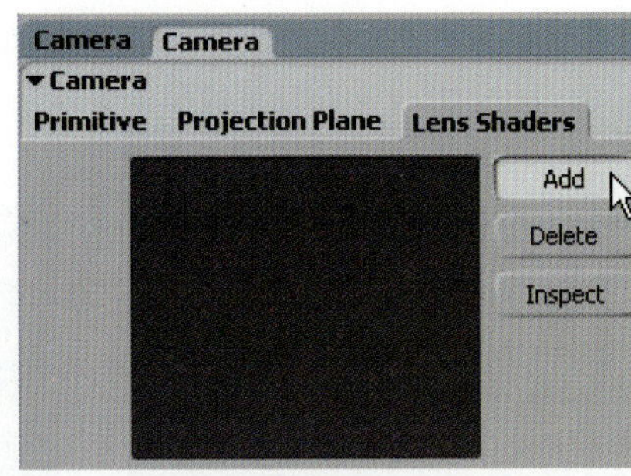

그림 3-73 Set Expression

3 Load a Preset창에서 'Depth_of_field'를 선택하고 OK 버튼을 눌러준다.

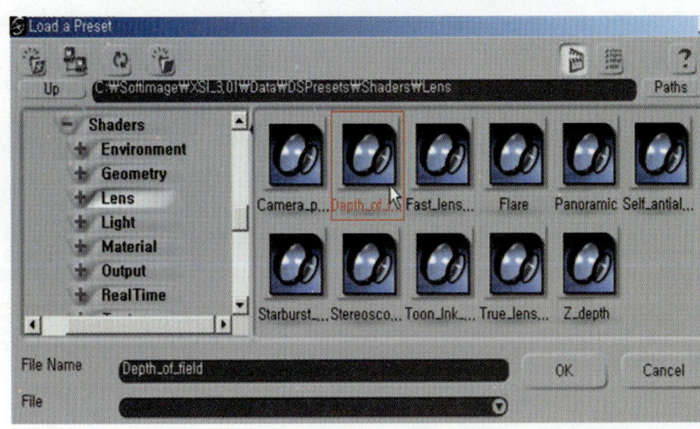

그림 3-74 Lens Shader 적용

4 Depth_of_field를 선택한 후 Inspect 버튼을 선택한다.

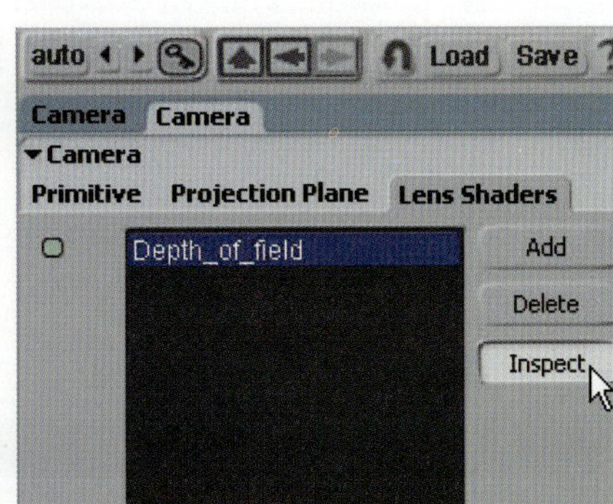

그림 3-75 Depth_of_field Shader

5 Automatic Mode로 선택하고 Focal Distance in inches의 Animation Icon에서 오른쪽 클릭 후 Set Expression을 선택한다.

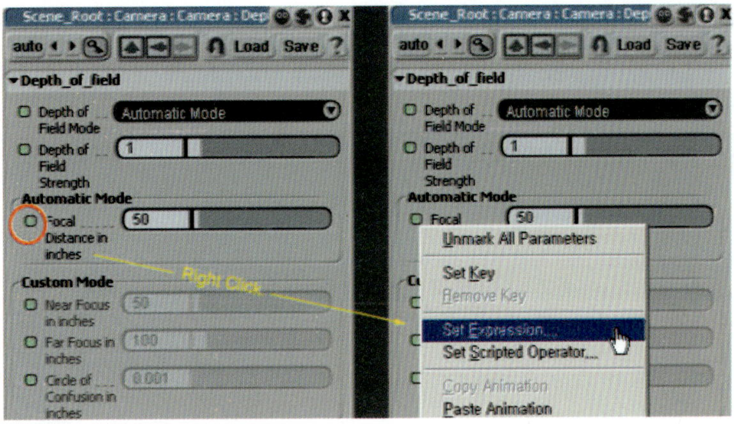

그림 3-76 Set Expression

6 Expression 에디터가 열리면 입력란에 있는 내용을 모두 지우고 나서 Function > Distance > to Camera를 선택한다.

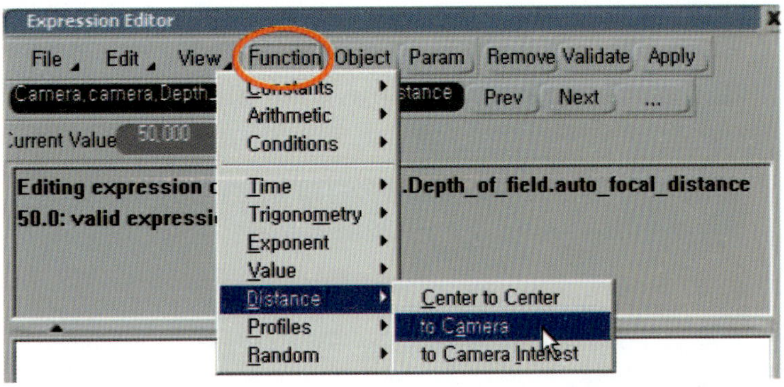

그림 3-77 Expression 적용 대상

7 ctr_dist_cam( )이 나타나면을 1번 과정에서 만들었던 null.로 바꿔서 입력한다. ctr_dist_cam(null.)로 바꿨다면 상단의 Validate를 눌러 expression이 작동하는지 확인한다. Valid expression이라는 Message가 나오면 제대로 작동하는 것이다. 마지막으로 Apply를 눌러 적용시킨다.

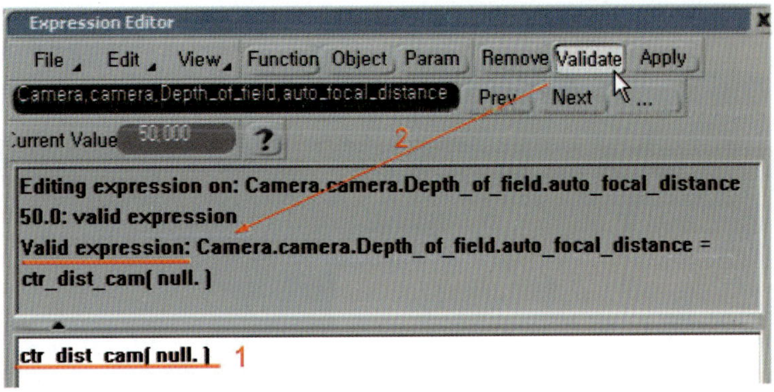

그림 3-78 Expression 효과 적용

8 이제부터 null의 위치가 초점이 되므로 null을 움직여 초점을 조절할 수 있다. 아래 2개의 이미지는 null의 위치를 각각 달리 했을 때의 Focusing을 보여주고 있다.

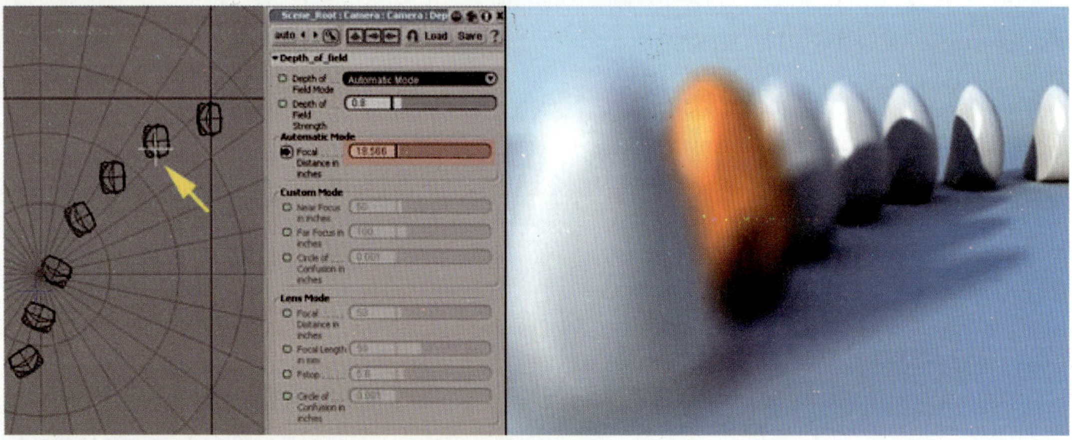

그림 3-79 Control Null 이동에 따른 Depth_of_field 결과확인 1

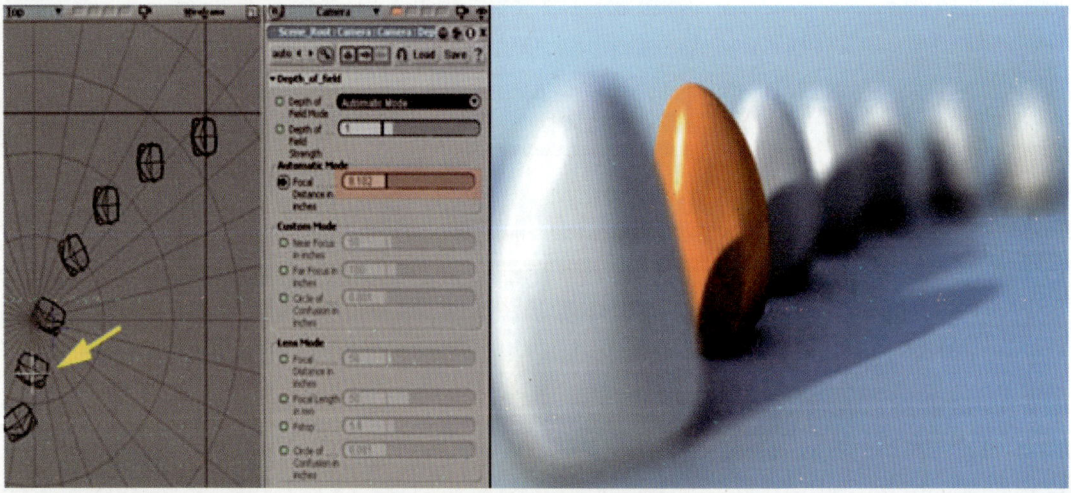

그림 3-80 Control Null 이동에 따른 Depth_of_field 결과확인 2

3-3 Motion Blur

3-3-1 Motion Blur 이해

카메라와 피사체(혹은 배경) 간의 상대적인 움직임에 의해 발생하는 이미지의 흐림 혹은 번짐 현상을 말하는 것이다. 상대적인 움직임이라고 한 이유는 카메라는 고정되어 있는데 배우나 물체가 움직일 수도 있고, 물체는 가만히 있는데 카메라가 움직이는 경우도 있기 때문이다. 어떤 경우든 카메라 셔터의 동작 속도보다 (상대적인) 움직임이 빠른 경우 한 장의 프레임 내에 움직이는 이미지나 배경이 번진 채로 저장된다.

컴퓨터 애니메이션 (2D 또는 3D는)은 컴퓨터 시뮬레이션 시간 또는 현실에 있는 각 프레임은 3D 렌더링으로 만드는 중인 애니메이션이 보이는 동안의 빠른 움직임 또는 빠른 운동의 개체가 만들거나 더 자연스러운 또는 매끄러운 이동의 동작에 대해 각 프레임이 완벽한 인스턴트를 제때에 (카메라에 끝도 없이 빠른 셔터와 유사한 의미) 보여준다.

그림 3-81 Motion Blur 효과

1 Motion Blur 적용 : Render 툴 바에서 Get > Property > Motion Blur 명령을 실행한다.

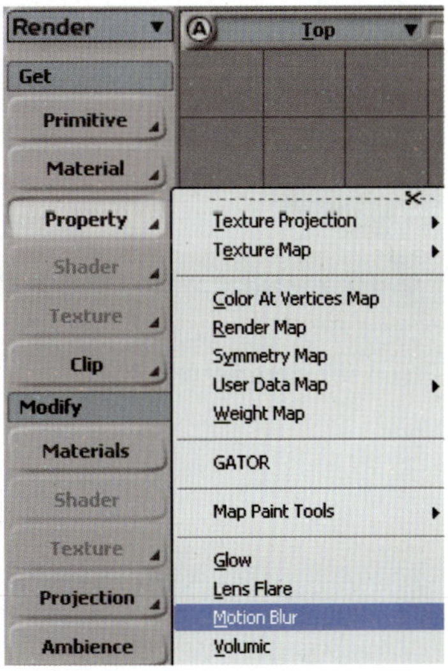

그림 3-82 Motion Blur 적용

2 Motion Blur 옵션 : Motion Blur 적용 후 나타나는 속성 창에서 Blur 효과를 적용하고자 할 경우 Blur 옵션을 활성화한 상태로 둔다.

그림 3-83 Motion Blur 활성

만약 일정 Object에 대해 Motion Blur 효과를 적용하지 않고자 할 경우 이 옵션을 비활성화시키면 된다. 즉 Scene 내에 존재하는 모든 Object마다 따로 독립적으로 Motion Blur에 대한 컨트롤이 가능하다는 결론이다.

3 Motion Blur 현상은 Render Option의 Sampling Contrast의 수치를 조절하여 Blur 효과의 번짐 정도를 제어할 수 있지만 Rendering 방식의 적용에 따라서도 Motion Blur의 결과에 많은 차이가 난다. 즉 Rendering의 Type은 크게 Scan line 방식과 Raytracing 방식이 있는데 Motion Blur를 적용했을 경우 각각 그 결과의 차이가 있다. Render Option에서 Optimization tab에서 Render Type 〉 Primary Rays 옵션에서 Render 방식을 선택할 수 있다.

그림 3-84 Motion Blur Type

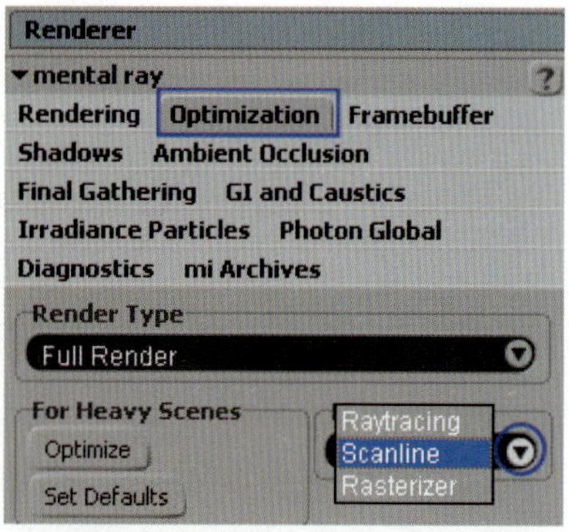

그림 3-85 Motion Blur Type 설정 창

4 Motion Blur 〉 Speed 기능 창 열기 : Motion Blur의 Shutter speed(속도)는 Render Option 창에서 Pass Motion Blur의 Speed 옵션에서 조절해 줄 수 있다.

5 Motion Blur의 Speed에 따른 결과이다.

그림 3-87 Speed에 따른 결과 비교

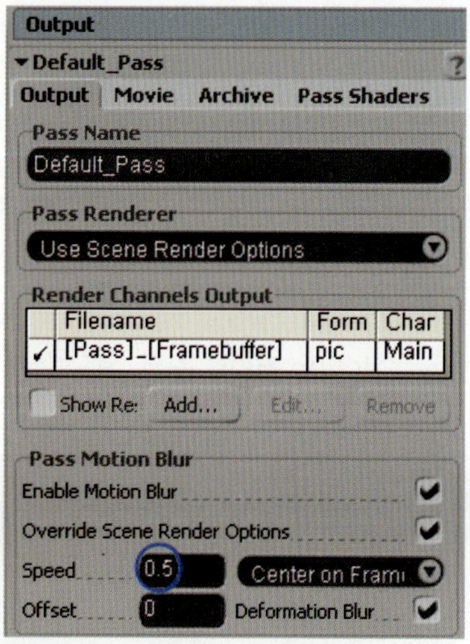

그림 3-86 Motion Blur Speed

6 동일한 Scene에서도 Motion Blur에 대한 옵션 값을 어떻게 지정하느냐에 따라 그 결과 또한 매번 다르게 나타나게 된다.

그림 3-88 Low & High Motion Blur 비교

7 Motion Transform 속성 창에서 Evaluate Motion SRT에 대해 Entire Motion 옵션과 Shutter Speed가 있다.

그림 3-89 SRT & Shutter Speed 결과 비교

3-3-2 Motion Blur Setting 최적화

1 Motion Blur 계산을 최대한 빠르게 하도록 하기 위해서 Shutter Speed 수치를 줄인다.

2 Motion Blur 계산을 최대한 빠르게 하도록 하기 위해서 Raytracing type보다는 Scan line 방식을 사용하는 것이 속도를 향상시켜 준다.

3 Render 〉 Render 〉 Option에서 Optimization tab에서 BSP render 가속 방법을 적용한다.

4 Scene 내에 많은 Motion Blur 데이터가 있을 경우 Render 〉 Render 〉 Option에서 Aliasing tab에서 sampling의 값을 줄여야 한다.

3-3-3 Motion Blur 활용

1 먼저 Motion Blur를 Test할 간단한 Scene을 만든다. Sphere를 꺼내서 1~50 frame 동안 Y축으로 100Unit 이동하는 간단한 Animation 데이터를 제작한다.

2 중간지점인 50frame에 Current frame을 위치시키고 Render 확인을 한다.

3 Motion Blur 효과 적용 전이라 별 다른 변화는 없다.

4 Render Region 옵션 창을 열고 Region Motion Blur tab에서 Enable Motion Blur 기능을 활성화 한다.

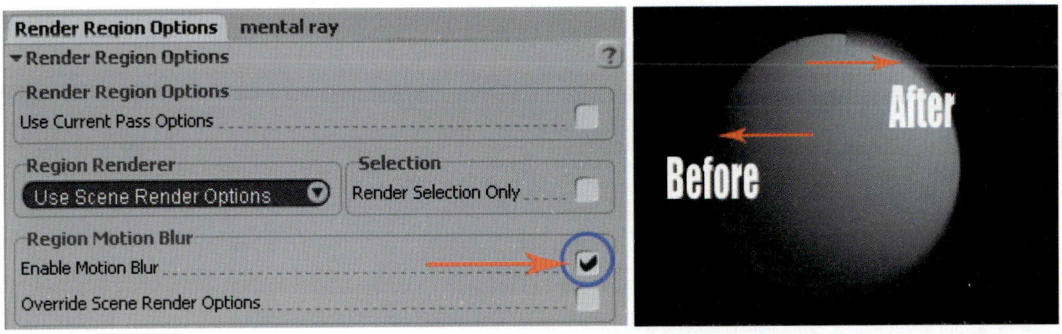

그림 3-90 Enable Motion Blur

5 Render Region Display 모드에서 Alpha Blended RGB로 전환하여 확인하면 보다 확실하게 Motion Blur의 효과 영역을 확인할 수 있다.

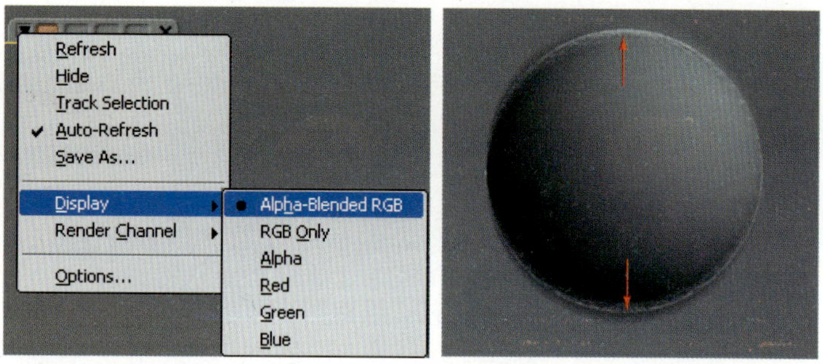

그림 3-91 Alpha Blended RGB

6 Motion Blur의 효과를 적용할 Object의 애니메이션 속도를 증대시킨다. 속도는 동일한 시간 내에서 거리 값이 커지면 속도는 증가되기 때문에 Y축의 이동 값을 100frame에서 300으로 변경한다. 그리고 일정 Frame에서 Sphere의 Motion Blur의 효과를 확인한다. 눈에 확연히 띨 정도의 Motion Blur의 효과의 차이를 경험할 수 있다. 이와 같이 Motion Blur의 효과는 그 움직임의 정도에 따라 확실히 차이가 난다.

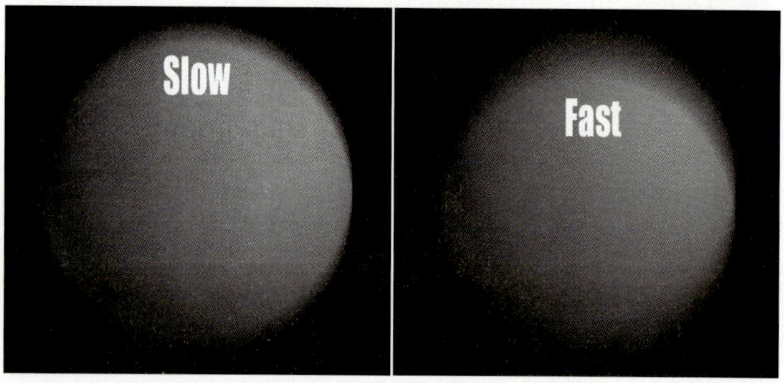

그림 3-92 Object의 자체 속도에 따른 Motion Blur 결과 비교

7 Motion Blur의 효과의 Quality 조절하기 : 현재 보이는 Motion Blur의 효과가 너무 부드럽지 않기 때문에 Render Region의 Mental Ray tab에서 Sample Contrast의 RGB 값을 조금 낮춰준다. 수치를 낮출수록 Motion Blur 영역이 부드럽게 처리되지만 렌더링 속도는 더욱 느려지게 된다.

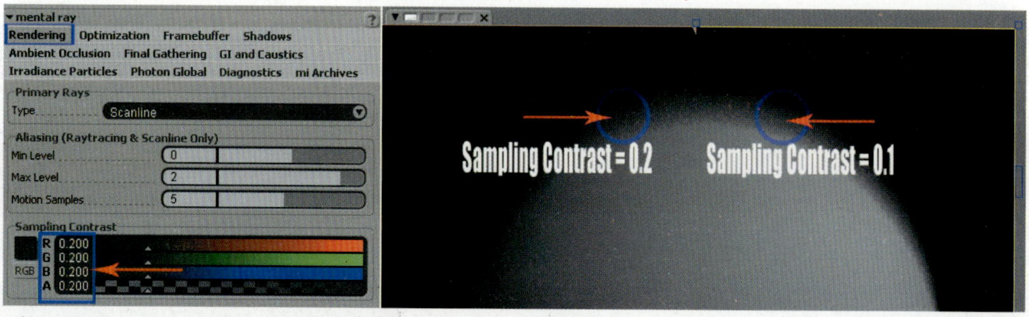

그림 3-93 Motion Blur 효과 극대화를 위한 Rendering 옵션 설정

8 Rendering의 Type은 크게 Scan line 방식과 Raytracing 방식이 있는데 Motion Blur를 적용했을 경우 각각 그 결과의 차이가 있다.

9 Motion Blur 효과 선택적으로 적용하기 : Scene 내에 여러 개의 Object가 있을 경우 Render (Region) Option에서의 컨트롤은 Scene 전체에 영향을 준다. 즉 동일 Scene 내에 존재하는 모든 움직임이 있는 Object에 대해 Motion Blur 효과가 나타난다는 것이다. 이 경우 선택적으로 필요한 Object에 대해서만 Motion Blur 효과를 적용할 수 있다. 먼저 움직임이 있는 두 개의 Object를 준비한다.

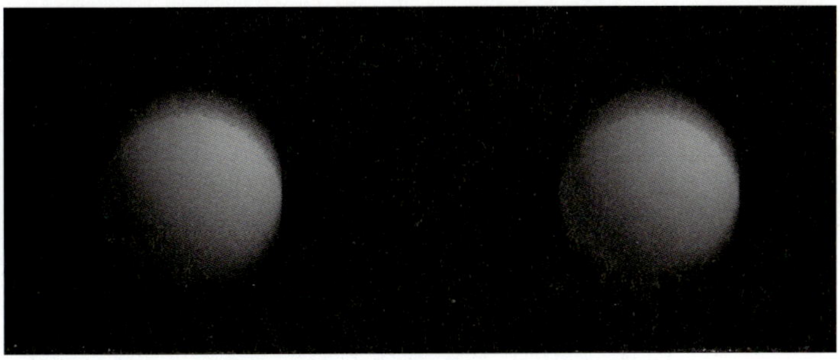

그림 3-94 Motion Blur 효과 선택적 적용

10 이 중 Motion Blur 효과가 필요 없는 Object를 선택하고 Get 〉 Property 〉 Motion Blur 기능을 적용한다.

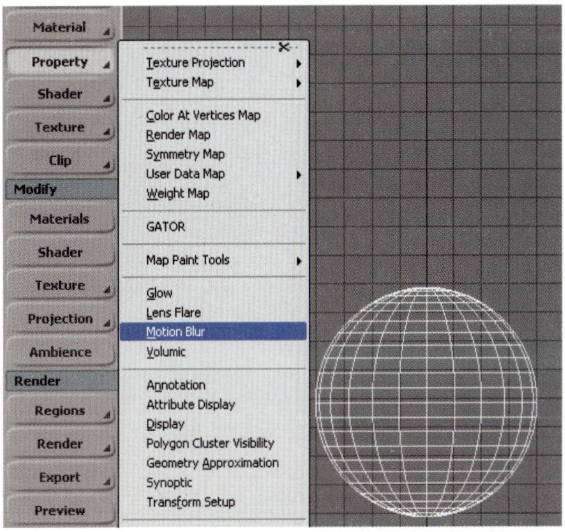

그림 3-95 Motion Blur 명령 실행

11 Motion Blur 기능을 적용 후 생성되는 옵션 창에서 Blur 효과의 실행 옵션을 비활성시킨다.

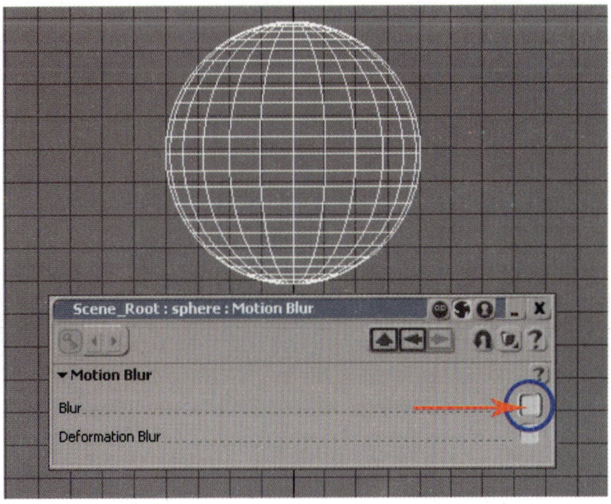

그림 3-96 Motion Blur 비활성

12 결과를 확인한다.

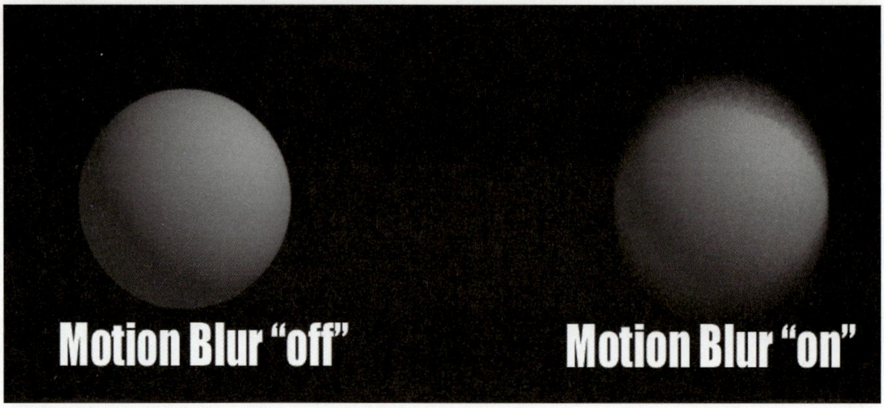

그림 3-97 결과확인

제4장 Mental Ray

4-1 Mental Ray 이해하기

멘탈레이(Mental ray)는 Renderer의 일종으로 대용량의 데이터를 빠르고 쉽게, 그리고 사실적으로 렌더링을 하는 mental ray Standalone 소프트웨어로 대용량의 데이터를 빠르고 쉽게 렌더링할 수 있다. 물리적으로 정확한 조명 원리를 바탕으로 한 mental ray 기술의 우수한 렌더링 성능은 Photo Reality한 시각화에서 스타일화된 시각화까지 광범위한 Vision을 표현해준다.

Mental ray Renderer는 초기부터 SOFTIMAGE에서 사용되었으며 높은 Quality의 이미지를 렌더링할 수 있고, 다른 Software Renderer가 구현할 수 없는 여러 가지 특징적인 기능을 가지고 있다.

첫째, mental ray Renderer는 Global Illumination, Final Gathering, Ambient Occlusion Shader를 통해 Indirect Lighting을 구현할 수 있다. Indirect Lighting을 통해서 보다 사실적인 미학적으로 뛰어난 이미지를 Rendering할 수 있다.

그림 4-1 SOFTIMAGE Mental Ray

둘째, 다양한 Shader를 제공한다. mental ray Renderer는 Surfaces와 관계된 Shader뿐만 아니라 Camera, Light, Texture, 데이터 전환 등과 관련된 수많은 Shader를 제공한다. 각 Shader는 독특한 기능이 있다.

셋째, Motion Blur와 Displacement Map에서 탁월한 성능을 발휘한다. Motion Blur와 Displacement Map는 타 툴 환경에서도 지원을 하는 기능이지만 mental ray Renderer에서 보다 뛰어난 성능을 발휘한다. 이외에는 mental ray Renderer는 많은 장점을 가지고 있다. 하지만, 보다 사실적이고 뛰어난 이미지를 만들기 위해서는 그만큼 많은 계산 시간이 요구된다.

따라서 한 장의 이미지를 만드는 일러스트레이션이 아닌 경우에는 mental ray Renderer를 어떻게 하면 효율적으로 사용할 것인지 깊이 연구를 해야 한다. mental ray Renderer는 이와 같은 효율성을 충족시키기 위해 여러 가지 옵션을 가지고 있다. 예를 들어 Rendering 시간이 오래 걸리는 Ray Trace Shadow 대신 보다 계산 시간이 빠른 Shadow Map이나 Detail Shadow Map을 제공한다.

4-2 Global Illumination

4-2-1 Global Illumination 개념

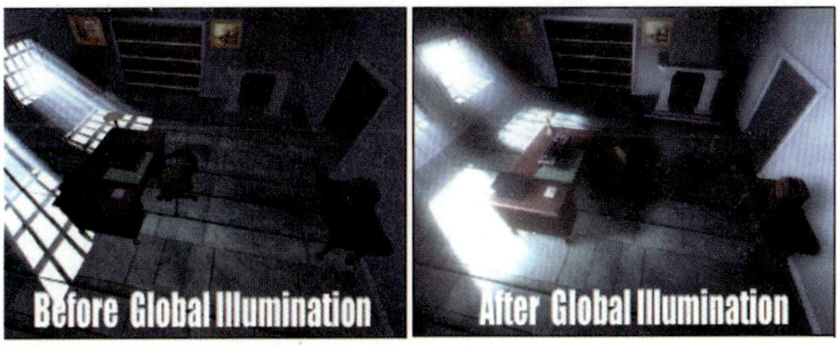

그림 4-2 Global Illumination효과를 사용한 결과

Global Illumination이란 실제 빛의 성질인 입자(Photon)설을 기반으로 한 표현 기법으로 빛의 입자인 Photon의 성질을 활용한 Light 기법이다. Local Illumination은 Object 자체에 적용된 Illumination 현상(Ambient, Diffuse, Specular)을 정의한 것이라면 Global Illumination은 Scene 내에 존재하는 모든 Object들의 관계를 고려한 Illumination 현상이라고 할 수 있다. 그러므로 주변의 환경에 영향을 받아 보다 사실적이고 현실감 나는 효과를 만들 수 있다. 이는 실제 우리 주변에서 일어나는 빛의 현상으로 광원으로부터 출발한 Photon 입자(광자)가 반사와 반사를 거듭하면서 가장 빨리 그리고 많이 반사되는 곳은 밝고 환하게 표현되며 가장 늦게, 그리고 가장 적게 입자가 도착되는 곳은 어둡게 표현되는 Photon Map 저장방식이라고 할 수 있다. 즉 광원에서 지정한 개수만큼의 Photon 광선을 방출하여 Object의 표면에 충돌시키고 이 충돌 정보를 Photon Map에 저장한다. 이때 Object의 각 표면의 성질에 따라 반사 및 흡수를 한다. Photon의 수가 최종 결과에 영향을 주게 된다.

그림 4-3 Photon의 수의 차이에 따른 결과

사실 Local Illumination이라는 광원 현상도 있지만 이는 Object 자체에 대한 Illumination 현상을 표현하는 것이기 때문에 전체적인 Scene의 조화를 통한 사실감 표현에는 부족하다.

이러한 Global Illumination 효과는 주변의 Data와 연계되어 계산되므로 연산 데이터가 많아지기 때문에 자연히 렌더링 속도가 늦어지게 되는 점도 있지만 현재는 이러한 시간적인 문제도 많이 극복되는 현실이다. 지금부터 간단한 Scene을 이용하여 Global Illumination 효과를 적용하는 방법에 대해 알아보도록 한다.

4-2-2 Global Illumination 적용

1 간단한 Scene 제작하기 : Cube 내에 기본 Object를 넣고 Spot Light 하나와 Camera 1대를 활용하여 간단한 Test Scene을 제작한다. SOFTIMAGE에서 Global Illumination 효과를 내기 위해 작업을 해야 하는 영역은 크게 두 영역이다. 이전 버전에서는 Object에서 Global Illumination의 Caster와 Receive 옵션을 따로 체크해 줘야 하는데 지금은 Default 상태에서 작업을 한다. 만약에 Object에게 Global Illumination 효과에 대한 따로 설정이 필요한 경우에는 Object의 Rendering 옵션에서 필요한 항목을 체크해 줘야 한다.

첫째 Light 속성 창에서 〉 Photon tab의 Global Illumination 활성화 및 옵션 조절한다.

둘째 Render(또는 Render Region) 속성 창에서 Global Illumination tab에서 Global Illumination 기능 활성화 및 옵션을 조절해야 한다.

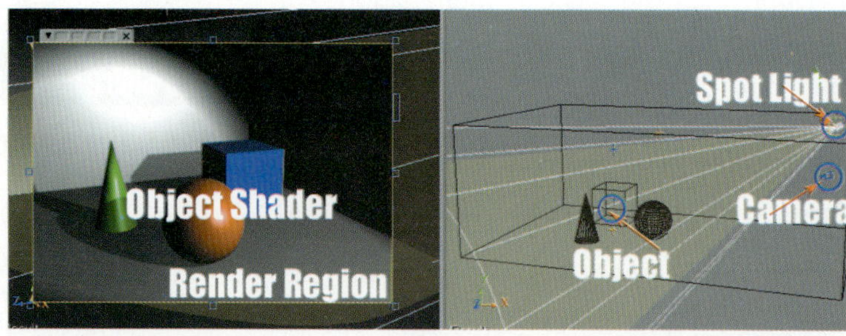

그림 4-4 Scene 제작

2 먼저 Light 옵션에서 Global Illumination 효과를 나타내줄 옵션을 체크한다.

3 옵션 변경에 따른 결과를 테스트해도 별다른 변화가 나타나지 않는다. 아직 Global Illumination에 대한 설정이 끝나지 않았기 때문이다.

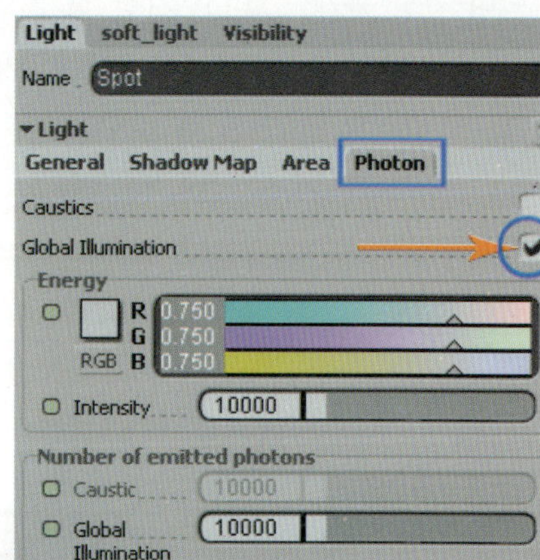

그림 4-5 Light 옵션에서의 Global Illumination

4 이번에는 Render Region의 속성 창을 열고 GI and Caustics tab에서 Global Illumination Enable 옵션을 활성화시킨다.

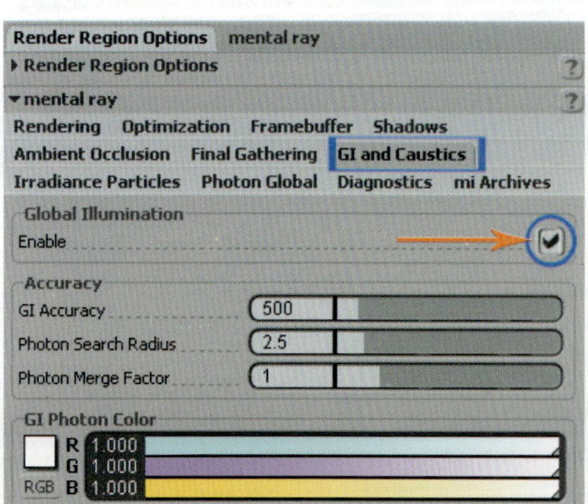

그림 4-6 Render 옵션에서의 Global Illumination

5 Render Region으로 옵션 변경에 따른 결과를 확인한다. 이제 Scene의 Box 안에 약간의 변화가 생긴다. Cube와 Sphere, 그리고 Con은 각자 자신의 반사값을 다른 Object에 영향을 미치고 있다. 물론 전체 벽면에도 영향을 주고 있는 것을 확인할 수 있다.

그림 4-7 결과확인

6 Global Illumination의 강도 증가 : 자 이제 옵션값의 변화를 통해 각각의 옵션이 가지고 있는 특징들에 대해 알아보도록 한다. 먼저 Light 〉 Photon 옵션에서 Global Illumination의 Energy 〉 Intensity값을 "50000"으로 증가시킨다. 그 강도가 훨씬 강해진 것을 확인할 수 있다.

그림 4-8 Photon Intensity 증가

7 Global Illumination의 개수 증가 : 이번에는 Global Illumination의 수를 증가시킨다. Light 〉 Photon 옵션에서 Number of emitted photons 옵션에서 수치를 "1000"으로 낮춰보고, 다시 "50000"개로 올려보면서 변화에 결과를 확인한다.

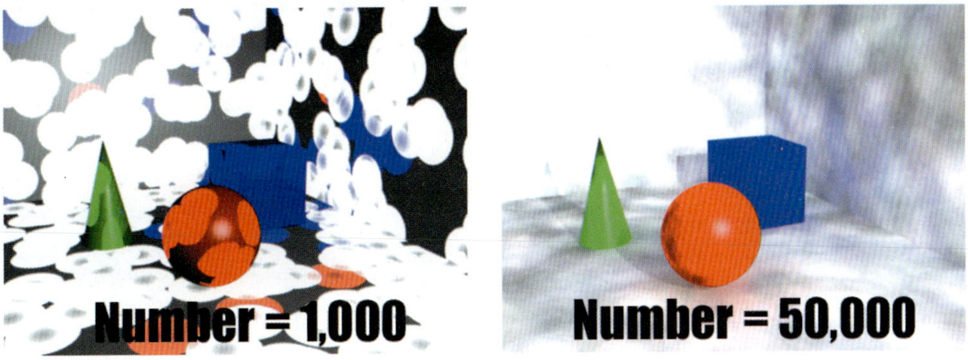

그림 4-9 Photon Number 증가

8 Global Illumination의 크기 조절 : Intensity="50,000", Number="10,000"으로 맞춰놓고 이번에는 Render Region 옵션에 있는 속성 창에서 옵션의 변화에 따른 결과를 확인한다. 먼저 Photon Search Radius의 수치를 "1"로 줄여 결과를 확인한다. Photon Search Radius는 Photon의 반지름의 크기를 설정한다.

그림 4-10 Photon Size 변경

9 이제 여러 가지 옵션을 활용하여 Global Illumination의 효과를 극대화시켜보도록 한다. Intensity값을 "50,000"으로 Number of emitted photons 옵션에서 수치를 "100,000"으로 Photon Search Radius의 수치를 "5"로 조절하여 다시 Render Region test를 한다.

그림 4-11 결과확인

이때 나타나는 특징은 Photon이 직접 닿는 부분의 밝기와 그렇지 않은 부분의 밝기가 자연스럽게 명암으로 처리되어 나타난다. 즉 실내의 벽면은 밝게 환하지만 모서리 부분의 밝기는 오히려 어둡다.

그림 4-12 Object가 Global Illumination 결과에 미치는 영향

각 Object가 가지고 있는 고유의 Color 색상 값으로 인한 Color Blending 현상(서로 섞이는 현상) 아주 또렷이 나타나는 것을 볼 수 있다.

만약 이 중에서 어느 한 Object의 영향을 빼면 Scene의 전체 분위기는 완전히 달라진다.

붉은색 계열이 빠진 푸른색과 녹색의 Blending 값으로 실내의 분위기가 연출된다.

10 Object의 Render 속성을 활용하여 Color Blending 현상을 보다 섬세하게 조절할 수 있는데 이때 사용하는 개념이 위에서 잠시 언급한 Caster와 Receive이다.

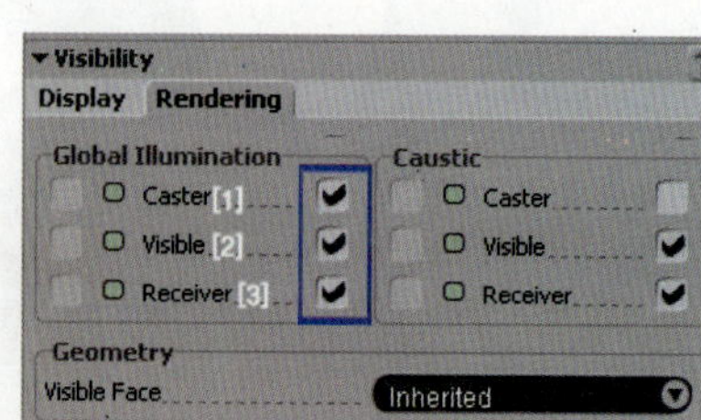

그림 4-13 Caster & Receiver

Explore 창에서 Object step의 Visibility 옵션을 열고

Rendering tab으로 간다.

[1] Caster : 영향을 주는 Object로 설정하고자 할 때 사용한다.
[2] Visible : Scene 내에서 해당 Object를 보이게 하거나 안 보이게 할 때 사용한다.
[3] Receiver : 다른 Object로부터 영향을 받는 Object로 설정하고자 할 때 사용한다.

4-2-3 Global Illumination 활용

1 Scene setting : 먼저 간단한 모델링 데이터 Scene을 제작한다. 가능하면 빛이 반사를 받을 수 있는 폐쇄된 공간이면 더욱 Global Illumination 효과를 확인하는 데 도움이 된다.

바닥(테이블) 모델링에 간단한 고글 Glass Object를 올려 놓은 Scene을 제작한다. 그리고 Scene 내에 모든 Light를 삭제하고 Blue tone의 Spot Light 하나만 생성하여 Object를 향해 비추도록 한다.

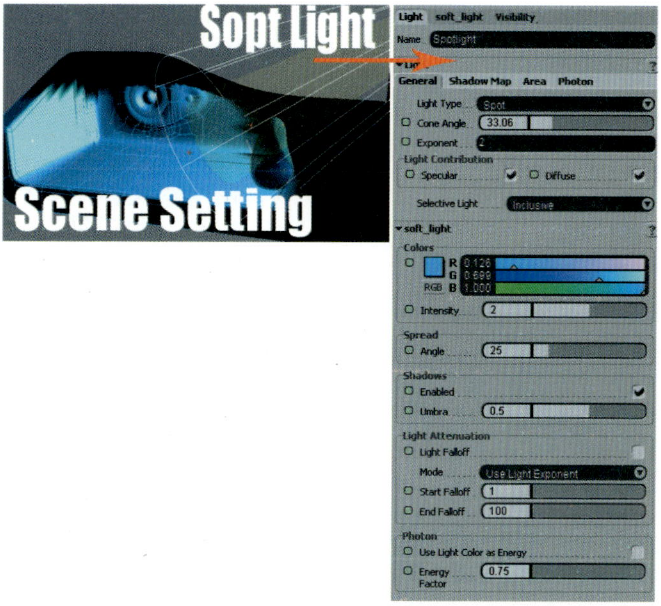

그림 4-14 Global Illumination Scene과 Light Setting

2 첫 번째, Visibility 옵션 창에서 Global Illumination 속성 창 열기 : Scene 내에 존재하는 모든 Object를 멀티 선택하고 Select 모드의 Selection 모드에서 Visibility 옵션 창을 연다. 이 옵션 창에서 Global Illumination 모드에서 Global Illumination의 모든 항목을 체크되어 있는지 확인한다. 기본적으로 모든 항목이 체크되어 있다. 만약 선택적으로 체크를 할 경우 이 속성 창에서 적용하면 된다.

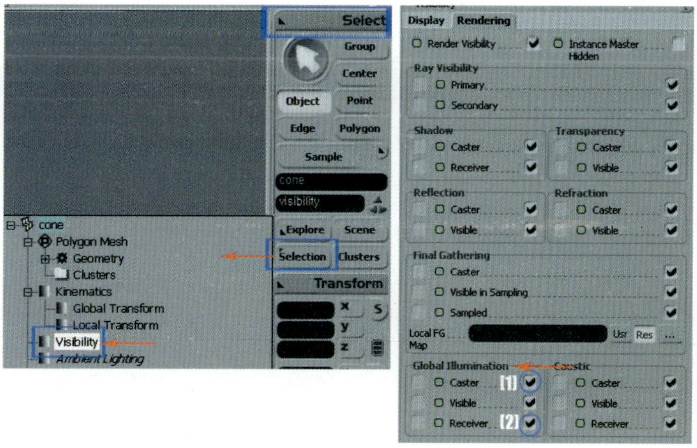

그림 4-15 Visibility 옵션 창

[1] Caster : Object 자신의 효과를 Scene의 다른 Object에 그 영향을 줄 것인지를 체크하는 기능

[2] Receiver : 다른 Object의 Illumination 효과의 영향을 받을 것인지를 체크하는 기능

3 두 번째 Light 옵션 창에서 Global Illumination 체크 : Light 속성 창에서 Photon tab으로 이동한다. 여기서 Global Illumination 항목을 체크한다.

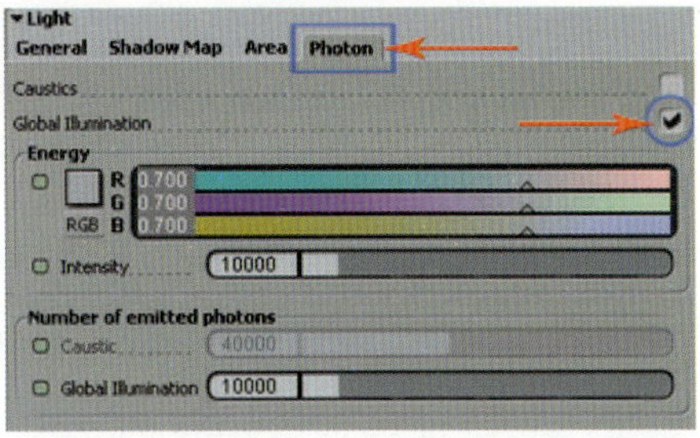

그림 4-16 Light 속성 〉 Global Illumination 활성

4 마지막으로 Render Option에서 Global Illumination 체크 : Render 〉 Render Region Option 창에서 〉 Mental ray 〉 GI and Caustics에서 Global Illumination 옵션을 체크한다. 이로써 Scene내에서 Global Illumination에 대한 필수적인 항목에 대한 체크를 마쳤다. 이제부터는 각 TAB에 있는 항목별 옵션 값의 변화를 통해 Global Illumination의 효과를 극대화하도록 한다.

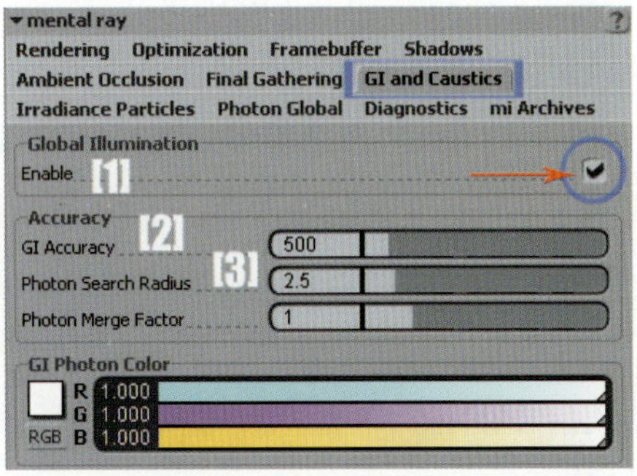

그림 4-17 Render Option 〉 Global Illumination 활성

[1] Enable : Global Illumination 적용 및 미적용 기능

[2] GI Accuracy : Global Illumination 광자끼리 서로 부딪치면서 상쇄되는 정도

[3] Photon Search Radius : Global Illumination의 효과를 나타내는 광자의 반지름

5 결과를 확인한다. 아직까지 Global Illumination에 대한 속성들에 변화를 주지 않았기 때문에 큰 변화를 느끼지는 못한다.

그림 4-18 결과확인

6 Global Illumination의 강도 높여주기 : Light 속성 창에서 Photon tab의 Energy Intensity 수치를 "10000"에서 "1000000"으로 올려준다.

7 Intensity 수치를 올리기 전과 올린 후의 결과를 비교한다.

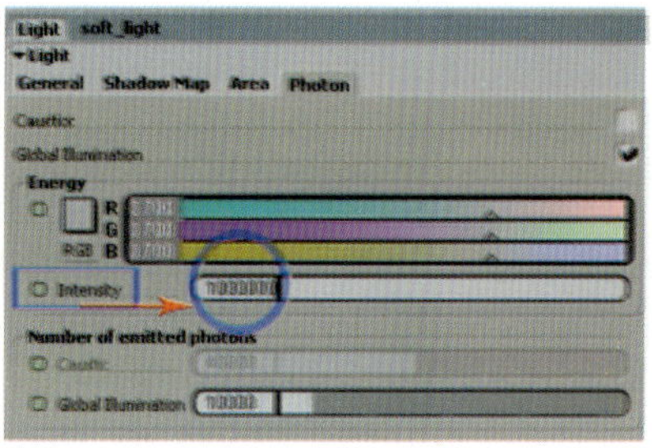

그림 4-19 Intensity 옵션

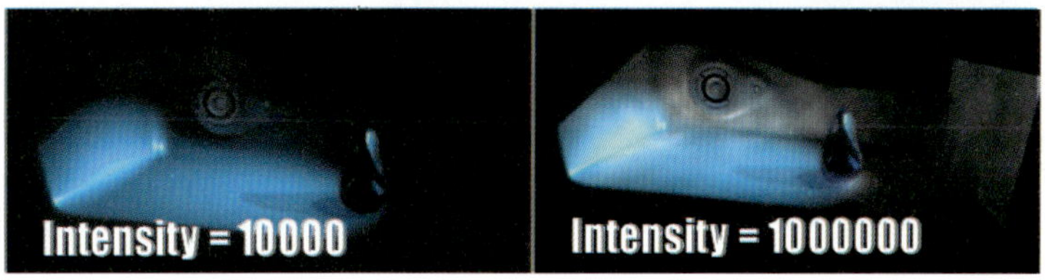

그림 4-20 결과비교

8 이번에는 Light 속성 창에서 Photon tab의 Photon의 개수를 조절하면서 그 결과를 확인한다. 먼저 Photon의 개수를 10개로 낮춰보도록 한다. 그 다음 차츰 Photon의 개수를 올려가면서 그 결과를 확인한다. Photon의 강도가 세고 개수가 많을수록 그 효과는 좋아진다.

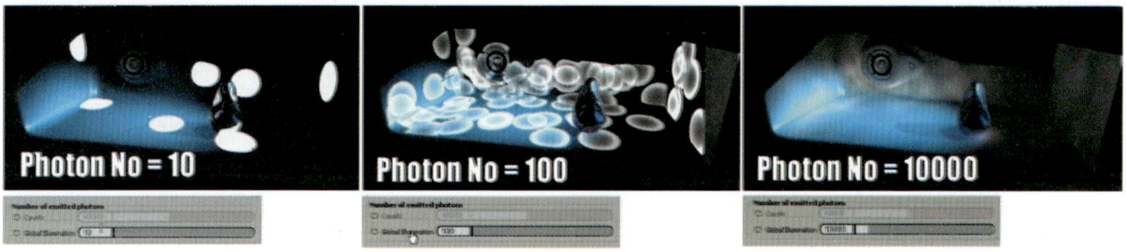

그림 4-21 Photon Number 증가에 따른 결과확인

9 Light의 Photon의 Color 값을 변경한다.

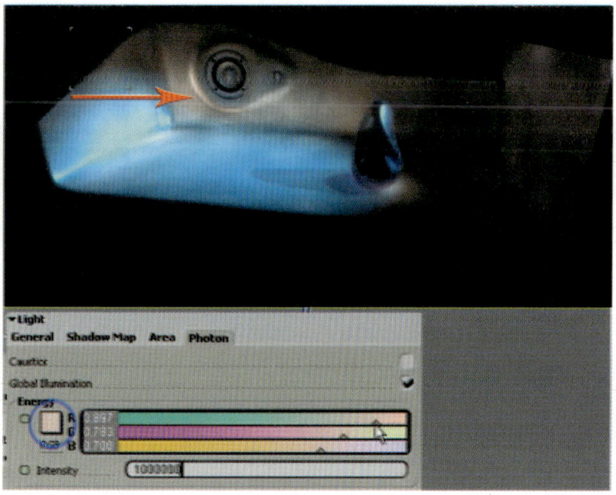

그림 4-22 Photon Color 값 변경

10 Global Illumination의 Photon color를 Light의 Color와 동일하게 적용한다.

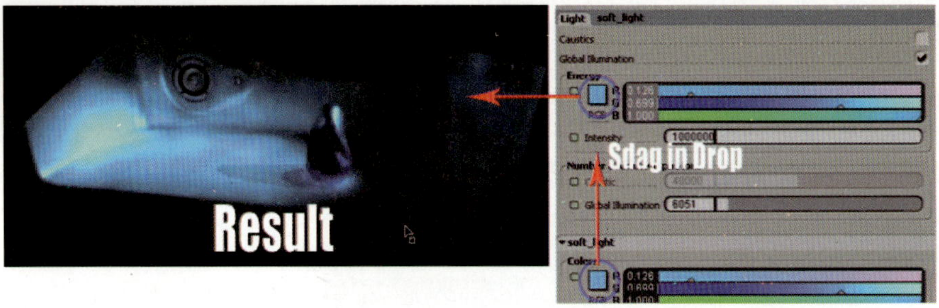

그림 4-23 Photon color를 Light의 Color와 동일하게 적용

11 Render Option에 있는 Photon의 Accuracy 수치를 조절해보도록 한다.

먼저 Accuracy 수치를 낮춘 다음 서서히 수치를 높여가면서 그 결과를 확인한다. Photon의 Accuracy는 입자의 정확도를 의미하며 이 정확도가 높을수록 부드럽게 빛의 효과를 나타낼 수 있다.

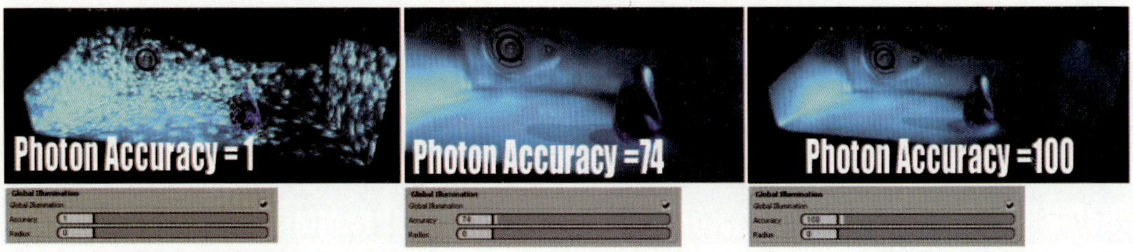

그림 4-24 Photon의 Accuracy 수치 조절

12 Render Option에 있는 Photon의 Radius 수치 조절을 통한 Global Illumination의 효과를 확인한다. Photon의 Radius는 교차하는 Photon의 크기를 의미하며 교차 범위가 클수록, 즉 Photon의 Radius 수치가 높을수록 빛의 Blending 효과가 크게 나타난다.

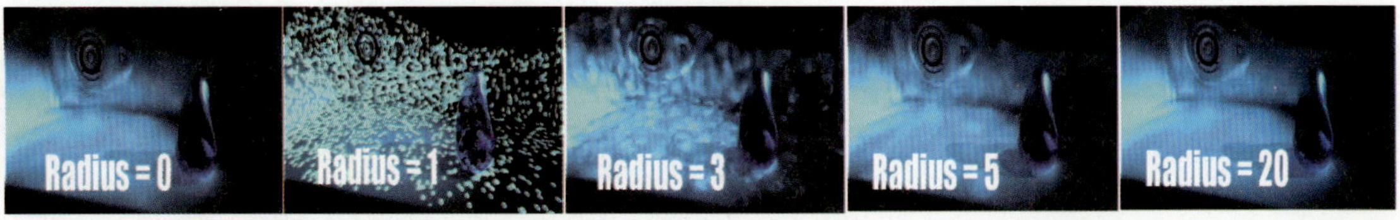

그림 4-25 Photon의 Radius 수치 조절

13 Render Option에 있는 Photon의 Depth 수치 조절을 통해 보다 광범위한 Photon의 효과를 적용할 수 있다. Photon 입자가 가지는 기본적인 반사와 굴절에 대한 영향력을 극대화시켜주는 작업이다.

그림 4-26 Photon의 Depth 수치 조절

14 Rebuild Map 효과 : Render Option의 아래에 있는 Photon의 Rebuild 옵션이 체크되어 있는 경우 카메라 이동시마다 모든 효과에 대한 연산을 다시 시작하기 때문에 Render 효과가 더디게 나타난다. 하지만 Rebuild 옵션을 끄게 되면 화면이동을 하거나 카메라를 회전해도 저장된 Photo map 효과가 즉시 화면에 나타나게 된다. 그러므로 Setting을 마친 후 그 결과를 Photon Map으로 저장한 뒤 불러와서 카메라 이동이나 회전을 통해 Scene을 재구성하거나 애니메이션 작업을 용이하게 활용할 수 있다.

15 Global Illumination 효과 극대화하기 : 바닥 테이블 Object의 Indirect Illumination의 수치를 변경하면서 Global Illumination 효과의 변화를 확인한다. 먼저 Object를 선택하고 Render Modify 〉 Shader 명령을 실행하여 Material shader 옵션 창을 연다. 그리고 Indirect Illumination tab에서 Color 값을 조절하면서 그 결과를 확인한다.

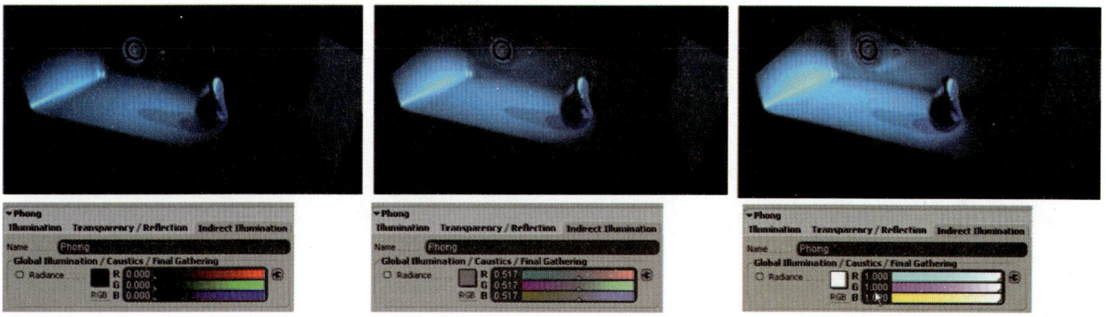

그림 4-27 Indirect Illumination tab에서 Color 값을 조절

4-3 Final Gathering

4-3-1 Final Gathering 개념

Final Gathering은 Global Illumination이나 Caustics와 같이 Radio city 방식보다 연산 시간을 적게 소비하면서 가장 현실적인 Shading 효과를 만들어 낼 수 있는 Rendering 옵션 방식의 하나다. Final Gathering 기능을 사용하면 광선(Ray)은 라이트로부터 발산된다. 이 라이트로부터 발산된 빛이 Scene 내에 있는 특정 Object에 부딪히면 빛줄기(Series of Ray)는 Object 둘레로부터의 빛 에너지를 계산하기 위해 불특정한 방향으로 퍼져 나간다. 그 후 Photon map은 Ray tracing 과정에서 반사된 빛 효과를 추가하는 데 사용한다. 이로 인해 기본적으로 모든 Object는 광원으로서의 역할을 한다.

따라서 Scene에 포함된 각 Object는 실제 자연현상에서처럼 자신이 가지고 있는 Color가 주변에 영향을 미치게 된다.

Final Gathering은 Global Illumination과 Raytracing 모두 향상시키는 기술이다. Global Illumination

은 현실세계의 라이트와 같은 방식으로 Photon을 발산하는 Photon tracing 기술을 사용한다. 방사된 각 Photon들은 시간이 지나거나 다양한 Object의 표면에 부딪히면서 그 값이 감소하는 에너지를 갖고 있다. Global Illumination은 Color Bleeding을 얻기 위해서 필요한 Photon의 양이 너무 많기 때문에 이는 상황에 따라 비현실적인 경우가 있다.

그림 4-28 주변 Map data 수집 후 재발산하는 Final Gathering

이에 비해 Final Gathering은 Global Illumination으로는 불가능한 렌더링 속도를 빠르게 하는 데 사용한다. Raytracing 처리 도중에 정밀도 부족 또는 Final Gathering map 파일의 품질 문제 때문에 추가로 Final Gathering Ray를 발사할 수 있다. Final Gathering은 Scene에 Raytracing ray를 발사하기 때문에 Raytracing을 동반한다는 사실을 명심해야 할 것이다.

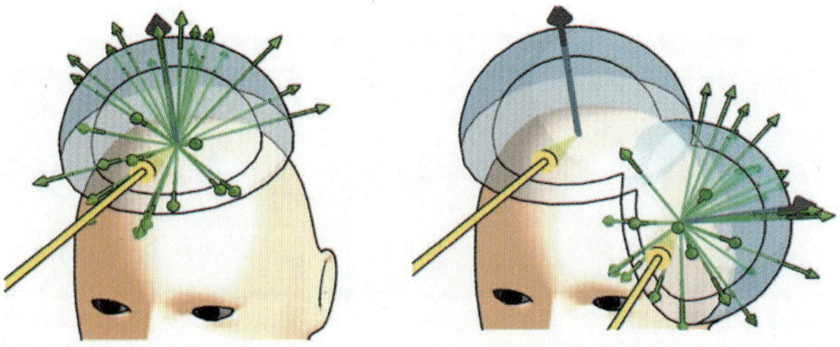

그림 4-29 새로운 Scene 광원으로서 Final Gathering

지금부터 Final Gathering 효과를 적용하는 방법에 대해 알아보도록 한다.

4-3-2 Final Gathering 적용

1 Final Gathering 효과를 테스트할 간단한 Scene을 제작한다. 먼저 바닥 Grid와 Sphere Object를 꺼내서 바닥 Grid 위에 올려놓는다. 그리고 이 들 주위를 감싸는(나중에 반사판으로 활용할) Sphere Object를 위치시킨다.

2 각 Object에 대해 Material을 적용한다.

① 먼저 바닥 Grid를 선택하고 Material > Lamert shader를 적용한다.

② Object를 선택하고 Material > Phong shader를 적용하고 Color는 붉은색으로 지정한다.

③ 그리고 1/2 Sphere는 Get > Material > Constant shader를 적용한다.

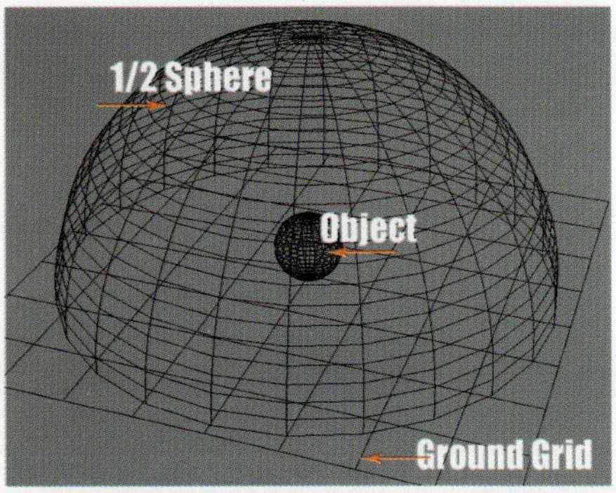

그림 4-30 Scene 제작

3 결과확인한다.

그림 4-31 결과확인

4 Scene에 있는 기본 라이트의 Intensity를 "0"으로 줄인다. Final Gathering 효과는 광원이 Light가 아니라 반사판이라는 광원을 사용하기 때문에 실제로 빛의 Intensity의 영향은 의미가 없다. 다만 광원의 소스로 라이트는 존재하는 것이 좋다.

5 결과를 확인한다.

그림 4-32 결과확인

6 Render(Render Region) Option에서 Final Gathering 체크 : Render 〉 Render Region Option 창에서 〉 Mental ray 〉 Final Gathering tab에서 Final Gathering 활성 옵션을 체크한다. Final Gathering 효과는 Global Illumination 효과와 다르게 Render(Render Region) Option에서만 체크해 주면된다. 이제부터는 각 TAB에 있는 항목별 옵션 값의 변화를 통해 Final Gathering의 효과를 극대화하도록 한다.

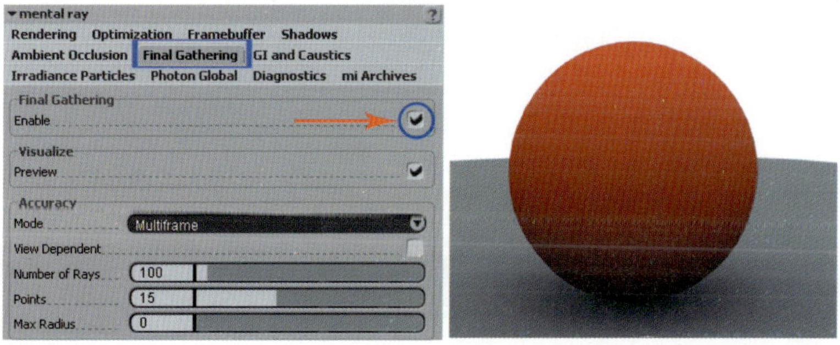

그림 4-33 Final Gathering 활성

7 Light의 Intensity 값을 0.7 정도로 올려준다. 빛의 강도에 따라 반사판의 반사 정도가 강해진다.

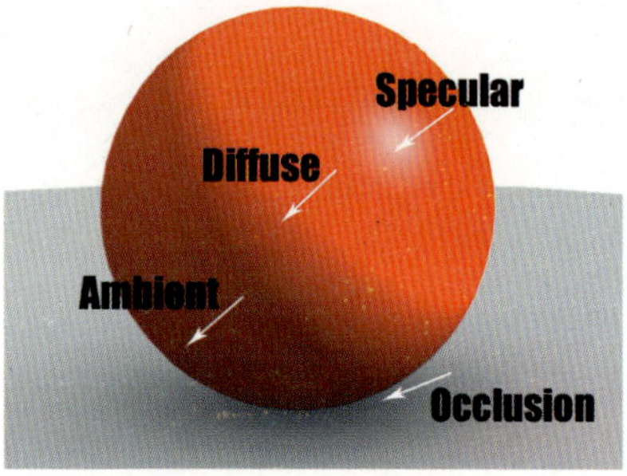

그림 4-34 Light의 Intensity 증가

8 Final Gathering 효과는 반사판의 크기와 위치 그리고 방향에 따라 효과가 변화되기 때문에 반사판의 크기와 위치 그리고 방향에 대한 고려가 필요하다.

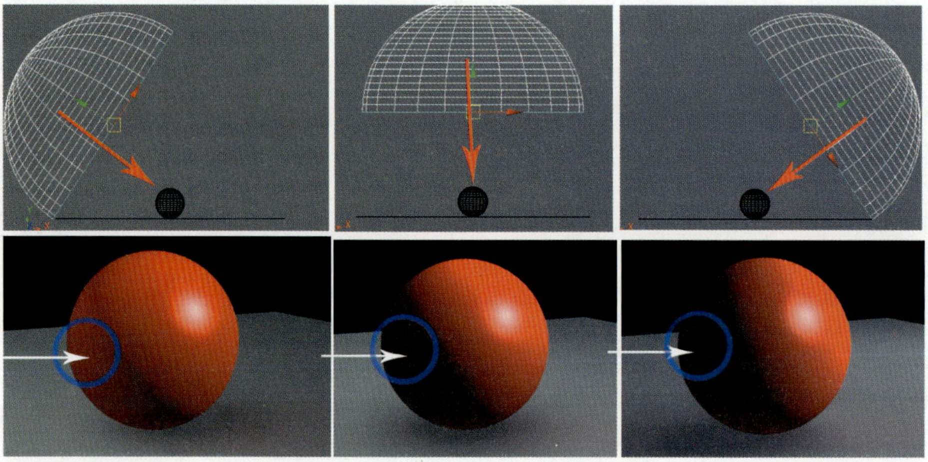

그림 4-35 반사판의 크기와 위치 그리고 방향 변경에 따른 결과확인

9 Final Gathering에서 반사판의 Color 속성이 변경되면 그 속성에 따라 Final Gathering 효과가 적용되는 Scene 전체에 영향을 받는다. 이번에는 Sphere의 Color를 흰색으로 지정하고 반사판의 색을 붉은색으로 변경하고 결과를 확인한다.

그림 4-36 반사판의 Color 변경에 따른 Scene 영향

10 Final Gathering과 Image base Rendering 효과 : Final Gathering Setting에서 반사판에 Color 속성이 아닌 이미지(Map) 소스를 적용하게 되면 그 이미지의 속성이 Sphere에 적용된다. 이와 같이 활용되는 것이 바로 Image Base Rendering이다. 먼저 반사판의 모양을 반원이 아닌 정원(하나의 완전한 구)의 형태로 만들어 주고, 실내에 있는 Sphere는 반사 값(Reflection : 0.5)을 설정해준다. 그리고 바닥 Grid는 잠시 Hide시켜 준다) 그리고 나음과 같은 HDR Image를 적용하면 Sphere에 나타나는 효과는 Final Gathering+HDR Image base의 Rendering 효과가 나타난다.

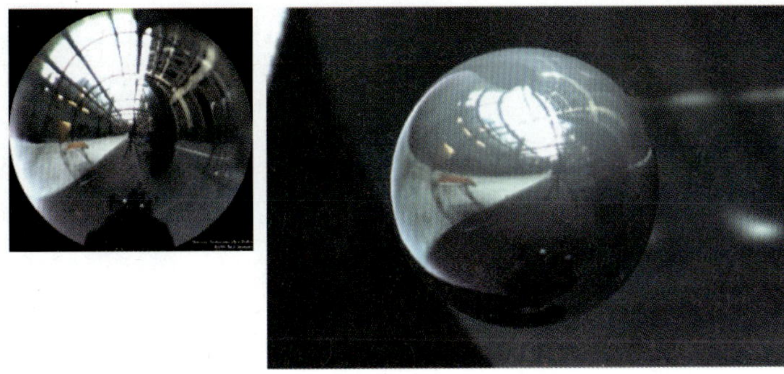

그림 4-37 HDR Image base의 Rendering 효과 적용 및 결과

11 Final Gathering과 Global Illumination 효과

보통 Global Illumination과 Final Gathering 효과를 동시에 사용하면 보다 훌륭한 효과의 결과를 만들어 내지만 Scene data의 크기나 복잡성에 의해서 그 렌더링 속도에 많은 영향을 미치기 때문에 효율적으로 작업의 공정을 진행해야 한다.

위의 Global Illumination test 결과(옵션 변경 없이)에 Final Gathering 효과를 동시에 적용해서 나온 결과이다.

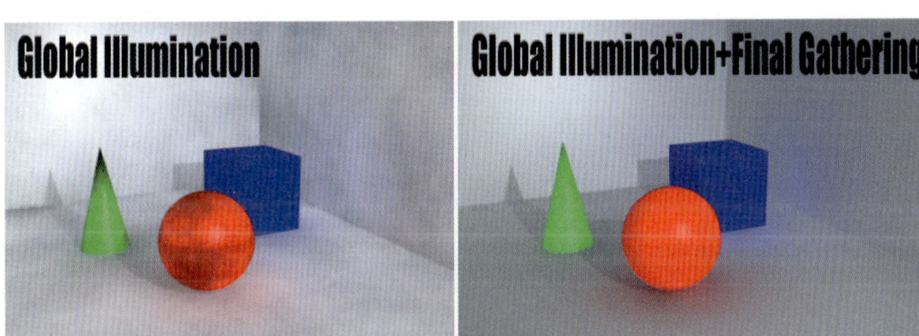

그림 4-38 Final Gathering & Global Illumination 효과

4-3-3 Final Gathering 활용

1 Scene setting : 먼저 간단한 모델링 데이터 Scene을 제작한다. 여기서는 Global Illumination 효과를 설명하기 위해 제작한 Scene 데이터를 그대로 사용해도 무방하다.

바닥(테이블) 모델링에 임의의 고글 Glass Object 하나를 올려 놓은 Scene을 제작한다. 그리고 Scene 내에 모든 Light를 삭제하고 Blue tone의 Spot Light 하나만 생성하여 Object를 향해 비추도록 한다.

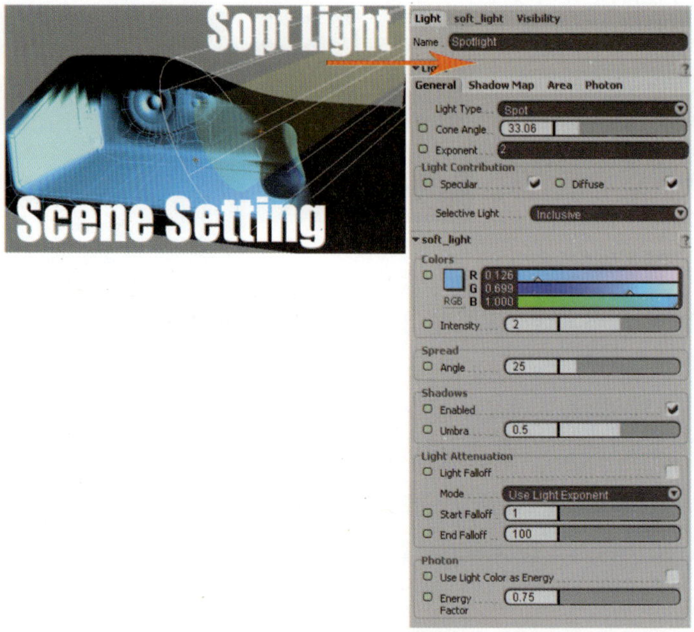

그림 4-39 Final Gathering Scene과 Light Setting

2 Render Region Option 창을 열고 Final Gathering tab으로 이동한 후 Final Gathering 옵션을 활성화시킨다.

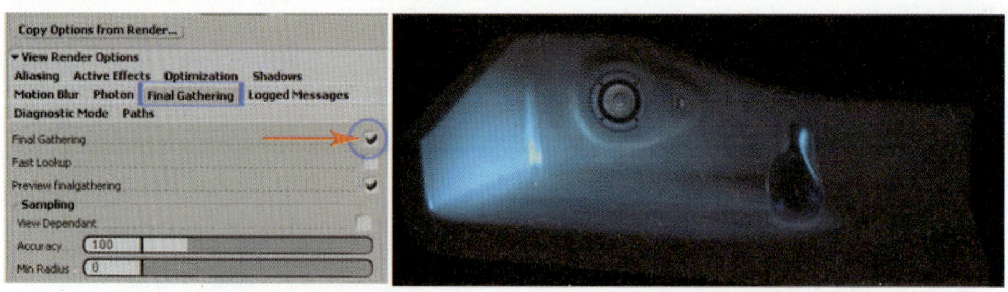

그림 4-40 Final Gathering 효과 적용

3 그리고 Sampling 옵션 아래 있는 Automatic Compute 명령을 실행한다. 이 명령은 Final Gathering 옵션이 자동으로 조절되면서 최적의 결과를 제공해준다.

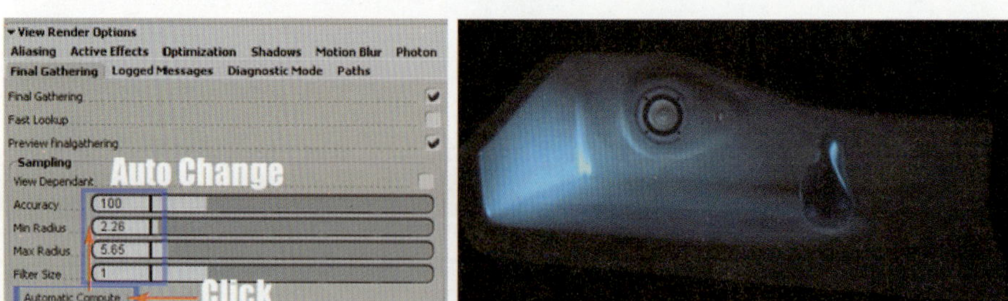

그림 4-41 Final Gathering 옵션 조절

4 Final Gathering 옵션 변경에 따른 영향분석 : Final Gathering 속성 창에 있는 조절 창 중에 Accuracy 옵션은 각각의 Pixel로부터 Indirect Illumination 효과를 보다 정교하게 계산하기 위한 옵션 값으로 Final Gathering의 정밀도로 정의되며 반사판으로부터 취해질 Photon의 정확도를 지정한다. 수치를 높일수록 주변의 Color값과 부드러운 Shading 효과를 이루게 된다. 다만 수치를 높일수록 많은 연산 시간이 소요된다.

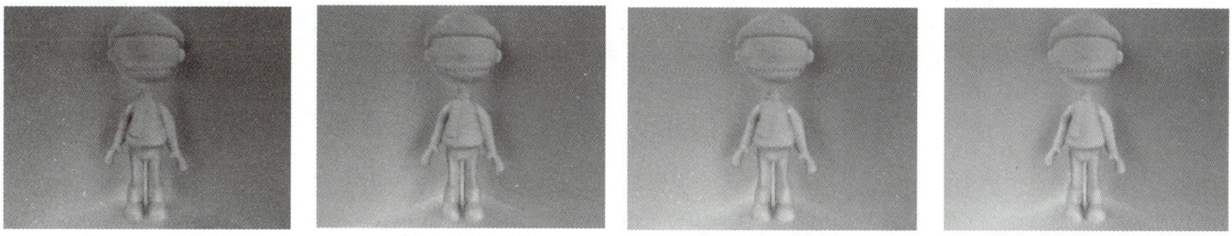

Accuracy=25 Accuracy=50 Accuracy=100 Accuracy=500

그림 4-42 Final Gathering Accuracy 변경에 따른 결과확인

5 Radius 옵션 : Final Gathering의 Radius는 Final Gathering 처리과정의 선명도를 결정한다. 값이 작을수록 Final Gathering 반구들의 Overlap(연합) 가능성이 적기 때문에 높은 Final Gathering의 Accuracy가 요구되는 것도 이 때문이다.

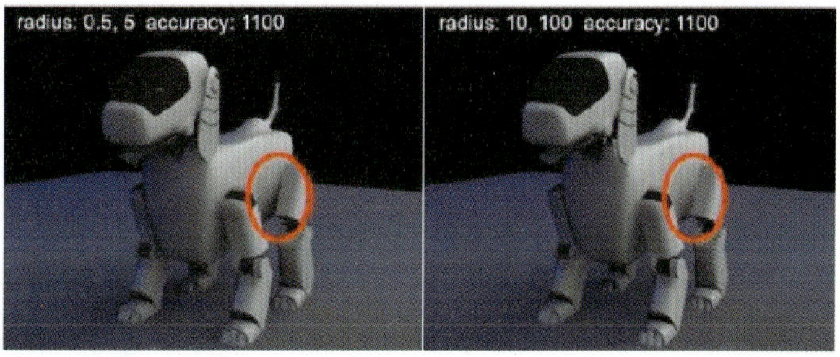

그림 4-43 Radius와 Accuracy

반면 Radius의 값이 클수록 Final Gathering의 반구들은 이웃한 반구들끼리 Overlap(연합)하기 때문에 Final Gathering의 Accuracy가 높지 않아도 된다. 다시 말해 Radius는 Final Gathering의 Blur 또는 Sharpen을 결정짓는 요소라 할 수 있다. 그러므로 Radius와 Accuracy의 상호관계를 잘 이해하고 적절하게 옵션을 주고받으면서 효율적으로 사용해서 최상의 결과를 제작해야 한다.

주변 환경이 매우 단순하기 때문에 Detail을 위해 Radius가 작을 필요는 없다. Large Radius에는 낮은 Accuracy를 사용할 수 있다. 만약 Radius가 매우 작다면 노이즈를 제거하기 위해 3000 이상의 높은 Accuracy가 요구되는 것도 동일한 맥락이다.

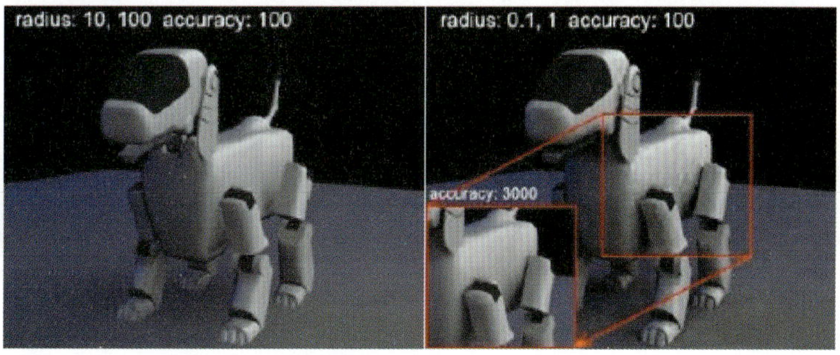

그림 4-44 Radius와 Accuracy

6 Fall off start & Stop : Final Gathering에 Fall off를 적용함으로써 렌더링 속도를 빠르게 하고 메모리 사용량을 줄일 수 있다. Final Gathering Ray 길이가 Start와 Stop 사이라면 Linear fall off되고 Stop보다 길면 무시된다.

Fallof f: Start=0, Stop=25

Fallof f: Start=0, Stop=50

Fallof f: Start=0, Stop=75

그림 4-45 Fall off start & Stop 변경에 따른 결과 비교

7 반사판 Object 생성 : Global Illumination과 같이 여러 단계의 Setting을 적용해야 하는 것에 비해 단순하고 비교적 쉽게 적용할 수 있는 기능이지만 반사판 Object를 만들어서 보다 사실적인 환경을 제공할 수 있도록 해야 한다. Get 〉 Primitive 〉 Grid 하나 꺼내서 Scene Object 전체보다 크게 사이즈를 키우고 Y축으로 이동하여 전체 Object의 상위에 위치시킨다.

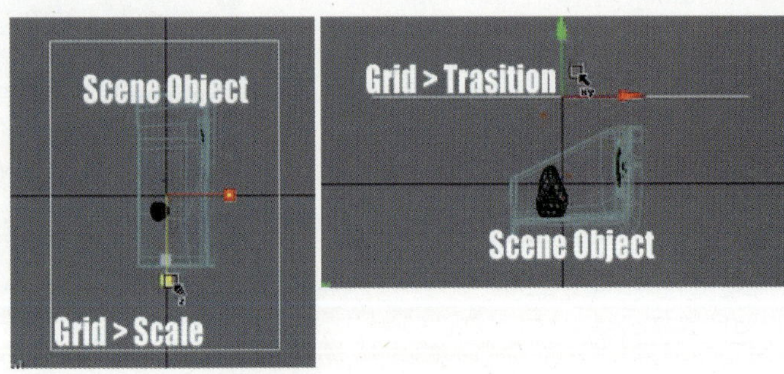

그림 4-46 반사판 Grid 생성/크기 조절/위치 조절

8 반사판 Grid에 Material과 Color 적용하기 : Grid를 선택한 상태에서 Material 〉 Lambert를 적용한다. 그리고 Illumination tab에서 Diffuse와 Ambient color 값을 각각 조절하여 그에 따른 결과를 확인한다.

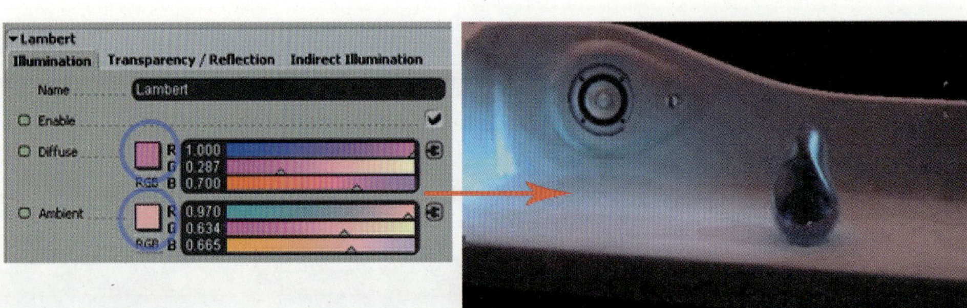

그림 4-47 반사판(Grid)에 Material과 Color 적용

9 반사판 Grid에 Constant shader 적용하기 : Grid를 선택한 상태에서 Material 〉 Constant를 적용한다.

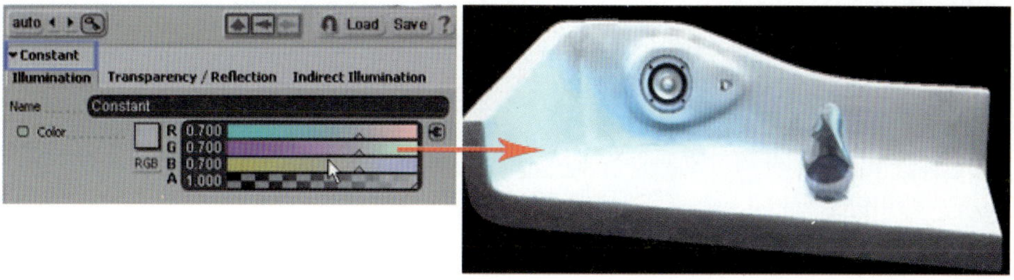

그림 4-48 Constant shader 적용

10 반사판 Grid의 color를 변경하여 그 결과를 확인한다.

11 반사판 Grid의 크기를 줄이거나 늘려보고, Scene object를 비추는 방향도 여러 방향에서 비출 수 있도록 Setting을 변경한다. 반사판 Grid의 크기나 방향에 따라서 많은 차이가 나타나므로 그 각각의 변화에 대해서도 적용하고 그 결과를 확인한다. Grid의 크기를 줄이면 반사 면적이 줄어들기 때문에 크기를 줄이기 전보다 어두워진다.

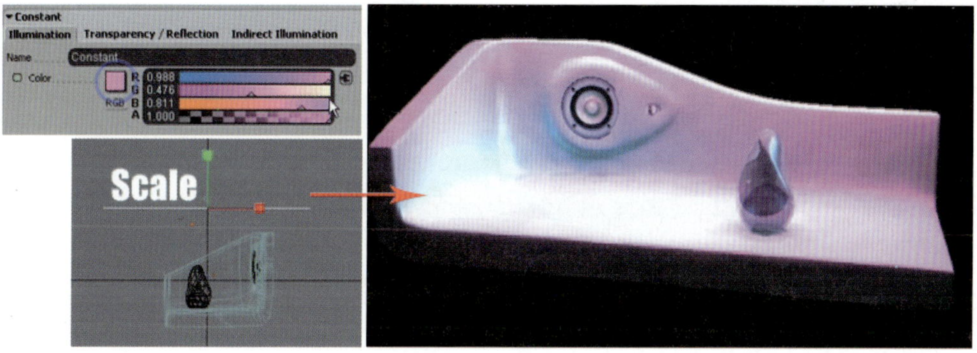

그림 4-49 반사판 Grid의 Size 조절 및 Color 변경

12 Light 옵션 조절하기 : Final Gathering 효과에 영향을 미치는 요소 가운데는 Scene에 존재하는 Light이다. 이 Light의 밝기에 따라 Object의 표면의 Color나 밝기가 달라지기 때문에 이러한 변화에 의해 결국 광원의 소스가 변경되기 때문에 Scene 전체에 영향을 미치게 된다.

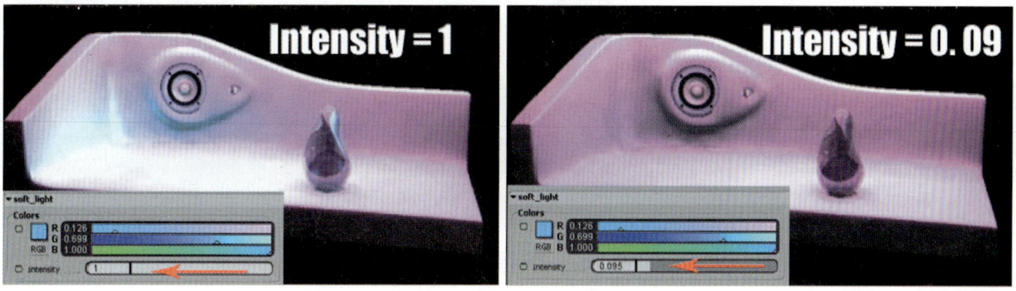

그림 4-50 Light 옵션 조절에 따른 Final Gathering 효과 비교

13 Final Gathering 효과 극대화하기 : 바닥 Object의 Indirect Illumination의 수치를 변경하면서 Final Gathering 효과의 변화를 확인한다. 먼저 Object를 선택하고 Render Modify 〉 Shader 명령을 실행하여 Material shader 옵션 창을 연다. 그리고 Indirect Illumination tab에서 Color 값을 조절하면서 그 결과를 확인한다.

4-4 Image based Lighting

Image base lighting이란 Light(조명) 소스를 관찰자(제작자)의 환경과 같은 주변의 조건을 반영한 사진 이미지에 나타나는 반사광과 그림자와 같은 색상 정보를 활용하여 보다 사실적이고 현장감 있는 표현이 가능하도록 하는 3D 렌더링 기법으로 광원을 Object에 제한하거나 Scene 전체의 Environment에 확대하여 Scene 전체의 Object에 영향을 줄 수 있다. 이 경우 HDRI 이미지 소스를 사용하는 것이 일반적인데 HDRI는 High Dynamic Range Image의 약자로 보통 일반적으로 사용되는 JPEG, BMP, GIF 등과 같은 이미지와는 달리 자연계에서 볼 수 있는 밝은 빛의 색상 값과 어두운 그림자 영역의 색상을 보다 사실적으로 구현해 줄 수 있는 이미지 포맷이다.

1 Scene 환경 구성 : Final Gathering에서 사용한 Scene 환경을 그대로 활용하도록 한다.

2 반사판 Grid에 이미지 Shader 적용하기 : 반사판 Grid를 선택하고 Render Tree 창(단축키[7])을 연다.

3 Texture Image Node연결 : Render Tree 창에 Nodes 〉 Texture 〉 Image 노드를 불러온다. 불러온 Image 노드를 Grid Material의 Surface shader connector에 연결한다. 현재까지는 아무런 이미지도 연결되어 있지 않다.

4 Texture Projection 설정하기 : 연결된 Texture Image Node를 더블 클릭 하여 이미지 편집 창을 연다. 열린 이미지 편집 창에서 먼저 Texture Projection에서 Planer XZ를 지정해준다.

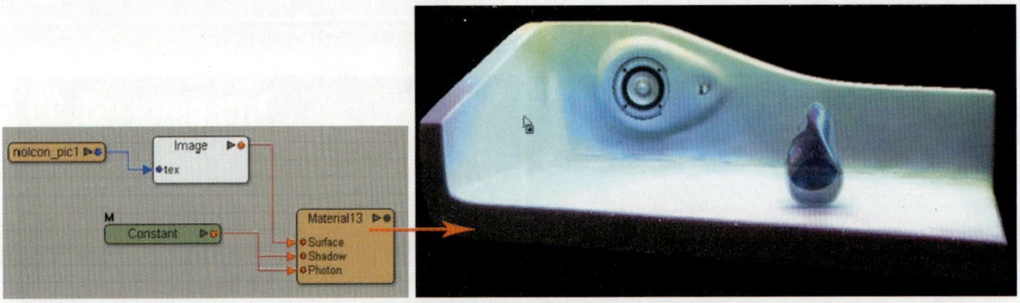

그림 4-51 반사판에 이미지 연결한 후 Final Gathering 적용된 효과 확인

5 밝기 조절하기 : 전반적으로 너무 밝은 Color tone이 연출되기 때문에 라이트의 Intensity를 조절하여 전체적인 밝기를 조절한다. Light intensity를 0.005로 조절한다.

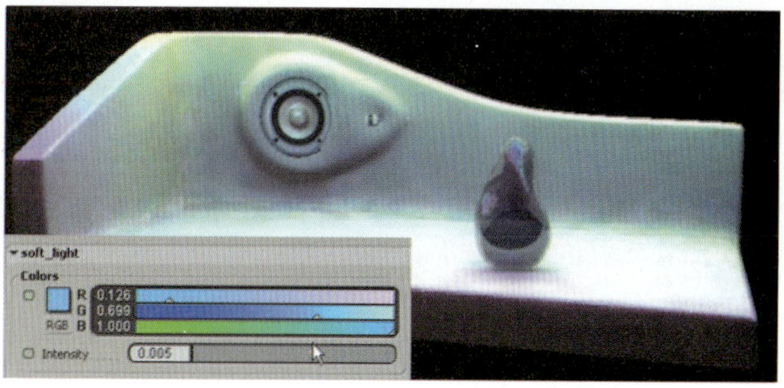

그림 4-52 Light intensity 변경을 통한 Final Gathering 효과

6 Image 불러와서 적용 : New 〉 From File 명령을 실행하여 사용할 이미지를 불러온다. 이때 HDR(High Dynamic Range) Image를 사용하면 그 효과가 더욱 분명하게 나타난다.

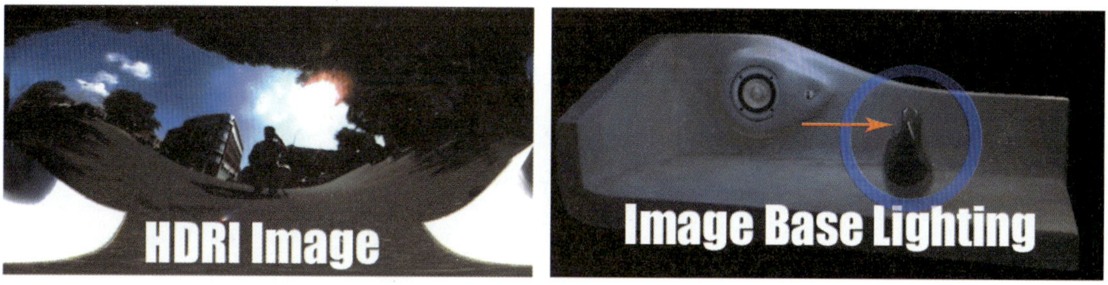

그림 4-53 HDR(High Dynamic Range) Image 적용 후 결과확인

7 반사판 Grid를 편집하여 효과적으로 적용하기 : HDR(High Dynamic Range) Image를 사용했지만 반사판 Grid의 크기나 위치가 잘못 지정되어 그 효과가 원하는 만큼 나타나지 않기 때문에 반사판 Grid의 크기를 키우고 위치를 위로 더 높여서 전체적인 이미지 Base 기반으로 만들어 준다.

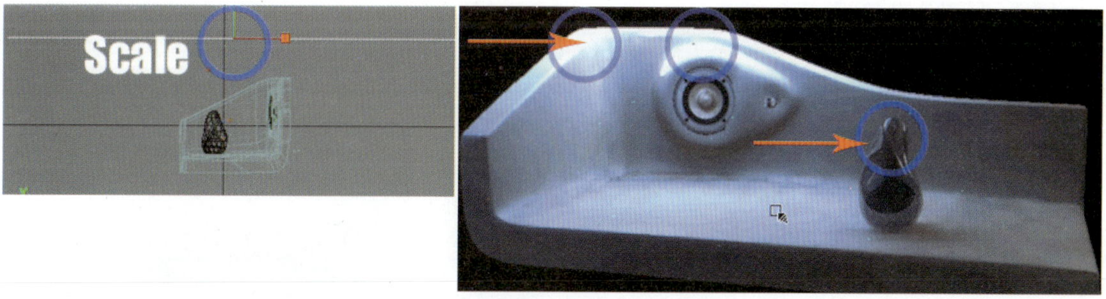

그림 4-54 반사판 Grid의 크기나 위치 변경하면서 최적의 Final Gathering 결과내기

8 Environment shader를 적용 : 이번에는 반사판 Grid에 이미지를 적용하여 국부적인 영향을 주는 것이 아니라 Scene 전체에 이미지를 적용하여 모든 Object가 환경 Image의 영향을 받도록 설정한다. 다만 Scene 전체 가상의 환경 Map이 적용되기 때문에 Final Gathering에서 사용되었던 반사판 Grid는 필요 없다. 따라서 반사판 Grid를 Hide하여 반사판 Grid의 기능이 적용되지 않도록 한다. 이는 실사적인 느낌을 제작하는데 가장 많이 활용되는 환경 Map, 즉 Environment Map의 적용방법을 활용한다. 제1장에서 Cap painter를 적용할 때 사용했던 방법과 동일하다.

9 Current Pass 설정 : Render > Pass > Edit Current Pass 명령을 실행한다.

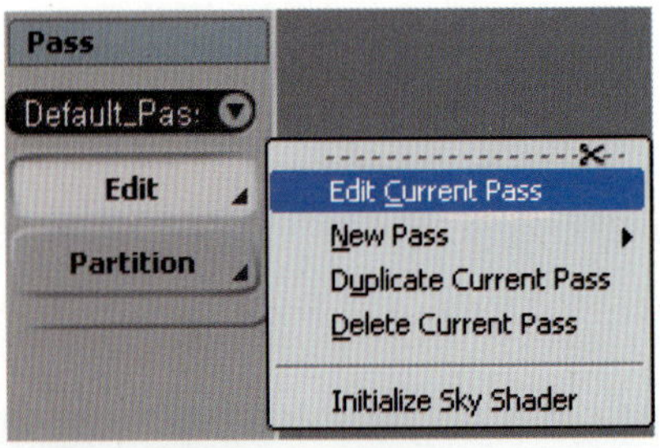

그림 4-55 Current Pass 지정

10 Environment map shader 적용하기 : Default Pass 속성 창에서 Pass Shaders tab으로 이동한 후 Environment tab에서 Add 버튼을 누른다.

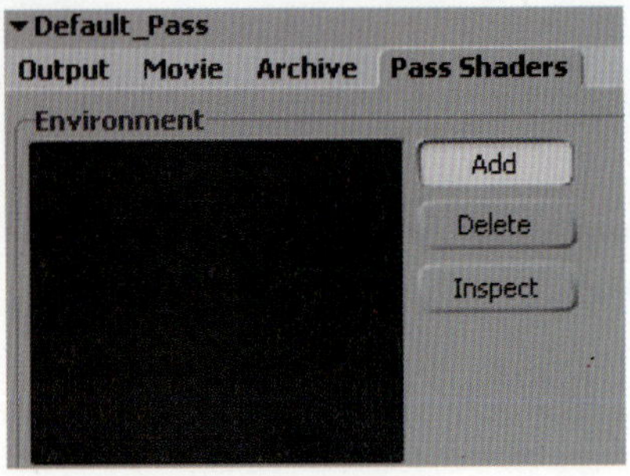

그림 4-56 Pass Shader 적용

11 Environment shader 적용 결과확인 : Default Pass 속성 창의 Pass Shaders tab 내에 Environment map shade가 적용된 것을 확인한다.

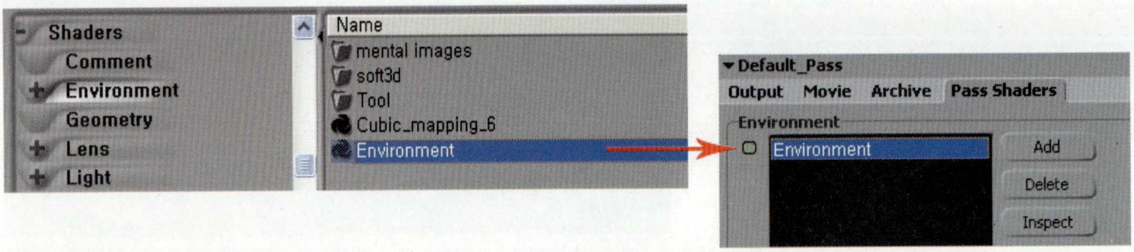

그림 4-57 Environment shader 적용

12 Environment map shade에 Image 적용하기 : 생성된 Environment shade를 선택하고 Inspect 명령을 실행한다.

13 Environment에 사용할 이미지를 불러온다. 이 경우 HDR Image를 사용하도록 한다.

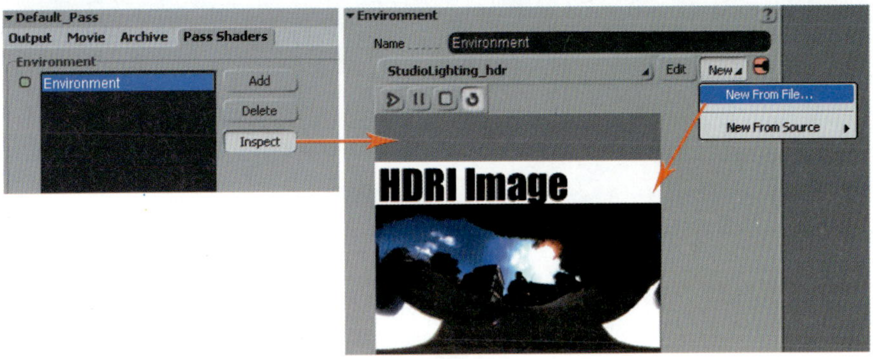

그림 4-58 사용할 Image 불러오기

14 결과를 확인한다.

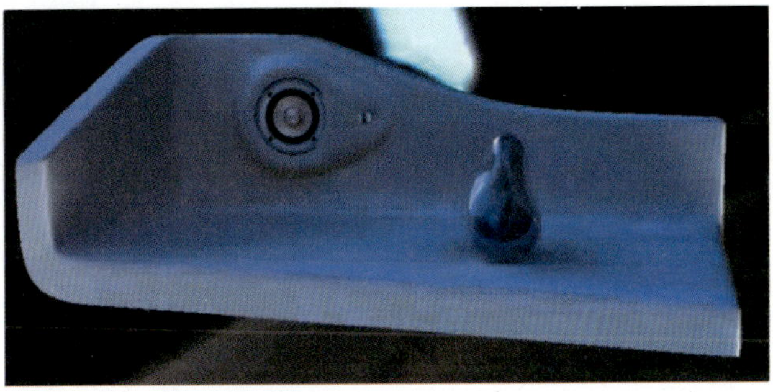

그림 4-59 적용 후 결과확인

15 Environment Image 속성 창에서 아래에 있는 Intensity tab에서 보다 더 정교하게 Final Gathering과 Image Base Light의 옵션을 조절할 수 있다. Final Gathering의 효과를 좀 더 올려주면 더욱 사실적인 Image Base Light 효과를 얻을 수 있다.

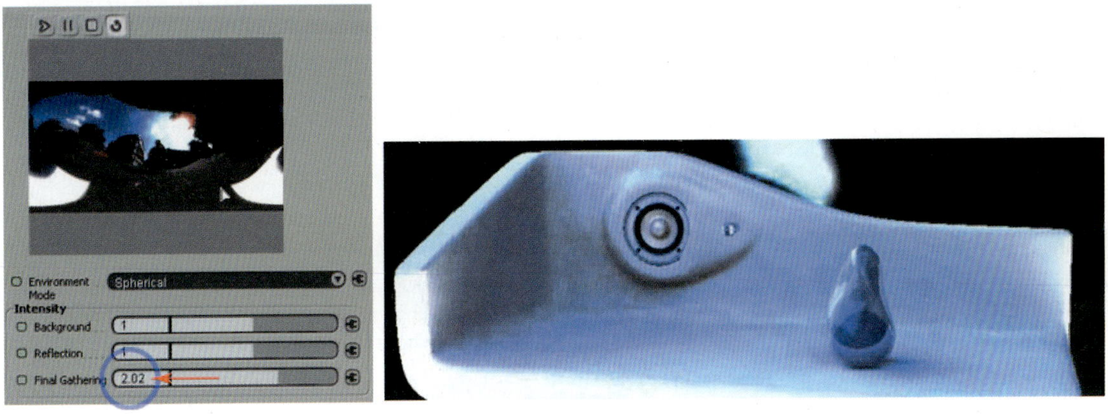

그림 4-60 Environment Image 속성 창에서의 Final Gathering 옵션 설정

16 Render Region tab에서 Final Gathering 모드로 가서 옵션의 변경을 통해 효과를 최적화시키도록 한다.

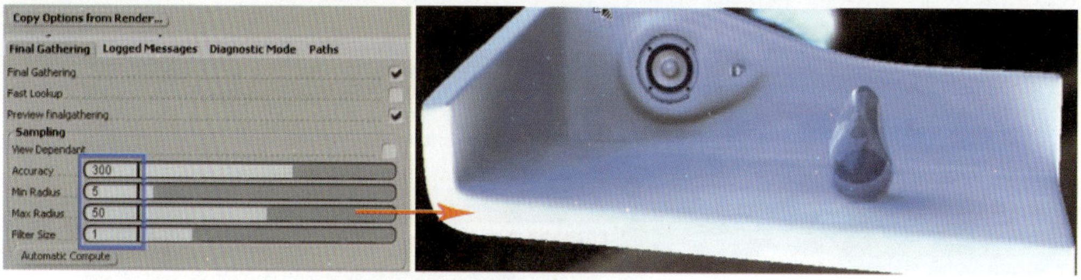

그림 4-61 Render옵션 창에서의 Final Gathering 옵션의 변경을 통한 효과 증대

17 환경과 Concept에 가장 잘 맞도록 여러 옵션의 수치를 조절하고, 이미지의 크기나 Light의 효과 등을 최적으로 활용하여 최고의 결과를 얻을 수 있도록 해야 한다.

처음부터 너무 욕심을 내지 말고 차근차근 옵션과 수치의 관계를 이해하고 옵션 변화에 따른 결과를 확인하면서 많은 실습과 테스트를 통해 익숙해져야 한다.

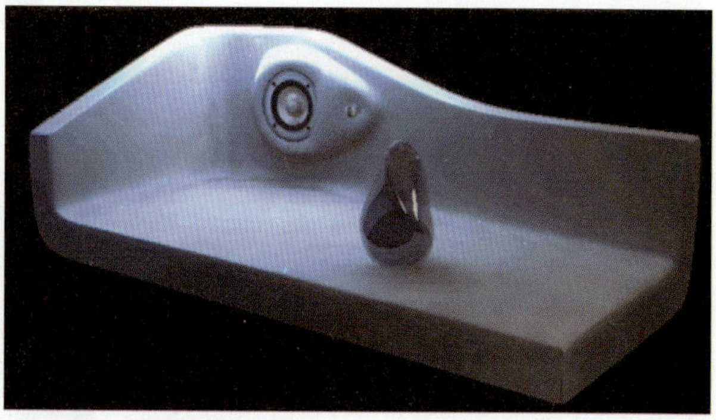

그림 4-62 최종 결과

4-5 Caustics

4-5-1 Caustics 개념

Caustics란 Diffuse Surface에 Specular의 반사나 굴절에 의해 생긴 Light의 Focusing이나 분산에 의해 생성되는 현상의 표현기법이다. 즉 Caustics 효과는 Light가 Surface에서 반사 또는 굴절하는 Object를 통과할 때 왜곡되는 빛의 방식을 재현하는데 사용하는 기술이다. 전형적인 예로 와인 잔의 중앙이나 수영장의 바닥에서 반짝이는 Light가 있을 때 굴절 표면을 통과하면서 왜곡되는 표면에 복잡한 Light 패턴이 만들어진다. SOFTIMAGE는 Ray tracer를 사용하는데 Scene을 가로지르는 Light로부터 Photon을 방출하여 Caster(방출자)와 Receiver(수용자)를 따로 정의하며 대상 Object에 이르는 이동경로와 이동방식을 계산하여 이 효과를 Simulation하는데 이러한 기법을 Caustics라고 한다.

Caustics의 설정 환경은 Global Illumination과 거의 동일한데 Light의 Photon 옵션을 설정하고 Render 옵션에서 Caustics 적용 효과를 실행되어 있다.

그림 4-63 Caustics 원리 및 적용 결과

Setting 방법은 Global Illumination과 거의 동일하다. 대상 Object에 Caustic의 속성을 지정해주고 Scene 내에 있는 Light에 Photon tab에서 Caustic 효과를 위한 체크를 한다. 그리고 Render 옵션에서 Caustic 효과를 Rendering에 적용하기 위해 옵션 항목에서 체크를 해줘야 한다. 이제부터 사실감 있는 Caustic 효과를 제작해 보도록 한다.

4-5-2 Caustics 적용

1 Scene setting : 먼저 간단한 모델링 데이터 Scene을 제작한다. 여기서는 Global Illumination 효과를 설명하기 위해 제작한 Scene 데이터를 그대로 사용해도 무방하다. 바닥(테이블) 모델링에 고급 Glass Object 하나를 올려 놓은 Scene을 제작한다. 그리고 Scene내에 모든 Light를 삭제하고 Blue tone의 Spot Light 하나만 생성하여 Object를 향해 비추도록 한다.

2 Object에 Caustic 효과 적용하기 : 테이블 위에 있는 Object를 선택하고 Select 명령 Tool에서 〉 Selection을 실행하고 Visibility 옵션 창을 연다. 여기서 선택한 Object를 Caster로 지정해주고 바닥 테이블을 Receiver로 지정해준다.

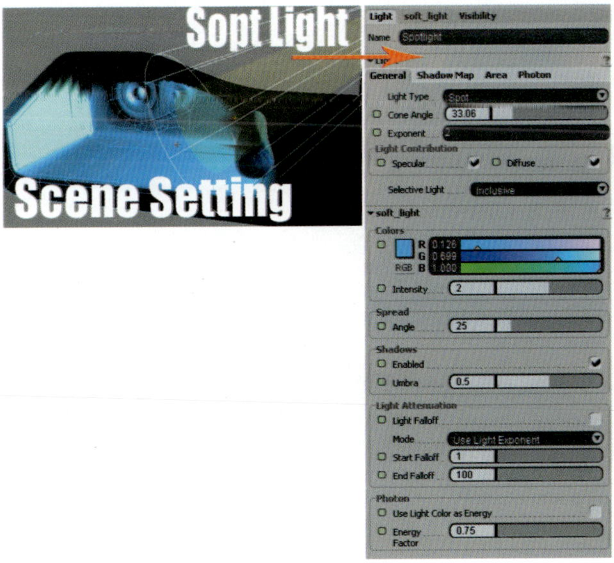

그림 4-64 Final Gathering Scene과 Light Setting

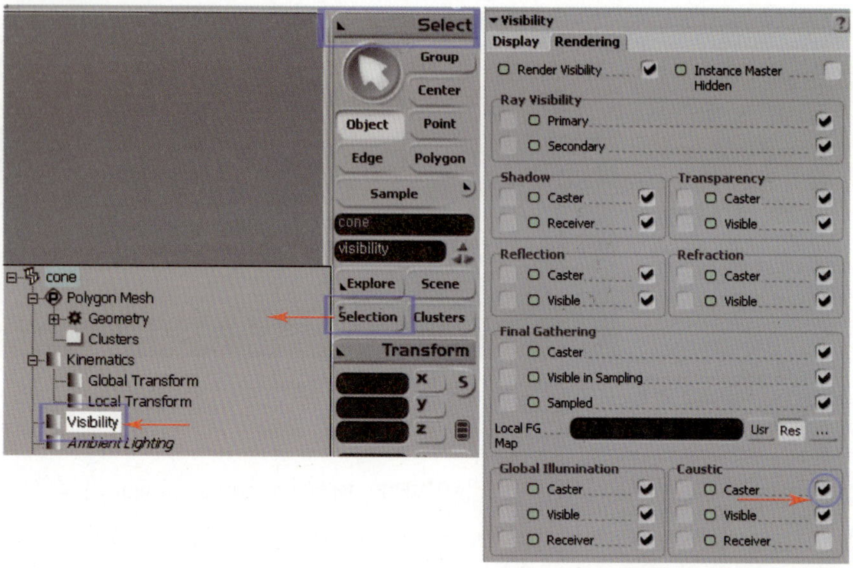

그림 4-65 Caster 지정

3 테이블을 선택해서 Caustic 속성 창에서 Receiver로 지정해 준다.

4 Light 옵션 창에서 Caustic 실행 모드 체크 : Scene 내에 있는 Light 속성 창을 열고 Photon tab으로 이동한다. Photon tab에서 Caustic 항목을 체크한다.

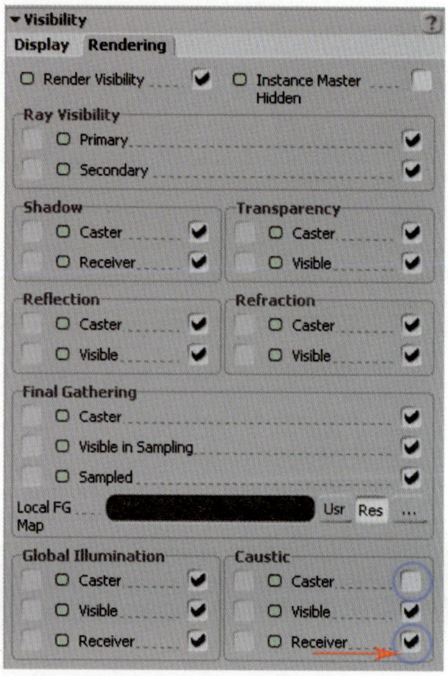

그림 4-66 Caster 옵션 설정

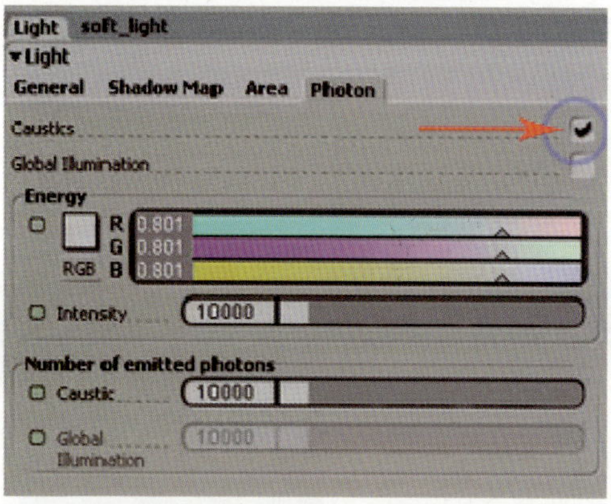

그림 4-67 Light Photon 옵션 〉 Caustic 활성

5 Render 옵션에서 Caustic 기능을 실행 모드로 전환한다. : Render 〉 Render Region Option 창에서 〉 Mental ray 〉 GI and Caustics에서 Caustics Enable 항목을 체크하여 활성화시킨다.

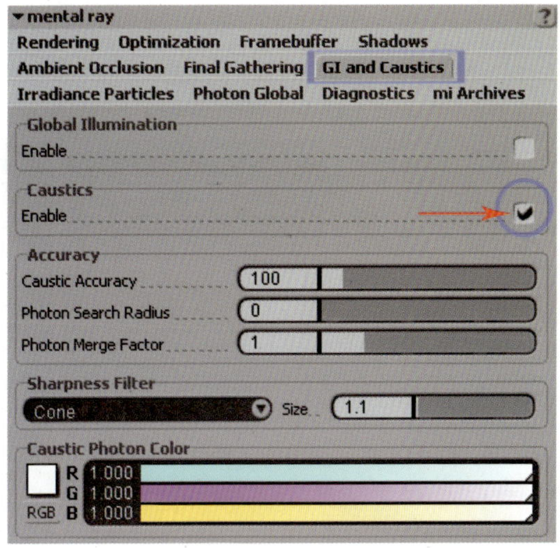

그림 4-68 GI and Caustics에서 Caustics Enable 항목을 체크

6 결과를 확인해보면 현재까지 별다른 효과가 적용된 것을 확인할 수 없다. Caustics 기본 옵션 값이 적용되었기 때문이고 이제부터 Caustic의 다양한 옵션을 조절하면서 그 결과를 확인하도록 한다. 먼저 Light Option 창에서 Caustic의 Intensity 수치를 “100000“로 지정해준다.

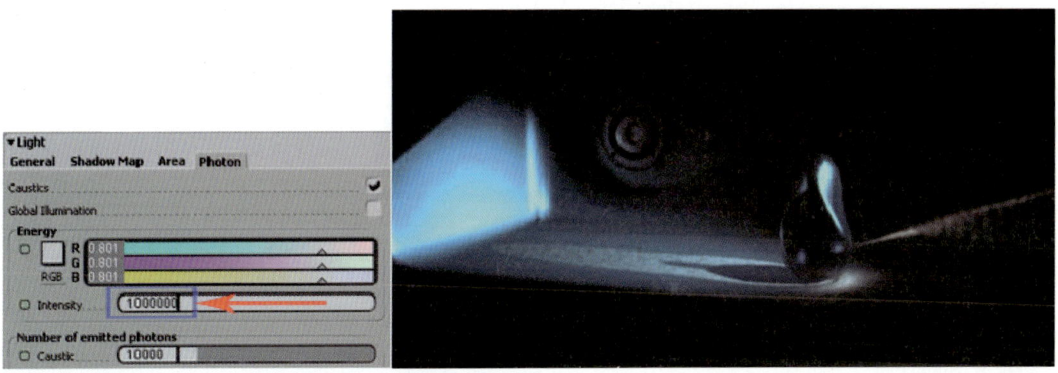

그림 4-69 Caustic의 Intensity 수치변경을 통한 결과확인

7 고급 Glass Object의 Shader에서 Refraction(굴절)의 수지를 높여준다. 기본 Default인 “1”에서 “1.2”까지 높여준다. 그 결과 굴절에 의해 생성되는 반사 및 굴절 효과가 테이블 Object 위에 나타난다.

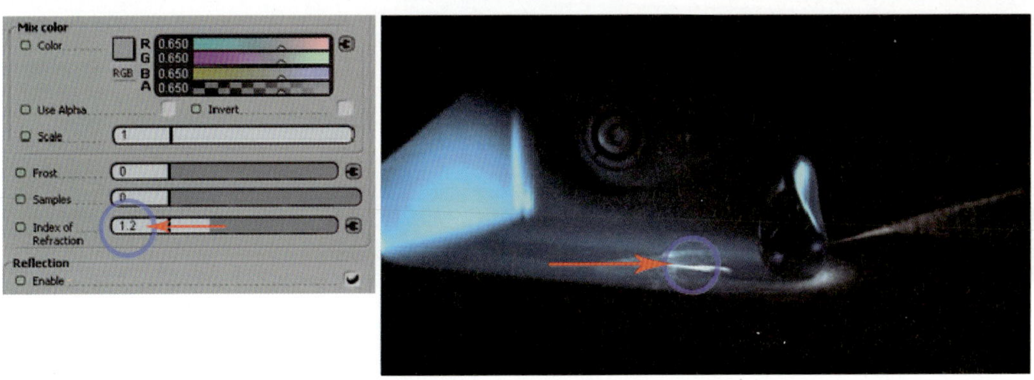

그림 4-70 Caustic의 Refraction(굴절)의 수치변경을 통한 결과확인

8 Refraction(굴절)의 수치를 높일수록 Glass Object에 가깝게(굴절률이 높게) Caustic 효과가 나타난다. Refraction(굴절)의 수치를 "1.2"에서 "1.5"까지 높여준 결과이다.

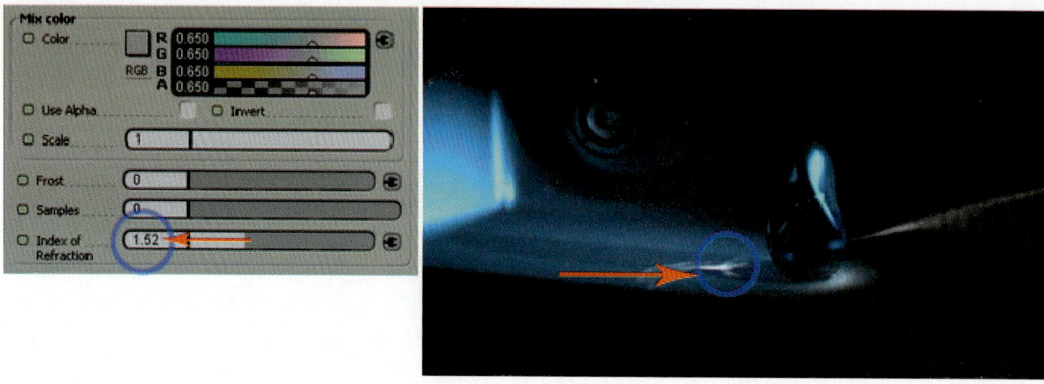

그림 4-71 Refraction(굴절)의 수치 변경을 통한 결과확인

9 Light Caustic 속성 변경 : Light tab에 있는 Photon의 Caustic 옵션 중에서 Intensity를 "2000000"으로 올리고 Color 값을 분홍 계열로 변경한 후 결과를 확인한다. 빛의 반사 및 굴절 정도가 강해지고 Color의 변화 범위를 확인한다.

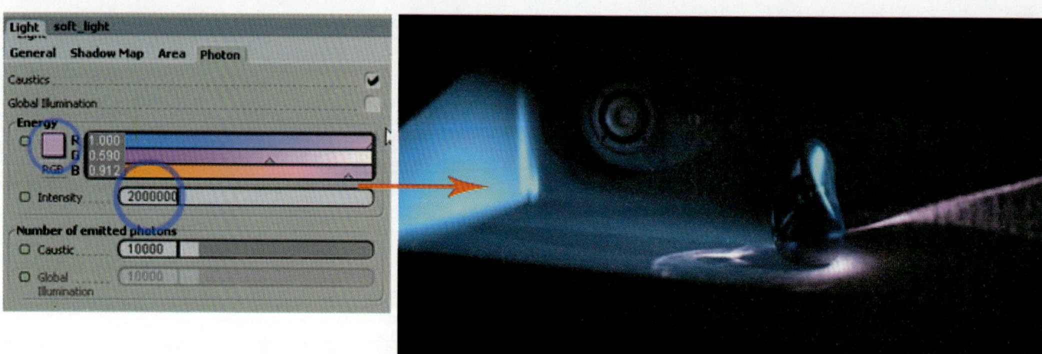

그림 4-72 Intensity를 증가시키고 Color 값을 변경을 통한 결과확인

10 Caustic 속성 중에서 Number of emitted photons에 대해 알아보도록 한다. 이 속성은 Caustic 효과를 직접적으로 만들어내는 Photon의 개수를 의미하며 개수가 많을수록 그 효과가 증대된다. 먼저 Caustic Color를 Light의 Color와 동일하게 만들어주고(Light의 Color를 Caustic Color에 drag in drop) Caustic의 Number of emitted photons의 수를 100으로 낮추고 그 결과를 확인한다.

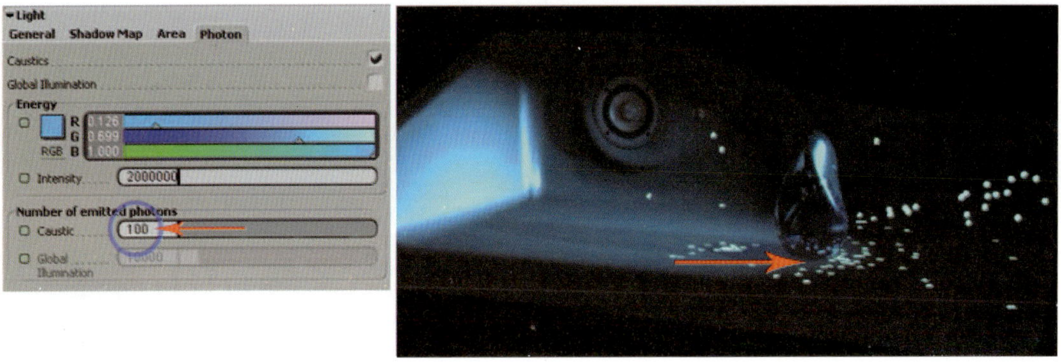

그림 4-73 Number of emitted photons의 수 조절

11 Caustic 속성 중에서 Radius에 대해 알아보도록 한다. Radius는 Render 옵션 창에 있는 Caustic의 속성 중 하나로 Caustic 효과를 향상시키는데 중요한 역할을 한다. 이러한 Radius는 Caustic 효과를 발생하는 Photon의 입자의 크기를 결정하며 수치를 높일수록 Photon의 입자의 크기가 커진다.

동일한 Intensity(=2000000)와 Caustic Number(=100), Accuracy(=100)로 가정했을 때 Radius의 수치를 낮추거나 높여가면서 그 변화를 확인한다. 이때 다른 옵션이 모두 고정된 값을 가지고 있기 때문에 단위면적당 반경(크기)이 커지게 되고 이 때문에 Caustics 효과는 흐리게 나타난다.

그림 4-74 Radius의 변경에 따른 결과변화

12 Number of emitted photons의 변경에 따른 결과확인

이번에는 Accuracy(=100), Intensity(=2000000), Radius(=0)를 가정하고 Number of emitted photons의 변화에 따른 결과를 확인해 보도록 한다.

그림 4-75 Number of emitted photons의 변경에 따른 결과변화

13 Number of emitted photons의 수를 7000으로 올려주고 난 다음 결과를 확인한다.

그림 4-76 Photon Number 개수를 증대 후 결과확인

14 Caustics 옵션 변경을 통한 Caustics 결과의 효과 극대화하기 : Accuracy, Intensity, Radius), Number of emitted photons의 수치를 다양하게 변화를 주면서 원하는 Caustic 옵션 값을 찾아내도록 한다.

그림 4-77 Caustics 옵션 변경 후 결과확인

4-5-3 Caustics 활용

1 Scene setting하기 : 실험실용 플라스크와 바닥 Grid를 제작하고 플라스크 용기에 담긴 Object를 제작한다.

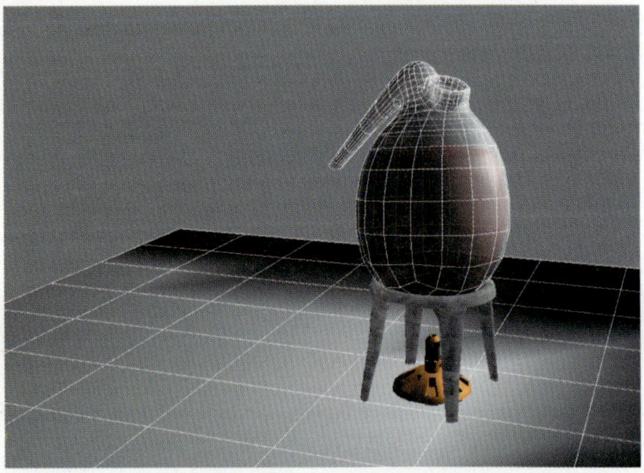

그림 4-78 Scene 제작

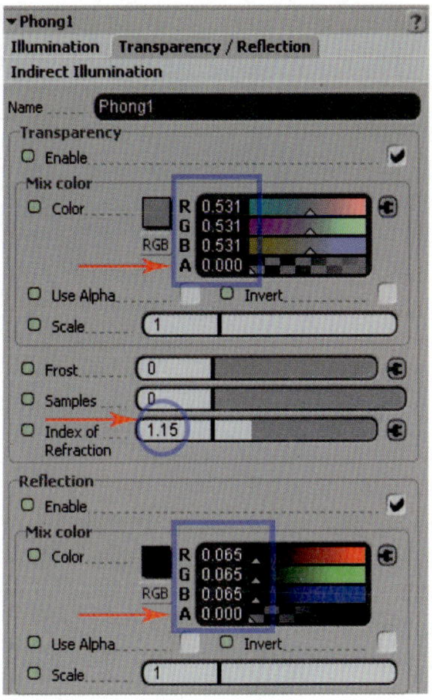

그림 4-79 Phong shader를 적용 후 옵션 변경

2 Material 적용하기 : 실험실용 플라스크는 Material > Phong shader를 적용하고 Transparency/Reflection tab에서 Transparency =0.5, Refraction=1.15, Reflection=0.065를 지정해준다.

3 Table Grid는 Material > Lambert shader를 적용하고 Transparency/Reflection tab에서 Reflection=0.076을 지정해준다.

4 플라스크에 담겨져 있는 액체 Liquid는 Phong shader에 약한 붉은 계열의 Color를 지정하고 Specular decay=17.143을 적용한다.

그리고 Transparency / Reflection tab에서 Transparency=0.6, Refraction=1.15, Reflection=0.19를 지정해준다.

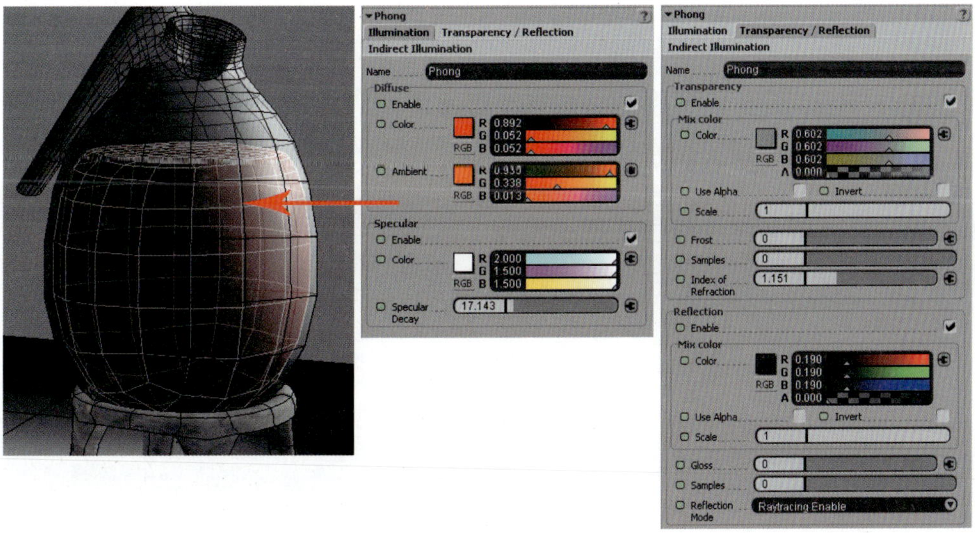

그림 4-80 Phong shader

5 Light Setting : Light는 Spot Light를 사용하는데 하나는 Caustic 효과를 만들어내는 주광으로 사용한다. Light 옵션의 변경을 통해 원하는 환경 설정을 한다. Shadow 옵션 체크와 Intensity 등의 옵션 체크를 확인한다.

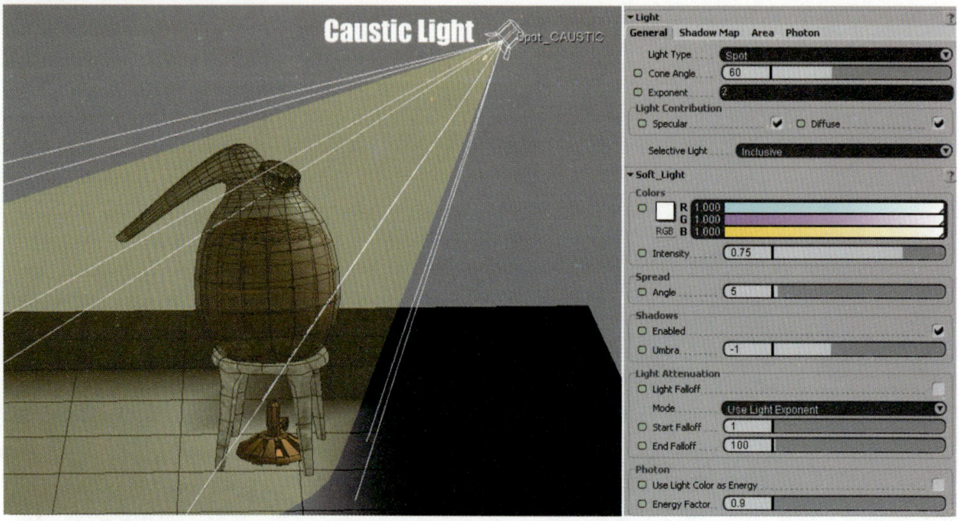

그림 4-81 Light Setting

6 나머지 보조 Object는 Caustic 효과가 적용되지 않기 때문에 기본적은 Material shader를 적용한 후 기타 불필요한 옵션 값은 지정하지 않도록 한다.

7 Object에 Caustic 옵션 설정하기 : Scene내에 존재하는 주요 Object들에 대해 Caustic 효과를 적용해 주도록 한다. 먼저 플라스크 Object와 Liquid Object를 선택하고 Select 명령 Tool에서 〉 Selection을 실행하고 Visibility 옵션 창을 연다. Rendering tab으로 이동해서 선택한 Object를 Caster와 Receiver 모두 지정해준다.

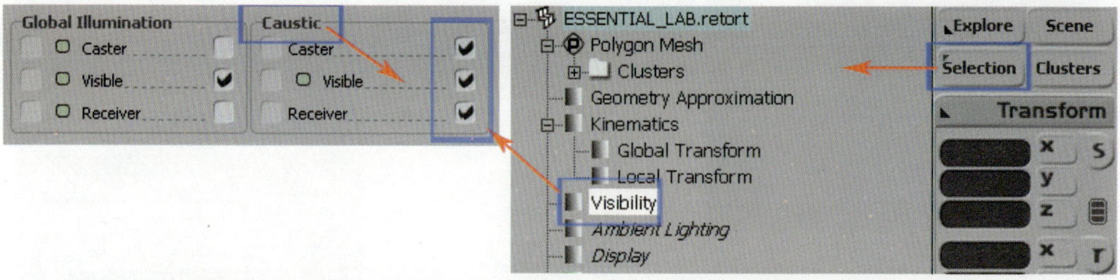

그림 4-82 Object에 Caustic 옵션 설정

8 테이블 Object를 플라스크 Object와 동일한 방법으로 Select 명령 Tool에서 〉 Selection을 실행하고 Visibility 옵션 창을 열고 Rendering tab으로 이동해서 Receiver 모드만 활성화시킨다.

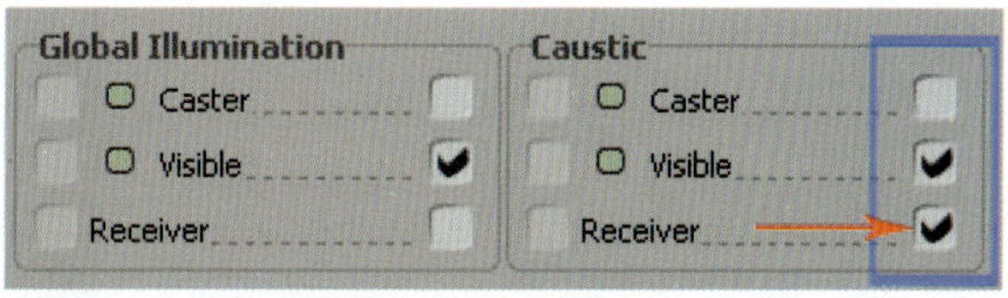

그림 4-83 Caustic 옵션 Receiver 모드만 활성화

9 나머지 Object들은 Caustic 효과에 대해 특별히 지정할 필요가 없기 때문에 Caster와 Receiver 옵션을 모두 해제한다.

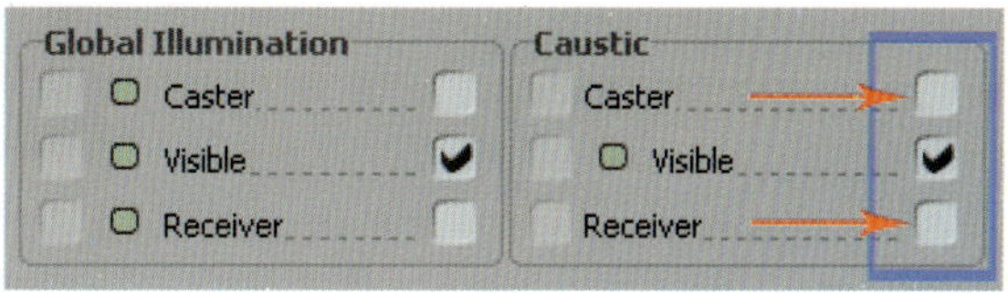

그림 4-84 Caustic 옵션 Receiver 옵션을 모두 해제

10 Light의 Caustic 환경 설정 : Light 속성 창에서 Photon tab으로 이동 후 Caustic 모드 활성화하고 Intensity와 Caustic Number of Emitter Photon의 수를 지정한다.

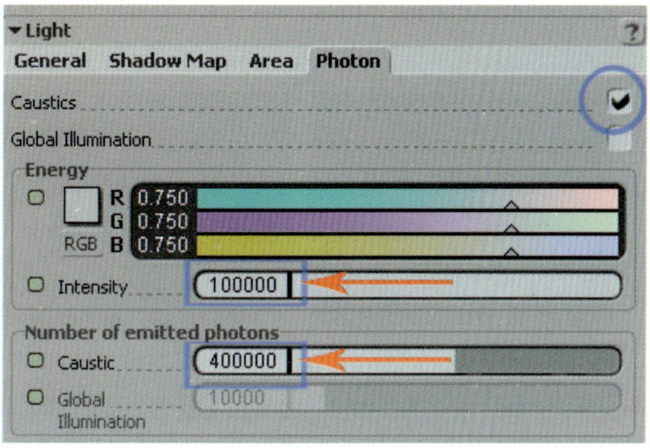

그림 4-85 Number of Emitter Photon의 수를 지정

11 Render 옵션 창에서 Caustic 환경 설정 : Render 툴 바에서 Render 〉 Region 〉 All Option 명령을 실행하여 Render Region 속성 창을 열고 Mental Ray 속성 창에서 GI and Caustics tab에서 Caustic을 활성화한다.

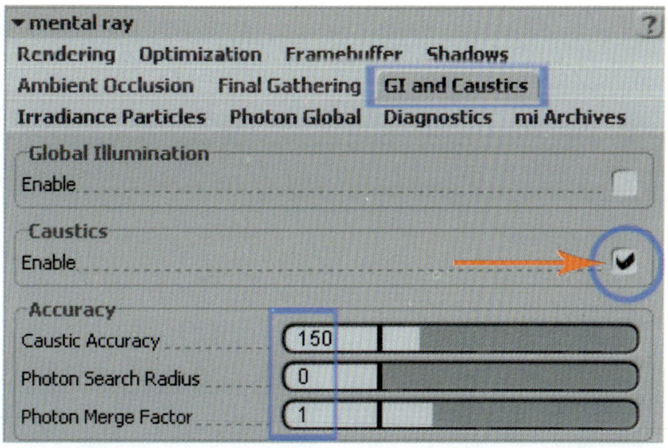

그림 4-86 Caustic 활성화

12 결과확인 : 미약하게나마 Table Object위에 플라스크에 담긴 붉은 Liquid의 반사 값이 나타나기 시작한다.

13 Render Region 속성 창에서 Caustic 옵션 변경 : Accuracy 수치를 "30"으로 낮추고 Radius 수치를 "0"으로 지정한다.

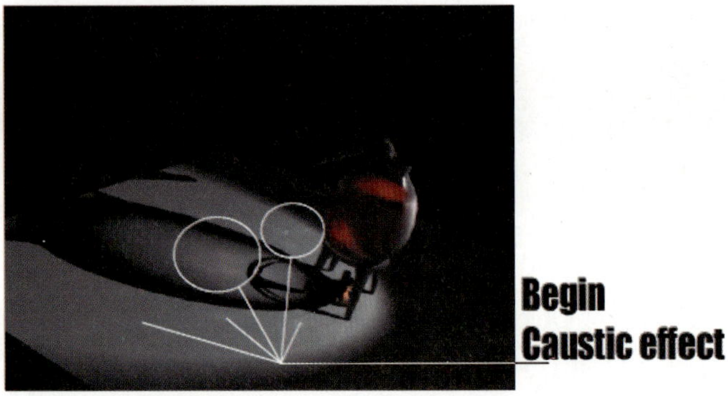

그림 4-87 결과확인

14 Light의 Photon의 옵션 값 설정하기 : Photon 에너지의 Intensity는 Caustic Light 효과의 밝기에 가장 큰 영향을 미치는 요소이다. 즉 Receiver object (Table Object)에 굴절되어 나타나는 라이트의 Intensity의 결과를 결정하는 중요한 역할을 한다.

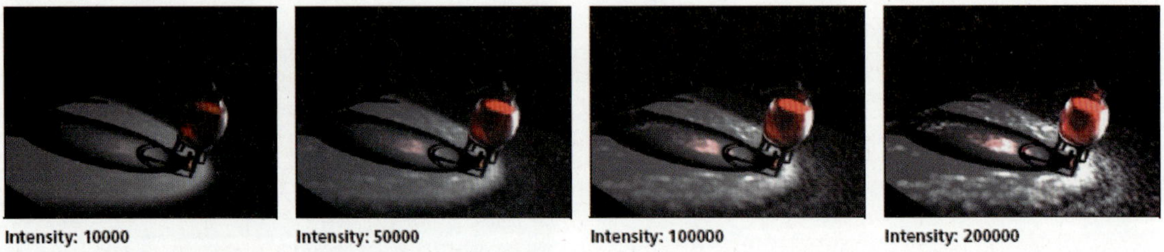

그림 4-88 Light의 Photon의 옵션 값 설정

기본값=10000에서는 Caustics 효과는 거의 나타나지 않는다. 값을 50000으로 증가시키면 Table object로 퍼지는 색상이 조금씩 밝아진다. 다시 100000으로 증가시키면 효과가 집중된 곳에 강한 색상의 Caustic Spot이 생성된다. 값을 200000으로 더 높이면 색상이 흰색 Tone으로 흐려진다. 여러 가지 상황을 Test하여 원하는 최적의 결과 수치를 설정한다.

15 Photon의 개수 설정 : Scene 내에서 Photon의 수가 많을수록 Caustics는 보다 뚜렷하게 나타난다. 다만 이렇게 Photon의 개수가 많아 질수록 Rendering 속도는 오래 걸리게 된다. 최적의 결과를 찾기 위해 다양한 테스트를 해보도록 한다.

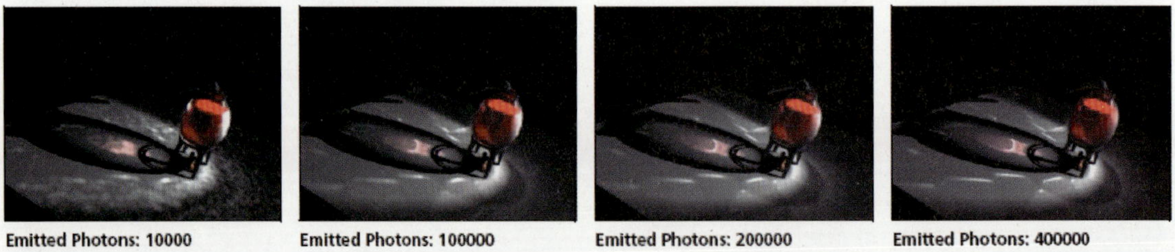

그림 4-89 Photon의 개수 설정

기본 Photon의 수에서는 Caustic 효과는 밝고 얼룩덜룩한 효과만 나타난다. Photon의 개수를 100000으로 증가시키면 Caustic Spot의 범위가 줄고 동시에 Blend되어 효과가 약간 흐려지게 된다. 개수를 200000으로 증가시키면 Caustic 효과의 Fall off가 더욱 증가된다. 방출된 Photon의 개수가 매우 크면 작지만 식별 가능한 Caustic Spot으로 구성된 아주 부드러운 효과가 생성된다.

16 Caustic Accuracy(정확도)와 Radius(반경) 조절 : Photon 에너지 Intensity와 Photon의 개수를 조절하면서 효과를 테스트하다보면 Caustics 효과의 Caustic Spot(효과부분에서 가장 밝은 부분)이 너무 또렷하게 나타나는 현상이 발생한다. 이때 Caustic Accuracy(정확도)와 Radius(반경)의 조절을 통해 Blur 효과를 적용한 듯 부드럽게 만들 수 있다. Accuracy(정확도)와 Radius(반경)의 조절 값은 렌더링 시간에 직접적인 영향을 미치므로 가장 마지막에 테스트하는 것이 좋다.

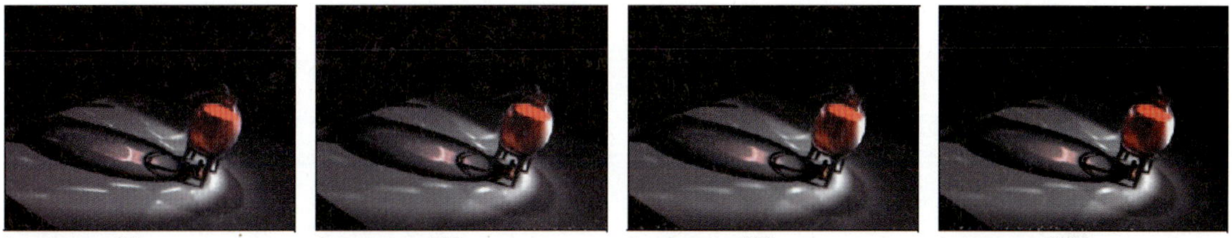

Accuracy : 30 Radius : 0 | Accuracy : 150 Radius : 0 | Accuracy : 300 Radius : 0 | Accuracy : 300 Radius : 0.5

그림 4-90 Caustic Accuracy(정확도)와 Radius(반경) 조절

Accuracy가 초기 설정 "30"에 Radius가 "0"이면 Caustic 효과는 얼룩덜룩하게 나타난다. Accuracy=150, Radius=0이면 효과가 부드러워지고 다소 흐릿해진다. Accuracy=300, Radius=0이면 Caustic Spot 효과가 가장 강한 곳에서만 생성이 된다. Accuracy=300, Radius=0.5로 두 개의 옵션 모드 변화를 주면 Object의 가장 가까운 곳에서는 강한 Caustic Spot 효과가 나타나고 가장자리로 갈수록 빨리 Caustic 효과가 사라지게 된다.

17 이제 플라스크에 대한 Caustic 설정이 끝나면 Scene을 구성하는 기타 Object(Table이나 Liquid Object)들에 대한 옵션의 변화를 통해 결과를 관찰한다. Table Grid를 선택하고 Render 툴 바에서 Modify 〉 Shader 명령을 실행하여 Lambert shader의 속성 창을 열고 Indirect Illumination tab에서 Radiance 색상 값을 "3.0"으로 올려주면 Caustics 효과가 Table Grid에서 보다 강하게 나타난다.

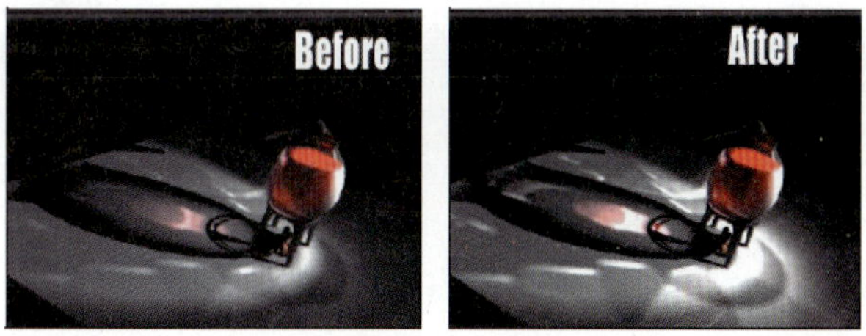

그림 4-91 Radiance 색상 값 조절

18 기타 직접 또는 간접적으로 Scene에 영향을 주는 Object나 속성 값들의 변화를 통해 최적의 결과를 만들 수 있도록 한다. 정교하고 민감한 작업 영역이므로 많은 테스트와 정리 작업이 필요한 부분이다. 또한 Rendering과도 직접적인 관계가 있는 작업이므로 인내를 가지고 테스트에 임해야 좋은 결과를 얻을 수 있다.

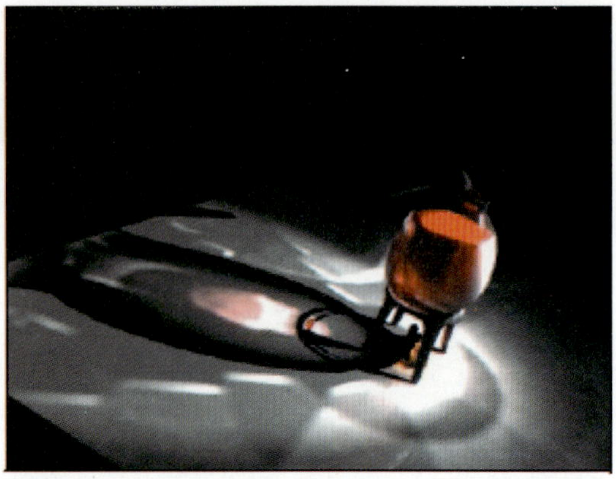

그림 4-92 결과확인

4-6 Ambient Occlusion

4-6-1 Ambient Occlusion 정의

Ambient Occlusion은 빛이 Object에 가로막혀서 생기는 빛의 공동현상으로 Object와 Object가 맞닿는 면에서 빛의 반사 값으로 생성되는 일종의 그림자와 같은 현상으로 이해할 수 있다. 즉 Object가 서로 가까이 맞닿아 있어서 빛이 진행하기 어려운 상황이나 Object의 표면 형태가 굴곡이 심한 경우 빛의 반사 정도가 심해지는데, 이 경우 굴곡이 심한 영역에는 빛이 갇혀서 진행에 어려움이 생기는데 이러한 부분이 많을수록 Ambient Occlusion의 현상은 더욱 뚜렷하게 나타난다. 이러한 현상은 환경 조명에 대한 명암을 나타내는 것으로 전 방향에서 조명을 비췄을 때 그림자가 얼마나 생기느냐를 측정하는 것이다. 통상 흰색 조명 박스에 물체를 넣고 조명을 아주 밝게 여러 방향으로 비췄을 때 물체가 굴곡을 따라 약간씩의 음영이 생성되

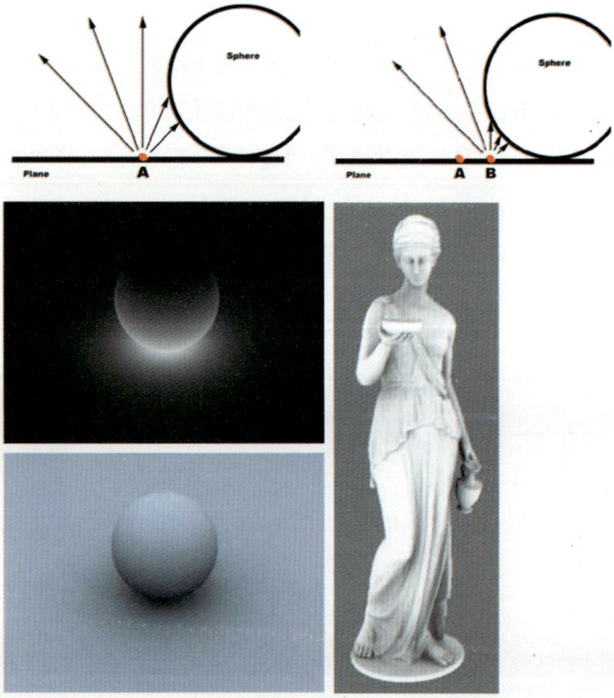

그림 4-93 Ambient Occlusion 원리

는데 그러한 실제 결과를 3D상에서 표현하려는 것이다.

Ambient Occlusion은 3D Object에 적용되는 Shader의 한 방법으로 흔히 알고 있는 Global Illumination은 아니지만 이와 근사하게 Object의 사실감을 표현할 수 있는 전역 Shading의 한 방법이다. 기본 Light가 Object로부터 반사되어 그 반사되어진 반사광이 다른 Object에 얼마만큼의 영향을 주느냐에 따라 그 효과가 결정된다.

4-6-2 Ambient Occlusion 적용

1 Ambient Occlusion 효과를 적용할 간단한 Scene을 준비한다. 여기서는 Dino 모델링에서 제작한 결과 데이터를 사용하도록 한다.

Scene에 Raptor 모델링을 불러온다. Grid를 준비하여 바닥 면으로 만들어 준다. Ambient Occlusion 효과는 빛의 입자가 고여 있을 만한 굴곡 부분이 많을수록 그 효과가 확실하게 나타난다. 발바닥과 바닥 면에 나타나는 Ambient Occlusion 효과를 집중 조명하도록 해본다.

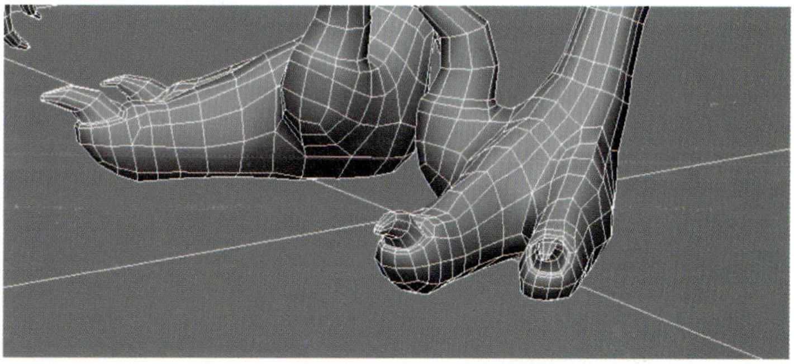

그림 4-94 Ambient Occlusion 적용을 위한 Scene 설정

2 Ambient Occlusion 효과 적용하기 : 먼저 모델링 데이터와 바닥 면 Grid를 선택하고 Render 툴 바에서 Get > Material > Ambient Occlusion 명령을 실행한다.

3 Ambient Occlusion 적용 결과를 확인한다.

그림 4-95 Ambient Occlusion 적용

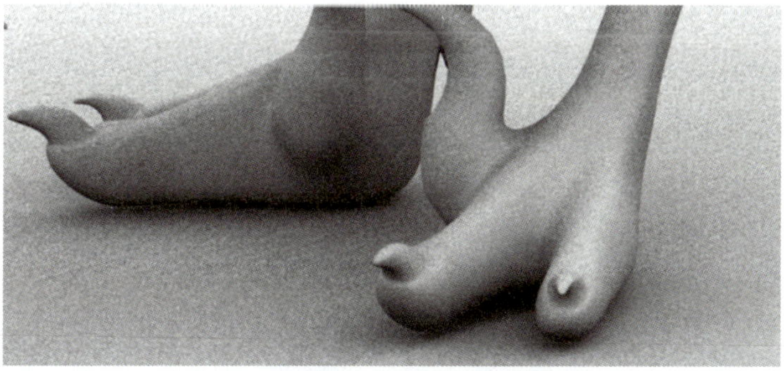

그림 4-96 결과확인

4 Ambient Occlusion의 속성 창의 다양한 옵션의 수치를 조절하면서 보다 효과적인 결과를 찾아내도록 한다. 먼저 Maximum Distance 기능은 수치를 올릴수록 Ambient Occlusion 효과의 영역이 넓어진다.

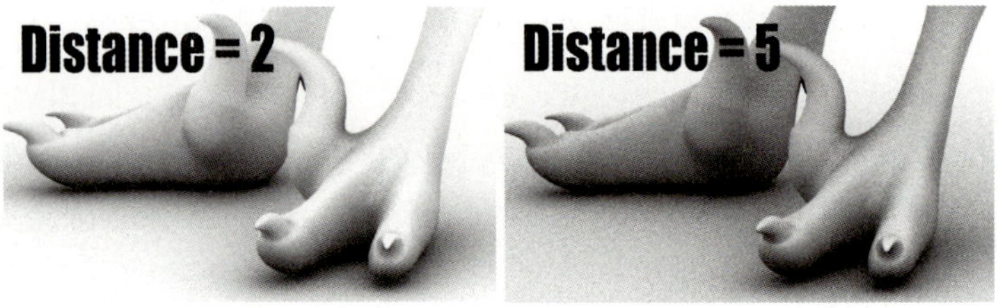

그림 4-97 Maximum Distance 수치 조절을 통한 결과확인

5 Spread 수치 조절을 통해 Ambient Occlusion의 번짐의 집중도를 조절할 수 있다. 수치를 올려줌으로써 Ambient Occlusion 현상이 나타나는 영역에서의 번짐의 정도를 좀 더 집중적으로 부각시켜줄 수 있다.

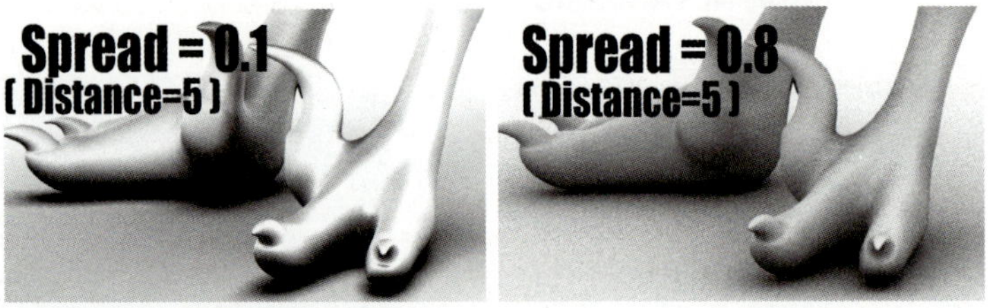

그림 4-98 Spread 수치 조절을 통한 결과확인

6 Number of Samples의 부드러움의 표현은 Number of Samples의 수치로 조절해 줄 수 있다. Distance =2로, Spread=0.7로 동일하게 지정해주고 Number of Samples의 수를 달리해서 결과를 확인한다.

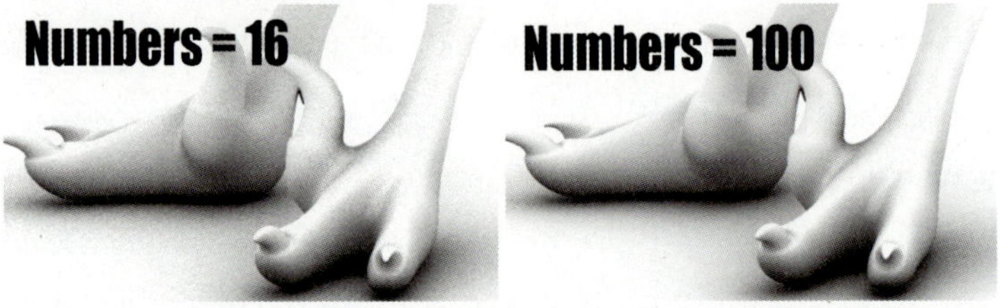

그림 4-99 Number of Samples의 수치로 조절을 통한 결과확인

Number of Samples의 수치를 올릴수록 Ambient Occlusion의 부드러운 표현은 증가되나 렌더링 시간은 상당 시간 소요된다.

7 Ambient Occlusion 캐릭터 전체 적용 후 결과 확인

그림 4-100 결과확인

4-6-3 Ambient Occlusion 활용

SOFTIMAGE는 이러한 효과의 Ambient Occlusion 효과를 Render map 기능에서 제작할 수 있다. 제작된 Ambient Occlusion은 map source 제작시 중요한 음영의 기본 Setting 값으로 활용된다.

그림 4-101 Ambient Occlusion 적용 결과

1 Ambient Occlusion 노드 연결 1 : Render Tree에서 Ambient Occlusion 노드를 Material Surface에 바로 연결한다.

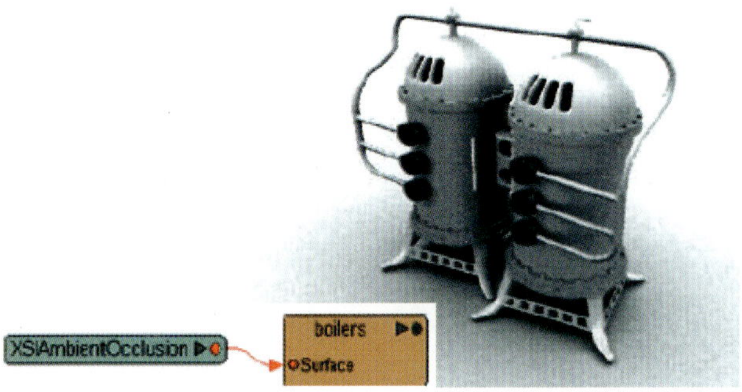

그림 4-102 Ambient Occlusion 노드 연결 1(Direct 연결)

2 Ambient Occlusion 노드 연결 2 : Render Tree에서 Surface shader를 Ambient Occlusion 노드에 연결한 후 Material Surface에 바로 연결한다.

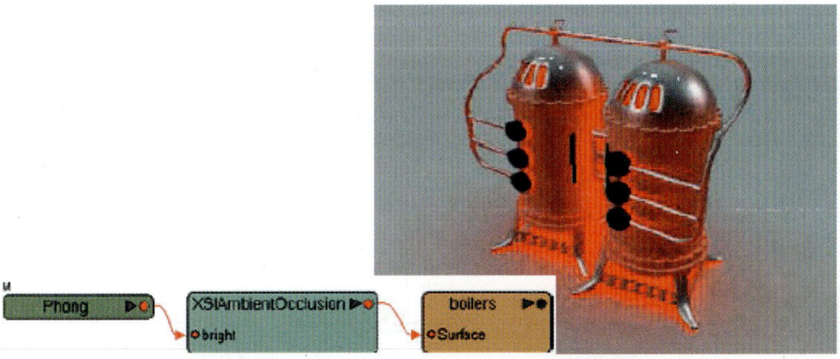

그림 4-103 Ambient Occlusion 노드 연결 2(Shader 노드를 연결)

3 Ambient Occlusion 노드 연결 3 : Ambient Occlusion 노드를 Surface shader(=Phong)의 Ambient 영역에 연결한 후 Surface shader를 Material Surface에 바로 연결한다.

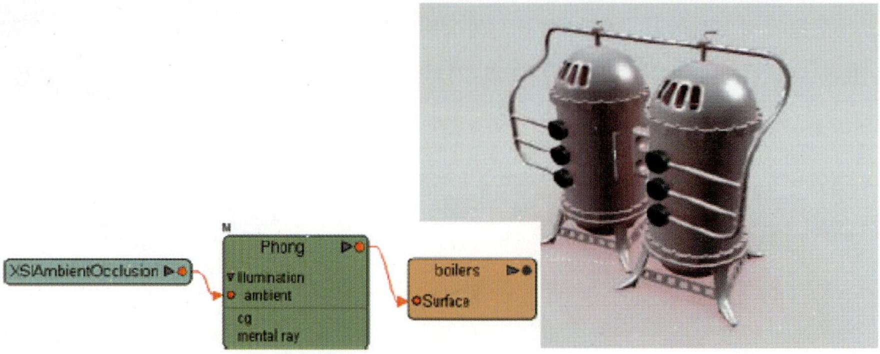

그림 4-104 Ambient Occlusion 노드 연결 3(Shader 노드에 연결)

4 Ambient Occlusion 노드 연결 4 : Ambient Occlusion 노드를 Surface shader의 Color 영역에 연결한 후 Surface shader(=Phong)를 Material Surface에 바로 연결한다.

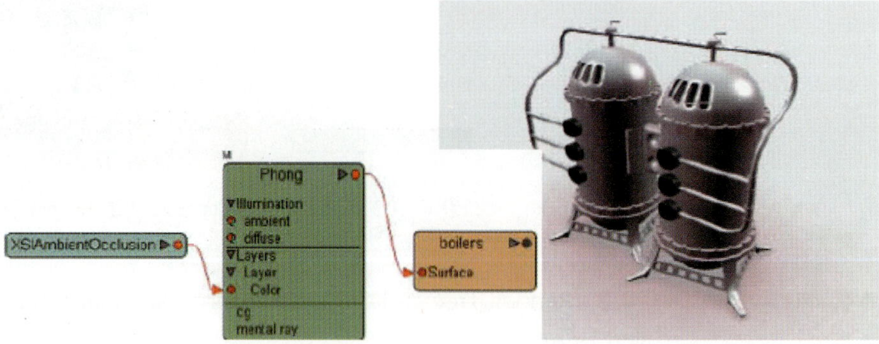

그림 4-105 노드 변경

5 Ambient Occlusion의 속성 중에서의 Sample 명령의 역할 : Ambient Occlusion의 속성 중에서 Sample 설정 기능이 있는데 이 Sample 기능은 Occlusion을 결정하기 위해 사용되는 Simple Ray의 수를 결정짓는 옵션이다. Sample의 수차가 높을수록 렌더링 시 다소 시간이 소요되나 부드러운 느낌의 Occlusion 결과를 얻을 수 있다.

Samples=10 Samples=50 Samples=100 Samples=300

그림 4-106 Sample의 수치 변화에 따른 결과 비교

6 Ambient Occlusion의 속성 중에서의 Bright and Dark Color 설정기능 : Ambient Occlusion 속성 중 Color 지정 모드에서 여러가지 다양한 Color를 적용해 본다. 그리고 Color뿐만 아니라 이미지 Map이나 SOFTIMAG 기본 Shader의 적용도 가능하다.

Bright Color=white
Dark Color=black

Bright Color=yellow
Dark Color=red

Bright Color=doud shader
Dark Color=rock shader

그림 4-107 **Bright and Dark Color 설정을 통한 결과 비교**

7 Ambient Occlusion의 속성 중에서의 Spread가 가능하다.

Spread=0.1

Spread=0.3

Spread=0.5

Spread=1.0

그림 4-108 **Spread 기능 옵션(Spread) 변경 후 확인**

8 다양한 옵션 변화를 통해 결과를 확인한다. 수많은 시행착오를 경험해봐야 멋진 작품으로 이어질 수 있다.

그림 4-109 **결과확인**

9 Sampled Environment

그림 4-110 **Environment Shader 적용에 따른 결과**

10 Return Bent Normal(World Space)/Return Bent Normal(Object Space) : Return Bent Normal 옵션에서 World Space 모드와 Object Space 모드의 각각의 적용에 따른 결과 이미지를 비교한다.

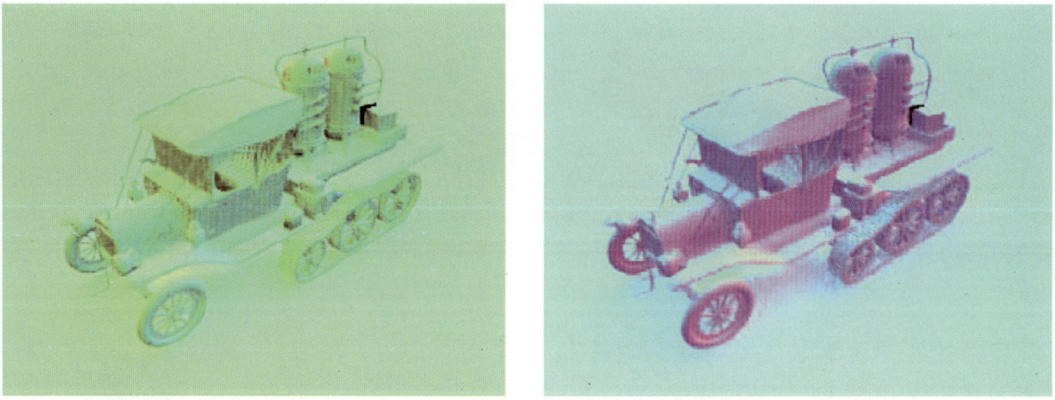

Return Bent Normals(World Space)　　Return Bent Normals(Object Space)

그림 4-111 **Return Bent Normal의 World Space 모드와 Object Space 모드 결과 비교**

제5장
Pass Render

5-1 Render Pass와 Partition 이해
5-2 Pass 활용
5-3 Frame Buffer를 활용한 효율적 Rendering 활용

5-1 Render Pass와 Partition 이해

5-1-1 Render Pass와 Partition 개념 이해

Rendering이란 컴퓨터 프로그램을 사용하여 3D모델 데이터로부터 다양한 영상소스(동영상 및 이미지)를 만들어 내는 과정을 말한다. 3차원 물체구조에 기하학과 시점, Texture, Mapping, Light, Shading 등의 정보를 포함할 수 있다. 이러한 렌더링 기술은 건축 설계 및 제조업 공정관리, 게임, 시뮬레이션, 영화, TV 콘텐츠 제작, 디자인, 입체영상 분야 등의 영역에서 다양하게 사용되고 있으며 각 분야별로 서로 다른 환경이나 최적화된 기능 툴을 사용한다.

그림 5-1 Rendering된 결과 이미지

즉 Scene 구성에 필요한 Object를 제작하고 모든 조명과 Camera setting을 마치면 Scene을 Rendering할 준비가 완료되었다는 의미이다. 한 프레임을 렌더링하건 한 시간짜리 애니메이션을 렌더링하건, Scene을 렌더링한다는 것은 Frame별로 한 장의 이미지 사진을 현상하는 것과 같은 것이다. 테스트 작업은 최소 1회 이상으로 해야 한다는 의미이며 SOFTIMAGE는 Mental Ray 렌더링 소프트웨어를 사용하기 때문에 앞 장에서 설명한 Shader, Right, Camera 그리고 Mental Ray의 개념과 함께 활용해야 진정한 의미가 있다.

Scene을 완성하게 되면 복잡하고 데이터양이 방대한 Scene 작업일수록 렌더링은 하드웨어의 성능에 의존하게 된다. 이때 모든 Scene 데이터를 한번에 렌더링을 걸면 너무나 많은 시간이 소모되고 결과에 대한 수정 작업에 있어서도 전체를 모두 렌더링해서 테스트 작업을 해야 하므로 상당히 비효율적인 작업이다. 렌더링의 효율성을 높이고 최적화를 위해 렌더링 영역을 Pass로 나누거나 렌더링 속도와 품질을 향상시키기 위해 여러 가지 작업을 실행한다.

SOFTIMAGE에서 렌더링의 효율성을 증대할 수 있는 작업 환경에 대해 알아보도록 한다.

1. Layer 사용

Layer는 Scene element들을 원하는 영역을 하나의 작업 영역으로 묶어서 편집/수정/선택(비선택)/렌더링 등의 환경을 각 Layer별로 따로 설정해 줄 수 있다. 이미 제작된 Layer에 새로운 Object를 첨가하거나 방출시킬 수도 있다.

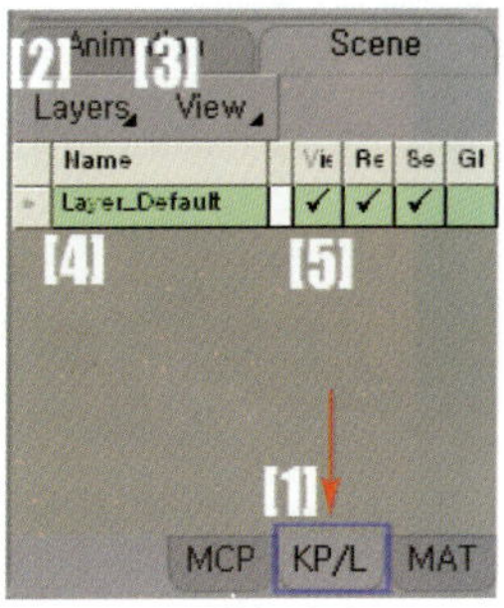

그림 5-2 Layer 창

[1] KP/L : Key Panel/Layer의 약자로 Layer 작업을 할 수 있는 작업 창으로 이동하게 하는 명령어로 MCP(Main Command Panel) 옆에 있다.

[2] Layer 옵션 : Layer를 생성하거나 삭제, 또는 선택한 Object를 선택된 현재 Layer에 추가하거나 빼거나 할 경우에 사용되며 Layer Lock 기능을 통해 Layer별로 작업환경을 보호할 수 있다.

[3] View : Layer 내에 있는 Object들을 Scene 내에서 보이거나 안 보이게 할 수 있고, 선택되거나 안되게 할 수 있다. 또한 Rendering을 선택적으로 되거나 안 되게 할 수 있는 옵션들이 들어 있다.

[4] Current Layer : 녹색 카테고리 영역에 있는 Layer는 현재 작업 중인 Layer를 표시한다. 마우스 오른 클릭을 하면 현재 Layer를 Default Layer로 지정하거나, 선택한 Object를 현재 Layer에 포함시키거나, Layer를 Lock을 하여 안전하게 보호할 수 있는 기능들이 들어 있다.

[5] Layer 작업 옵션 : Layer를 통해 기본적으로 제어할 수 있는 대표적인 항목들로 Visibility(보임과 안보임), Rendering(렌더링됨과 렌더링 안 됨), Selection(선택됨과 선택 안 됨), Ghosting(애니메이션 작업시 Ghosting 과 Ghosting 안 됨) 모드를 지정 및 해제하여 효율적인 Scene과 Layer작업을 할 수 있다. 이러한 Layer 기능을 잘 활용하여 짜임새 있는 Scene을 구성함으로써 작업의 전체적인 탄력적 운용이 가능하며 렌더링 작업에 있어서 효율성을 증대시킬 수 있다.

2. Render Pass

이 장에서 주로 다루게 될 내용으로 Render Pass 작업은 Post Production 작업 동안 다른 Pass와 합성할 수 있는 Scene의 Picture Layer를 만든다.

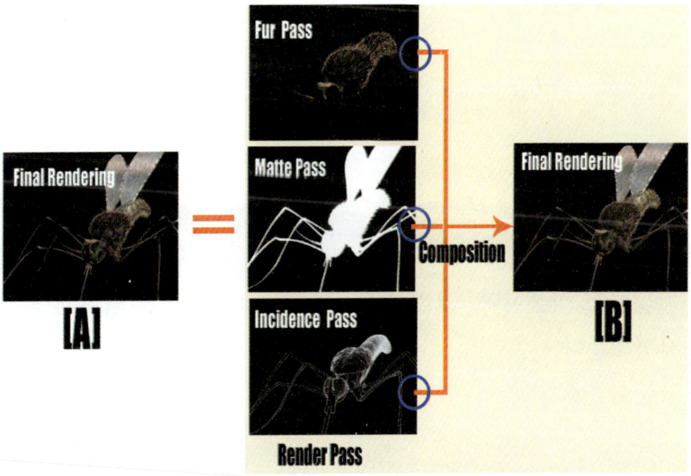

그림 5-3 Render Pass에 의한 작업 결과

Scene의 특정 항목만을 융통성 있게 선택적으로 Render 작업을 할 수 있으며 Scene 전체를 Rendering하지 않고 지정된 Pass 영역별 Rendering이 가능하다. 각 Scene은 Matte, Shadow, Highlight 등 필요한 수만큼의 Render Pass를 가질 수 있으며 이렇게 분류되어 제작된 Pass들은 필요에 의해 전체 Scene의 품질을 위해 문제가 있는(수정이 필요한) Pass의 옵션 수정을 통해 전체 Scene의 품질을 제어할 수 있다.

그리고 각 Pass에 대해 Partition 작업으로 세분화하여 원하는 환경에 대한 변화를 용이하게 적용할 수 있고 Rendering 속도에 대한 제어뿐 아니라 향후 편집에서 각 Partition별로 편집에서 다양한 효과를 적용하여 품질을 높일 수 있다.

지금부터 Render Pass와 Partition 개념을 이해하기 위하여 간단한 Scene을 구성하여 Pass와 Partition에 대해 이해한 후 실무 작업 환경에 맞춰서 활용하는 작업을 해보도록 한다.

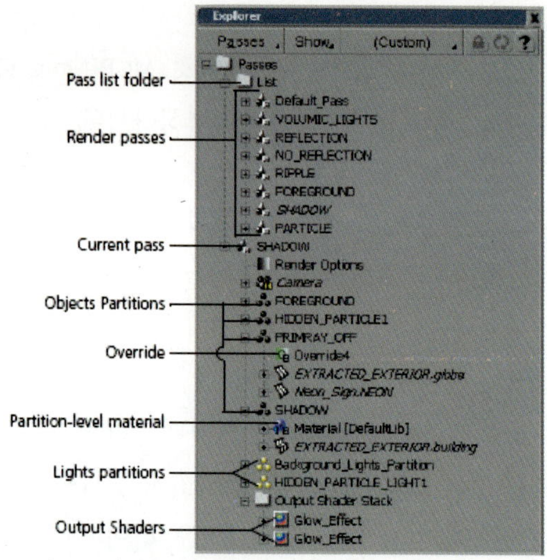

그림 5-4 Render Pass 환경

1 Scene 제작 : 먼저 Grid를 꺼내고 Primitive 〉 Model 〉 Body man과 Primitive 〉 Model 〉 Body Woman을 각각 꺼내서 나란히 위치시킨다. 여기에 Primitive 〉 Character 〉 Dog 모델 데이터를 꺼내서 배치시킨다.

그림 5-5 Scene 제작

2 각 Object에 Material을 적용하고 심플하게 Color 값을 지정해준다. 각 Object를 선택하고 Get 〉 Material 〉 Phong shader를 적용한다. 그리고 Diffuse color 값을 임의로 각각 지정해준다.

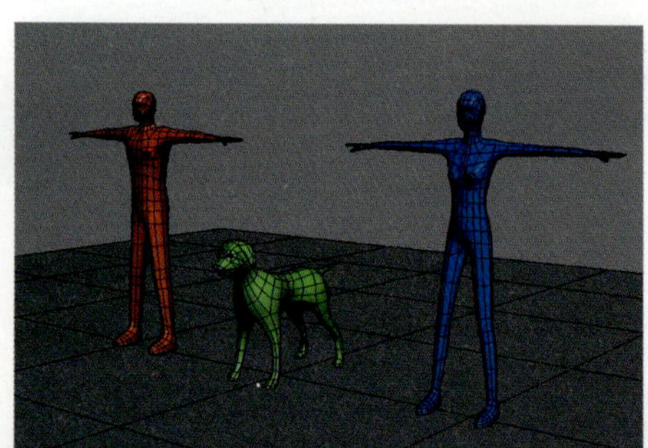

그림 5-6 Shader 적용

3 라이트에 Shadow 효과 설정하여 Object에 그림자 효과 나타내기 : Default 라이트의 속성 창을 열고 Shadow 옵션을 활성화하여 그림자 효과를 준다. Render region으로 결과를 확인한다.

그림 5-7 Shadow 제작

4 각 Object별로 Pass 만들기 : 먼저 Explorer 창을 열고 Explorer 창을 Pass 모드로 전환한다. 단축키[P]를 활용한다. 그 결과 Explorer 창은 Pass 모드로 전환되고 현재 Scene에 설정된 Pass가 나타나게 된다. 아직 아무런 Pass를 지정해 주지 않았기 때문에 Default Pass 패스가 나타나 있다.

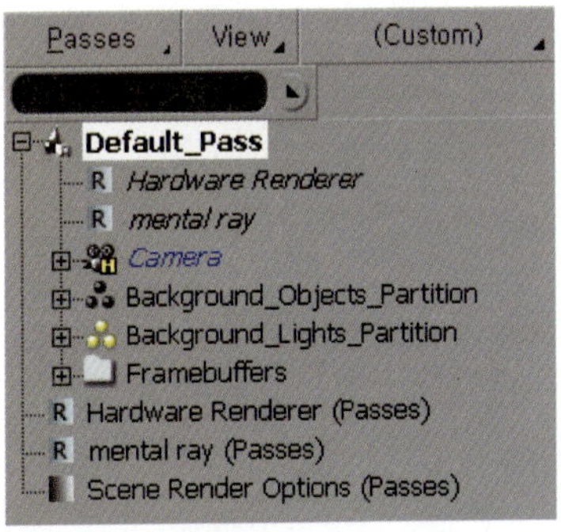

그림 5-8 Explorer Pass 모드[p]

기본적인 Pass 창에는 Scene 전체의 Hardware render를 설정해 주는 옵션과 Mental ray Render 옵션 설정 모드가 있고, Camera partition, Background Object partition, Background Light Partition으로 구성되어 있으며 현재 Pass의 Hardware render를 설정해주는 옵션과 Mental ray Render 옵션 설정 모드가 포함되어 있다.

모든 Pass에는 Background Object partition, Background Light Partition의 두 개의 특수 Partition을 갖는다. 이 Partition들은 다른 Partition에 주어지지 않은 모든 Object와 조명을 자동으로 포함한다. Scene Element는 Pass당 한 Partition에만 속할 수 있다. Object Partition에는 항상 Object만, Light Partition에는 항상 Light만을 추가할 수 있다.

5 Default Pass 편집하기 : 먼저 Default Pass의 이름을 변경하고 Partition을 추가한다. Render 툴 바에서 Pass > Edit > Edit Current Pass 명령을 실행하여 Default Pass Rendering 속성 창을 연다. Default Pass Rendering 속성 창을 여는 다른 방법은 Explore 창의 Pass 모드에서 원하는 Pass를 더블클릭하거나 아이콘을 클릭하면 된다. 나타난 Pass 속성 창에서 Name을 "Man Pass"로 변경한 후 Enter를 친다.

그림 5-9 Pass 지정

6 Render file name 변경하기 : 만약 다양한 경로의 Pass를 만들거나 사용할 경우 반드시 최종 Rendering되는 Output 이름을 각 Pass의 맞도록 변경해야 Rendering 시 오류를 미연에 막을 수 있다. Pass를 만들고 Pass 이름만 변경한다고 해서 Rendering 결과의 이름이 자동으로 변경되지 않기 때문에 반드시 각 Pass별 Rendering 결과의 이름을 지정해줘야 한다.

Render Channels Out Put 모드에서 File name 창에 마우스 올려놓고 〉 Edit 버튼을 선택한다. 나타나는 Render File name을 역시 "Man"으로 지정해준다. 앞으로 생성되는 모든 Pass에 대해 이와 같은 동일한 작업을 하도록 한다.

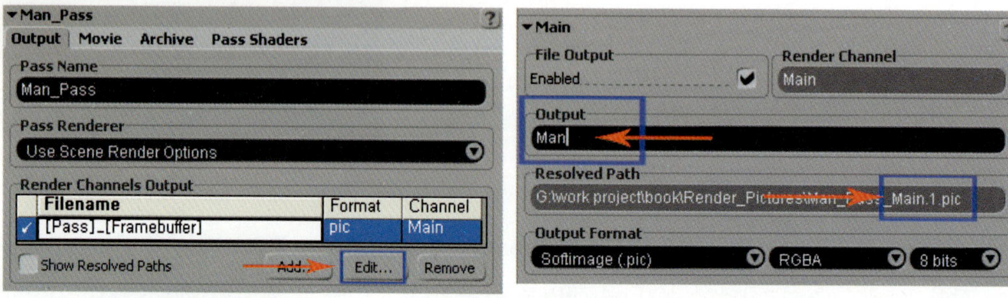

그림 5-10 Pass 속성 창에서 옵션 변경

7 Partition 추가하기 : Man Pass에 Man Object만을 위한 Partition을 만들도록 한다. 먼저 Pass 〉 Partition 〉 New Partition 명령을 실행한다.

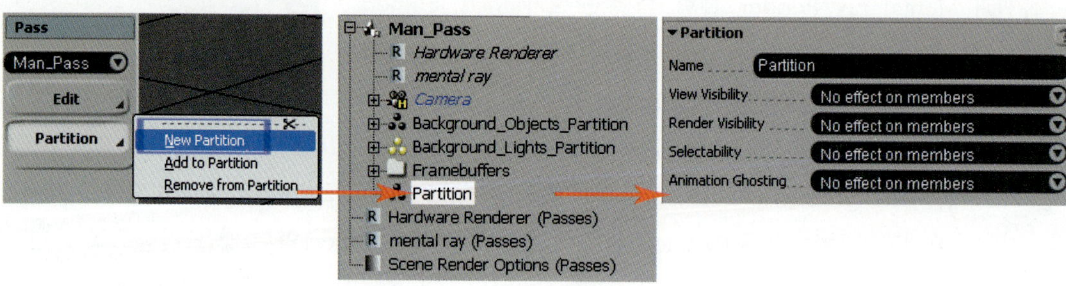

그림 5-11 Partition 추가하기

8 Partition의 이름을 "Man Partition"으로 변경한다.

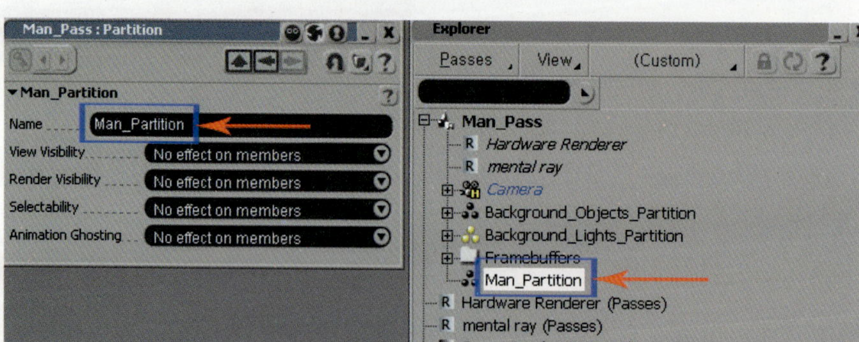

그림 5-12 Partition의 이름 변경

9 Pass 복사하기 : Man Pass를 복사하여 새로운 Pass를 만들도록 한다. Pass의 복사는 Explorer 창에서 Man Pass를 선택해서 [Ctrl+D] 명령을 실행한다. 또는 명령 창에서 Pass 〉 Edit 〉 Duplicate Current Pass 명령을 실행한다.

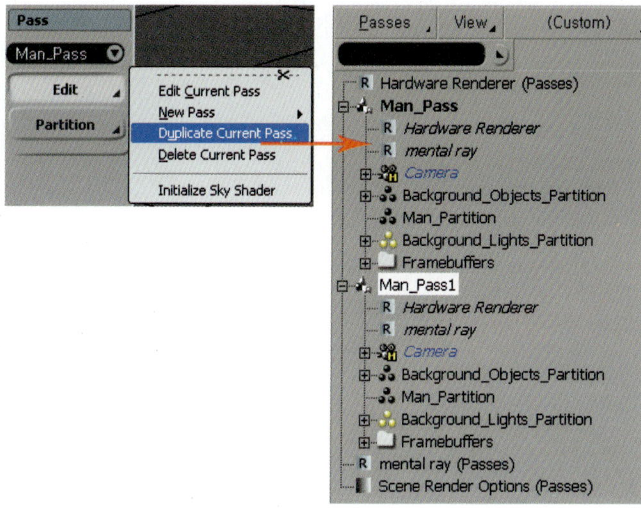

그림 5-13 Pass 복사하기

10 복사된 Pass의 이름과 Partition 이름 변경하기 : 복사된 Pass의 이름을 "Woman Pass"로 변경하고 Man Partition을 Woman Partition으로 변경한다.

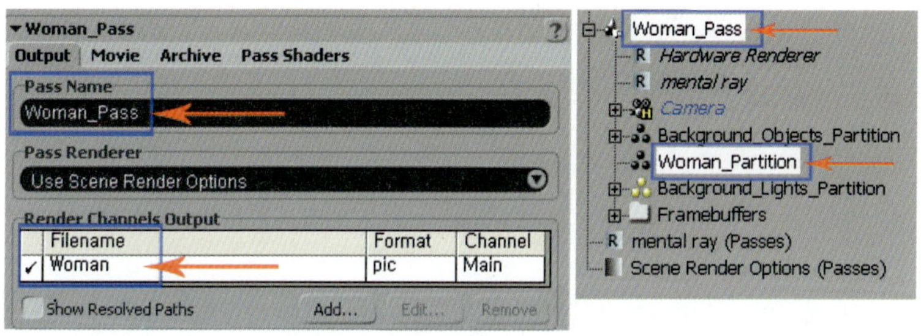

그림 5-14 Pass의 이름과 Partition 이름 변경

11 새로운 Pass 복사하여 Pass의 속성 변경하기 : 새로운 Pass를 하나 더 복사하여 Pass의 이름을 "Dog Pass"로 지정하고, Partition의 이름도 "Dog Partition"으로 변경한다.

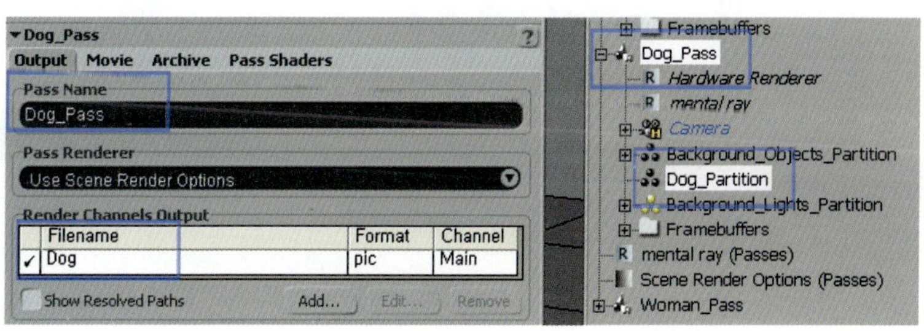

그림 5-15 Pass 복사하여 Pass의 속성 변경

12 Grid Object에 대한 Pass 만들기 : 동일한 방법으로 Grid Pass를 추가한다. 그리고 Main 툴 바에서 생성된 Pass의 종류를 확인한다.

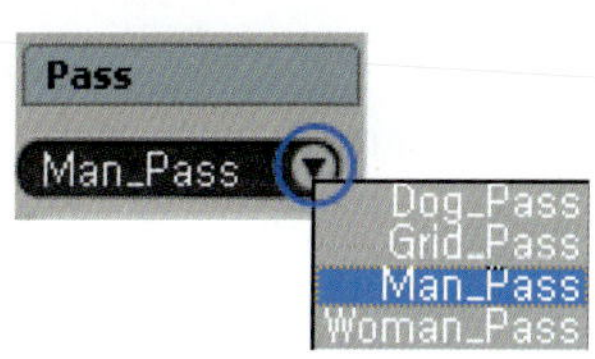

그림 5-16 Pass 만들기

13 각 Pass의 Partition에 해당 Object만을 남겨 놓도록 한다. 즉 현재 각 Pass의 Background Object Partition을 열어보면 Man과 Woman 그리고 Dog Object, Grid가 모드 포함되어 있다. 이제 Man Pass의 Man Partition에는 Man Object만을 포함하도록 한다. Man Pass에서 Background Object Partition을 열어 Man을 선택하고 Drag in Drop으로 Man Partition에 넣는다.

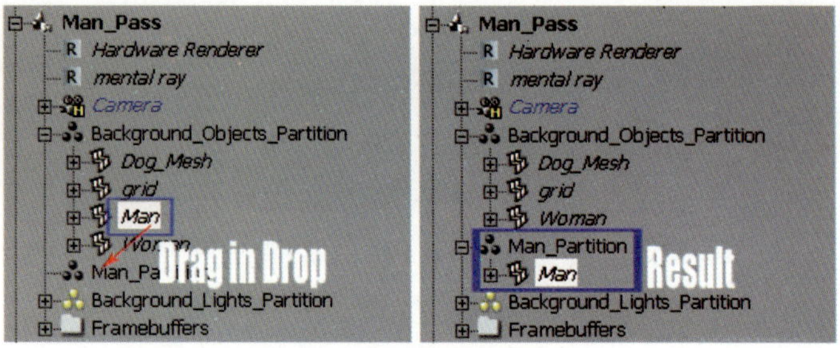

그림 5-17 Man Pass의 Man Partition

14 동일한 방법으로 나머지 모든 Object를 각 Partition에 포함시키도록 한다.

그림 5-18 Object를 각 Partition에 포함시키기

15 이제 각 Pass에 있는 Background Object Partition을 Hide시키도록 한다. 각 Pass의 Background Object Partition을 선택하고 [H] 버튼으로 Hide시킨다. Main 툴 바에서 생성된 Pass에서 원하는 Object의 Pass를 선택한다. 그 결과 해당 Pass에는 각 Pass의 Partition에 남겨진 Object만이 보이게 된다.

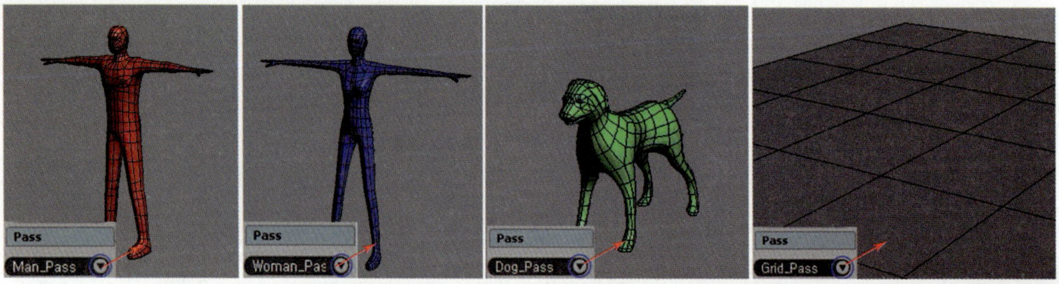

그림 5-20 Background Object Partition을 Hide

16 새로운 Camera를 꺼내서 Pass에 연결하기 : 새로운 Camera를 꺼내서 각 Pass에 원하는 Camera를 지정해주고 싶을 때 Pass 모드에서 원하는 Camera를 모두 끌어오고 Camera 모드를 Render Pass 모드로 전환시키고 난 후 Render Option에서 Pass Camera를 원하는 Camera로 지정해 주면 자동으로 Render Pass의 Camera는 지정된 Camera로 자동으로 변환되고 Camera 작업 화면으로 자동으로 변환된다. 먼저 Get 〉 Primitive 〉 Camera 〉 Telephoto Camera를 꺼내서 Scene에 추가한다.

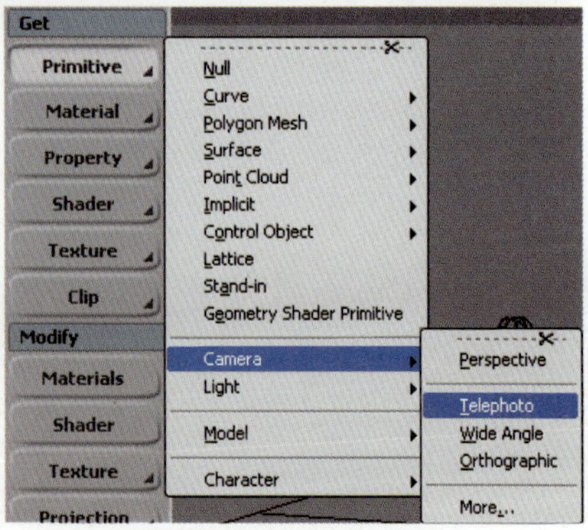

그림 5-19 Telephoto Camera Open

17 새로 생성한 Camera를 Pass의 Camera에 drag in drop으로 넣는다.

18 Camera View Port를 Render Pass 모드로 전환한다.

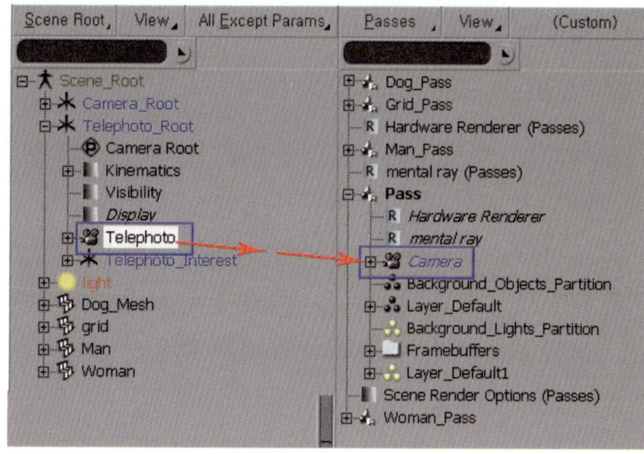

그림 5-21 Pass Camera에 drag in drop

19 그리고 Render Manager에서 Pass Camera 속성 창에서 원하는 Camera로 변경을 하게 되면 작업 화면은 자동으로 지정된 Camera 모드로 전환된다.

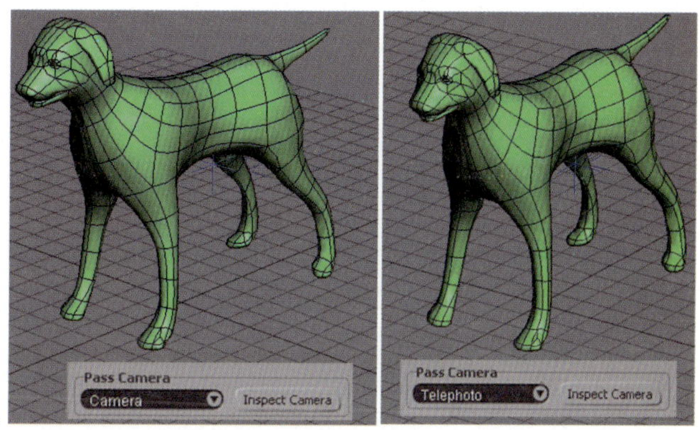

그림 5-22 Render Pass 모드로 전환

20 만약에 Object에 비추는 Light의 Shadow 영역만을 따로 렌더링을 하고자 할 경우 Pass 〉 Edit 〉 New Pass 〉 Shadow 명령을 실행한다.

모든 Pass에 Shadow Pass에 관련된 Override 속성 창이 자동으로 생성되면서 Shadow를 컨트롤할 수 있는 환경이 생성된다. 렌더링시 그림자 부분만 렌더링이 된다.

그림 5-23 그림자 영역 렌더링 결과

5-1-2 Pass 기능의 주요 명령어

1. Pass

[1] Default Layer : 원하는 Pass만을 선택하여 작업할 수 있다.

[2] Edit : Pass에 관련된 다양한 항목들이 들어있으며 Pass를 만들거나 삭제하거나 편집을 할 수 있는 기능이 있다.

[3] Partition : Pass 내에서도 다양한 Partition으로 세분화하여 작업할 수 있도록 하였으며 이러한 Partition은 서로 합성하여 다양한 형태의 결과를 제작해 내기도 한다.

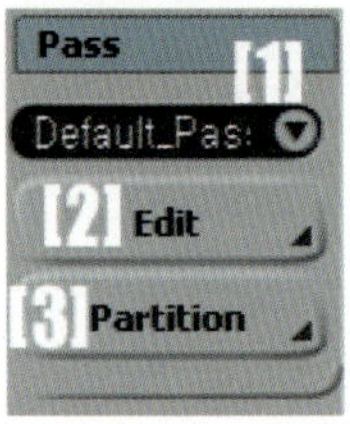

그림 5-24 Render Pass 옵션

2. Render Pass의 설정과 옵션

Render Pass는 Matte Pass, Shadow Pass, Hight Light Pass, 또는 안전한 Beauty Pass 등과 같이 Scene을 여러 가지 요소로 분리하여 렌더링을 한다. 즉 작업자가 필요에 의해 의도하는 데로 많은 Render Pass를 정의할 수 있다.

[1] Edit Current Pass : 현재 설정된 Pass에 관련된 다양한 Rendering 옵션을 변경할 수 있는 편집 기능이다.

[2] New Pass : New Pass 명령 내에 있는 각 종류별로 Pass를 만들어 낼 수 있다.

[3] 선택한 Pass를 복사하는 기능이다.

[4] 선택한 특정 Pass에 대해 삭제하는 기능이다.

[5] Initialize Sky Shader : 지정된 Light가 없는 특정 Pass에 대해 XSI Physical Sun Sky shader를 적용하는 기능이다.

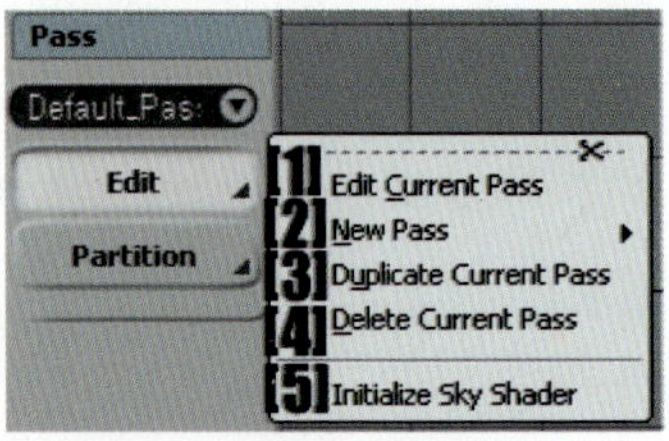

그림 5-25 Pass 〉 Edit의 기능

3. New Pass

새로운 Pass를 설정할 수 있는 다양한 영역의 카테고리들이 들어 있는 기능 창이다. Render 〉 Pass 〉 Edit 〉 New Pass 명령을 실행하면 새로운 Pass를 만들 수 있다.

[1] Empty : Preset 형식으로 정해져 있지 않는 새로운 환경의 Pass를 만들 경우 사용한다.

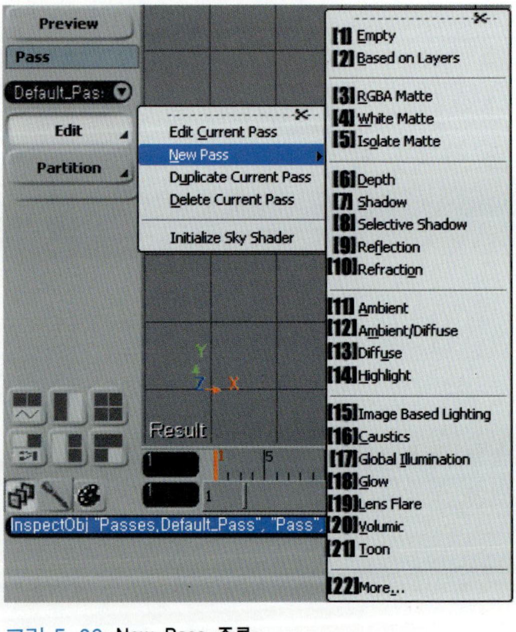

그림 5-26 New Pass 종류

Object와 Light 파티션을 갖는 비어있는 Pass를 만든다.

[2] Based on Layers : 정의된 Layer에 대해 Partition을 갖는 Pass를 만든다.

[3] RGBA Matte : 선택된 Object에 대해 Matte Pass를 만든다. 이 패스 형태는 Over wrapping되는 Object를 합성하기 위해 정기적으로 사용한다. 배경 Object와 조명은 렌더링되지 않지만 Matte Object는 그것을 원래의 RGB 설정 값으로 렌더링된다.

[4] White Matte : 선택된 Object의 일정한 White RGBA 채널을 갖는 Matte Pass를 만든다. 이 Pass의 형태는 Over wrapping되는 Object를 합성하기 위해 정기적으로 사용한다. Matte Pass는 Matte Object를 하얗게 렌더링한다. 배경 Object와 조명 Object는 렌더링되지 않는다.

[5] Isolate Matte : 선택된 그림자에 대한 Pass를 만든다.

[6] Depth : 전체 Scene의 깊이 정보의 Pass를 만든다. Z -pass라고도 하는 이 Pass 형태는 Camera로부터 멀리 떨어져 있는 Object에 대한 깊이 정보를 가지고 있다.

[7] Shadow : 전체 Scene의 그림자 Pass를 만든다. 자체에 그림자를 렌더링하며 최종 렌더링에 그것을 합성할 수 있어 그림자의 Blur, Brightness, Color를 추가적인 렌더링 없이 수정할 수 있다. 이것은 제작 시간이 제한적일 때 훌륭한 제작 속성이 될 수 있다.

[8] Selection Shadow

[9] Reflection : 이 Pass는 선택된 Object의 모든 반사 속성을 포함하는 Pass이다.

[10] Refraction : 이 Pass는 선택된 Object의 모든 굴절 속성을 포함하는 Pass이다.

[11] Ambient : Scene의 모든 Ambient 컬러를 갖는 Pass를 만든다.

[12] Ambient / Diffuse : Scene의 모든 Ambient와 Diffuse 정보를 갖는 Pass를 만든다.

[13] Diffuse : Scene의 모든 Diffuse 컬러를 갖는 Pass를 만든다.

[14] Highlight(or Specular) : Scene 전체의 Highlight 또는 Specular 결과를 갖는 Pass를 만든다. Highlight Pass(때로는 Specular 또는 Wet이라고도 한다) Scene의 모든 Specular Highlight 또는 Hot spot을 갖는다.

[15] Image Based Lighting : Scene내에서 HDRI 소스로 적용된 환경 Map에 의해 적용된 결과에 대한 Pass를 만든다.

[16] Caustics : Scene의 모든 Caustics 효과의 Pass를 만든다.

[17] Global Illumination : Scene 내에 적용된 Global Illumination 효과에 대한 Pass를 만든다.

[18] Glow : Scene 내에 적용된 Glow 효과에 대한 Pass를 만든다.

[19] Lens Flare : Scene 내에 적용된 Lens Flare 효과에 대한 Pass를 만든다.

[20] Volumic : Scene에서 선택된 각 Object에 대해 Volume Pass를 만든다.

[21] Toon : Scene 내에 적용된 Toon Shader 효과에 대한 Pass를 만든다.

[22] More... : Free set를 선택할 수 있게 하는 Browser가 열린다.

4. Partition

Partition은 Element(Object 또는 Light 등을 Scene을 구성하는 모드 개별적인 요소를 총칭)를 각 Render Pass 안에 체계적으로 편성하게 한다. 즉 Partition에 Property를 추가할 수 있을 뿐 아니라, 전체 Partition에 동시에 Shader를 적용할 수도 있다. 그런 다음 개별 Property나 Explorer 창 또는 Render Tree창에서 속성들에 대한 수정이 가능하다.

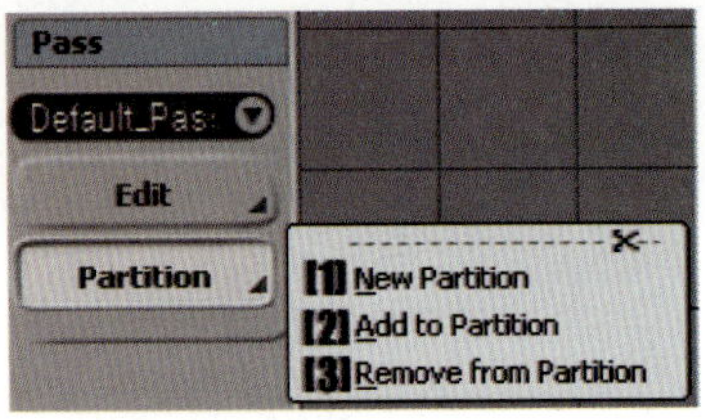

그림 5-27 Partition 기능

[1] New Partition : 새로운 Partition을 만들어 낸다.
[2] Add to Partition : Partition을 추가한다.
[3] Remove from Partition : Partition으로부터 제거한다.

5-2 Pass 활용

5-2-1 Render Pass 활용 1

1 Render 패스 옵션은 여러분의 최종 렌더링을 별개의 레이어로 나누어 합성 단계에서 이 Layer들을 각각을 조정하는 유연성을 줄 수 있게 한다. 다음 작업을 통해 렌더링을 위한 highlight 패스, depth 패스, shadow 패스를 만들게 된다. 이 패스들은 자동적으로 작업하는 Sequence의 영구부분이 되며, Scene의 특정 부분을 빠르고 쉽게 수정할 수 있게 한다.

그림 5-28 Default Pass 결과

그림 5-29 다양한 Pass 적용

2 전체적인 제작 공정은 highlight 패스와 shadow 패스를 만든 후 depth 패스를 만든다.

3 Test Scene 제작 : 간단한 Modeling 작업을 통해 Scene을 제작한다. 옥수수 줄기와 옥수수 잎, 그리고 옥수수 하나가 달려있는 간단한 환경이다.

4 Highlight 패스 만들기 : 새로운 패스를 만들 때 마지막에 정의된 패스가 현재 패스가 되고 렌더링 영역에서 렌더링 Scene이 어떻게 보일 것인가를 곧바로 볼 수 있다.

Highlight 패스는 Scene의 모든 Object들을 사용하며 그것들의 하이라이트들만 분리한다. Specular 패스라고도 하는데, 이 패스는 Scene의 밝은 영역을 조절하는 것을 도와줄 수 있으며 또는 모델이나 Object의 원래의 재질을 유지하면서 하이라이트에 Shader도 추가할 수 있게 도와줄 수 있다.

5 Render 툴 바로부터 Pass 〉 Edit 〉 New Pass 〉 Highlights를 선택하여 Scene의 모든 Object에 대해 highlight 패스를 만든다. 하이라이트 패스는 현재 패스로 설정되고 하이라이트 패스 프로퍼티 에디터가 열린다. 속성 편집 창에서 패스에 대해 새로운 Name을 "Highlight"로 준다.

6 Render Options 탭을 Click하여 하이라이트 패스에 대한 Render 옵션 프로퍼티 페이지를 연다. 원하는 옵션을 설정하고 에디터를 닫는다.

7 카메라 Viewport에서 렌더링 영역을 그린다(Q를 누르고 Click+Drag).

8 Render 툴 바로부터 Render 〉 Region 〉 Show RGB를 선택하여 렌더링 영역에 RGB만이 보이게 설정한다.

새로운 패스로 만든 모든 것이 현재 패스가 된다. Render 툴 바의 Pass 풀다운 메뉴에서 선택하여 그것을 현재 패스라고 명시할 수 있다.

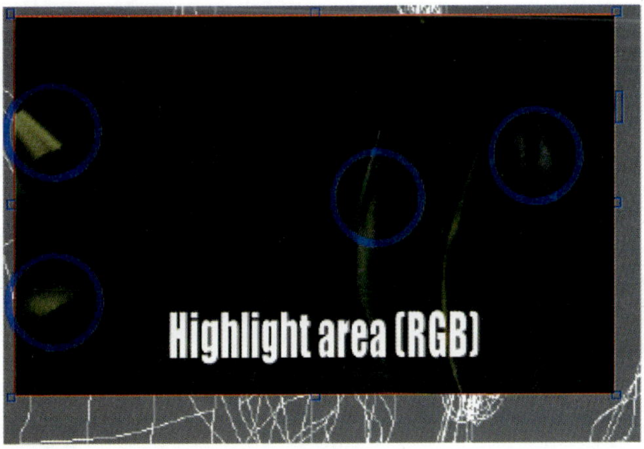

그림 5-30 Highlight Pass(RGB 모드)

9 Shadow 패스 만들기 : Shadow 패스는 Scene이나 Object의 그림자를 분리하게 하고 Scene에 줄 수 있는 방법으로 수정하

게 한다. 예를 들면 그림자에 투명성이나 Blur를 주어 뚜렷하고 불투명한 그림자보다는 더 사실적이게 만들 수 있다. Render 툴 바에서 Pass 〉 Edit 〉 New Pass 〉 Shadow를 선택하여 Scene의 모든 Object에 대한 Shadow 패스를 만든다. Shadow 패스는 현재 패스로 설정되고 shadow pass 프로퍼티 에디터가 열린다. 프로퍼티 에디터에서 패스에 대해 "Shadow"라는 새로운 Name을 준다.

10 Render Options 탭을 Click하여 Shadow 패스에 대한 Render 옵션 프로퍼티 페이지를 연다. 원하는 옵션을 설정하고 에디터를 닫는다. 렌더링 영역이 새로운 Shadow 패스로 Update된다.

11 Render 툴 바로부터 Render 〉 Region 〉 Show RGB+Alpha를 선택하여 렌더링 영역에 바뀐 알파채널이 보이도록 한다.

12 Depth 패스 만들기 : Depth 패스는 카메라로부터 멀리 있는 Object에 대해 깊이 효과를 만들기 위해 사용된다. Rendering된 Scene과 합성될 때 백그라운드에서 멀리 있는 Object들은 회색 레이어가 주어져서 디테일을 줄이고 depth fading과 같은 형태를 만들어 낸다.

그림 5-31 Shadow 패스(RGB+Alpha)

13 Render 툴 바에서 Pass 〉 Edit 〉 New Pass 〉 Depth를 선택하여 Scene의 모든 Object에 대한 Depth 패스를 만든다. Depth 패스는 현재 패스로 설정되고 depth pass 프로퍼티 에디터가 열린다. 프로퍼티 에디터에서 패스에 대해 "Depth"라는 새로운 Name을 준다.

14 Render Options 탭을 선택하여 depth 패스에 대한 Render 옵션 프로퍼티 페이지를 연다. 원하는 옵션을 설정하고 에디터를 닫는다. 렌더링 영역이 새로운 depth 패스로 Update된다. 그러나 카메라와 Object 사이의 거리가 너무 멀기 때문에 까맣게 렌더링된다.

15 Render 툴 바에서 Pass 〉 Edit〉 current Pass를 선택하여 현재 패스에 대한 패스 프로퍼티 에디터를 연다. Volume Shader 탭을 선택하여 현재(그림자) 패스의 볼륨 Shader 스택을 보이게 한다. 그것의 스택을 통해 Scene에 주어진 constant density Shader를 보게 될 것이다.

16 Shader의 이름을 선택하고 inspect 버튼을 선택하여 Shader 프로퍼티 에디터를 연다.

카메라에 더 가까운 Object들이 밝고 카메라로부터 더 먼 Object들이 더 어둡다는 것을 알 수 있다.

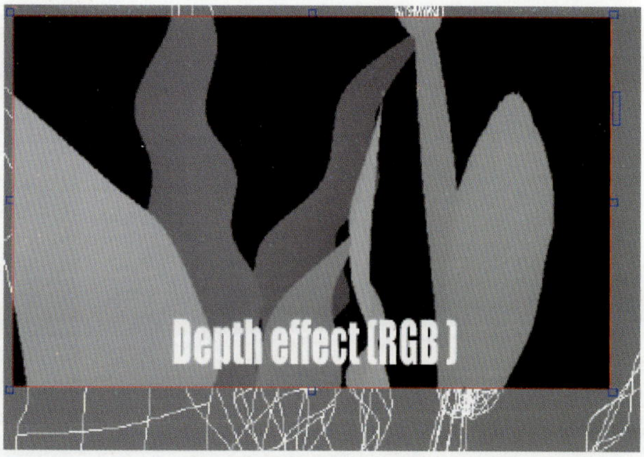

그림 5-32 Depth Pass(RGB 모드)

17 1 : 10을 끄고 1 : 100을 켠다. 이것은 Density 스케일을 1 대 100으로 설정한다. 스케일링은 정의된 밀도(density)를 디스플레이하기 위해 사용될 깊이를 SOFTIMAGE Unit으로 정의한다. 카메라로부터 멀리 늘어진 Scene의 depth 패스를 만들려면 1 : 100을 사용하고, 상대적으로 단순한 Scene에 대해서는 1 : 1을 사용한다.

18 Depth 패스가 렌더링하게 될 것의 명확한 작업을 위해 Render 툴 바로부터 Render 〉 Region 〉 Show RGB를 선택한다.

19 모든 패스를 렌더링 : 모든 패스를 수정하고 렌더링 옵션들을 설정하고 나면 모든 패스들을 별도의 파일로 렌더링하고 그것들을 합성할 수 있다.

20 Render 〉 Render 〉 All Passes를 선택한다. 패스를 각각 다시 분리할 필요 없이 Refresh에서 패스가 하나 다음에 다른 하나가 렌더링되는 것을 보자.

Scene이 사용하게 될 가장 기본적인 3가지 렌더링 패스들을 만들었다. 그 외에 matte 패스, flare 패스, diffuse 패스, ambient 패스 등을 만들 수 있다. 각 패스는 특정 영역, 효과 또는 프로퍼티들이 어떻게 렌더링될 것인지 어느 정도를 Scene의 최종 모습에 기여하게 될 것인지를 바꿀 수 있는 능력을 여러분에게 준다.

그림 5-33 All Pass 적용 후 결과확인

5-2-2 Render Pass와 Partition 활용 2

지금부터 실제적인 Render Pass 작업을 통해 지금까지 정리한 개념을 더욱 확실하게 이해하고 향후 Render Pass 기능을 활용해 실제작업에 활용할 수 있도록 실습하도록 한다.

최종 Scene을 기준으로 하여 다양한 Pass를 제작하여 각 Pass별로 Rendering을 걸어서 최종 결과를 Composition(합성)하여 최종 결과를 제작한다.

Render Pass를 사용한다는 것은 Scene의 임의의 영역을 여러 개 만드는 것과 유사하다. 이 임의의 영역들은 각기 다른 구성 요소와 효과들을 렌더링하게 된다. Render Pass내에 Partition은 Group과 같이 적용된 속성들을 모두 통일되게 공유한다. 이러한 Partition은 삭제하여도 Scene 데이터에는 아무런 영향을 주지 않는다. SOFTIMAGE는 새로운 Pass를 만들고 Object와 Light를 Partition으로 Group화 할 수 있다. 전체 Scene을 다시 렌더링하지 않아도 언제든지 생성된 Layer 중 어떤 것이든 원하는 변화를 준 다음 다시 렌더링하여 정밀 조절이 가능하므로 작업 속도를 절감하면서 충분한 뛰어난 Scene 결과를 제작할 수 있다.

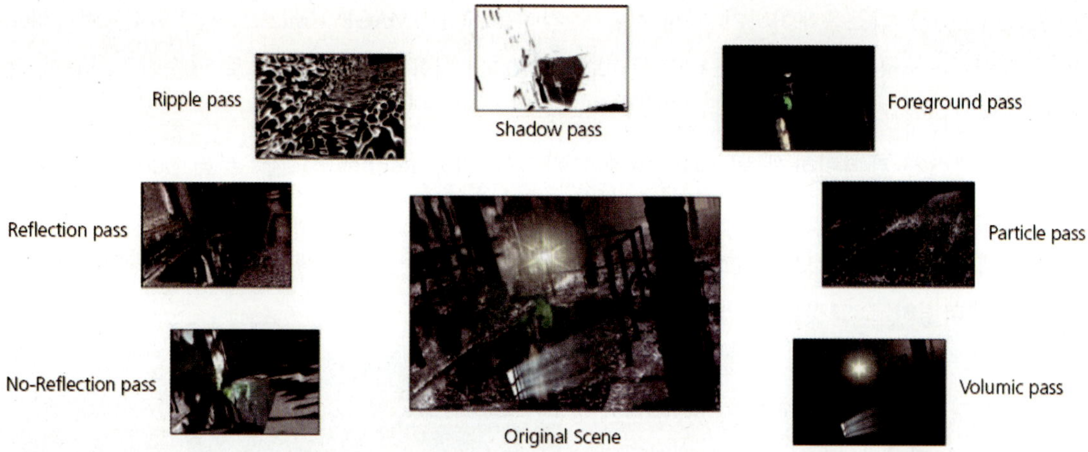

그림 5-34 다양한 Pass 결과 이미지

또 다른 장점은 합성 단계에서 자주 사용되는 Shadow pass로 그림자를 별도로 렌더링하여 합성할 때 불투명도나 색상 및 기타 특성을 합성시 재조정할 수 있기 때문에 좀 더 합성/편집과정에서 더욱 뛰어난 효과를 제작할 수 있는 환경을 제공해준다. 즉 Original Scene에는 Shadow에는 아무런 효과를 주지 않았지만 제작된 Shadow pass에 Blur이나 Area Light 효과를 갖는 그림자 처리가 별도로 가능하다. 이는 Reflection이나 Highlight, 기타 속성도 동일하게 적용할 수 있다. 다만 이러한 장점에 대해 몇 가지 주의를 해야 하는데 File 이름뿐 아니라 Pass나 Partition 지정시 그 이름이나 각 영역별 렌더링되어진 Sequence name들에 대한 체계적인 작업이 필요하다. 그리고 Preset은 Partition과 Override를 간단히 설정해 놓는 것으로 Work flow 속도를 향상시킬 수 있다.

1. Scene 제작

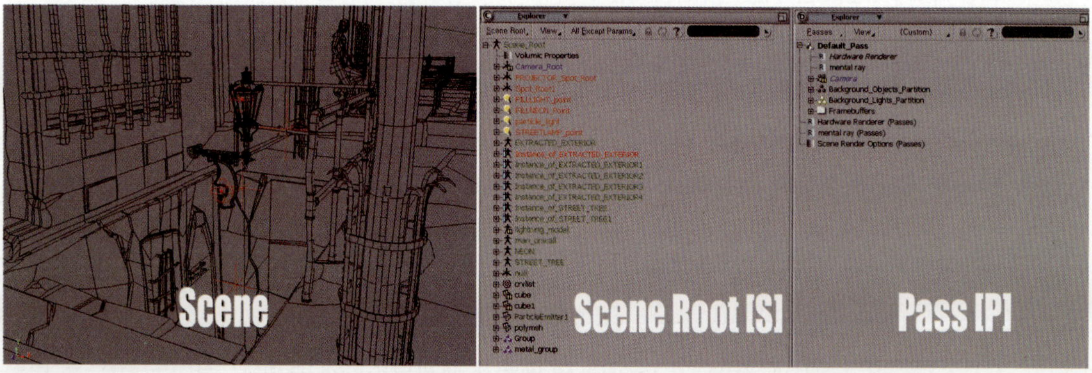

그림 5-35 Scene 제작

2. Volume Pass 만들기

1 Render 툴 바에서 Pass 〉 Edit 〉 New Pass 〉 Empty를 선택한다.

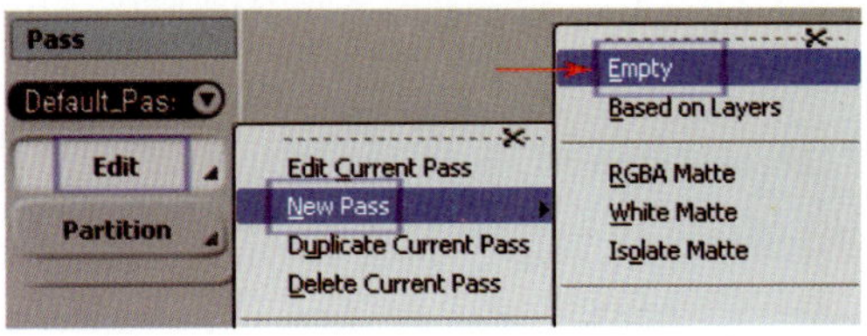

그림 5-36 Pass 제작

2 Pass 속성 창에서 Pass의 이름을 "VOULMIC_LIGHTS"로 변경한다.

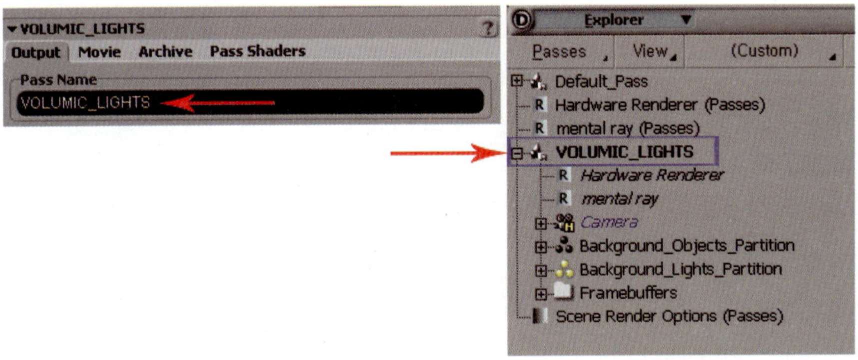

그림 5-37 Volume Light Pass

3 Scene에 있는 STREETLAMP_point 라이트를 선택하고 Render 툴 바에서 Pass 〉 Partition 〉 New Partition을 선택한다.

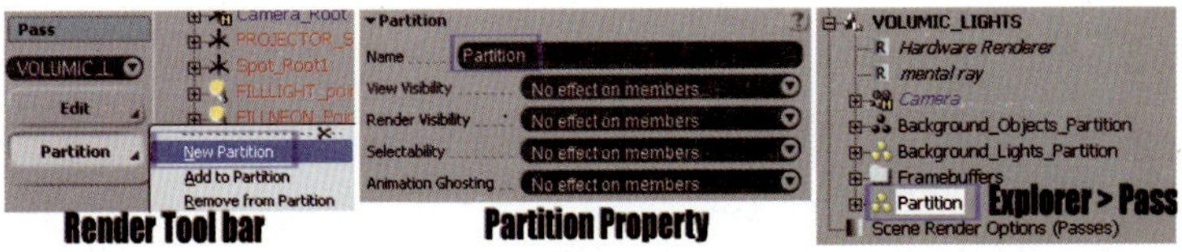

그림 5-38 New Partition

4 Partition의 이름을 "STREET LAMP_FLARE"로 변경한다.

5 작업 공간에 Explorer(단축키[8]) 창을 하나 더 생성시킨다.

6 첫 번째 Explorer 창을 Pass [P]로 설정하고 Show 메뉴에서 Local Properties를 선택한다. 두 번째 Explore는 Scene [S]로 설정한다.

7 첫 번째 Explorer창에서 VOLUMIC_LIGHTS Pass구조를 확장시킨다.

8 두 번째 Explore 창에서 "STREET LAMP Point" 라이트를 선택한다.

9 두 번째 Explore 창에서 단축키[E]를 눌러 "STREET LAMP Point" 라이트만을 Explore 창에 나타나게 하고 LOCK 버튼(자물쇠 아이콘)으로 잠근다.

10 두 번째 Explore 창에서 "STREET LAMP Point" 라이트 아래에 있는 Flare 기능 Property를 [drag in drop]시킨다.

Flare property가 Light 아래 구조에서 Pass의 Partition으로 이동하게 된다. 첫 번째 Explorer 창에서 "STREET LAMP_FLARE" Partition을 펼치면 Branch 모드에서 Flare property가 Partition에 적용되어 Partition의 모든 Light에 영향을 미치는 것을 볼 수 있다.

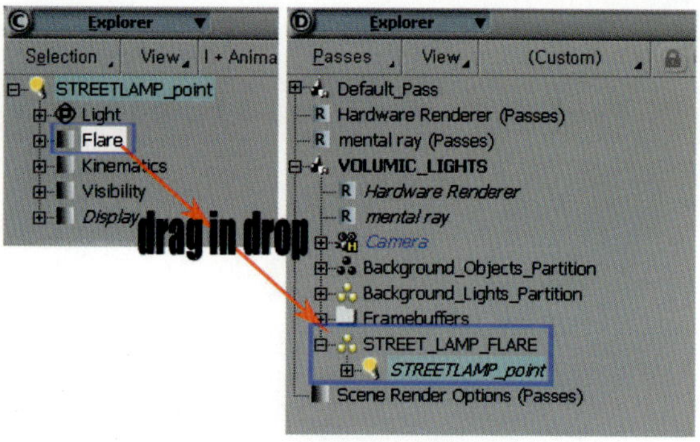

그림 5-39 Flare Light를 Pass에 포함시킴

두 번째 Explorer에서 "STREET LAMP Point" 라이트 노드를 펼치면 Flare가 공유 Property(소스는 "STREET LAMP_FLARE" Partition)로 라이트에 적용된 것이 보인다.

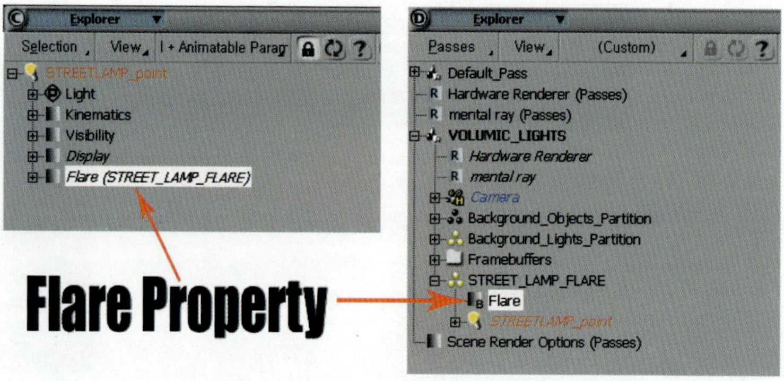

그림 5-40 Flare Light의 Pass 만들기

11 동일한 작업을 VOLUMIC_SPOT 라이트에도 반복한다. VOLUMIC_SPOT 라이트를 선택하고 Render 툴 바에서 Pass 〉 Partition 〉 New Partition을 선택한다.

12 Partition의 이름을 "WINDOW_VOLUMIC _SPOT"로 지정한다.

13 Light Volume Property를 방금 새로 만든 "WINDOW _VOLUMIC _SPOT" Partition으로 이동시킨다.

14 Neon Object에도 반복한다. Neon Object를 선택하고 Render 툴 바에서 Pass 〉 Partition 〉 New Partition을 선택한다.

15 Partition의 이름을 "NEON_GLOW"로 지정한다.

16 Neon Object의 Glow property를 방금 새로 만든 "NEON_GLOW" Partition으로 이동시킨다.

17 지금까지 작업한 결과 VOLUMIC_LIGHT pass 내에 포함되어야 할 Partition을 확인한다.

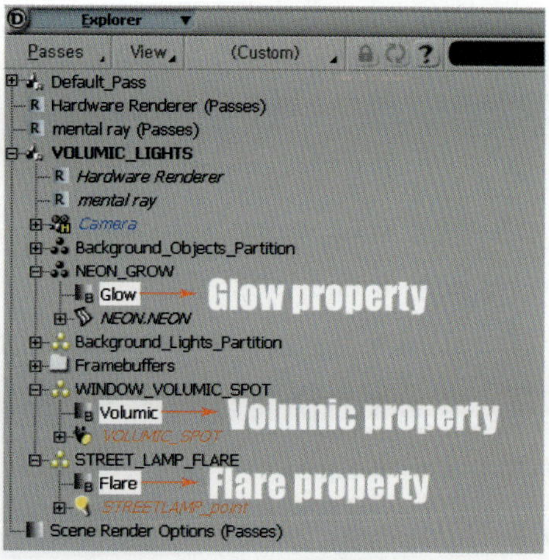

그림 5-41 Explorer 창에서의 결과확인

18 결과확인 : Render Region으로 현재까지의 작업 상황을 확인한다. 계속 이어지는 작업공정은 Scene object를 Black으로 만들기 위한 작업이다. 대부분의 Scene의 Object가 Constant Black으로 렌더링 결과를 만들어버리면 Scene의 나머지 부분으로부터 방해받지 않고 Lighting 효과를 렌더링할 수 있다.

그림 5-42 결과확인

19 Background_Object_Partition을 선택하고 Main menu에서 Material 〉 Constant를 선택한다.
Constant shader의 속성 창이 열린다.

20 모든 색상 슬라이더를 왼쪽 끝까지 드래그하거나 RGB 색상 값을 "0"으로 설정하여 Constant 색상이 Black이 되도록 한다.

3. Object 숨기기

Partition을 만들어 Lighting 효과를 방해하는 일부 Object를 완전히 숨기도록 한다.

1 Explorer에서 Lamp_glass와 Globe 등의 Object를 포함하는 Lamp_handle을 Multi 선택을 한다.

2 Render Toll 바에서 Pass 〉 Partition 〉 New를 선택한다.

3 새로 생성된 Partition의 이름을 "HIDDEN_LAMP_PARTS"로 변경한다.

4 Partition 속성 창에서 View Visibility와 Render Visibility 옵션을 Hide Members로 설정한다.

5 Particle cloud Object에 이 프로세싱을 반복 적용하고 Partition의 이름을 HIDDEN_PARTICLE로 설정한다.

6 Particle_light에 이 프로세싱을 다시 반복 적용하고 Partition의 이름을 HIDDEN_PARTICLE_LIGHT로 설정한다.

7 Viewport를 Camera view로 설정하고 Render Region을 그려서 결과를 확인한다.

flare, volumic, glow, depth fade 효과를 제외하고 완전히 검게 렌더링되어야 한다.

그림 5-43 flare, volume, glow, depth fade 효과를 제외

4. Reflection Pass 만들기

반사기능을 이용하여 축축한 바닥면의 효과를 만들어 보도록 한다. 반사될 Object에 기본 Material을 만든 다음 Environment shader와 Bump mapping을 사용하여 현실감 나는 반사효과를 만들도록 한다.

1 Render Tool 바에서 Pass 〉 New Pass 〉 Empty를 선택하고 Pass의 이름을 REFLECTION이라고 지정한다.

2 Explorer에서 building geometry와 EXTERIOR 모델의 Instant를 Ctrl 키를 활용하여 모두 선택한다.

3 마찬가지로 새 Partition을 만들고 이름을 REFLECTIVE_OBJECTS로 지정한다.

4 REFLECTIVE_OBJECTS partition을 선택한 채 메인메뉴에서 Material 〉 Phong을 선택과 동시에 Phong 프로퍼티 에디터가 나타난다.

5 Illumination 프로퍼티 페이지에서 Diffuse 및 Specular 구성요소를 선택 해제한다.

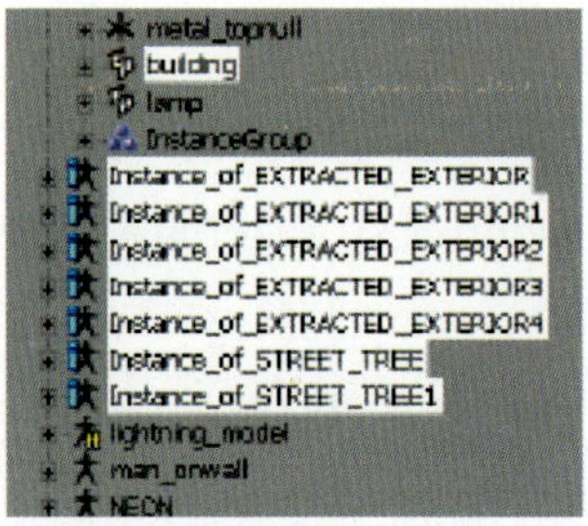

그림 5-44 선택

6 Transparency / Reflection 프로퍼티 페이지에서 Reflection의 Color 값을 0.4로 늘린다.

7 Background_Objects_Partition 아이콘을 Click하여 Partition 프로퍼티 에디터가 나타나게 하고, View Visibility와 Render Visibility 옵션을 Hide Members로 설정한다.

8 Explorer 창에서 VOLUMIC_LIGHTS 패스의 HIDDEN_PARTICLE partition을 드래그한 다음 복사본을 REFLECTION 패스에 Drop한다.

9 HIDDEN_PARTICLE_LIGHT partition에도 마지막 단계를 반복 실행한다.

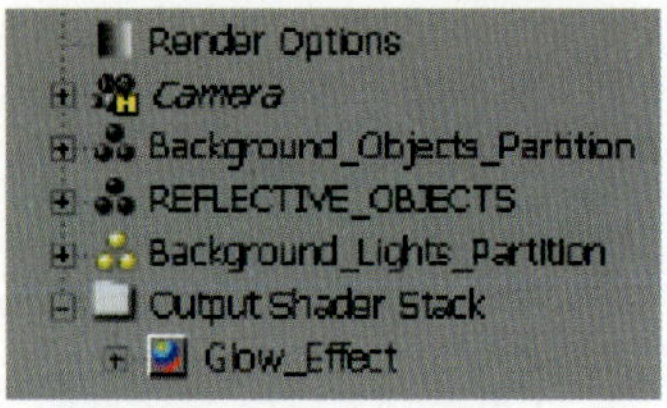

그림 5-45 Hide Members로 설정

5. 반사 전용 Object 명시

어떤 Object는 Render Pass에 직접 보이지는 않으면서 반사의 형태로 나타나야 한다.

Partition을 만들고 그 안에 Object를 놓은 다음 Override를 추가하여 각 Object를 개별적으로 수정하는 대신 Render Pass로부터 Object 그룹을 쉽게 분리할 수 있다.

1 Explorer 창에서 lamp_handle.globe와 NEON Object를 선택한다.

2 Object를 선택한 채 New partition을 만들고 이름을 PRIMRAY_OFF로 바꾸도록 한다.

3 이 새 partition을 선택한 채 Render 툴 바에서 Get 〉 Property 〉 Override를 선택한다. Override 프로퍼티 페이지가 나타나게 된다.

4 Add Parameters 버튼을 클릭한다. 임시 Explorer가 나타난다.

5 임의의 Object의 Visibility 〉 Primary Rays 파라미터를 찾아서 선택한다. Explorer의 바깥을 클릭하면 선택이 적용된다.

6 Primary 파라미터가 Override 프로퍼티 에디터에 추가된다. 이것을 해제하도록 한다.

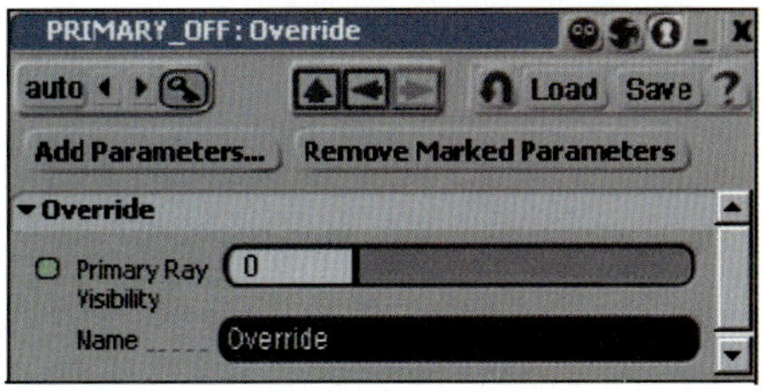

그림 5-47 Override 프로퍼티 에디터에 추가

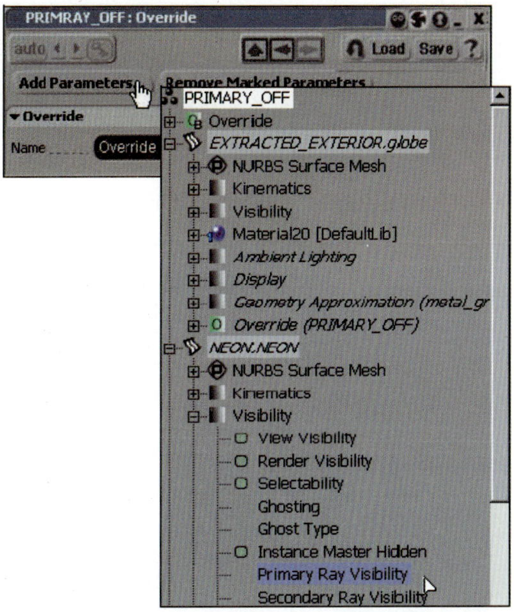

그림 5-46 Visibility 〉 Primary Rays 파라미터 선택

6. Environment(환경) Shader와 HDR 이미지 사용하기

현실감 있게 만들기 위해 Environment shader를 Reflection pass에 추가한다.

1 Explorer에서 REFLECTION 패스 아이콘을 선택하여 Pass 프로퍼티 에디터를 연다.

2 Environment Shaders 프로퍼티 페이지에서 Shader Stack 옆의 Add 버튼을 선택한다. 관련 브라우저 창이 나타난다.

3 Environment 폴더에서 Environment Shader를 찾아서 선택한다. Shader는 Pass 프로퍼티 에디터의 Shader Stack에 나열된다.

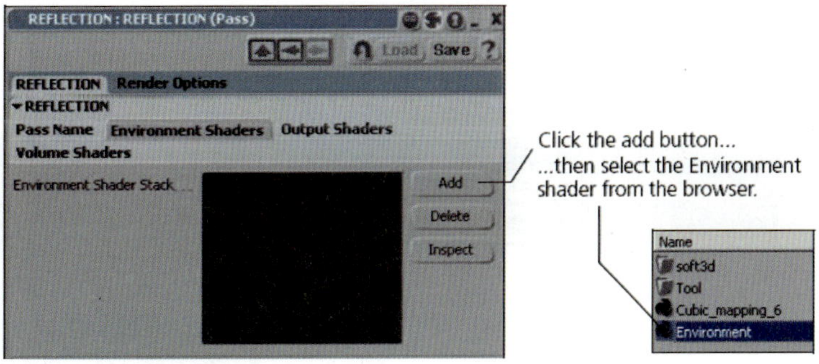

그림 5-48 Environment Shaders 적용

4 Shader Stack의 Environment Shader를 선택하고 Inspect 버튼을 선택한다. Environment Shader의 프로퍼티 에디터가 열린다.

5 New 〉 From File을 클릭하고 데이터베이스의 그림 폴더에서 HDR Image를 선택한다.

이 HDR Texture 이미지 소스는 일반 Texture 이미지보다 넓은 범위의 Illumination 효과를 제공하므로 사실적인 반사 Map의 표현에 적합하다.

6 Background, Reflection, Final Gathering 값을 각기 0, 10, 0으로 설정으로 한다.

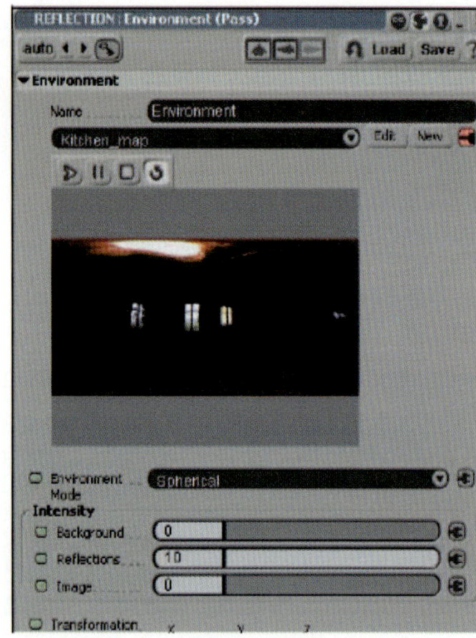

그림 5-49 HDR Image Source 적용

그림 5-50 Intensity 옵션 수치 변경 및 결과

7 Texture 이미지를 약간 회전하면 반사의 모양이 더 좋아 보인다. Transformation 옵션에서 Y회전(R, Rotation) 값을 "60"으로 설정한다.

그림 5-51 Transformation 옵션에서 Y회전(R, Rotation) 값 변경 후 결과확인

7. Bump 효과 추가하기

지금 Render Region을 그리면 반사효과가 약간 평면적으로 나타난다. REFLECTIVE_OBJECTS partition을 Override하는 material이 Bump 값도 Override 하기 때문에 이를 다시 복구하도록 한다.

1 REFLECTIVE_OBJECTS partition을 선택하고 단축키 〈7〉을 눌러 Render Tree를 연다.

2 Render Tree 메뉴에서 Nodes 〉 Bump 〉 Bump map Generator 노드를 선택하여 연다.

3 Bump map generator 노드의 Bump Map input에 연결한다.

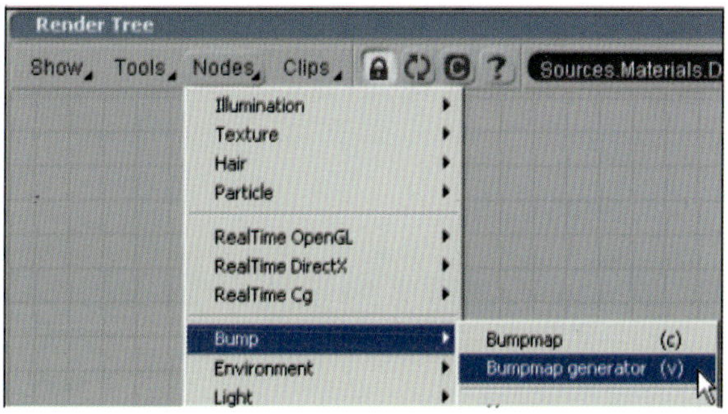

그림 5-52 Bump map Generator 노드 불러오기

4 Bump map generator 노드를 더블 선택하여 프로퍼티 에디터를 열고, Image New 〉 From File tab를 사용하거나 Drop down 메뉴 목록에서 EXTERIOR_CEMENT.jpg 이미지를 선택한다.

5 Texture Projection Drop down 메뉴 목록에서 CEMENT_UV 프로섹션을 선택한다.

6 Bump Mapping 옵션의 Factor 값을 "3"으로 설정한다.

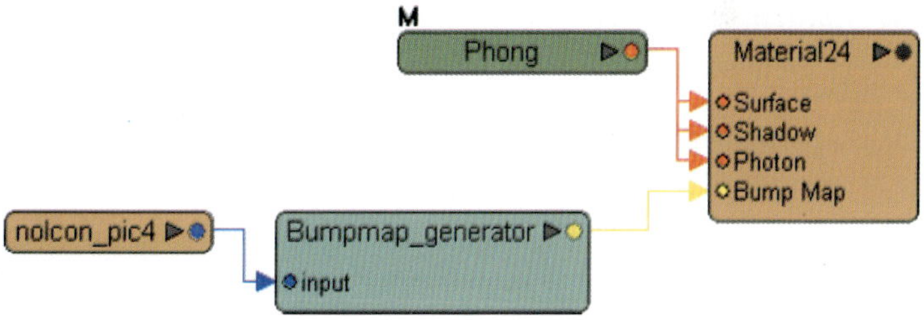

그림 5-53 노드 연결

그림 5-54 Bump Mapping 옵션 Factor 값 조절 후 결과확인

8. 라이트 숨기기

이 pass를 렌더링하기 위해 라이트가 하나만 필요하므로 나머지 라이트는 숨기도록 한다.

1 메인 커맨드 영역에서 Explorer > Lights를 선택한다. Light만의 임의의 Explorer가 나타난다.

2 PROJECTOR_SPOT 라이트를 제외한 모든 라이트를 선택하고, 새로운 partition을 만들고 이름을 HIDDEN_LIGHTS로 정한다.

3 View Visibility와 Render Visibility 옵션을 Hide Members로 설정한다.

9. 그림자 끄기

1 Render 툴 바에서 Render > Region > Options를 선택한다. Render Options 프로퍼티 에디터가 열린다.

2 Shadow 프로퍼티 페이지에서 Raytraced Type 값을 None으로 설정한다(이 pass에는 그림자는 넣지 않을 것이다. 그림자(Shadow)는 별도 pass를 만들 것이다).

3 Camera Viewport에 Render Region을 생성시켜서 결과를 확인한다. Shadow 옵션을 끄면 그림자는 렌더링되지 않고 Scene의 Object의 reflection이 나타난다.

그림 5-55 Reflection 효과

10. No Reflection pass 만들기

Reflection pass의 복사본을 만들어야 한다. 그러나 이것은 반사가 없는 pass가 될 것이기 때문에 사실 Reflection pass에서 반사의 결과를 제외한 모든 것을 가져와야 한다.

Scene Explorer에 프로퍼티가 표시되는 방식에 익숙해지도록 확인한다.

로컬 프로퍼티는 활성 pass에만 표시된다. 이를 기억하여 다음 섹션에서 pass를 편집하고 복제하도록 한다. 올바른 pass를 선택하여 활성화한 다음 로컬 프로퍼티를 확인해야 한다. Show > Local Property를 선택하여 기본 Explorer의 작동을 Override할 수도 있다.

1 Explorer에서 REFLECTION 패스를 선택하고 〈Crtl +D〉를 눌러 pass를 복사한다.

2 새로운 pass의 아이콘을 선택하여 프로퍼티 에디터 창을 연다.

3 Pass Name 프로퍼티 에디터에서 pass의 이름을 NO_REFLECTION으로 변경한다.

4 Environment 프로퍼티 페이지에서 스택에 대한 Environment Shader를 선택하고 Delete 버튼을 누른다.

5 Reflective_objects partition을 선택하고 이름을 NO_REFELECTIVE_OBJECTS로 바꾼다.

6 Render 툴 바의 pass Drop down 목록에서 NO_REFLECTION 패스를 선택한다. 이 pass가 current pass가 된다.

7 NO_REFELECTIVE_OBJECTS partition을 펼치고 Material 노드를 삭제한다.

8 Hidden_LIGHTS partition을 선택하고 삭제하도록 한다.

9 Camera View Port에서 Render Region을 통해 결과를 확인한다. Reflection은 꺼지고 일부 그림자가 Object에 나타나는지를 확인한다.

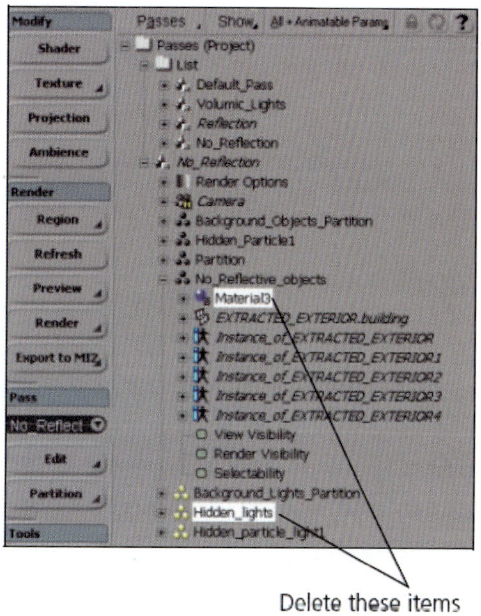

그림 5-56 Hidden_LIGHTS partition 선택 후 삭제

그림 5-57 결과확인

11. Ripple(물결) pass 만들기

이제 마지막으로 만들 두 pass는 각기 바닥과 벽 아래로 흐르는 빗물의 물결 효과를 나타내는 Pass이다. 이 Pass에서는 움직임이 있는 fractal texture를 만들어서 Scene의 표면에 물이 흘러가는 듯한 효과를 제작한다.

이 결과를 다음 제6장의 FX합성 편에서 이 Ripple pass를 사용하여 이미 제작된 다른 Pass들과 Mix 하여 리얼한 물흐름 효과를 만들도록 한다.

1 Explorer에서 NO_REFLECTION 패스를 선택하고 〈Ctrl+D〉를 눌러 복사한다.

2 새로운 pass의 이름을 "RIPPLE"로 바꾸십시오.

3 Render 툴 바의 Pass Drop down 목록에서 RIPPLE 패스를 선택한다. 이 pass가 현재의 pass가 된다.

4 Explorer에서 RIPPLE 패스를 펼치고 NO_REFLECTIVE_OBJECTS partition의 이름을 "FRACTAL"로 바꾸십시오.

5 FRACTAL partition을 선택한 체 메인메뉴에서 Material 〉 Constant를 선택한다.

6 단축키 〈7〉을 눌러 Render Tree를 연다.

7 Render Tree의 Nodes 메뉴에서 아래와 같은 Shader를 불러온다.

- Texture Space Controller 〉 Edit
- Texture Space Generator 〉 Projection
- Texture Generator 〉 Vein

8 각 Shader Tree를 다음과 같이 연결시킨다.

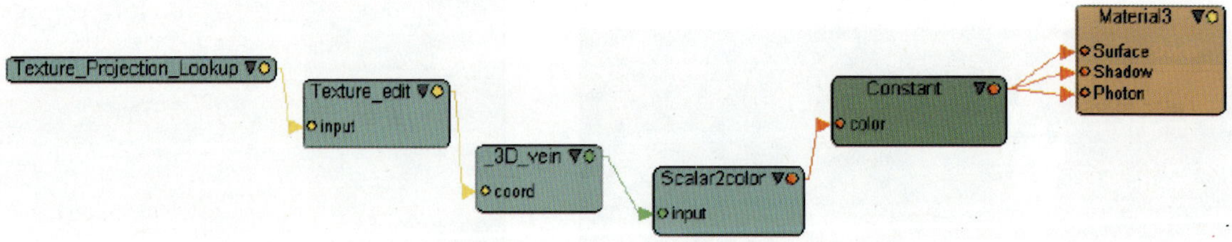

그림 5-58 각각 Shader의 노드 연결

9 3D vein 노드를 더블 클릭하여 프로퍼티 에디터 창을 연 다음 값을 아래과 같이 변경한다.

① Sharpness 값을 0.01로 바꾼다.

② Falloff 값을 0.1로 바꾼다.

10 Playback 패널에서 현재 프레임을 1로 설정한다.

11 3D Vein 프로퍼티 에디터로 돌아가서 Time 값을 0.0으로 설정하고 애니메이션 아이콘을 클릭하여 Key Frame을 추가한다.

12 〈0〉을 눌러 애니메니션 에디터를 연다.

13 〈i〉를 눌러 키 추가 모드를 활성화시킨다.

14 아무 곳에나 두 번째 키를 추가하고 숫자 입력 상자를 사용하여 값을 다음과 같이 바꾸도록 한다.

① Frame을 100으로 설정한다.

② Value를 0.2로 설정한다.

15 커브를 선택한다.

16 Linear interpolation 버튼을 선택하여 Linear Interpolation 모드를 활성화시킨다.

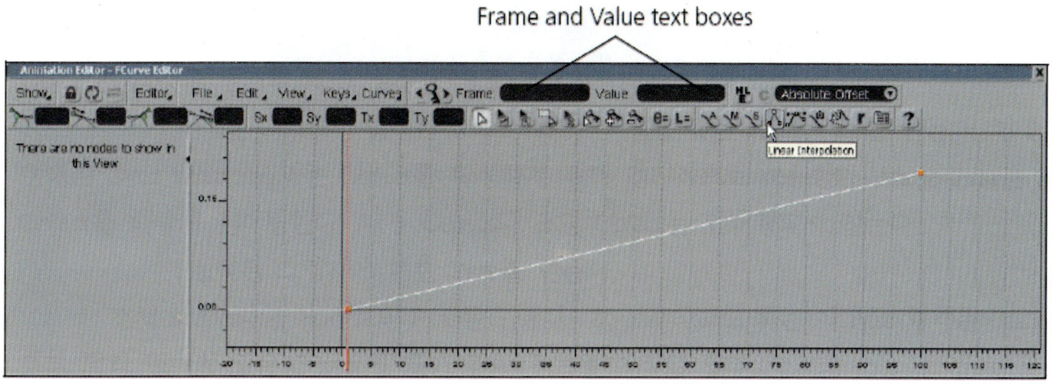

그림 5-59 Linear Interpolation 모드

17 Texture에 애니메이션이 적용되었으므로 Texture에서 Offset(이동)을 애니메이트한다. Render Tree로 돌아가서 Texture edit 노드를 더블 클릭하고 프로퍼티 에디터를 연다.

18 Key Frame을 Texture Offset 파라미터에 추가하도록 한다.

19 애니메이션 에디터로 돌아가서 새 Texture Offset 값 모두에 두 번째 키를 설정하도록 한다. 다시 Frame과 Value를 각기 100과 5로 설정한다. 각 커브의 Interpolation은 Linear로 설정되어 있어야 한다.

20 UV Remap의 Maximum 값을 각각 8, 55, 8로 바꾼다. 그리고 Texture를 임의의 한 축을 따라 이동시켜서 보다 물결 효과와 비슷하게 만든다.

21 결과를 Sequence로 볼 수 있도록 pass를 가능한 빨리 렌더링한다.

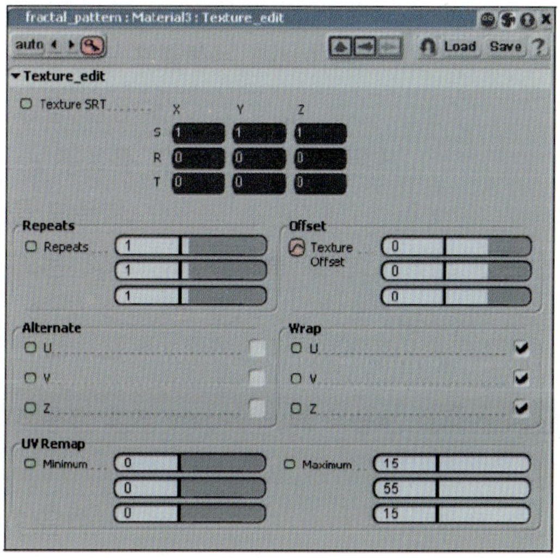

그림 5-60 Texture Off set Key animation 적용

① 렌더링 옵션을 최적화하면 이 pass를 매우 빠르게 렌더링할 수 있다. 특히 Material과 관련한 Render Tree가 그다지 복잡하지 않을 때 그렇다. Frame당 단 몇 초의 렌더링 시간이 걸린다.

② 처음부터 물결 효과를 만들면 Rendering된 Ripple pass에서 특정 영역의 fractal 효과가 잘못된 방향(벽을 타고 올라서, 거꾸로 등)으로 흐르는 것처럼 나타날 수 있다.

③ 이것은 fractal 텍스처가 building Object의 UV 좌표를 따라 이동되기 때문이다.

좌표의 방향이 적절하지 않으면 offset은 잘못된 방향으로 이동하게 된다. Texture Editor를 사용하여 UV 좌표의 방향을 바꿀 수 있다.

④ Building Object를 선택하고 〈Alt+7〉을 누르면 Texture Editor가 열린다. Object의 Geometry가 Texture에 펼쳐진 채 나타난다. 이는 Object의 UV 좌표이다. View port에서 Polygon을 하나 이상 선택하면 해당 UV 좌표가 Texture Editor에서 선택된다.

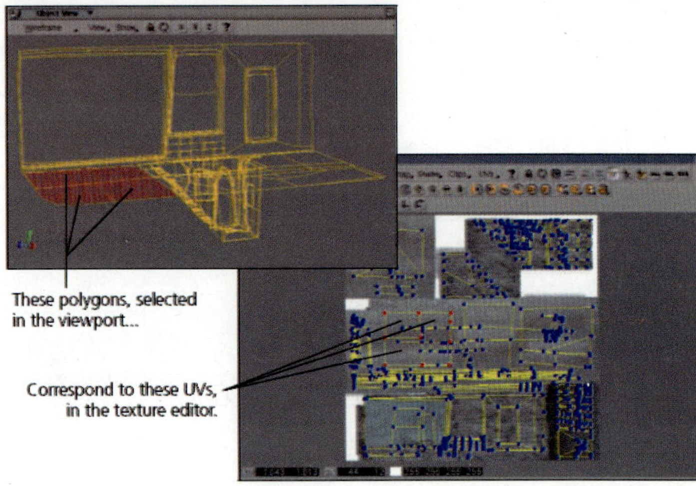

그림 5-61 UV 좌표 펴기

⑤ 빌딩 Object의 특정 영역에서 fractal 효과의 흐름을 수정하려면 텍스처가 흐르는 방향이 잘못된 곳의 Polygon을 선택한 다음 Texture 에디터에서 변형하여 fractal 패턴이 올바른 방향으로 흐르도록 만든다.

12. Foreground pass 만들기

Render Pass는 보통 특정 Object를 숨기거나 다른 것을 분리하는 데 사용된다. 이제까지 만든 pass는 foreground Object를 숨기는 데 사용되었다. 지금부터 만드는 pass는 특히 foreground Object를 렌더링하기 위한 것이다.

1 Explorer의 Ripple 패스를 선택, 복제하여 다음 생성된 새로운 pass의 이름을 "FOREGROUND"로 정한다.

2 Render 툴 바의 Pass drop down 목록에서 FOREGROUND 패스를 선택한다. 이 Pass가 Current pass가 된다.

3 Explorer에서 FRACTAL partition의 이름을 BLACK_OBJECTS로 바꾼다.

4 BLACK_OBJECTS partition을 선택하고 Constant material을 적용시킨다.

5 BLACK_OBJECTS partition을 선택한 채 〈7〉을 눌러 Render Tree를 열고 Material 노드의 Surface input과 Constant Shader의 연결을 해제시킨다. pass의 알파 채널에 잘린 부분이 생겨서 층으로 잘리는 Scene의 영역을 숨긴다.

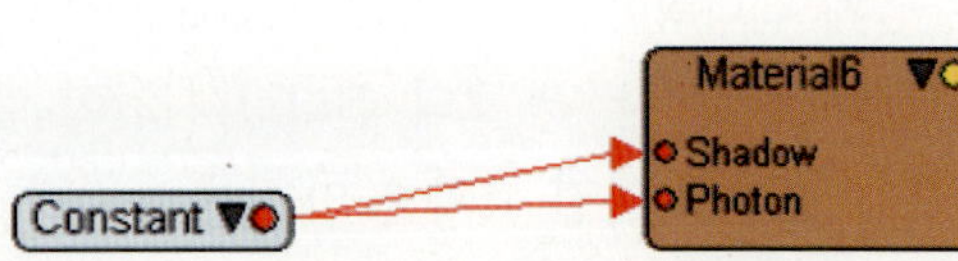

그림 5-62 노드 연결

6 Background_Objects_Partition을 선택하고 이름을 FOREGROUND로 바꾼다.

7 FOREGROUND partition의 아이콘을 선택하여 프로퍼티 에디터를 연다. View Visibility와 Render Visibility 값을 No Effect on Members로 설정한다.

Render Region에서 결과를 보기 위해서 Render 〉 Region 〉 Show Alpha 옵션을 선택하고 Render Region을 한다.

13. Shadow(그림자) pass 만들기

background와 foreground를 분리하였으므로 shadow pass를 만들어서 어색하지 않게 결합해야 한다.

1 Explorer에서 FOREGROUND 패스를 복제한 후 이름을 "SHADOW"로 바꾼다.

2 Render 툴 바의 Pass 목록에서 SHADOW 패스를 선택하고 Current Pass로 만든다.

3 Explorer에서 BLACK_OBJECTS partition을 선택하고 이름을 "SHADOW"로 바꾼다.

4 〈5〉를 눌러 브라우저를 열고 Paths 버튼을 클릭하고 Installation(Factory)을 선택한다.

5 Samples / Data / DS Presets / Shaders / Material 폴더로 이동한 다음 Shadow 노드를 Explorer의 SHADOW partition 노드에 drag in drop한다. Shadow Shader의 프로퍼티 에디터가 나타난다.

6 FOREGROUND partition을 선택하고 Render 툴 바에서 Get 〉 Property 〉 Override를 선택한다. Override 프로퍼티 에디터가 열린다.

7 Override 프로퍼티 에디터에서 Primary Ray Visibility와 Secondary Ray Visibility의 항목을 확인한다.

8 이들의 각각의 Parameter 수치를 "0"으로 만든다.

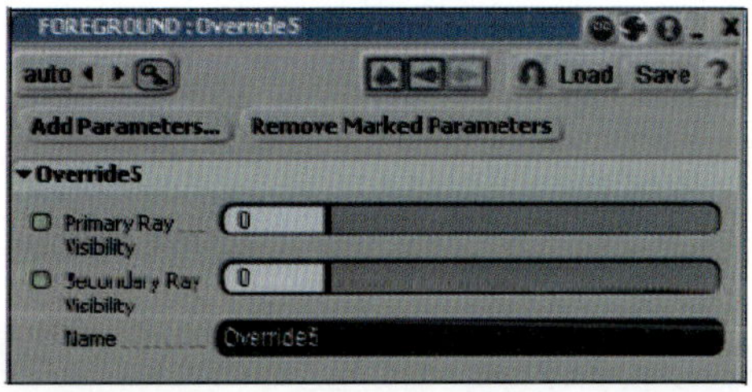

그림 5-63 Primary Rays의 Override 속성 창

14. Shadow 켜주기

1 Render 툴 바에서 Render 〉 Region 〉 Option을 선택하면 Render Region 프로퍼티 에디터가 열린다.

2 shadow 탭에서 Raytraced 〉 Type을 Segment로 설정한다.

15. 렌더링 옵션 설정하기

pass 구성을 완료하였으므로 렌더링 옵션을 설정해야 한다. 다행스러운 일은 많은 옵션이 모든 pass에 동일하다는 것이다. 한번에 모든 pass에 이 옵션을 설정한 다음 뒤로 돌아가서 pass에 개별적으로 나머지 옵션을 설정할 수 있다.

16. 렌더링 옵션 다중 편집하기

모든 pass에 프로퍼티를 설정하는 프로퍼티 에디터를 하나 열어서 pass를 모두 한 번에 편집할 수 있다.

1 커맨드 상자에서 화살표를 선택하여 커맨드 히스토리를 편다. pass 선택에 사용한 커맨드 (아래와 비슷함)를 선택하도록 한다.

Selectobj “passes.Default_Pass” ....

그림 5-64 Command History

2 커맨드 상자에서 커맨드를 편집하여 다음과 같이 바꾼다.

Inspectobj “Passes.*”

3 Render Options 파라미터 세트의 Output 프로퍼티 페이지에서 Start 및 End 프레임을 1로 설정한다.

4 Render Options 파라미터 세트의 Format 탭에서 Picture standard를 NTSC D1로 설정한다.

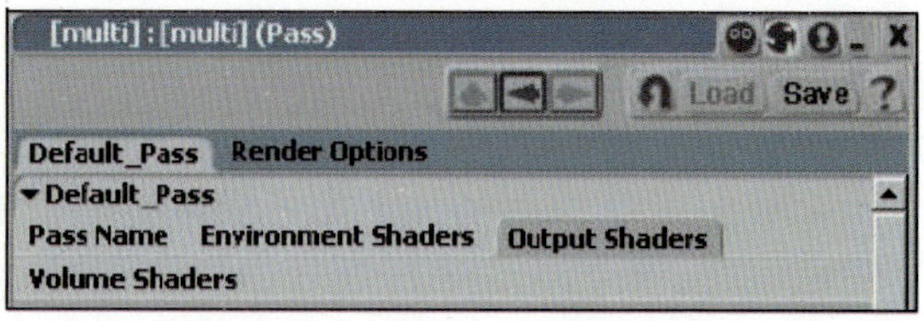

그림 5-65 Output Shader

17. 다른 Pass의 Render Option 편집

1 Explorer 창을 열고 아무 PASS의 아이콘이나 클릭하면 나타나는 프로퍼티 에디터에서 Render Options 파라미터 세트의 Render Option을 편집할 수 있다.

2 VOLUMIC_LIGHTS 패스의 Render Option을 편집한다.

① Output 프로퍼티 탭에서 Image Filename을 VOLUMIC.pic로 설정한다.

② Active Effects 프로퍼티 탭의 Shaders 옵션에서 Output Shader를 선택 해제한다.

③ Optimization 프로퍼티 탭의 Raytracing Depth 옵션에서 Reflection, Refraction, Max Depth 값을 모두 0으로 설정한다.

④ Shadow 프로퍼티 탭의 Raytraced 옵션에서 Type를 None으로 설정한다.

3 REFLECTION pass의 Render 옵션을 편집한다.

① Output 프로퍼티 탭에서 Image Filename을 REFLECTION.pic로 설정한다.

② Active Effects 프로퍼티 탭의 Shaders 옵션에서 Lens, Output, Displacement, Volume Shader를 선택 해제한다.

4 NO_REFLECTION pass의 Render 옵션을 편집한다.

① Output 프로퍼티 탭의 Image Filename을 NO_REFLECTION.pic로 설정한다.

② Active Effects 프로퍼티 탭의 Shaders 옵션에서 Lebs, Output, Displacement, Volume Shader를

선택 해제한다.

③ Optimization 프로퍼티 탭의 Render Mode 옵션에서 Enabled Ray Tracing을 선택 해제한다.

5 RIPPLE pass의 Render 옵션을 편집한다.

① Output 프로퍼티 탭에서 Image Filename을 RIPPLE.pic로 설정한다.

② Active Effects 프로퍼티 탭의 Shaders 옵션에서 Lens, Output, Displacement, Volume Shader를 선택 해제한다.

③ Optimization 프로퍼티 페이지의 Render Mode 옵션에서 Enabled Ray Tracing을 선택 해제한다.

6 FOREGROUND pass의 Render 옵션을 편집한다.

① Output 프로퍼티 탭에서 Image Filename을 FOREGROUND.pic로 설정한다.

② Active Effects 프로퍼티 탭의 Shaders 옵션에서 Lens, Volume Shader를 선택 해제한다.

③ Optimization 프로퍼티 탭의 Render Mode 옵션에서 Enabled Ray Tracing을 선택 해제한다.

7 SHADOW pass의 Render 옵션을 편집한다.

① Output 프로퍼티 탭에서 Image Filename을 SHADOW.pic로 설정한다.

② Active Effects 프로퍼티 탭의 Shaders 옵션에서 Lens, Output, Displacement, Volume Shader를 선택 해제한다.

③ Optimization 프로퍼티 탭의 Raytracing Depth 옵션에서 Reflection, Refraction, Max Depth 값을 모두 0으로 설정한다.

8 PARTICLE pass의 Render Option을 편집한다.

① Output 프로퍼티 페이지에서 Image Filename을 PARTICLE.pic로 설정한다.

② Active Effects 프로퍼티 페이지의 Shaders 옵션에서 Lens, Output, Displacement, Volume Shader를 선택 해제한다.

③ Optimization 프로퍼티 페이지의 Render Mode 옵션에서 Enabled Ray Tracing을 선택 해제한다.

18. pass 렌더링

작업을 완료하려면 마지막으로 pass를 렌더링한다.

1 Render 툴 바에서 Render〉 Render 〉 All Passes를 선택한다.

2 pass를 개별적으로 렌더링할 수도 있다. Render 툴 바의 Pass Drop Down 목록에서 pass를 선택한 다음 Render 〉 Render 〉 Current Pass를 선택한다.

19. 결 론

일련의 복잡한 Render Pass를 만들었다. 이와 같은 pass를 이용하여 렌더링하면 굉장히 많은 것을 조절할 수 있다. 각 pass를 사용하여 특정 영역, 효과, 프로퍼티가 렌더링되는 방식을 바꿀 수 있고 이 구성 요소가 각기 Scene의 최종 결과에 미치는 영향을 조절할 수 있기 때문이다.

합성 단계에서 pass를 각기 조절하여 Scene을 더욱 세세하게 조절할 수 있다. 이것은 다음 장인 "제6장 합성 편집"에서 더욱 폭 넓게 다루게 될 예정이다.

pass를 개별적으로 렌더링하는 것의 또 다른 장점은 씬 전체를 렌더링하는 것보다 속도가 빠르다는 것이다. 즉 어떤 부분을 변경하고 다시 렌더링해야 할 때 한 두 개의 pass만 렌더링하면 된다.

5-3 Frame Buffer를 활용한 효율적 Rendering 활용

1 Frame Budder 정의 : SOFTIMAGE의 제작 공정 중에서 핵심 부분 중 하나인 Rendering 파트를 효율적으로 개선해 Render Channel을 통해 여러 개의 Channel 아웃풋 데이터를 스트림할 수 있게 했다. 예를 들어 illumination components, normals, motion vectors 등 더 많은 Channel을 각 Render Pass에 포함하고 있다. 새로운 Shader는 Render Tree의 어떤 파트라도 추출하고, Render Channel을 경유하여 그것을 출력하는 것을 쉽게 한다.

그림 5-66 결과 이미지

2 위에서 설명했듯이 SOFTIMAGE의 Render 영역에는 기본적인 Channel을 가지고 있다.

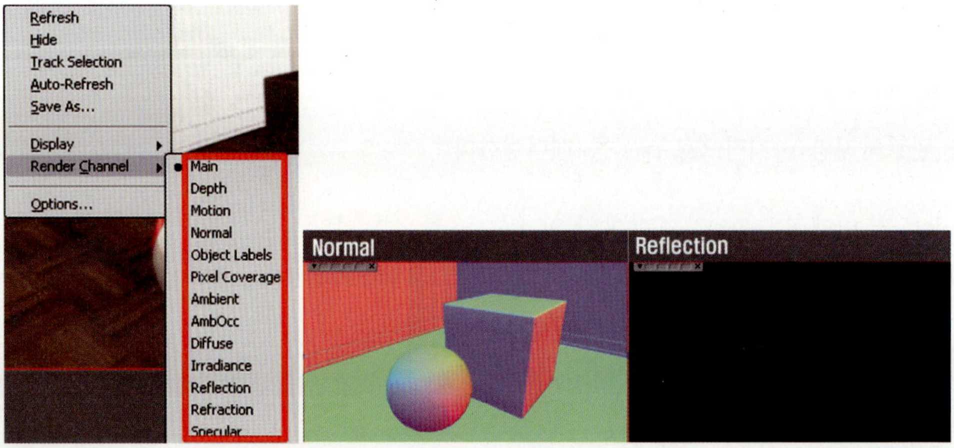

그림 5-67 Channel 설정과 결과

3 이제 새로운 Buffer 제작을 위해 Cube를 선택한 후 Render > Render > Render > Scene Option.. 명령을 선택한다. Scene Render Option 속성 창이 나타난다. 여기서 사용된 모든 Channel을 확인할 수 있다.

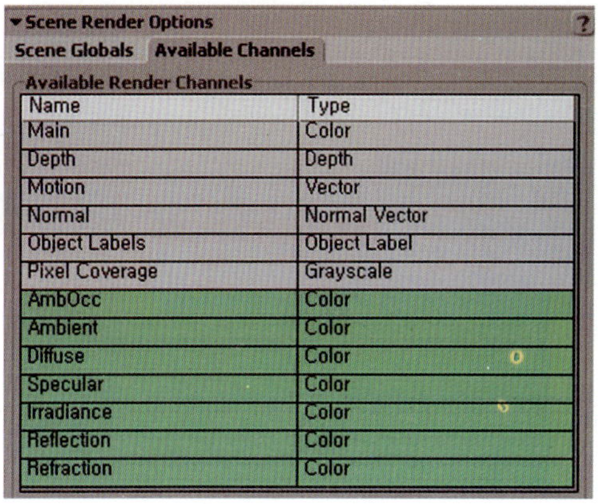

그림 5-68 활용가능한 다양한 Channel

4 우선 Channel을 추가한다. Avaliable Channels 옵션 아래 있는 Add 버튼을 선택한다. 그 결과 Viewport에 Preview Render 리스트에 보면 "Boxmat"가 추가된 것을 확인할 수 있다.

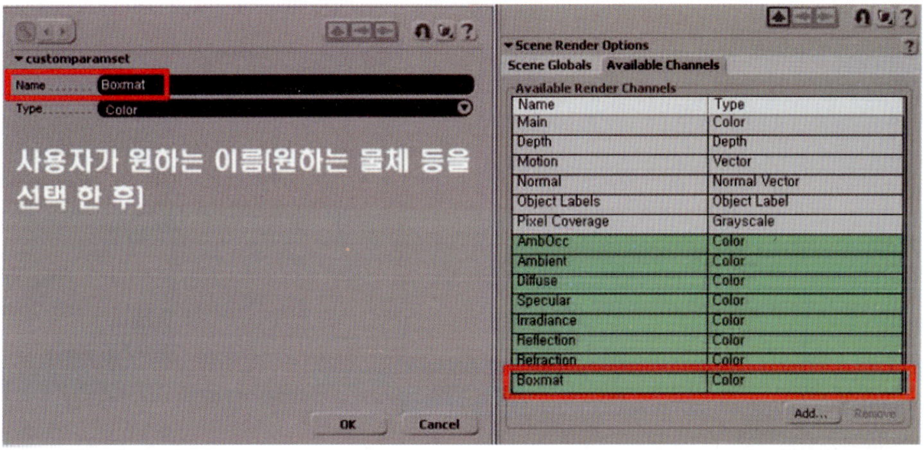

그림 5-69 Channel 추가

5 그러나 Box에 Mat를 적용한 후 Preview Render를 해보면 검은 이미지 결과를 얻을 수 있다. 이것은 Channel만 생성되고 아직 Shader를 적용하지 않았기 때문이다.

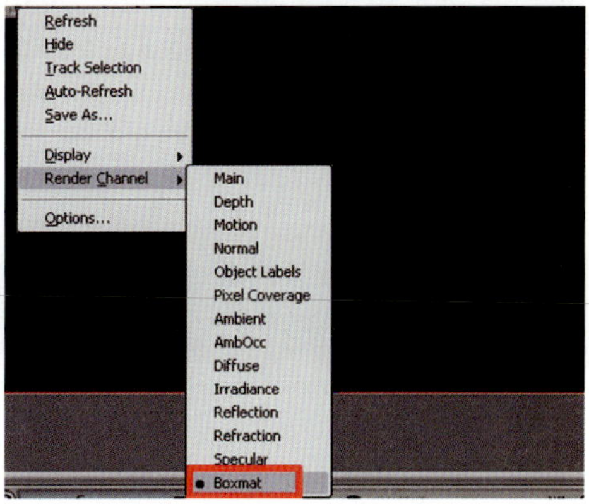

그림 5-70 Channel 추가 확인

6 Render Tree 창을 열고 다음과 같은 노드 구조를 제작한다.

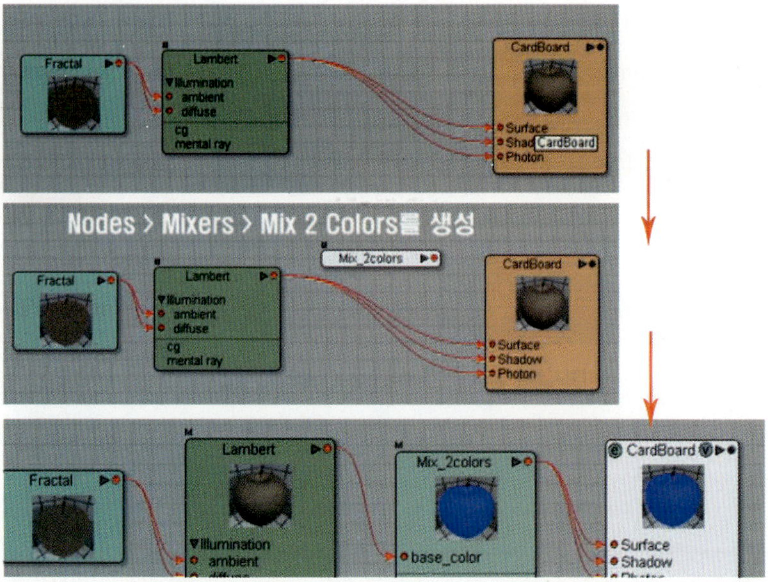

그림 5-71 노드 구조

7 Mix_2 Color 속성 창을 열고 Mixer Layer의 Weight 값을 모두 "0"으로 만들어 준다.

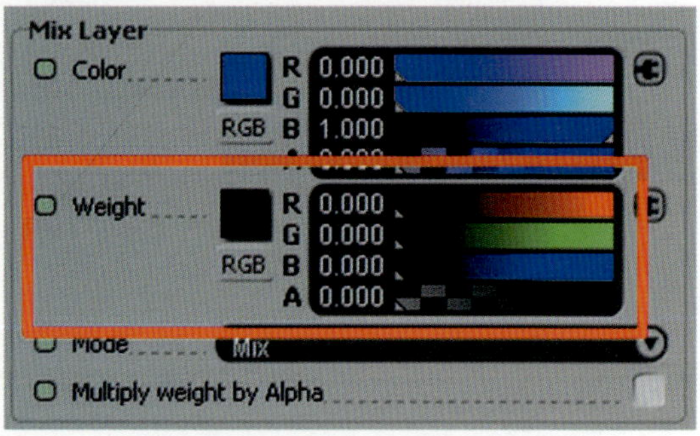

그림 5-72 Mixer Layer의 Weight 조절

8 Render Tree 창에서 Render Tree > Render Channel > Store Color in Channel 노드를 불러온다. (Store Color In Channel'은 Frame Buffers에서 컬러를 Channel에 적용하는데 보다 쉽게 할 수 있게 해주는 기능을 한다.)

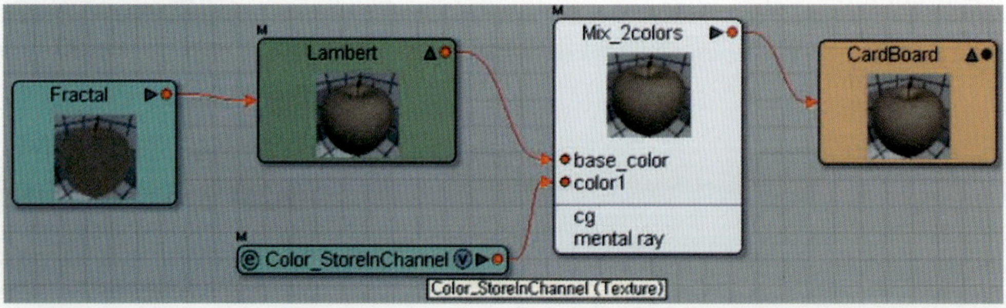

그림 5-73 Store Color in Channel 노드

9 Color_Storeln Channel의 속성 창을 열고 Input의 Color 값을 조정해 본다.

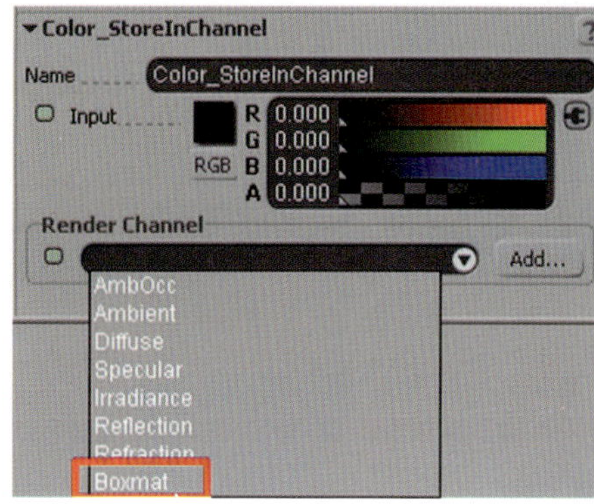

그림 5-74 Input의 Color 값을 조정

10 Alpha 값을 '1"로 지정해주고 결과를 확인한다.

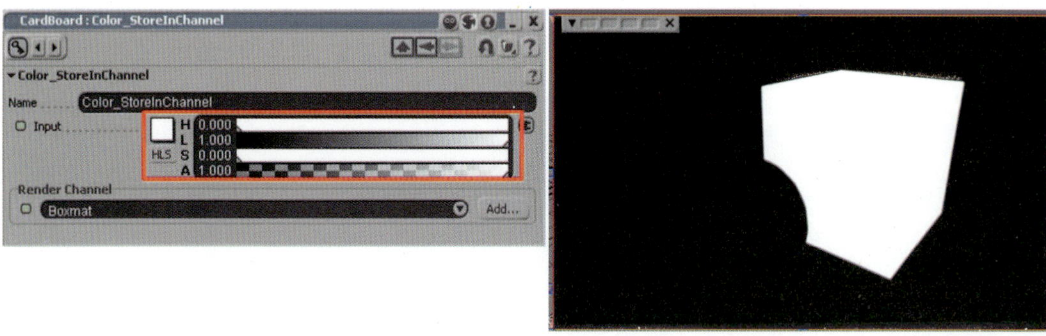

그림 5-75 Alpha 값을 "1" & 결과확인

11 여기서 Render Tree에서 Render Channels > Store Color In Channel' 노드에 원하는 재질을 연결하면 원하는 색상으로 볼 수가 있다.

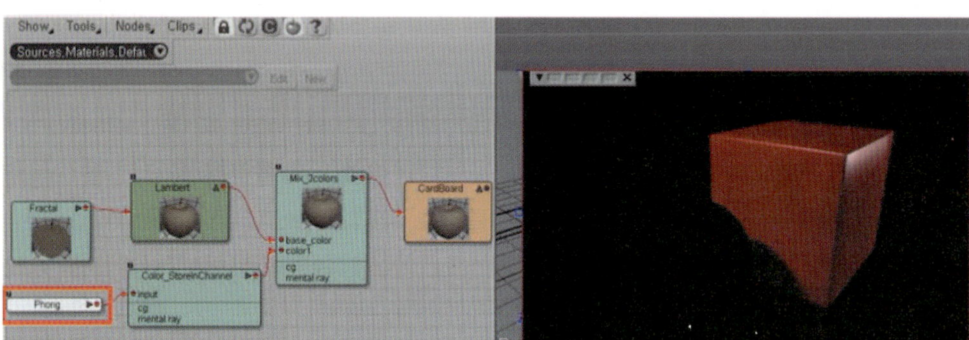

그림 5-76 Store Color In Channel 노드에 원하는 재질을 연결

12 지금까지 진행한 제작 공정을 다른 Object에도 적용하기 편하게 간단한 Scrip와 함께 명령 툴 Button으로 제작한다.

```
var sel = application.selection;
for (i=0;i logmessage(sel(i).fullname);
var OldShader = sel(i).Shaders;
logmessage (OldShader(0).name);

SIApplyShaderToCnxPoint ("Texture₩₩Mixers₩₩Mix_8colors", sel(i) + ".surface","Buffers", true);
SIConnectShaderToCnxPoint(OldShader(0), sel(i) + ".Buffers.base_color", false);
SIConnectShaderToCnxPoint(sel(i) + ".Buffers", sel(i) + ".shadow", false);
SIConnectShaderToCnxPoint(sel(i) + ".Buffers", sel(i) + ".Photon", false);
for(j=1;j<7;j++) {
SetValue (sel (i) + ".Buffers.inuse" +j, true, null);
SetValue (sel (i) + ".Buffers.weight" + j +".red", 0, null);
SetValue (sel (i) + ".Buffers.weight" + j +".green", 0, null);
SetValue (sel (i) + ".Buffers.weight" + j +".blue", 0, null);

}
```

그림 5-77 **다양한 실행 명령들**

13 제작된 Script를 이용해서 New Custom Toolbar를 제작한다. Script 창 명령(빨간 박스 안을 클릭하면)을 실행하면 오픈 스크립트 창이 열린다. 여기에 위에 스크립트를 입력해준다.

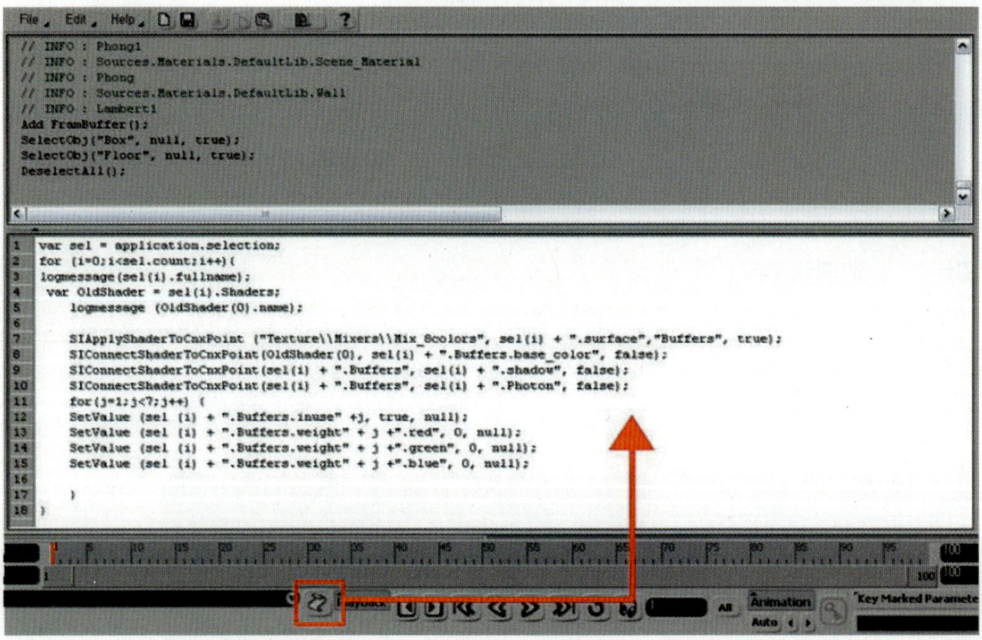

그림 5-78 Script 창

14 새로운 Tool bar를 만들기 위해 'View 〉 New Custom Toolbar'를 클릭하면 오른쪽에 'Toolbar[user'라는 창이 생성된다.

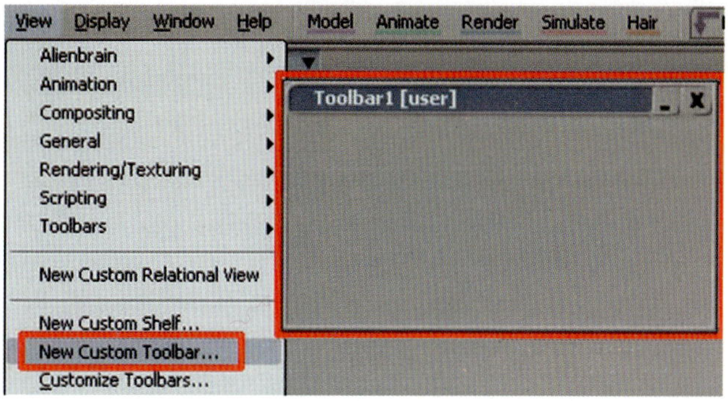

그림 5-79 New Custom Toolbar

15 Script에 작성한 명령어 내용을 전체 선택해서 새로 생성된 Toolbar의 빈 공란에 drag & drop으로 이동시킨다.

그림 5-80 drag & drop

16 그 다음 아래와 같은 순서대로 따라 한다.

① Script Command (External file)를 선택한 후 OK한다. (Script Button과 Script Command의 다른 점은 버튼을 만든 후 Command를 수정할 수 있나 없나의 차이점이 있다)

② 버튼 이름을 지정한 후 OK한다.

③ 1번과 2번의 마무리하면 3번과 같이 Toolbar가 생성된다.

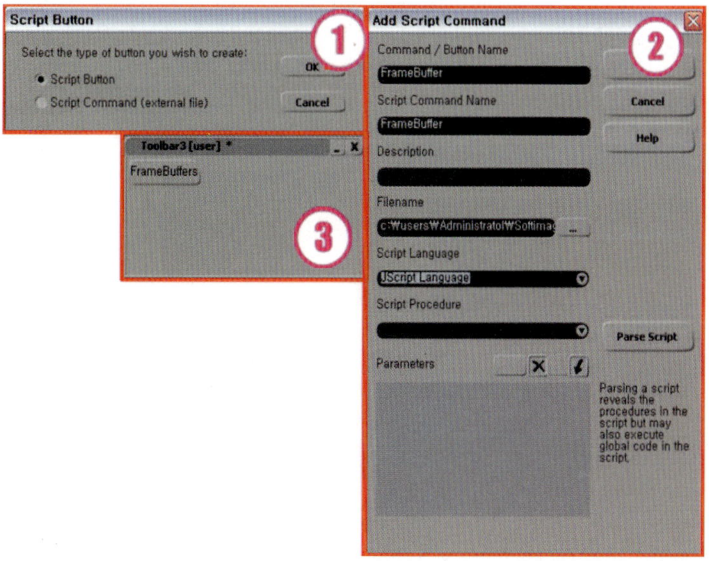

그림 5-81 명령 툴 Button으로 제작

17 Frame Buffers Toolbar를 생성한 후 Explorer에서 재질을 모두 선택한 후 위에 3번(새로 생성한 Toolbar)을 선택해준다. 'Passes 〉 Materials'를 선택 후 3번을 적용한다.

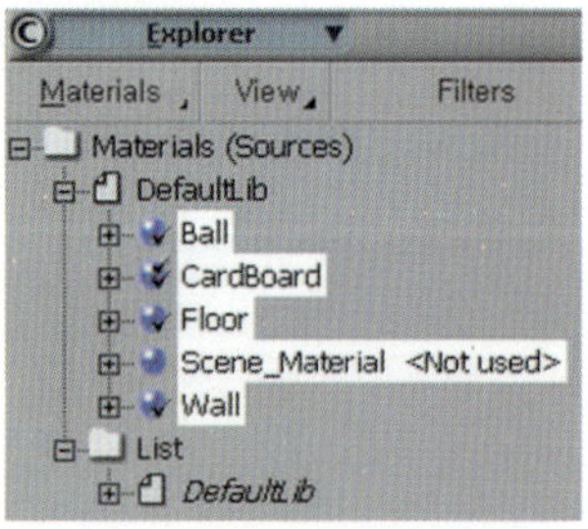

그림 5-82 Frame Buffers 적용

18 적용 후 키보드에 단축키[7]을 눌러 확인해보면 Render Tree 구조가 자동으로 바뀌어 있다. Material을 모두 선택 후 3번을 적용하면 Buffers라는 Node가 생성된다.

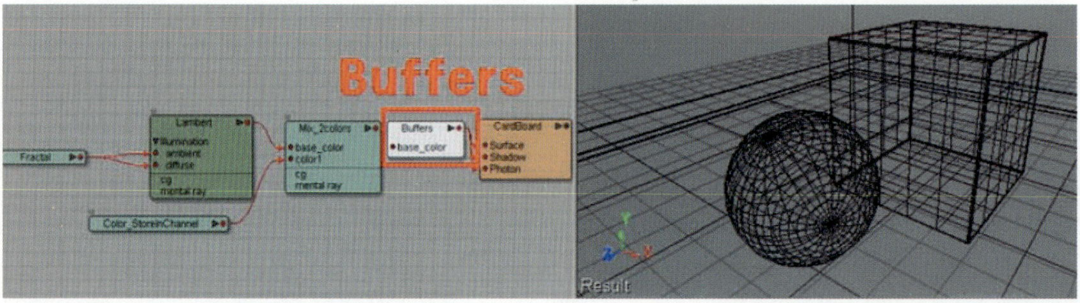

그림 5-83 노드 확인

19 새로 제작한 Frame Buffers를 이용하여 전체의 Scene에 새로운 Channel 적용해 보자. Explorer 창에서 Explorer 〉 Passes 〉 Background_Objects_Partition을 선택을 한다.

20 Render 〉 Property 〉 Override를 적용한다. Override를 적용하면 그림 5-85와 같이 Background_Objects_Partition에 Override가 생성된다.

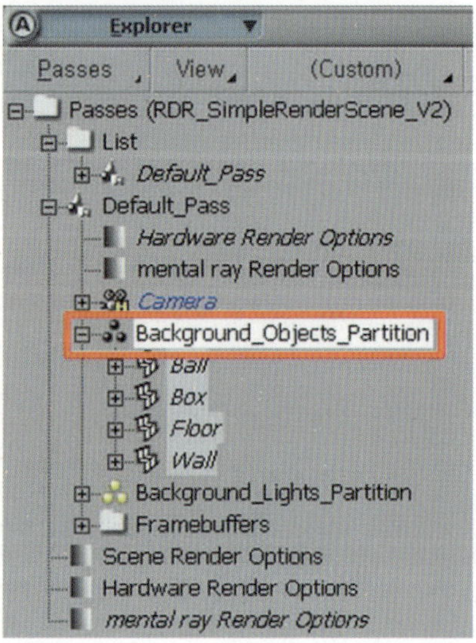

그림 5-84 Channel 적용

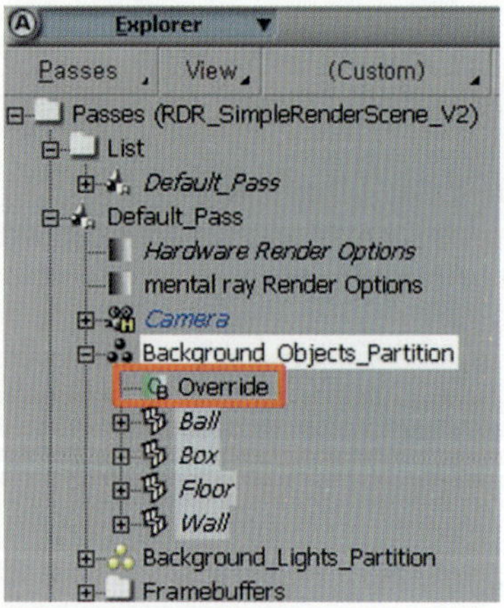

그림 5-85 Override가 생성

21 Override에 추가할 항목을 지정한다. 먼저 Override 속성 창에서 Add Parameters 을 선택하고 Ball(Sphere)에 Step을 열어 Background_Objects_Partition에 Ball 〉 Surface 〉 Budders 〉 Color1을 선택한다.

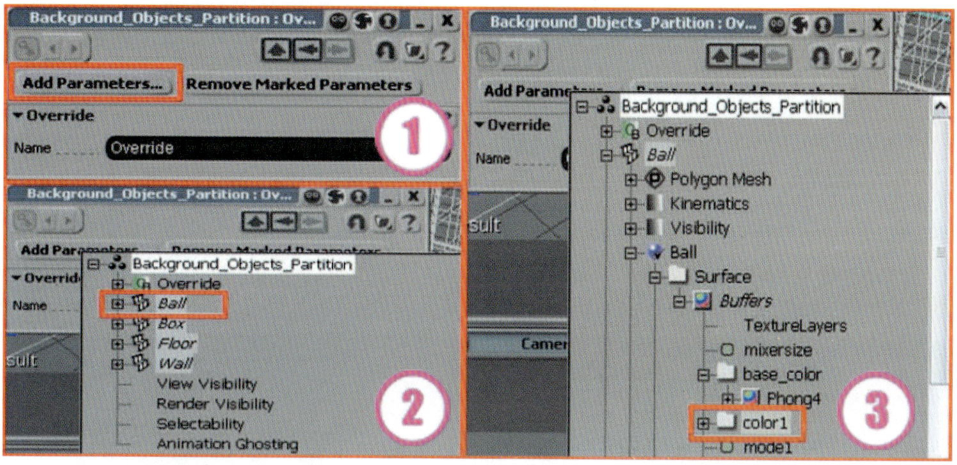

그림 5-86 Override에 추가할 항목 지정

22 위에 과정을 마치면 Override 창에 새로운 'material-surface-out-color1'이 생성된다.

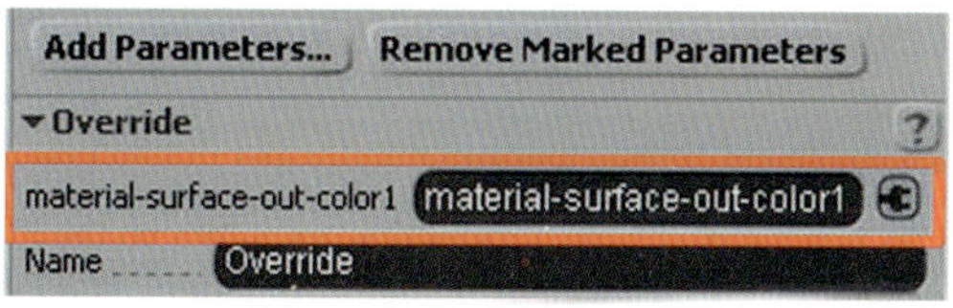

그림 5-87 결과확인

23 Explorer에서 Override를 선택을 한 후 Render Tree 키보드 단축키 [7]을 활성화한 후 Channel을 적용해 본다. 이번 적용은 하나에 Channel을 만드는 것이 아니라 Scene 내에 전체적으로 적용을 하는 Processing이다.

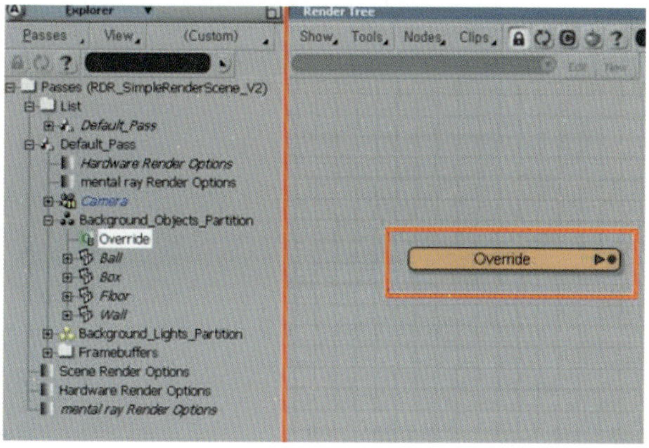

그림 5-88 Override 노드

24 Render Tree 〉 Nodes 〉 Render Channels 〉 Color_StoreInChannel 노드를 생성한다.

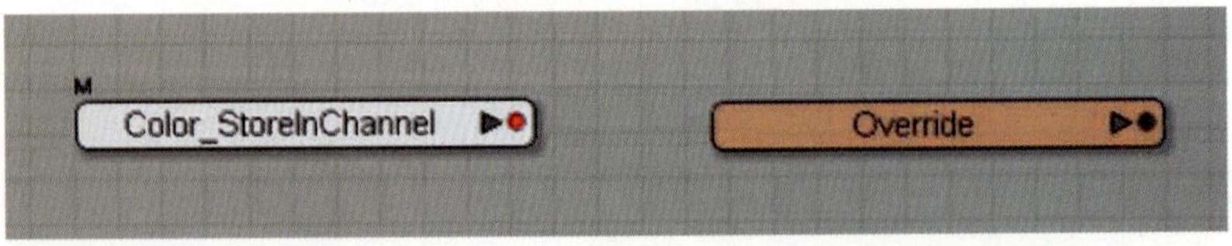

그림 5-89 Color_StoreInChannel 노드

25 1번 그림과 같이 Color_StoreInChannel 노드를 Override에 연결을 한다. 연결한 후 1번에 Color_StoreInChannel을 두 번 클릭하면 2번 창이 생성이 된다. 여기에 Render Channel에 Add 버튼을 눌러 원하는 Channel 이름을 생성해준다.

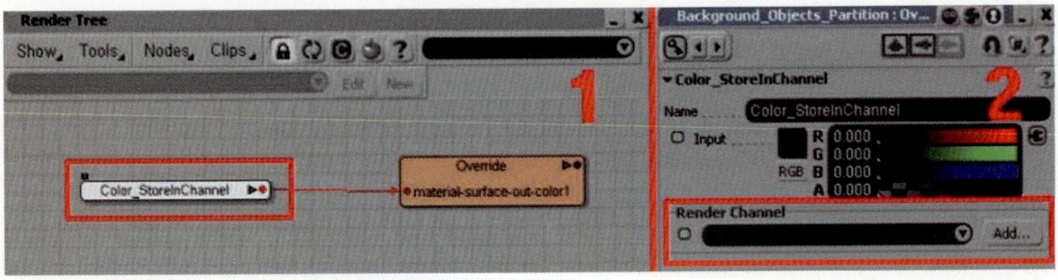

그림 5-90 노드 연결 & Channel 이름 생성

26 위 2번 속성 창에서 Add 버튼을 클릭하면 아래 1번 그림이 나타나고, 1번은 사용자가 원하는 Channel 이름을 정해주면 된다. 2번에 Render Channel에 1번에 적은 이름이 생성된다.

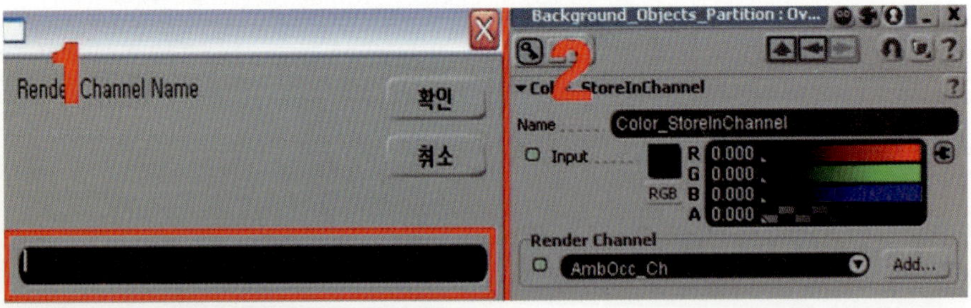

그림 5-91 Channel 이름 지정

27 이제 SOFTIMAGE Ambient Occlusion Channel 생성하기 위해 Nodes 〉 Illumination 〉 Ambient_Occlusion을 생성해 Render Tree에 Color_StoreInChannel에 연결해준다.

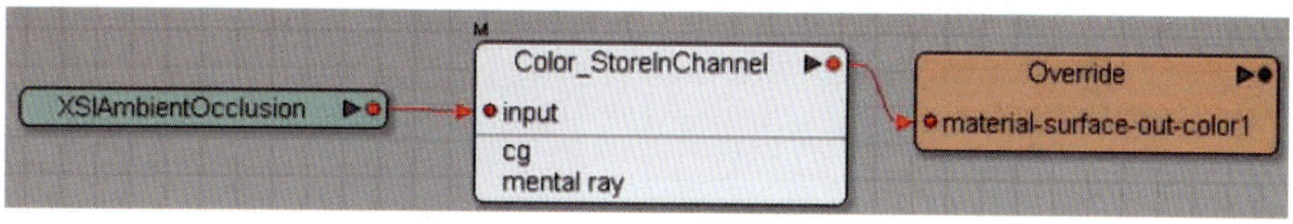

그림 5-92 Ambient_Occlusion노드 연결

28 그리고 Test Preview Render를 해보자.

XSIAmbOcc_Ch로 설정을 해 Render를 걸면 검게 나오는 것을 볼 수 있다. 여기서 한 가지 더 추가를 해줘야 Ambient Occlusion 효과가 잘 나온다.

Explorer 〉 Default_Pass 〉 Background_Objects_Partition 〉 Override'를 선택 후 Render Tree 창을 XSIAmbientOcclusion을 두 번 클릭해 Maximum Distance를 수정해준다.

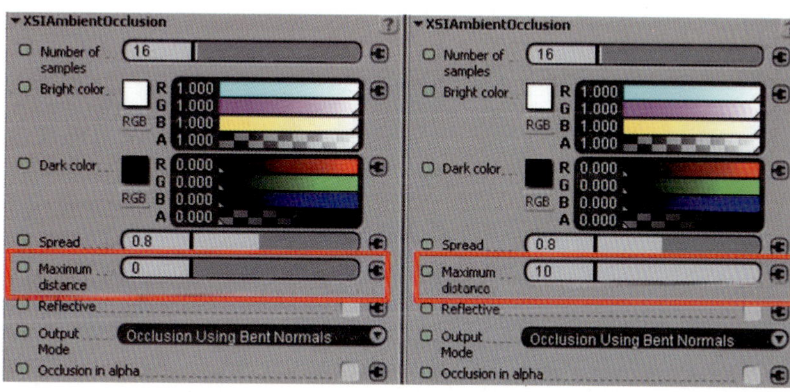

그림 5-93 Maximum Distance 수정

29 Ambient Occlusion 효과가 적용된 결과를 확인한다.

그림 5-94 Ambient Occlusion 결과확인

30 옵션의 수치를 바꾸어 주면 하나의 Channel이 생성된다.

Frame Buffers And Tokens 기능은 Preview Render만이 아닌, Output Render도 크게 향상된 것을 볼 수 있다. Frame Buffers 기능이 추가되면서 Output Render에서 여러 개의 Channel을 한 번에 다 뽑을 수가 있다. 그 말은 한 장의 Render를 거는 동안 다른 Channel도 같이 계산을 해 한 번에 모든 이미지를 뽑아준다.

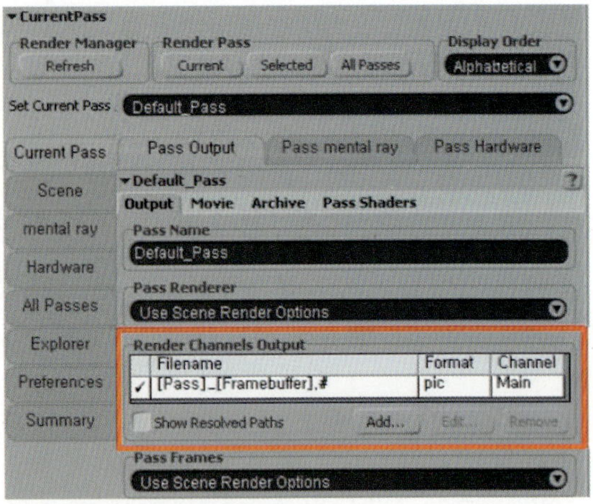

그림 5-95 다른 Channel에 적용

31 Render > Render > Render > Render Manager 창을 생성한 후 Current Pass에 Render Channels Output에 보면 알 수 있다. 빨간 선택된 부분을 보면 Add 버튼을 눌러 Channel을 추가할 수 있다. 여기서 Amb Occ_Ch Channel을 추가한다.

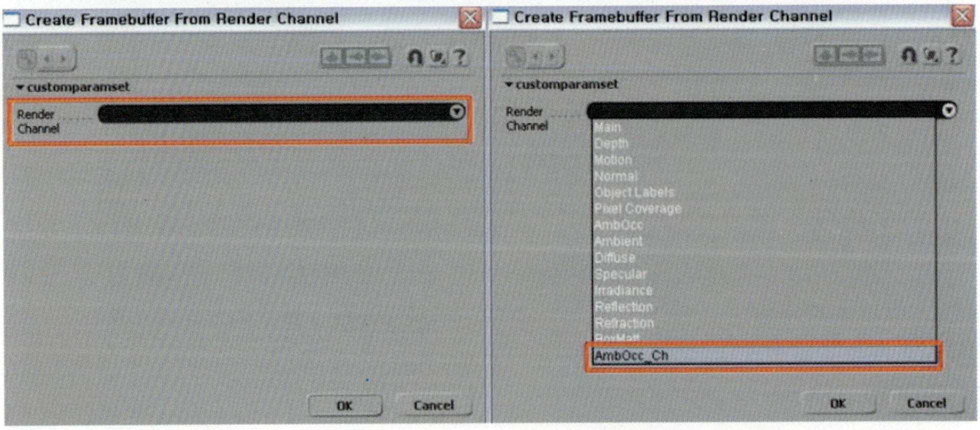

그림 5-96 Channel 추가

32 Render Manger에 Render Channels Output에 AmbOcc가 추가된 것을 볼 수 있다.

33 원하는 Channel을 원하는 대로 추가하면서 Rendering 작업을 할 수 있다.

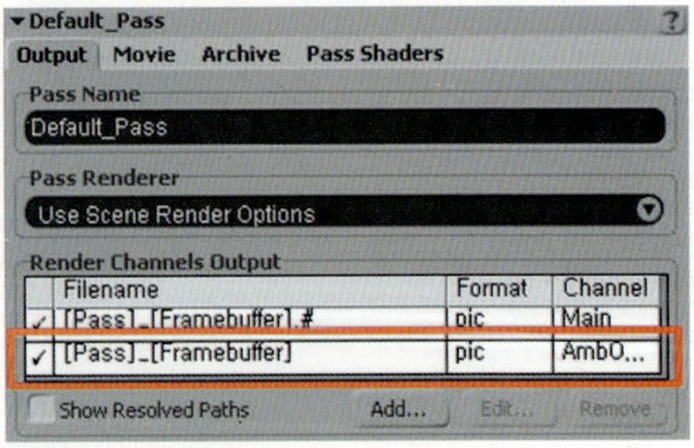

그림 5-97 AmbOcc channel 추가 확인

제6장 Rendering

6-1 Rendering의 이해

6-2 Render 명령

6-1 Rendering의 이해

CG를 비롯한 모든 분야 또는 CG 제작의 모든 공정에서 기초에 충실하지 못하면 언젠가는 그 한계에 부딪히고 만다. 기본원리를 파악하고 있다면 더 효율적으로 렌더링을 통한 품질을 향상시킬 수 있다. 물론 합성이나 편집과정에서 다양한 효과를 통해 결과를 더욱 훌륭하게 제작할 수 있지만 아무리 편집효과가 다양하다 하더라도 3D 제작 환경에서만 적용해 줄 수 있는 고급 기술들이 있기 때문에 그 원본 소스의 품질에 따라 최종 결과의 품질이 결정된다고 할 수 있다. 렌더링이란 제작된 3차원 공간의 모든 결과를 이미지화시키는 작업이다.

그림 6-1 Render Region

다시 말해 우리가 살고 있는 3차원 공간이 사진이라는 2차원 이미지로 바뀌어 기록되듯이 컴퓨터 속의 가상 공간은 렌더링이라는 과정을 통해 2차원 이미지로 변환되어 우리에게 보여지게 되는 것이다. 보통 우리가 렌더링이라고 부르는 과정은 렌더링 옵션을 지정해 주는 과정을 빼고는 전 과정을 컴퓨터에 의존한다.

그러므로 그래픽 공정 분야에서 컴퓨터의 소프트웨어적 속성뿐 아니라 하드웨어적 속성에 대해 가장 잘 알아야 하는 분야이기도 하다. 지금부터 SOFTIMAGE를 활용한 Rendering에 대해 자세하게 알아보도록 한다.

6-2 Render 명령

SOFTIMAGE에서 Rendering에 관련된 가장 중요한 메뉴들은 바로 Render (단축키[3]) Tool bar 〉 Render 〉 Render 메뉴에 포함되어 있다. Test Render에 관련된 Render Region Option과 직접적으로 Render에 관련된 Render Option 그리고 Export와 Preview 모드로 구분되어 있다. 지금부터 그 각각의 메뉴들에 대한 특성을 자세히 알아보도록 한다.

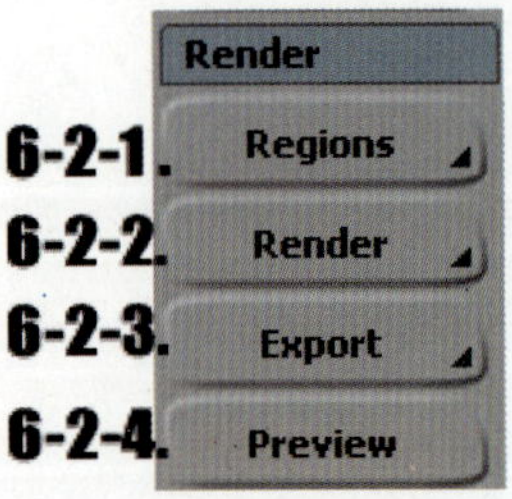

그림 6-2 Render 주요 기능 툴

6-2-1 Regions 기능

SOFTIMAGE에서 Rendering에 관련된 명령은 Render Tool bar 〉 Render 명령 〉 Render Region 옵션에서 실행한다. Render Region에 관련된 옵션 기능 창으로 Render Region을 컨트롤할 수 있는 많은 명령어들이 포함되어 있다. Render Region 기능의 다양한 옵션과 특징들에 대해 알아보도록 한다.

1. Region Tool

그림 6-3 Region 옵션

Region[Q] 영역을 제작한다.

Regions는 Viewport상에서의 Rendering 결과를 확인하는 방법으로 Test Rendering이라고도 한다. 최종 Rendering을 걸기 전에 Viewport에서 완성된 Scene의 최종 Rendering 결과를 미리 볼 수 있는 기능으로 Rendering 작업의 효율을 높여주는 중요한 Rendering 기능이다. 우선 간단한 Sample Scene을 꺼내서 테스트하기로 한다. Model 툴 바에서 〉 Primitive 〉 Model 〉 Elephant 데이터를 Viewport 상에 꺼낸다.

실행 단축키는 [Q] 버튼을 선택한 상태에서 Render 결과를 확인하고자 하는 영역에 대해 [클릭+Drag]를 실행한다. Render Region의 영역 해제는 [Shift+Q] 명령을 실행한다. 또는 Render Region 실행 모드일 경우 Render Region 영역이 아닌 빈 작업 창에 그냥 Click해도 Render Region이 사라진다.

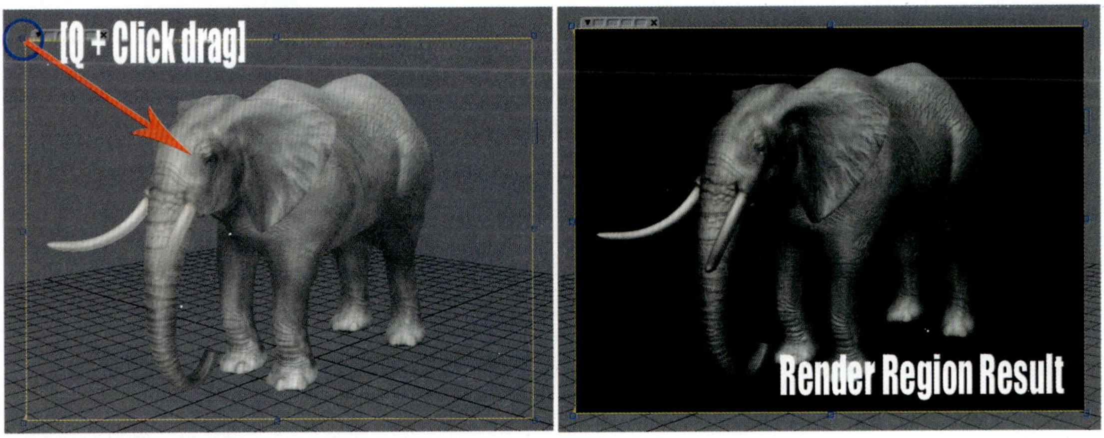

그림 6-4 Render Region 영역 설정

Region 영역에 대해 Control할 수 있는 중요한 기능들에 대해 살펴보도록 한다. 최종 Render 전에 TEST를 얼마나 잘 할 수 있느냐는 전체 작업 시간을 줄여주고 각 Scene 또는 각 Frame마다 Quality를 향상시킬 수 있으므로 중요한 Processing이다.

[1] Render Region 메인 옵션 Pop up 기능 : 이는 Render Region 영역에서 왼쪽 상당에 화살표 메뉴 버튼을 누르거나 Render Region 영역의 노란 테두리에 마우스 올려놓고 마우스 오른 클릭 버튼을 누르면 나타나는 Pop up 메뉴와 공통되는 부분이 많은데 그 메뉴를 살펴보도록 한다.

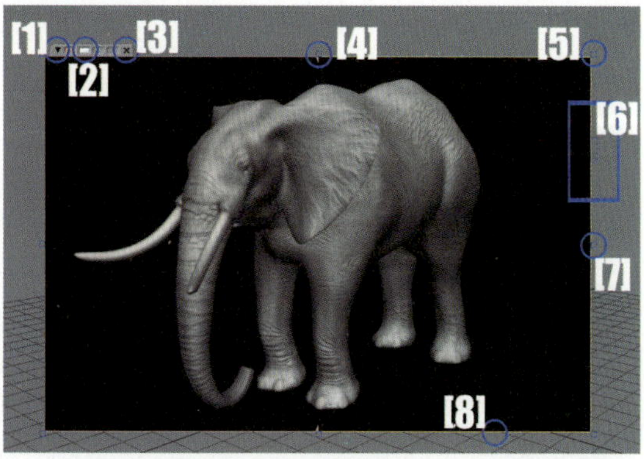

그림 6-5 Regions Control menu

① Refresh : 변형된 작업에 대해 다시 Render region 명령을 실행하는 기능이다.

② Hide : Render Region 영역을 잠시 숨기는 기능이다.

③ Track Selection : Render Region의 영역 테두리를 선택해 준다. 이동하거나 크기를 줄일 때 사용하기 편하다.

④ Auto Refresh : Scene 내에 옵션이나 환경이 변할 때마다 자동으로 Render Region된다.

⑤ Save as... : 현재 Render Region된 결과 이미지를 2D 데이터로 저장할 수 있다.

⑥ Display : 위에서 설명한 Display 모드에 대한 기능이다.

⑦ Render Channel : 원하는 색상 Channel별로 Render Region을 할 수 있다.

⑧ Options.. : Render Region Option 창이 나타난다.

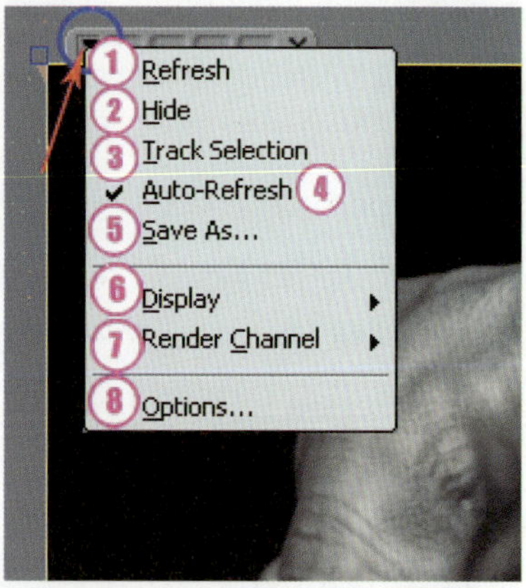

그림 6-6 Render Region 메인 옵션

[2] Comparison Mode : 기존에 적용된 Texture 효과나 Light, Shader 적용 등 모든 결과에 대해 새롭게 지정된(변화된) 작업에 대한 결과를 바로 비교할 수 있도록 만들어진 비교 모드이다. 기존에는 기존의 이미지와 새로 변경된 이미지 결과에 대해 따로 따로 이미지를 불러와서 비교를 해야 했는데 한 Render 영역에서 바로 비교를 함으로써 변화의 정도와 원하는 느낌의 결과를 찾아내는데 탁월한 효과를 준다. Comparison Mode 기능은 일단 Rock

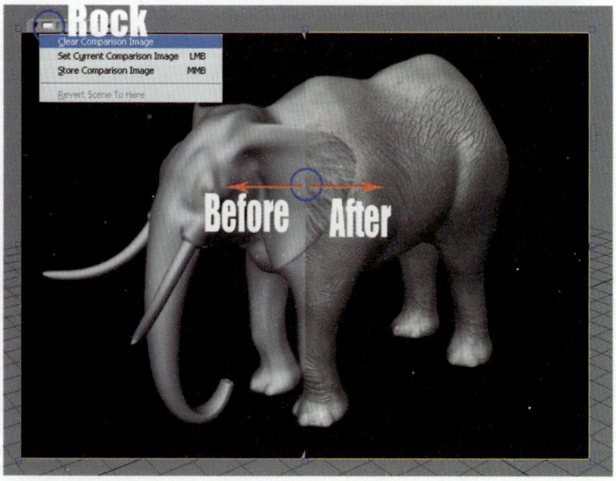

그림 6-7 Comparison mode

버튼을 마우스 가운데 버튼으로 Click하면 자동으로 생성이 되는데 Rock 기능은 총 4개까지 생성 시킬 수 있고 다시 Rock을 지운 다음 또 다시 생성할 수 있다. 일단 Rock 기능을 실행하면 Render Region 영역 가운데 Comparison Bar가 생성이 되는데 이때 생성된 Bar를 클릭한 후 좌/우로 Drag를 하면 Comparison Bar를 기준으로 좌측(Render Region 영역의 Color가 주황색)에 나타나는 Render 결과는 기존에 적용됐던 결과이고 우측(Render Region 영역의 Color가 노란색)에 나타나는 결과는 새로 적용한 효과에 대한 결과를 Update해서 보여주게 된다. Comparison Bar를 이동하면서 새롭게 적용한 효과에 대해 어떻게 변화가 되었고, 그 변화의 정도가 마음에 드는지를 바로 확인할 수 있다.

Comparison mode를 삭제하고자 할 경우 Rock 버튼에 마우스를 이동한 후 마우스 오른 클릭으로 나타나는 명령 중에서 Clear Comparison Image 명령을 실행한다.

그림 6-8 Comparison mode 기능

① Clear Comparison Image : 현재 선택한 Clear Comparison Image Rock 버튼을 삭제한다.

② Set Current Comparison Image : 현재 적용한 변화 값에 대한 결과를 기본 Default 값으로 지정하고자 할 경우 사용한다.

③ Store Comparison Image : Comparison Image 명령을 실행한다(Rock 버튼에 마우스 중간 버튼을 클릭해주는 기능과 동일하다).

[3] Render Region 기능을 삭제할 경우 사용한다.

[4] Render Region의 영역을 세로로 확대하고자 할 경우에 [Click+Drag]하여 확대한다.

[5] Render Region의 영역을 가로 및 세로 확대에 대해 임의의 크기로 Free하게 확대하고자 할 경우에 [Click+Drag]하여 확대한다.

[6] Rendering 결과에 대해 고해상도로 확인하거나 저해상도로 확인이 가능하다. 고해상도로 Accuracy Bar를 올릴 경우 Rendering 시간이 많이 필요하다.

[7] Render Region의 영역을 가로로 확대하고자 할 경우에 [Click+Drag]하여 확대한다.

[8] Render Region 영역 전체를 이동하여 다른 영역에 대해 Render 결과를 확인하고자 할 경우 Render Region 영역 라인을 선택하여 원하는 영역으로 이동한다. 이동된 영역에 대해 자동으로 다시 렌더링을 실시하게 된다.

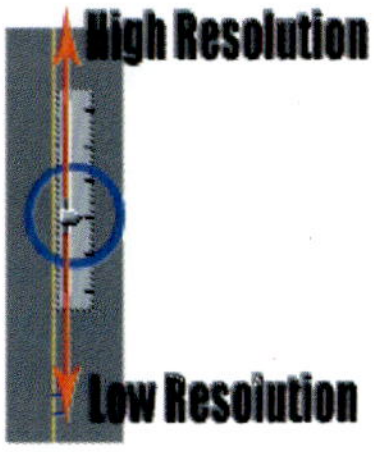

그림 6-9 해상도 설정

2. Save Region Image As....

Render Region된 이미지를 저장하는 기능이다. 저장 후 2D 이미지 결과 파일로 저장할 수 있다.

3. Refresh

Render Region 기능으로 결과확인 후 옵션 등의 변화를 주고 그 변화가 적용된 Render 결과를 확인하고 싶을 때 사용하는 기능이다. 단축키는 [F5]로 설정되어 있다.

4. Hide/Un hide

Render Region 영역을 Hide 또는 Un hide하는 기능이다.

5. Track Selection

Render Region 영역 테두리 선택 기능이다.

6. Auto Refresh[F5]

Refresh 명령과 동일한 기능을 수행하지만 이 명령어는 자동으로 Render Region 영역 내에 Rendering을 다시 실시한다.

7. Display

Render Region의 결과에 대해 RGB, Alpha, Red, Green, Blue 색상에 대해 선택적으로 확인할 수 있는 Display 모드이다.

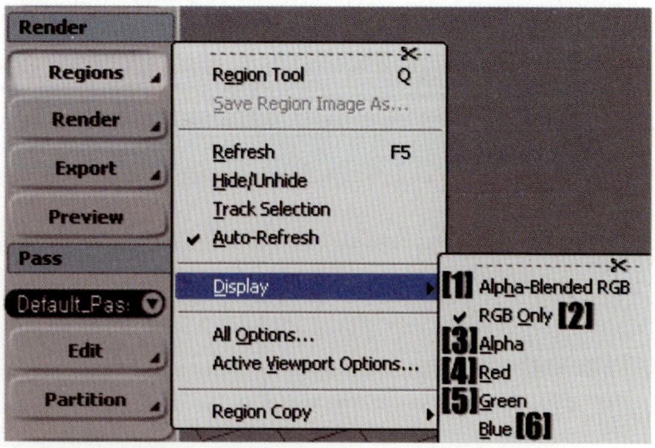

그림 6-10 Render Region Display

[1] Alpha-Blended RGB : Alpha와 RGB 효과 모두 Render Region 영역에 나타난다.

[2] RGB Only : Alpha 효과를 뺀 RGB 효과만 Render Region 영역에 나타난다.

[3] Alpha : RGB 효과를 뺀 Alpha 효과만 Render Region 영역에 나타난다.

[4] Red : Rendering 시 Red 값이 적용된 결과만 Render Region 영역에 나타난다.

[5] Green : Rendering 시 Green 값이 적용된 결과만 Render Region 영역에 나타난다.

[6] Blue : Rendering 시 Blue 값이 적용된 결과만 Render Region 영역에 나타난다.

8. All Option

Render Region 실행시 필요한 모든 속성들을 제어할 수 있는 다양한 속성들이 포함되어 있는 중요한 기능 창으로 기본적으로 Render Region의 전반적인 기능과 Mental ray에 대한 속성 지정 및 변경이 가능하다. 다만 Mental ray 속성 부분은 Render Option과 일치하기 때문에 Render Option 영역에서 다루기로 한다.

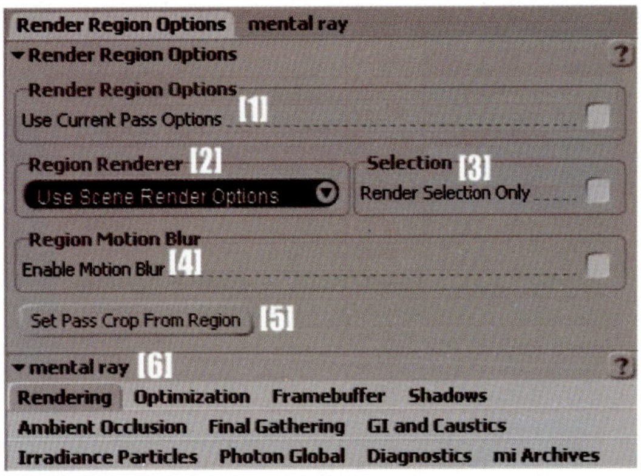

그림 6-11 Render Region 옵션

[1] Render Region Option 〉 Use Current Pass Option : Current Pass Option에 설정된 속성 값을 사용하여 Render Region을 실행한다.

[2] Region Renderer : Render 방법을 설정하는 창으로 Render Region Option의 설정 값을 사용하도록 기본 Default setting이 되어 있다. Hardware Renderer와 Mental Ray Renderer를 지정할 수 있다.

[3] Selection 〉 Render Selection : 선택한 Object에 대해서만 Render를 실행한다.

[4] Region Motion Blur 〉 Enable Motion Blur : Scene내에 있는 애니메이션 가운데 Motion Blur 기능을 적용하는 옵션으로 현재의 위치에서 Speed와 Offset 값을 지정하여 확인할 수 있다.

[5] Set Pass Crop From Region : Render Region option에서 설정된 Pass 지정을 Render Option으로 똑같이 복사하고자 할 경우 사용하는 명령어이다.

[6] Mental ray : SOFTIMAGE Mental ray 속성을 지정할 수 있는 옵션 창으로 Render의 Mental ray 속성 창과 동일한 명령 창이므로 Render 옵션과 Mental Ray 편에서 자세하게 설명하기로 한다.

9. Active Viewport Option

Viewport [A], [B], [C], [D]의 작업화면 중에서 활성화된 작업화면에 대해서만 Render Region에 관련된 Viewport 옵션을 지정할 수 있다.

10. Region Copy

Setting된 Region 속성 값을 Copy하는 기능으로 현재 Pass의 속성 값을 활성화된 Viewport에 Copy하거나 전체 Render Option을 활성화된 Viewport에 Copy하거나 모든 Viewport의 속성 값을 활성화된 Viewport에 Copy할 수 있으며 활성화된 Viewport의 속성 값을 현재 Pass에 Copy할 수 있다.

6-2-2 Render 기능

Render는 최종 Rendering에 대한 모든 기능과 옵션들이 들어 있는 명령 툴이다.

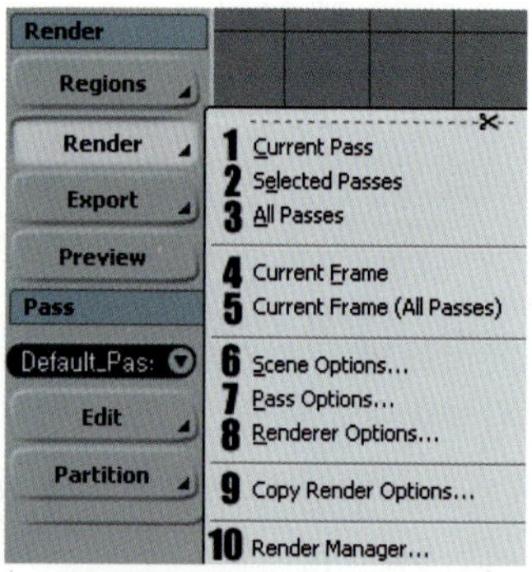
그림 6-12 Render 기능

1. Current Pass

현재 설정된 Pass에 대해 Rendering을 실행한다.

2. Selected Pass

선택된 Pass들에 대해 Rendering을 실행한다.

3. All Pass

Scene의 모든 Pass에 대해 Rendering을 실행한다.

4. Current Frame

현재 Frame에 대해 Rendering을 실행한다.

5. Current Frame(All Pass)

모든 Pass들의 현재 Frame에 대해 Rendering을 실행한다.

6. Scene Options...

Render를 위한 다양하고 세분화화된 기능들로 구성되어 있다. Render 결과 저장 경로나 이름 지정, Format, Padding, Size, Camera 지정, 해상도 조정 등 Render 결과의 품질보다는 결과를 컨트롤하기 위한 기능들이 많이 포함되어 있다.

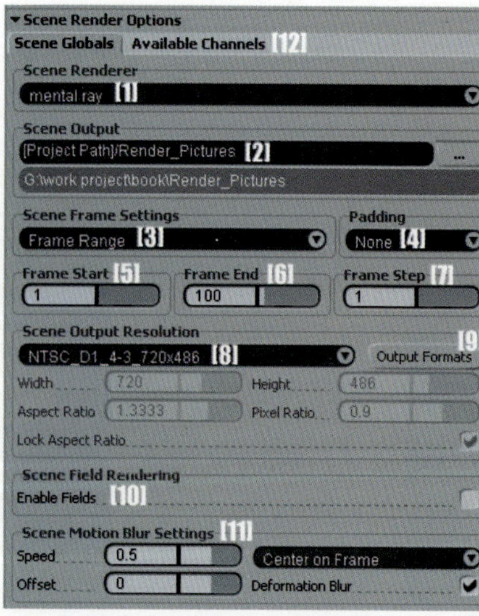
그림 6-13 Scene Option 속성 창

[1] Scene Renderer : Render 방식을 선택하는 기능 창으로 ① Hardware Renderer와 ② Mental ray 방식을 선택할 수 있다. Hardware renderer는 Current Pass내에서 현재 설정된 Camera viewport의 View 옵션에 따라 Rendering되는 방식이다. 즉 현재 Camera의 Viewport가 Wire frame 방식일 경우에 Rendering을 걸면 Wire

frame 형식으로 나타나게 된다. 다음은 Hardware Renderer의 Render Type이다.

Render Type	
	Bounding box: outputs to file the OpenGL rendered scene as seen in Bounding Box display mode.
	Wireframe: outputs to file the OpenGL rendered scene as seen in Wireframe display mode.
	Depth Cue: outputs to file the OpenGL rendered scene as seen in Depth Cue display mode.
	Hidden-line removal: outputs to file the OpenGL rendered scene as seen in Hidden-Line Removal display mode.
	Constant: outputs to file the OpenGL rendered scene as seen in Constant display mode.
	Shaded: outputs to file the OpenGL rendered scene as seen in Shaded display mode.
	Textured: outputs to file the OpenGL rendered scene as seen in Textured display mode.
	Textured Decal: outputs to file the OpenGL rendered scene as seen in Textured Decal display mode.
	DirectX9: outputs to file the DirectX rendered scene as seen in **Realtime Shaders > DirectX0** display mode.
	OpenGL: outputs to file the OpenGL rendered scene as seen in **Realtime Shaders > OpenGL** display mode.

그림 6-14 Hardware Renderer Render Type

[2] Scene Output : Rendering된 최종 결과 이미지를 저장하는 장소의 경로를 지정하고 저장할 Sequence 파일의 이름을 지정할 수 있다.

[3] Scene Frame Settings : Rendering 영역을 설정할 수 있는 기능으로 Frame Range와 Frame Set 그리고 Time line으로 설정할 수 있다.

① Frame Range 방식은 Start frame과 End frame을 지정할 수 있으며 Frame step에 해당하는 Rendering 간격을 조정하여 지정된 Rendering 영역 내에서 결과를 얻는다.

② Frame Set : Frame step에 해당하는 Rendering 간격을 조정할 수는 없으며 렌더링을 원하는 영역만을 지정하여 렌더링한다.

③ Time line 방식 : Frame에 대한 설정이 없으며 현재 Scene에 나타나 있는 Time Line의 전체를 Rendering하는 방식이다.

[4] Padding : Frame Range 방식에서 Rendering 결과의 자리수를 지정해 주는 기능이다.

〈표 6-1〉 Padding 종류 및 활용

This Option	Yields this result
(fn).#.(ext)	foo.1.pic
(fn).##.(ext)	foo.01.pic
(fn).###.(ext)	foo.001.pic
(fn).####.(ext)	foo.0001.pic

This Option	Yields this result
(fn)#.(ext)	foo1.tga
(fn)##.(ext)	foo01.tga
(fn)###.(ext)	foo001.tga
(fn)####.(ext)	foo0001.tga

[5] Frame Start : Frame Range rendering 방식에 나타나는 옵션이며, 렌더링의 Start frame을 지정할 수 있다.

[6] Frame End : Frame Range rendering 방식에 나타나는 옵션이며, 렌더링의 End frame을 지정할 수 있다.

[7] Frame Step : Rendering시 Frame의 간격을 지정해 줄 수 있다. 예를 들어 Frame Step의 수치를 “2”로 지정하면 Start frame으로부터 2Frame 간격으로 Rendering한다.

[8] Scene Output Resolution : Rendering 출력 해상도를 지정해 주는 기능 창이다.

[9] Output Formats : Rendering 출력 형태를 재지정해주는 기능 창으로 이미지 출력방식 설정이나, 출력 이미지의 사이즈와 Pixel Ratio 비율 등을 지정해 줄 수 있다.

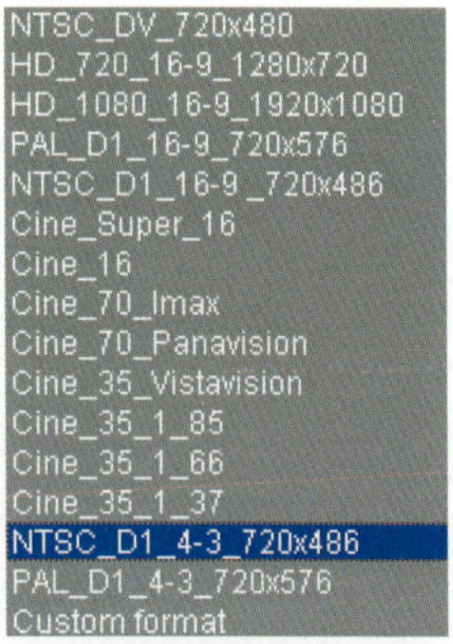

그림 6-15 Rendering 출력 해상도

① Preset : 렌더링 출력 방식 설정

② Save Custom Preset : 현재 설정된 Output format을 Preset 형식으로 저장하여 향후 동일한 조건으로 Rendering을 걸거나 다른 작업환경에서 이미 지정된 Output format 방식을 활용할 경우 사용할 수 있다.

③ Camera 〉 Picture Standard : Camera 촬영 국제 표준 방식을 선택한다.

④ Camera 〉 Picture Ratio : Rendering용 촬영 Camera의 가로*세로 비율을 설정한다.

⑤ Image Resolution 〉 Resolution X : Rendering 출력 이미지의 가로 크기를 설정한다.

⑥ Image Resolution 〉 Resolution Y : Rendering 출력 이미지의 세로 크기를 설정한다.

⑦ Image Resolution 〉 Pixel Ratio : 출력 이미지의 가로*세로의 비율을 설정한다.

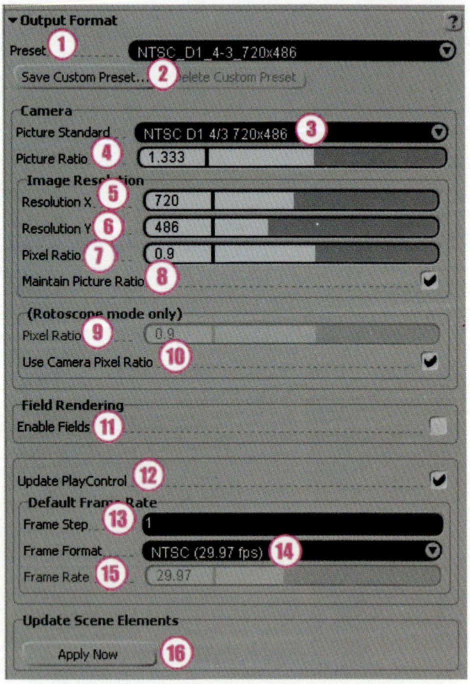

그림 6-16 Scene Output Formats 속성 창

⑧ Image Resolution 〉 Maintain Picture Ratio : 활성화된 Picture Ratio에 대해 체크 시 가로*세로 중 어느 하나의 크기를 조절하면 다른 하나는 Picture Ratio에 의해 자동으로 변환된다.

⑨ (Rotoscope mode Only) 〉 Pixel Ratio : Rotoscope mode에서만 사용되며 Rotoscope 이미지의 가로*세로 비율이다.

⑩ (Rotoscope mode Only) 〉 Use Camera Pixel Ratio : 사용하는 Camera의 Pixel Ratio 비율을

사용하여 Rotoscoping한다.

⑪ Enable Fields : Field Rendering을 실행하는 옵션 기능 창이다.

⑫ Update Play Control : Play 옵션에 대한 변경이 가능하도록 옵션을 지정해 줄 수 있다.

⑬ Default Frame Rate 〉 Frame Step : Play되는 Frame의 간격을 지정해 줄 수 있다.

⑭ Default Frame Rate 〉 Frame Format : Play시 적용되는 방식에 대한 변경이 가능하다.

⑮ Default Frame Rate 〉 Frame Rate : Play 방식에 따라 달라지는데 초당 Frame 수를 지정할 수 있는 기능 창으로 초당 Frame 수를 임의로 지정이 가능하다.

⑯ Update Scene Elements 〉 Apply Now : 옵션 창 내에 변경된 모든 Option 값을 적용하여 Rendering될 수 있도록 적용 기능을 수행한다.

[10] Scene Field Rendering : Field Rendering은 수평 스캔라인의 두 가지 교대 필드(홀수와 짝수) 렌더링으로 구성된다. 비디오용 이미지를 만들 때 Frame으로 하는 대신에 Field로 렌더링을 할 수 있다. 이것은 카메라에 아주 가깝게 움직이는 큰 Object 또는 빠르게 움직이는 Object로부터 생기는 Strobing 효과를 줄인다. 빨리 움직이는 Object의 Strobing 효과를 최소화하고자 한다면 Field rendering이나 Motion Blur를 사용한다.

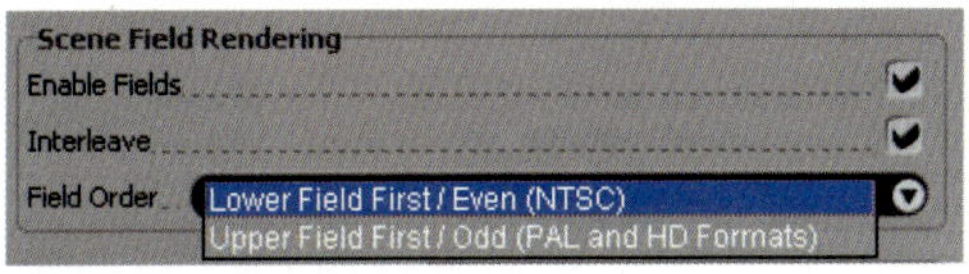

그림 6-17 Field Rendering Option

Field 렌더링은 비디오카메라 shot과 비슷하지만 보다 "electronic한 모습을 만들게 되고 Motion blur는 필름위의 Material shot처럼 보이게 된다. 보통 비디오로 렌더링하고 스트로빙 없는 애니메이션에 아주 부드러운 모션을 원할 경우 또는 비니오카메라로 찍은 재질을 매치시킬 필요가 있을 때 Field rendering 방식을 선택한다.

① Enable Field 옵션을 활성화하면 Field rendering 방식으로 렌더링을 한다.

② Interleave : SOFTIMAGE는 내장된 Interleave 기능을 사용하여 Field를 Merge한다.

③ Field Order : Field 방식으로 출력할 적절한 Format을 지정한다. Lower Field First/Even(NTSC) 방식과 Upper Field First/Odd(PAL) 방식이 있다. Even은 짝수 dominance를 사용하여 필드 렌더링을 한다. Mental ray에 의해서 짝수 프레임 번호가 홀수 필드를 갖고 있는 것을 의미한다. 이것은 PAL 비디오 표준에 사용되는 Dominance이다.

반면 Odd는 홀수 dominance를 사용하여 필드로 렌더링한다. Mental ray에 의해 이것은 홀수 프레임 번호가 홀수 필드를 갖고 있다는 것을 의미한다. 이것은 NTSC 비디오 표준에 사용되는 Dominance이다.

Format : Format 설정은 Out format을 실행한 뒤 설정하고자 하는 영상 Format을 설정하면 된다.

[11] Scene Motion Blur Settings : 카메라와 피사체(혹은 배경) 간의 상대적인 움직임에 의해 발생하

그림 6-18 Render 결과

는 이미지의 흐림 혹은 번짐 현상을 말하는 것이다. 상대적인 움직임이라고 한 이유는 카메라는 고정되어 있는데 배우나 물체가 움직일 수도 있고, 물체는 가만히 있는데 카메라가 움직이는 경우도 있기 때문이다. 어떤 경우든 카메라의 셔터의 동작 속도보다 (상대적인) 움직임이 빠른 경우 한 장의 프레임 내에 움직이는 이미지나 배경이 번진 채로 저장된다. 컴퓨터 애니메이션 (2D 또는 3D는)은 컴퓨터 시뮬레이션 시간 및 또는 현실에 있는 각 프레임은 3D 렌더링으로 만드는 애니메이션이 보여주는 동안의 빠른 움직임 또는 빠른 운동의 개체가 만들거나 더 자연스러운 또는 매끄러운 이동의 동작에 대해 각 프레임이 완벽한 인스턴트를 제때(카메라에 끝도 없이 빠른 셔터와 유사한 의미) 보여준다.

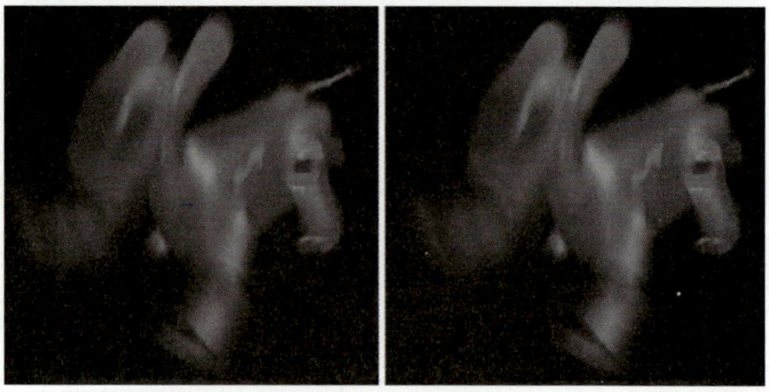
그림 6-19 Motion Blur 효과

Motion Blur는 특정 움직임을 갖는 Object나 캐릭터의 잔상효과를 통해 보다 사실적인 움직임이 표현되도록 제작하는 방식이다. 물론 잔상효과를 정교하게 표현할수록 렌더링 속도에 영향을 미치게 된다.

이러한 Motion Blur 현상은 Object의 Shape 변화를 참조한다. 예를 들어 Envelope된 캐릭터는 Skeleton deformation이므로 이 모드를 사용해야 한다. 각 정점의 모션 벡터 값을 모두 계산해야 하므로 Transformation Motion Blur보다 렌더링이 오래 걸린다.

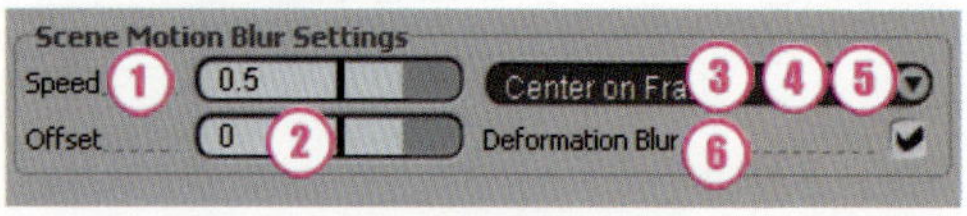

그림 6-20 Motion Blur 속성 창

① Speed : Camera의 Shutter speed를 결정하는 옵션으로 한 Frame 내의 한 지점으로부터 다른 Frame의 지점의 동일 지점이 머무르는 Shutter의 길이다. Speed가 "0"일 경우 Motion Blur 효과는 나타나지 않는다. 반면 Speed의 수치가 높다는 것은 Shutter Speed가 느리다는 의미이다. 렌더링 속도에 많은 영향을 주며 SOFTIMAGE Motion Blur는 adaptive이다. 즉 필요할 때만 보다 많은 수의 샘플을 취한다. 따라서 Speed의 시간이 길수록 렌더링 시간도 증가한다.

② Off set : Shutter의 Open되는 시간이다.

③ Center on Frame : 현재 Frame을 기준으로 전/후에 Motion Blur 효과를 적용한다.

④ End on Frame : Frame의 마지막 움직임을 기준으로 Motion Blur 효과를 만들어낸다.

⑤ Start on Frame : Frame의 처음 움직임을 기준으로 Motion Blur 효과를 만들어낸다.

⑥ Deformation Blur : Deformation Blur 효과를 적용할지 안 할지를 결정하는 옵션이다.

[12] Available Channels : 기본적으로 활용되는 Channel 목록으로 새로운 Channel을 추가하거나 기존에 Setting된 Channel을 삭제할 수 있다. Rendering 시 Pass나 Partition과 같은 개념으로 원하는 옵션을 Channel로 분리하여 각 Channel마다 효과를 달리 적용하거나 Channel별로 Rendering을 할 수 있도록 환경을 설정할 수 있다.

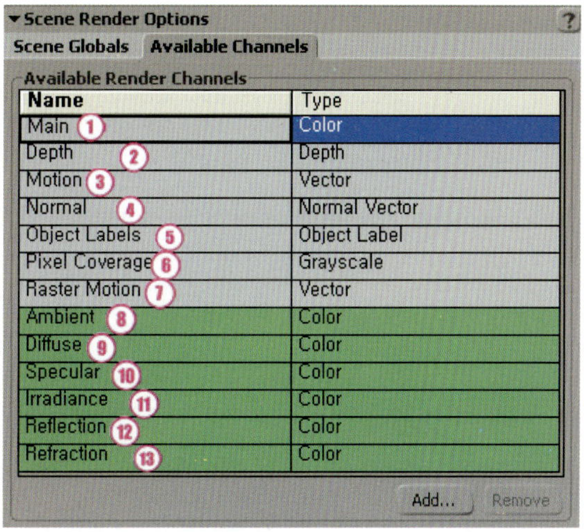

그림 6-21 Available Channels

[Name & Type] 중 추가하고 싶은 항목을 지정하고 〉 Add 버튼을 눌러준다.

① Main은 Beauty Pass로 이것은 모든 Shader에 최종 Effect이다. 이는 Color Type이다.

② Depth : Camera와 Object와의 거리다.

③ Motion : Motion에 관련된 Channel이다.

④ Normal : Normal 방향에 관련된 Channel이다.

⑤ Object Labels : Label로 지정된 Object에 대한 Channel이다.

⑥ Pixel Coverage : Pixel에 적용된 Color 값에 대한 Channel로 Gray scale Type이다.

⑦ Raster Motion : 움직임에 대한 Channel로 Vector 값에 대한 정의이다.

⑧ Ambient : Ambient Color Channel로 이는 Color Type이다.

⑨ Diffuse : Diffuse Color Channel로 이는 Color Type이다.

⑩ Specular : Specular Color Channel로 이는 Color Type이다.

⑪ Irradiance : Irradiance Color Channel로 이는 Color Type이다.

⑫ Reflection : Reflection Color Channel로 이는 Color Type이다.

⑬ Refraction : Refraction Color Channel로 이는 Color Type이다.

7. Pass Options...

Pass 적용시 해당되는 Pass의 Rendering에 관련된 Option 창으로 각 Pass별로 다양한 Option을 지정해 주도록 별도의 Pass 옵션을 설정해 줄 수 있다. Pass는 Pass별로 결과를 Rendering할 수 있는 Out Put 모드와 동영상으로 제작할 수 있는 Move 모드, 그리고 확장자를 지정해주고 새로운 형식의 결과를 추출하여 저장할 수 있는 Archive 모드 그리고 각종 Pass에 관련된 Shader를 지정할 수 있는 Pass Shaders 모드로 구분되어져 있다. 이제부터 그 각각의 모드별 기능과 특징 사용방법에 대해 알아보도록 한다.

(1) Output 모드

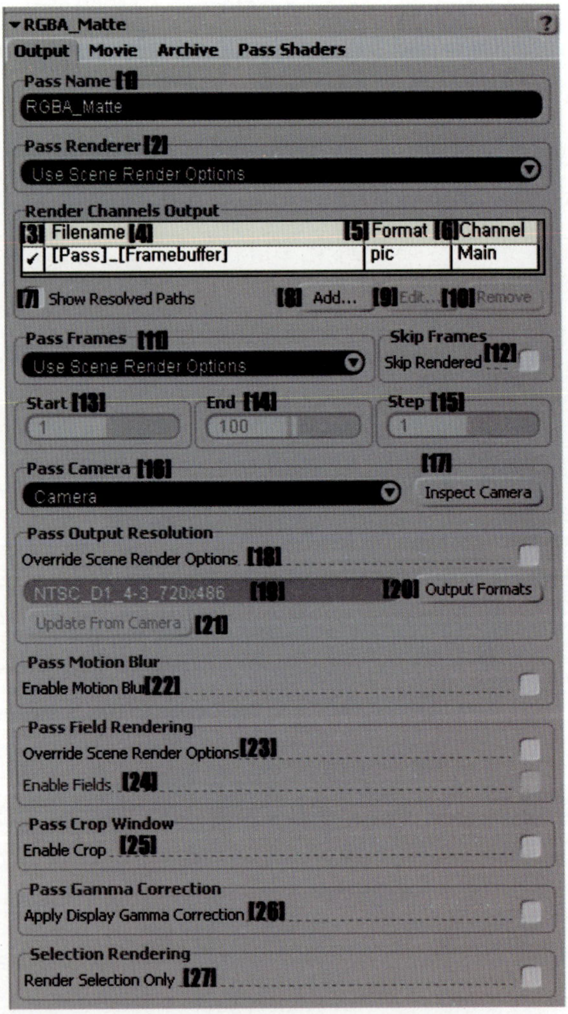

그림 6-22 Pass의 Output을 위한 다양한 기능옵션

[1] Pass Name : 지정된 Pass의 이름을 변경할 수 있다. Pass의 형태와 종류가 다양할 경우 이름을 정확하게 지정해 놓지 않으면 작업상 매우 혼동이 되는 경우가 많으므로 반드시 각 Pass 또는 Partition별로 정확한 이름을 지정해야 한다.

[2] Pass Renderer : Pass Renderer를 결정하는 옵션으로 기본적으로 Scene Renderer를 사용하도록 설정되어 있는데 만약 Renderer를 변경할 경우 원하는 Render 방식을 선택하면 된다.

[3] Channel check : Pass내에 존재하는 여러 Channel이 있을 경우 Rendering을 원하지 않는 Channel에 대해서는 Check를 해제하도록 한다.

[4] Filename : 렌더링 결과 파일에 대한 이름을 지정할 수 있다. 반드시 Pass별로 별도의 Rendering 결과의 이름을 따로 지정해 주어야 한다. 만약 그렇지 않을 경우 Pass에 대한 결과의 이름이 동일하게 지정될 경우 원하는 Rendering data를 얻을 수 없다.

[5] Format : Rendering 결과에 대한 파일 Format을 확인한다.

[6] Channel : 현재 지정된 Channel의 목록을 확인한다.

[7] Show Resolved Paths : 현재 Pass의 경로를 Filename 창에서 보다 정확하게 확인할 수 있는 기능이다.

[8] Add : Pass 내에 Channel을 추가(Add)할 수 있는 기능이다. SOFTIMAGE에서 추가 가능한 Channel의 형태는 다음과 같다.

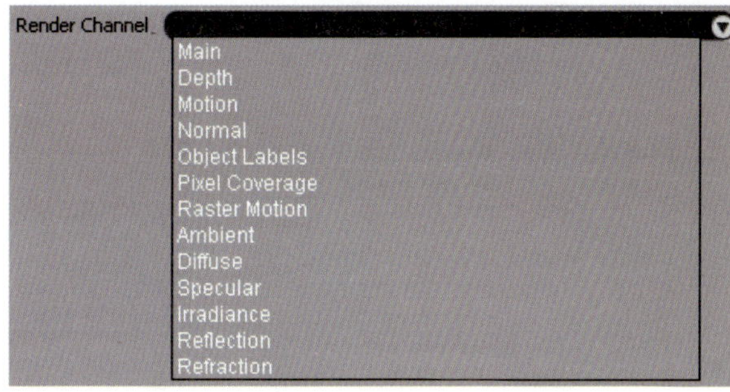

그림 6-23 다양한 Render Channel

① 각 Channel 옵션을 활용하여 만들어질 수 있는 결과는 다음과 같다.

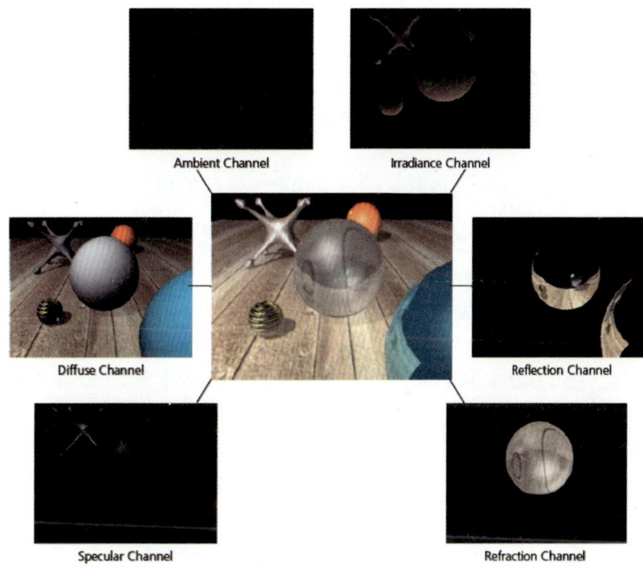

그림 6-24 다양한 Render Channel 결과 이미지

② Scene 또는 Pass내에서 사용되는 Channel은 Explore 창에서 한번에 확인이 가능하다.

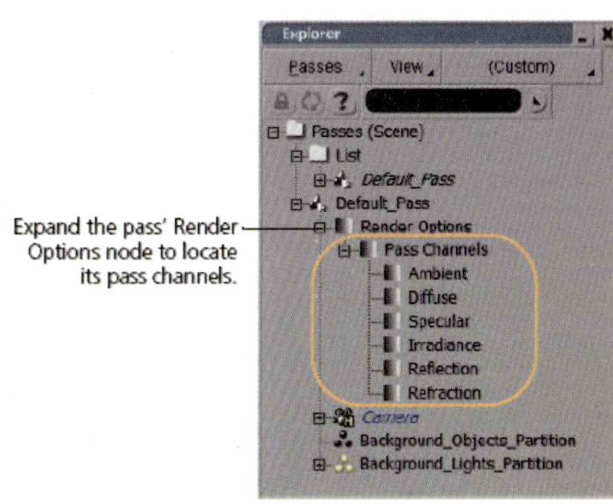

그림 6-25 Explore 창에서의 render Option

[9] Edit : 현재 선택된 Channel의 편집 창을 열 수 있는 중요한 기능으로 Render file name과 위치 경로, Render file Format, Bit 수를 지정해 줄 수 있다.

① Enable : Rendering 체크가 활성화되어 있는 경우 Render가 가능한 Pass를 의미한다.

② Out Put : 최종 Rendering 결과 파일의 이름을 지정한다.

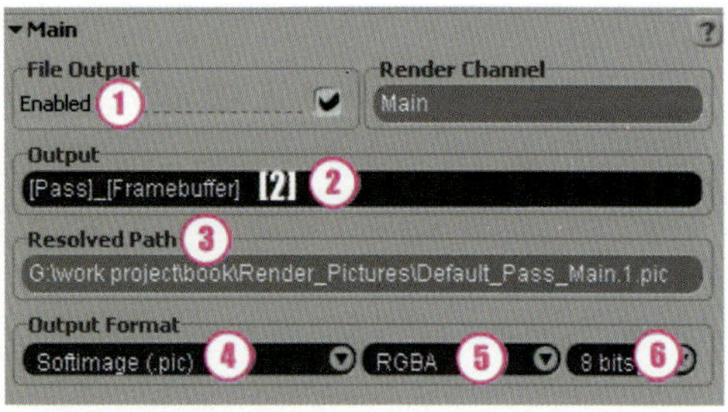

그림 6-26 Edit 명령 창

③ Resolved Path : 설정된 Pass 경로를 확인할 수 있다.

④ Output Format : 최종 Rendering 결과 파일의 Format을 지정한다.

⑤ Color Channel : 최종 Rendering 결과 파일에 대한 Color 속성을 지정한다.

⑥ Bits : 최종 Rendering 결과 파일의 Bits수를 지정한다.

[10] Remove : 선택한 Channel을 삭제한다.

[11] Pass frame : Render Option에 있는 Rendering 영역을 지정하는 Option과 동일한 기능으로 Rendering Time 영역을 설정한다. Frame Range와 Frame Set 그리고 Time line으로 설정할 수 있다.

① Frame Range 방식은 Start frame과 End frame을 지정할 수 있으며 Frame step에 해당하는 Rendering 간격을 조정하여 지정된 Rendering 영역 내에서 결과를 얻는다.

② Frame Set : Frame step에 해당하는 Rendering 간격을 조정할 수는 없으며 렌더링을 원하는 영역만을 지정하여 렌더링한다.

③ Time line 방식 : Frame에 대한 설정이 없으며 현재 Scene에 나타나 있는 Time Line의 전체를 Rendering하는 방식이다.

[12] Skip Rendered : Rendering 도중에 중단되었을 경우 이미 Rendering된 Frame까지는 건너뛰고 그 다음 Frame부터 렌더링이 되도록 하는 기능을 설정한다.

[13] Start : Pass frame 방식을 Frame Range, Frame Set 등으로 설정했을 경우 그 시작 Frame을 지정하는 곳이다.

[14] End : Pass frame 방식을 Frame Range, Frame Set 등으로 설정했을 경우 그 끝 Frame을 지정하는 곳이다.

[15] Step : Rendering 시 Render Frame의 간격을 설정하는 곳으로 지정한 Frame수만큼 건너뛰면서 Rendering을 진행한다.

[16] Pass Camera : Rendering에 관계되는 Camera를 지정해주는 곳이다.

[17] Inspect Camera : 지정된 Camera의 속성 창을 열 수 있다. 여기서 카메라의 기본적인 속성을 변경하여 원하는 카메라 Setting을 할 수 있다. Camera의 속성 창을 여는 방법은 카메라 모드의

카메라 Property 명령을 실행하거나 Explorer 창에서 열고 싶은 카메라를 더블클릭하거나 카메라 아이콘을 클릭하면 된다.

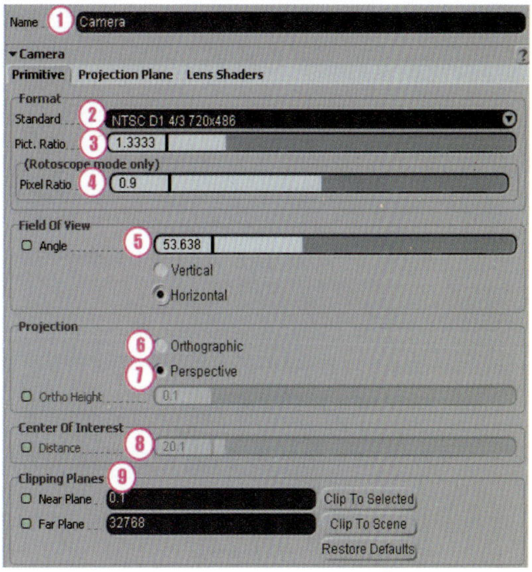

그림 6-27 Camera 옵션 창

① Name : 현재 카메라의 이름을 변경해 줄 수 있다.

② Format Standard : 영상출력 방식이며 PAL과 NTSC 방식이 대표적인 국제출력방식인데 우리나라의 경우 NTSC 국제표준방식을 채택하고 있다.

③ Pic. Ratio : 이미지의 출력 비율로 세로를 1로 기준했을 때 가로는 1.33의 비율을 갖는 이미지로 보여준다. 이 비율을 변경하면 작업화면의 비율이 바뀌게 된다.

④ Pixel Ratio : 이미지를 만드는 Pixel의 비율을 산정하는 옵션이다.

⑤ Angle : Camera가 Camera의 Interest를 기준으로 몇 도의 각도로 화면을 보여줄 것인가를 정해주는 옵션이다. 즉 Zoom의 기능을 담당하는 영역으로 각도가 작으면 Zoom in과 같은 현상으로 Close되어 보이고 각도가 크면 Object는 Zoom out되어 보인다.

⑥ Projection Orthographic : 모든 Object가 카메라에 비춰지는 형태가 평면의 형태이다. 즉 렌즈의 굴곡을 가진 각도를 산정하지 않고 모든 면이 동일한 평면상에 존재한다는 가정 하에서 촬영이 되는 것이다. 그러므로 Object의 크기에 변화가 없어 보인다. 이 모드는 건축물 제작이나 엔지니어분야의 작업 시 많이 활용된다.

⑦ Projection Perspective : 깊이 값을 가지고 있기 때문에 Object가 카메라로부터 멀리 떨어져 보이게 된다.

Ortho Height는 Camera View에 있는 Scene Object들이 포함할 수 있도록 최대/최소의 수치를 지정해 주는 기능 창이다.

⑧ Center of Interest 〉 Distance : 카메라와 카메라 Interest와의 거리를 지정해주는 기능 창이다.

⑨ Clipping plane은 작업을 하다가 Object를 아주 가까이서 보고자 할 경우 Object가 잘려서 보이지 않은 경우가 있다. 이것은 Near Plan의 값을 기본 값인 0.1보다 작게 하면 보이게 된다. 이것은 Camera의 Center로부터 0.1(Unit) 거리에서부터 계산해 본다는 의미이다. 특정 Object에 가까이 가는 장면이 없다면 이 수치를 조금 크게 해서 Rendering 속도를 향상시킬 수 있다.

[18] Override Scene Render Option : 현재 Pass에 대해 출력 Format을 활성화하면 Default로 설정된 해당 Scene에 대해 Override할 수 있다.

[19] 현재 Rendering 출력방식 : Override할 Rendering 출력 방식을 결정한다.

[20] Output Format 옵션 창 : Override할 Rendering 출력 Format을 결정한다.

[21] Update from Camera : Override할 Rendering Camera의 속성 변화 값을 Update한다.

[22] Enable Motion Blur : 현재 Pass에 대해 Motion Blur 효과를 적용하여 Rendering한다.

[23] Override Scene Render Option : Scene Render Option을 Override한다.

[24] Enable Fields : Field Rendering을 활성화한다.

[25] Enable Crop : 현재 Pass의 Rendering 영역을 지정된 수치를 값을 기준으로 잘라내기(Crop)한다.

[26] Apply Display Gamma Correction ·

[27] Render Selection Only : Scene에 있는 모든 Object(Element)이나 Pass 전체에 대한 Rendering이 아니라 선택된 Object에 대한 Rendering 작업을 할 수 있도록 한다.

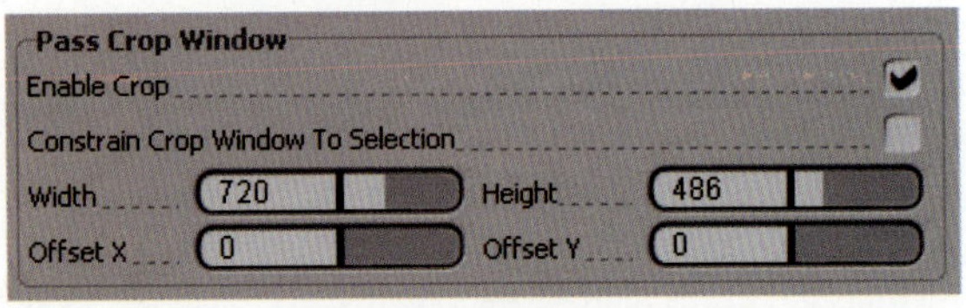

그림 6-28 Crop 기능 활성 및 옵션

(2) Movie 모드

Rendering하는 동안 Sequence 파일을 만들면서 동시에 하나의 동영상 Clip으로 제작이 가능하다.

[1] Create : 현재 Rendering되는 파일에 대해 동영상 제작을 원할 경우 활성화시킨다.

[2] Format : 동영상 파일 AVI, Quick Time 등의 Format을 지정해 줄 수 있다.

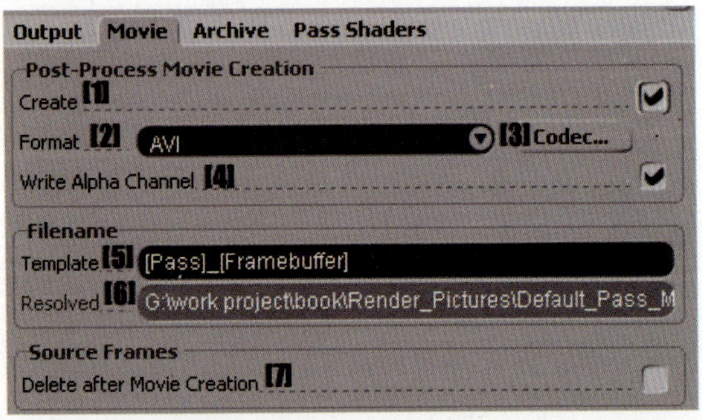

그림 6-29 Movie 제작 모드에서의 기능 창

[3] Codec...: 동영상 제작시 동영상 Play 압축 방식을 선택한다. Key frame 간격과 데이터 속도를 지정할 수 있고 각종 구성요소의 속성을 변경할 수 있다.

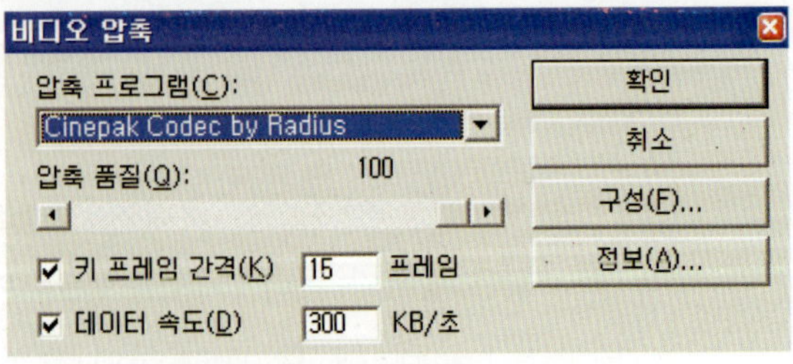

그림 6-30 비디오 압축 코덱 설정

[4] Write Alpha Channel

[5] Template : 결과 이름을 지정한다.

[6] Resolved : 결과 경로를 지정한다.

[7] Delete after Movie Creation : 체크로 활성화하게 되면 동영상 제작 후 사용했던 Sequence 파일을 자동으로 삭제하고 동영상 파일만 남긴다.

(3) Archive 모드

[1] Filename : *.mi2 files(Scene Render Archives)를 Export하기 위해 File Name을 지정해준다.

[2] Resolved Path : *.mi2 files의 결과 경로와 이름을 지정해 줄 수 있다.

[3] Scene Archiving > Export all Files to a Single archive : 하나의 Single archive에 대해 모든 파일을 Export한다.

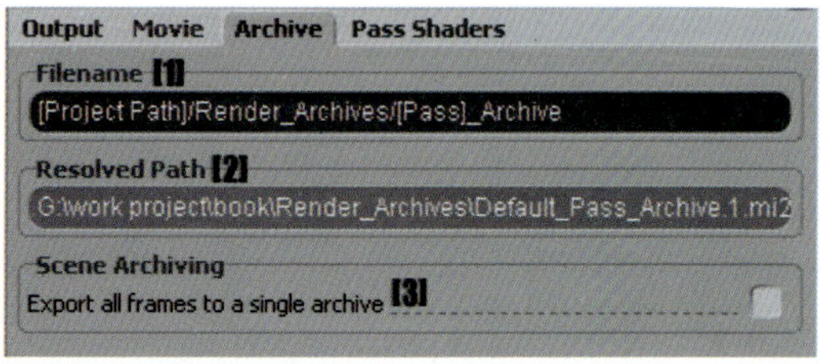

그림 6-31 Archive 모드 기능 창

(4) Pass Shader 모드

[1] Environment : 결과에 대해 환경 Map 지정

[2] Add : Environment에 관련된 Shader 지정

[3] Delete : Environment내에서 선택된 Shader 효과 삭제

[4] Inspect : Environment내에서 선택된 Shader에 대한 편집 기능 창 열기

[5] Out Put : 결과 출력에 대해 다양한 Shader 지정

[6] Add : Out Put에 관련된 Shader 지정

[7] Delete : Out Put내에서 선택된 Shader 효과 삭제

[8] Inspect : Out Put내에서 선택된 Shader에 대한 편집 기능 창 열기

[9] Volume : 결과에 대해 Volume 효과 지정

[10] Add : Volume에 관련된 Shader 지정

[11] Delete : Volume내에서 선택된 Shader 효과 삭제

[12] Inspect : Volume내에서 선택된 Shader에 대한 편집 기능 창 열기

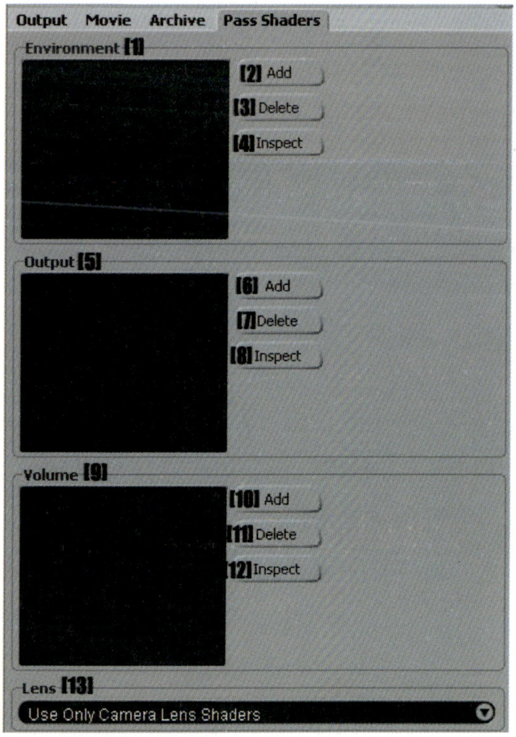

그림 6-32 Pass Shaders 기능 창

[13] Lens : Camera의 Lens shader에 관련된 선택 옵션 창이다.

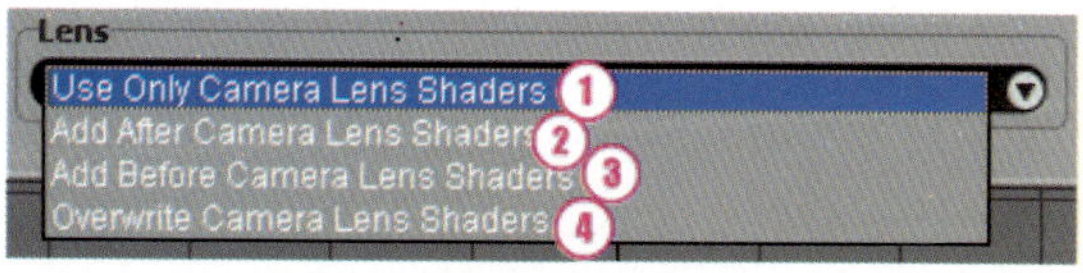

그림 6-33 Lens Shader 선택 모드

① Use Only Camera Lens Shaders : 현재 Pass는 현재의 Camera에 대해 적용된 Lens Shaders를 사용한다. Pass에 대해 특별한 Lens Shaders를 허락하지 않는다.

② Add After Camera Lens Shaders : Camera에 대해 어떠한 Lens Shaders를 적용한 후에 선택한 Lens Shader를 적용한다.

③ Add Before Camera Lens Shaders : Camera에 대해 어떠한 Lens Shaders를 적용하기 전에 선택한 Lens Shader를 적용한다.

④ Override Camera Lens Shaders : Camera에 대해 어떠한 Lens Shaders를 적용하는 것 대신에 선택한 Lens Shader를 적용한다.

8. Renderer Options

Rendering 옵션은 렌더링에서 필요한 Mental ray setting에 필요한 옵션들이 포함되어 있다. 지금부터 Rendering Option에 있는 각각의 주요 옵션들에 대해 알아보도록 한다. (1) Rendering 기능부터~(11) mi Archives 기능까지 그 특징과 사용방법에 대해 알아보도록 한다.

(1) Rendering

[1] Primary Rays > Type : Mental ray 렌더링 소프트웨어는 세 가지 렌더링 기법으로 조절한다. 즉 Raytracing, Scan Line, 그리고 Rasterizer가 있다. 일반적으로 Mental ray는 Scene의 데이터를 계산하기 위해 Scan line 알고리즘과 Raytracing 알고리즘을 조합하여 사용한다. Mental ray는 이미지의 컬러 값을 계산하기 위해 먼저 Scan line 기법을 사용한다. 카메라 렌즈의 유형이나 Object의 Surface의 반사나 굴절에 의해서 ray가 방향을 바꿀 때 Mental ray는 Raytracing 기법으로 자동으로 변환된다. Scan line 렌더링이 없으면 렌더링 속도는 더 느려진다.

Raytracing이 없으면 투명도 효과는 렌더링되지만 반사 효과는 계산되지 않고 굴절 효과는 산출되지 않는다.

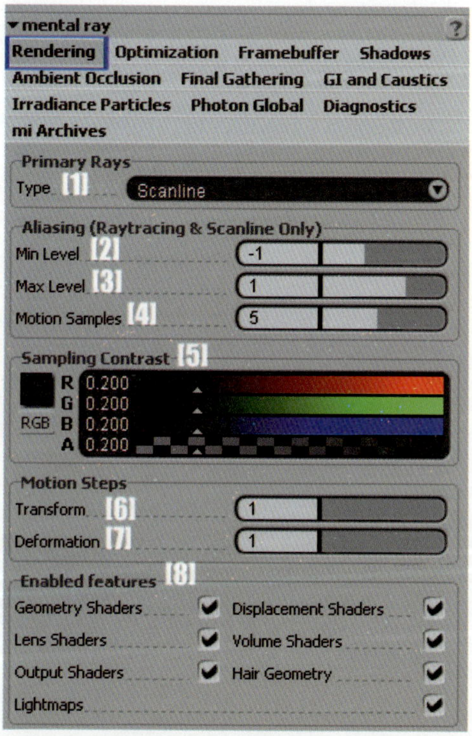

그림 6-34 Mental ray의 Rendering 속성 창

그러나 환경 Map들은 Raytracing 없이 여전히 작동할 수 있다.

① Raytracing : Raytracing 렌더링 알고리즘을 활용한 Rendering 방식이다. 즉 Reflection과 Refraction의 Ray 효과가 렌더링된다. Raytracing은 사실적이고 정확한 결과를 렌더링하지만 그만큼 시간을 소모하게 된다. 만약 Scene 내에 반사, 굴절, 투명도 또는 그림자를 포함하는 효과가 있을 경우 그 모든 것을 렌더링하는 데는 많은 시간이 소모된다. 그러나 Mental ray는 제작자가 원하는 효과에 대해서만 렌더링을 할 수 있도록 한다.

그림 6-35 Raytracing Rendering

② Scan Line : Scan line 렌더링 알고리즘을 활용한 Rendering 방식이다. Raytracing 방식보다는 빠른 렌더링 속도를 보이지만 Scan Line 렌더링 방식은 그 결과에 있어서 사실적인 느낌은 Raytracing보다는 줄어든다. 즉 반사와 굴절이 되면 그 효과에 대해 정확하게 산출하지 않는다.

③ Rasterizer : Motion Blur 제작에 효율적인 결과를 제작해 주는 렌더링 방식이다.

그림 6-36 Scan Line Rendering

[2] Aliasing 〉 Min Level : 렌더링 시 2D 렌더링 이미지 결과를 보면 Object의 외곽 모서리에 들쭉날쭉 각이 지는 현상(일명 계단현상)인 Aliasing 효과를 볼 수 있다. 이는 렌더링 결과가 Pixel 방식으로 표현되기 때문에 어떤 해상도에도 나타날 수 있는 현상이지만 렌더링 방식 및 옵션 조절로 인해 Aliasing 효과를 줄일 수 있다.

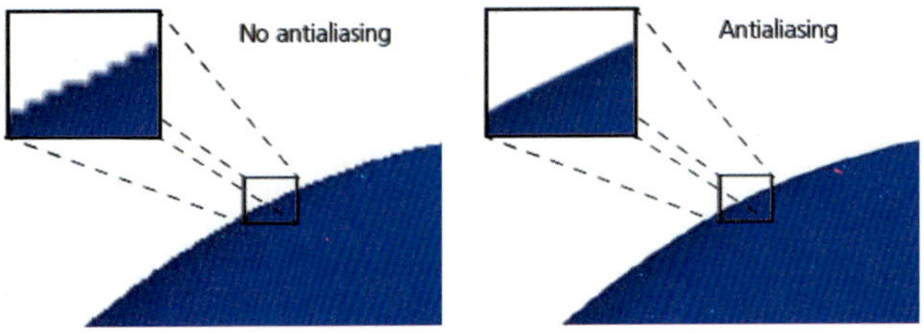

그림 6-37 Anti aliasing 적용 전후 결과비교

일반적으로 Anti aliasing은 렌더링 속도와 렌더링 이미지 품질에 가장 큰 영향을 미친다. Anti aliasing은 광이 나는 표면의 효과를 증대시키고 각진 모서리 부분을 부드럽게 처리해 주며 날카로운 부분은 더욱 날카롭게 표현 가능하게 해준다. 이는 Pixel 영역을 Sub sampling하는 수학적 알고리즘을 통해 주위 Sample들을 평균화시키는 원리이다.

이러한 계산의 결과로 Anti-aliasing은 렌더링 시간을 증가시키는 요인이 될 수 있다. 그러므로 화면을 가득 채우고 Long Shot이 주를 이루는 Scene에서는 Anti-aliasing 렌더링 효과를 적용하지 않도록 한다. Long shot object들의 Aliasing 효과는 크게 눈에 띄지 않기 때문이다. 오히려 동일한 Quality 대비 렌더링 시간은 몇 배가 더 걸릴지도 모르는 일이다. Aliasing 옵션 tab에서 확인할 수 있는 옵션은 Min Level과 Max Level이다. 이 Parameter는 Pixel의 컬러를 정하기 위해 평균화된 주위 컬러 값을 비교하는데 사용되는 Sample의 개수를 의미한다. Min Level과 Max Level의 기본 값은 "−2"와 "0"이다. 입력 값의 범위는 슬라이더로는 Min : −3, Max : 6. 직접 입력으로는 Min : −5, Max : 7까지 가능하고 Min과 Max의 차이 값은 "3"을 초과할 수 없다. Sampling Level은 단계별로 "2"의 제곱씩 상승하게 되는데 −5 Level에서 1024 Pixel당 1번의 Sampling을 하고 제곱으로 상승하여 "0" Level에서 1 Pixel당 1번의 Sampling을 한다.

여기서 Min Sample이 "0"이면 Pixel이 적어도 하나 Sampling화된다. Default 최소가 "−1"이라면 펼치는 각 4개의 Pixel당 하나가 Sample화 된다(2-by-2 Pixel 사각형).

−5 = 1 sample every 1024 pixels (32 × 32)
−4 = 1 sample every 256 pixels (16 × 16)
−3 = 1 sample every 64 pixels (8 × 8)
−2 = 1 sample every 16 pixels (4 × 4)
−1 = 1 sample every 4 pixels (2 × 2)
0 = 1 sample per pixel
1 = 4 sample per pixel
2 = 16 sample per pixel
3 = 64 sample per pixel
4 = 256 sample per pixel
5 = 1024 sample per pixel
6 = 2048 sample per pixel

다음 그림을 참조하면 보다 쉽게 이해를 할 수 있다.

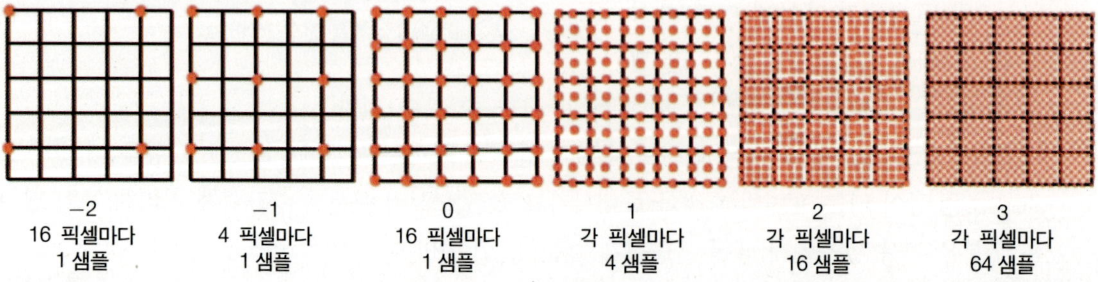

그림 6-38

"0" Level에서는 모든 Pixel에서 Sampling이 이루어지므로 Aliasing 현상을 피할 수 없다. Level이 "1"이 되면 각 Pixel은 4개의 Sub Pixel로 분리되어 Sampling된다. Level "5"에서는 각 Pixel은 1024개의 Sub Pixel로 분할된다.

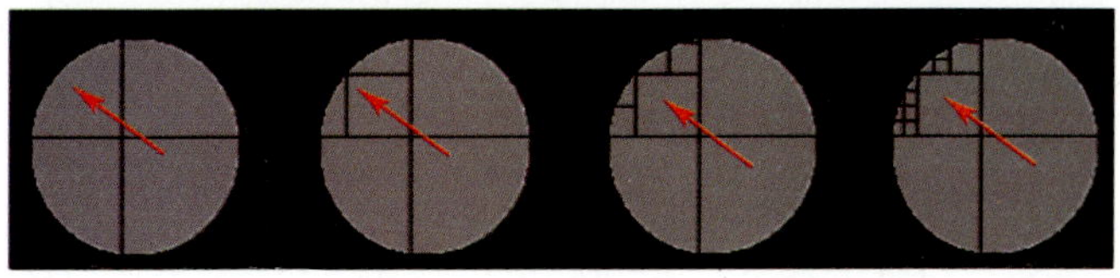

그림 6-39 Sub pixel 분할원리

[3] Aliasing 〉 Max Level : Sampling이란 하나의 Pixel을 완성하기 위해 필요한 정보를 반복적으로 수집하는 과정이다. Default Sampling으로 Pixel "1"은 "3"과 비교된다. 만약 이 차이가 특정대비보다 크다면 Sample의 Level은 증가된다. 새 Sampling은 Pixel 1과 Pixel 2를 비교한다. 그리고 세 번째 Pass가 대신하고 각 Pixel은 네 개의 Sub Pixel로 나누어진다.

최대 샘플링과 최소 샘플의 최대 차이는 "3"이다. 이 한계는 필요한 총 메모리를 제한하여 이런 식으로 성능을 최적화하는 것을 의미한다.

Anti aliasing Level에 따른 Scene의 Sampling 정도는 Diagnostic Mode에서 View Sampling을 체크함으로써 화면에서 확인할 수 있다.

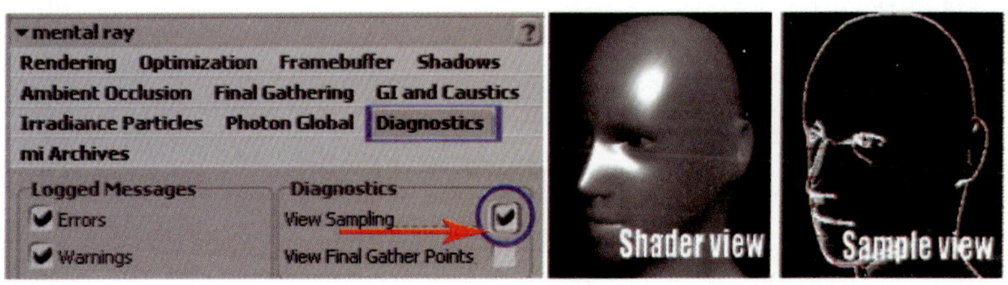

그림 6-40 Diagnostics 옵션

[4] Motion Samples : 각 Color Sample을 계산하기 위해 Motion Sample의 수를 계산한다.

[5] Sampling Contrast : Sampling Threshold 슬라이더를 설정한다. 만약 주위의 Sample 사이의 차이가 이 Level보다 더 크다면 다른 Sampling Level이 나타날 것이다. Sampling Contrast의 각 Color(RGB)의 값이 더 작으면 작을수록 렌더링된 이미지와 Threshold 사이의 대비 차이를 줄이기 위해서 총 Sampling의 양은 더 커질 것이고 Anti aliasing 효과는 더욱 부드럽게 나타난다.

[6] Motion Steps 〉 Transform : Motion Blur 현상을 나나낼 경우 Motion Transform 모드는 Object의 Scaling, Rotation, Transition 데이터만을 참조한다. 그리고 Transform Parameter는 Motion Blur 효과를 조절하는 파라미터이다. Motion Blur Threshold는 안티 Anti aliasing과는 완전히 독립적이지만 실제로는 밀접한 관련이 있는데 Anti aliasing은 Pixel의 분할 여부는 판단하는데 Motion Blur의 결과를 사용하기 때문이다.

따라서 Anti aliasing Setting에 낮은 Motion Blur setting은 좋지 않은 결과를 렌더링 시간만 낭비할 수도 있다. 그러므로 Anti aliasing의 Threshold를 내리거나 올리기 전에 반드시 Motion Blur Threshold를 내려야 한다.

[7] Motion Steps 〉 Deformation : Motion Deformation 모드는 Object의 Shape의 변화를 참조한다. 예

를 들어 Envelope된 캐릭터는 Skeleton에 관련된 일종의 deformation 현상이므로 이 모드를 사용한다. 각 정점(Vertex)의 모션 벡터 값을 모두 계산해야 하므로 Transform 모드보다 렌더링이 오래 걸린다. Envelope, Soft body를 비롯해 Deformation Operator가 적용된 Object에 사용한다.

[8] Enable Feature : Rendering 시 필요한 옵션에 대한 선택사항들을 정리한 명령어이다. Default로 각 항목별 체크가 되어 있지만 필요 없는 항목에 대해서는 체크를 해제하도록 한다.

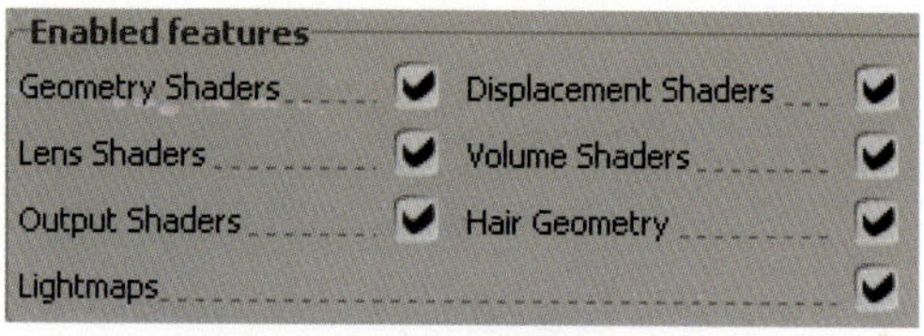

그림 6-41 Enabled features 설정 모드

(2) [Optimization] 옵션

Optimization 옵션은 Render 방식을 설정하거나 Primary ray와 Secondary ray 방식의 세부적인 옵션을 지정해주고 Geometry 계산 방식을 설정해 줄 수 있다.

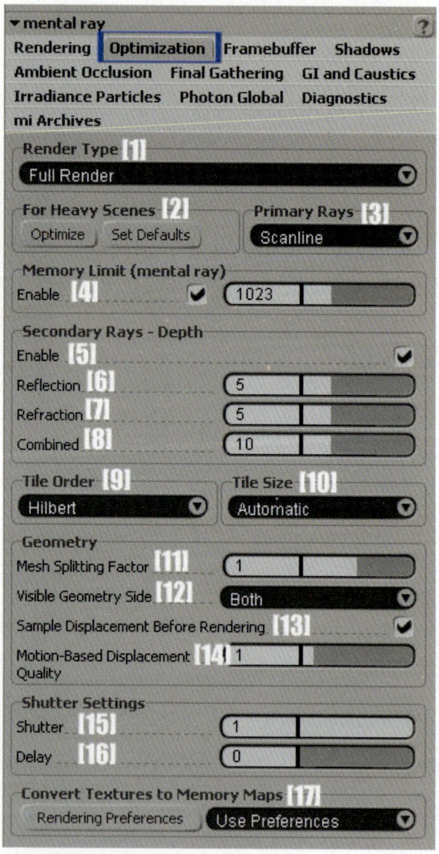

그림 6-42 Optimization 옵션 창

[1] Render Type : Render 유형을 설정하는 기능 창으로 4가지 Type를 설정할 수 있다.

① Full Render : 모든 옵션을 기반으로 Rendering 작업을 진행한다.

② Light maps Only : 지정된 Light Map만을 Rendering 한다.

③ Final Gathering Only : Final Gathering 효과에 대해서만 Rendering 작업을 진행한다.

④ Photon/Irradiance Particles Only : Photon 또는 Particle 효과에 대해서만 Rendering된다.

[2] For Heavy Scenes : Scene에 Data의 양이 많아서 일반적인 Setting 값을 Rendering 작업을 진행하기 다소 어려울 경우에 사용하는 기능이다.

① Optimize : Heavy Scene에 맞는 설정으로 Render 각각의 옵션들이 자동 변환된다. Primary Rays는 Raytracing모드로, Tile Size는 16*16으로, Mesh Splitting Factor는 0.125의 수치로 자동으로 Setting된다.

② Set Default : 초기 Rendering 값으로 모든 수치들이 초기화된다.

[3] Primary Rays : Mental ray 렌더링 소프트웨어는 세 가지 렌더링 기법으로 조절한다. 각각의 특징은 앞장에서 자세히 설명하였으니 이를 참고하도록 한다.

① Raytracing : Raytracing 렌더링 알고리즘을 활용한 Rendering 방식이다. 즉 Reflection과 Refraction의 Ray 효과가 렌더링된다. Raytracing은 사실적이고 정확한 결과를 렌더링하지만 그만큼 시간을 소모하게 된다.

② Scan line : Scan line 렌더링 알고리즘을 활용한 Rendering 방식이다. Raytracing 방식보다는 빠른 렌더링 속도를 보이지만 Scan Line 렌더링 방식은 그 결과에 있어서 사실적인 느낌은 Raytracing보다는 줄어든다. 즉 반사와 굴절이 되면 그 효과에 대해 정확하게 산출하지 않는다.

③ Rasterizer : Motion Blur 제작에 효율적인 결과를 제작해 주는 렌더링 방식이다.

[4] Memory Limit Enable(mental ray)

[5] Secondary Rays-Depth Enable : Secondary Ray-Depth의 기능을 활성화시키는 기능이다.

[6] Reflection : Ray 깊이는 Scene에서 반사된 값에 대해 최대 수치를 적용할 수 있다. 예를 들어 전체적으로 반사적인 Scene에서 Ray는 무수한 수의 반사 효과를 생산하여 Scene에서 끊임없이 계산된다. 이 옵션은 이러한 반사 효과의 산출위의 상위한도를 설정해준다.

[7] Refraction : 굴절(Refraction) 효과를 나타낼 수 있는 Ray의 최대 수를 정의할 수 있다.

[8] Combined : 반사(Reflection)와 굴절(Refraction)의 정도를 조합하여 변경할 수 있다.

[9] Tile Order : 각각의 Frame은 하나의 Tile에 대해 Rendering을 한다. 여기서 Tile의 사이즈를 정의할 수 있다. 이 명령어는 더 많은 타일에 대해 보다 정확하게 Rendering을 정의할 수 있다. Tile을 정의하는 두 가지 Pattern이 있다.

① Hilbert : Hilbert curve에 의해 Tile Pattern에 대한 Render를 정의한다. 보통 큰 Mesh에 대하 적용하거나 보나 정확한 일반적인 Tile Type에 적용된다.

② Spiral : Spiral Pattern내에서 바깥쪽 방향으로 Frame의 Center로부터 Rendering된다.

[10] Tile Size

① Automatic : 자동으로 설정되는 옵션이다.

② 4*4/8*8 /16*16....128*128 : 임의로 Tile의 크기를 설정해 줄 수 있는 옵션이다.

[11] Mesh Splitting Factor : Render Time에서 SOFTIMAGE는 컴퓨터에 의해 분리될 수 있는 많은 조각 내에서 큰 Object를 분리시킨다. 이것은 Mental ray 렌더에 대해 최소한의 Object data를 전송한다. 이 Spilt factor는 Mesh가 분리될 때 생성되어진 수많은 조각들과 면(Triangles)의 사이즈에 영향을 준다. Default 수치인 "1" 값은 근본적으로 정확하게 결정되어진 조각들의 수를 지정한다. 이 수치를 "0.5"로 낮출 경우 조각들은 2배수로 늘어난다. 예를 들어 64,000개의 Triangles 수를 갖는 Scene을 setting했을 때 Mesh Splitting Factor를 "1"로 지정을 할 경우 그 Object는 16,000 Triangles 각각의 4개의 조각들을 분리한다. 만약 0.5일 경에는 8,000 Triangles을 각각 분리한다.

[12] Visible Geometry Size : Rendering에서 있어서 기본적으로 면의 Normal 방향에 대한 Rendering 되는 것에 대해 필요에 따라 양면/정면/뒷면 등에 대해 필요에 따라 정의내릴 수 있다.

① Both : Object의 Front와 Back 모두 Rendering된다.

② Front : Object의 Front면만 Rendering된다.

③ Back : Object의 Back면만 Rendering된다.

[13] Sample Displacement Before Rendering

[14] Motion Based Displacement Quality

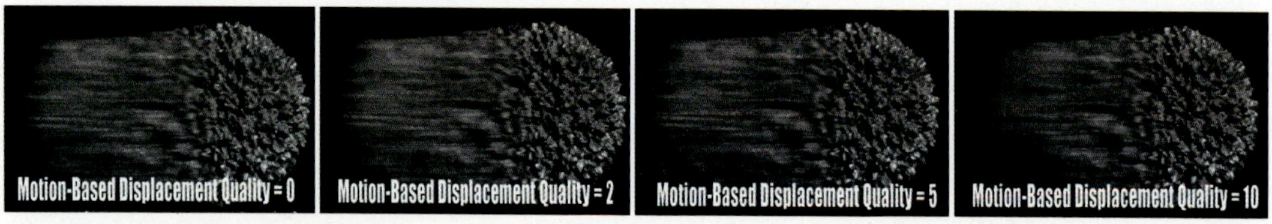

그림 6-43 Motion Based Displacemen 결과 비교

[15] Shutter : Motion Blur에 대한 컨트롤 기능이다. Shutter는 Close 기능이다. 반면에 Delay는 Open 기능이다. 그러므로 Shutter와 Delay의 수치가 동일할 경우 Motion Blur 효과는 만들어지지 않는다. Normal Range(0, 1)은 충분한 Motion Vector의 거리를 사용할 수 있다.

[16] Delay : Camera Shutter의 Open 시간을 설정할 수 있는 명령이다.

[17] Convert Textures to Memory Maps : 적용한 Texture로 Rendering될 때 이것은 Texture가 Memory로 Loading되지 않았다. 대신에 이것은 사용되어진 Shader의 Desk로부터 직접적으로 접근된다. Memory mapped texture는 보통 빠른 Rendering 효과를 얻을 수 있다. Rendering Preference 옵션은 Rendering 작업을 위해 준비해 두었던 모든 Setting 값을 공유할 수 있다. Render 시 Memory-mapped(*.map)에 대해 변환되는 이미지를 구체적으로 명시하기 위해 다음 3가지 중 반드시 하나를 선택해야 한다.

① Rendering Preference : Rendering 시에 *.map format에 대해 Convert된 이미지들을 분리한다.

③ Enable : Pass 기능을 사용하여 Rendering 시 자동이든 아니든 상관없이 *.map file들은 생성된다.

④ Disable : Pass 기능을 사용하여 Rendering 시 자동이든 아니든 상관없이 *.map file들은 생성되지 않는다.

(3) [Frame buffer] 옵션

Frame buffer 기능은 Rendering Filter 방식을 지정을 통해 Rendering의 Filtering 작업을 해 줄 수 있는 기능이 특징이다.

Filtering은 Rendering된 이미지의 남은 알리아싱을 제거하여 보다 부드럽고 자연스러운 결과를 만들기 위해 사용된다. Setting 값에 따라 이미지가 흐려질 수 있기 때문에 주의해야 한다. Filtering의 크기(Size) 값은 실수값(Floating-Point)이 허용되므로 Filter size에서 "2" 또는 "3"과 같이 직접 입력이 가능하다.

[1] Filter Type : Filter Type은 크게 5가지 모드가 있다.

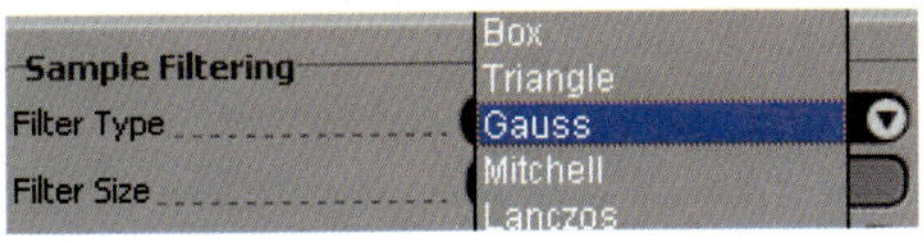

그림 6-45 Filter Type

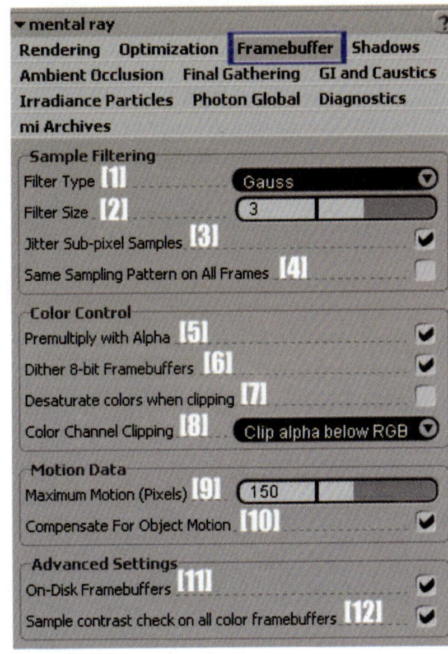

그림 6-44 Frame buffer

① Box : 영역의 모든 Sample 값은 같은 Weight 값을 가진다. 이미지를 Blur시켜 디테일을 잃어버리는 경향이 있다. 가장 빠른 렌더링 타임을 보이며 권장 값은 "1"이다.

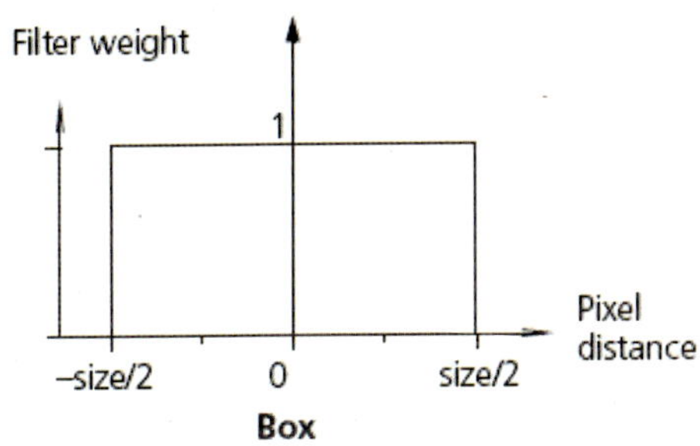

그림 6-46 Filter Type 〉 Box

② Triangle : Linear Falloff를 사용하여 카메라에 가까운 쪽이 더 많은 Filtering을 한다. Filtering을 하면서도 어느 정도 Sharpness를 유지한다. 권장 값은 "2"이다.

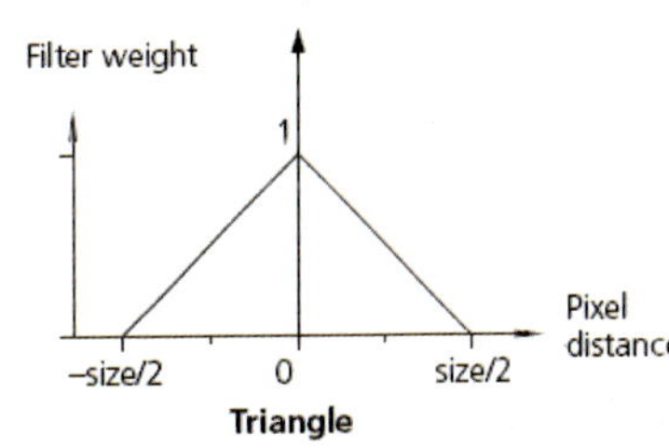

그림 6-47 Filter Type 〉 Triangle

③ Gauss : Sloped Curve fall off를 사용하여 매우 부드럽고 Soft한 Filtering을 한다. Filter size를 너무 크게 하면 이미지가 흐려지므로 주의하도록 한다. 권장 값은 "3"이다.

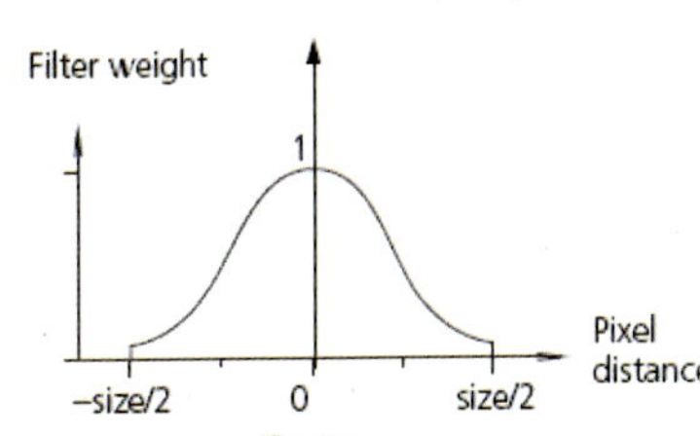

그림 6-48 Filter Type 〉 Gauss

④ Mitchell : 좁은 Bell-shaped falloff를 사용하며 최상의 Filtering이다. Filtering을 하면서도 흐려지지 않고 디테일을 유지한다. 권장 값은 "4"이다.

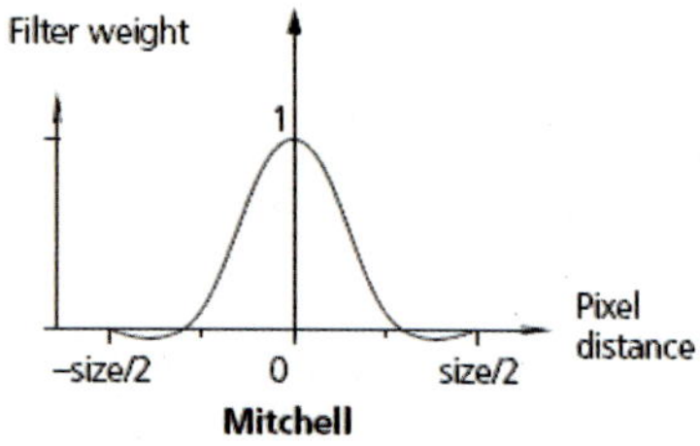

그림 6-49 Filter Type 〉 Mitchell

⑤ Lanczos : 좁은 Less bell - shaped falloff를 사용하여 보다 업그레이드된 필터링을 제공한다. Mitchell이나 Triangle 필터링보다 더 Sharp하며 권장 값은 "4"이다.

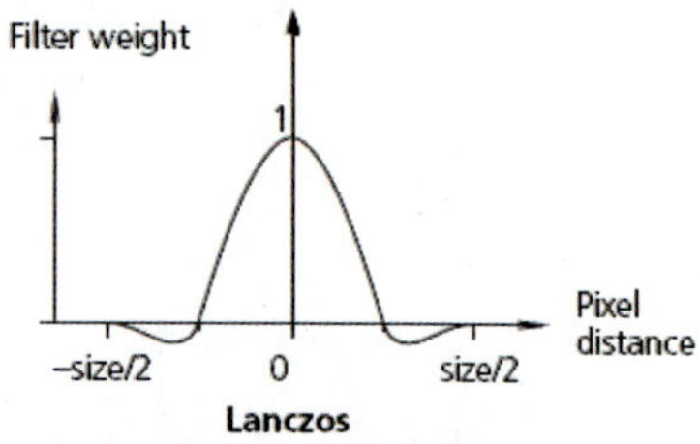

그림 6-50 Filter Type 〉 Lanczos

[2] Filter Size : Pixel 내에서 Filtering의 크기를 조절하는 Parameter 창이다. X specifies는 넓이에 대한 크기를, Y specifies는 높이에 대한 크기를 결정한다. 적용된 값이 클수록 부드러운 Render 이미지를 얻을 수 있다. 전형으로 수치 "1"은 Box Filter이고, "2"는 Triangle Filter를, "3"은 Gaussian Filter, "4"는 Mitchell과 Lanczon Filter 효과가 적용된다.

[3] Jitter Sub Pixel Filter : 비활성시 Jitter가 적용되지 않는다.

[4] Some Sampling Pattern on All Frames : 활성시 모든 Render frame 시에 사용되어진 동일한 Sample Pattern을 사용한다. 이 기능은 Render frame과 frame 사이로부터 샘플링 패턴의 변화에 의해 야기되는 불안정한 요소를 줄이는 기능을 한다.

[5] Color Control 〉 Premultiply with Alpha : Alpha 값을 가지고 있는 Object의 RGB의 값을 자동적으로 증대시키는 역할을 한다. 이 기능은 향후 대상 Object의 이미지를 합성하고자 할 경우에 효율적인 도움을 준다.

[6] Dither 8-bit Frame buffers : 8-bit의 Color 영역의 한계로 인한 매우 낮은 범주 내에서 어두운 영역과 밝은 Light 영역 사이에 대한 부드러운 Gradation을 만들어내기 위해 이미지의 Color를 모의 테스트한다.

[7] Desaturate colors when clipping : Color 채널 Clip 옵션에 의해 정의된 유효범위 "0"과 "1"사이를 초과한 Color 값들이 어떻게 명시되는지 확인한다. 만약 이 기능이 비활성되어 있다면 색상은 기준치인 "0"과 "1" 사이 값에 의해서만 정의된다. 만약 활성화되어 있다면 Color 값은 유효한 범위 내까지 비례하여 줄어진다.

[8] Color Channel Clipping : 색상이 어떻게 "0"과 "1" 사이에서 Clip되는지 정의할 수 있다. 만약 Color Channel Clipping이 유동성 있는 Point에 활용되지 않는다면 모든 모드에서 RGB 구성요소

들이 Desaturate 옵션에 의해서 명시된 데로 Clip된다.

① Clip alpha below RGB : 이 모드는 "0"과 "1"사이의 RGB 값이 첫 번째로 Clip된다.

② Clip RGB above alpha : 이 모드는 "0"과 "1"사이의 Alpha 값이 첫 번째로 Clip된다.

③ No Clip : Color 채널 Clipping 기능이 꺼진다.

[9] Motion Data 〉 Maximum Motion : 어떤 동작이나 향후 동작 채널을 가진 결과를 Setting한다. 이 값은 최대 길이(픽셀 단위로 측정)의 모션 벡터 데이터에 대한 허용을 지정한다.

[10] Compensate For Object Motion : Object의 Motion 결과에 대한 비교/분석 기능이다.

[11] Advanced Setting 〉 On - disk Frame buffers : 활성화 시 Frame buffer는 보존 가능한 메모리에 대해 Frame buffers 파일로 저장된다. 만약 비활성 시에는 Frame buffers 는 메모리 내에서 유지된다.

[12] Sample contrast check on all color frame buffers : Multiple Frame buffers를 생산해낼 때 Mental ray는 샘플 데이터의 더 많은 분할을 결정하기 전에 모든 RGB frame buffers를 생산한다. 이 기능이 활발하게 사용되지 않는 이유 중 하나다.

(4) [Shadows] 옵션

[1] Raytracing 기능으로 그림자 효과를 제어할 수 있는 유형은 크게 4가지가 있다.

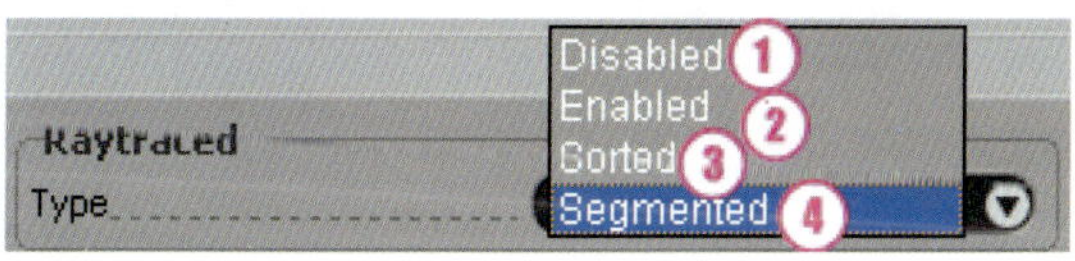

그림 6-52 Raytracing Type

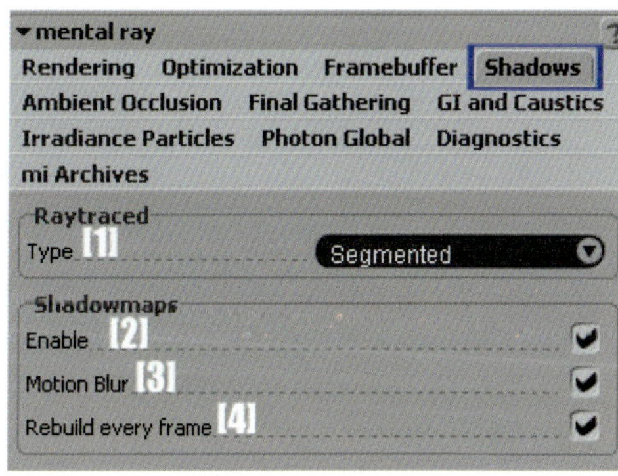

그림 6-51 Shadows

① Disables : 자동으로 그림자 효과가 나타나지 않도록 한다. 렌더링 속도를 높이기 위해 그림자 효과를 제거할 때 사용한다.

② Enable(Regular Shadows) : 선택한 특정 Object가 라이트나 그 유사한 소스 Pass로부터 그림자 효과가 얼마만큼, 그리고 어떻게 나타나는지에 대해 확인하고자 할 경우 체크한다.

③ Sorted : 일반적인 Shadows 효과와 유사하게 보이나 shadow shader를 다르게 호출한다. Shadow casting object는 Object 가장 가까운 그림자 shadow이다.

④ Segmented : 특정 방식으로 정렬 또는 Shadow shader한다. Segment화되면 그림자는 조명위치 사이의 Segment(추적에 의해 계산되는 Occluding 객체 및 광원) 및 이들 Segment(그림자 세그먼트)에 Volume shader를 적용하는 과정은 있지만 렌더링 속도는 느려진다.

[2] Enable : 렌더링 동안 Shadow map을 사용할 경우 체크한다.

[3] Object 렌더링시 Motion Blur내에서 Shadow map을 사용할 경우 체크한다.

[4] Rebuild every frame : 애니메이션이 적용된 Object에서 모든 Frame마다 Shadow map을 계산한다. 그만큼 렌더링 시간은 요구된다.

(5) [Ambient Occlusion] 옵션

[1] Enable : Ambient Occlusion 기능을 활성하고자 할 경우 체크하도록 한다.

[2] Ray : Ambient Occlusion 기능을 활성화했을 때 Ambient Occlusion의 속성 중에서의 Ray 기능은 Ambient Occlusion의 Occlusion을 결정하기 위해 사용되는 Simple Ray의 수를 결정짓는 옵션이다. Sample Ray의 수치가 높을수록 렌더링 시 다소 시간이 소요되나 부드러운 느낌의 Occlusion 결과를 얻을 수 있다.

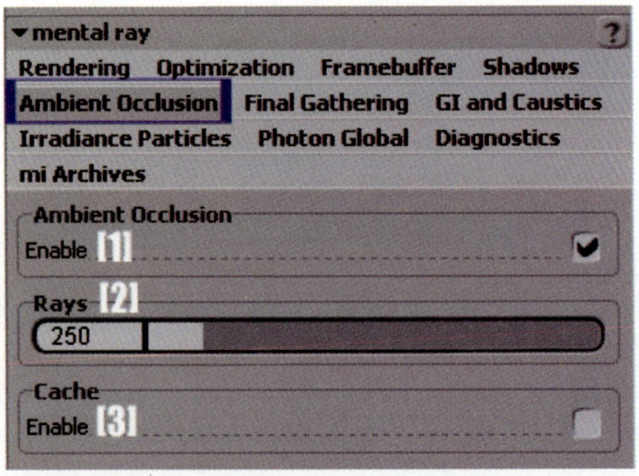

그림 6-53 Ambient Occlusion

그림 6-54

[3] Cache

① Enable : Ambient Occlusion Cache를 활성 또는 비활성한다. 기본 Default는 비활성화되어 있기 때문에 주변 Cache를 사용하지 못하지만 활성화 시에는 실제로 Ambient Occlusion shader에 대해 요구를 한다.

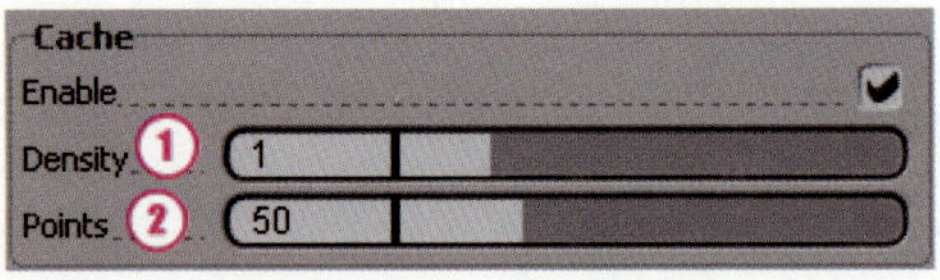

그림 6-55 Cache 기능

② Density : Pixel마다 Ambient Occlusion Density의 수를 설정할 수 있다.

③ Points : Pixel마다 Ambient Occlusion Point의 수를 설정할 수 있다.

(6) [Final Gathering]

제4장 Mental ray 〉 Final Gathering 참고

(7) [GI and Caustics]

제4장 Mental ray. Global Illumination and Caustics편 참고

(8) Irradiance Particle

간접 조명을 Simulation하기 위해 Irradiance 입자를 활성화하는 기능이다. Photon Global tab의 Indirect Illumination algorithm 모드에서 Incidence Particle 모드로 전환을 해야만 활성화된다. Irradiance Partical 알고리즘은 Global Illumination의 사용에 대한 계산방식을 제공한다.

Irradiance Particle은 보통 기본 Default 값으로 Secene Setting을 쉽게 활용할 수 있다.

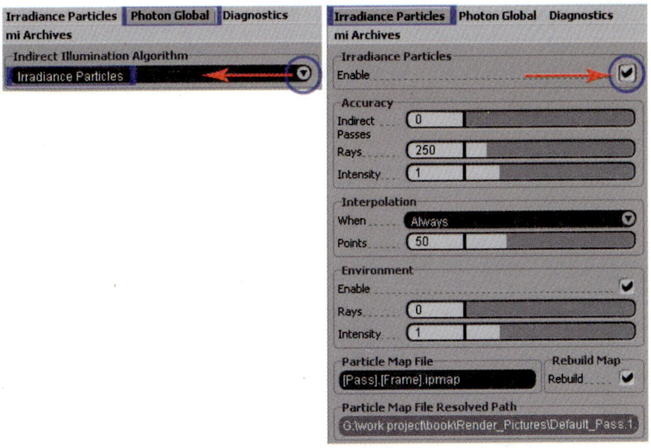

그림 6-56 Irradiance Purticle 활성 및 기능

(9) Photon Global

Photon Global 기능 창에서 Indirect Illumination의 사용에 대한 알고리즘을 제공하는데, Global Illumination/Final Gather는 Final Gathering에서 시뮬레이션되는 Indirect Illumination

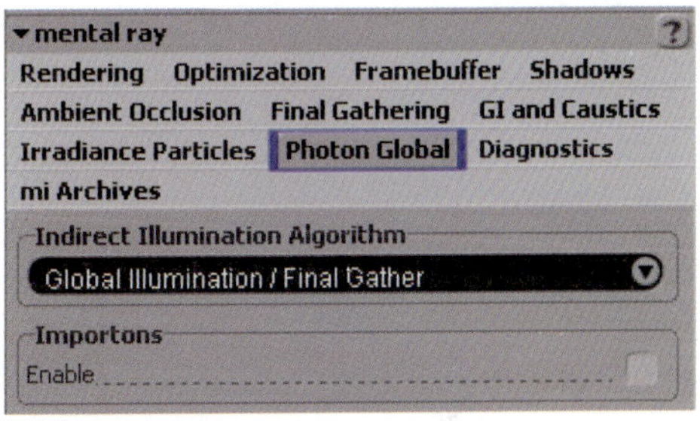

그림 6-57 Photon Global 옵션

(10) Diagnostics

[1] Logged Messages : Rending 동안 아래 다양한 옵션을 선택할 수 있다.

제공되는 정보와 Feedback의 정확한 요소를 지정하기 위해 선택된 옵션에 대한 정보를 Rendering 시에 제공해준다.

[2] Diagnostics : 아래 옵션을 선택하여 다양한 매개 변수에 대한 시각적 정보를 제공받을 수 있다.

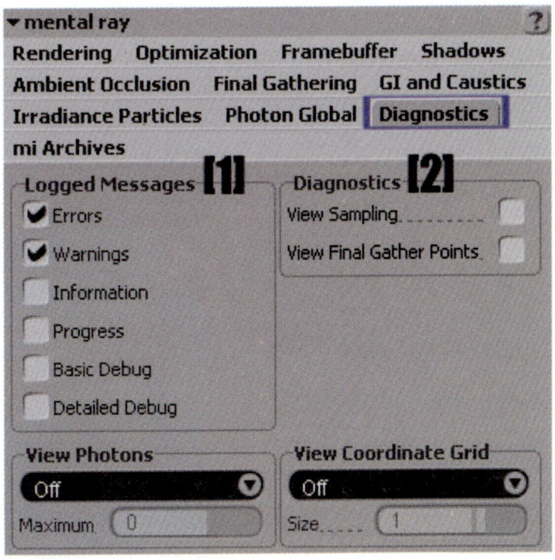

그림 6-58 Diagnostics 옵션

(11) mi Archives

mi2 파일이나 *.mia 파일에 대한 export 방법에 대한 설정이 가능한 기능 창이다.

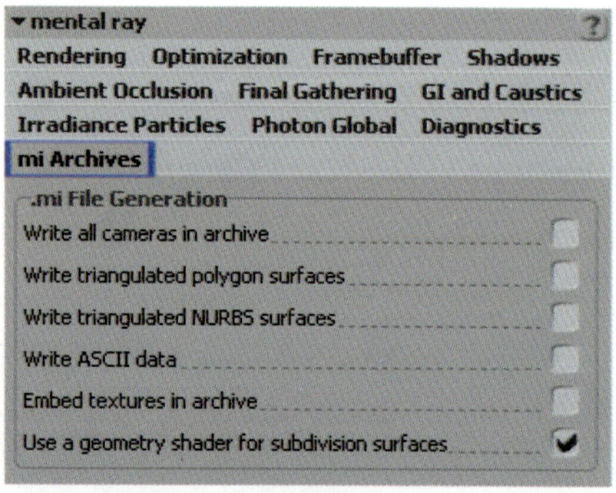

그림 6-59 mi Archives 옵션

9. Copy Render Options...

설정(변경)된 Render 또는 Render Region 옵션을 Copy하여 적용할 수 있는 기능이다.

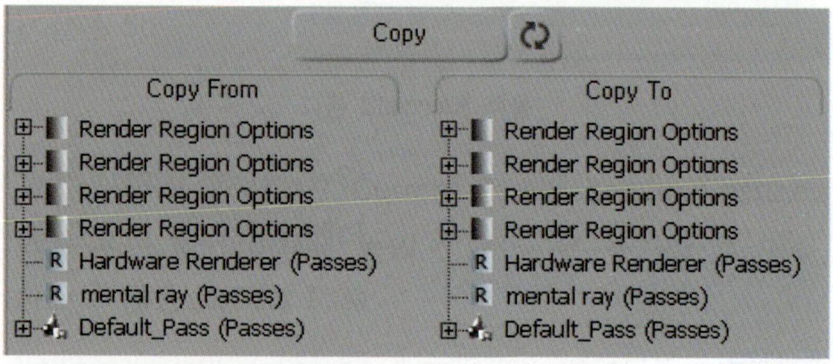

그림 6-60 Copy Render 옵션

10. Render Manager...

Render 작업에서 가장 중요한 기능을 담당한다. 즉 렌더링을 할 수 있는 명령어가 포함되어 있을 뿐 아니라 렌더링에 작업에서 효율성을 높이거나 품질을 높일 수 있는 다양한 옵션들이 많이 들어있기 때문에 작업의 훌륭한 마무리를 위해서는 매우 중요하게 다루어져야 할 부분이다.

Render Manager 기능은 Render에 필요한 모든 기능이 총 망라되어 있는 툴 기능이다. 즉 Pass 정보와 Out Put 기능 그리고 Renderer 기능이 모두 포함되어 있기 때문이다. 각각의 명령에 대한 설명과 기능들은 위에

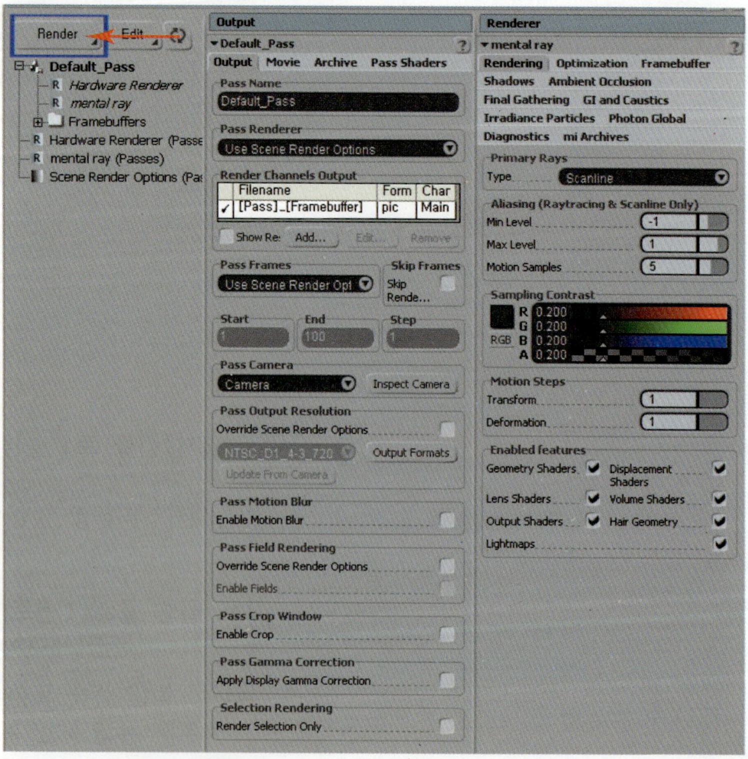

그림 6-61 다양한 Render 옵션

서 모두 설명을 하였기 이를 참조한다. Rendering에 대한 모든 항목에 대한 옵션 지정이 마치게 되면 최종 Rendering을 실행한다.

(1) Rendering 시작

Render Manager 기능 창 왼쪽 상단에 있는 [Render] 기능을 선택한다.

Rendering 실행 시 다양한 형태의 Rendering 지정을 할 수 있기 때문에 필요한 Rendering의 항목을 선택하여 효율적인 Rendering 작업을 할 수 있다.

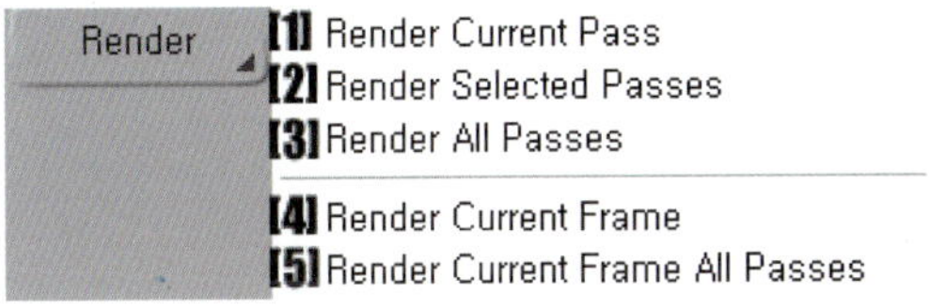

그림 6-62 다양한 Render 선택 옵션

[1] Render Current Pass : 현재 지정된 Pass만 Rendering을 실행한다.
[2] Render Selected Pass : 현재 선택된 Pass만 Rendering을 실행한다.
[3] Render All Pass : 현재 Scene내의 모든 Pass에 대해 Rendering을 실행한다.
[4] Render Current Frame : 현재 지정된 Pass내에서 현재 Frame만 Rendering을 실행한다.
[5] Render Current Frame All Pass : 모든 Pass내에서 현재 Frame만 Rendering을 실행한다.

그 결과 Setting된 Rendering 옵션에 맞춰 한 Frame씩 Rendering되는 화면이 작업 창 위에 겹쳐 나타난다.

(2) Rendering Stop

혹시 Rendering 도중에 오류를 발견하고 Rendering 작업을 중단해야 할 경우가 발생되면 즉시 중단시키면 된다. 중단시키는 방법은 현재 Rendering되는 작업 화면의 오른쪽 하단에 있는 Abort 버튼을 누름으로써 현재 Rendering 작업을 Stop시킬 수 있다.

그림 6-63 Rendering 추출 이미지

(3) Rendering 결과확인 방법-[Flip Book]

1) 개 념

Flip book 은 최종 렌더링 결과를 확인할 때 사용하는 방법으로 Rendering 결과로 얻어진 연결된 스틸이미지를 Flipbook 형식으로 SOFTIMAGE내에서 그 연결동작을 확인하는 개념이다.

2) Flip Book 실행

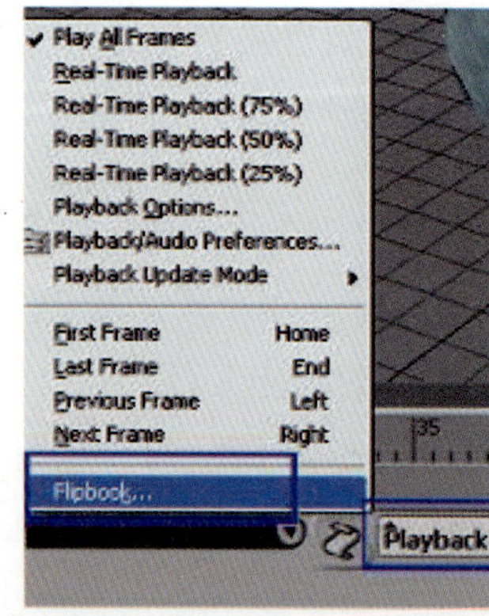

그림 6-64 Render 결과확인[flip book]

3) Flip Book 창 옵션 확인

[1] 불러올(Render 결과) 파일 경로 지정
[2] 파일 불러오기 경로 찾기
[3] 저장 형식 and Play Frame 설정
[4] 저장 및 출력 방식 설정
[5] 결과 피일 자리 수 맞추기
[6] Memory 내 이미지 저장
[7] 실제 Playback하기 전에 미리 Pre loading하기
[8] 실시간 Play

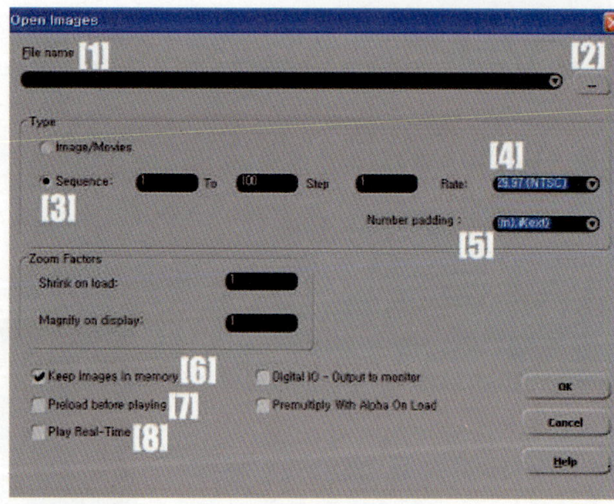

그림 6-65 Render 결과 이미지 불러오기

4) Flip book Player 옵션 창

〈File〉

[1] Open Image[Ctrl+O] : Image 불러오기
[2] Export [Ctrl+E] : Image 다른 경로에 저장하기
[3] Road Image [F5] : 저장된 Image 불러오기
[4] Clear Flip Book : Flip 화면 내에 존재하는 데이터 삭제하기
[5] Exit [Alt+F5] : Flip Book 화면에서 나가기

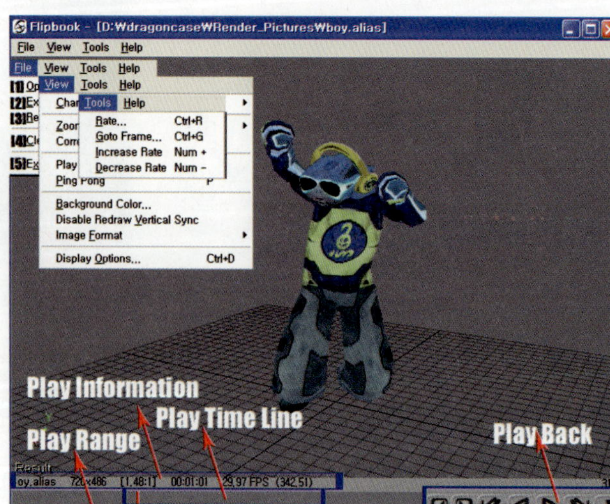

그림 6-66 Render 결과 이미지 확인

〈View〉

[1] Channel : 결과 이미지에서 필요한 Channel만을 선택적으로 확인 가능

[2] Zoom : 50, 100, 200, 400% 화면 크기 설정

[3] Correct Aspect Ratio [Q] : 화면 비율 설정

[4] Play Real Time [T] : 실시간 Play

[5] Ping Pong[P] : 정(앞으로)순행+역(뒤로)순행 기능

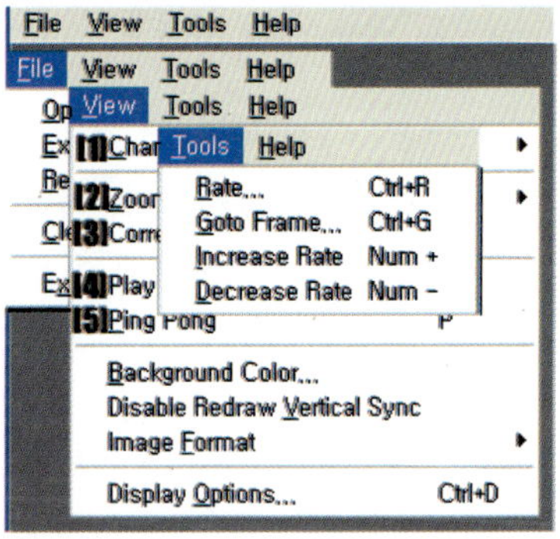

그림 6-67 View

〈Tools〉

[1] Rate [Ctrl+R] : Playback rate(29.97)의 변경

[2] Go to Frame [Ctrl+G] : 설정한 Frame으로 바로 이동

[3] Increase Rate [Num +] : 비율 점차 증가

[4] Decrease Rate [Num -] : 비율 점차 감소

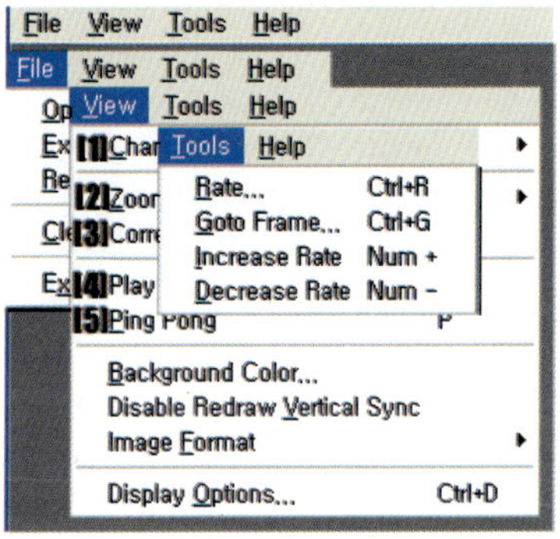

그림 6-68 Tools

5) 결과보기

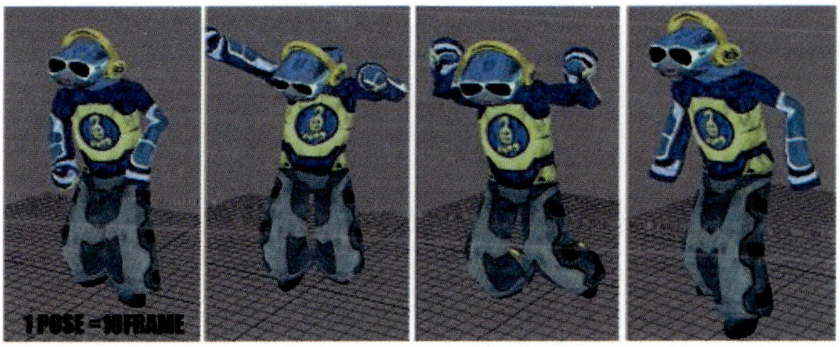

그림 6-69 **결과확인**

6-2-3 Export 기능

Export : Pass Export 기능이다.

[1] Current Pass : 현재 작업중인 Pass를 저장할 수 있도록 하는 기능이다.

[2] Selected Passes : 임의로 선택한 Pass를 저장할 수 있도록 하는 기능이다.

그림 6-70

[3] All Pass : 모든 Pass를 저장할 수 있도록 하는 기능이다.

[4] Selected Object : 선택된 Object에 대해 연결된 Pass를 저장할 수 있도록 하는 기능이다.

6-2-4 Preview 기능

Preview 기능은 현재 작업중인 Scene이나 설정된 Pass에 대해 작업중인 Camera View에 대해 한 장의 Render 이미지로 추출해주는 기능이다.

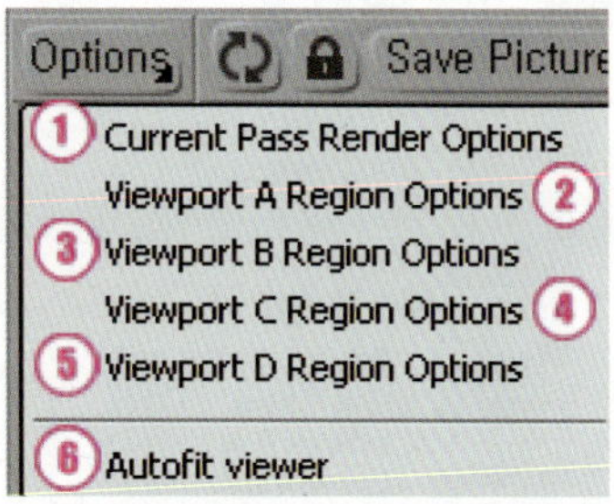

그림 6-72 Preview Option

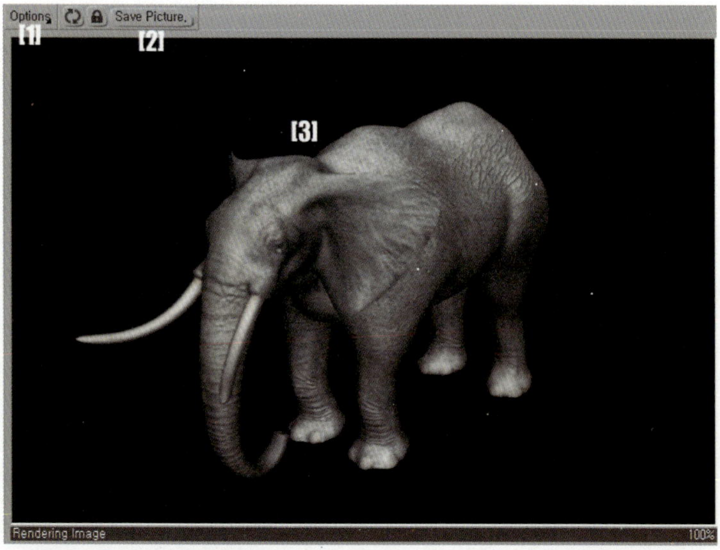

그림 6-71 Preview 기능 및 결과

[1] Option

① Current Pass Render Option : 현재 작업상에서 지정된 Pass의 옵션 창에서 지정된 값을 기준으로 Preview(미리보기)의 결과를 확인할 수 있도록 하는 기능이다.

② Viewport A Region Option : 현재 작업중인 Viewport [A] 작업 창에서 보여주는 Object의 View 상태로 Preview(미리보기)의 결과를 추출할 수 있도록 하는 기능이다.

③ Viewport B Region Option : 현재 작업중인 Viewport [B] 작업 창에서 보여주는 Object의 View 상태로 Preview(미리보기)의 결과를 추출할 수 있도록 하는 기능이다.

④ Viewport C Region Option : 현재 작업중인 Viewport [C] 작업 창에서 보여주는 Object의 View 상태로 Preview(미리보기)의 결과를 추출할 수 있도록 하는 기능이다.

⑤ Viewport D Region Option : 현재 작업중인 Viewport [D] 작업 창에서 보여주는 Object의 View 상태로 Preview(미리보기)의 결과를 추출할 수 있도록 하는 기능이다.

⑥ Autofit Viewer : 자동으로 Fitting하여 Preview(미리보기)의 결과를 추출할 수 있도록 하는 기능이다.

[2] Save Pictures : Preview 기능을 사용하여 추출된 결과 Image를 다른 파일이름이나 File format이나 또는 다른 폴더에 저장할 수 있도록 하는 기능이다.

[3] Result Image : Preview 기능을 사용하여 추출된 결과 Image이다.

제 7 장 Composition

7-1 Composition 환경

7-1-1 Composition 기능 구성요소

1. Composition Layout 환경

SOFTIMAGE에서 합성을 담당하는 제작 환경으로는 FX Viewer, FX Tree, FX Operator가 있다.

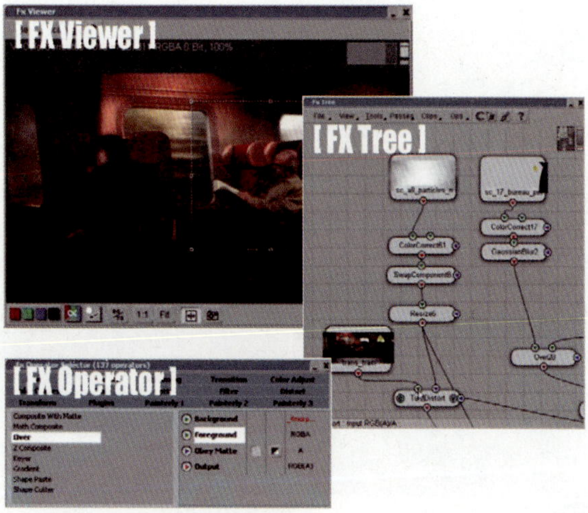

그림 7-1 Composition 구성 창

2. Composition Layout 환경 구축하는 방법

1 메인 메뉴 창에서 원하는 기능 창을 선택할 수 있다. View 〉 Composition 〉 FX Tree...

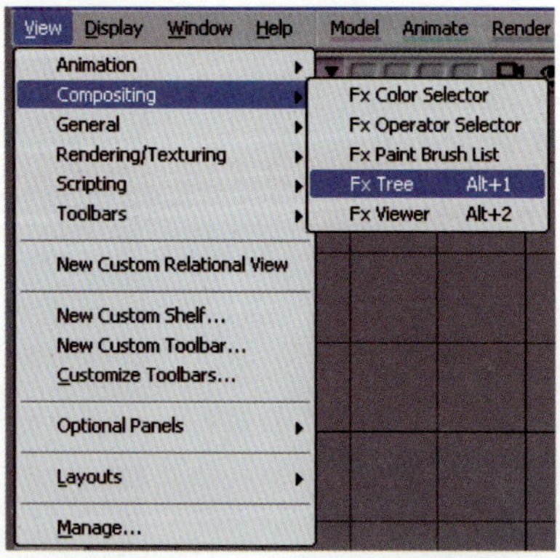

그림 7-2 FX Tree

2 메인 Viewport의 기능 설정 창에서 원하는 편집 기능 창으로 변환시킬 수 있다.

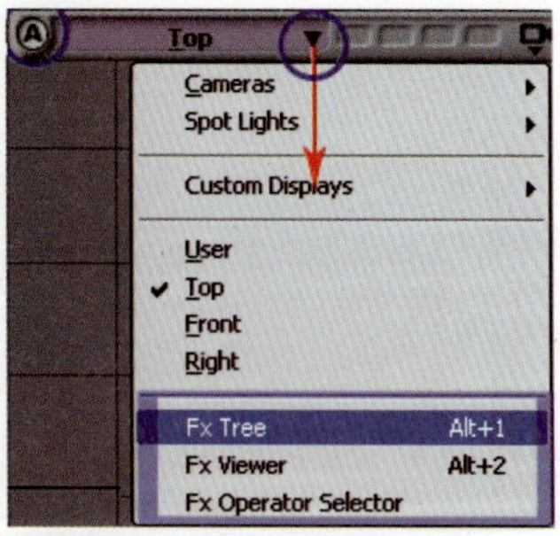

그림 7-3 Composition 구성 창 여는 법

3 단축키 FX Tree=[Alt+1], FX Operator=[Alt+2]를 누르면 작업화면에서 Pop up 형식으로 원하는 작업화면이 독립적으로 나타나게 된다.

4 SOFTIMAGE에서는 이러한 작업환경을 원하는 User들을 위해 Composition Layout을 만들어 놓고 필요에 따라 선택할 수 있도록 제공하고 있다.

View 〉 Layout 〉 Compositing

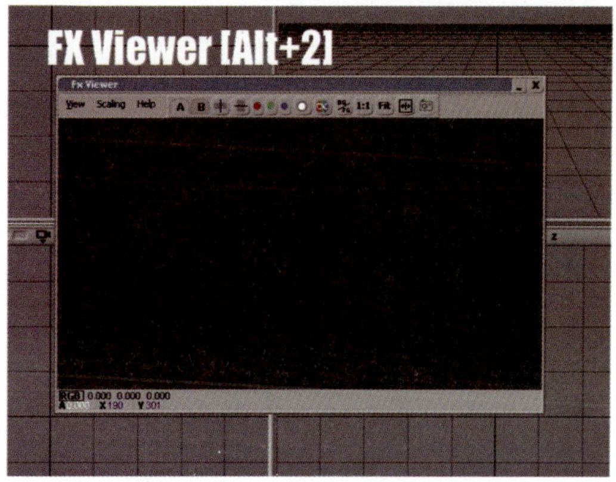

그림 7-4 FX Viewer

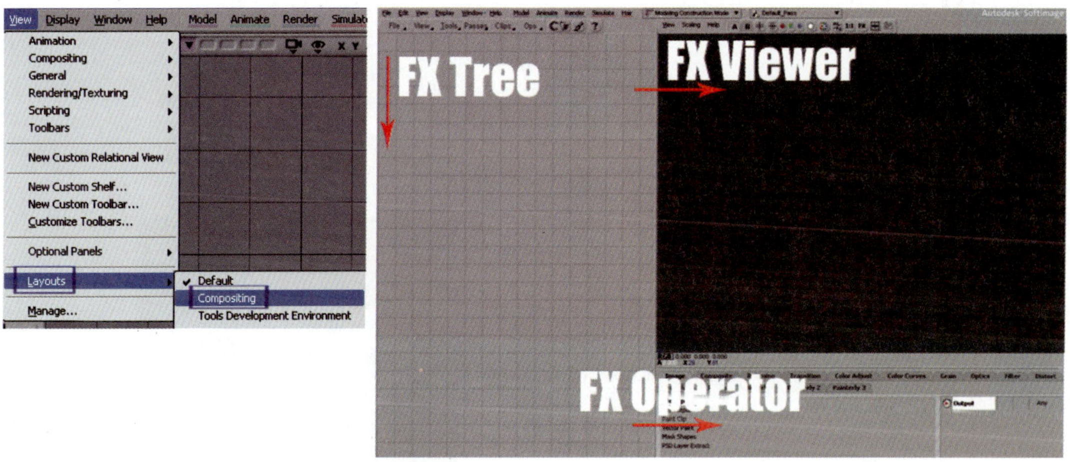

그림 7-5 Composition Layout

7-1-2 FX Viewer

FX Tree에서 작업한 결과 데이터를 확인할 수 있는 작업 창이다. 결과물의 비율이나 Zoon in/Out 기능을 활용하여 보고자 하는 영역만을 확대/축소하여 볼 수 있거나 네비게이션 기능을 활용하여 보고자 하는 영역만을 볼 수 있으며, 필요한 영역만을 남기고 불필요한 영역은 삭제할 수 있다. 그리고 화면의 Color에 대해 Channel을 따로 나눠 볼 수 있으며 Alpha 적용 모드, 그리고 이미지 비교 모드 등 다양한 View 모드가 있다. FX Viewer 기능 창을 여는 방법은 메인 메뉴 창의 View 〉 Composition 〉 FX View 기능을 실행한다.

[1] 소스 정보 : 현재 Viewer 화면에 있는 소스의 이름과 크기 그리고 Color Type, Bit 형태, 그리고 현재 보이는 화면의 비율 등에 대한 정보를 한눈에 확인할 수 있다.

[2] Navigation Control : 사각형 형태의 화면조절 기능으로 Navigation bar의 상향 또는 하향이동을

통해 화면의 크기를 조절할 수 있다.

[3] Image : 사용할 소스 이미지화면이다.

[4] Image Compare Area : 향후 합성을 하거나 다른 Operator 기능이 추가되었을 때 그 결과를 확인할 수 있는 영역이다.

[5] Channel Display buttons : Color의 Channel의 색상정보를 선택적으로 사용할 수 있는 정보이다.

각 Channel별 특징적인 Color의 색상을 보고자 할 경우 Red Channel을 보고자 할 경우 Red color를, Green Channel을 보고자 할 경우 Green color를, Blue Channel을 보고자 할 경우 Blue color를, Alpha Channel을 보고자 할 경우 Black color 버튼을 각각 누른다.

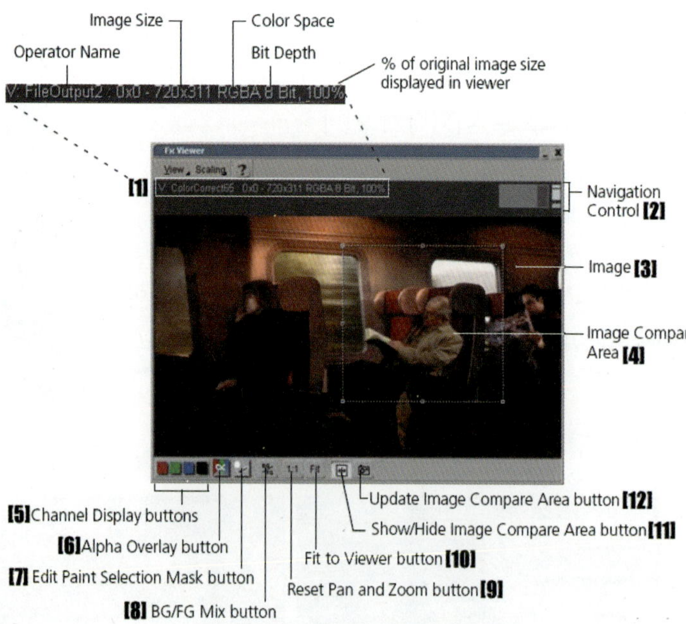

그림 7-6 FX Viewer 기능

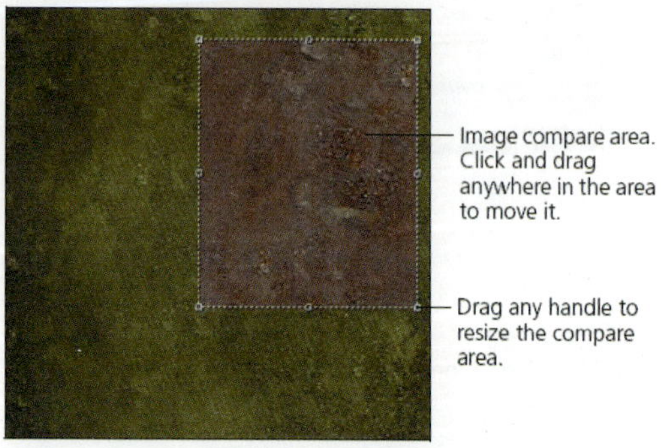

그림 7-7 Image Compare Area

[6] Alpha Overlay button : Alpha 소스를 가진 소스일 경우 Alpha 소스의 기능을 사용할 수 있다.

[7] Edit Paint Selection Mask Button : Mask 기능의 정보를 볼 경우 사용한다.

그림 7-8 Alpha Overlay

[8] BG/FG Mix button : Back Ground와 For Ground를 Mix해 보여주는 기능이다.

[9] Reset Pan & Zoom button : 화면의 초기화를 위하여 필요한 기능이다.

[10] Fit to Viewer button : Viewer button에 대해 최적화시키는 기능이다.

[11] Show/Hide image Compare Area button : Compare Image를 보여주거나 숨기거나 할 경우에 사용한다.

그림 7-9 BG/FG Mix

[12] Update Image Compare Area button : Compare Image 영역을 Update하고자 할 경우 사용한다.

1. FX Viewer 이해하기

FX Viewer를 생성하는 방법은 View 〉 Compositing 〉 FX Viewer (단축키[Alt+1])기능을 활용하여 FX Viewer 창을 연다. 또는 Viewport Display 모드 선택 창에서 선택할 수 있다.

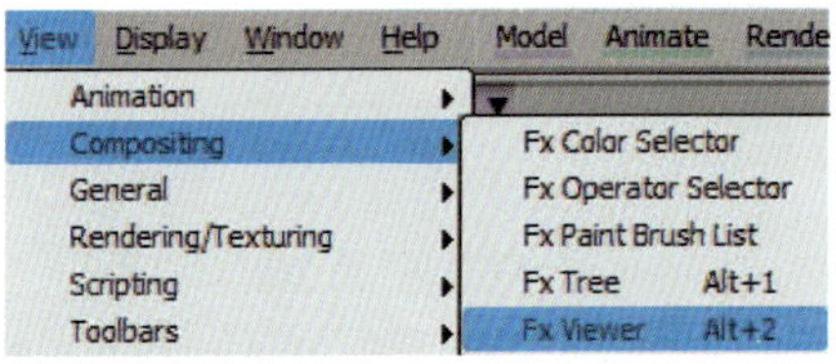

그림 7-10 FX Viewer

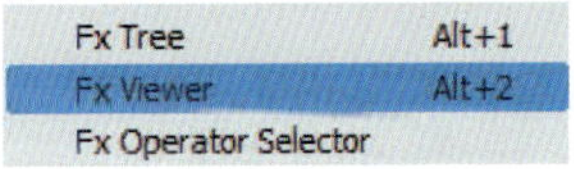

그림 7-11 FX Viewer

2. FX Viewer 화면 Control

[1] Clear Viewer : 단축키[Back Space]를 사용하여 Clear시킬 수 있다.

[2] Navigation Tool[S] : 화면 컨트롤하는 방법으로 원하는 영역을 설정해서 볼 수 있다.

[3] Pan & Zoom[Z] : FX Viewer의 화면 컨트롤 방법은 작업화면상에서 Object의 컨트롤 방법과 동일하다. 단축키[Z]를 이용하여 Zoom in/out 기능으로 활용하고, 단축키[S]를 활용하여 화면 Navigation이 가능하다.

[4] Rectangular Zoom Tool : 원하는 영역에 대해 사각 선택하여 확대할 수 있다.

[5] Increment Zoom [Num+] : 점차 확대

[6] Decrement Zoom[Num-] : 점차 축소

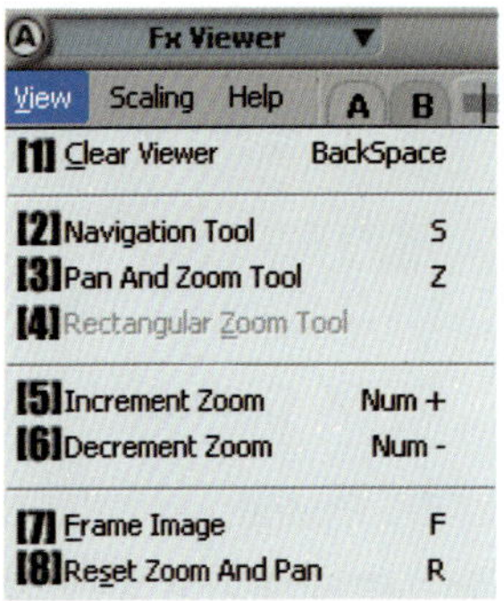

그림 7-12 FX Viewer

[7] Frame Image : FX Viewer 창에 화면 Fix하기

[8] Reset Zoom ann Pan : 화면 초기화

3. FX Viewer Navigation

[1] Visible Area : 작업 영역을 표시한다.

[2] Pan Rectangle : Panning을 통해 작업 영역(화면)의 이동을 가능하게 하는 영역이다.

[3] Reset Zoom : 화면의 변형이 이루어진 후 원래 상태로 초기화시킨다.

[4] Zoom Slider : Zoom Slider bar로 아래로 내리면 Zoom out 기능을 하고 위로 올리면 Zoom in 기능을 한다.

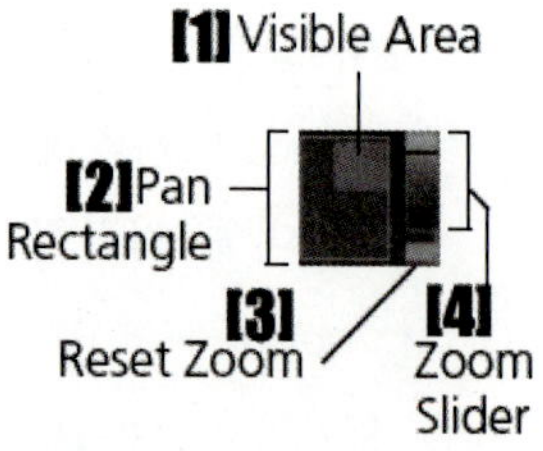

그림 7-13 Navigation

4. FX Viewer Setting

[1] Viewer Colors : FX Viewer에서 Color 값을 지정해주는 기능 창이다.

[2] Alpha Overlay Blend : Alpha 이미지의 Blending 정도를 수치로 조절할 수 있다. 기본 값은 0.5로 값을 줄였을 때 첫 번째 소스의 Alpha의 값이 더 많은 영향을 미치게 되고 수치를 늘리면 두 번째 소스의 Alpha의 속성이 강해진다.

[3] FG/BG Display Mix : Foreground와 Background의 Mix 정도를 설정하는 옵션으로 수치 조절을 통해 FG/BG Display의 설정이 가능해진다.

[4] Pixel Ration Correction : 이미지 비율과 Format을 설정할 수 있다.

[5] Reset : 초기화하는 명령이다.

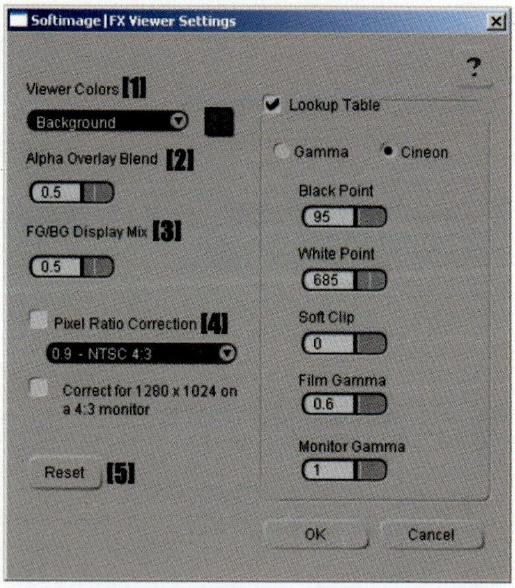

그림 7-14 FX Viewer Option

5. FX Operator

FX Operator는 Clip 소스와 소스를 서로 연결하여 Composition의 효과를 증가시켜줄 수 있는 기능들이 포함되어 있는 기능 창이다.

[1] Input Connector : Foreground Source와 Background Source의 입력 Icon이다.

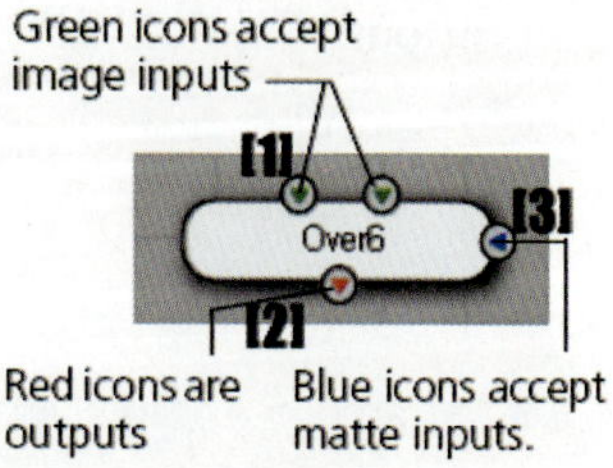

그림 7-15 FX Operator

[2] Output Connector : 연결된 소스들의 Mixer된 결과를 출력하는 Icon이다.

[3] Matte Input Connector : Matte Source 연결 Icon이다.

7-1-3 FX Tree

합성할 소스를 불러오고, 연결할 합성 기능을 불러와서 서로 연결할 수 있는 장소를 의미한다. 사용할 소스를 불러오는 다양한 메뉴와 소스를 편집 및 재활용할 수 있는 기능들이 포함되어 있으며 합성 기능과 소스와의 연결 라인을 적용 및 확인이 가능한 기능 창이다. FX Tree 기능 창을 여는 방법은 메인 메뉴 창의 View 〉 Composition 〉 FX Tree 기능을 실행한다.

[1] Menu Bar : File / View / Tools / Passes / Clips / Ops 등의 기본 Menu들이 포함되어 있는 영역이다.

[2] Import Image button : 저장된 Image를 불러오는 기능이다.

[3] Import Raster Paint Clip button : Raster Paint Clip를 실행하는 기능이다.

[4] Navigation Tool : Tree 화면의 위치나 화면 정보에 대해 Navigation(위치 찾기 및 확대)할 수 있는 기능이다.

[5] Operator : Tree 화면에 불러온 다양한 Operator 기능들이다.

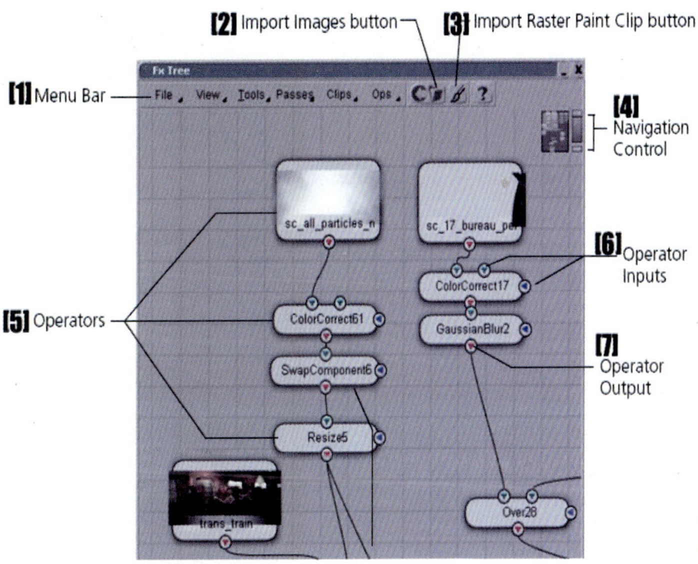

그림 7-16 FX Tree 구성

[7] Operator Input : Operator 기능의 입력 Port이다.

[8] Operator Output : Operator 기능의 출력 Port이다.

1. Tree 생성

FX Tree 창에 Tree 구조와 사용할 소스와 Operator Tree 구조를 불러오는 방법은 다양하다.

[1] Tree 불러오기 : FX Tree 창에서 File 〉 New Tree 옵션을 사용한다.

[2] Tree 삭제하기 : FX Tree 창에서 File 〉 Delete Tree 옵션을 사용한다.

[3] Tree 선택하기 : File 〉 Choose Tree 기능을 실행한다.

그림 7-17 File 메뉴

[4] Tree 속성 창 열기 : File 〉 Tree Properties 기능을 실행한다.

[5] 소스 불러오기 : File 〉 Import 기능을 사용하여 사용할 이미지 소스를 불러온다.

2. FX Tree Navigation

[1] Pan Rectangle : 사각형 모양의 Navigation 화면 컨트롤이다.

[2] Operator : 작업 화면상에 존재하고 있는 Clip 소스들이나 Operator 기능들의 위치를 알려둔다. Zoom in/out의 기준이 되는 화면이다.

[3] Zoom Slider : Slider bar를 위로 이동하면 현재 작업화면이 Zoom out이 되고, 아래로 이동시키면 Zoom in이 된다.

[4] Reset Zoom : 화면의 Zoom in/out의 상태를 초기화시킨다.

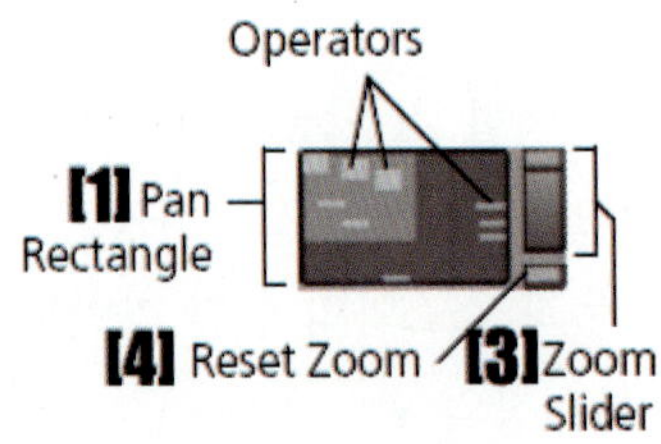

그림 7-18 X Tree Navigation

3. FX Tree Framing

FX Tree에 있는 소스나 Operator에 대한 Frame 방법은 모델링 작업에서 활용하는 방법을 그대로 활용할 수 있다. 즉 작업 Viewport상에서 Object를 컨트롤하듯 하면 된다. Frame할 소스나 Operator를 선택하고 [F]key를 누르면 된다. 또한 Tree 화면 전체의 Frame Fix는 단축키 [A]를 누르면 된다.

7-1-4 FX Operator Selector

합성에 필요한 다양한 Operator 기능들이 포함되어 있는 기능 창으로 기능별로 다양한 Category로 나눠져 있다. 각 Category별로 사용가능한 Operator들이 동시에 나열되므로 선택하여 서용하기 편리하다. FX Operator Selector 기능 창을 여는 방법은 메인 메뉴 창의 View 〉 Composition 〉 FX Operator 기능을 실행한다.

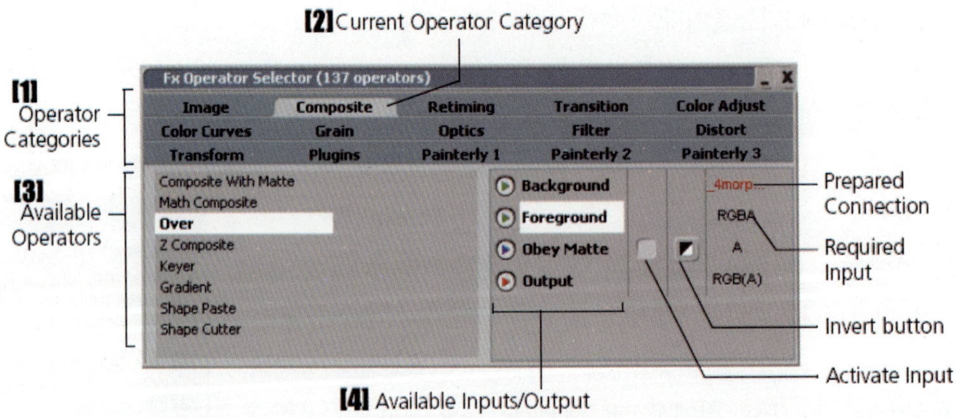

그림 7-19 FX Operator Selector

[1] Operator Categories : Operator 기능들이 Category 형태로 나열되어 있다.

[2] Current Operator Category : 현재 선택된 또는 실행중인 Operator Category를 표시한다.

[3] Available Operator : 현재 사용중인 Operator Category의 내부 항목 기능들이 나열되어 있는 기능 창이다.

[4] Available Input/Output : 선택한 Operator의 B.G/F.G에 대한 설정이나 Matte 또는 Output에 대한 설정이 가능하다.

1. FX Operator 속성 창의 환경 설명

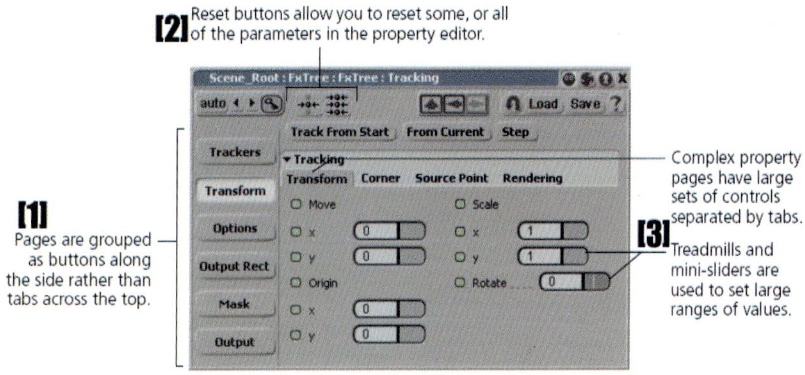

그림 7-20 FX Operator 속성 창

[1] 명령 Tab page로 Operator 명령을 수행하기 위한 기본적인 Option들이 들어있는 Tab이다.

[2] Parameter : 효과 적용에 있어 수치 조절을 통해 적용되는 경우가 많은데 직접 수치를 입력하는 경우와 Parameter를 통하여 적절한 효과 값을 입력한다.

[3] Reset and All Parameters : 초기화 및 모든 옵션 Parameter를 보여주도록 하는 기능이다.

2. FX Operator 기능

(1) Composite Operator

의미대로 합성의 기능을 가진 Operator들이 포함되어 있는 기능 Tab으로 함께 합성을 원하는 Clip의 Type에 의해 연결 방식이 결정된다. 즉, Foreground clip이 External Matte를 가지고 있다면 이 경우는 Composite Matte Operator를 가진 Composite를 사용한다. 그리고 Foreground clip이 Internal Matte를 가지고 있다면 Over Operator 기능을 사용한다. Foreground clip에 대해 Matte를 만들기 원한다면 Keyer 기능을 사용할 수 있다.

(2) Retiming Operator

Retiming Operator Effect는 Clip 소스가 가지고 있는 frame과 field의 다시 재배열하는 프로세스에 의해 Image 작업이 되는 유용하고 훌륭한 툴 기능이다. 즉 Retiming Operator Processing은 대상 소스의 Timing을 길게 또는 짧게 만들어 주는 Processing을 제공해 줄 뿐만 아니라 현재 frame에서 앞/전 frame에 대해 Blur 효과도 만들어 줄 수 있다.

(3) Transition Operator

Transition effect는 Wipe 또는 Fade, Dissolve와 같은 하나의 Clip으로부터의 변화다. 소스 Clip들간 서로 창조하는 것과 같이 다른 방법의 다양성을 창조해낼 수 있다.

(4) Color Adjust Operator

Color Collection Clip을 컨트롤할 수 있다. Hue, Lightness, Brightness, Constant, Gamma, Red, Green, Blue를 변형하고, Image 영역을 결정할 수 있다.

(5) Color Curves Operator

Color Curves Operator 기능은 이미지 구성요소를 그래프를 사용하여 수정하며 Mattes을 Luma, Chroma, Color와 Hue가 포함하여 입력 영상의 다양한 측면을 기반으로 추출하고 다양한 요소들을 기반으로 Graph와 Extract matte를 사용하는 Image component를 변형시키는 기능들을 포함한다.

(6) Grain Operator

Input image로부터 grain을 제거 또는 첨가시키는 기능들이 포함되어 있다. film style & Video style grain 모두 simulation할 수 있다. 또한 Noise 현상을 표현할 수 있다.

(7) Optics Operator

사용하는 Image에 대해 사실감을 추가하기 위해 Depth of Field와 Lens flare 기능을 한다.

(8) Filter Operator

Filter Operator는 Camera의 Lens에 더해지는 filter 기능을 제공한다. 다양한 Blur 효과의 적용이 가능하다.

(9) Distort Operator

Distort Operator는 Transform 또는 Distort Image의 특별한 Effect를 만들어낼 수 있다.

(10) Transform Operator

Input Image에 대해 인위적으로 Transform 기능을 줄 수 있다. 또는 Clip 소스 영역 중에서 필요 없는 영역을 잘라낼 수도 있다. 그리고 합성되는 이미지 소스의 X, Y, Z축 3방향으로 이동할 수 있다.

(11) Plug in Operator

기본적으로 Plug in 데이터를 다양한 패턴의 특수한 효과를 가진 기능이다

(12) Painterly Effect 1

이미지 자체를 왜곡시키는 다양한 현상들로 적용 즉시 나타난다.

① Original Image

그림 7-21 Original Image

② Chalk & Charcoal

그림 7-22 Chalk & Charcoal

③ Charcoal

그림 7-23 Charcoal

④ Chrome

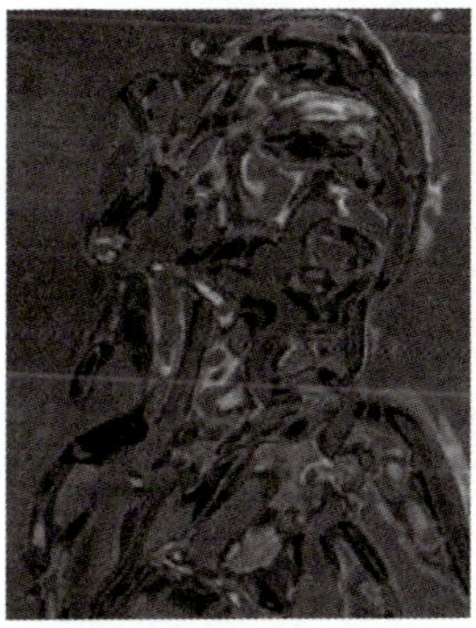

그림 7-24 Chrome

⑤ Craquelure

그림 7-25 Craquelure

⑥ Dark Strokes

그림 7-26 Dark Strokes

⑦ Dry Brush

그림 7-27 Dry Brush

⑧ Emboss

그림 7-28 Emboss

⑨ Film Grain

그림 7-29 Film Grain

⑩ Fresco

그림 7-30 Fresco

⑪ Graphic Pen

그림 7-31 Graphic Pen

⑫ Mosaic

그림 7-32 Mosaic

⑬ Poster Edge

그림 7-33 Poster Edge

⑭ Ripple

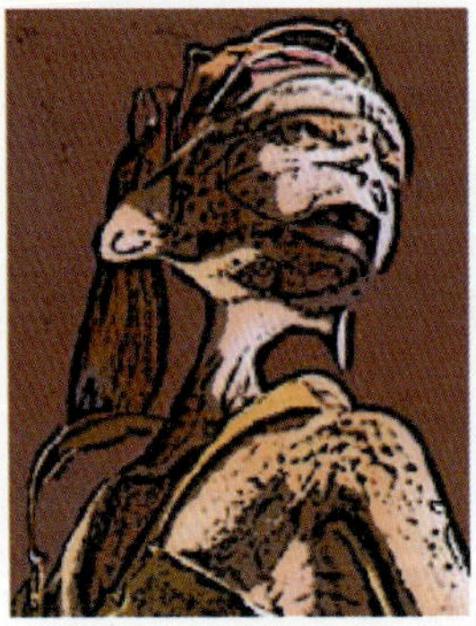

그림 7-34 Ripple

⑮ Smudge Stick

그림 7-35 Smudge Stick

⑯ Spatter

그림 7-36 Spatter

⑰ Watercolor

그림 7-37 Watercolor

(13) Painterly Effect 2

① Original Image

그림 7-38 Original Image

② Accented Edge

그림 7-39 Accented Edge

③ Angled Strokes

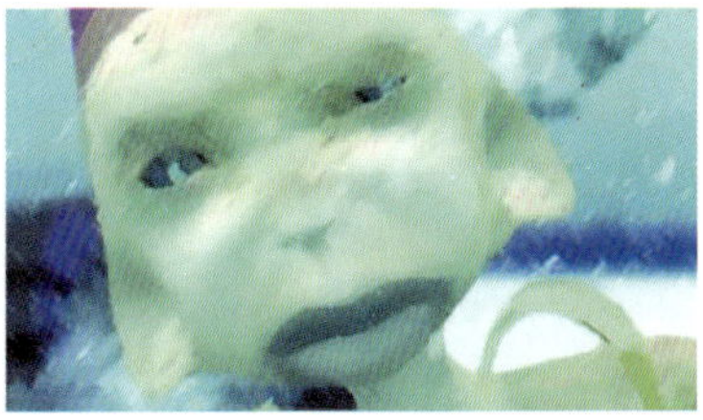

그림 7-40 Angled Strokes

④ Bas-Relief

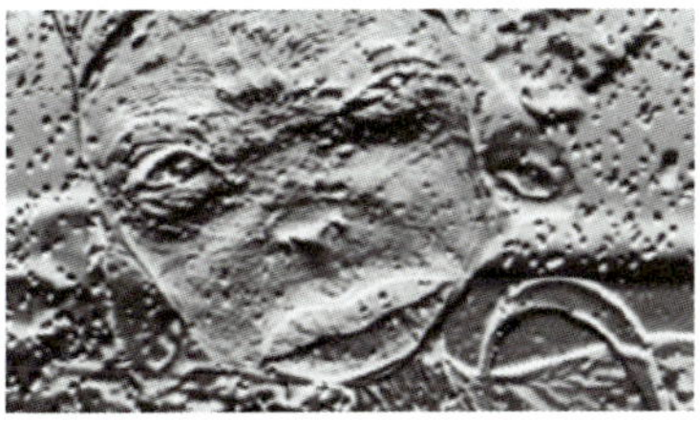

그림 7-41 Bas-Relief

⑤ Colored Pencil

그림 7-42 Colored Pencil

⑥ Diffuse Glow

그림 7-43 Diffuse Glow

⑦ Glowing Edges

그림 7-44 Glowing Edges

⑧ Grain

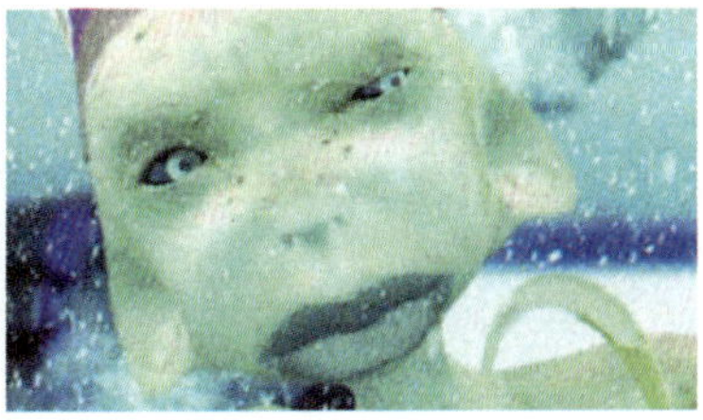

그림 7-45 Grain

⑨ Note Paper

그림 7-46 Note Paper

⑩ Palate Knife

그림 7-47 Palate Knife

⑪ Patchwork

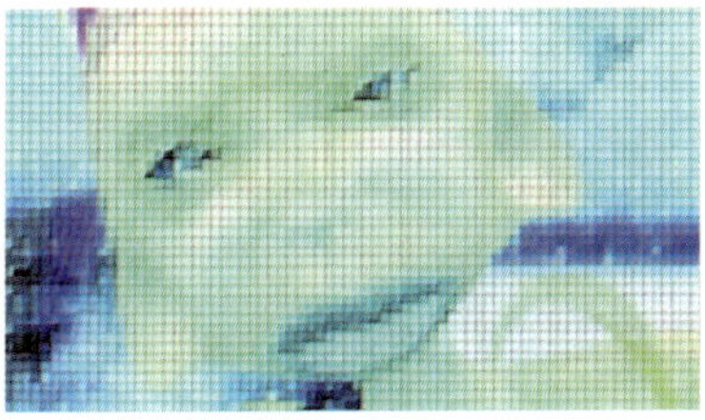

그림 7-48 Patchwork

⑫ Photocopy

그림 7-49 Photocopy

⑬ Rough Pastels

그림 7-50 Rough Pastels

⑭ Sprayed Strokes

그림 7-51 Sprayed Strokes

⑮ Stamp

그림 7-52 Stamp

⑯ Texturizer

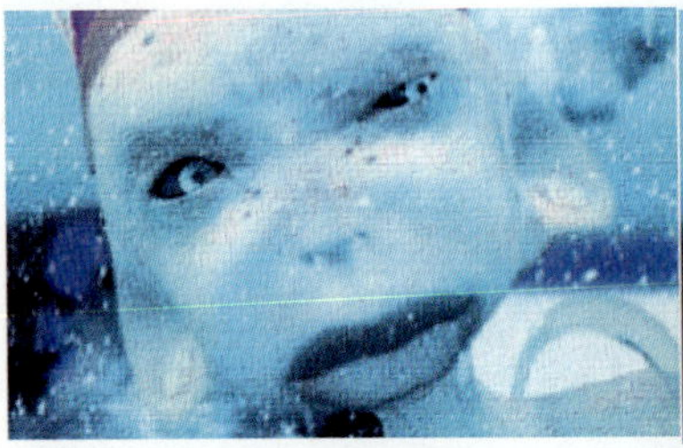

그림 7-53 Texturizer

⑰ Under painting

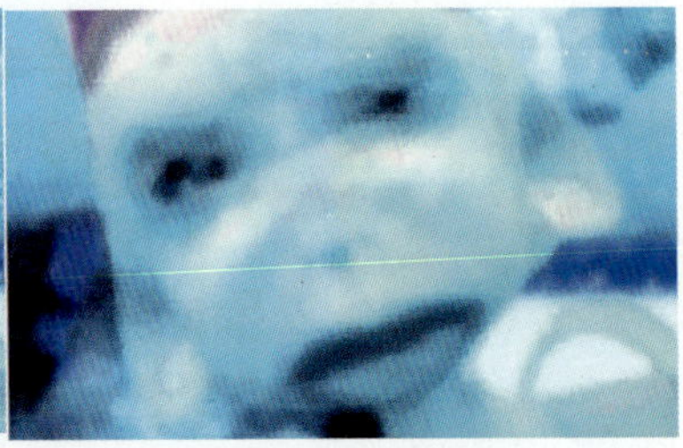

그림 7-54 Under painting

(14) Painterly Effect 3

① Original Image

그림 7-55 Original Image

② Conte Crayon

그림 7-56 Conte Crayon

③ Crosshatch

그림 7-57 Crosshatch

④ Cutout

그림 7-58 Cutout

⑤ Glass

그림 7-59 Glass

⑥ Halftone Screen

그림 7-60 Halftone Screen

⑦ Ink Outline

그림 7-61 Ink Outline

⑧ Neon Glow

그림 7-62 Neon Glow

⑨ Paint Daubs

그림 7-63 Paint Daubs

⑩ Plaster

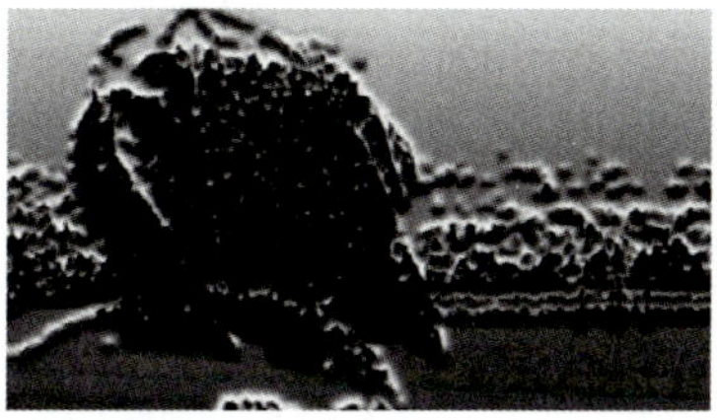

그림 7-64 Plaster

⑪ Plastic Wrap

그림 7-65 Plastic Wrap

⑫ Reticulation

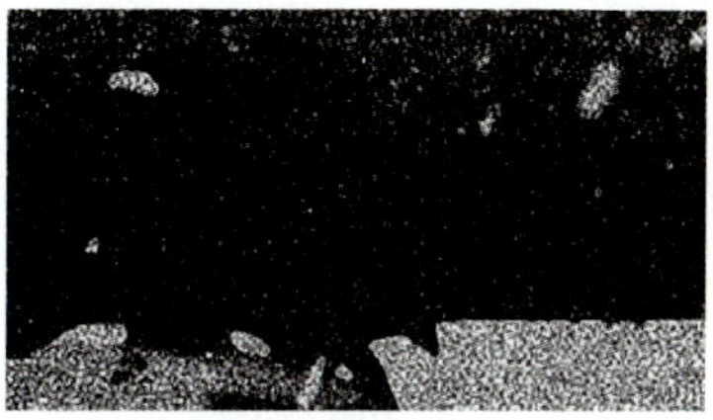

그림 7-66 Reticulation

⑬ Sponge

그림 7-67 Sponge

⑭ Stained Glass

그림 7-68 Stained Glass

⑮ Sumi-e

그림 7-69 Sumi-e

⑯ Torn Edges

그림 7-70 Torn Edges

⑰ Water Paper

그림 7-71 Water Paper

7-2 Building Composition Effect

7-2-1 Source 활용

1. Import Image files

먼저 Composition할 대상 소스를 FX View 창에 불러온다. 불러올 때는 File 〉 Import Images 명령을 실행한다.

2. Load Operator

불러온 소스들끼리 FX Operator 기능을 활용하여 서로 연결시켜준다. 이때 목적과 기능에 따라 잘 연결될 수 있도록 Operator의 기능에 익숙해져 있어야 한다.

3. Connect Operator

Image Source와 Image Source끼리 또는 Operator는 Operator끼리 연결하고자 할 경우 Connector를 사용한다. 이때 연결 Icon과 Icon 사이에 생성되는 Line을 Connector Line이라고 한다. 이 Connector Line은 Connector Icon을 Click+Drag를 통해 연결할 수 있으며 다시 Click+Drag를 통해 연결을 끊을 수 있다.

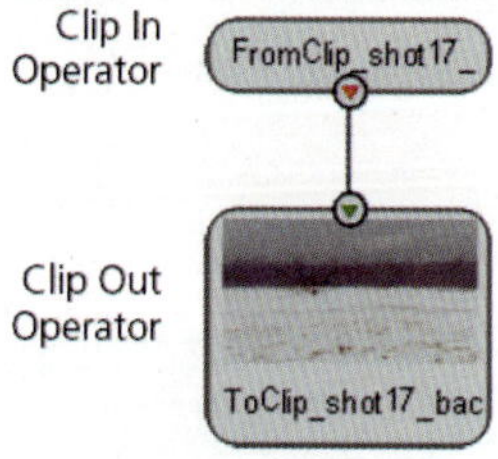

그림 7-72 Connect

4. Cutting/Copying/Pasting Operator

① Delete : Operator는 선택 후 Delete 명령으로 삭제가 가능하다.
② Copying : 선택한 Operator 또는 Source를 Ctrl+C 기능으로 복사한다.
③ Pasting : 복사한 Operator 또는 Source를 Ctrl+V 기능으로 Paste한다.

5. Editing Operator Property

사용할 Operator의 기능(속성) 창을 열어서 편집하고자 할 경우 Edit 버튼을 선택하여 편집 창을 연다.

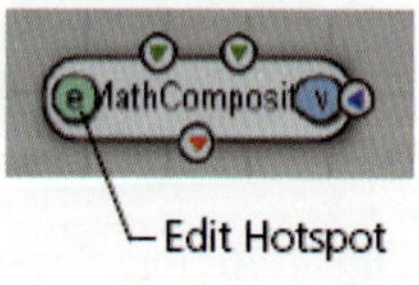

그림 7-73 Editing Button

6. Mute Operator

① Tree창에 있는 또는 연결된 Operator의 기능을 잠시 Mute(멈춤)하고자 할 경우에 사용한다.

② Source 창에 마우스를 올려놓고 마우스 오른 클릭을 하면 Menu 창 내에서 Active option을 Deactivate한다. 그 결과 Operator 기능은 Mute된다.

그림 7-74 Mute Button

7. Using Live Caching

그림 7-75 Live Caching

① Operator의 실시간 Play 효과를 체험하고자 할 경우 사용한다.

② Source 창에 마우스를 올려놓고 마우스 오른 클릭을 하면 Menu 창 내에서 Live Caching 명령을 실행한다. 노란색 다이아몬드 형태의 아이콘이 나타난다.

7-2-2 Preview Effect

1. View Hot spot

그림 7-76 Viewer button

합성 또는 적용한 효과를 View에 미리 보거나 확인하는 방법으로 Operator의 오른쪽에 있는 [v]아이콘을 선택한다. 그러면 FX View 창에 보고자 하는 결과가 나타난다.

2. Clear View

View 창에 어떠한 결과도 나타나지 않도록 하는 경우 FX Viewer 메뉴에서 View 〉 Clear Viewer 명령을 실행한다.

3. Scaling Images for Previewing

View 모드에 나타난 이미지의 Scale을 조절하고자 할 경우 FX Viewer 메뉴에서 View 〉 Scaling 〉 [scale] 기능을 선택한다.

그림 7-77 Scaling Images

4. Image 정보를 위한 Pixel 정보 보기

FX View 창에서는 합성된 이미지에 대한 Pixel 정보에 대해 정보를 정확하고 빠르게 확인할 수 있다. 마우스로 Pixel 정보를 확인하고자 하는 영역을 Click한다.

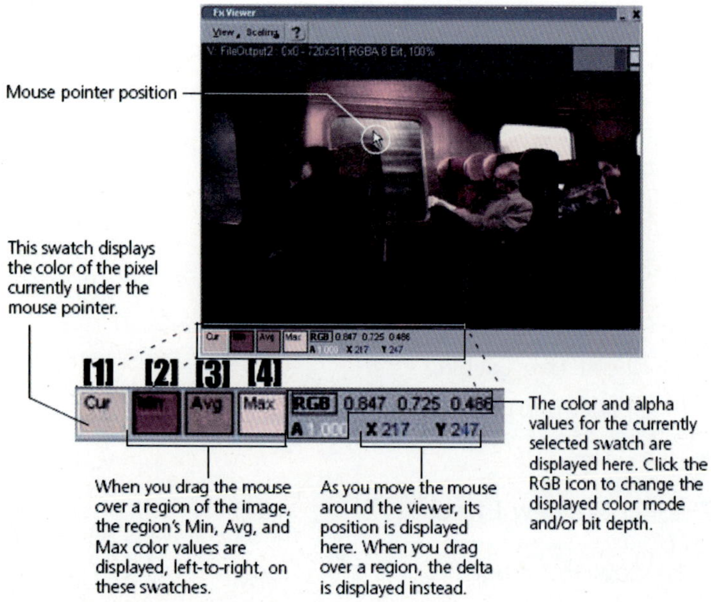

그림 7-78 FX View에서의 Pixel 정보

[1] Cur : 마우스 포인트 지점(Current)의 Pixel 정보를 알 수 있다.

[2] Min : 이미지의 영역위에 마우스를 Drag했을 때 Region의 Minimum(최소)으로 가지고 있는 Color 색을 나타내준다.

[3] Avg : 이미지의 영역위에 마우스를 Drag했을 때 Region의 Average(평균)로 가지고 있는 Color 색을 나타내준다.

[4] Max : 이미지의 영역위에 마우스를 Drag했을 때 Region의 Maximum(최대)로 가지고 있는 Color 색을 나타내준다.

5. Rendering Effect to Profile(Rendering 속성 창)

[1] Operator Name : File Output의 이름을 지정해준다.

[2] Output file : 최종 Rendering 파일이 저장될 장소를 지정해준다.

[3] File Format : 최종 Rendering되어질 파일의 Format을 지정해 줄 수 있다.

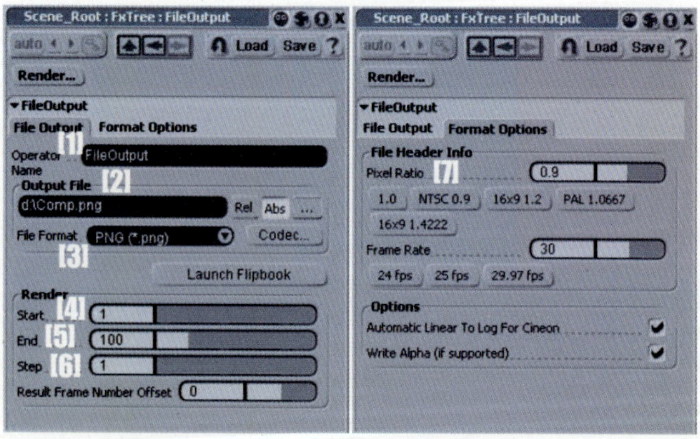

그림 7-79 Rendering 속성

–Rendering format

- .AVI (*.avi)
- Advanced Authoring Format (AAF) (*.aaf)
- Alias (*.als)
- .BMP (*.bmp)
- .Cineon (DPX) (*.dpx)
- .Cineon (FIDO) (*.cin, *.fido)
- .JPEG (*.jpg, *.jpeg, *.jfif)
- mental ray Color Texture (*.ct, *.ct16, *.ctfp)
- .mental ray MAP file (*.map)
- PCX (*.pcx)
- .PGM (*.pgm)
- PNG (*.png)
- .PPM (*.ppm)
- Photoshop (*.psd)
- Pict (*.pct)
- .QuickTime(*.mov, *.qt)
- .SGI (*.sgi, *.rgb, *.msk)
- Softimage (*.pic)
- .Sony Playstation2 TIM2/CLUT2 (*.tm2)
- .Targa (*.tga)
- .Tiff (*.tif, *.tiff)
- Wavefront (*.rla)
- YUV (*.yuv)
- .yuv (Quantel)

그림 7-80 Format

[4] Render Start : Rendering 시 Start frame을 지정해줄 수 있다.

[5] Render End : Rendering 시 End frame을 지정해줄 수 있다.

[6] Step : Rendering 시 Rendering 결과에 대한 Frame 간격을 지정해 줄 수 있다.

[7] Pixel Ratio : Render reign 화면의 가로*세로의 비율을 결정하는 옵션 창이다.

6. Rendering

Render 속성 장에서 시정하고자 히는 모든 옵션에 대한 설정을 마친 후 왼쪽 상단에 있는 Render 명령을 실행하면 다음과 같은 Rendering 진행을 보여주는 작업 창이 나타난다.

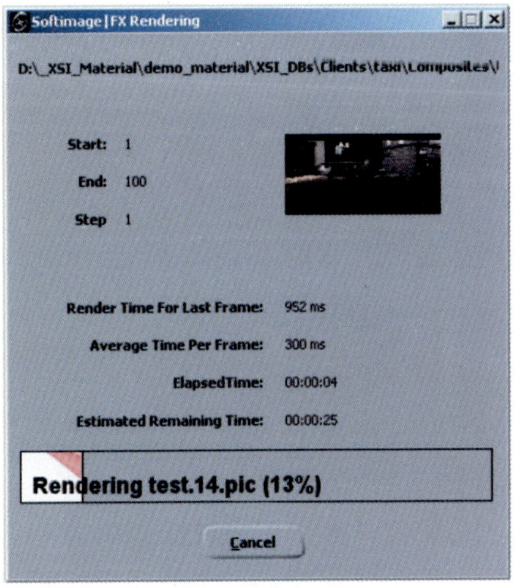

그림 7-81 Rendering

7-3 Composition 활용 1

7-3-1 활용 개요

Render Pass를 사용하면 최종 렌더링을 여러 파일로 나누어서 이미지의 특정 요소를 분리할 수 있다. 이는 렌더링 프로세스에 유용성을 더하고 최종 결과에 보다 수준 높은 조절을 할 수 있는 기능을 부여한다.
하지만 Scene을 Pass로 나누어 렌더링하게 되면 다시 합하는 합성 작업이 필요하다. 이번 Tutorial에서는 SOFTIMAGE의 합성 및 효과 관련 툴인 FX Tree의 기본적인 내용을 설명한다.

그림 7-82 최종 결과

이번 Tutorial에서 진행될 중요한 제작 공정에 대한 Processing(진행순서)이다.

1. SOFTIMAGE| FX 구성 요소 사용
2. 기본적인 합성 작업 수행
3. 기본적인 효과 적용
4. Matte를 사용하여 이미지에서 효과를 적용할 영역 정의
5. Override를 사용하여 Render Pass 수정
6. Garbage matte를 만들어서 이펙트를 특정 영역으로 제한
7. 합성된 Sequence 렌더링

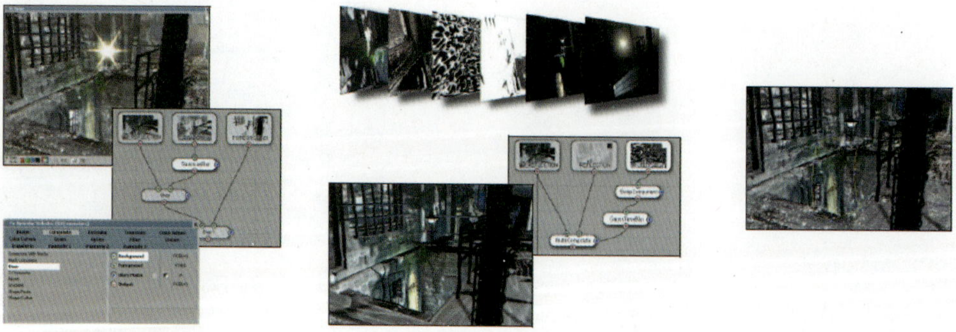
그림 7-83 작업 공정

이러한 기능들을 통해서 다음과 같은 기능을 배울 수 있다.

1 합성 툴을 익힌다.
2 pass를 합성한다.
3 Blur를 적용한 Ripple pass를 사용하여 pass 합성 방식을 조절한다.
4 override를 사용하여 Volume light pass의 알파 채널을 수정한다.
5 Garbage matte를 사용하여 빗방울 위치를 정확히 설정한다.
6 최종 결과를 Rendering하고 확인한다.

합성이란 foreground 이미지를 background 이미지 위에 놓아 새롭게 합쳐진 이미지를 만드는 프로세스이다. 여기서는 제5장에서 각 Pass별로 Rendering하여 얻은 결과를 활용하여 합성 및 결합하도록 한다.

이렇게 각각 만들어진 Pass를 Compositor로 가져오면 개별적으로 수정할 수 있고 다시 렌더링하지 않아도 Scene의 특정 요소를 바꿀 수 있다. 그러므로 강력한 유용성이 보장되면서 작업 시간도 절감되는 효과가 있다.

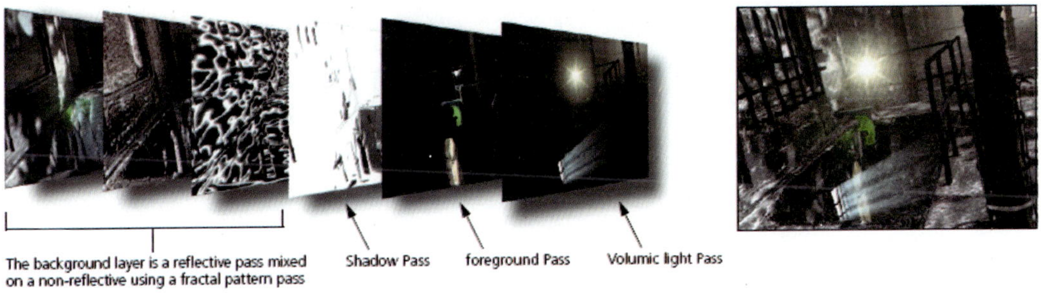

그림 7-84 작업 방법

SOFTIMAGE의 FX tree에서 연결된 오퍼레이터의 네트워크를 구축하여 이미지를 합성하고 효과를 만들 수 있다. 오퍼레이터는 수동으로 연결하거나 FX Operator Selector를 사용하여 미리 연결할 수 있는 노드로 표시된다.

FX tree에 있는 다양한 오퍼레이터를 여기서 모두 사용할 수는 없다. 대신 무한한 그 가능성의 영역을 활용할 수 있는 다양한 기능들을 소개하기로 한다.

7-3-2 Render Pass 적용

1. Composition Source 불러오기

합성의 첫 단계는 합성할 이미지를 가져오는 일이다. 여기서 작업할 이미지는 Render Pass이다. FX tree 메뉴에서 바로 액세스할 수 있도록 있다.

1 Scene을 연다.

2 〈Alt+1〉을 눌러 FX tree 창을 연다.

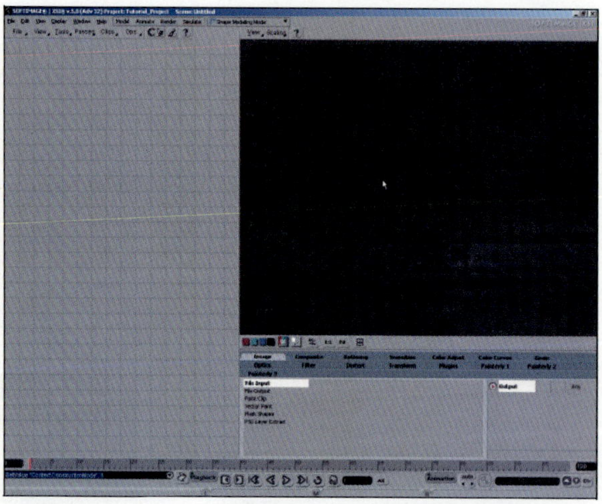

그림 7-85 작업 화면

3 FX tree 메뉴에서 Passes 〉 Get All Passes를 선택하여 모든 Render Pass를 Fx tree 작업 공간으로 가져오도록 한다. 오퍼레이터가 각 Pass마다 생성된다.

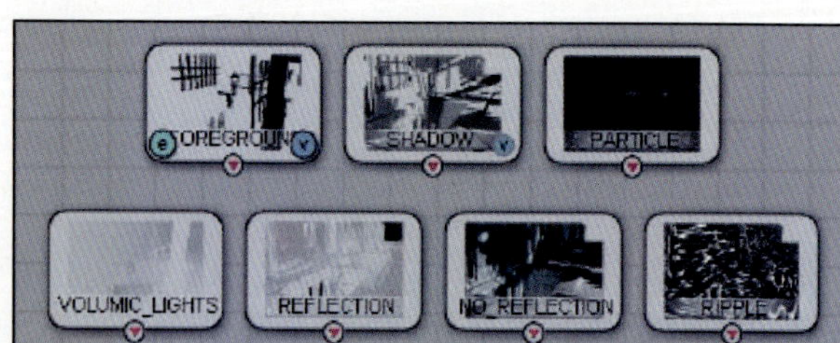

그림 7-86 불러온 합성소스

① FX tree의 여러 다양한 pass 중에서 디폴트 pass가 있는데, 이 pass는 선택할 수도 있고 삭제할 수도 있다. 이 작업에서는 필요로 하지 않다.

② Pass 노드 중 하나를 더블클릭하면 알파 채널이 pre-multiplied(프리멀티플라이)로 처리되는 것을 볼 수 있다. 알파 채널이 포함된 이미지는 프리멀티플라이되거나 안 되거나를 선택할 수 있다. 프리멀티플리케이션은 수학적인 처리로서 이미지의 RGB 채널이 각기 해당하는 알파 채널에 멀티플라이되는 것이다.

이미지가 이미 프리멀티플라이 되었는지 아닌지를 구별하는 방법으로 가장 쉬운 방법은 제작자에게 확인하는 것이 가장 확실하지만, 이것이 불가능한 경우 이미지의 RGB와 알파 채널을 살펴보거나 혹은 다른 것과 합성한 후의 결과를 보아야 한다.

Pre-multiplied 이미지는 RGB 채널을 갖게 되는데 그것은 알파 채널에 의해 멀티플라이드 된 것이다. RGB와 알파 채널이 모두 같은 영역에서 BLACK을 갖고 있을 때, 이것은 이미지 Pre-multiplied의 좋은 예가 될 수 있다.

Pre-multiplied 이미지가 아니면서 RGB 채널을 갖고 있고 알파 채널은 별개인 경우의 이미지이다. 알파 채널에서 Black 영역이 RGB 채널에서 해당 영역과 다르다면 Pre-multiplied되지 않은 Image의 예가 된다.

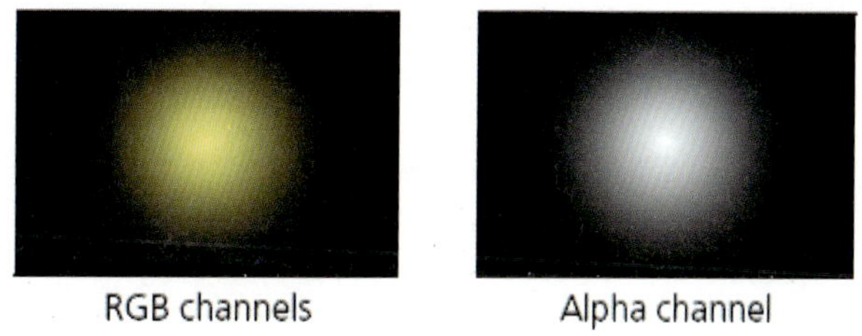

그림 7-87 Image Pre-multiplied

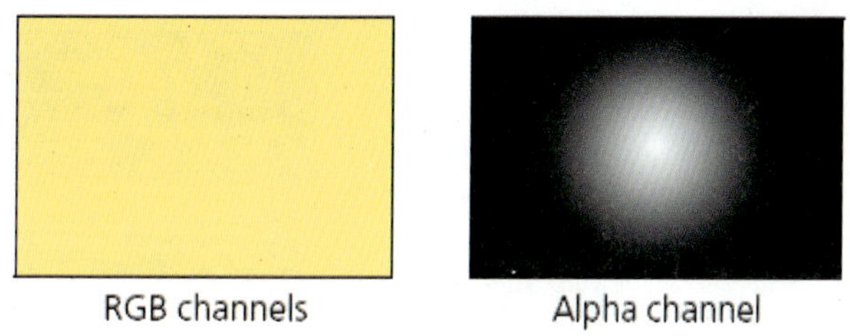

그림 7-88 Pre-multiplied되지 않은 Image

2. Shadow pass 추가

맨 먼저 Background pass를 구축해야 한다. No Reflection pass에 No-Reflection pass를 합성한다. 이 합성을 위해서 Operator Selector를 사용할 것이다. 이 툴을 사용하면 사용자가 오퍼레이터를 선택하고 FX tree에서의 연결을 미리 설정한 후 자동으로 만들어진 연결 관계를 갖고 오퍼레이터가 삽입되도록 한다.

1 FX tree 메뉴에서 View 〉 Operator Selector를 선택하면 Operator Selector가 열린다.

2 Composite 페이지에서 Over 오퍼레이터를 선택한다. 오른쪽의 input/output 목록에서 Background 연결이 강조 표시된다. Over 오퍼레이터 선택 시 Background input이 강조 표시되어 연결을 받아들일 준비가 되었음을 나타낸다.

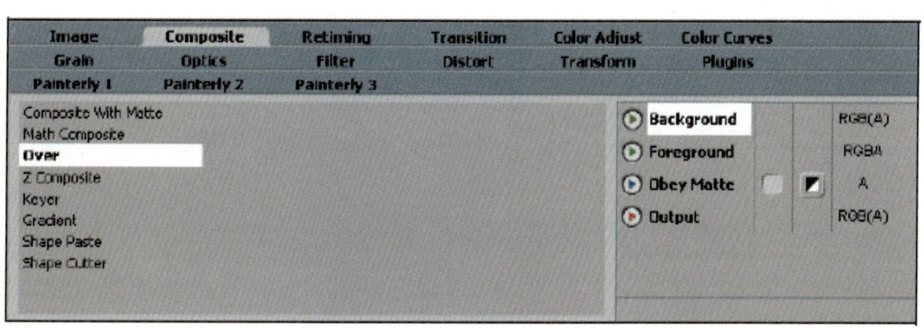

그림 7-89 operator

3 FX tree의 NO_REFLECTIONS Pass 오퍼레이터를 가운데 선택하여 Background의 input으로 선택한다. NO_REFLECTIONS pass가 연결 목록에 붉은색으로 나타나고 Foreground 연결이 input/ output 목록 상에서 강조 표시된다. Background input에 연결을 설정하면 Foreground input이 강조 표시되어 연결을 받아들일 준비가 되었음을 나타낸다.

이전 단계에서 Background 연결에 선택한 오퍼레이터는 Background input 옆에 붉은 색으로 나타난다.

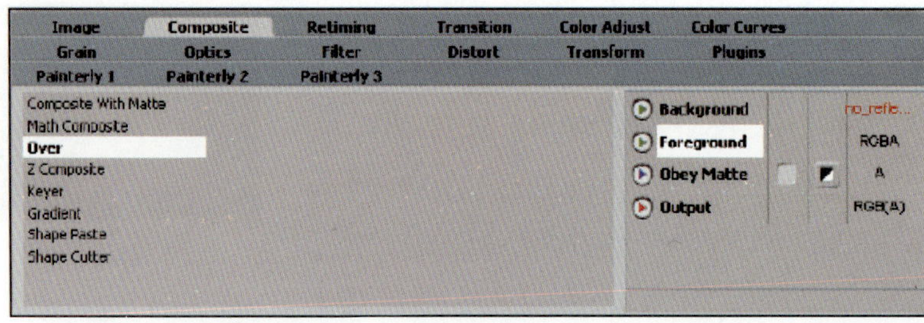

그림 7-90 Over operator

4 FX tree의 SHADOW pass 오퍼레이터를 가운데 선택하여 Foreground input으로 선택한다.

SHADOW Pass가 연결 목록에 나타나고 Output 연결이 Input/Output 목록에서 강조 표시된다. Foreground input에 연결을 설정하면 Output이 강조 표시되어 연결을 받아들일 준비가 되었음을 나타낸다. 기존 오퍼레이터에서 연결하는 대신 간단히 FX tree 작업 공간에서 삽입한다.

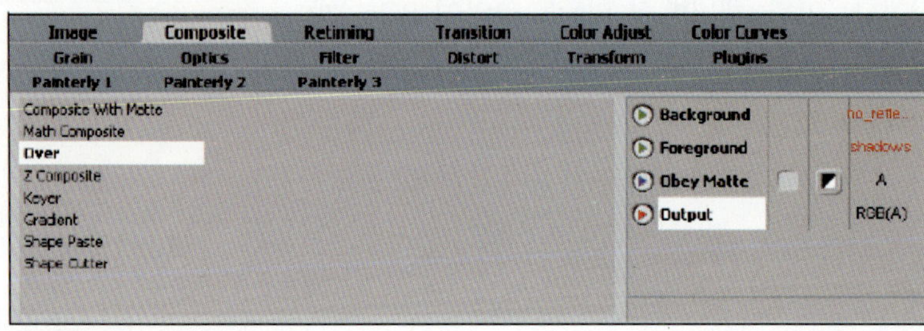

그림 7-91 Over operator

5 FX tree 작업 공간의 빈 공간을 가운데 선택하여 새로운 Over 오퍼레이터를 추가한다.

Over 오퍼레이터가 NO_Reflections Pass와 SHADOW Pass에 자동으로 연결된다. Operator Selector로 Over 오퍼레이터의 Preset을 만들면 FX tree 작업 공간의 빈 영역을 선택하여 오퍼레이터를 삽입한 다음 지정된 오퍼레이터에 자동으로 연결할 수 있다.

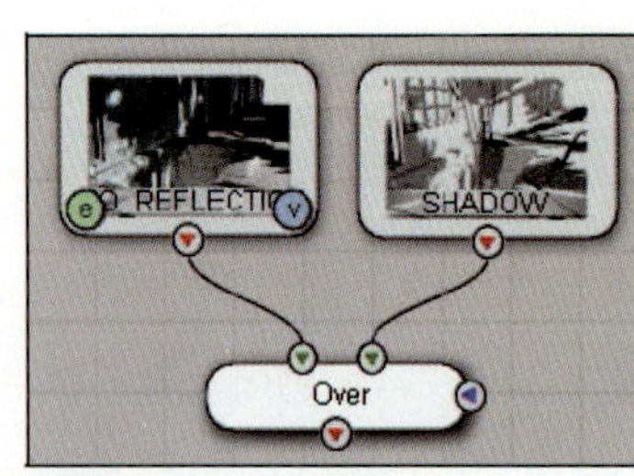

그림 7-92 Over operator

6 〈Alt+2〉를 눌러 FX viewer를 연다. FX viewer를 사용하면 FX tree의 모든 오퍼레이터를 미리 볼 수 있으므로 합성 및 효과 적용 결과를 확인할 수 있다.

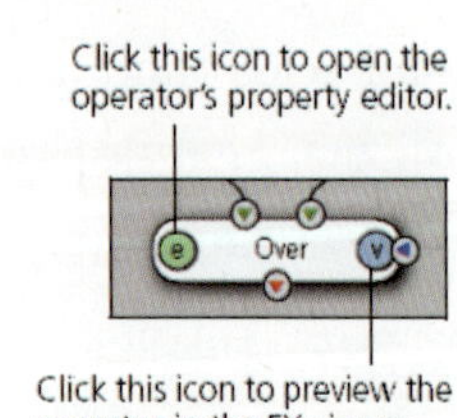

그림 7-93 Edit & View

7 마우스 포인터를 Over 오퍼레이터의 위에 놓으면 두 개의 아이콘이 나타난다. 안에 "e"라고 써진 녹색 원은 편집용(edit)이고 "v"라고 써진 파랑색 원은 보기(view)용이다. 보기 아이콘(v 버튼)을 클릭하면 오퍼레이터의 결과가 FX 뷰어에 나타난다.

3. Foreground layer 추가하기

이제 그림자가 나타나므로 그림자를 만드는 Object를 추가해야 한다.

NO_REFLECTION pass　　NO_REFLECTION pass + SHADOW pass

그림 7-94 Shadow Pass

1 Operator Selector에서 Over 오퍼레이터를 다시 선택한다.

2 처음에 Over 오퍼레이터를 추가한 것과 같은 방식으로 FX tree 작업 공간에 추가한다. 다음과 같은 연결로 기본으로 설정한다.

① FX tree 작업 공간의 Over 오퍼레이터를 가운데 선택하여 Background로 사용한다.

② FOREGROUND pass 오퍼레이터를 가운데 선택하여 Foreground로 사용한다.

연결을 완성하면 FX tree 작업 공간의 빈 영역을 가운데 선택하여 Over1 오퍼레이터를 추가한다. 두 번째 Over 오퍼레이터(Over1)는 FOREGROUND pass를 이미 합성된 NO_REFLECTION과 SHADOW Pass를 합성한다.

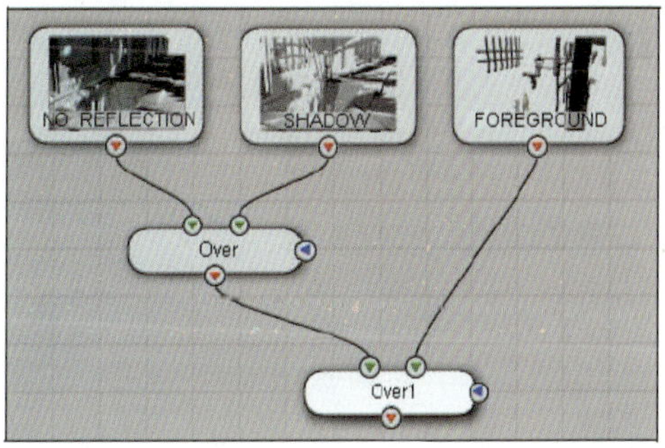

그림 7-95 Over1

3 Operator Selector를 닫는다.

4 Over1 오퍼레이터의 보기 아이콘(v 버튼)을 선택하여 FX Viewer(단축키〈Alt+2〉)에서 결과를 확인한다.

비 오는 밤에 그림자는 약간 흐릿하므로 Blur 효과를 적용하도록 한다. 이것이 Render Pass를 사용하는 것의 장점 중 한가지이다. Shadow pass에 Blur 효과를 보다 많이 적용해서 다시 Rendering하는 대신 합성 단계에서 Blur 효과를 간단히 추가할 수 있다. 그림자 자체를 렌더링하였으므로 Blur 효과는 그림자에만 영향을 미친다.

그림 7-96 그림자에 Blur 적용하기

5 FX tree 메뉴에서 Ops 〉 Filter 〉Gaussian Blur를 선택한다. Gaussian Blur 오퍼레이터가 FX tree 작업 공간에 추가된다.

6 SHADOQW pass 오퍼레이터의 output 아이콘(화살표)을 선택하여 연결선을 Gaussian Blur 오퍼레이터의 input 아이콘(녹색 화살표)으로 drag하여 SHADOW pass 오퍼레이터의 output을 Gaussian Blur 오퍼레이터의 input에 연결한다. 작은 정사각형이 Blur 효과 오퍼레이터의 input 아이콘을 감싸면 마우스 버튼을 놓아서 연결을 완성한다.

7 이 프로세스를 반복하여 Gaussian Blur 오퍼레이터의 output을 Over 오퍼레이터의 Foreground input(녹색 오른쪽 화살표)에 연결한다.

8 Gaussian Blur 오퍼레이터를 더블클릭하여 프로퍼티 에디터를 여는 동시에 결과를 FX Viewer에 표시한다.

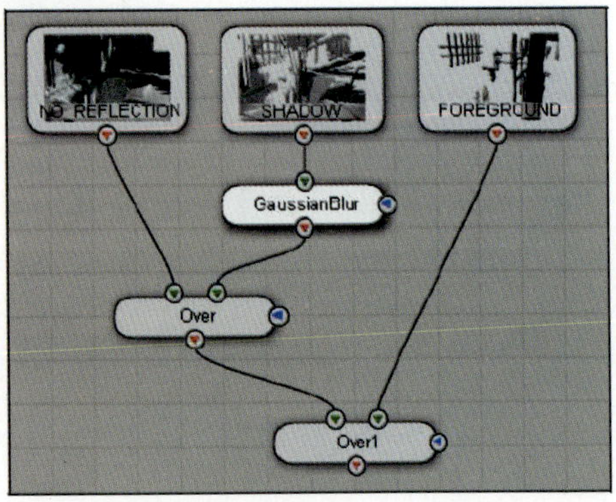

그림 7-97 Foreground input

그림 7-98 FX Viewer

9 Gaussian Blur 프로퍼티 에디터에서 효과에 만족할 때까지 Blur 효과의 Width와 Height를 옵션을 조절한다.

4. Ripple PASS 효과 추가하기

Background는 훌륭하지만 Scene은 비 오는 밤이므로 빗물이 벽과 바닥에 흐르는 효과를 만들어야 한다. 이것이 Ripple pass를 Rendering한 이유이다. 이제 RIPPLE pass를 사용하여 REFLECTIONS pass가 NO_REFLECTIONS pass에 합성되는 방식을 조절하도록 한다.

5. Ripple pass에 알파 채널 만들기

RIPPLE pass는 [.jpg] 형식으로 Rendering되어 알파 채널이 없다. Swap Component 오퍼레이터로 RGB 채널로부터의 정보를 이용하여 알파 채널을 만들 수 있다.

1 FX tree 메뉴에서 Ops 〉 Color Adjust 〉 Swap Component를 선택하도록 한다. Swap Component 오퍼레이터가 FX tree 작업 공간에 추가된다.

2 RIPPLE pass 오퍼레이터의 output을 Swap Component 오퍼레이터의 input에 연결한다.

3 Swap Component 오퍼레이터의 편집 아이콘(e 버튼)을 선택하여 프로퍼티 에디터를 연다.

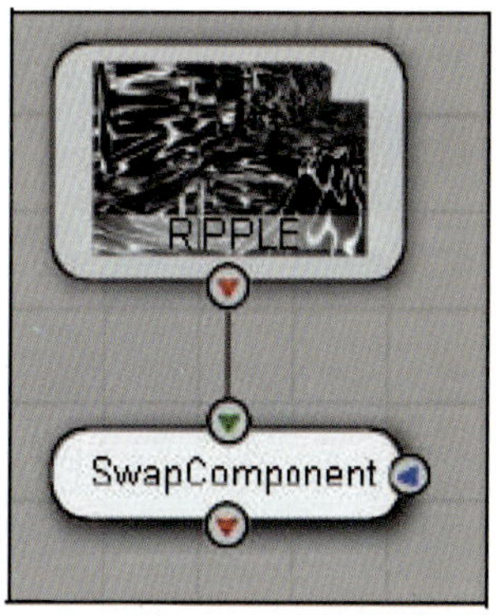

그림 7-99 Swap Component

4 Swap 페이지의 Alpha 열에서 알파 채널의 알파 요소(A)를 선택 해제하고 빨강색(R), 녹색(G), 파랑색(B) 요소를 선택한다. 알파 채널은 비어 있는 원래 알파 채널 대신 RGB 채널로부터 정보를 사용하게 된다. Swap Component 오퍼레이터를 사용하여 어떤 색상 요소에서 다른 요소로 정보를 이동할 수 있다.

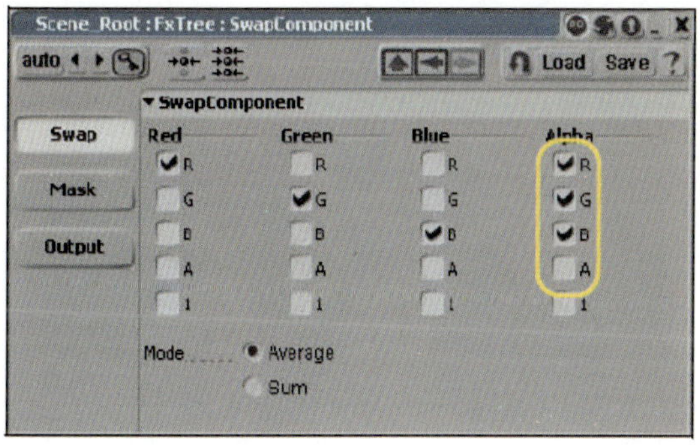

그림 7-100 Alpha Channel

6. Ripple pass에 Blur 효과 적용

Ripple pass를 보면 효과가 너무 날카로우므로 Blur 효과를 적용해야 한다.

1 FX tree 메뉴에서 Ops 〉 Retime 〉 Gaussian Time Blur를 선택한다. Gauss Time Blur 오퍼레이터가 FX tree 작업 공간에 나타난다.

2 Swap Component 오퍼레이터의 output을 Gauss Time Blur 오퍼레이터의 input에 연결한다.

3 Gauss Time Blur 오퍼레이터를 더블클릭하면 프로퍼티 에디터가 열리는 동시에 결과가 FX Viewer에 나타난다.

4 Gauss Time Blur 프로퍼티 에디터에서 Blur의 효과에 만족할 때까지 Radius를 조절한다.

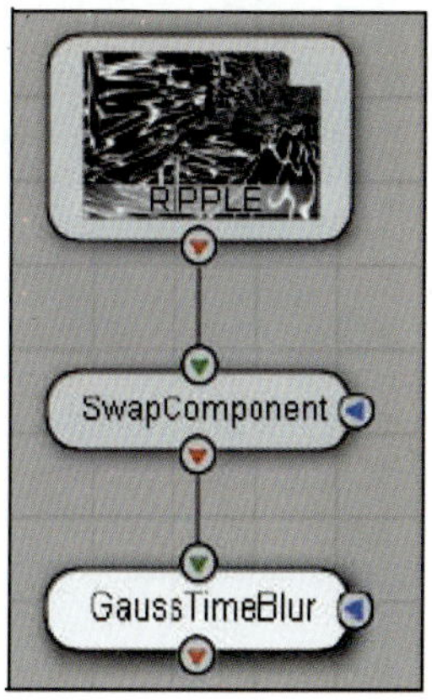

그림 7-101 Gaussian Time Blur

7. Reflection 합성

1 FX tree 메뉴에서 Ops 〉 Composite 〉 Math Composite를 선택한다. Math Composite 오퍼레이터가 FX tree 작업 공간에 추가된다.

2 NO_REFLECTIONS pass 오퍼레이터의 output을 Math Composite 오퍼레이터의 Background input(왼쪽 녹색 화살표 아이콘)에 연결한다.

3 REFLECTION pass 오퍼레이터의 output을 Math Composite 오퍼레이터의 Foreground input(왼쪽 녹색 화살표 아이콘)에 연결한다.

4 Math Composite 오퍼레이터의 1편집 아이콘(e 버튼)을 선택하여 프로퍼티 에디터를 연다.

5 Math Composite 프로퍼티 에디터에서 Math Op 파라미터를 Add로 설정한다. Mix Level은 1로 둔다.

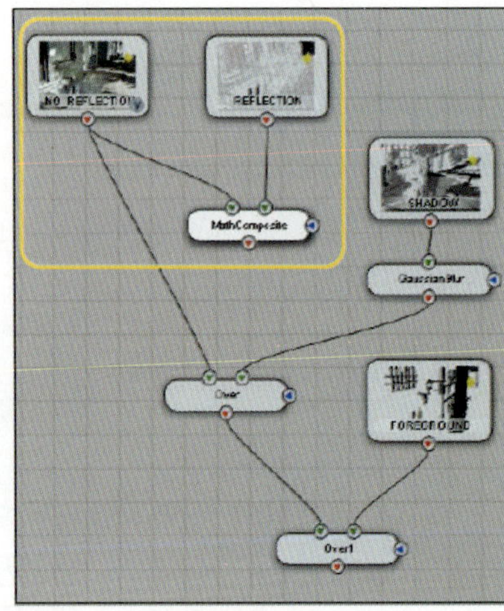

그림 7-102 Math Composite

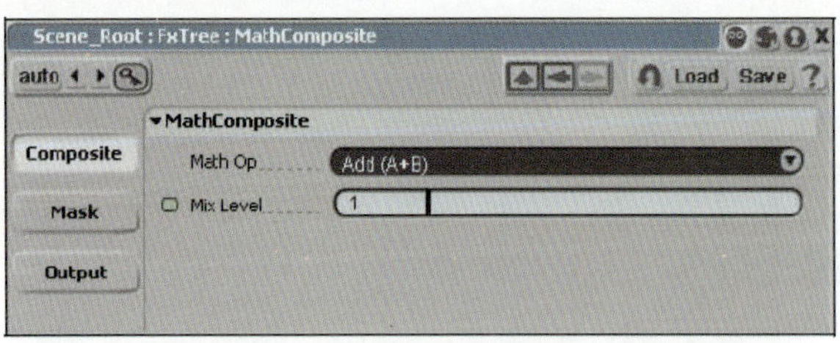

그림 7-103 Math Composite Operator 속성

6 Math Composite 오퍼레이터의 보기 아이콘(v 버튼)을 선택하여 FX Viewer에 표시한다. 이 합성 작업은 전체 이미지를 밝게 만든다. 이를 수정하도록 한다.

NO_REFLECTION pass　REFLECTION pass　NO_REFLECTION + REFLECTION pass

그림 7-104 FX Viewer

7 Gauss Time Blur 오퍼레이터의 output을 Math Composite 오퍼레이터의 Obey Matte input(파랑색 화살표 아이콘)에 연결한다.

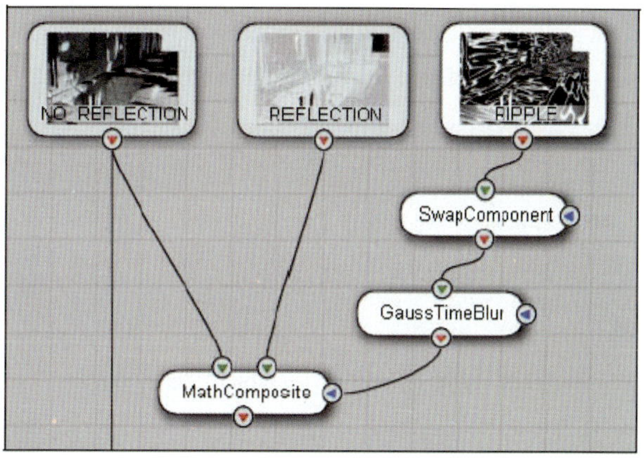

그림 7-105 Gauss Time Blur

① RIPPLE pass 효과로 윤곽이 나타나는 영역에서 REFLECTIONS pass가 NO_REFLECTION pass에만 합성된다. FX Viewer에서 밝은 빛이 요동치면서 반사되어 Scene을 희미하게 비추는 결과를 볼 수 있다.

그림 7-106 결과확인

② 물결치는 빗방울에 원하던 바로 그 결과이다. 결과에 따라 Math Composite의 Obey Matte의 옆의 버튼을 눌러 적용을 반전시킬 수도 있다.

그림 7-107 Obey Matte

8 Math Composite 오퍼레이터의 output을 Over 오퍼레이터의 Background input(왼쪽 녹색 화살표)에 연결한다. 이 Over 오퍼레이터를 사용하여 이전에 SHADOW pass를 NO_REFLECTIONS pass에 합성하였다.

9 Over 오퍼레이터의 보기 아이콘(v 버튼)을 선택하여 결과를 FX Viewer에 표시하도록 한다.

NO_REFLECTION pass를 배경으로 취하였고 반사되는 빗방울 효과가 배경 위에 적용되고 그림자가 생성된다.

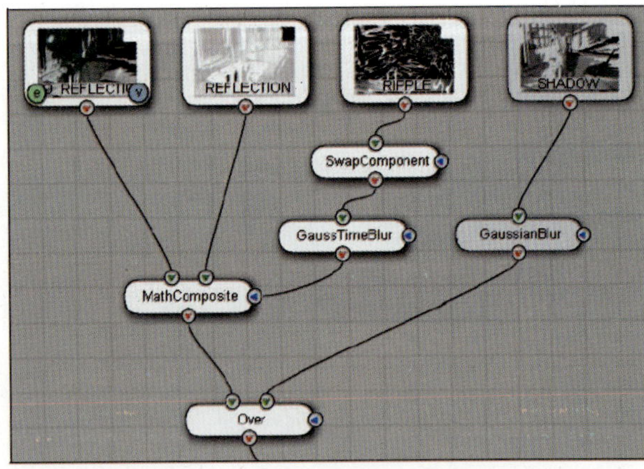

그림 7-108 Math Composite를 Over Operator에 연결

10 Over 오퍼레이터의 편집 아이콘(e 버튼)을 선택하여 프로퍼티 페이지를 연다.

11 Over 프로퍼티 페이지에서 Opacity 값을 조절하여 합성 결과의 Reflection의 수치를 조절하여 투명도를 조절해준다. 이 값을 낮추면 그림자가 흐려진다.

12 Over1 오퍼레이터의 보기 아이콘(v 버튼)을 선택하여 전경 Object가 합성된 전체 FX tree의 결과를 확인한다.

하지만 아직 비가 내리는 장면은 연출되지 않았다. 다음 단계에서 Rain pass를 Scene에 추가해야 한다.

그림 7-109 FX Tree의 결과확인

8. Rain pass 추가

비를 추가하려면 SHADOW pass와 FOREGROUND pass 사이에 RARTICLE pass를 합성한다.

1 FX tree 메뉴에서 Ops 〉 Composite 〉 Math Composite를 선택한다. 그 결과 Math Composite1 오퍼레이터가 FX tree 작업 공간에 나타난다.

2 PARTICLE pass 오퍼레이터의 output을 Math Composite1 오퍼레이터의 Foreground input에 연결한다.

3 Over 오퍼레이터의 output을 Math Composite1 오퍼레이터의 Background input에 연결한다.

4 Math Composite1 오퍼레이터의 output을 Over1 오퍼레이터 Background input에 연결한다.

5 Over1 오퍼레이터의 보기 아이콘(v 버튼)을 클릭하여 FX Viewer에 결과를 나타내면 비가 내리는 효과를 제작할 수 있다.

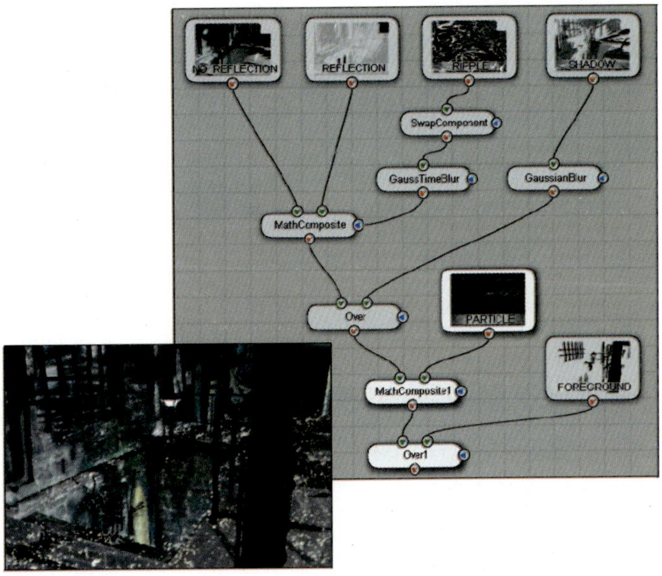

그림 7-110 Rain pass 추가

9. Rain pass에 Blur 효과 적용

비가 오는 효과를 보다 현실감 있게 만들려면 Blur 효과를 약간 적용하도록 한다.

1 FX tree 메뉴에서 Ops > Retime > Gaussian Time Blur를 선택한다. Gauss Time Blur 오퍼레이터가 FX tree 작업 공간에 나타난다.

2 PARTICLE pass 오퍼레이터의 output을 Gauss Time Blur1 오퍼레이터의 input에 연결한다.

3 Gauss Time Blur1 pass 오퍼레이터의 output을 Math Composite1 오퍼레이터의 Foreground input에 연결한다. 뷰어에서 Blur 효과가 빗방울을 부드럽게 만든 것을 확인할 수 있다.

10. Volumic pass 추가

원래 씬에는 비와 안개를 통과하는 약간의 라이트 효과가 있다. 이를 다시 추가하도록 한다.

1 FX tree 메뉴에서 Ops > Composite > Over를 선택한다. Over2 노드가 FX tree 작업 공간에 나타난다.

2 Over1 오퍼레이터의 output을 Over2 오퍼레이터의 Background input에 연결한다.

3 VOLUMIC_LIGHTS pass 오퍼레이터의 output을 Over2 오퍼레이터의 Foreground input에 연결한다.

4 Over2 오퍼레이터의 보기 아이콘(v 버튼)을 선택하여 결과를 FX Viewer에 나타낸다.

Volumic Pas를 적용한 결과가 다소 잘못 적용되었음을 확인한다. 사실 다음과 같은 두 가지 문제가 발생하였다.

첫번째 문제는 알파 채널이 적합하지 않다. 볼륨 pass를 적용할 곳을 제외하면 알파 채널은 검은색이어야 한다.

두 번째 문제는 Constant 검은색 쉐이더를 VOLUMIC_LIGHTS pass의 Background_Objects_Partition에 적용했을 때 트리 Object의 Displacement 매핑이 손실되었다.

5 VOLUMIC_LIGHTS pass 오퍼레이터의 보기 아이콘(v 버튼)을 선택하여 FX Viewer에 나타낸다.

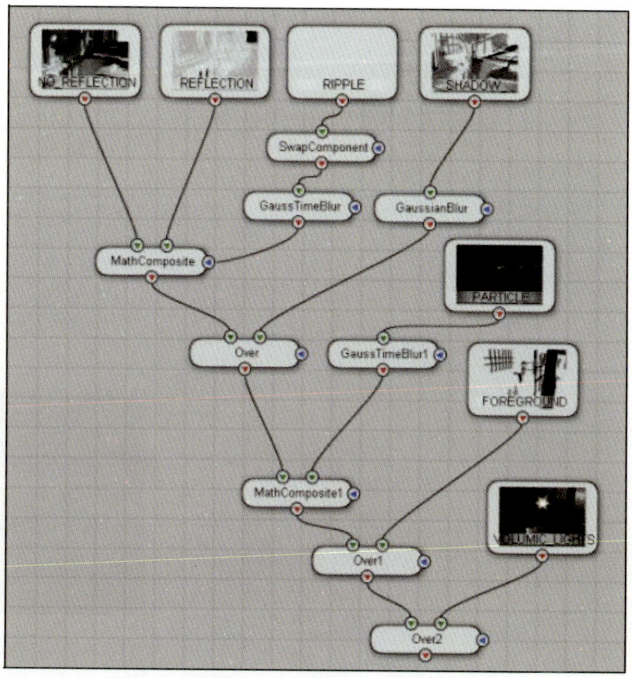

그림 7-111 소스 연결

6 FX Viewer의 툴 바에서 Tools를 선택하여 색상 툴을 표시한다.

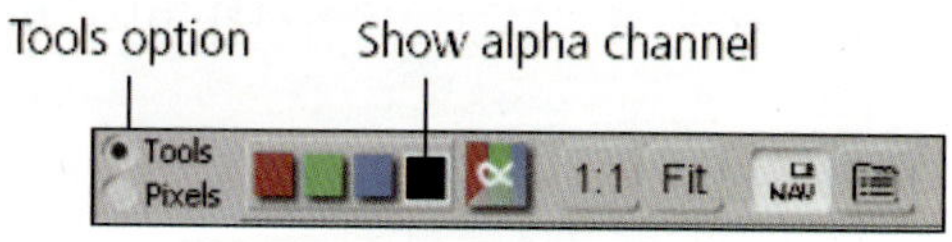

그림 7-112 FX Viewer 색상 툴

7 검정색 색상 견본을 선택하여 pass의 알파 채널을 표시한다. pass의 알파 채널이 거의 흰색에 가깝다. 그러므로 배경 Scene이 볼륨 pass를 통해 거의 표시되지 않는다.

8 다시 검정색 색상 견본을 선택하여 pass의 RGB 채널을 표시하도록 한다.

9 Volumic pass 수정

한 가지 해결 방법으로 두 가지 문제를 처리할 수 있다. Background_Objects_Partition에 override를 적용하면 각 Object의 material에서 Surface 구성 요소가 바뀌게 된다. Background Object에 검정색이 지정되어 다른 프로퍼티(Displacement와 같은)에는 영향을 미치지 않고 pass를 적절하게 렌더링할 수 있다.

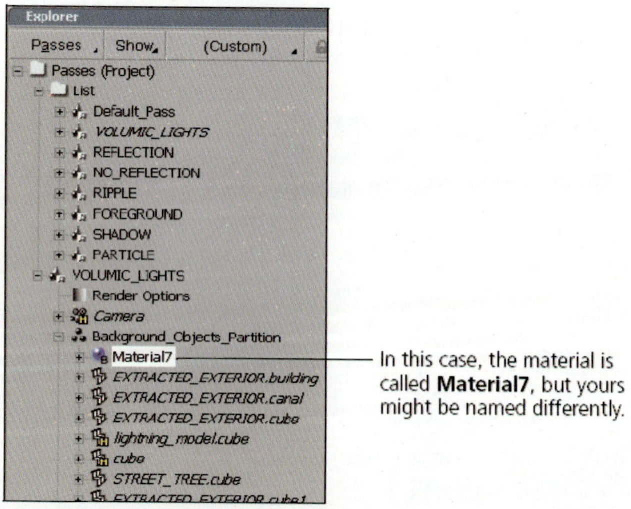

그림 7-113 Material 노드 삭제

10 Render 툴 바의 Render Pass 드롭 다운 목록에서 VOLUMIC_LIGHTS pass를 선택하여 활성화시킨다.

11 ⟨8⟩을 눌러 Explorer를 연다.

12 마우스 포인터를 Explorer에 놓은 채 ⟨a⟩를 눌러 스코프를 Passes로 설정한다.

13 VOLUMIC_LIGHTS pass의 Background_Objects_Partition을 펼치고 Material 노드를 삭제한다.

14 Background_Objects_Partition을 선택한 채 Render 툴 바에서 Get › Property › Override를 선택한다. Override 프로퍼티 에디터가 열린다.

15 Add Parameters 버튼을 클릭하면 Pop up Explorer가 열린다.

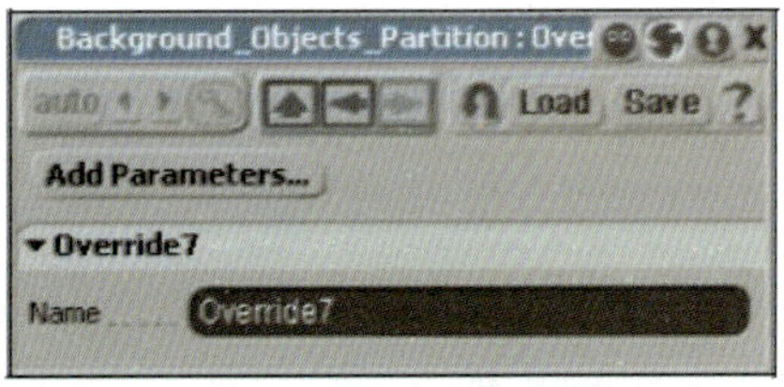

그림 7-114 Override 프로퍼티

16 임의의 Object 노드를 펼치고 Material 노드를 찾아서 펼친다.

17 Surface 폴더를 선택하고 Pop up Explorer 바깥부분을 선택한다. Surface 프로퍼티가 override에 추가된다.

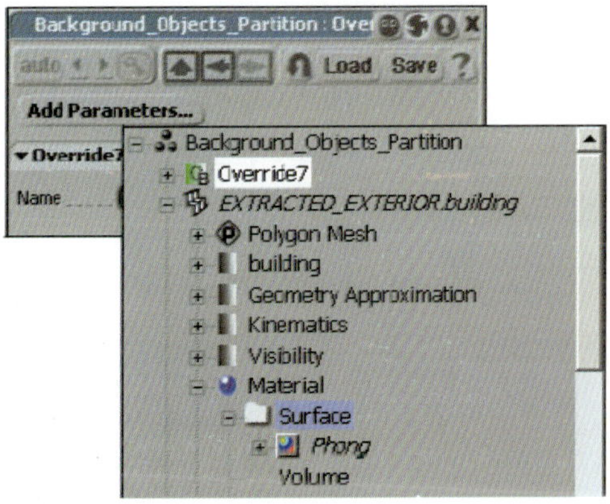

그림 7-115 Material 노드

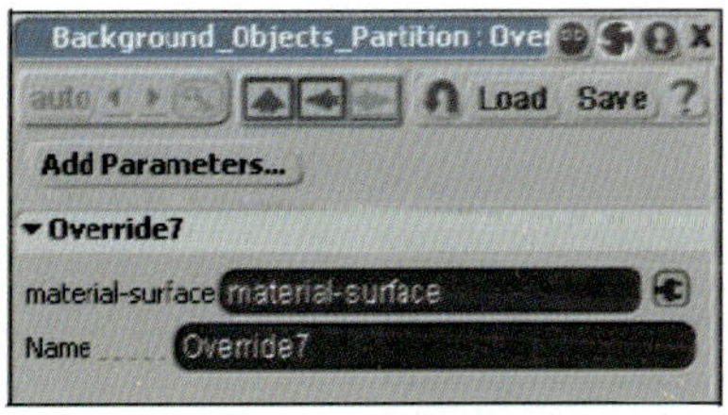

그림 7-116 Override에 추가

18 Explorer 창에서 Override 노드를 찾아서 선택한다.

19 override를 선택한 채 ⟨7⟩을 눌러 render tree를 연다.

20 render tree에서 Refresh 버튼을 눌러 render tree 작업 공간에 override의 render tree를 표시한다.

21 render tree 메뉴에서 Nodes › Illumination › Constant를 선택한다. Constant 노드가 render tree 작업 공간에 나타난다.

22 Constant 노드를 Override 노드의 material-surface input에 연결한다.

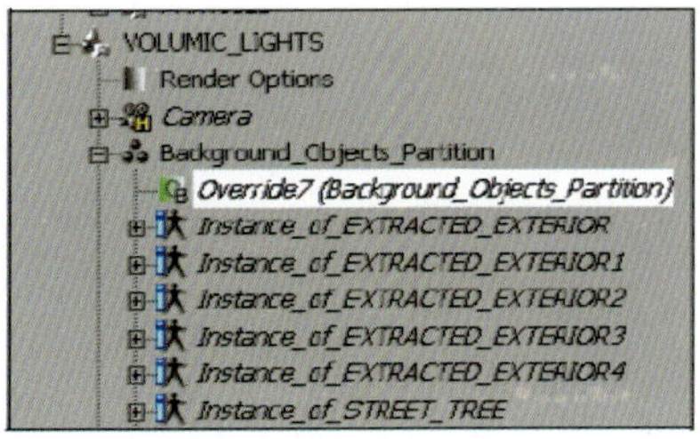

그림 7-117 Explorer 창에서의 Override 노드

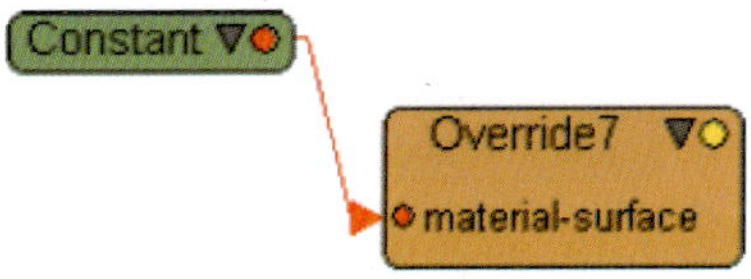

그림 7-118 Override 노드 연결

23 Constant 노드를 더블 선택하여 Constant Shader의 프로퍼티 에디터 창을 연다.

24 Illumination 프로퍼티 페이지에서 상수 Color 값(R, G, B, A)을 "0"으로 설정한다.

RGB 값 조절시 반드시 알파 채널 값도 조절해야 한다. 알파 값을 "0"으로 설정하지 않으면 Render Pass의 알파 채널을 사용할 수 없다(알파 채널은 투명해야 한다).

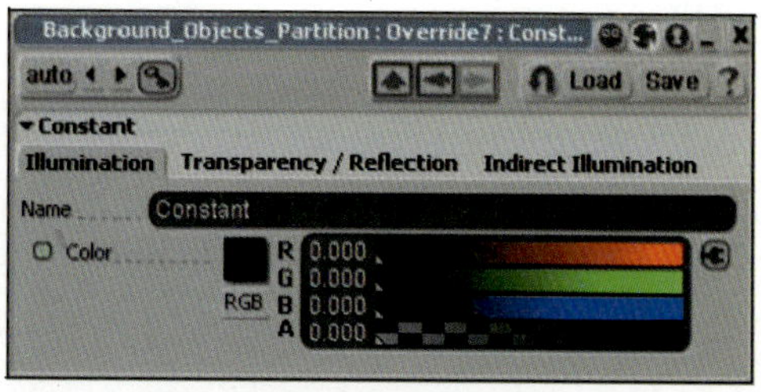

그림 7-119 Color 값(R, G, B, A) 설정

25 Explorer와 Render Tree 창을 닫는다.

26 Render 툴 바에서 Render 〉 Render 〉 Current Pass를 선택하고 pass가 렌더링될 때까지 기다린다. 프레임이 하나뿐이므로 렌더링 시간은 그리 오래 걸리지는 않는다.

Tutorial_Project/Render_Pictures/ 경로에 있는 원본을 교체해야 한다.

27 FX tree 메뉴에서 Passes 〉 VOLUMIC_LIGHTS pass 오퍼레이터를 선택하고 〈Delete〉 키를 누른다.

28 FX tree 메뉴에서 Passes 〉 VOLUMIC_LIGHTS를 선택한다. 이는 VOLUMIC_LIGHTS pass 오퍼레이터를 FX tree 작업 공간으로 다시 불러온다.

29 VOLUMIC_LIGHTS pass 오퍼레이터의 보기 아이콘(v 버튼)을 선택하여 FX Viewer를 연다.

30 FX Viewer 툴 바에서 Tools를 선택하여 색상 툴을 연다.

31 검정색 컬러 견본 박스를 선택하여 pass의 알파 채널을 표시하도록 한다.

Rendering된 New pass의 알파 채널이 정확하므로 여러 효과가 정확히 합성되었다.

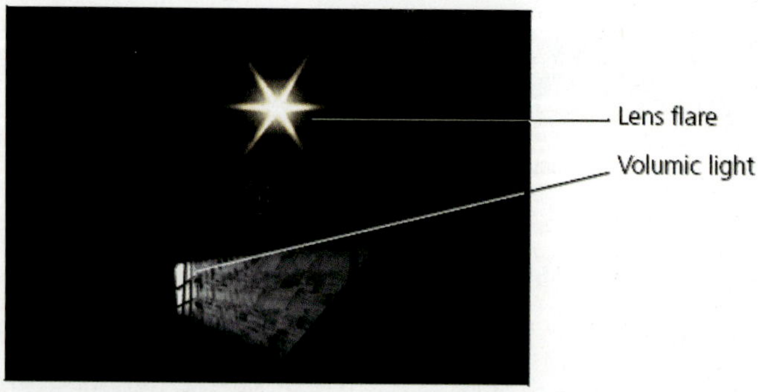

그림 7-120 알파 채널 효과 합성

32 검정색 컬러 견본 박스를 다시 선택하여 Pass의 RGB 채널을 표시한다.

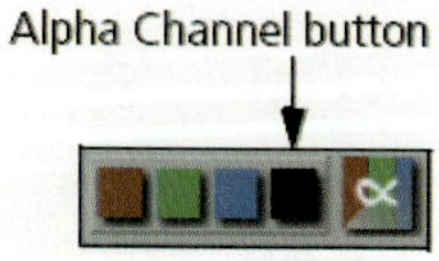

그림 7-121 RGB 채널

33 Over2 오퍼레이터의 보기 아이콘(v 버튼)을 선택하여 FX Viewer를 연다. 옆 그림이 지금까지 만든 이미지의 최종 합성된 결과물이다.

그림 7-122 **결과확인**

11. 비효과 수정하기

Over2 오퍼레이터의 결과를 자세히 살펴보면 빗방울이 문이나 네온 화살표 앞에는 떨어지지 않고 있다. Foreground Object가 비의 이미지 위에 합성되었기 때문이다.

Tree에서 FOREGROUND pass의 작은 부분을 미리 합성하여 이 문제를 해결할 수 있다. roto spline 툴을 사용하여 garbage matte를 만들도록 한다.

1 세 번째 Over 노드를 꺼내낸다. 이번에는 Ops 메뉴에서 꺼내는 대신 Tree에 나와 있는 Over 노드를 선택하고 〈Ctrl+c〉를 눌러 복사한 후 〈Ctrl+v〉를 눌러 FX Tree 작업 공간에 붙여 놓는다.

2 FOREGROUND pass의 Operator output을 Over3 오퍼레이터의 Foreground input에 연결한다.

3 Over pass 오퍼레이터의 output을 Over3 오퍼레이터의 Background input에 연결한다.

4 Over3 오퍼레이터의 output을 Math Composite1 오퍼레이터 Background input에 연결한다.

Over3 오퍼레이터를 이러한 방식으로 연결하면 FOREGROUND pass가 전체적으로 빗방울 뒤에 추가로 합성된다. FOREGROUND pass가 빗방울 앞에서 합성된 Over1 오퍼레

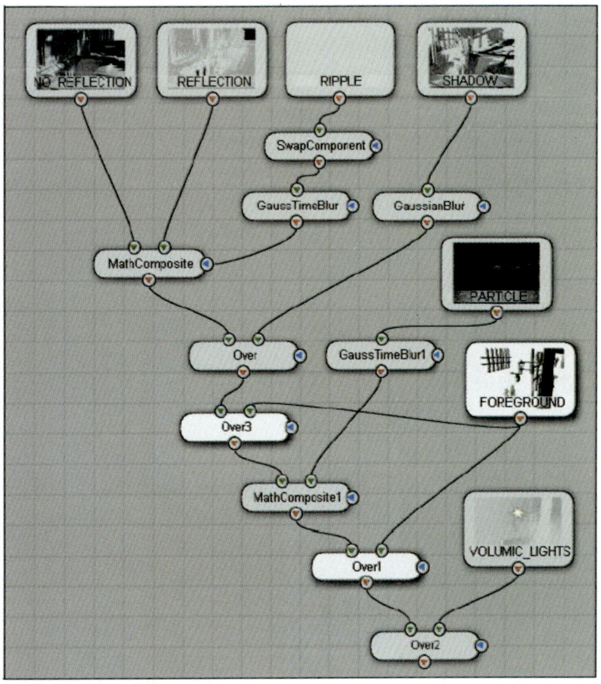

그림 7-123 **소스 연결**

이터로 이동하고 이미지 영역을 잘라내서 문 앞에 빗방울이 보이도록 드러내야 한다.

5 Over1 오퍼레이터를 더블 선택하여 프로퍼티 에디터를 열고 결과를 Viewer에 표시하도록 한다.

6 Mask 페이지에서 폴리곤 그리기 툴을 선택한다.

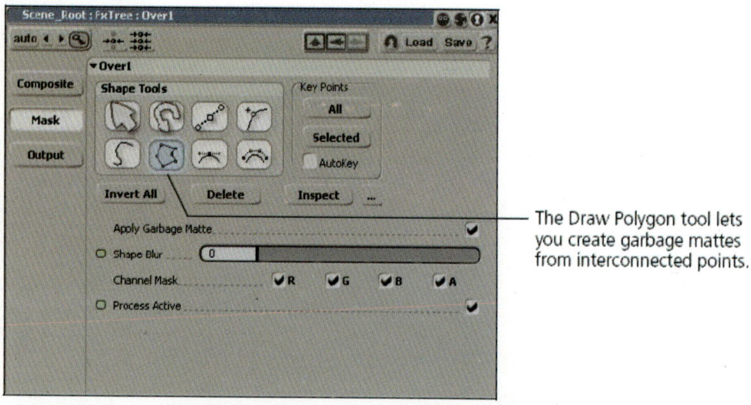

그림 7-124 Mask page

7 FX Viewer에서 이미지 둘레를 이따금씩 선택하여 garbage matte 영역을 정리한다. 첫 번째 클릭하면 최초의 조절점이 생긴다. 그런 다음 클릭하면 이전 포인트에 직선으로 연결되는 조절점이 추가로 생기게 된다. 마우스 포인터를 첫 번째 조절점으로 옮긴 다음 선택하여 Polygon 모양을 닫는다. Garbage Matte를 만들면 두 번째 버전의 foreground 오브젝트 pass에 구멍이 생긴다. 해당 pass의 첫 번째 버전의 작은 부분을 드러내면 이 부분에서는 빗방울이 문과 네온사인 앞에서 떨어진다. FOREGROUND pass의 대부분의 요소가 다시 앞으로 나오지만 빗방울은 문 앞에서 떨어지고 있다. 이제 Rendering할 준비가 된 것이다.

그림 7-125 FX Viewer

12. 최종 Sequence 렌더링하기

Sequence를 렌더링하려면 File Output 오퍼레이터를 사용해야 한다.

1 FX tree 메뉴에서 Ops 〉 Image 〉 File Output을 선택한다. File Output 오퍼레이터가 FX tree 작업 공간에 나타난다.

2 Over2 오퍼레이터의 output을 File Output 오퍼레이터의 input에 연결한다.

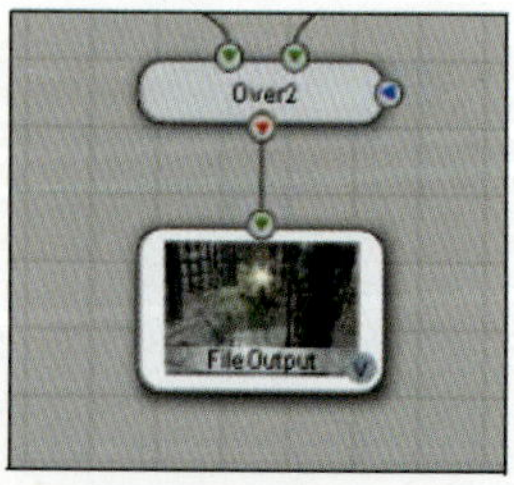

그림 7-126 File Output

3 File Output 오퍼레이터의 편집 아이콘(e 버튼)을 선택하여 프로퍼티 에디터를 연다.

4 Output File 텍스트 박스에 적당한 파일 이름, 파일포맷, 경로를 입력한다.

5 Render 버튼을 클릭하여 SOFTIMAGE FX Rendering 윈도우를 연다.

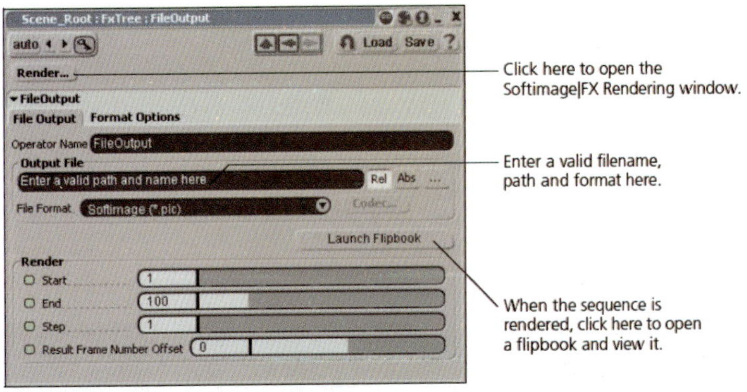

그림 7-127 File Output 편집 창

6 SOFTIMAGE FX Rendering 윈도우에서 Render 버튼을 선택하여 Sequence 렌더링을 시작한다. 렌더링 윈도우에서 렌더링 진행 사항을 모니터할 수 있다. 렌더링이 완료되면 렌더링 윈도우가 닫힌다.

7 File Output 오퍼레이터의 프로퍼티 페이지에서 Launch Flip book 버튼을 선택하여 flip book을 열고 Sequence를 자동 재생한다.

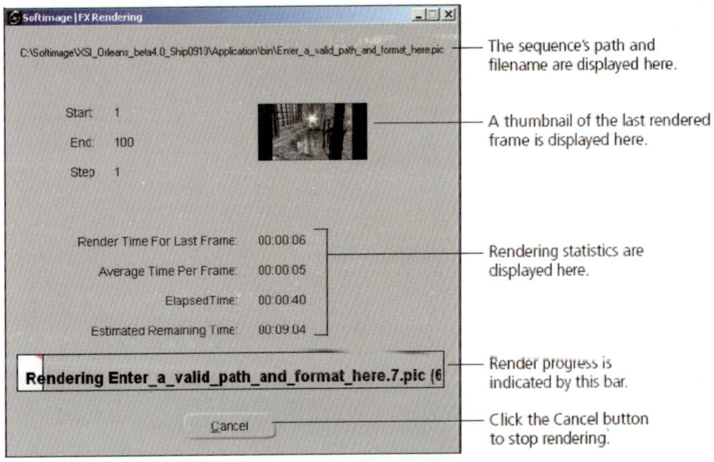

그림 7-128 Rendering

override로 Render Pass를 변형하는 방법, Render Pass 합성 방법 및 효과를 사용하여 Render Pass를 수정하는 방법을 배웠다. 합성은 다중 pass 렌더링의 결과를 빠르게 미리 보고 조절할 수 있는 SOFTMAGE의 매우 유용한 기능 중 하나이다. 합성 툴을 사용하여 이미지 클립을 수정하거나 새로운 이미지 소스를 만들 수도 있다.

그림 7-129 최종 결과

7-4 Composition 활용 2

이번 장에서는 실사배경과 3D 데이터의 합성 과정에 대해 살펴보도록 한다. 실사배경에 대해 3D 데이터를 합성할 경우 많은 컨트롤 옵션이 필요하며 편집과 합성의 테크닉이 요구된다. 그러므로 한번의 테스트에 만족하지 말고 여러 번의 반복 작업을 통해 완벽하게 이해하고 이를 활용하는 자세가 필요하다.

그림 7-130 **작업 공정**

7-4-1 Modeling & Texturing

모델링 기능을 활용하여 합성 작업을 하고자 하는 자동차 모델링 데이터를 제작한다.

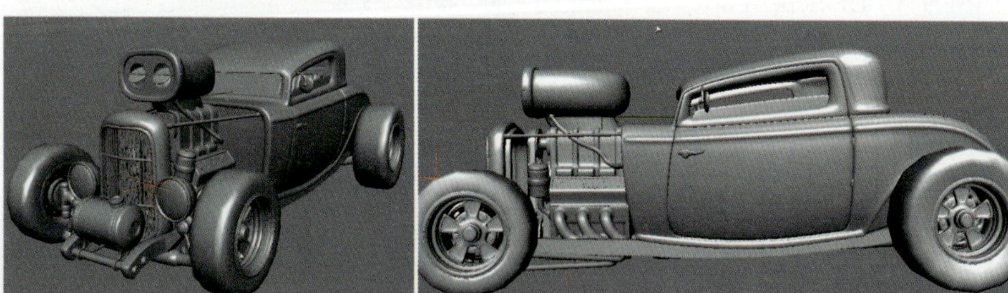

그림 7-131 **모델링 data**

제작한 모델링 데이터에 Material과 Texture 이미지를 적용한다.

1 본체 Shader & Texturing 작업

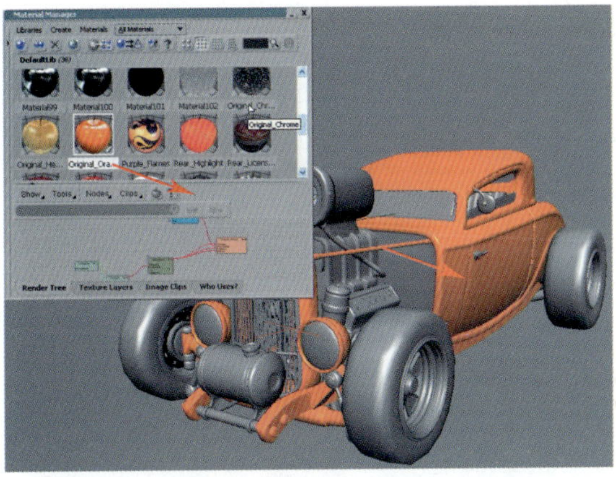

그림 7-132 본체 Shader & Texturing 작업

2 Wheel, Engine 등 금속 부분의 Shader & Texturing 작업

그림 7-133 Wheel, Engine 등 금속 부분의 Shader & Texturin 작업

3 타이어 Shader & Texturing 작업

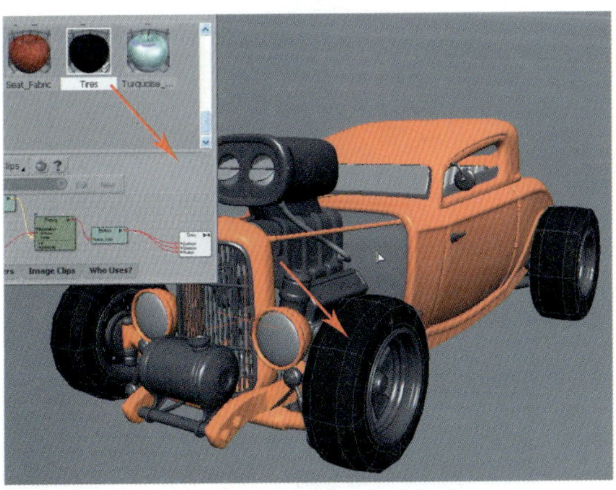

그림 7-134 타이어 Shader & Texturing 작업

4 창문(Window) Shader & Texturing 작업

그림 7-135 창문(Window) Shader & Texturing 작업

5 Head Light Shader & Texturing 작업

그림 7-136 Head Light Shader & Texturing 작업

6 Engine Cover Shader & Texturing 작업

그림 7-137 Engine Cover Shader & Texturing 작업

7 Car Seat Shader & Texturing 작업

그림 7-138 Car Seat Shader & Texturing 작업

8 Render Region 결과확인

그림 7-139 Render Region 결과확인

7-4-2 Composition

1 Shader와 Texturing 작업이 끝난 데이터에 2D 실사 배경 이미지를 적용하고 Composition 작업을 위한 준비를 한다.

그림 7-140 Composition

2 Environment Map을 적용한다.

그림 7-141 Environment Map을 적용

3 각 Object의 반사 값과 투명도 그리고 특징적인 Shader 값들의 조절을 통해 보다 사실적인 결과를 만들어낸다.

그림 7-142 다양한 Shader 조절

7-4-3 Pass 작업

Scene 전체에 대해 각각의 Pass 옵션을 설정하여 설정된 Pass별로 작업의 완성도를 높인다.

1 Environment Pass 제작하기

그림 7-143 Environment Pass

2 Ambient Occlusion Pass

그림 7-144 Ambient Occlusion Pass

3 Beauty Pass

그림 7-145 Beauty Pass

4 Default Pass

그림 7-146 Default Pass

5 Reflection 〉 RGB Only Pass

그림 7-147 Reflection 〉 RGB Only Pass

6 Shadow Pass

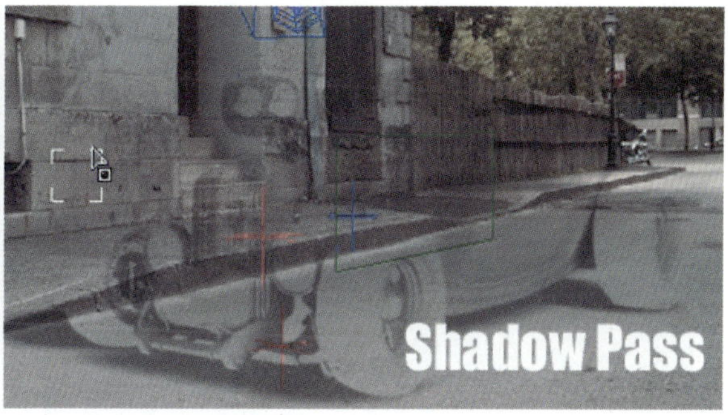

그림 7-148 Shadow Pass

7 각 Pass별로 Render Option에서 최적화된 Render 결과를 추출하여 각각 Pass별로 저장한다.

① Beauty Pass

그림 7-149 Beauty Pass

② Ambient Color Pass

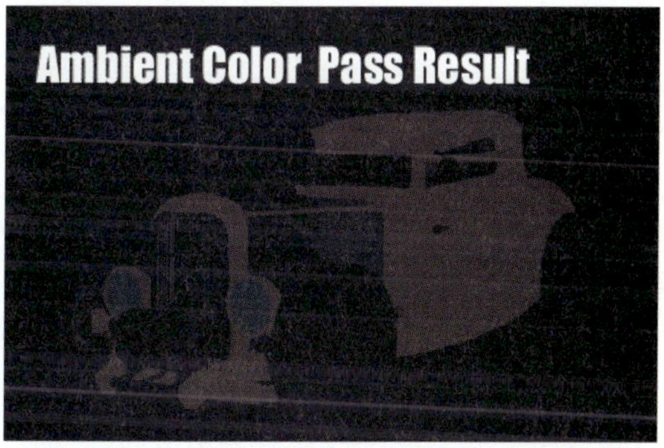

그림 7-150 Ambient Color Pass

③ Diffuse Color Pass

그림 7-151 Diffuse Color Pass

④ Reflection Pass

그림 7-152 Reflection Pass

⑤ Specular Pass

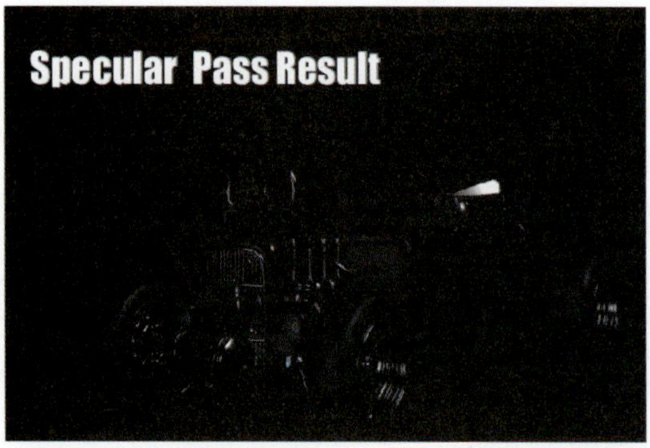

그림 7-153 Specular Pass

⑥ Shadow Pass

그림 7-154 Shadow Pass

7-4-4 Composition 작업

1 저장된 Pass별 Render 결과 이미지를 FX Tree 창에 불러온다.

그림 7-155 Pass 소스 불러오기

2 Background Image Clop을 FX Tree 창에 불러온다.

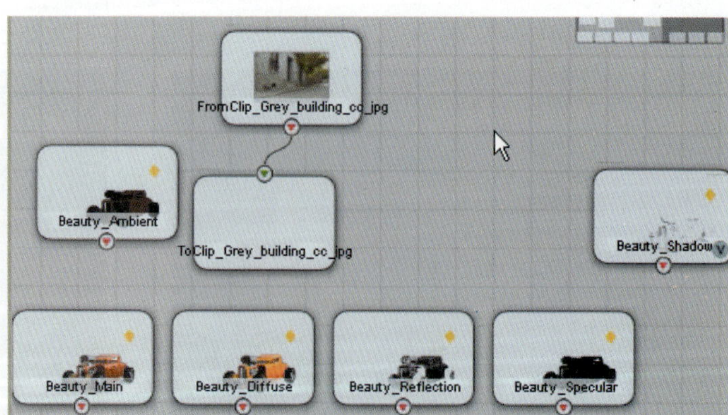

그림 7-156 Background Image

3 Composite tab 〉 Math Composite operator를 이용하여 Ambient와 Diffuse color clip을 연결(합성)한다.

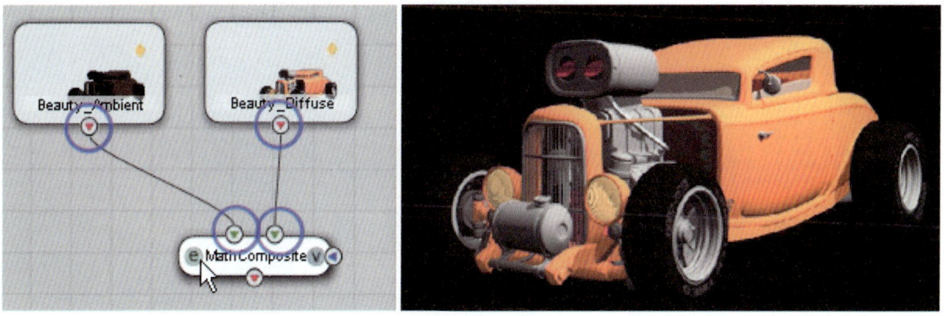

그림 7-157 Ambient와 Diffuse color clip 연결(합성)

4 Math Composite operator 속성 변경 : Math Composite operator의 편집(Edit) 창을 열고 Math Composition Type를 Add(A+B)로 변경한다.

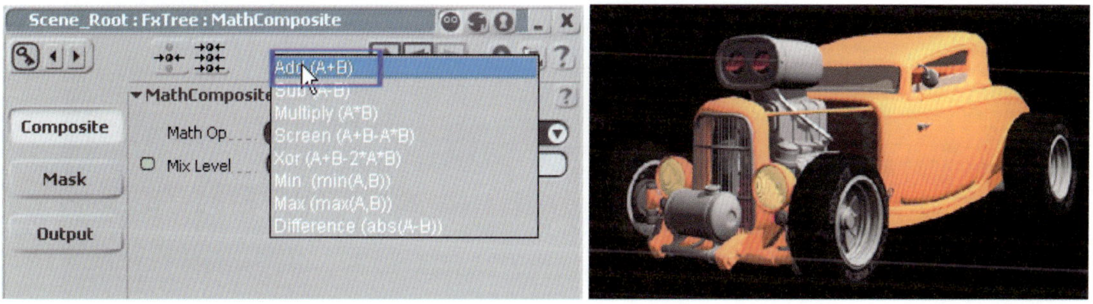

그림 7-158 Math Composition Type

5 Color Adjust tab의 Component Paster Connector를 꺼내서 Math Composite operator와 Reflection Clip을 연결한다.

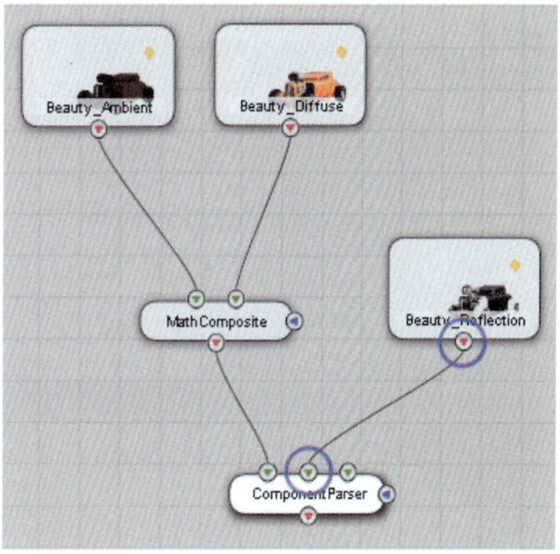

그림 7-159 Math Composite operator와 Reflection Clip 연결

6 Reflection Intensity Clip을 Component Paster Connector의 Input에 연결시킨다.

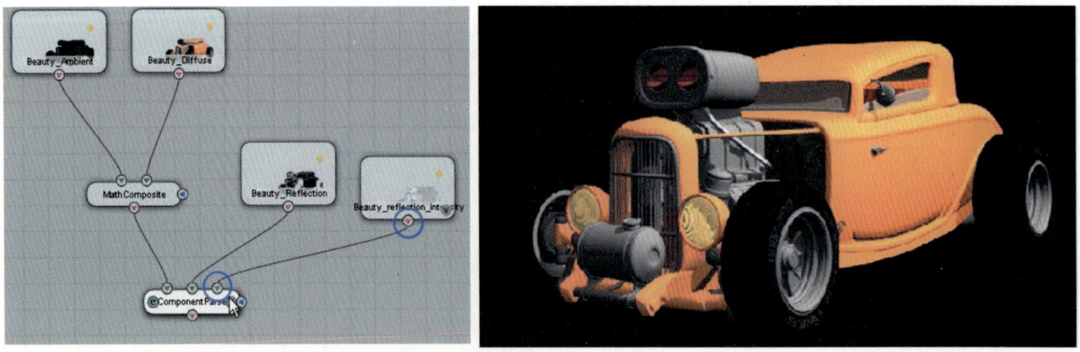

그림 7-160 Component Paster Connector의 Input에 연결

7 Component Parser 기능의 Edit 창을 열고 Parser 부분의 적용 수치를 변경한다.

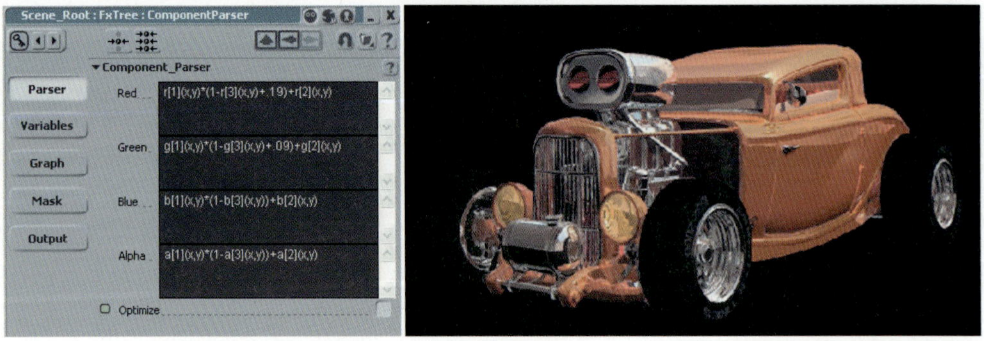

그림 7-161 Parser 부분의 적용 수치 변경

8 Composite tab 〉 Over를 이용하여 Component Parser와 Shadow clip을 연결(합성)한다.

그림 7-162 Component Parser와 Shadow clip을 연결(합성)

9 Composite tab 〉 Math Composite operator를 이용하여 Over1과 Ambient Occlusion clip을 연결(합성)한다.

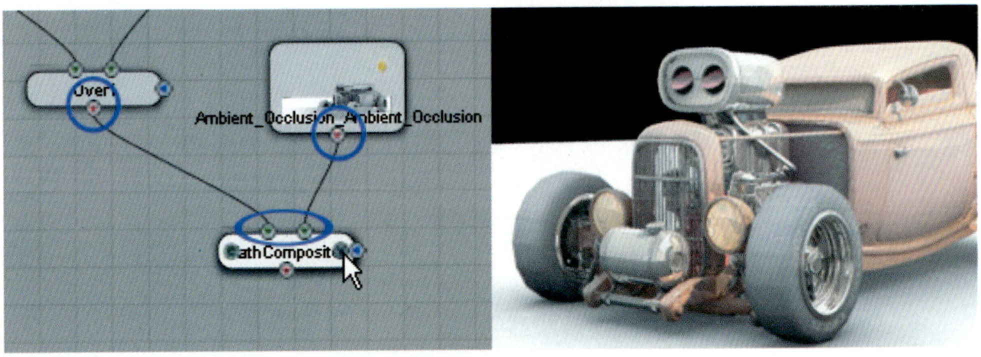

그림 7-163 Over1과 Ambient Occlusion clip을 연결(합성)

10 Math Composite operator 속성 변경 : Math Composite operator의 편집(Edit) 창을 열고 Math Composition Type을 Add (A+B)로 변경한다.

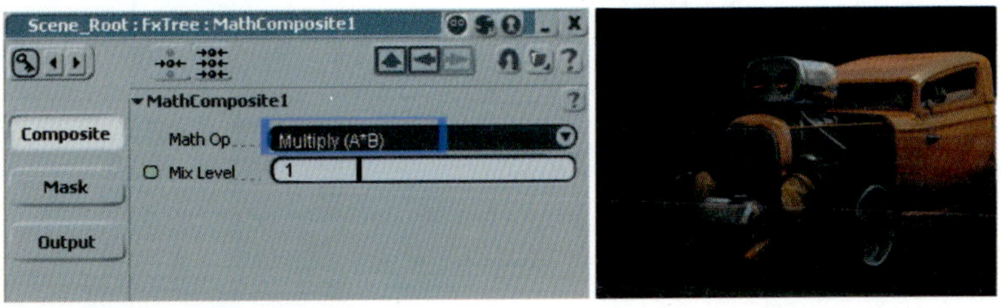

그림 7-164 Math Composition Type

11 Math Composite operator의 편집(Edit) 창의 Max Level의 Parameter 수치를 조절하면서 Mix에 대한 효과를 체크한다.

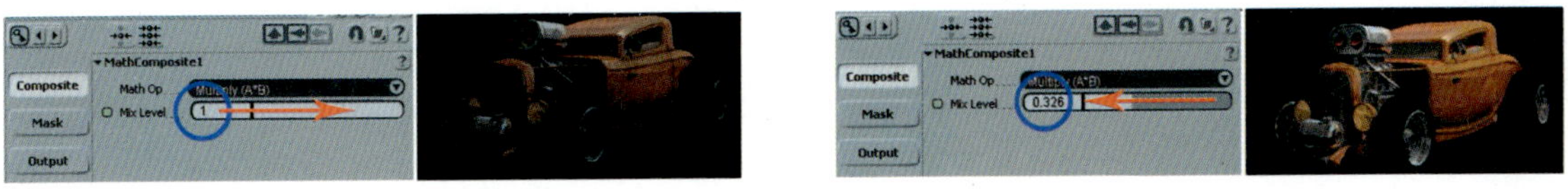

그림 7-165 Max Level의 Parameter 수치 조절

12 Composite tab 〉 Math Composite operator를 이용하여 최종 Math Composite operator와 Specular clip을 연결(합성)한다.

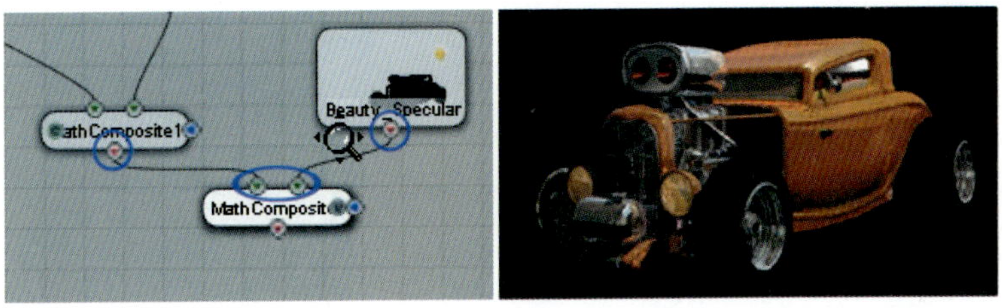

그림 7-166 Math Composite operator와 Specular clip을 연결(합성)

13 Composite tab 〉 Over 연결기능을 활용하여 Background 이미지와 최종 Math Composite operator를 연결(합성)한다.

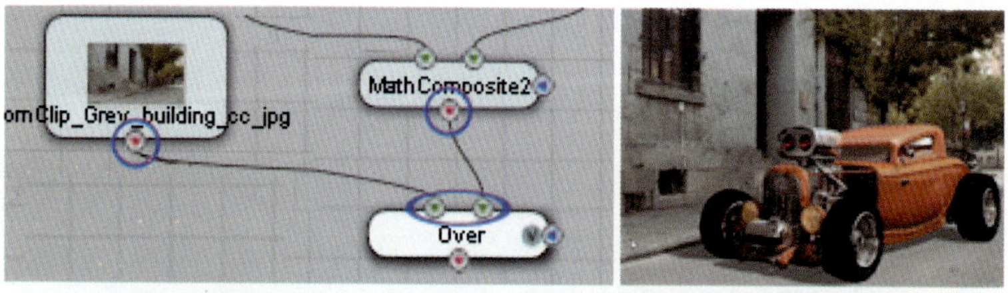

그림 7-167 Background 이미지와 최종 Math Composite operator를 연결(합성)

14 결과확인

그림 7-168 결과확인

7-5 Composition 활용 3

이번 장에서는 FX Composition의 Clip 소스가 Still 이미지가 아닌 동영상일 경우에 대해 합성하는 방법을 알아보도록 한다. 사실 Still 이미지 합성방법과 원리적인 부분에 있어 크게 다르지 않지만 움직임이 있는 Clip의 편집방법과 소스 Clip 연결방법 등에 대해 학습함으로써 향후 실제 Project에서 실시간 동영상에 대한 편집이 가능할 수 있도록 하는 것이 그 주요 목표라고 할 수 있다.

7-5-1 소스 Clip 불러오기

1 먼저 Work viewport를 합성 작업에 맞도록 구성한다.

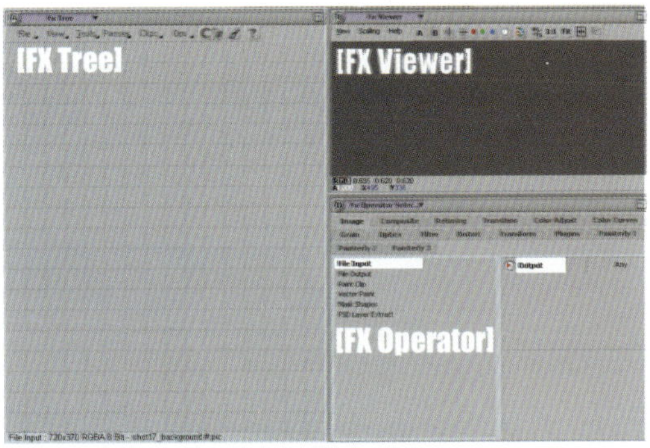

그림 7-169 작업 화면 구성

2 Background Clip 적용하기 : FX Tree 창에서 File 〉 Import 〉 Images...명령을 실행하여 Render Pictures 폴더에 저장된 Background 소스(뒷산+앞뜰의 눈쌓인 전경)를 FX Tree창에 불러온다.

그림 7-170 Background Clip 1

3 두 번째 Background Clip 적용하기 : 눈이 쌓인 전경의 작업 데이터 소스

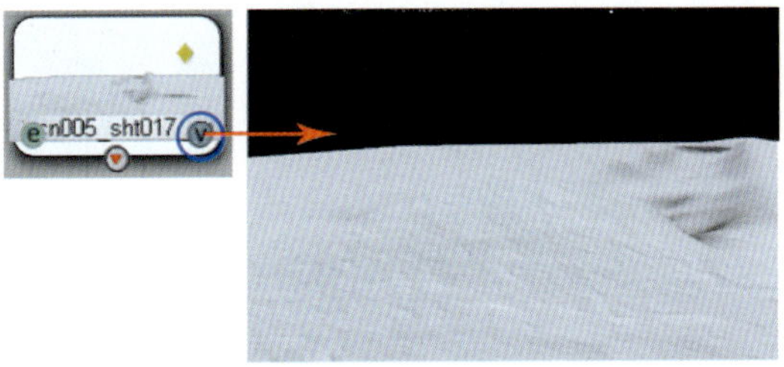

그림 7-171 Background Clip 2

4 메인 Modeling 데이터 불러오기

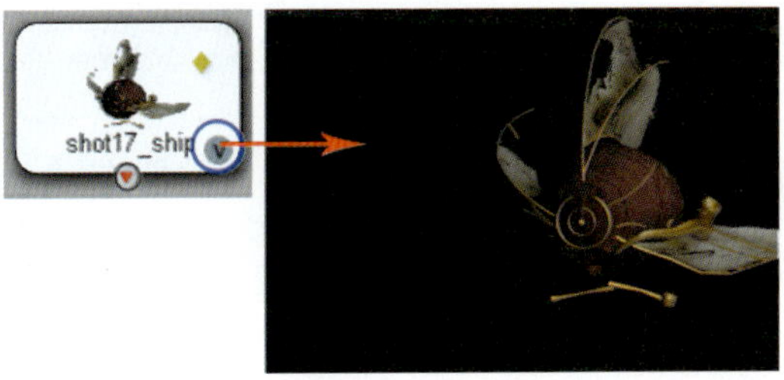

그림 7-172 메인 Modeling Clip 소스

5 Matte 소스 불러오기

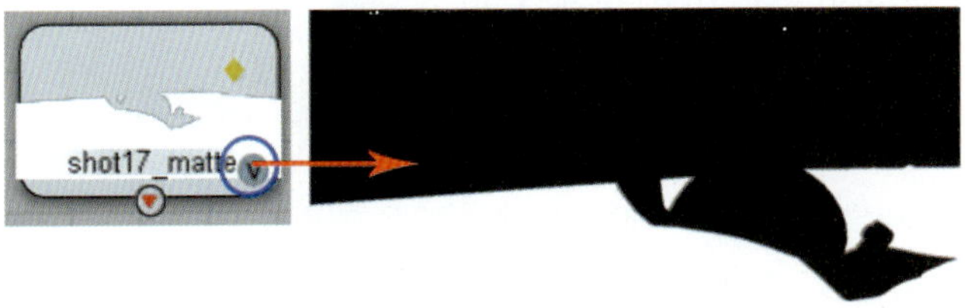

그림 7-173 Matte Clip 소스

6 눈이 내리는 장면의 연출 shot 불러오기

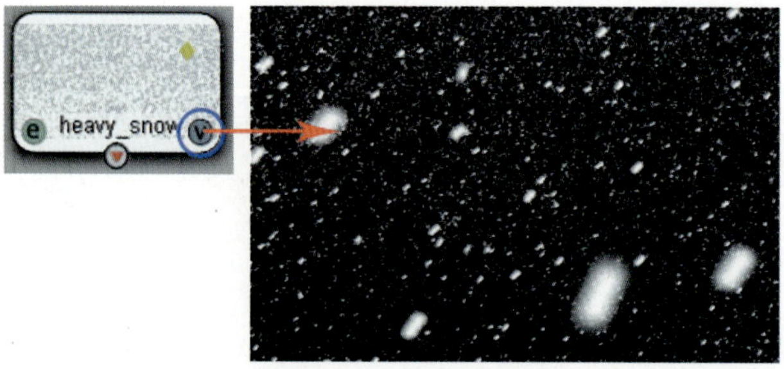

그림 7-174 영상 Clip 소스

7-5-2 소스 Clip 연결하기

1 먼저 첫 번째 Background Clip과 두 번째 Background Clip을 Compositor 〉 Over 기능을 이용하여 연결한다. FX Operator 〉 Compositor 〉 Over를 선택하고 FX Tree에서 마우스 가운데 버튼 클릭을 하면 FX Tree 창에 Over 기능이 나타난다.

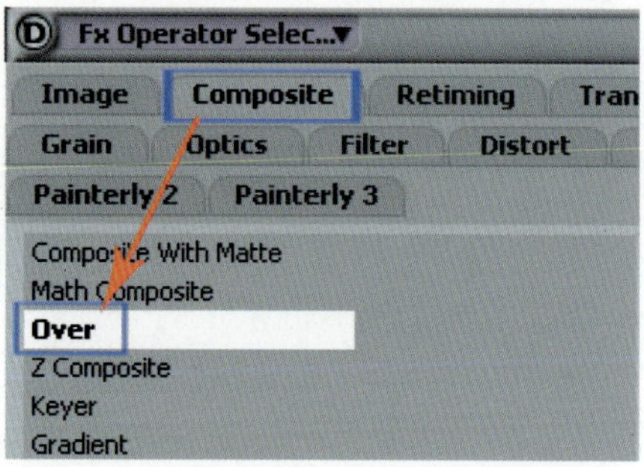

그림 7-175 Over Operator

2 첫 번째 Background Clip을 Over의 왼쪽 Input에 연결하고 두 번째 Background Clip을 Over의 오른쪽 Input에 연결하고 Over의 View 모드를 클릭한다.

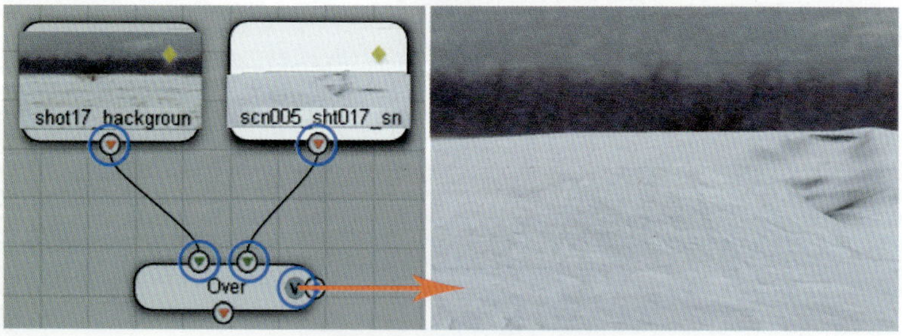

그림 7-176 Over Connect

3 FX Operator 〉 Compositor 〉 Over를 하나 더 선택하여 FX Tree 창에 불러온다. 첫 번째 Over의 Out put 연결 라인을 두 번째 Over의 Input에 연결하고 메인 모델링 데이터를 Over의 오른쪽 Input에 연결한다.

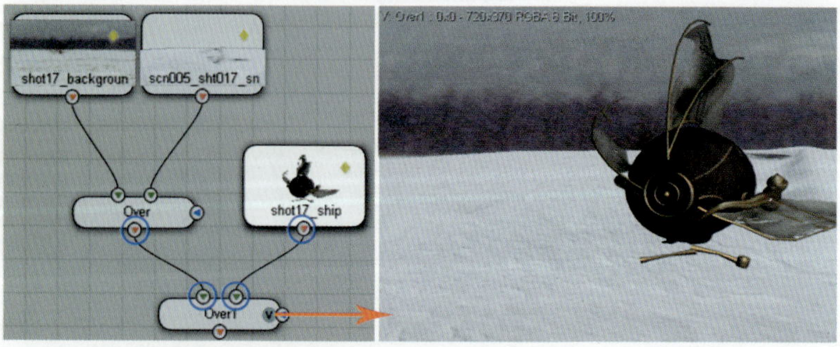

그림 7-177 메인 모델링 데이터 Connect & 결과확인

4 두 번째 Over의 왼쪽 푸른색 연결 아이콘은 Matte 소스를 연결하는 아이콘이다. Matte 소스 불러와서 연결한다.

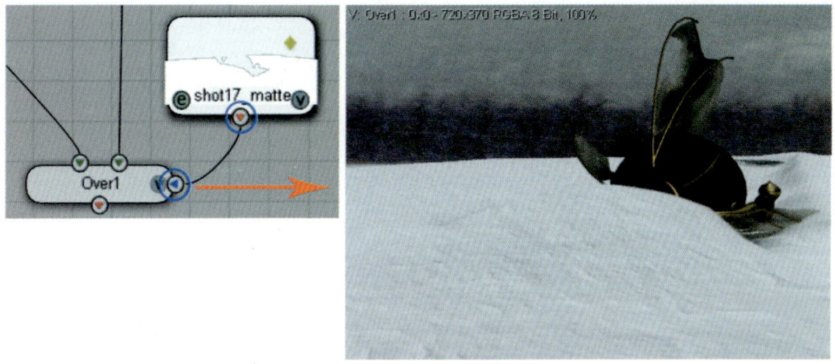

그림 7-178 Matte 소스 Connect & 결과확인

5 FX Operator 〉 Compositor 〉 Over를 하나 더 FX Tree 창에 불러온다. 두 번째 Over의 Out put 연결 라인을 새로 불러온 세 번째 Over의 Input에 연결하고 눈 내리는 동영상 Clip 소스를 새로 불러온 세 번째 Over의 오른쪽 Input에 연결한다.

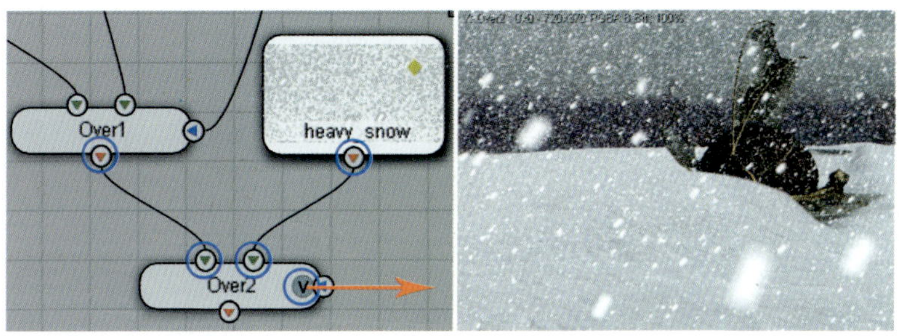

그림 7-179 영상 소스 Connect & 결과확인

6 최종 File Output Operator 불러와서 Rendering 결과확인

FX Operator의 Image 〉 File Output 기능을 선택하고 FX Viewer 창에 불러온다.

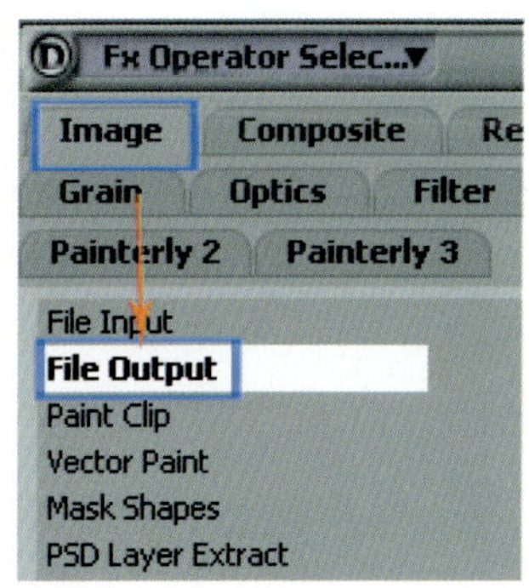

그림 7-180 File Output Operator

7 최종 Over의 Output icon을 File Output의 Input icon에 연결한다.

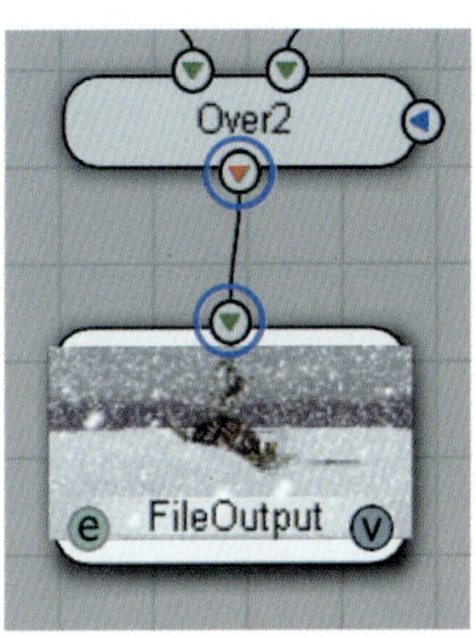

그림 7-181 연결

8 File Output의 Edit 아이콘 버튼을 선택하여 File Output 옵션 창을 열고 저장할 파일의 이름과 저장 Format을 설정해주고, 애니메이션의 Timing을 확인한 후 기본 Default 상태에서 Render 명령을 실행하여 결과를 확인한다.

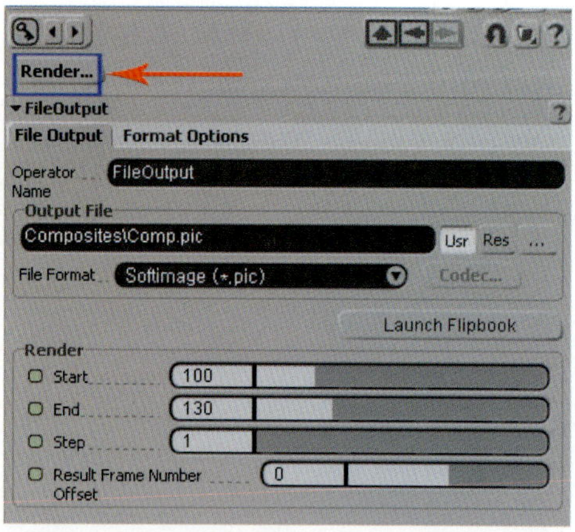

그림 7-182 File Output Operator 속성

9 결과를 확인한 결과 일단 각 Clip 소스별로 합성은 원활하게 이루어져 있지만 Scene의 화면 자체가 너무 밋밋한 결과를 얻었다. 따라서 FX Operator의 기능을 추가하며 보다 생동감 넘치는 장면을 연출할 수 있도록 한다.
먼저 FX Operator의 Color Adjust tab에서 〉 Pixel Parser 기능을 불러온다.

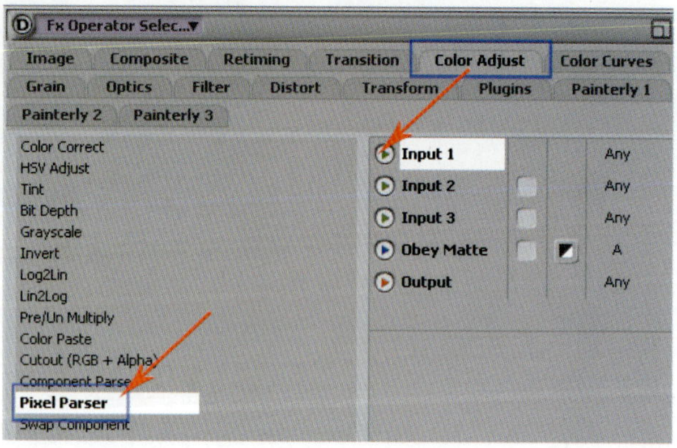

그림 7-183 Pixel Parser 기능

10 FX Tree 불러온 Pixel Parser 기능을 Over2와 File Output 사이에 연결한다.

11 Pixel Parser 기능 창의 왼쪽에 있는 "e"버튼을 선택하여 속성 창을 열고 Variables tab의 a1에 대한 속성의 수치를 조절하면서 전체적인 Output의 밝기를 조절한다.

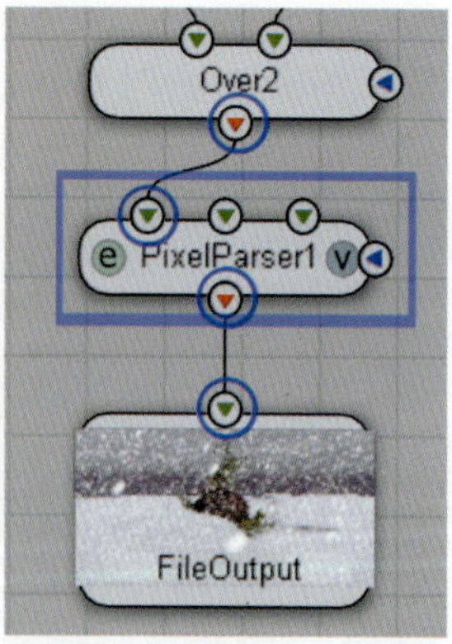

그림 7-184 Pixel Parser 연결

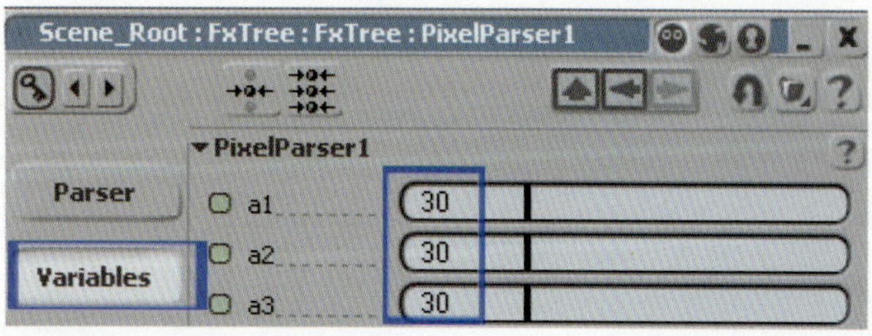

그림 7-185 Pixel Parser 편집

12 다음으로 FX Operator의 Transform tab에서 〉 Transform 3D 기능을 불러온다. Transform 3D 기능은 화면의 이동이 가능한 기능을 제공한다.

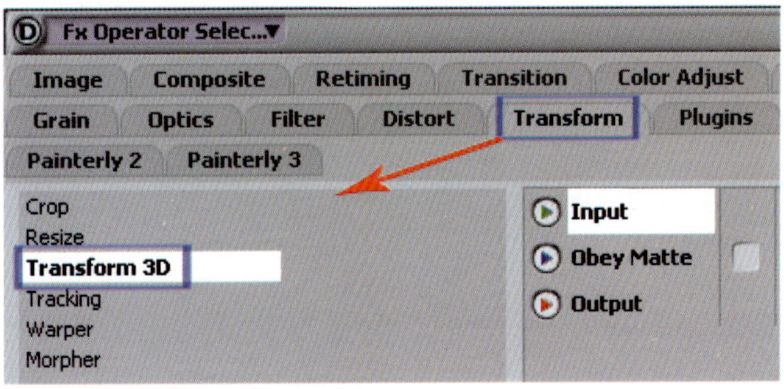

그림 7-186 Transform 3D 기능

13 FX Tree 불러온 Transform 3D 기능을 Over1과 Over2사에 연결한다.

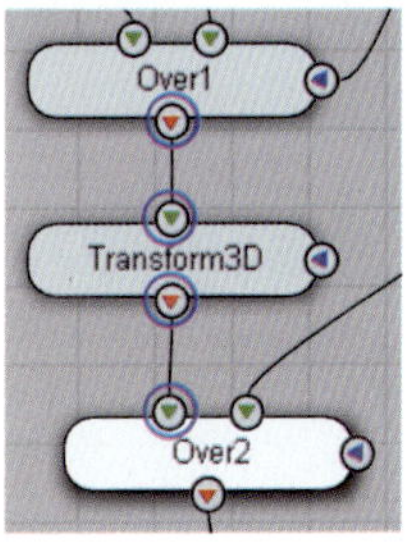

그림 7-187 Transform 3D 연결

14 다음으로 FX Operator의 Filter tab에서 〉 Box Blur 기능을 불러온다. FX Tree 불러온 Box Blur 기능을 Transform 3D 기능과 Over2사에 연결한다. Box Blur 기능은 모션 블러와 같은 화면의 Blur 현상을 따로 제작하여 적용할 수 있다.

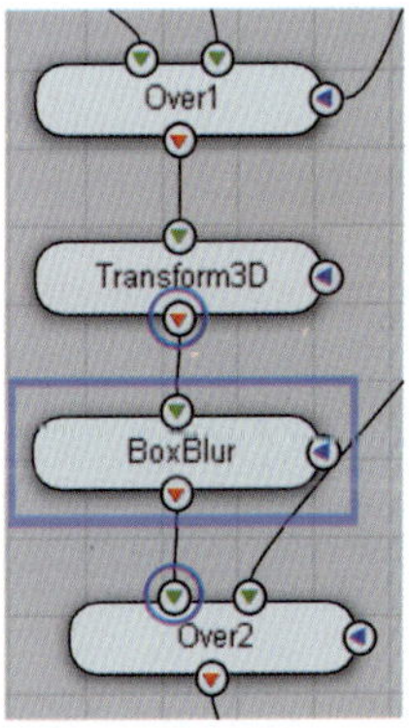

그림 7-188 Box Blur 기능

15 각 기능들에 대해 편집을 한다. 먼저 Transform 3D 기능의 속성 창을 열고 Transform tab에서 Move의 "Z"축 방향으로 Parameter를 조절한다. Start frame에서는 기본 위치("z=0")에 두고 Key set을 하고 End frame에서는 변경 위치("z=300")로 조절하고 Key set을 한다.

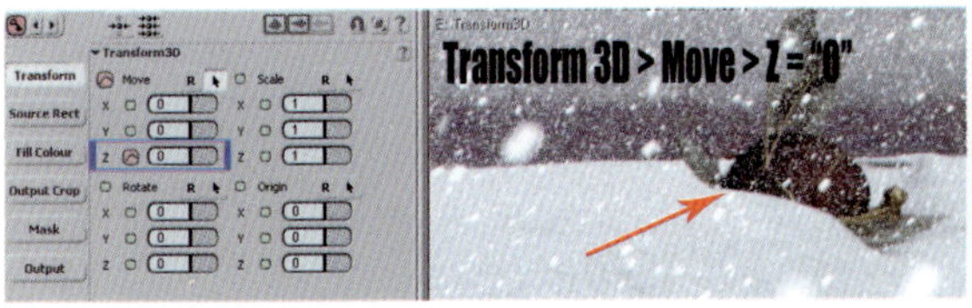

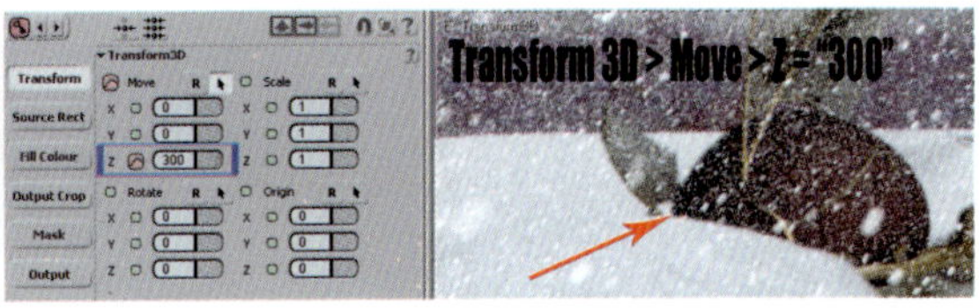

그림 7-189 Transform 3D 기능의 속성 창

16 Time line에서 Time bar를 이동하면서 그 결과를 확인한다.

17 이번에는 Box Blur 기능을 이용하여 보다 사실적인 결과를 제작한다. 통상 눈이 많이 내리는 날에는 내리는 눈으로 인해 가시거리가 좁다. 다시 말해 멀리 있는 물체는 희미하게 보이고 이 물체가 가까이 다가올수록 좀 더 선명해진다는 것이다. 그러므로 이러한 현상을 Box Blur 기능을 이용하여 제작하고자 한다.

먼저 Box Blur 기능의 속성 창을 연다. Filter tab에서 Start frame에서는 Filter 값을 높여서(Width=50, Height=50)흐리게 보이게 만든다. 흐림의 정도가 정해지면 Key set을 한다. End frame에서는 Filter의 값을 낮춰서(Width=1, Height=1) 선명하게 보이게 한다. 선명함의 정도가 정해지면 Key set을 한다

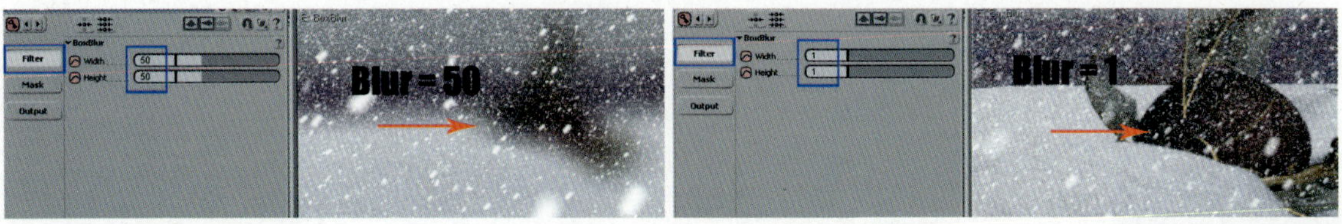

그림 7-190 Box Blur 기능

18 Time line에서 Time bar를 이동하면서 그 결과를 확인한다.

7-5-3 연결된 Clip 소스 최종 렌더링

1 File Output 속성 창을 열고 각각의 Setting 값을 지정해 준 후 Render를 진행한다.

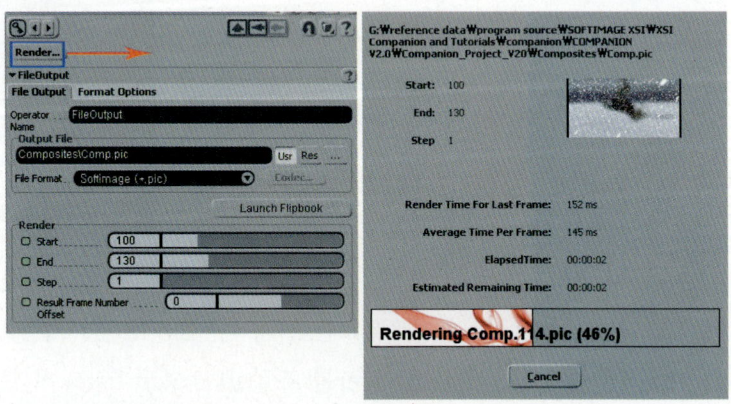

그림 7-191 Render

2 결과를 확인한다.

그림 7-192 결과확인

제8장 Simulation

8-1 3D Hair
8-2 Cloth Simulation
8-3 Rigid Body

8-1 3D Hair

8-1-1 Hair 정의

3D Hair는 3D 제작 과정상에서 필요한 머리카락이나 털의 표현 등에 사용되는 기능으로 단순한 형태의 Fur 개념에서 벗어나 다양한 형태의 Fur 제작이 가능하며, 또한 Fur가 귀속된 Object의 형태나 Texture 그리고 Animation에 연계된 자동 Simulation까지 생산이 가능하다.

지금부터 기본적인 Hair(Fur)의 제작환경과 실제 제작 기법, 그리고 활용법에 대해 알아보도록 한다.

그림 8-1 Hair 적용

8-1-2 Hair를 위해 사용되는 Tool 기능(인터페이스)

1. Hair 인터페이스

SOFTIMAGE에서 Hair 기능은 메인 메뉴 선택 창을 눌러 제일 아래 있는 [Hair 모드]로 전환하거나 단축키 [Ctrl+2]를 눌러 활성화할 수 있다.

Hair의 메인 메뉴는 크게 Create와 Modify 그리고 Display 모드로 구분되어 있다.

[Create Command]는 Hair를 제작하는 기능과 Hair에 Dynamic Simulation과 Force 등의 기능들이 포함되어 있고, [Modify Command]는 Hair의 모양 변형 및 편집 및 Hair 렌더링에 관련된 기능들이 들어 있다.

[Display Command]는 화면상에서의 Hair의 표현 방식과 Rendering 시 Hair의 표현 방식 등에 대한 기본 기능들이 포함되어 있다.

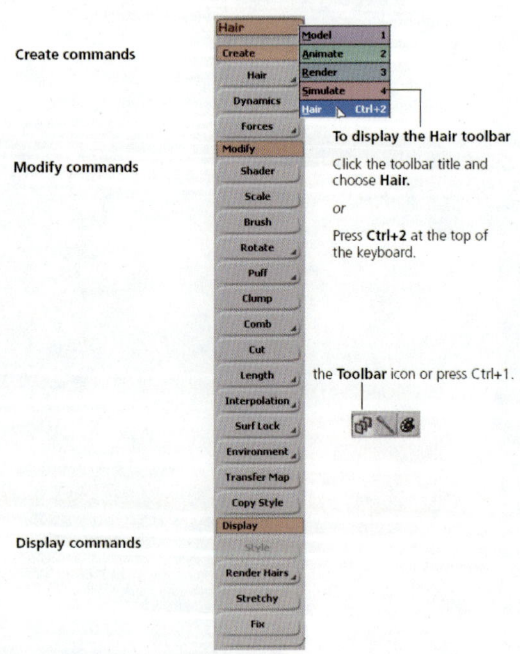

그림 8-2 Hair Interface

(1) Hair Object의 Explorer 상에서의 위치

생성된 Hair의 속성 창을 찾기 위해서는 Explorer 창의 Hair 구조 아래 있는 Hair 아이콘을 클릭하거나 Hair 이름을 더블클릭한다.

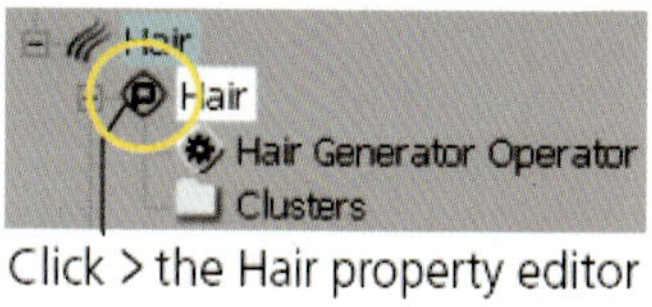

그림 8-3 Explorer 창에서의 Hair

(2) Hair Property Editor

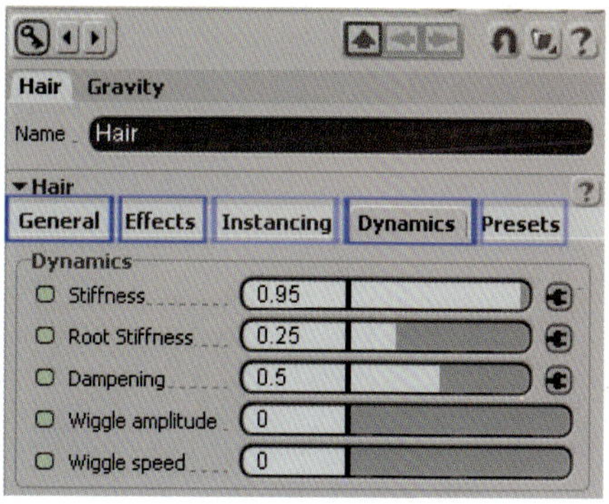

그림 8-4 Hair Property Editor

2. Hair 생성

(1) Hair Emitter

Hair Emitter란 Hair가 생성될 Object 또는 Component를 말하며 Hair Emitter는 Object 자체일 수 있고, Object 중의 일부를 선택하여 적용할 수 있다. 이때 Object의 일부에 Hair를 적용할 경우에는 Polygon 단위로 선택한다.

1 Object Emitter : Object 전체가 Hair의 생성 영역이 되는 경우이다.

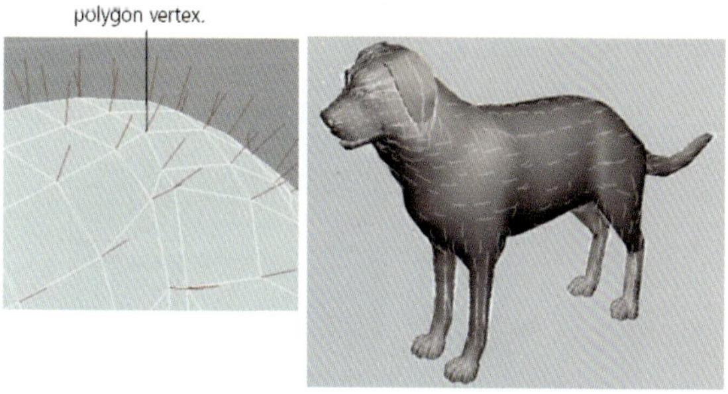

그림 8-5 Object Emitter

2 Polygon Emitter : Object 중 일부 Polygon 영역을 선택하여 Hair를 적용한 경우이다.

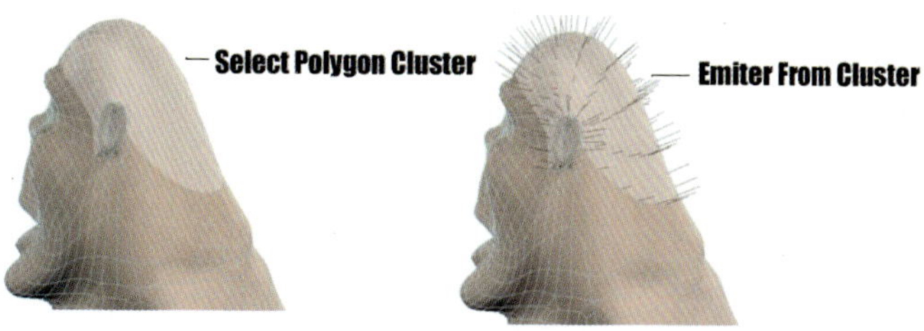

그림 8-6 Polygon Emitter

3 이 경우 선택한 Polygon을 Cluster로 지정해서 작업을 하면 향후 Shader나 Texture 작업을 할 경우에 보다 편리하게 작업할 수 있다.

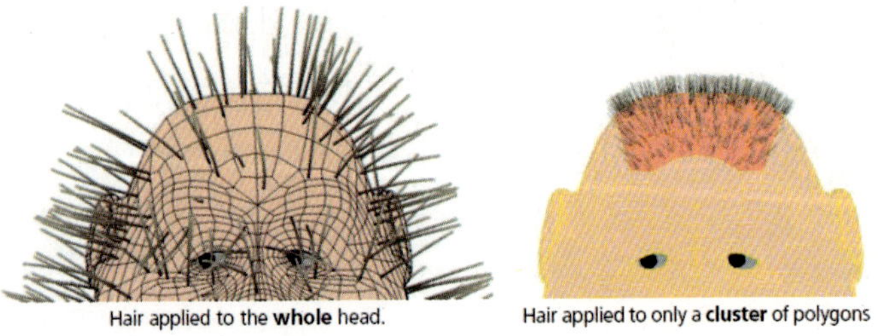

그림 8-7 Polygon Cluster

(2) Hair Emitter의 Transform 컨트롤하기

1 Subdivision : Emitter의 Point를 기준으로 Guide Hair가 생성된다. 이 경우 Hair의 수를 증가시키기 위해서는 Object 또는 Polygon Cluster를 분할(Subdivision)하여 늘려줄 수 있다.

2 Scale : Hair의 방향이나 모양은 생성된 Hair의 Scale을 조절하여 편집할 수 있다. 이때 Hair의 면적의 크기를 조절할 경우에는 Transform 〉 Scale 기능을 이용하여 Hair Emitter의 크기는 조절하고, Hair 크기 자체를 조절할 경우에는 Hair의 Modify 〉 Scale 조절을 통해 크기 조절을 할 수 있다.

3 Delete Hair : Hair를 삭제하여 불필요한 영역의 Hair를 [delete] 기능을 활용하여 제거할 수 있다.

(3) Subdivision Surface로부터의 Hair Emitter

Object가 Polygon Modeling일 경우 표면을 부드럽게 하기 위해 Subdivision을 할 경우가 있다. 이 경우 Object의 표면에 생성된 Hair와 변형된 Object의 표면을 맞추기 위해 Setting을 해야 하는데 Object의 Geometry Subdivision의 수치를 “2”로 설정할 경우 Hair의 Emitter Sub Level의 수치 역시 “2”로 맞춰야 한다.

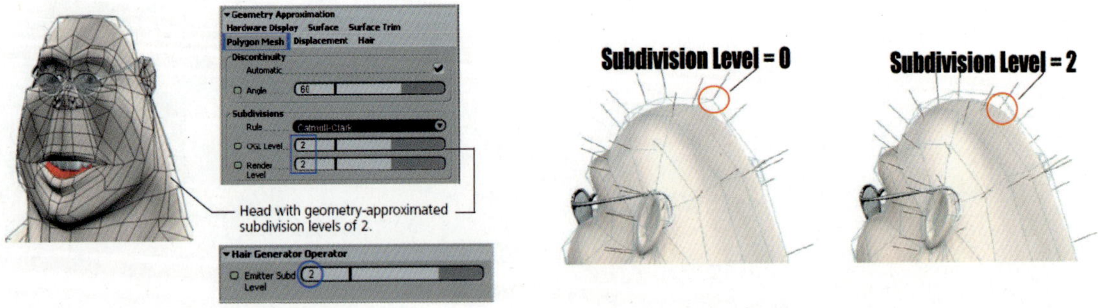

그림 8-8 Hair의 Emitter Sub Level

(4) Hair View Mode

Hair 작업 시 선택할 수 있는 Hair View 모드는 크게 두 가지인데 그 중 하나는 Guide Hair이고 다른 하나는 Render Hair 모드이다.

1 Guide Hair : 실제 최종 결과로 나타나게 될 Hair의 형태는 아니고 말 그대로 최종 Render Hair의 최소 가이드 역할만을 할 수 있는 Hair 모드이다. Hair Emitter의 Point 위치에 생성이 되는 최소한의 Hair 모드라 할 수 있다.

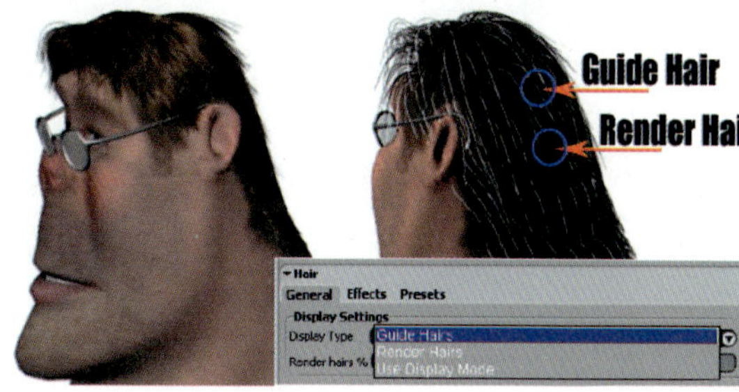

그림 8-9 Guide Hair

2 Render Hair : Render Hair는 최종 결과 Hair를 보여주는 형태로 Render Hair % 설정에 따라 보이는 Render Hair의 수가 조절된다.

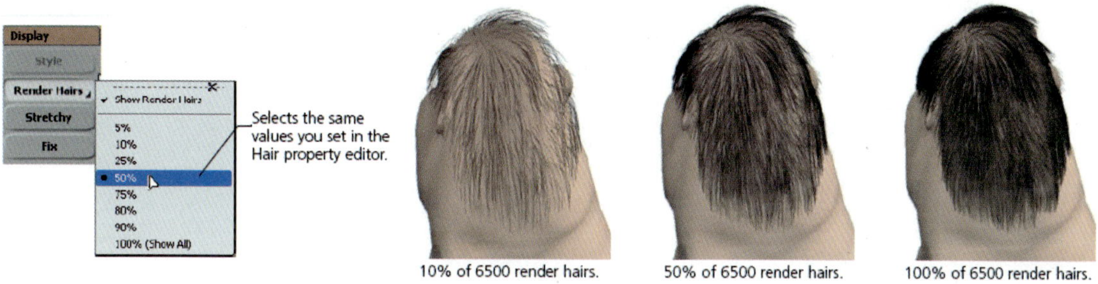

그림 8-10 Render Hair

(5) Hair 구성 요소 및 선택

Hair는 크게 3가지 구성요소로 되어 있는데 머리카락 전체이 한 올과 같은 Strands와 머리카락 끝부분의 한 섬 Point인 Tip, 그리고 Strands를 구성하는 각 Point들이 그것이다.
이들 각각의 선택 방법은 메인 메뉴의 오른쪽에 있는 Select 모드에서 각각의 대상별로 선택 모드로 전환이 가능하다.

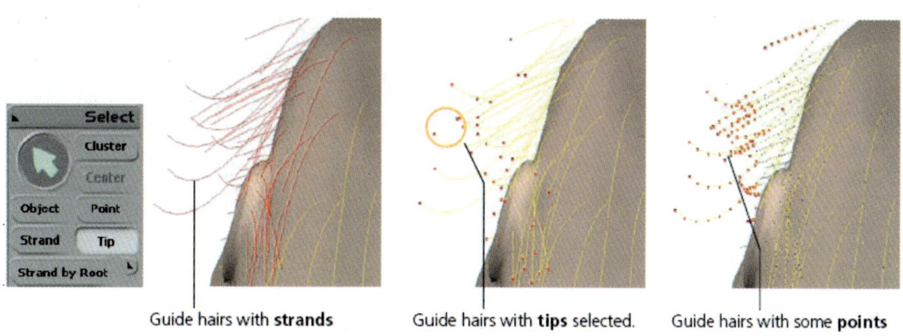

그림 8-11 Hair 구성 요소

3. Hair 편집

(1) Brush Hair : Modify 〉 Brush 명령을 실행

Hair를 Brush를 사용하여 컨트롤할 수 있는 기능이다. Brush는 단축키 [W]를 사용하여 나타나게 할 수 있다. Brush를 사용하는 순서 및 방법에 대해 알아보도록 한다.

1 Hair의 Tip 모드로 전환 후

2 Brush 효과를 적용할 영역의 Tip을 선택한 후

3 Modify 〉 Brush 명령을 실행한다.

4 Brush의 크기는 단축키[R]을 누른 상태로 마우스를 드래그하도록 한다. 이때의 Brush의 크기는 Brush의 효과가 적용되는 범위를 의미한다.

그림 8-12 Select Tip

그림 8-13 Brush Hair

5 선택된 Hair의 Tip에 대해 Brush의 기능을 활용하여 Scale/Rotation/Transition 기능을 적용할 수 있다.

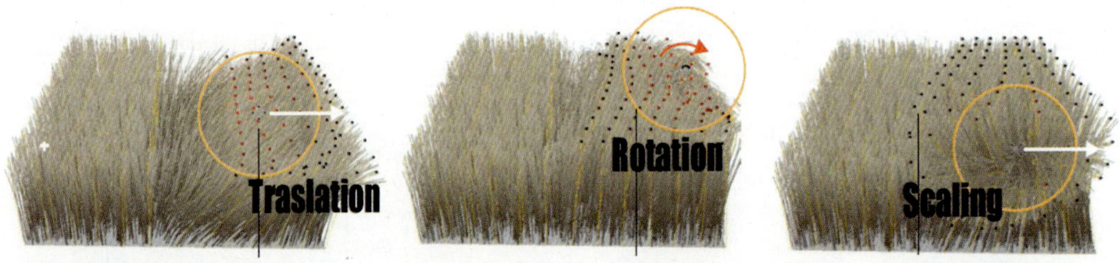

그림 8-14 Scale/Rotation/Transition Hair

(2) Combing & Recombing Hair

Modify 〉 Comb 〉 다양한 방향성 지정 명령을 실행한다. 기본적으로 Hair의 방향을 잡는 기능으로 기본축을 기준으로 머리의 방향성을 잡거나 Camera의 방향에 따라 그 반대 방향으로 머릿결의 방향을 생성시키는 명령이다.

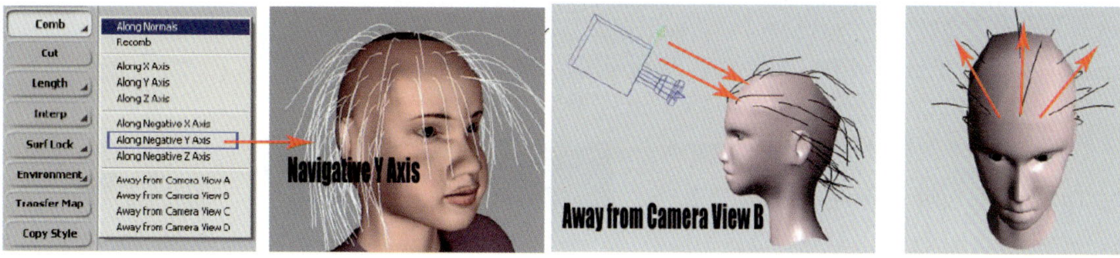

그림 8-15 Combing Hair

Recombing Hair는 Random direction Hair의 형태를 보다 더 규칙적으로 만들어 주는 기능을 한다. Modify 〉 Comb 〉 Re comb 명령을 실행한다.

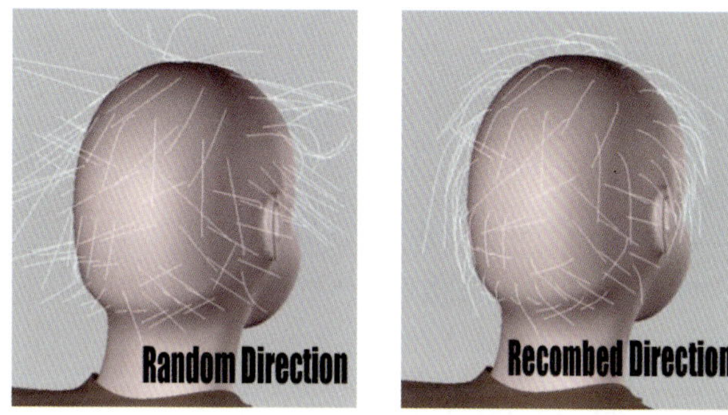

그림 8-16 Recombing Hair

(3) Scaling Hair

Hair의 크기를 조절하는 기능으로 Modify 〉 Scale 명령을 실행한다. 그리고 선택된 Hair 전체 또는 Strands 또는 Tip, Point 등에 대해 Scale을 조절할 수 있다.

마우스 오른 클릭 후 드래그는 Hair의 크기를 증대시키고, 왼쪽 마우스 버튼 클릭 후 드래그는 Hair의 크기를 축소시킨다.

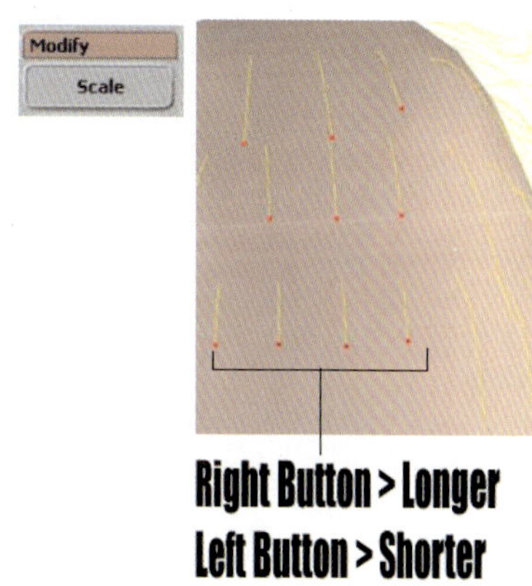

그림 8-17 Scaling Hair

(4) Cutting Hair : Modify 〉 Cut 명령으로 실행

1 자르고 싶은 부분의 Hair나 자르고 싶은 위치의 Strands의 Point를 선택한다.

2 Modify 〉 Cut 명령으로 실행한다.

3 선택시 [Alt+Left Arrow나 Right Arrow 버튼]을 사용하면 순차 선택 순차 선택해제 기능을 수행한다.

4 만약 Hair를 선택했다면 Hair의 끝에서부터 각 Segment가 순차적으로 Cutting되고 Point를 선택했다면 선택한 Point 이하 Segment가 Cutting된다.

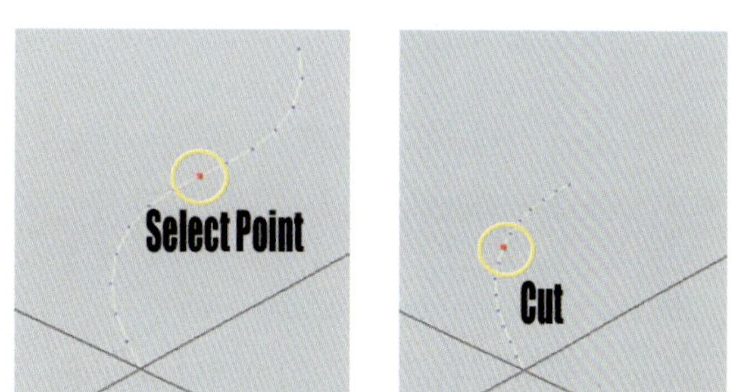

그림 8-18 Cutting Hair

(5) Shaping Hair

Hair의 모양을 Transform의 기능으로 변형시키는 명령이다.

1 Translation : 선택한 Hair나 Strands 또는 Tip을 이동시켜 Hair의 모양을 변형시키는 기능이다.

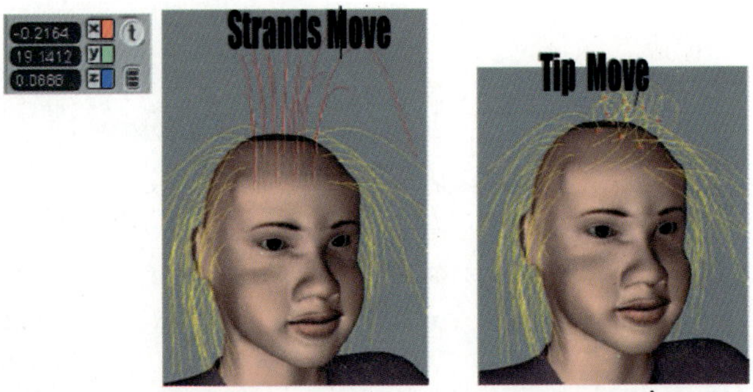

그림 8-19 Shaping Hair

2 Rotation : Hair의 모양을 다듬기 위해 Hair의 모양을 회전하여 모양을 잡아 주기도 하는데 이때 사용하는 기능이 회전(Rotation)이다. Hair의 회전은 크게 두 가지 방법이 있는데 그 하나는 Hair Strands나 Tips 또는 Point를 선택해서 Transform 〉 Rotation[C] 기능을 활용하는 방법이 있고, 다른 방법은 Hair의 Tip이나 Points를 선택한 후 Hair Tool bar 메뉴에서 Modify 〉 Rotate 기능을 사용하는 방법이다. 이 경우는 크게 세 가지 기준에 의한 회전 방식이 있는데 다음과 같다.

① Around Root : Hair의 Root를 기준으로 회전을 한다.
② Around Tip : Hair의 Tip을 기준으로 회전을 한다.
③ Around Cursor : 마우스 커서의 위치를 기준으로 회전을 한다.

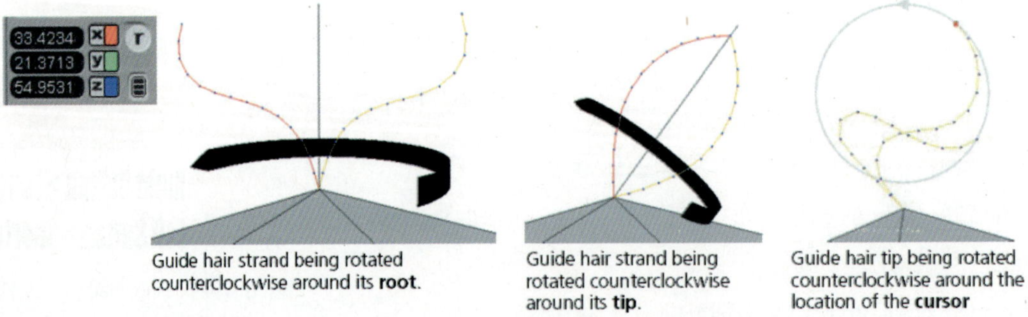

그림 8-20 Around Hair

3 Scaling : Hair의 크기를 조절하는 기능으로 Hair의 Stands, Tip, Point 중 원하는 영역을 선택한 후 Transform 〉 Rotation[C] 기능을 활용하여 자신이 원하는 방향으로 마우스를 Click하여 Drag한다.

(6) Puffing and Straightening Hair

Hair의 형태를 Puff(부풀림)하거나 Straight(뻗침)시키고자 할 경우 사용한다.

1 Puffing : Hair의 형태를 약간 둥근 형태로 부풀리고자 할 경우 사용한다. Hair Tool bar 메뉴에서 Puff 〉 At Root 기능을 사용한다.

2 Straightening : Hair의 형태를 약간 둥근 형태에서 일직선의 뻗쳐진 형태로 Hair를 디자인하고자 할 경우 사용한다. Hair Tool bar 메뉴에서 Puff 〉 Stands on End 기능을 사용한다.

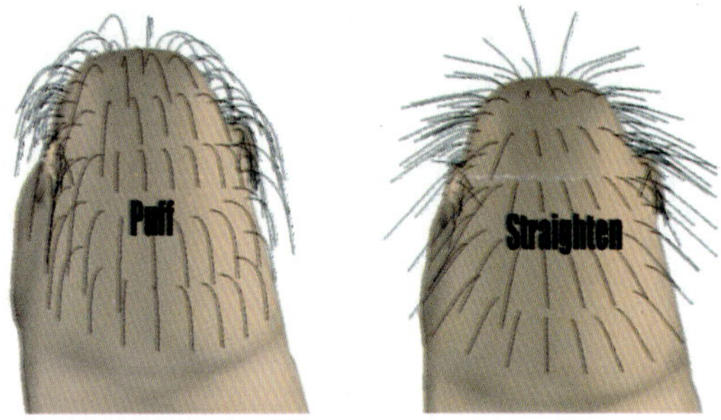

그림 8-21 Puffing and Straightening Hair

(7) Clumping Hair or Fanning Hair

선택한 Hair의 Tip 또는 Point를 기준으로 Clump(펴짐) 기능과 Fan(모아짐)의 형태로 편집하고자 할 경우 사용한다.

1 Clumping : Modify 〉 Clump 기능을 활용하며 오른쪽으로 Drag할 경우 Clumping(펴짐) 현상이 나타난다.

2 Fanning : Modify 〉 Clump 기능을 활용하며 왼쪽으로 Drag할 경우 Fanning(모아짐) 현상이 나타난다.

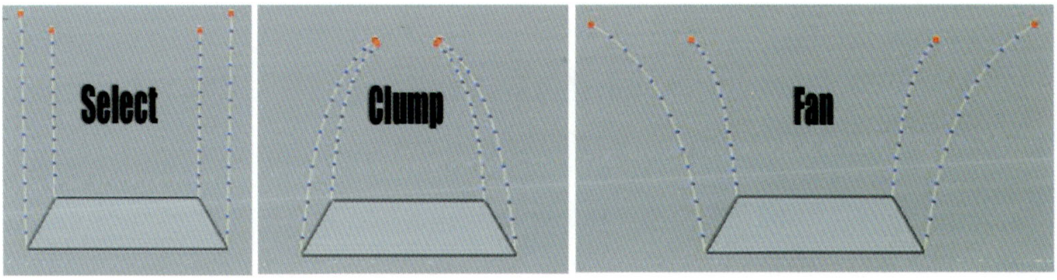

그림 8-22 Clumping(펴짐) & Fanning(모아짐)

(8) Splitting Hair

Group으로 분리된 Hair의 결과가 각각 다른 Group의 영역에 영향력을 주지 않도록 독립된 Group의 형태대로(Spilt) Render Hair가 제작되도록 하는 기능이다.

활용방법은 Spilt하고자 하는 Guide Hair를 선택하고 Modify 〉 Interpolation 〉 Split의 기능을 적용한다.

그림 8-23 Split

(9) Merging Hair

서로 다른 위치 및 형태의 Hair를 마치 하나의 중첩되어진 Hair의 형태처럼 자연스럽게 합쳐져서 Render Hair의 결과를 제작하고자 할 경우 사용한다.

활용방법은 Merge하고자 하는 Guide Hair를 각각 선택하고 Modify 〉 Interpolation 〉 Merge의 기능을 적용한다.

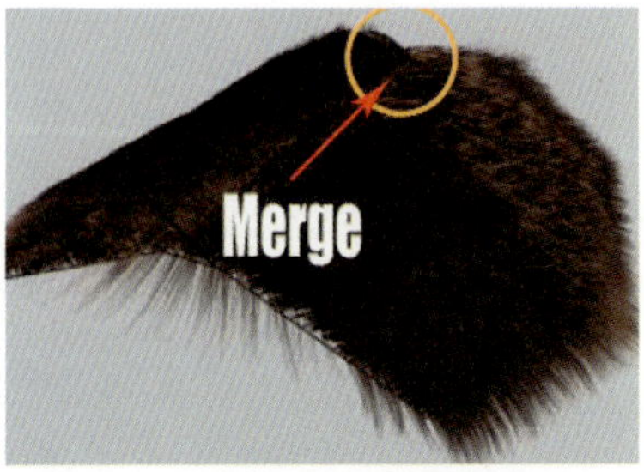

그림 8-24 Merge

(10) Separating(Shattering) Hair

Merge와는 다소 반대되는 개념적인 부분이 있는데 다시 말해 겹쳐지거나 중첩되어 있는 Hair Strands 등을 각자 분리시켜 편집이나 형태변형에 보다 효율성을 줄 수 있다.

활용방법은 분리하고자 하는 Guide Hair를 선택하고 Modify 〉 Interpolation 〉 Separating의 기능을 적용한다.

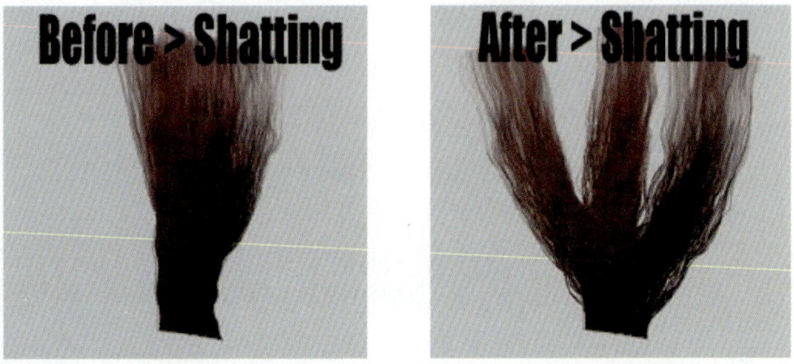

그림 8-25 Separating

(11) Locking Selected Point & Strands/Unlocking

움직임에 대한 모든 기능을 정지시키고자 할 경우 사용한다. 이 경우 전체 또는 일부 선택된 영역에 한정되어 사용할 수 있는 기능이다.

1 Unlock하고자 하는 Point 또는 전체 Hair를 선택한다.

2 Modify 〉 Surf.Lock 〉 Unlock 명령을 실행한다.

3 Hair Lock Icon에 대해 Hide할 경우 Eye Icon을 선택 후 Visibility Option을 Camera Visibility property editor에서 Attribute page 위에 Lock Hair Point를 Toggle(선택) 활성화시킨다.

(12) Dynamic Hair

Hair에 Dynamic 성질을 부여한다는 것은 Hair를 구속하고 있는 자연스러운 Simulation 현상이 적용되도록 하는 기능이다.

1 Hair Object를 선택한다.

2 Create 〉 Dynamic on the Hair 명령을 실행한다.

3 Time Line에서 Loop(반복) 기능을 활성화시키고 Play 버튼을 선택한다. Dynamic이 적용되었는지 바로 확인이 가능하다.

4 Hair Emitter Object를 좌우로 이동시키거나 간단한 Transform animation을 적용해 본다.

5 Hair Emitter Object에 Force를 적용시키고 Obstacle 기능을 적용시킨다.

(13) Dynamic Option

적용된 Dynamic 기능은 Explorer 창에서 Hair Object의 아래 구조에서 찾을 수 있다. Hair Simulation 속성 창을 열면 Dynamic tab으로 이동시킨다.

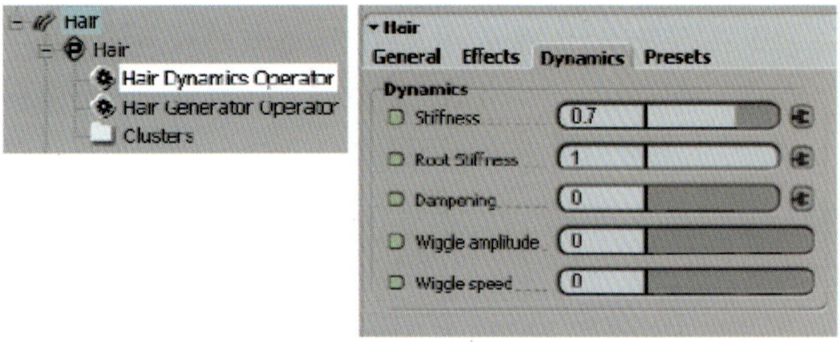

그림 8-26 Dynamic Option

1 Stiffness : Hair의 부드럽고 딱딱함의 정도를 설정할 수 있는 옵션 기능이다. "0"에서는 반응정도가 가장 크고 "1"에서는 거의 반응을 하지 않는다.

그림 8-27 Stiffness

2 Dampening : Hair가 적용된 Dynamic 효과에 대해 얼마나 빠르게 반응하고 제자리로 돌아오는지에 대해 설정할 수 있는 기능 창이다. "0"에서는 거의 제자리로 Return되지 않지만 "1" 값에서는 매우 빠르게 변화되었던 스타일이 제자리로 돌아온다.

3 Wiggle : Guide Hair의 Point에 대해 Random하게 Simulation되는 정도를 체크해 줄 수 있는 기능 창이다. 구불거리는 그 폭의 범위를 설정한다.

(14) Mute Dynamic

Hair에 적용된 Dynamic 기능을 잠시 Mute(멈춤)하도록 하는 기능이다. Mute 기능은 여러 가지 방법으로 실행할 수 있다.

1 Hair 메뉴 창에서 〉 Display 〉 Style 명령을 실행한다.

2 Hair Dynamics 속성 창에서 Mute 기능을 활성화한다.

3 Explorer 창에서 Hair Dynamic Operator에서 마우스 오른 클릭 후 Mute 기능을 선택한다.

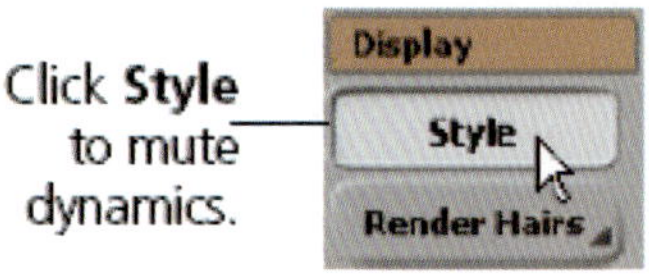

그림 8-28 Style

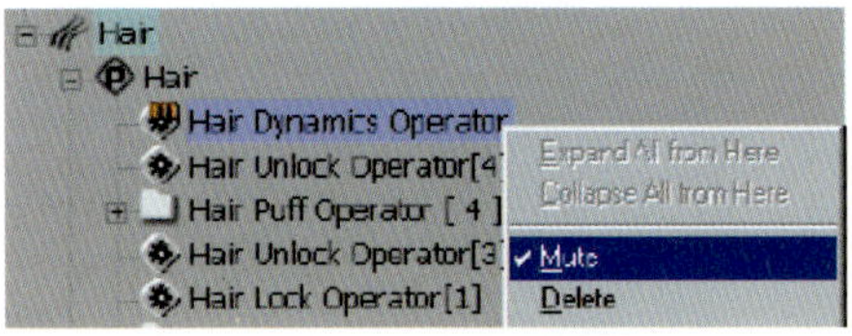

그림 8-29 Hair Dynamic Operator

(15) Set Obstacle for Hair

Hair Object에 대해 장애물(방해물)을 지정해 주는 기능이다. 즉 Hair가 설정된 장애물로 설정된 Object에 대해 뚫고 지나가지 못하도록 하는 기능이다. Hair를 선택하고 Hair tool bar 〉 Modify 〉 Environment 〉 Set Obstacle 명령을 실행하고 장애물로 지정해 줄 Object를 선택해준다. 짧은 Hair style일 경우 보통 Head Object를 장애물로 지정해 주지만 긴 Hair Style일 경우는 어깨나 Body까지 장애물로 지정해 주기도 한다.

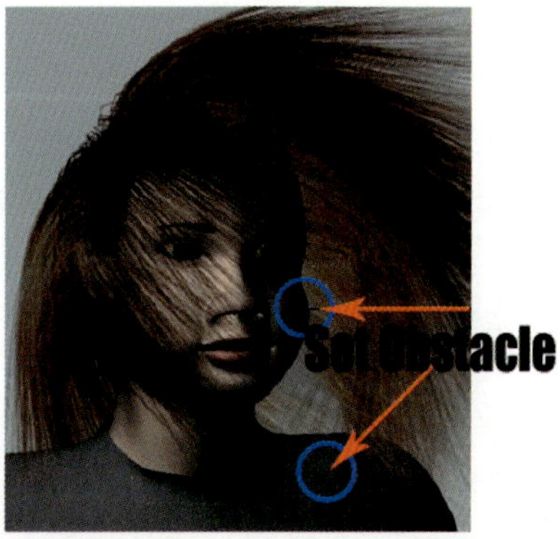

그림 8-30 Set Obstacle

Obstacle 설정 모드는 크게 3가지가 있다. Obstacle을 지정해 주고 Hair 속성 창의 General tab의 Hair Collision 옵션 창에서 Obstacle의 Type를 설정해 줄 수 있다.

1 Average Sphere(fast) type : Obstacle로 설정된 Object에 대해 외부 형태를 실제 Object의 형태가 아닌 평균적인 Sphere 형태로 인식을 하도록 한다. 즉 Hair가 충돌되는 장애물 Object에 대해 평균 Scale을 Sphere로 바꾸어 계산을 하기 때문에 장애물로의 인식속도가 빨라서 Fast하게 적용된다.

2 Exact(Slow) type : 장애물로 지정된 Object의 실제 모양을 인식하기 위해 많은 계산을 한다. Hair의 모양이 장애물의 실제 형태를 따라 인식되기 때문에 시간이 많이 소요된다.

3 XSI(fast, rough) type : Obstacle 속성 창에서 지정한 Setting 값에 따라 장애물로 인식을 한다. setting한 속성이나 값에 따라 인식 속도가 빠를 수도 있고 느릴 수도 있지만 Average Sphere(fast) type보다는 인식 속도가 느리다.

(16) Stretching Hair Segment

Hair의 Point나 Tip에 대해 Stretch 기능을 적용시키는 기능이다.

1 Stretching 기능을 적용할 Hair의 Point나 Tip을 먼저 선택한다.

2 Hair Tool bar에서 Display 〉 Stretchy 기능을 실행한다.

3 Hair 속성 창의 Hair generation tab에서 Allow Stretching of Hair Segments를 선택한다.

4 Transform[S.R.T] 모드(이동/회전/스케일)나 원하는 deform operator의 기능을 활용해서 원하는 Hair style로 변경을 한다.

5 Style 작업 후 Hair Object를 선택한 후 Length 〉 Resample Stretched Hairs를 선택한다.

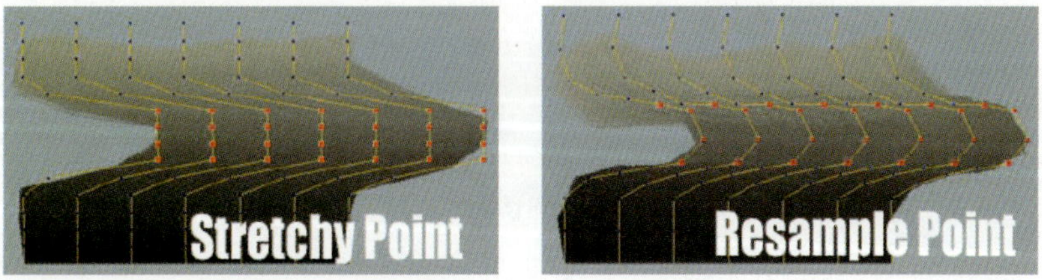

그림 8-31 Resample Stretched Hairs

6 Stretching 기능을 비활성하기 위해서는 Display 〉 Stretchy 버튼을 한번 더 클릭하거나 Display 〉 Fix 버튼을 클릭한다.

(17) Hair에 Force 적용

Hair에 자연현상에서 볼 수 있는 다양한 Force를 지정해 주거나 지정해준 Force에 대해 옵션 수치를 조절하여 보다 섬세한 Force를 지정해 줄 수 있다.

Hair Dynamic 속성 창을 열고 Sensitivity To Forces tab에서 다양하게 적용되는 Force의 수치를 조절하여 보다 자연스러운 Hair Style을 창조할 수 있다.

(18) Copy Hair

손질되거나 편집된 Hair Style에 대해 Copy 〉 Paste하는 기능이다.

1 Hair Object 전체를 선택한다. 이때 Hair의 구성요소인 Strands, Tip, Point는 Copy 대상에서 제외한다.

2 Hair tool bar 〉 Modify 〉 Copy Style 명령을 실행한다.

3 Copy할 Hair Object를 선택한다.

4 결과를 확인한다.

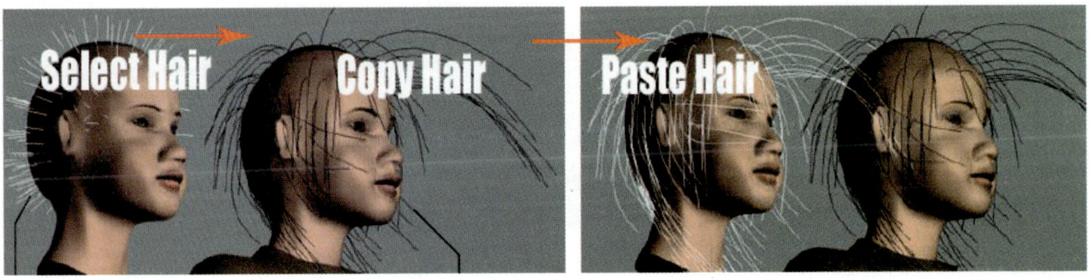

그림 8-32 **결과확인**

(19) Hair Preset

기본적인 Hair의 형태를 Preset 형식으로 제공해주는 다양한 Hair의 형태에 맞춰 제작이 가능하다.

1 Preset을 적용할 Hair Object를 선택한다.

2 Hair 속성 창의 Preset tab에서 원하는 Hair Style을 선택한다.

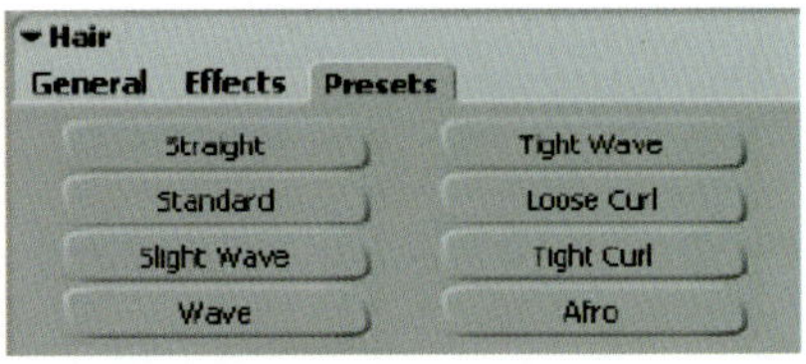

그림 8-33 Hair Preset tab

4. Rendering Hair의 편집

(1) Render Hair

Render Hair의 수는 Hair 속성 창에서 Render Setting의 Render Hair의 %에서 설정할 수 있다.

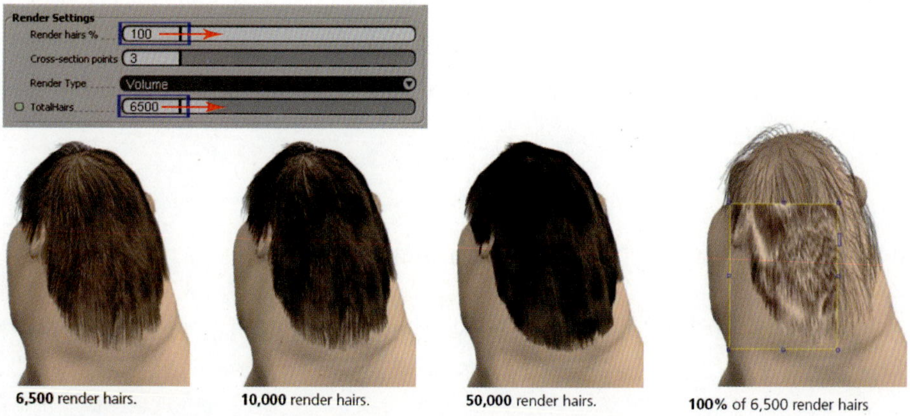

그림 8-34 Render Hair

(2) Render Hair의 수 증가

Hair 속성 창에서 Hair Multiplicity 옵션 창에서 render hair의 수를 증가시킬 수 있다. 즉 하나의 Hair 개체에서 Rendering될 때 몇 개의 Hair 개체로 분리되어 Rendering될 것인지를 결정하는 것이다.

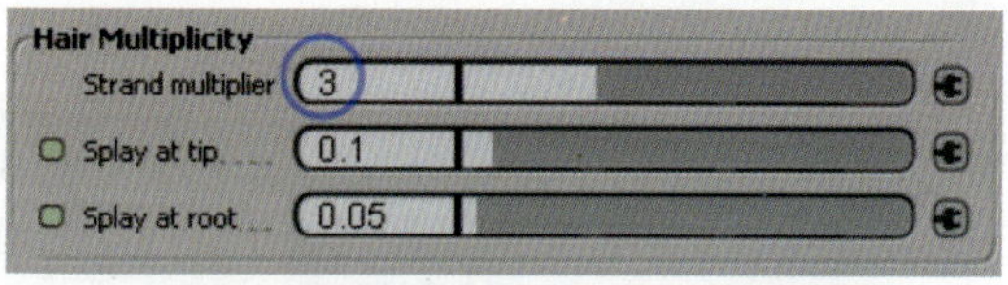

그림 8-35 Hair Multiplicity 옵션 창

1 Strands multiplier : Strands에 대해 몇 개로 분리시킬 것인지를 결정한다. 각의 Render Hair의 Tip과 Root에 대해 지정된 수만큼의 Render Hair가 증가된다. 즉 "Strands multiplier=3"일 경우 하나의 Hair 개체들을 3개로 나눠서 Rendering되는 것인데 이것은 Tip과 Root의 수를 조절해야 그 결과를 확인할 수 있다.

2 Splay at tip : Hair 개체부분의 머리 끝(Tip) 부분이 얼마만큼 떨어질 것인가를 결정하는 옵션이다.

3 Splay at root : Hair 개체부분의 뿌리(Root) 부분이 얼마만큼 떨어질 것인가를 결정하는 옵션이다.

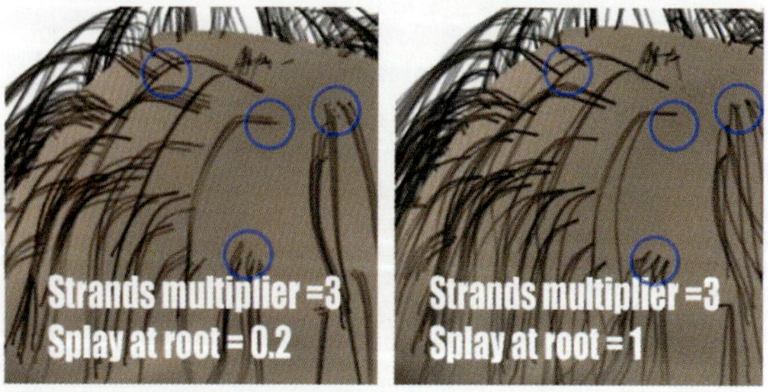

그림 8-36 Splay at root

(3) Hair Generation (Hair Segments)

Hair 각 개체의 Segment를 결정하는 것이다. 예를 들어 "10"일 경우 Hair의 개체가 10개의 Segment 조작으로 이루어진 각을 가진 것이라는 의미이다. 수를 높일수록 부드러운 Hair 곡선이 만들어진다.

Render Quality는 의미 그대로 Hair의 Quality를 결정짓는 것으로 Low(Fastest) 옵션의 경우 Rendering 속도는 빨라지지만 그만큼 거친 이미지 결과를 얻게 되며, 반대로 High는 Rendering 속도는 느려져도 그 이미지는 아주 부드러운 질감을 얻을 수 있다.

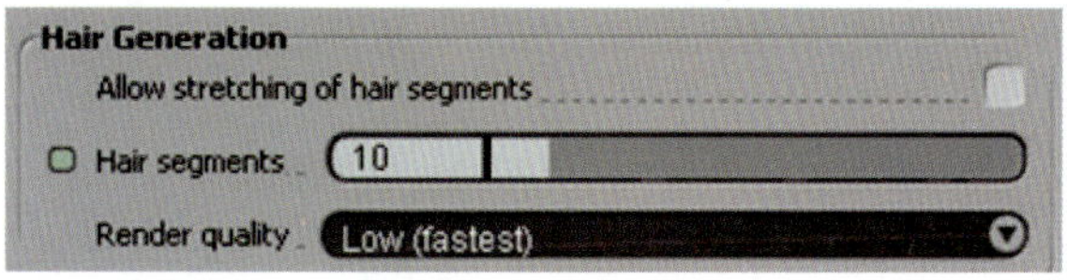

그림 8-37 Hair Generation

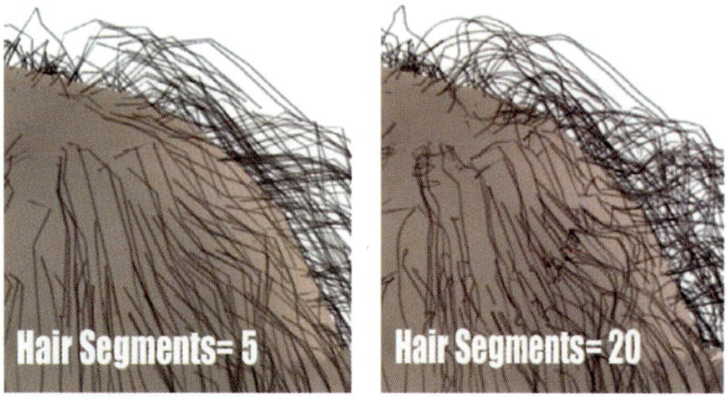

그림 8-38 Hair Segment

(4) Hair Thickness

Hair의 두께를 결정하는 기능으로 Hair의 모양을 Setting 하는 것과 Render Hair에 중요한 역할을 한다.

먼저 Hair의 Thickness 옵션은 Hair 속성 창의 Effect tab에 위치해 있는데 Thickness Type과 Root와 Tip의 두께를 지정해 줄 수 있는 파라미터로 구성되어 있다.

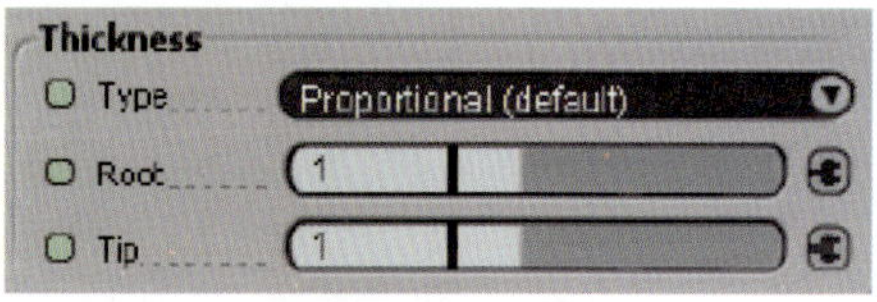

그림 8-39 Hair Thickness

1 Proportional(default) Type : Hair의 Emitter의 면적에 따라 Hair의 크기가 결정된다. 기본적으로 Emitter의 면적이 클수록 Render Hair에 있어서 Hair 두께는 얇아진다.

2 Absolute Type : Root과 Tip의 지정된 두께 값에 의해 설정되는 Type이다.

3 Hair 속성 창을 열고 Effects tab에서 Thickness의 Type을 설정하고 Root와 Tip의 Thickness를 설정한다.

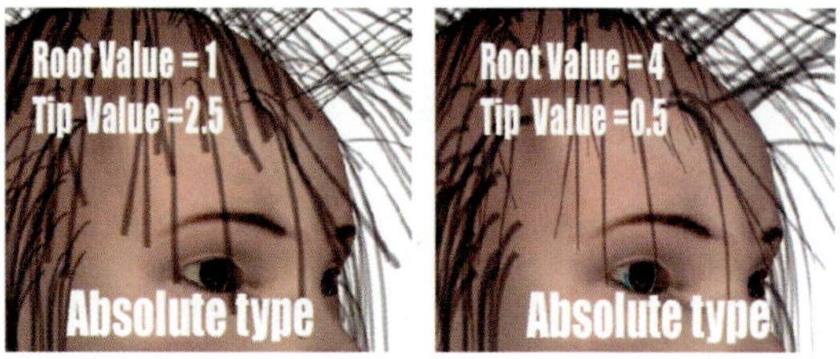

그림 8-40 Thickness Type

(5) Render Hair Scaling

Hair의 크기를 일정하게 조절하지 않고 불규칙적(Random)으로 조절함으로써 보다 사실적인 Hair의 표현이 가능하다. 이러한 Random scale은 Hair 속성 창에서 Effect 페이지에서 Random Scale 옵션 창에서 수치 조절을 통해 확인할 수 있다.

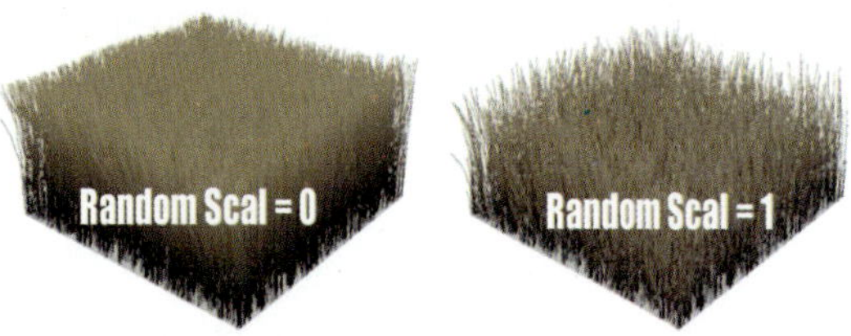

그림 8-41 Render Hair Scaling

"0"일 경우 Random 효과가 "0"이고 "1"일 경우 Random 효과가 "100%"이다.

(6) Frizz

머리카락의 곱슬 정도를 설정하는 것으로 Frizz at root와 Frizz at tip의 두 영역을 따로 설정할 수 있다. 수치가 "0"일 경우 머리카락의 곱슬 정도가 많이 사라지고 Straight 형태가 된다.

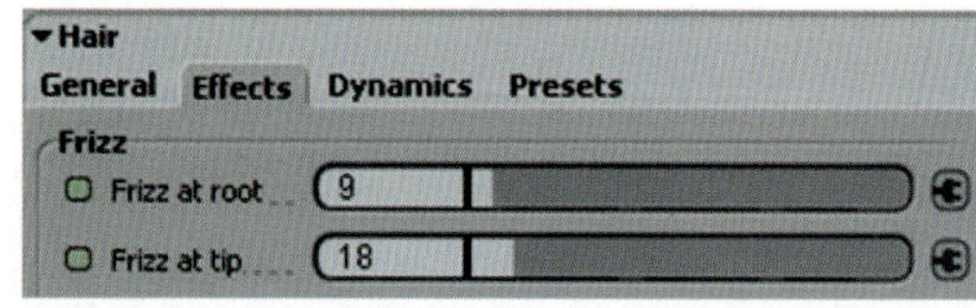

그림 8-42 Frizz

위에서 설명한 Effect tab의 Kink의 값과 연계시켜 Frizz라는 기능을 적용 및 테스트하면 보다 효율적인 Hair 데이터가 나올 것이다.

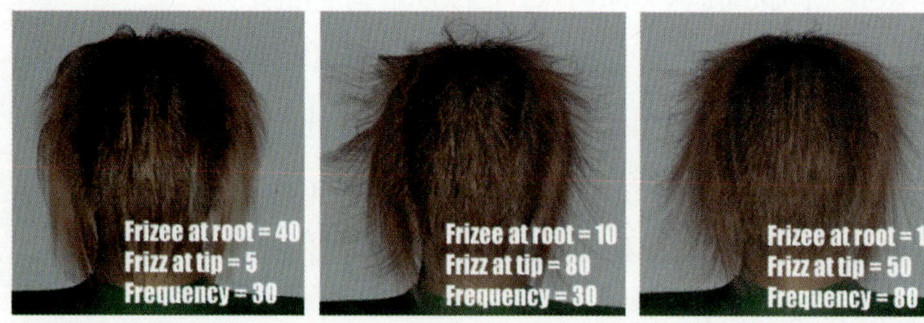

그림 8-43 Frizz at root와 Frizz at tip

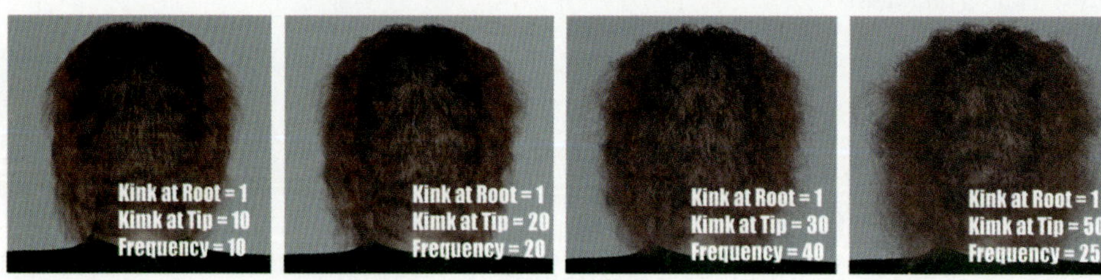

그림 8-44 Kink & Frizz at root & Frizz at tip

5. Render Hair

Hair에 Shader와 Color Map 이미지를 적용하여 보다 사실적인 Hair(Fur)의 느낌이 나도록 할 수 있다.

그림 8-45 Render Hair 결과

(1) Hair Shader 정보 확인방법

적용된 Hair Shader 정보 확인방법은 다양하다.

1 적용된 Hair의 Shader 정보를 확인하고자 할 경우 Object의 Shader 확인방법과 동일하다. 먼저 Shader가 적용된 Hair Object를 선택한 상태에서 Modify > Shader 명령을 실행한다.

2 Render Tree에 있는 Hair Geo Shading 노드를 더블클릭한다.

3 Explorer 창에서 Hair Geo Shading icon을 클릭한다.

(2) Hair Renderer 연결

1 Render Tree 창을 열고 Node의 Hair 〉 Hair Renderer 노드를 연다.

2 Shader의 Out put connector를 Hair Material 노드의 Surface와 Shadow의 Input connector에게 연결한다.

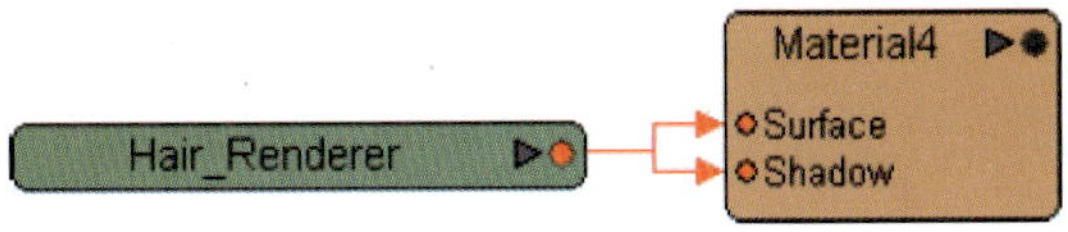

그림 8-46 Hair Renderer Node

(3) Hair Geo Shading 연결

1 Render Tree 창을 열고 Node의 Hair 〉 Hair Geometry Shading 노드를 연다.

2 Hair Geometry Shader의 Out put connector를 Hair Material 노드의 Surface와 Shadow의 Input connector에게 연결한다.

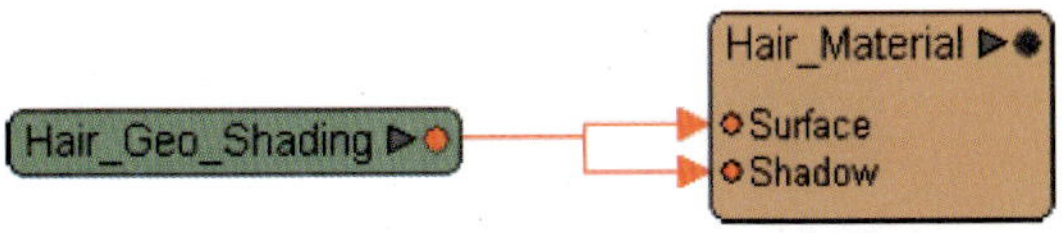

그림 8-47 Hair Geo Shading

3 XSI 기본 Shading : Hair를 하나의 Object라고 인식하고 모든 옵션과 명령을 그대로 적용하도록 한다. Phong과 Toon shader를 적용해 보도록 한다.

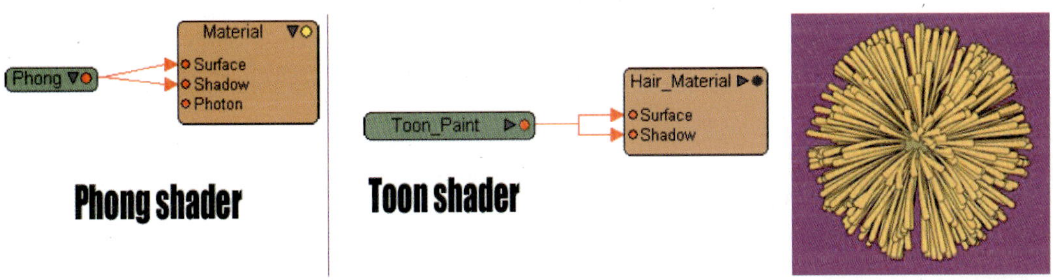

그림 8-48 Phong과 Toon shader를 적용

(4) Coloring Hair

1 Hair의 기본 Color는 적용한 Renderer나 Shader의 Color 노드에서 RGB 값을 변경하면서 Hair에 대해 원하는 Color를 지정 및 변경할 수 있다.

2 SOFTIMAGE에 기본적으로 포함된 Preset Material을 활용하는 것도 보다 쉽고 효율적인 작업이 가능하도록 도와준다. 먼저 Main 메뉴 창에서 View 〉 Tool bars 〉 Shader Preset 기능을 실

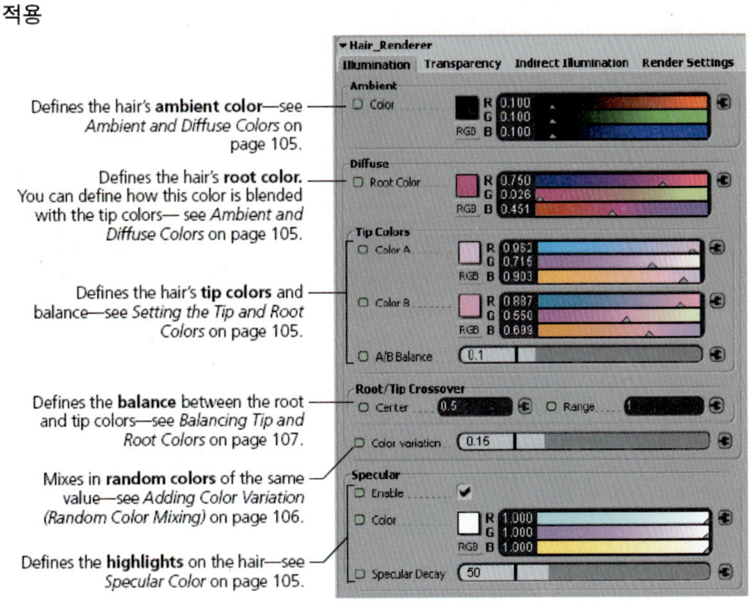

그림 8-49 Coloring Hair

행한 후 Hair tab을 찾는다. 제공되는 Preset Hair shader 중 임의의 shader를 선택하고 작업 Viewport에 있는 Hair Object에 drag in drop으로 적용해준다. 결과를 확인한다.

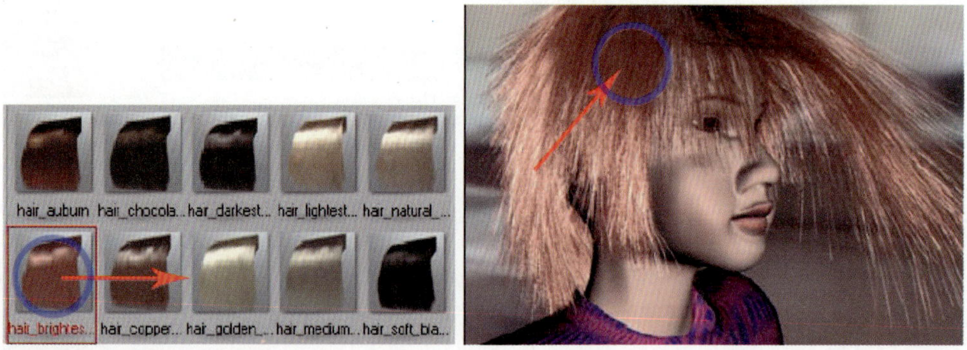

그림 8-50 Shader Preset 기능

(5) Tip & Root Color

1 Ambient Color : Hair의 어두운 영역에 대한 Color 값으로 다른 Material과 크게 다르지 않다.

2 Diffuse Color : Main color로 Hair의 Tip과 Root 사이에 존재하는 Color이다. 그래서 Diffuse color는 Root color와 Tip color로 나뉜다. Hair는 속성 상 부리부분의 색깔과 끈부분의 색이 굵기나 투명도에 따라 다르게 나타난다.

① Tip Color A and B : 각각의 Hair strand의 Tip의 Diffuse color를 결정하기 위해 결합시킨다.

② Tip Color A : Main tip color이다.

③ Tip Color B : Hair Strands에 대해 추가되는 두 가지 Tip color 중 하나이다.

④ Root Color : Hair Strands의 영역 중에서 Root color를 결정한다.

⑤ Balance Tip A and B Colors : Tip A and B Colors에 대해 RGB Parameter를 이용하여 Hair Color의 균형을 맞출 수 있다.

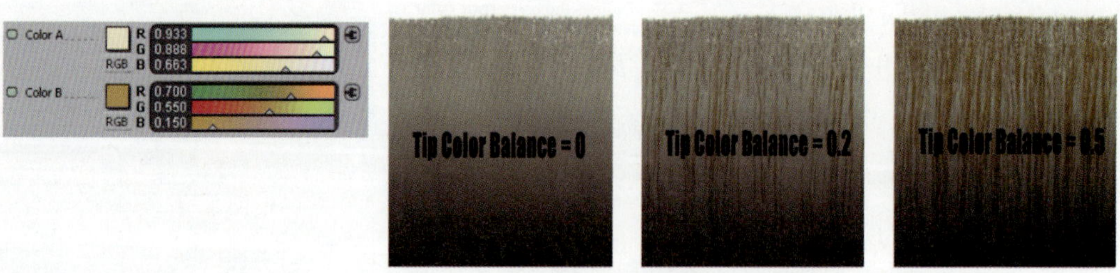

그림 8-51 Colors Balance Tip

3 Specular Color : Hair의 Highlight 영역에 대한 Color이다. Hair color중에서 Specular 영역만을 분리하여 적용할 수 있다.

먼저 Render Tree 창을 열고 Nodes 〉 Mixers 〉 Gradient 노드를 꺼낸다. Gradient 노드를 Hair Renderer 노드의 Specular 옵션에 연결시킨다. 그리고 다시 Nodes 〉 States 〉 Scalar State 노드를 꺼내서 Gradient 노드의 Input 옵션에 연결시킨다. 여기서 Scalar State 노드의 속성 창을 열고 Barycentric B/Lengthwise Hair의 State Parameter를 변화시킨다.

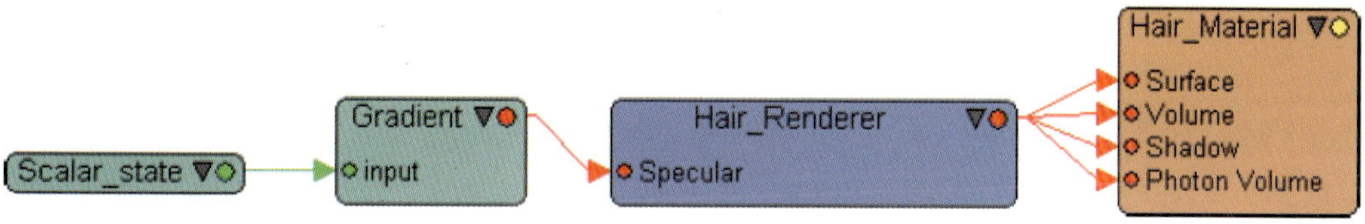

그림 8-52 State Parameter

4 Root/Tip Crossover

Root/Tip Crossover Center : Hair의 모근(Root) 부분과 Tip(끝)부분의 색의 변화 기점(Center)과 섞임의 정도 범위를 결정한다.

그림 8-53 Root/Tip Crossover

Root/Tip Crossover Range : Hair의 모근(Root) 부분과 Tip(끝)부분의 색이 섞임에 있어서 각각의 색의 영역 범위를 지정해 줄 수 있다.

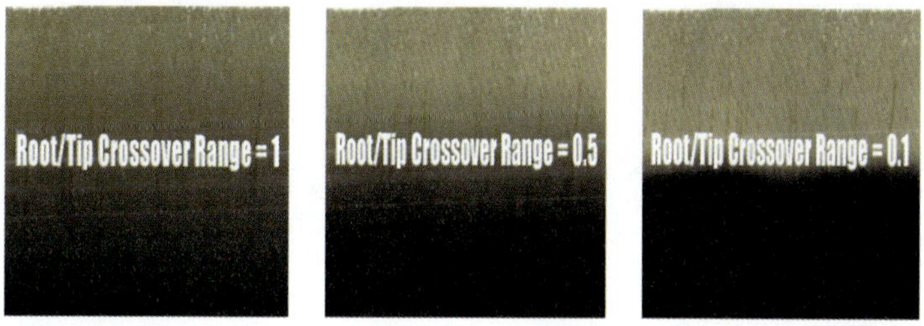

그림 8-54 Root/Tip Crossover Range

(6) Texture Map 적용

Hair Object에 Texture Map을 적용하고자 할 경우 다음과 같은 순서에 의해 적용한다.

1 Hair Emitter를 선택한다.

2 Get 〉 Property 〉 Texture Map 〉 Texture Map 기능을 실행한다.

3 또는 Hair Emitter를 선택한 후 Get 〉 Property 〉 Texture Map 〉 Projection type (Cylinderical, Spherical, UV, XY for Plane 등-Object의 형태에 따라 지정) 적용

4 Texture Map 속성 창을 열고 사용할 Map 이미지를 불러온다.

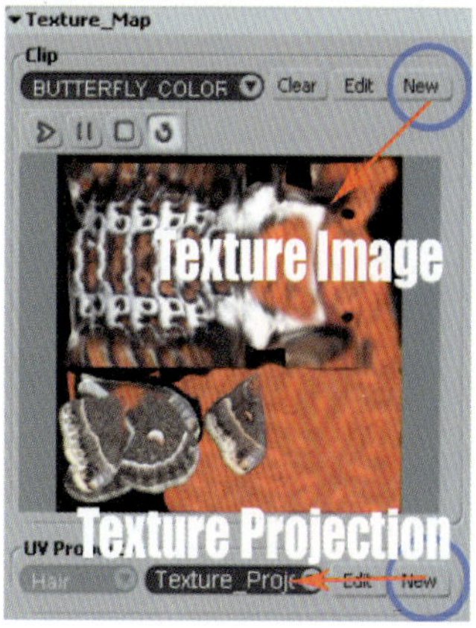

그림 8-55 Texture Map

5 UV Property에서 New Property 또는 기존에 적용된 Texture Projection을 지정해준다.

6 Explore 창에서 Hair Emitter Object의 아래 구조를 펼치고 Texture Map Icon을 찾는다.

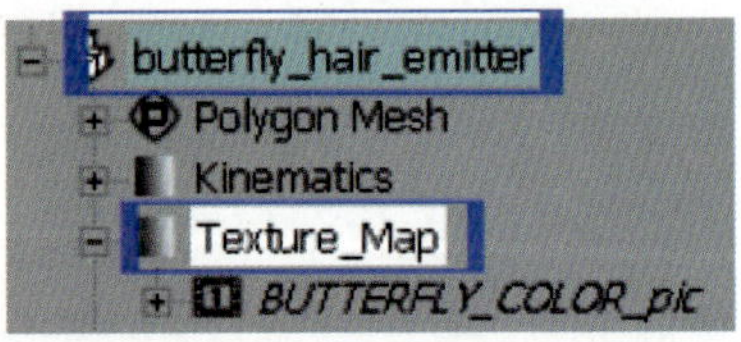

그림 8-56 Texture Map Icon

7 Hair Object와 Hair Emitter Object를 동시에 선택한 상태에서 Hair Tool bar에 있는 Modify 〉 Transfer Map 명령을 실행한다. 이 기능은 Texture Projection Coordinate를 Hair Emitter로부터 선택한 Texture Map을 Hair Object에게 이동시키는 기능을 한다.

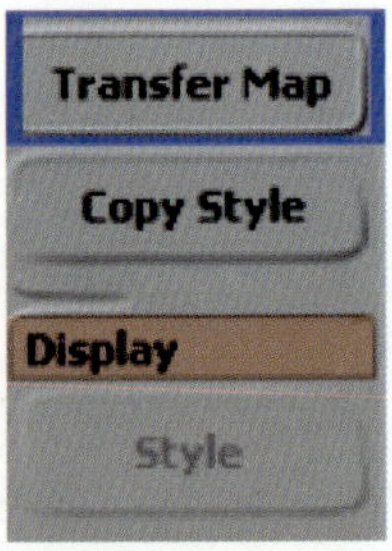

그림 8-57 Transfer Map

8 Explorer 창에서 Hair Emitter Object의 아래 구조에서 찾은 Texture Map Icon을 선택하여 적용한다.

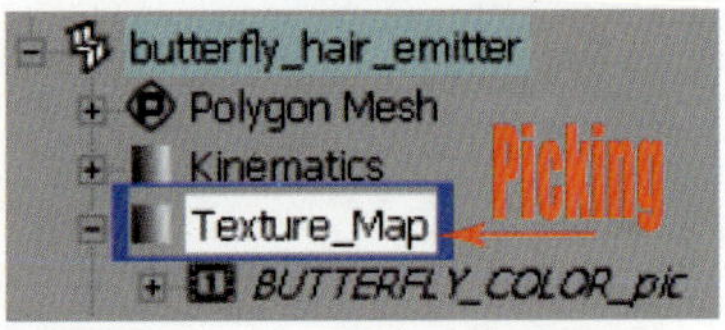

그림 8-58 Picking

9 Hair Renderer Shader 속성 창을 열고 Map을 적용할 수 있는 속성 중 하나(Tip Color A/B 또는 Root Color)를 선택하고 Connect icon의 오른 클릭을 하여 적용할 Texture Map 이미지를 선택해준다.

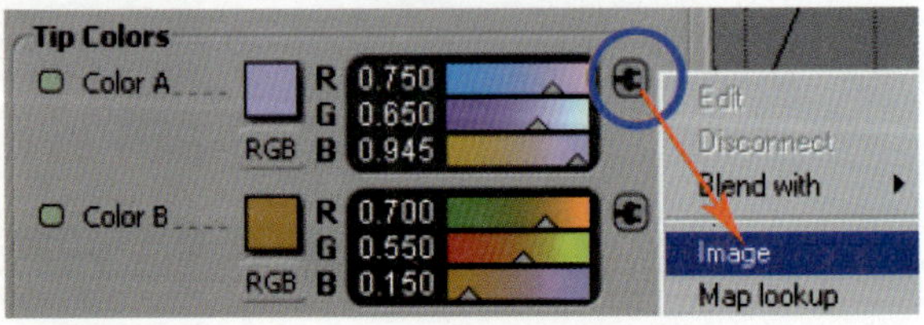

그림 8-59 Texture Map이미지 선택

또는 Render Tree에서 Nodes 〉 Texture 〉 Image 노드를 불러오고 Hair Renderer shader내에 존재하는 연결하고 싶은 Parameter Icon에 Texture 이미지를 연결한다.

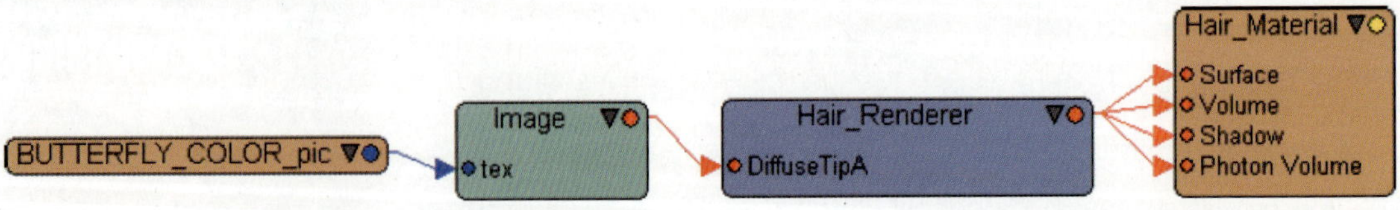

그림 8-60 Parameter Icon에 Texture 이미지를 연결

10 결과를 확인한다.

그림 8-61 결과확인

(7) Hair 투명도 조절

Hair Strands에 대해 투명함을 적용하고자 할 경우에는 Hair Renderer 속성 창에서 Transparency tab을 열고 Enable 기능을 활성화시킨다. 여기서 Tip과 Root의 Level을 정해주면서 각 영역에의 투명도의 재질 효과를 확인한다. Root/ Tip Crossover의 Center와 Range 값을 조절을 통해서 보다 효과적인 투명도 범위와 강도 및 영역을 지정해 줄 수 있다.

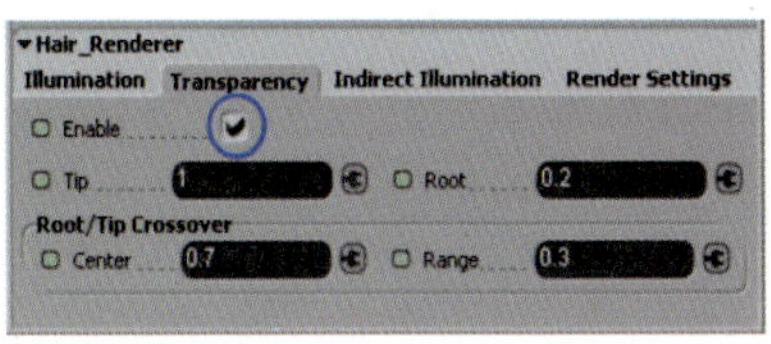

그림 8-62 Hair Transparency

(8) Light & Shadow

1) Light

Hair에 영향을 주는 Light는 주로 Hair의 Diffuse 영역에 많은 sdudgid을 미치게 된다. 이 경우 Hair Renderer 속성 창에서 Shading Model 옵션에서 Diffuse Model을 Short Hair와 Long Hair로 선택할 수 있다.

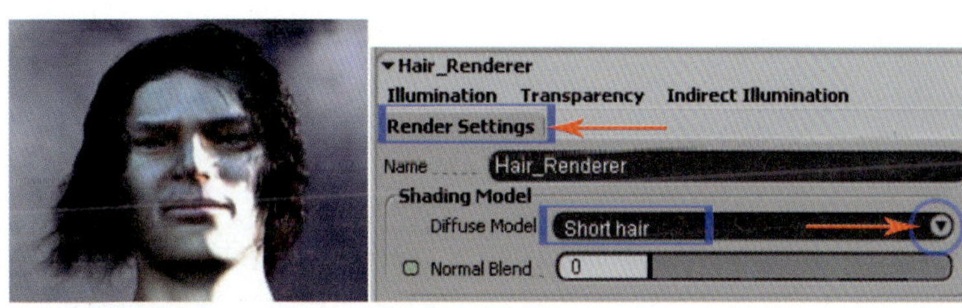

그림 8-63 Hair Light & Shadow

2) Final Gathering

Hair Object에 대해 Final Gathering 효과를 통한 사실적인 Rendering 결과를 만들어낼 수 있다. 이 경우 Hair Renderer 옵션 창에서 Indirect Illumination tab의 Final Gathering 옵션에서 Color RGB parameter 값의 조절을 통해 Final Gathering 효과를 가감할 수 있다.

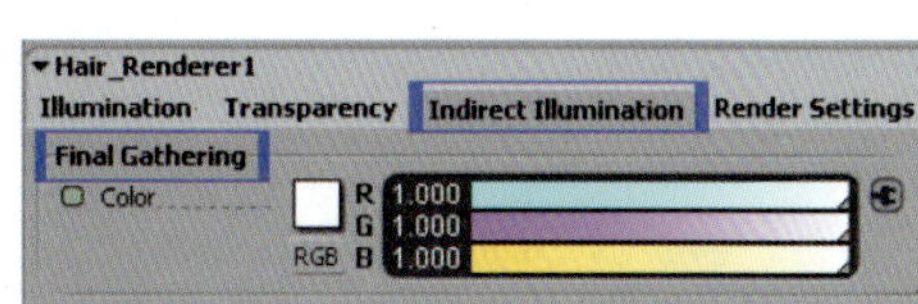

그림 8-64 Hair Final Gathering

3) Shadow

Hair의 그림자 처리에 대한 설정이다. Hair의 그림자 효과는 일반 Object와는 달리 그 섬세한 Strands 부분에 대한 그림자 효과가 결국 전체 Quality를 좌우한다.

1 Light 옵션의 Umbra의 수치 값을 이용해서 그림자 효과를 증대시킬 수 있다.

2 Self Shadow 기능을 활용하여 Hair 그림자 효과를 증대시킬 수 있는데 Hair Renderer 속성 창에서 Render Setting tab에서 Shadow Calculation 옵션 창에서 Self Shadowing factor의 수치를 조절하면서 Hair의 Shadow 효과를 확인한다. 또는 Shadow Map을 활용하여 Hair에 Shadow 효과를 제작한다.

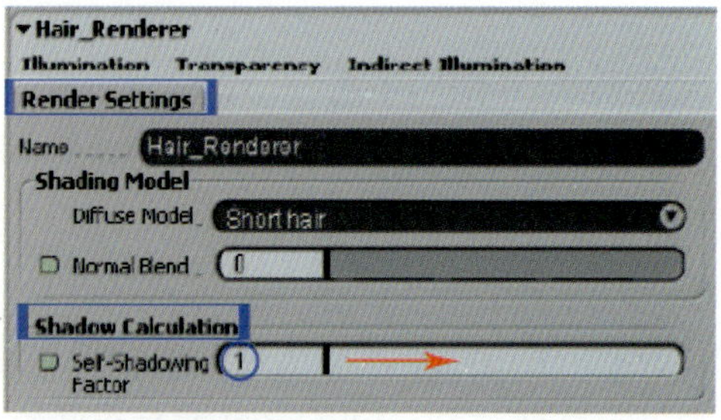

그림 8-65 Hair Shadow

(9) Hair Geometry Shading(=Hair Geo shader)

Hair Geo shader를 활용하여 Hair의 Diffuse, Ambient, Specular color와 Transparency 등의 효과를 적용해 줄 수 있는 Shader이다. 한 가지 특징적인 것은 모든 Parameter가 Gradient type로 구성되어 있다는 것이다. 지금부터 Hair Geo shader의 적용 및 편집 방법에 대해 알아보도록 한다.

1 적용 방법은 다음 순서를 따른다. 먼저 Render Tree 창에서 Nodes > Hair > Hair Geometry Shading 노드를 꺼낸다.

2 Hair Geometry Shading 노드의 Connect Icon을 선택하여 Hair Material의 Surface와 Shadow 옵션에 연결한다.

3 Hair Geometry Shading의 기본 Color 조절 : Hair Geometry Shading의 속성 창을 연다.

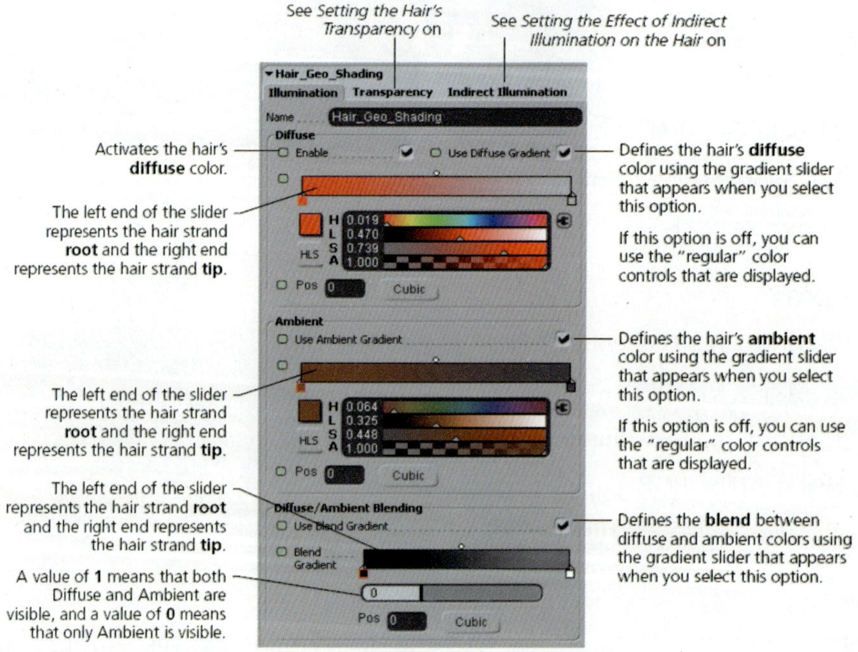

그림 8-66 Hair Color

Hair Geometry Shading의 속성 창에서 Diffuse나 Ambient color 모두 Gradient parameter로 구성되어 있음을 확인할 수 있다. Diffuse Parameter의 왼쪽 Color는 Root의 Diffuse color이고 오른쪽은 Tip의 Diffuse color이다. 또한 Ambient color도 역시 마찬가지로 Ambient Parameter의 왼쪽 Color는 Root의 Ambient color이고 오른쪽은 Tip의 Ambient color이다. Blend Gradient 옵션 창에서 Bland Gradient의 Color 속성 지정 창에서 조절할 수 있으며 Blend Gradient의 수치 값 "1"은 Diffuse와 Ambient color값을 모드 활용하며 "0"일 경우 단지 Ambient Color 값이 적용된다.

4 Transparency : Hair Render의 속성 창에서 Transparency 수치를 높여준다. Length와 Cross가 체크되지 않은 경우 "1"은 완전 투명이고 "0"은 완전 불투명 효과를 나타낸다. 그리고 Length와 Cross가 체크되었을 경우도 마찬가지로 "0"은 완전 불투명이고 "1"은 완전 투명효과가 나타난다.

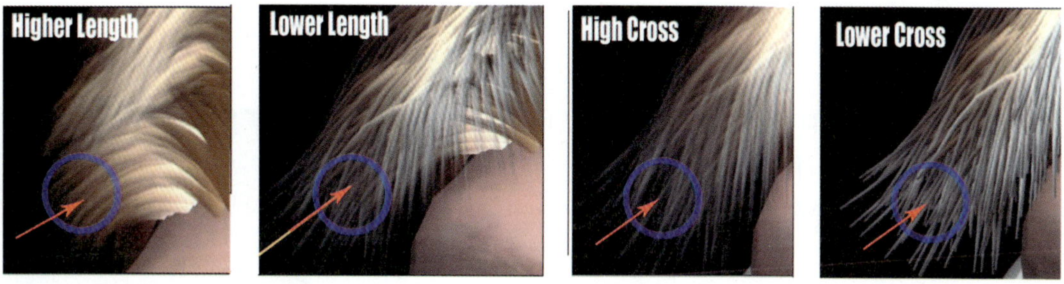

그림 8-67 Hair Cross

5 Translucency : Hair Strands에 대해 Translucency 효과는 Translucency area에 있는 Translucency Gradient를 선택한다. 이것은 Translucency를 사용하고자 할 경우 Gradient Control을 나타나게 한다.

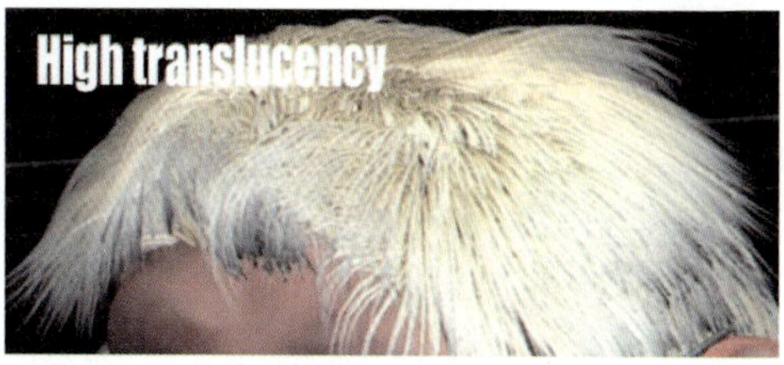

그림 8-68 Hair Translucency

8-1-3 Hair 제작실습 1

헤어는 캐릭터의 스타일을 만드는 중요한 요소이다. SOFTMAGE에서는 헤어를 만들고, 스타일을 적용하고 렌더링하는 데 필요한 모든 툴을 제공한다.

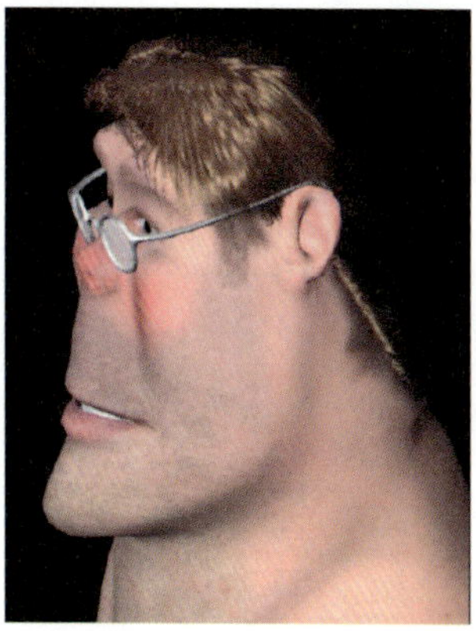

그림 8-69 결과

이번 장에서 다루게 될 전체 내용에 대한 요약한 그림이다.

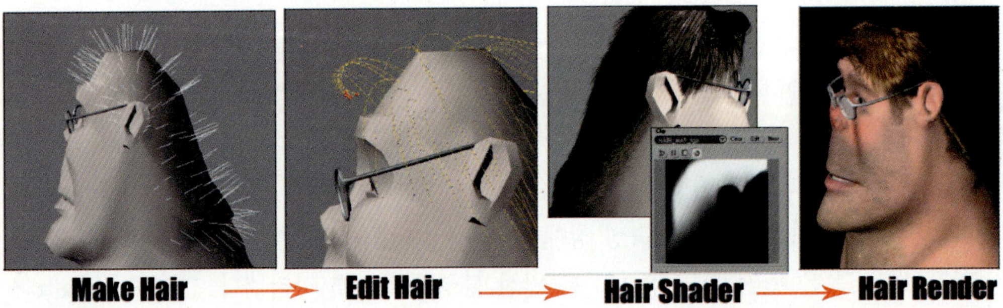

그림 8-70 **제작과정**

1. 영역 선택하기

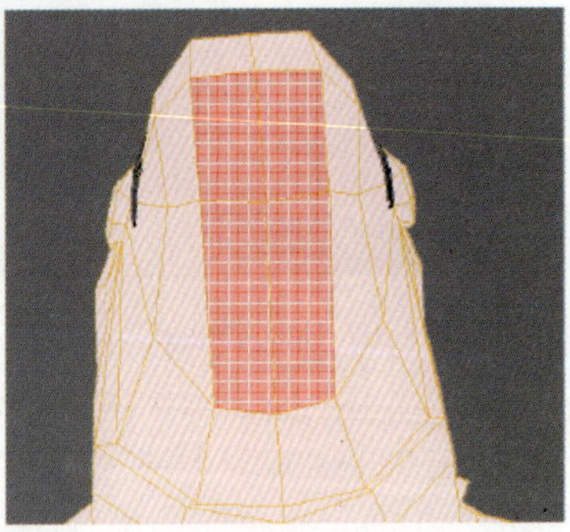

그림 8-71 Polygon 선택

1 모델링한 캐릭터의 Face 영역을 Open한다. Hair test용으로 따로 만들어도 되지만 지금까지 만들어진 캐릭터 데이터를 활용하는 것도 전체적인 제작 공정을 이해하는데 효율적일 수 있다. Hair Style을 부여하는 첫 단계는 머리에서 Hair의 위치를 선택하는 것이다. 즉 헤어를 만들 때 가장 먼저 해야 할 일은 어떤 영역(Polygon 영역)에서 헤어가 자라나는지를 결정하는 것이다. 이 제작과정을 모두 다 이해하고 난 다음에는 눈썹에도 헤어를 만들어 볼 수도 있다. 캐릭터의 종류와 특징에 따라서 Object 전체에 헤어를 적용한 다음 Texture Shader와 Map을 사용하여 밀도를 조절하여 헤어가 특정 영역에서만 자라도록 할 수도 있다. 하지만 이 접근 방식은 여기에서 그다지 유용하지 않다. 다음 그림처럼 뒤통수에서 Hair를 제작할 필요한 영역(4개의 Polygon)을 선택한다.

2 단축키 [Shift+=]를 눌러서 Polygon 영역을 추가로 선택한다. 현재 선택된 Polygon 영역을 기준으로 인접한 Polygon으로 자동 확장되어 Polygon이 선택된다.

3 계속해서 정수리 부분과 뒤통수의 Polygon을 추가로 선택한다.

4 이제 선택한 Polygon을 사용하여 헤어가 자라나도록 만든다. Edit 패널의 Cluster 버튼을 선택한다. 선택된 Polygon들을 하나의 Cluster화시켜 가상의 Component group인 Cluster를 지정해 놓음으로써 향후 Hair 영역을 선택할 경우 이 Cluster만을 선택하면 쉽고 빠르게 선택이 가능하도록 만들어 주는 것이다.

그림 8-72 Polygon 추가 선택

2. 헤어 만들기

헤어 만들고 스타일을 적용하는 툴은 모두 헤어 패널에 있다. 즉 헤어 패널을 열고 선택된 클러스터로부터 헤어를 만들 수 있다.

1 [Ctrl+2]를 눌러 헤어 패널을 연다. 키보드 우측의 숫자 키패드가 아닌 상단의 숫자 키를 눌러야 한다.

2 Polygon 클러스터를 선택한 채 Create 〉 Hair 〉 From Selection을 선택한다. 새로운 헤어 Object가 생성된다. 클러스터의 각 Point 지점으로부터 생성된 가이드 헤어를 볼 수 있다.

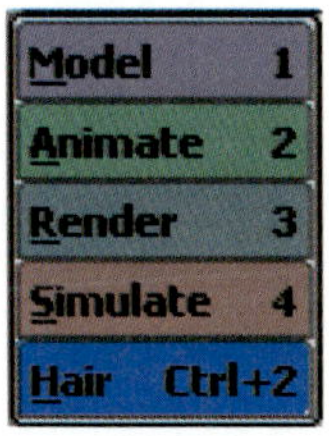

그림 8-73 Hair Panel

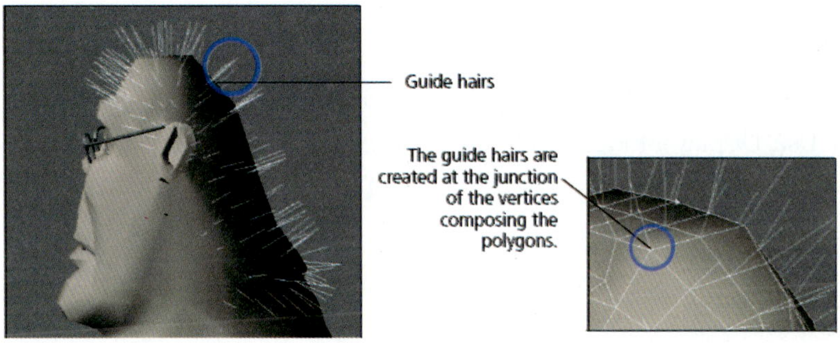

그림 8-74 Hair 생성

3. View port에서 헤어 Display mode 설정하기

다음 단계에서는 헤어를 꾸미고 특정 스타일을 부여한다. 즉 가이드 헤어를 조절하여 헤어 모양과 스타일을 지정할 수 있다. 가이드 헤어는 지금은 보이지 않는 Render 헤어에 직접적인 영향을 주기 때문에 가이드 헤어의 모양을 잘 만들어야 최종 Render 헤어의 모양이 잘 나온다. 멋들어지게 꾸미기 전에 Render Hair와 Guide Hair의 의미에 대해 먼저 살펴보도록 한다.

Hair 속성 창에서 General 탭에서 Display Type를 Render Hairs로 설정한다.

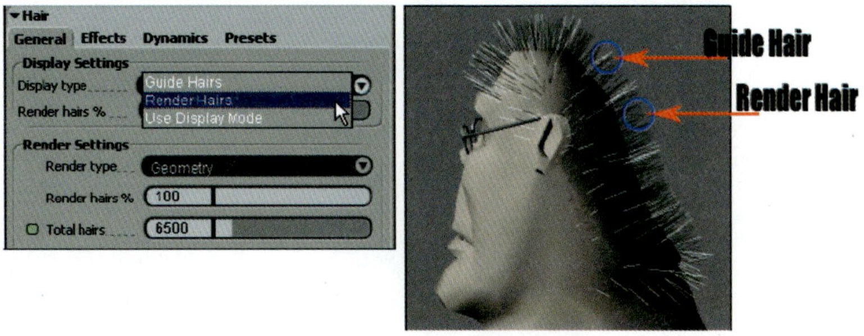

그림 8-75 Hair Display Type

Viewport에 Render Hair가 나타난다. Hair Object가 선택되면 Guide Hair 또한 나타나지만 Hair Object가 선택되지 않은 경우 Guide Hair는 보이지 않는다.

Viewport에는 전체 Render Hair의 일부만 보인다. Hair 속성 창에서 Render hair %의 기본값은 10으로 설정되어 있다. Render Hair에는 많은 데이터가 포함되므로 컴퓨터가 느려질 수 있기 때문에 모양을 어느 정도 파악하기 위해서는 일반적으로 10%면 충분하지만 최종 모양을 정확히 표현하려면 나중에 이 값을 늘여가면서 결과를 확인할 수 있다.

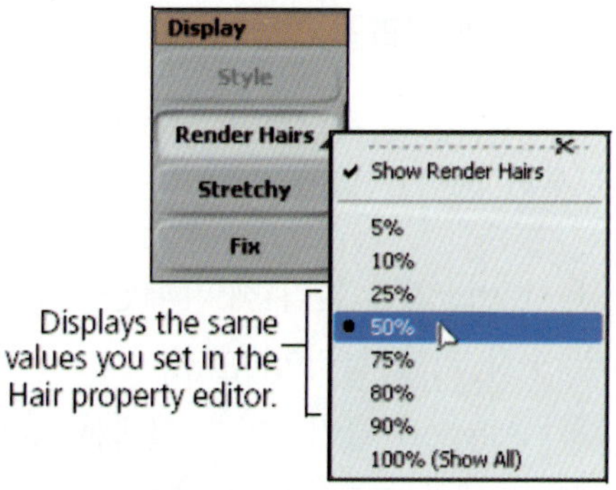

그림 8-76 Render Hair

Display Type를 다시 Guide Hairs로 설정하여 보다 빠르게 상호 작용하도록 만든다. Render Hair는 나중에 필요할 때 다시 표시하는 것으로 한다.

Hair Object를 선택하고〈Enter〉키를 누르면 다시 Hair 프로퍼티 에디터를 열 수 있다. 여기서 Display Type를 Use Display Mode로 설정하면 Render Hair는 Shaded 및 Textured 모드에서, 가이드 헤어는 Wire frame 및 Hidden Line 모드에서 나타난다.

4. 헤어 길이 늘리기

헤어를 선택한 채 Hair 패널의 Modify 〉 Scale을 선택한 다음 마우스를 Viewport에서 오른쪽으로 drag하여 헤어가 아래 그림처럼 약간 길어지도록 만들 수 있다.

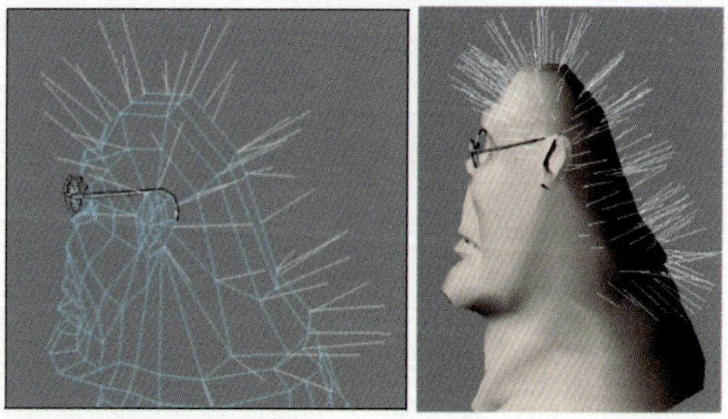

그림 8-77 Hair 길이 늘리기

5. 헤어 빗기

Comb 명령을 사용하면 헤어 가닥들의 방향을 특정 축을 따라 또는 카메라가 향하는 방향의 역방향으로 Hair의 방향을 바꿀 수 있다(마치 바람 맞은 머리처럼).

1 먼저 카메라를 Orbit 및 Dolly 하여 위치를 이동시킨다.

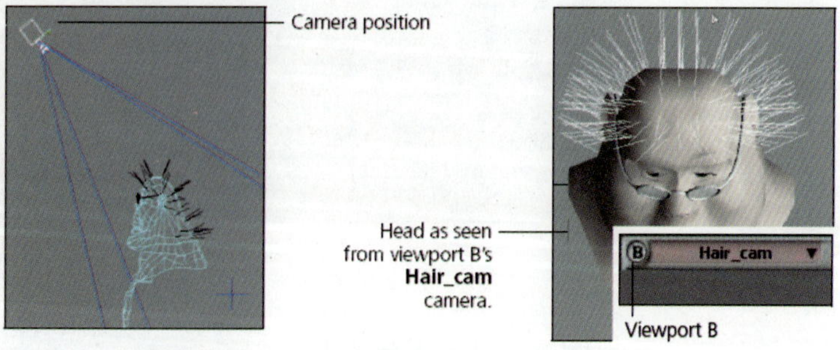

그림 8-78 Comb

2 헤어를 선택하고 카메라의 위치를 설정이 끝난 다음 Modify 〉 Comb 〉 Away from Camera - View B를 선택한다. 헤어의 방향이 카메라의 방향(이 경우 Viewport B의 카메라 Viewport임, 다른 Viewport에서 작업하려면 해당 Viewport를 선택하도록 한다)과 반대 방향으로 빗겨진다.

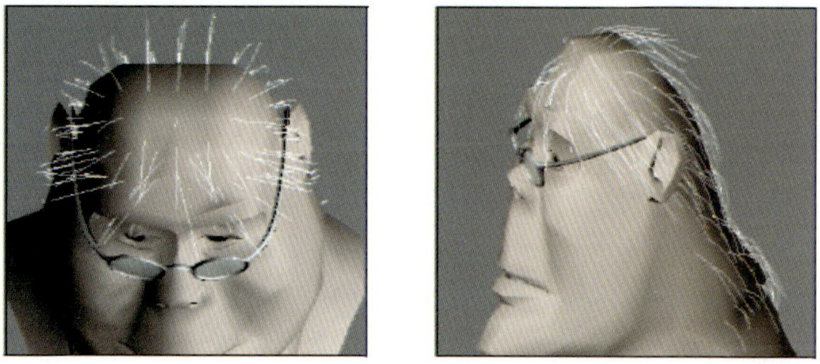

그림 8-79 Comb 〉 Away from Camera - View B

6. 헤어 부풀리기

헤어를 빗은 후라서 너무 눌린 헤어가 되었다. 다음 단계에서 헤어의 전체적인 볼륨을 약간 부풀려 생동감과 입체감을 더 할 수 있도록 한다.

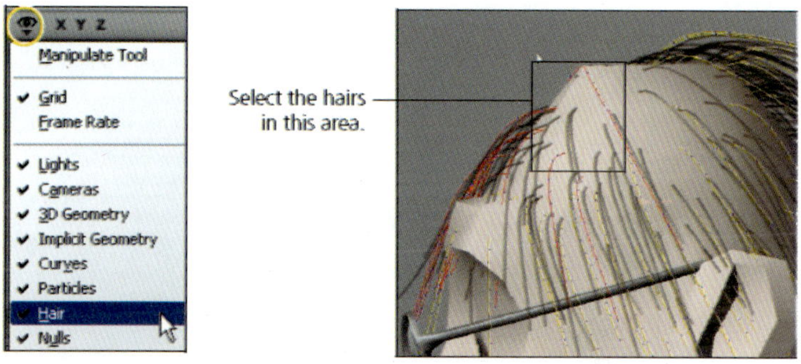

그림 8-80 Puff Hair

1 먼저 헤어 Object를 선택한다.

2 헤어를 선택한 채 Modify 〉 Puff 〉 Puff Roots를 선택하고 마우스를 Viewport에서 오른쪽으로 Drag하여 헤어가 약간 부풀어 오른 형태가 되도록 만든다.

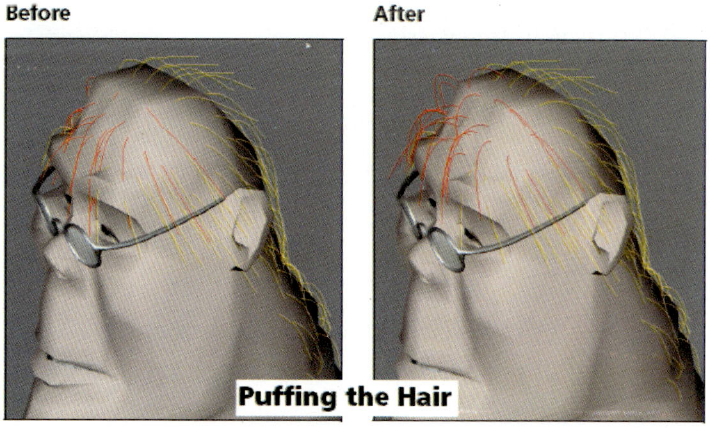

그림 8-81 Hair Object 선택 & Puff

7. 헤어 잡아당기기

캐릭터의 시야를 가리지 않으려면 눈앞에 있는 헤어를 약간 위로 잡아당겨야 합니다. 일반적인 트랜스폼 툴을 사용하여 가이드 헤어를 직접 조절할 수도 있다.

그림 8-82 Tip 선택

1 단축키 ['](작은따옴표)를 누르거나 Select 패널에서 Tip을 선택하여 Tip 선택 필터를 활성화시킨다.

2 앞머리 영역에서 가이드 헤어의 끝을 선택한다.

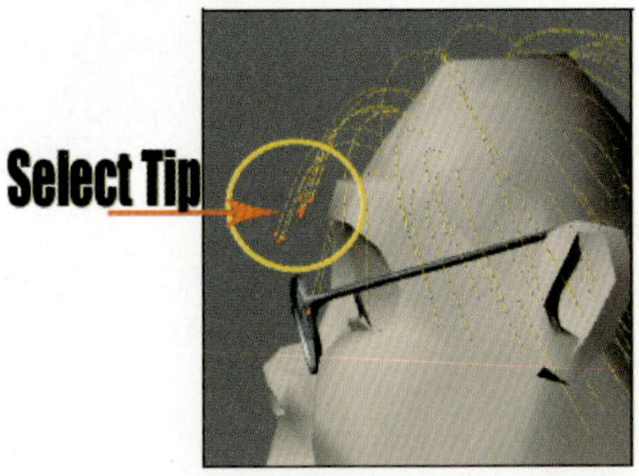

그림 8-83 Select Tip

3 그림 8-84처럼 위로 이동시킨다.

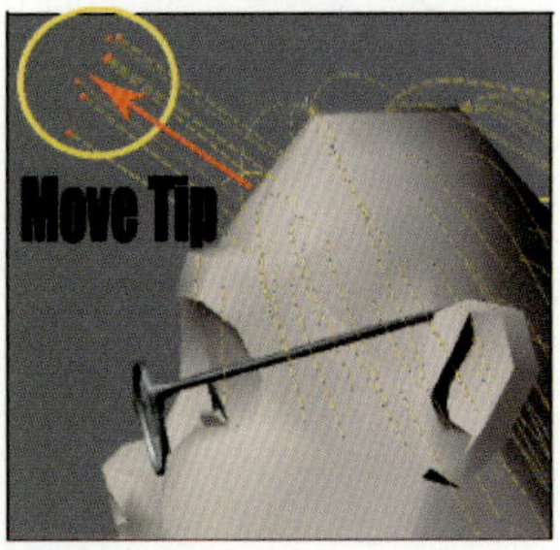

그림 8-84 Move Tip

8. 헤어 모으기

사방으로 뻗치게 하는 대신 응집시켜서 캐릭터의 앞머리의 스타일을 약간 변경할 수 있다. 이때 사용하는 기능이 Clump 기능으로 이 Clump 툴을 사용하면 선택된 가닥이나 가닥의 포인트들을 모을 수 있다.

잡아당긴 앞머리 끝을 선택한 채 Modify 〉 Clump를 클릭하고 Viewport에서 마우스를 오른쪽으로 Drag하여 앞머리 끝이 옆의 그림처럼 응집되도록 만든다.

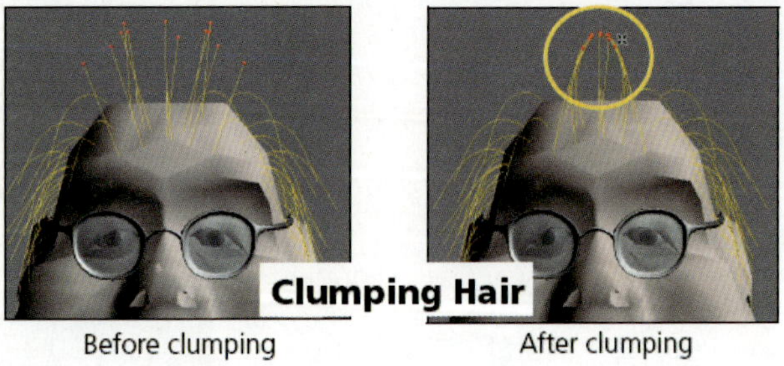

그림 8-85 Clumping Hair

9. 헤어 회전

헤어를 회전하는 방법은 Hair 끝의 루트(모근) 또는 커서의 현재 위치를 중심으로 선택 영역의 회전하기 등 여러 가지가 있는데, 다음 단계에서 선택된 포인트를 커서 중심으로 회전하여 캐릭터의 앞머리가 약간 곧추서도록 만들어 보도록 한다.

1 Viewport에서 Right View로 전환시킨 후 Move하여 올라간 앞머리 끝)(Tip)을 선택한 채 Modify 〉 Rotate 〉 Around Cursor를 선택한다. Rotate Hair 툴이 활성화된다.

2 올라간 앞머리 헤어의 가운데 바로 아래 부분을 클릭하고(이 지점이 헤어를 회전하는 중심점이 된다.) 마우스를 왼쪽으로 Drag하여 헤어를 시계 반대 방향으로 회전시킨다. 커서를 중심으로 헤어를

회전할 때 맨 처음 선택하는 지점이 선택사항의 회전 중심인 "선회 축(pivot)"이 된다. 마우스 [왼쪽], [가운데], [오른쪽 버튼]을 사용하면 각각 [느리게], [중간 속도로], [빠르게] 회전할 수 있다. 다음 이미지를 참조하기 바란다.

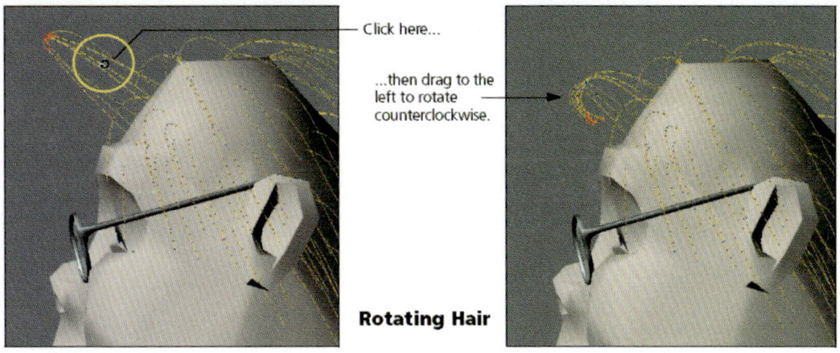

그림 8-86 Rotate Hair

10. 불필요한 헤어 자르기

캐릭터 귀를 덮어 나온 앞쪽 헤어가 너무 길게 제작되었으므로 길이를 약간 줄이도록 한다.

1 다시 Camera View로 전환시킨다.

2 마지막으로 사용한 선택 필터(Tip)와 선택 툴이 활성화되도록 〈Esc〉를 누른다.

3 귀 앞쪽 헤어의 끝을 선택하고 Scale 툴을 사용하여 길이를 줄인다. 헤어의 포인트가 선택될 때 Scale 툴은 적절한 가닥에만 영향을 미치게 된다.

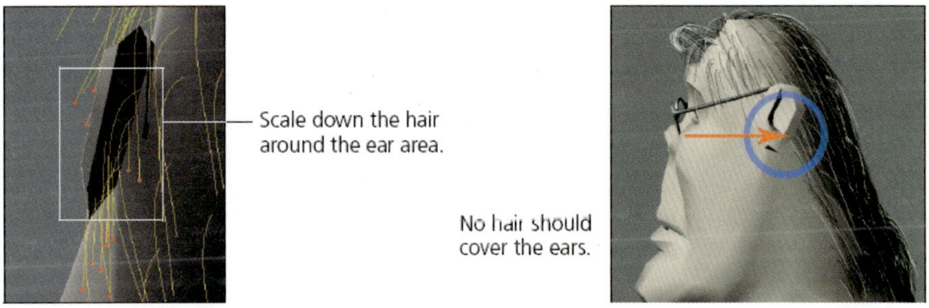

그림 8-87 Cut Hair 결과

11. Cut 기능을 이용한 불필요한 Hair 잘라내기

1 불필요하거나 임의로 잘라내야 하는 Hair가 있을 경우 Guide Hair를 선택한다.

2 잘라내야 하기 때문에 선택한 Tip을 Modify 〉 Cut 명령을 실행한다.

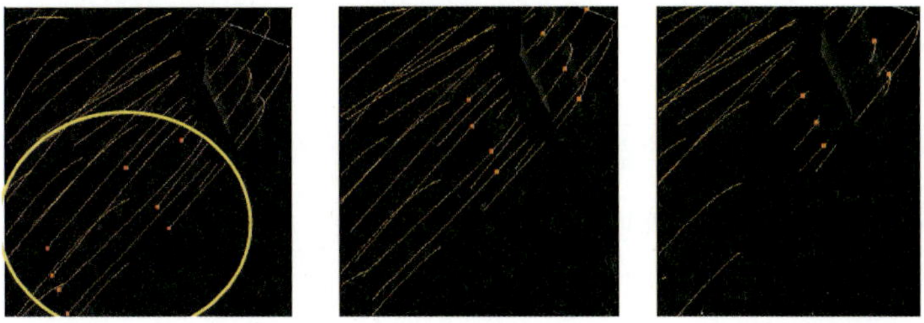

그림 8-88 Cut Hair

12. Hair Object를 Brush(빗질) 해주기

1 Selection tool을 다시 활성화시키고 Object 모드로 전환한다. 그리고 Hair Object를 선택한다.

2 Modify 〉 Brush 명령을 실행한다.

① 마우스 왼쪽 버튼은 Hair의 이동에 관련된 역할을 한다.

② 마우스 가운데 버튼은 Hair의 회전에 관련된 기능을 수행한다.

③ 마우스 오른쪽 버튼은 마우스 커서로부터 헤어 방향으로 또는 그 반대 방향으로 Scale을 가능하게 한다.

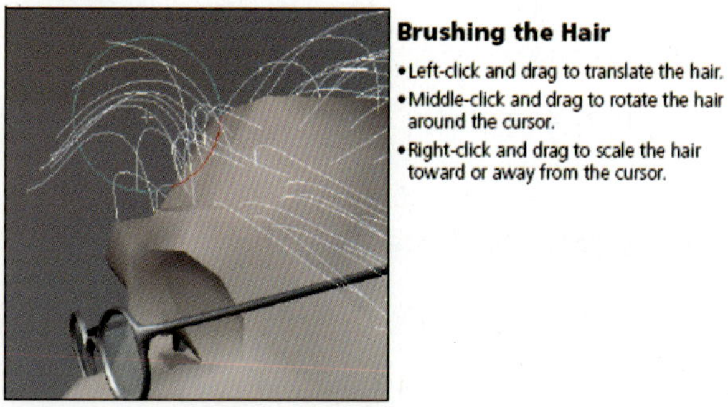

그림 8-89 Brush Hair

13. 헤어의 UV Maps

이 기능은 헤어에 대해 Texture Map을 적용하여 캐릭터의 두피 표면을 가로지르는 헤어 파라미터를 조절한다. 그 전에 몇 가지 준비작업을 해야 한다.

헤어 Object에는 Texture UV의 세트가 없으므로 아직 Texture Map을 사용할 수는 없다. 반면에 머리에는 이미 Texture UV의 세트가 있다. 머리에서 헤어를 만들었기 때문에 머리에서 헤어로 UV 정보를 이동할 수 있다. 헤어에서 UV를 사용할 수 있다면 Map을 사용하여 색상, 자르는 길이 및 기타 속성에 영향을 미칠 수 있다.

시작하기 전에 편의를 위해 먼저 머리에 미리 만들어 둔 Hair_UV 프로퍼티를 찾는다.

1 Scene Explorer를 열고 Filter 메뉴에서 Clusters+Props를 선택한다.

2 Beck 노드를 펼친 다음 body, Polygon Mesh, Clusters, Texture_Coordinates_AUTO 노드를 펼친다.

3 Hair_UV 프로퍼티를 선택한다.

4 Explorer의 스코프를 Selection으로 설정한다. Explorer는 이미 그 상태로 잠겨져 있다. 이제 언제든 필요하면 hair_UV 프로퍼티를 빠르게 선택할 수 있다.

5 Hair Object를 선택한 후 헤어패널의 Modify 〉 Transfer Map을 클릭하고 explorer에서 hair_UV 프로퍼티를 선택한다.

6 explorer를 갱신하여 Hair Object를 표시한 다음 Hair, Clusters, Texture_Coordinates_AUTO 노드를 펼친다. Hair Object에서 hair_UV 프로퍼티를 사용할 수 있다.

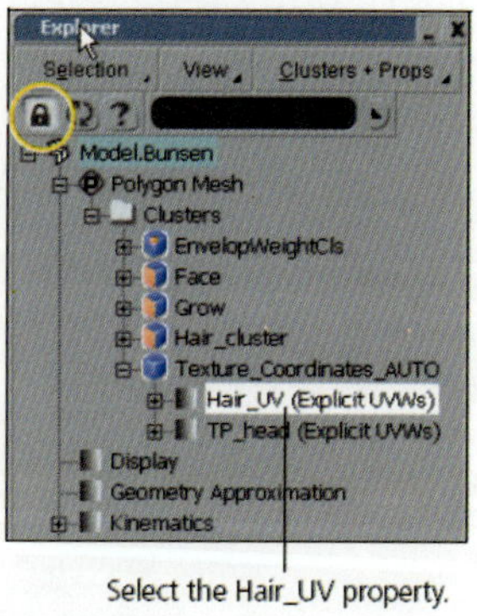

그림 8-90 Hair_UV

14. 헤어에 텍스처 맵 적용

머리에서 헤어로 이동한 UV 프로퍼티를 사용하여 Texture Map을 적용할 수 있다.

1 [Ctrl+1]을 누르거나 메인 윈도우의 오른쪽 아래의 맨 왼쪽에 있는 아이콘을 선택하여 툴 바 패널을 표시한다.

2 헤어를 선택한 채 Get > Property > Texture Map > Texture Map을 선택한다.

그 결과 바로 Texture Map 프로퍼티 에디터기 열리게 된다.

3 Clip 아래에서 HAIR_MAP_tag를 선택하십시오. 이 클립에는 캐릭터의 헤어 길이를 자를 때 사용할 Map이 포함되어 있다.

4 UV Property 아래에서 hair_UV를 선택한다. 이때 헤어에는 클립의 RGB 값과 헤어 루트 위치의 관계를 정의하는 Texture Map이 포함되어 있다. RGB 값을 사용하여 그 값이 반영되도록 파라미터를 조절한다.

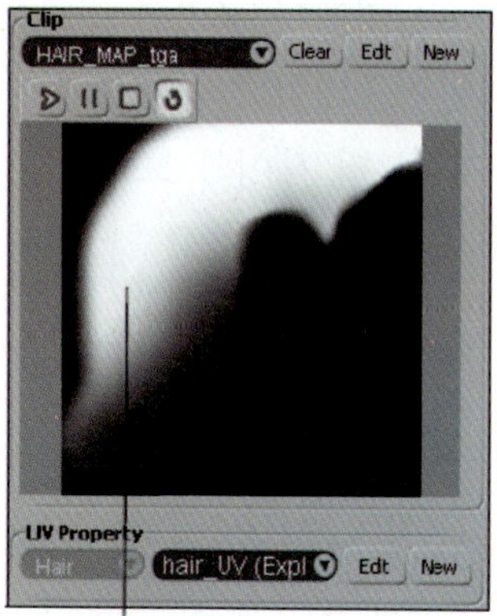

그림 8-91 Hair Texture Map

15. Texture Map을 이용하여 Parameter 값 조절하기

방금 만든 Texture Map을 사용하여 헤어의 길이를 조절한다.

1 헤어를 선택한 채 [Enter]키를 눌러 프로퍼티 에디터를 연다.

2 Display Type를 Render Hairs로 설정하여 다음 단계에서 효과를 확인한다.

3 Effects 탭에서 아래로 Scroll하여 Cut map 파리미터로 이동한다.

4 파라미터 오른쪽의 연결 아이콘을 클릭하고 Connect를 선택한다.

5 Pop up Explorer가 열리면 Texture_Map(직접 만든 Texture Map)을 선택한다.

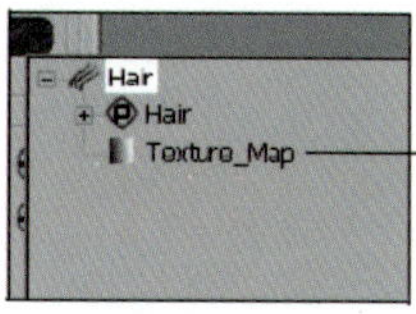

그림 8-92 Connect

캐릭터의 헤어가 목의 뒷부분(Texture Map이 보다 어두움)에서 보다 짧게 잘린 반면 다른 부분에서는 더욱 길다(Texture Map이 보다 밝음).

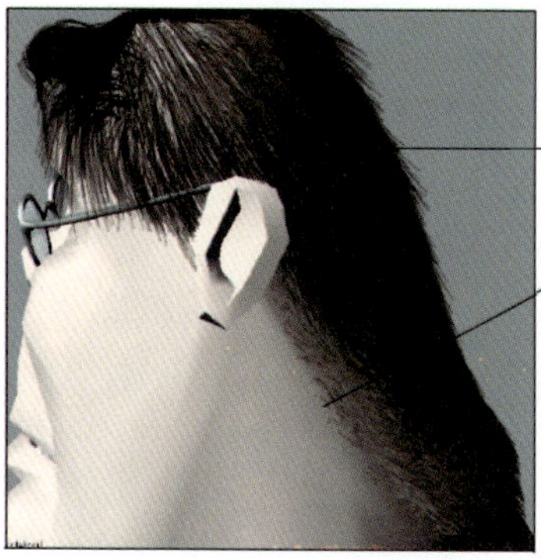

그림 8-93 결과확인

16. 헤어 모근에 가까운 Camera 만들기

이제까지 극히 소수의 Render 헤어만을 표시하였다. 스타일을 적용할 때는 좋지만 완성하기 위해 보다 가까이 보려면 정확한 프리뷰를 필요로 한다. 머리에 헤어가 자연스럽게 나타나기 위한 헤어의 개수를 파악하려면 헤어 루트의 오른쪽에 초점을 맞춘 특수한 카메라를 설정해주면 유용하다. 지금부터 헤어의 모근에 가깝게 카메라(Lice Cam)를 설치하는 환경을 제작하도록 한다.

1 Get 〉 Camera 〉 Wide Angle을 선택하여 Scene에 새로운 카메라를 추가시킨다. 카메라 프로퍼티 에디터에서 이름을 LICE_CAM으로 바꾼다.

2 Select 패널의 Selection 아이콘을 선택하여 LICE_CAM을 선택한 상태로 둔다(이미 카메라 Rig의 루트를 선택한 결과이다).

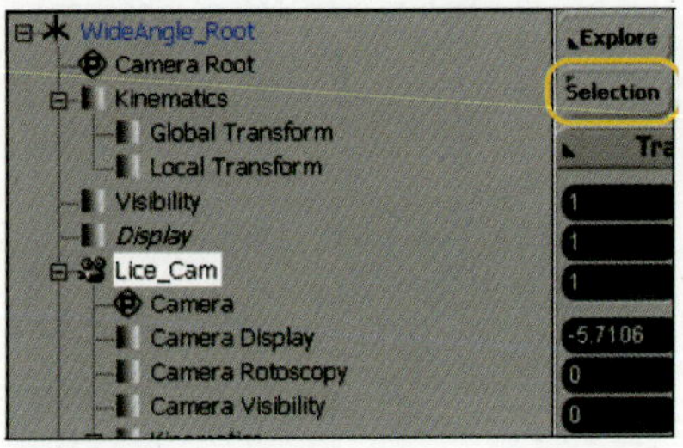

그림 8-94 Camera selection

3 Translate 툴을 활성화하고 View 조절 모드를 활성화한다.

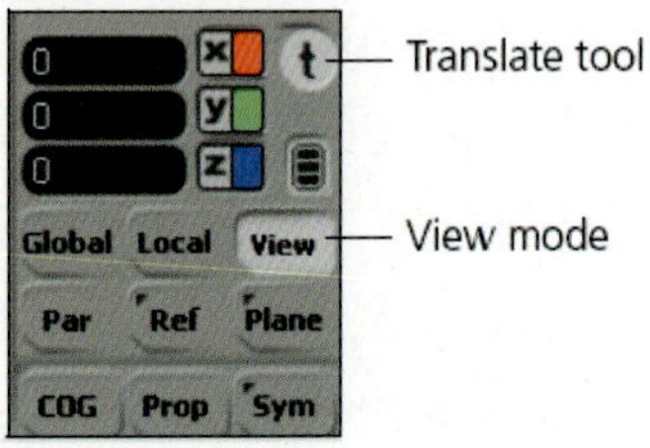

그림 8-95 Move Camera

4 Snap 포인트에 맞추기를 선택하고 대상이 다른 맞추기 버튼은 모두 비활성화한다.

그림 8-96 Snap

5 View port의 Show 메뉴(eye 아이콘)에서 카메라를 활성화하여 표시한다.

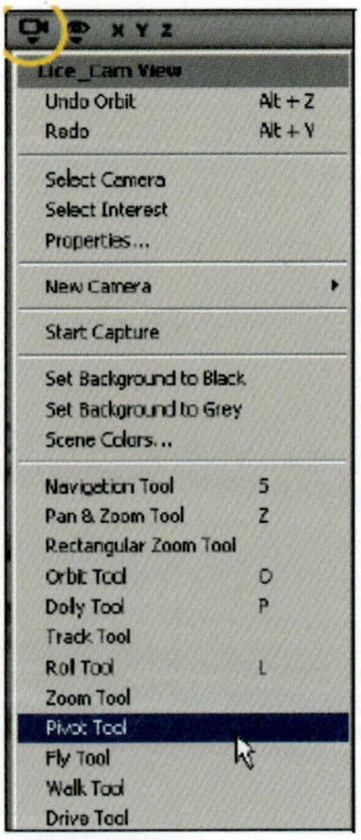

그림 8-97 Camera Icon

6 [Ctrl]키를 눌러 위로 올라간 앞머리 영역 (헤어가 보다 긴 곳)의 관점으로 카메라를 이동하는 동안 Snap 패널의 On 버튼을 선택하여 맞추기를 활성화시킨다.

7 View port의 Views 메뉴에서 Cameras 〉 LICE_CAM을 선택하여 View port를 LICE_CAM으로 전환한다.

8 [P]를 누르고 마우스를 drag하여 약간 이동(Object의 Zoom in-out)시킨다.

9 Camera 메뉴에서 Pivot Tool을 선택한 다음 마우스를 drag하여 헤어 루트 상에서 적당한 앵글을 얻을 때까지 약간 선회하도록 한다.

그림 8-98 Camera control

17. 헤어의 개수와 두께 설정

LICE_CAM을 제자리에 놓고 헤어의 개수와 두께를 결정하도록 한다. 이 작업에는 항상 균형이 필요하다. 즉 헤어가 너무 많으면 렌더링 시간이 매우 오래 걸리고 헤어를 두껍게 만들면 헤어의 개수가 매우 적게 나타나지만 너무 두꺼우면 서로 교차하여 부자연스러워 보인다.

1 View port에서 HAIR_CAM과 LICE_CAM을 나란히 볼 수 있도록 배열시킨다. 전체적인 모양과 함께 클로즈업된 모양을 볼 수 있다.

2 두 카메라를 모두 Shaded 모드로 설정한다. 다른 View port의 Show 메뉴에서 Hair를 꺼짐으로 toggle하여 상호 작용의 속도를 빠르도록 만든다.

3 헤어의 프로퍼티 에디터에서 Render hair %를 100으로 설정한다. 그 결과 Total Hairs의 값, 헤어의 총 개수(기본 값은 6500)가 나타난다.

4 캐릭터의 머리숱이 적어 보이므로 Total hairs를 "20000"으로 늘리도록 한다. 사실 이 수치도 사람의 평균적인 머리카락의 수에는 턱없이 부족하지만 다음 단계에서 두께를 늘리는 기능을 사용하여 이를 보완할 수 있도록 한다.

5 Hair 프로퍼티 에디터의 Effects 탭에서 Root Thickness를 "2"로, Tip Thickness를 "0.2"로 늘린다. 원하는 결과가 나올 때까지 Thickness와 Total hairs의 파라미터를 조절한다.

Total hairs를 너무 많이 늘리지 않도록 한다. 씬 렌더링 시간이 오래 걸릴 수 있기 때문이다.

6 헤어의 프로퍼티 에디터에서 Render hair %를 다시 10%로 설정하고 Brush 툴을 활용하여 Hair의 모양을 좀 더 구체적으로 다듬어 주도록 한다.

7 Head Object를 선택하고 Get 〉 Property 〉 Geometry Approximation 명령을 선택하여 Geometry Approximation 속성 창을 연다. Poly mesh 페이지에서 Subdivision tab에서 Open GL Level과 Render Level을 각각 "1"로 증가시켜준다. 이 기능은 Head Object(또는 Head Geometry)와 Hair 사이의 빈 공간을 최소화시켜 주는 기능을 한다.

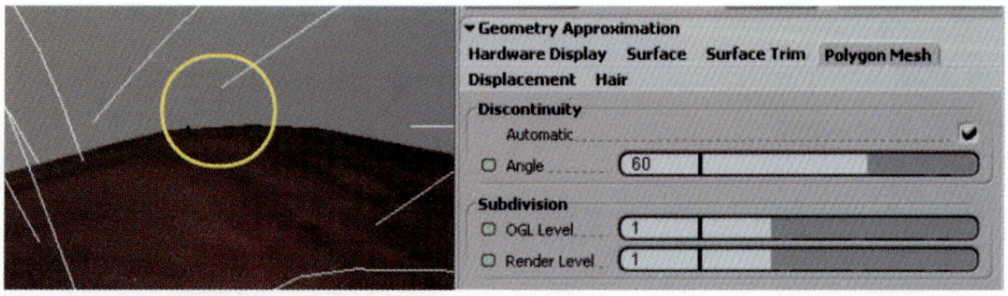

그림 8-99 Subdivision Hair

8 Explorer 창에서 헤어 Hair 아래 구조에 있는 Hair Generator Operator의 Option 창을 열고 Emitter Subdivision Level을 "1"지정해준다. 이는 Head Object의 Geometry Approximation의 수치와 동일한 값이다.

불필요한 헤어의 수를 줄이는 한 가지 트릭은 두피의 Polygon에 헤어와 동일한 색상의 Material이나 Texture 이미지를 적용하는 것이다.

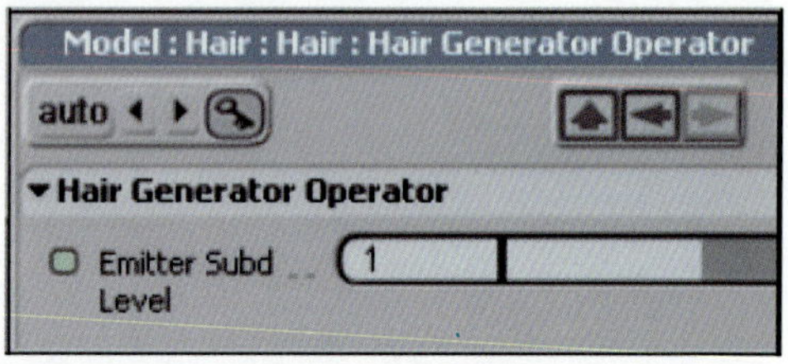

그림 8-100 Hair Approximation

이 방식에서는 피부 색상이 나타나지 않는다. Render Map 기능을 사용하여 필요한 Texture를 만들 수 있다.

18. 헤어 렌더링하기

이제 캐릭터의 헤어를 렌더링한다.

1 헤어를 선택한 상태에서 [7]을 눌러 Render Tree 창을 연다. Hair Render Shader의 노드를 펼친다.

2 Nodes 〉 Texture 〉 Image를 선택하여 이미지 노드를 가져온다.

3 Image 노드의 출력(오른쪽에 위치한 원)을 Hair_Renderer 노드의 Diffuse Root, Diffuse Tip A, Diffuse Tip B 입력 Icon에 각각 연결한다.

4 이미지 노드의 프로퍼티 에디터를 열고 (노드 더블클릭) New 〉 New From File를 선택하여 미리 준비한 HAIR_MAP_color_jpg를 불러온다.

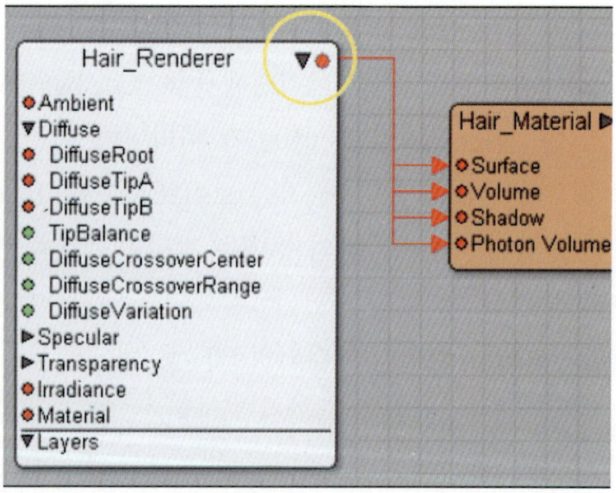

그림 8-101 Hair Render Shader

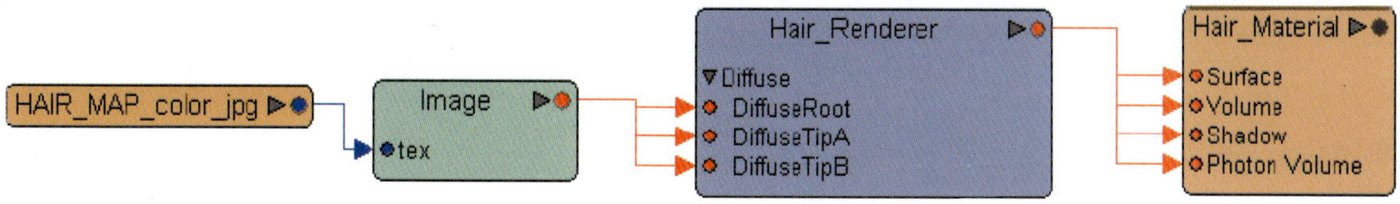

그림 8-102 Image 노드

5 Hair_UV(Explicit UVWs) Texture Projection을 선택한다. HAIR_MAP_color_jpg Texture는 캐릭터의 헤어 색상의 세 가지 주요 요소를 조절한다. Render Region을 통해 결과를 확인해 보도록 한다.

이때 Diffuse TipA와 Diffuse TipB 파라미터를 사용하면 헤어 색상에 약간의 변화를 줄 수 있다.

6 Node 〉 Image Processing 〉 Color Correction을 선택한다.

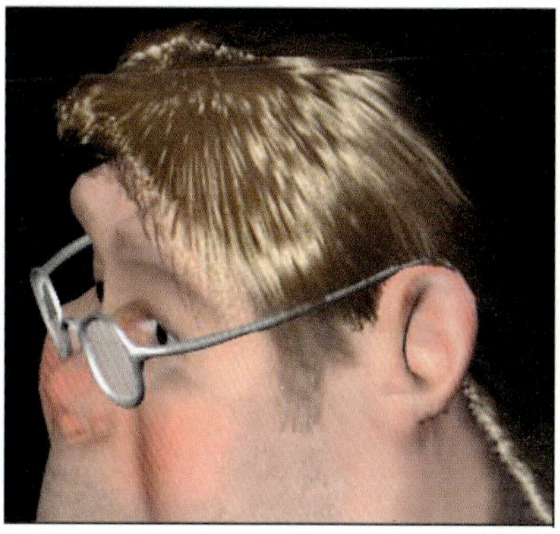

그림 8-103 Diffuse TipA와 TipB 파라미터 활용

7 Image 노드를 Color Correction의 입력에 연결한 다음 Color Correction 노드를 Hair Renderer의 Diffuse Tip B에 연결시킨다.

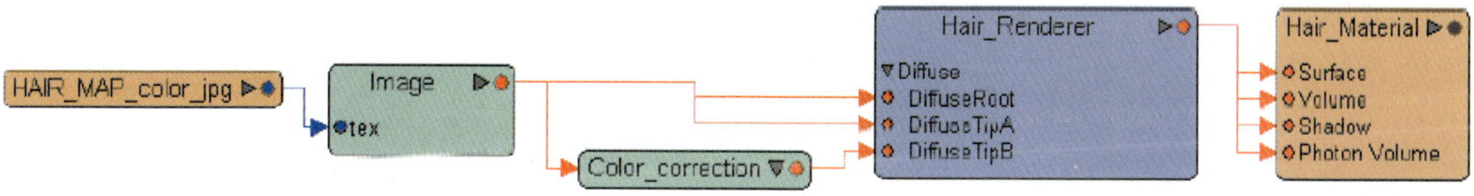

그림 8-104 Color Correction

8 Color Correction 프로퍼티 에디터를 열고 Gamma를 "0.3"으로 설정한다. 값을 1.0보다 작게 설정하면 이미지가 어두워진다.

9 Hair Renderer 프로퍼티 에디터를 연다.

10 Specular Color를 갈색으로 설정하고 Specular Decay를 "100"으로 늘리도록 한다. 그 결과를 확인한다.

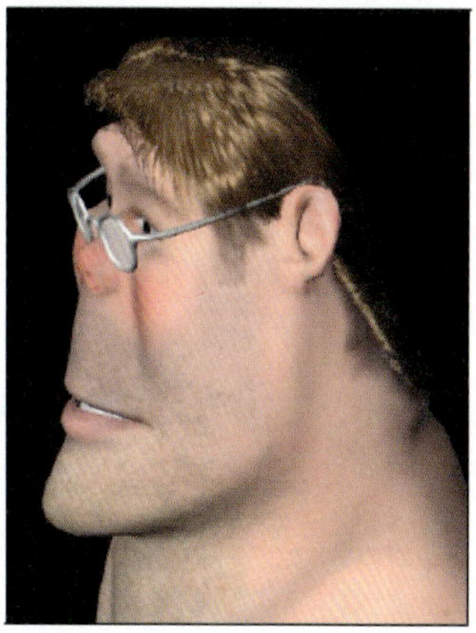

그림 8-105 Gamma & Specular Decay

19. 마지막 손질

Hair Renderer 프로퍼티 에디터의 Transparency 탭에서 Root의 투명도를 "0.7"로 늘린다. 루트에서 투명도를 늘리면 보다 부드럽게 Blend된다.

Render Settings 탭에서 Diffuse Model을 Long hair로 설정한다. 확산 Lighting을 계산할 때 Long Hair는 Normal의 방향이 라이트를 향한다고 인식한다.

Short Hair는 Normal의 방향이 헤어 루트에 수직이라고 인식한다.

Normal Blend를 "0.75"로 늘린다. Diffuse Model이 정의하는 Normal의 방향을 밑에 있는 Geometry의 실제 Normal과 Blend하여 보다 사실적인 결과를 만든다.

20. 헤어가 움직이도록 Dynamic 시뮬레이션 추가하기

헤어를 렌더링하기 전 헤어에 Dynamic 시뮬레이션을 추가하여 머리카락에 애니메이션을 추가하면 캐릭터의 머리가 움직일 때 현실감 있게 움직일 수 있다.

Hair 프로퍼티 에디터의 Effects 탭에 있는 Wiggle 파라미터를 사용하면 캐릭터가 산들바람을 마주한 것처럼 헤어에 임의적인 움직임을 약간 추가할 수 있지만 여기서는 헤어가 캐릭터의 움직임(예를 들어 걷는 동작)에 반응하도록 해야 하므로 Wiggle 파라미터는 적절하지 않다.

1 헤어를 선택한 채 Edit 패널에서 Freeze를 선택한다. 헤어를 프리즈하면 적용한 모든 오퍼레이터(Scale, Comb, Puff, Clump, Rotate)가 삭제될 뿐만 아니라 Dynamic 시뮬레이션에 대한 휴식 상태 또한 자동 설정된다. 휴식 상태란 헤어에 작용하는 힘이 없거나 Stiffness가 "1.0"으로 설정된 경우의 헤어 상태이다.

2 헤어 패널의 Create 〉 Dynamics를 선택한다. Hair Dynamics 오퍼레이터가 적용되고 프로퍼티 에디터가 열린다. 모든 값을 기본 값으로 두도록 한다.

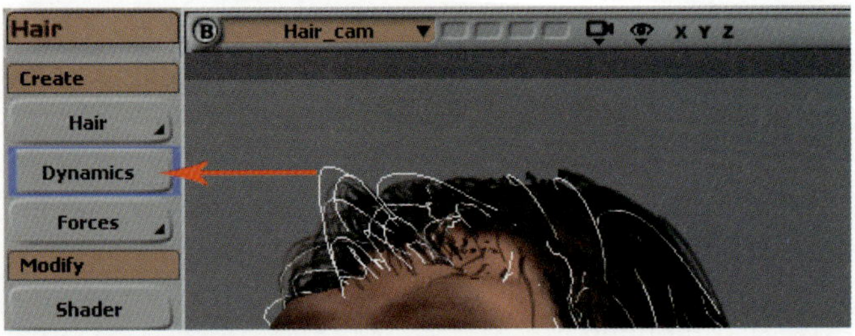

그림 8-106 Dynamics

Cache Mode 는 기본적으로 Live(w/o cache)로 설정되어 있다. 이 모드에서 시뮬레이션은 이전 프레임에 기준하여 계속 갱신된다. 이는 애니메이션을 재생하는 동안 파라미터를 조절하는 데 유용하다.

수정한 즉시 결과를 볼 수 있다. 하지만 같은 프레임을 다시 재생할 때 결과가 다를 수 있다. 그러므로 Dynamic 시뮬레이션 설정에 만족한 이후에 Cache Mode를 Read & Write로 설정하여 일관적인 결과를 얻도록 한다.

머리를 장애물로 설정하기 전에 먼저 collision 타입을 설정하도록 한다.

3 헤어 프로퍼티 에디터의 General 탭에서 Collision Type를 Exact(slow)로 설정한다.

여기에서 Average Sphere(fast) 선택은 바람직하지 않다. 손이 머리와 같은 Object의 일부이기 때문이다. Average sphere는 손도 고려하기 때문에 헤어와 머리의 충돌시점을 결정할 만큼 정확한 값이 나오지 않는다.

4 헤어가 선택된 상태에서 Modify > Environment > Set Obstacle을 선택하고 머리 Object를 선택한다. 헤어에 대한 장애물로 머리가 설정되어서 시뮬레이션 동안 헤어는 머리의 Geometry를 관통하지 못한다.

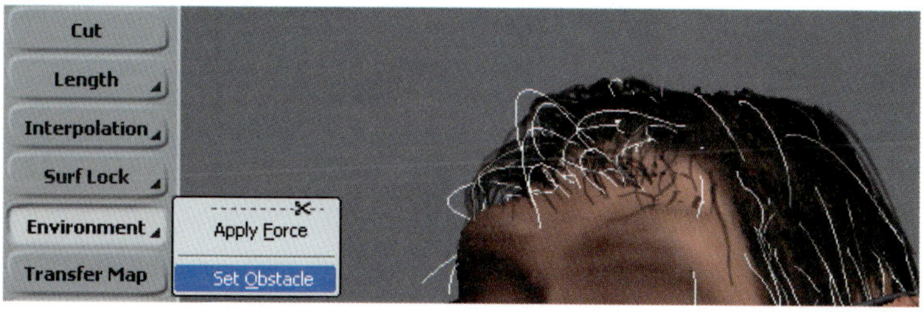

그림 8-107 Set Obstacle

5 Hair 프로퍼티 에디터를 열고 Display type를 다시 Guide Hairs로 설정한다. Dynamic 시뮬레이션 계산시 상호 작용의 속도가 빨라진다.

6 헤어를 선택한 채 Create > Force > Gravity를 선택한다. 중력 조절 Object가 Scene에 생성되고 중력 값이 헤어에 적용된다.

7 애니메이션을 재생하면 헤어가 지나치게 흐느적거리는 현상을 경험할 수 있다.

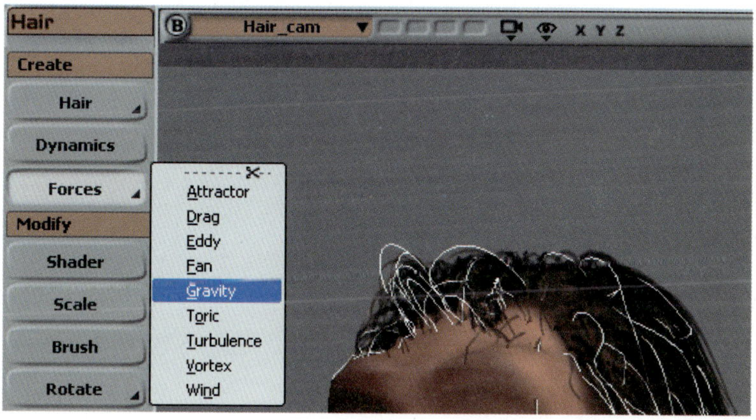

그림 8-108 Apply Gravity

8 Hair 프로퍼티 에디터의 Dynamics 탭에서 Stiffness를 "0.95"로 늘려서 헤어의 움직임이 진정된 것을 살펴본다.

① Stiffness : 머리카락의 뻣뻣함 정도를 말한다. 수치 값이 낮을수록 뻣뻣함이 적다.

② wiggle : 머리카락을 가볍게 흔들리게 하는 미풍(breeze) 정도의 힘을 말한다.

③ Amplitude : 미풍을 조절하는 힘이고 Speed-미풍의 속도이다.

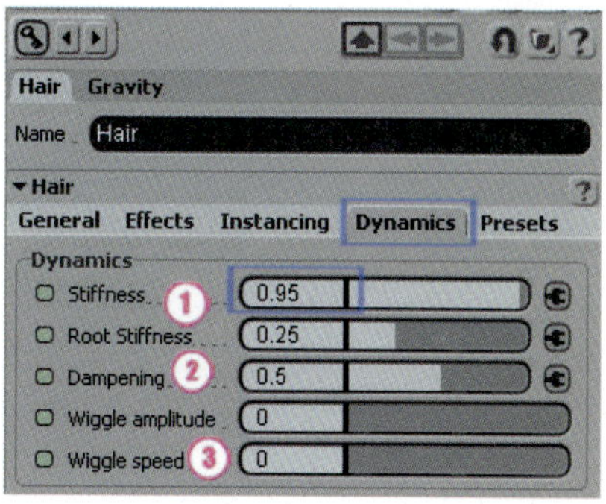

그림 8-109 Dynamics

계속해서 헤어스타일을 조정하고자 한다면 헤어 패널 밑에 위치한 display 〉 style 버튼을 선택한다. 이때 Dynamic 시뮬레이션을 잠시 꺼준다. 이것은 마치 dynamics 옵션에서 mute시키는 것과 같다(Dynamic이 활성화된 상태에서는 헤어 형태를 조절할 수 없다.). 이 작업을 마친 후, 헤어를 프리즈하고 나서 Style 버튼을 다시 선택하여 Dynamic 오퍼레이터를 재활성화시킨다.

9 Camera View로 Scene을 렌더링하고 Flip Book에서 Sequence를 재생한다.

21. Tip for rendering hair

(1) 헤어 그림자

헤어 역시 Lighting을 이용하여 그림자를 생성시킬 수 있다.

(2) 헤어 Motion Blur

헤어에 Motion Blur를 적용하기 위해서는 렌더링 옵션 중 deformation blur 옵션을 체크하여야 정확한 모션을 얻을 수 있다. 만약 Dynamic이 적용된 헤어에 motion blur를 사용할 경우는 Dynamic property(속성) 중 read &write 또는 read를 체크해야 한다.

(3) field rendering

Dynamic이 적용된 헤어를 Filter Rendering을 할 경우 역시 위와 같이 read &write 또는 read를 체크해야 한다.

22. 최상의 헤어 렌더링을 위한 고려사항

1 최종 렌더링시 헤어의 Segment를 "50" 이상으로 한다.

2 "0.2"정도의 투명도를 가진 hair strands(즉 total hair value)가 많을수록 보다 정확한 헤어와 Shadow를 렌더링한다.

3 Ambient/diffuse mix에서 Ambient가 우세한 것이 좋다(적절 수치 값 0.2).

4 Specular value는 어두운 헤어에 대해서는 높게 밝은 헤어는 낮게 잡는 것이 좋다.

23. 결 론

SOFTIMAGE에서는 길고 짧은 헤어를 만들고, 모양을 설정하고 Rendering할 수 있는 강력한 툴을 제공한다. 여기에서 다루지 않은 재미있는 테크닉 중 하나로는 Dynamic을 스타일 적용 도구로 사용하는 것이다. 예를 들어 Dynamic과 중력을 적용하면 헤어가 장애물 위에 드리워진 다음 헤어를 Freeze할 수 있다. Dynamic 오퍼레이터가 삭제되고 현재 모양이 새로운 Freeze 상태가 된다.

8-1-4 Hair 제작실습 2

1. Hair Setting

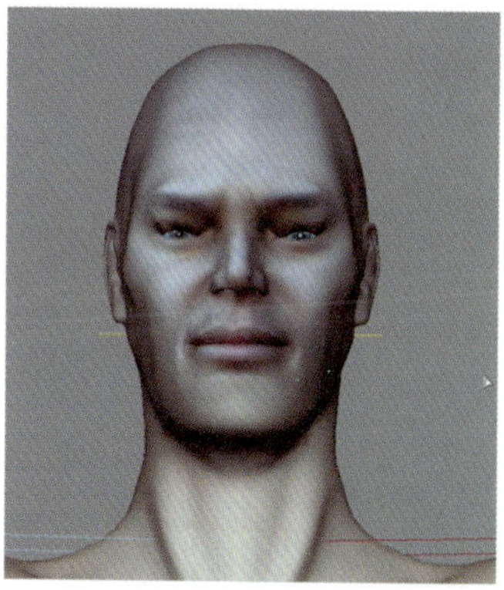

그림 8-110 Character Man data

1 모델링 데이터 꺼내기 : Get 〉 Primitive 〉 Character Man data를 꺼낸다.

2 캐릭터 모델링 형태 변형시키기 : 캐릭터의 얼굴의 형태를 maker parameter를 이용하여 캐릭터 성격이 나타나는 형태로 변경을 한다.

3 캐릭터 얼굴의 머리 부분에서 머리카락을 만들고 싶은 영역의 Polygon 선택하기. 선택된 영역을 Cluster로 지정해 두면 향후에 계속해서 Hair 영역을 선택할 경우가 많아지는데 보다 효율적으로 사용할 수 있다.

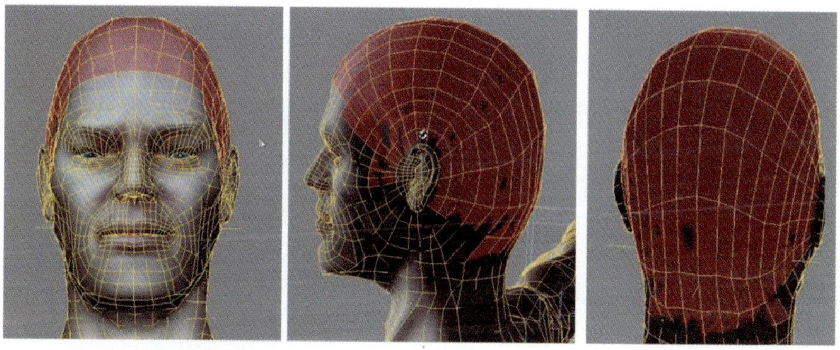

그림 8-111 헤어 영역 선택

4 선택한 Hair 영역 Polygon 추출하기 : Hair 영역으로 사용하기 위해 선택한 Polygon 영역을 하나의 독립된 개체 Object로 만들기 위해 추출한다. Hair Polygon Cluster를 선택한 후 Model 〉 Create 〉 Poly. mesh 〉 Extract Polygon(Keep) 명령을 실행한다.

① 독립된 형태의 Object는 기존의 Data에서 추출된 데이터로 기존의 데이터가 애니메이션이 되어 있는 경우나 Envelope되어 Weight 값이 있는 경우 그 속성을 그대로 가져온다.

② Freeze를 하게 되면 그러한 모든 종속 속성이 사라지게 된다.

③ 독립된 Object이므로 Shade나 Texture 작업을 따로 할 수 있는 장점이 있다.

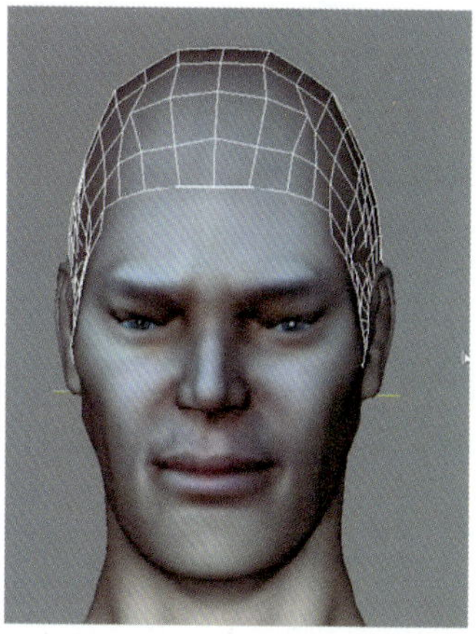

그림 8-112 Extract Polygon(Keep)

5 Polygon Reduction : 선택한 Hair 영역의 Object를 Reduction하며 Polygon 수를 조절한다. Model > Modify > Poly. mesh > Polygon Reduction 명령을 실행한다.

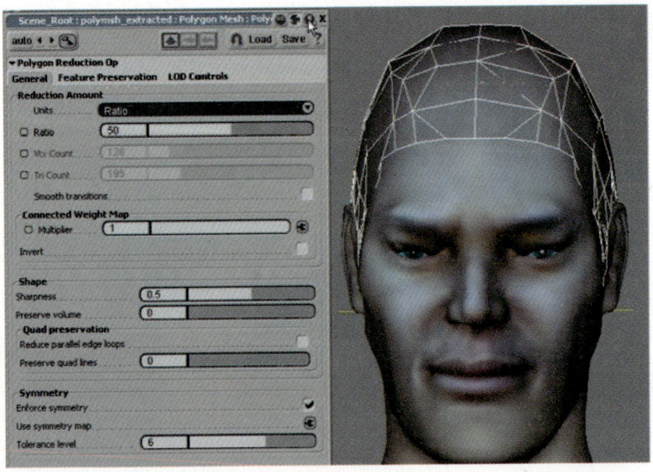

그림 8-113 Polygon Reduction 명령

6 Polygon 면의 수를 조절한다. Quad preservation > Preserve quad lines의 수치를 "1"로 올린다.

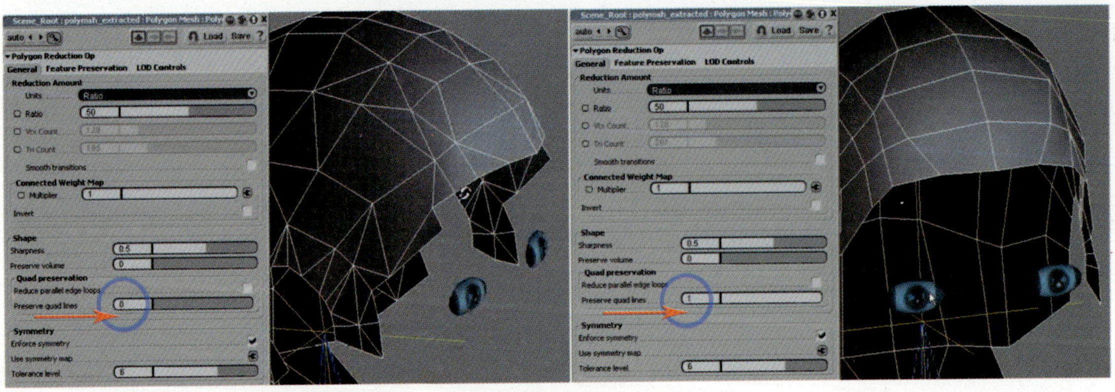

그림 8-114 Preserve quad lines의 수치를 "1"

7 Symmetry Map 적용 : Hair Object가 선택된 상태에서 Get > Property > Symmetry Map 기능을 적용한다.

8 Poly Reduction 속성 창에서 Symmetry 기능을 연계시킨다. 먼저 Polygon Reduction 명령 속성 창을 열고 General tab에서 Symmetry tab의 Use symmetry map의 connection Icon을 선택하여 Connect 모드로 전환한 다음 Cluster의 Symmetry map과 연결시킨다.

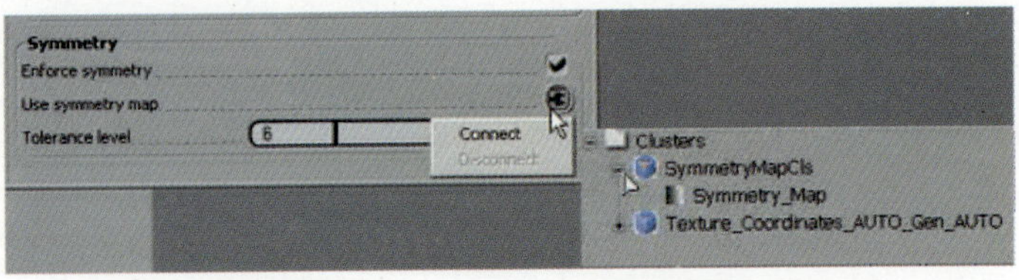

그림 8-115 Connect

9 Hair 생성 : 머리카락 영역의 Polygon 선택된 상태에서 Hair 모드[Ctrl+2]에서 Hair 〉 Make from Selection 명령을 실행한다. Hair는 Object의 각 Point에 대하여 Normal 방향을 기준으로 생성된다.

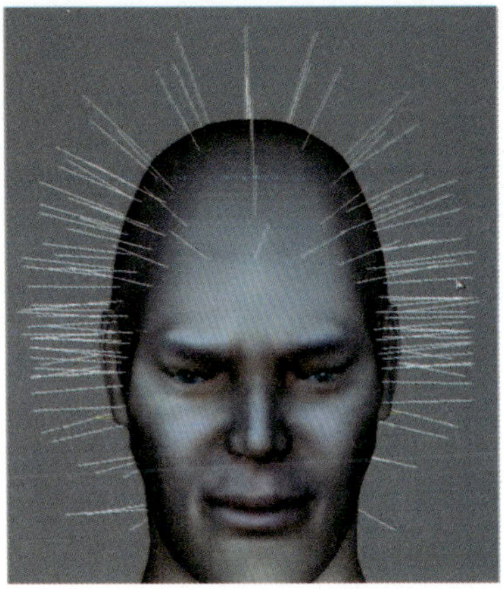

그림 8-116 Hair 생성

10 Render Hair 옵션 조절하기 : Hair 툴 바에서 Display 〉 Render Hair 옵션을 활성화하여 Render Hair 모드로 전환한 다음 Render % 수치를 조절하여 실제 Rendering되어질 상황에서의 Hair 상태를 확인한다.

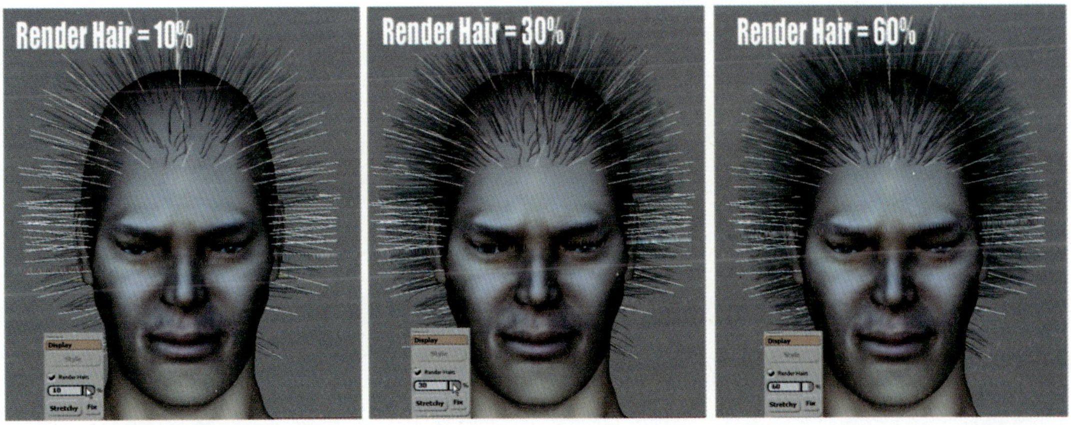

그림 8-117 Hair Type 모드

11 Hair Scale하기 : 기본적으로 Render Hair를 10%로 지정해주고 Modify 〉 Scale 명령을 선택한 후 마우스를 작업 창에 클릭+Drag하여 Hair의 사이즈를 확대시킨다.

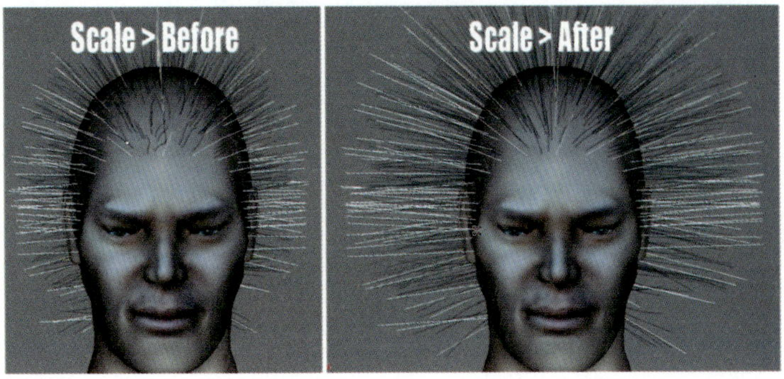

그림 8-118 Hair Scale

12 Hair 영역에 Weight Map 적용하기 : Hair Object를 선택한 상태에서 Property 〉 Weight Map 기능을 적용한다. 그리고 Hair를 선택하고 Modify 〉 Transfer Map 기능을 적용한다. 적용 후 Pick 모드로 전환되면 Explorer 창에서 Hair Object의 Cluster내에 포함되어 있는 Weight Map Cls 내에 Weight Map 기능을 선택한다.

13 Hair 속성 창에서 Cut Map 연결 아이콘에 Weight Map을 적용한다. Weight Map의 기능을 활용하여 Hair의 Cut 기능을 사용하고자 함이다. 즉 Weight Map Brush의 크기와 강도를 이용하여 Hair를 Cutting 하고자 한다.

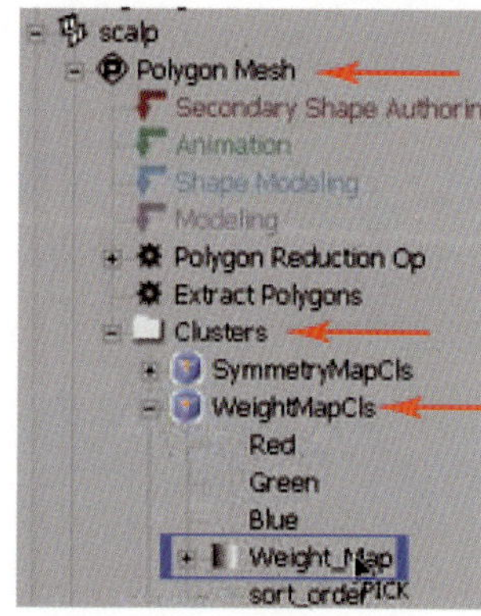

그림 8-119 Transfer Map

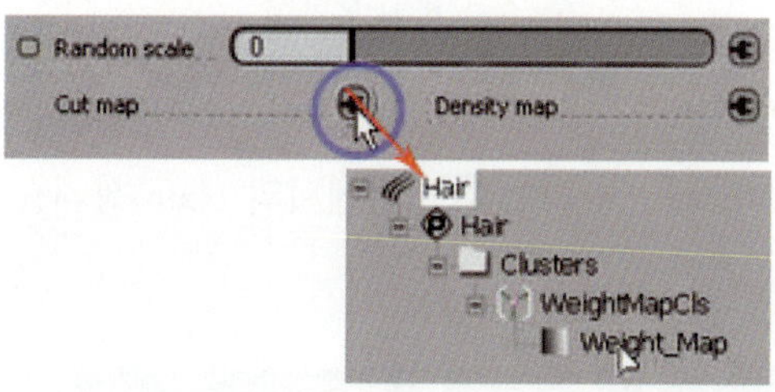

그림 8-120 Hair Cutting

14 Weight Map Brush 적용 : Hair Object를 선택하고 Weight Map Brush를 불러내기 위해 단축키 [W]를 누른다. Weight Map Brush가 나타나면 영역(크기)을 조절하여 Hair Object에 칠하여 Weight Map을 적용한다.

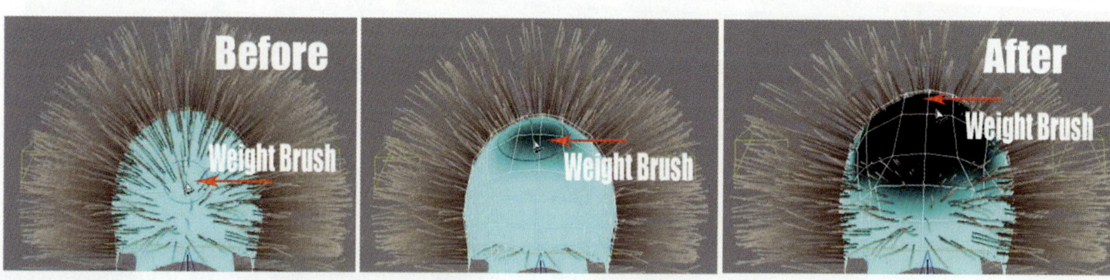

그림 8-121 Weight Map Brush

15 Cut Hair Weight Brush를 사용한 결과를 확인한다. Cut Hair Weight Brush를 적용한 영역에는 Hair가 Cutting되어 있음을 확인할 수 있다.

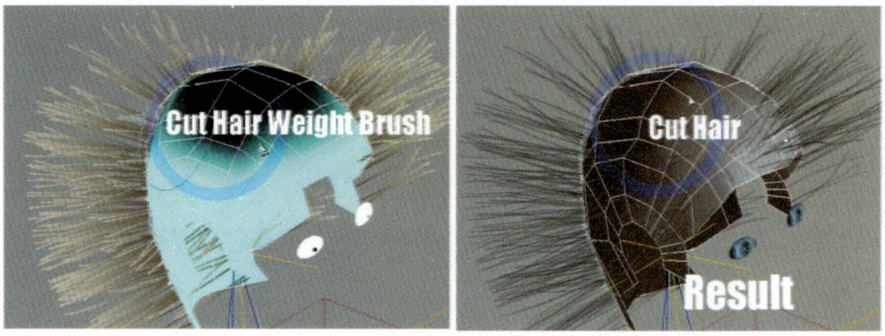

그림 8-122 Cut Hair Weight Brush

16 Hair Cut Weight Brush를 사용하여 불필요한 영역의 Hair를 Cutting시키도록 한다. Hair를 초기 원상태로 복원시키고(Weight map을 반대로 적용-단축키[Alt]), Transform 〉 Symmetry 모드로 전환하여 좌/우 대칭 작업이 될 수 있도록 한다.

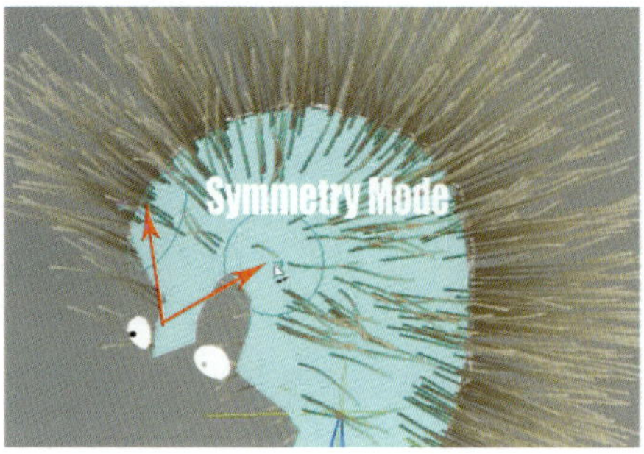

그림 8-123 Symmetry 모드

17 첫 번째 영역은 이마의 앞부분으로 Hair를 Cutting하여 크기를 작게 만들어 준다. 그리고 귀밑부분과 머리 뒤통수의 목과 연결되는 영역에도 Cut Hair 기능을 적용시키도록 한다.

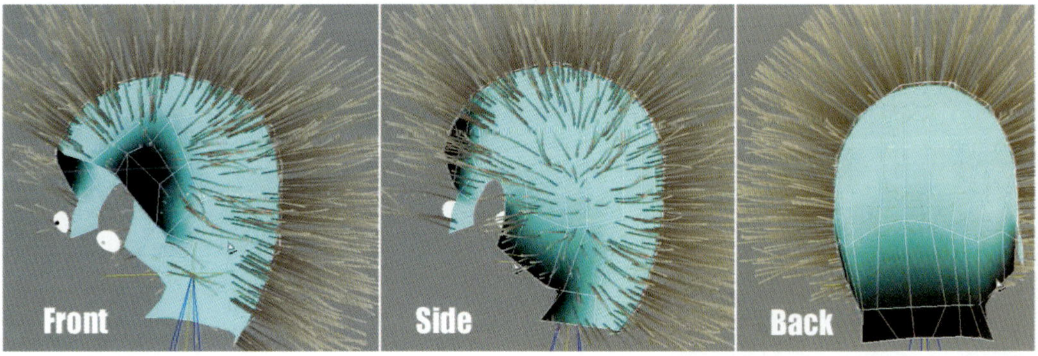

그림 8-124 Cut Hair

18 Density map 기능에도 Cut map과 동일하게 Weight Map 기능을 연계시킨다.

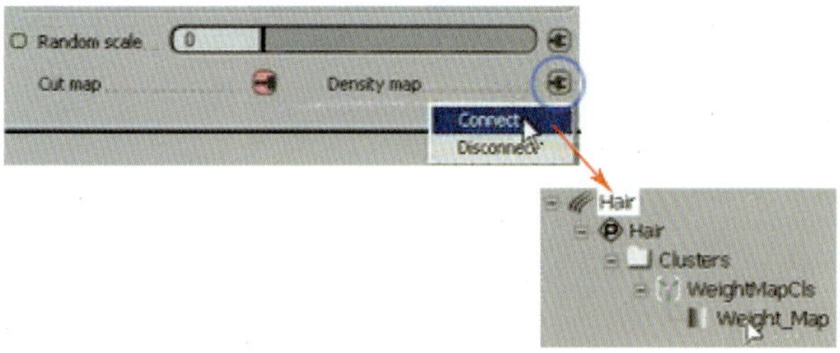

그림 8-125 Density map의 Weight Map 적용

2. Hair Tune

1 Combing : Hair의 모양을 Comb하기 전에 Hair Polygon을 Hide[H]시킨다. 그리고 Hair Object를 선택하고 Hair 〉 Modify 〉 Comb 〉 Along Negative Z Axis 명령을 실행한다.

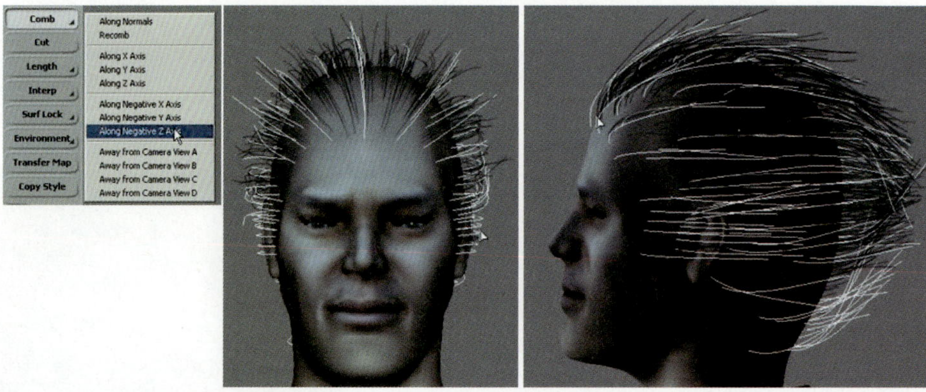

그림 8-126 Along Negative Z Axis

또는 Away from Camera View B를 선택하여 지정해준다.

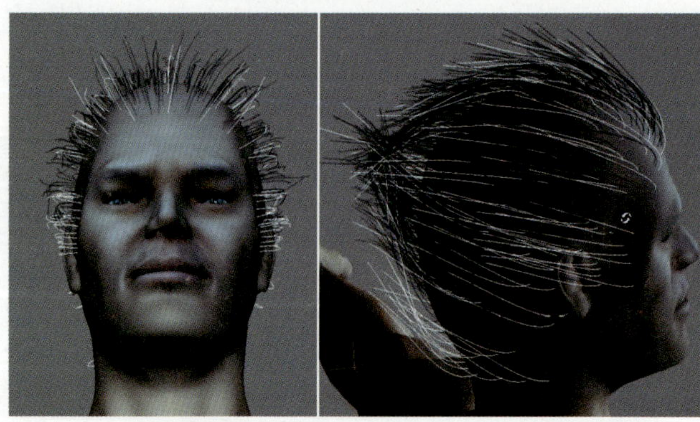

그림 8-127 Away from Camera View B

2 Render 결과를 확인한다.

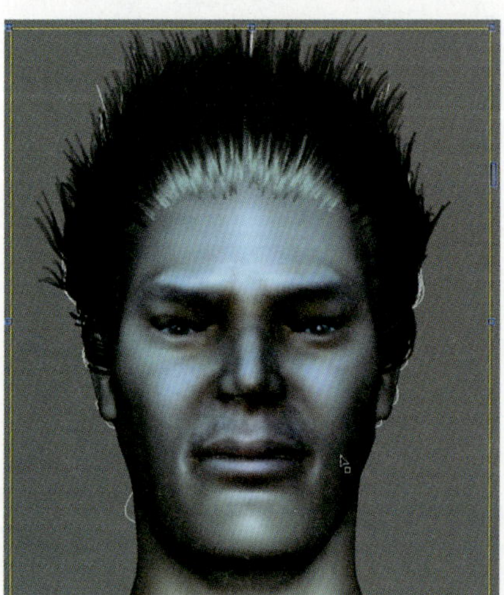

그림 8-128 결과 이미지

3 Hair의 모양을 Tune(편집)하기 전에 Hair의 기본적으로 적용된 Default 값에 대해 먼저 변경을 한다. Hair 속성창을 열고 Effects tab에서 Frizz와 Kink의 수치를 각각 "0"으로 맞추도록 한다. Frizz(Hair 각 개체의 뿌리 부분)와 Kink(Hair 각 개체의 끝부분)는 Hair의 전반적인 Tuning 작업이 끝나갈 무렵 다시 적용하도록 한다.

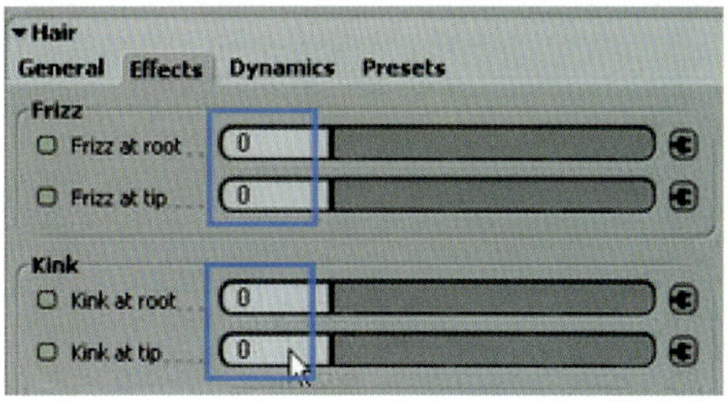

그림 8-129 Frizz와 Kink의 수치 조절

4 Thickness는 Hair의 굵기를 조정하는 곳으로 역시 Root 부분의 굵기와 Tip 부분의 굵기를 별도로 설정할 수 있다. Random scale는 그렇게 설정된 값의 변화를 Random하게 줄 수 있는 기능이다. Cut Map은 Hair가 나온 Polygon Cluster에 Weight Map을 만들어 Cut Map과 연계시키게 되면 Weight의 밝은 부분은 Hair가 길게, Weight의 어두운 부분은 Hair의 길이가 짧아지게 만들 수 있다. Density map은 Cut Map과 마찬가지로 Weight map과 연계시켜 Weight의 밝은 부분은 Hair의 개체가 밀집되게 되고, Weight의 어두운 부분은 Hair의 개수가 빈약하게 만들어진다.

5 Dynamic tab에서 Hair 각각의 개체의 딱딱함과 물기에 젖은 정도, 구불거리는 그 한 단계의 폭을 설정할 수 있다. Stiffness는 전체적인 Hair의 딱딱함을 설정하는 것으로 바람이 부는 효과에서 이 수치가 높으면 마치 머리에 무스를 바른 것처럼 움직이지 않게 된다. 그리고 Root Stiffness는 Hair의 개체 뿌리 부분만 별도로 딱딱함을 설정하는 것으로 이것은 실제 머리카락의 뿌리 부분과 끝부분이 그 단단함이 다르기 때문이다. 그리고 Dampening은 물기에 젖은 정도를 표현하는 것으로 축 늘어지는 현상을 수치를 올려주면 만들 수 있다. 마지막으로 Wiggle amplitude는 구불거리는 폭의 범위를 설정하게 된다.

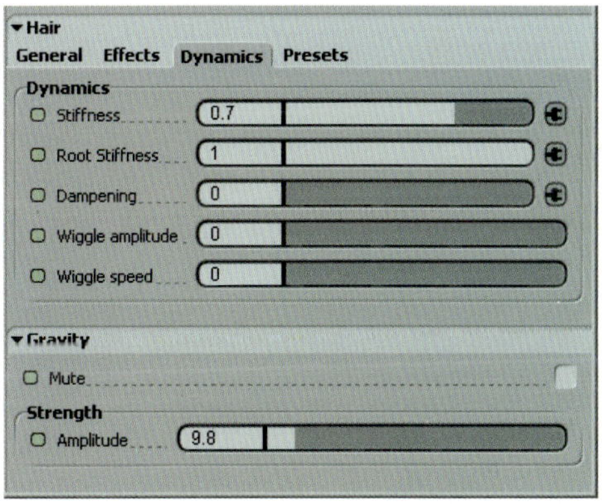

그림 8-130 Dynamic tab

6 Recomb : 임의의 방향으로 Comb(빗어 넘기기) 작업을 마친 경우라도 일정 영역에 대해 다시 한번 Comb 기능을 적용할 수 있다. 이 경우 좀 더 Comb 기능이 적용되어 보다 선택한 영역에 대해 빗어 넘기는 효과가 크기와 방향을 원하는 데로 변경이 가능하다. 먼저 Recomb 기능을 수행할 영역을 Strand 선택 모드로 선택한 후 Hair 〉 Modify 〉 Comb 〉 Recomb 기능을 적용한다.

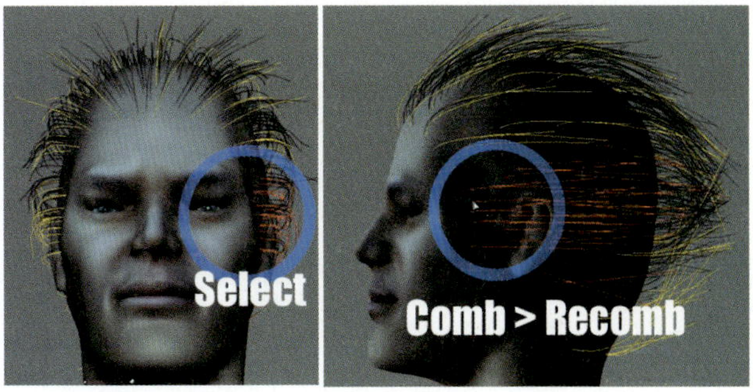

그림 8-131 Recomb

7 최종적으로 사용할 Hair의 방향을 설정하고 Comb 기능을 다시 적용한다. 여기서는 Hair 〉 Modify 〉 Comb 〉 Along Negative Z Axis 명령을 실행한다.

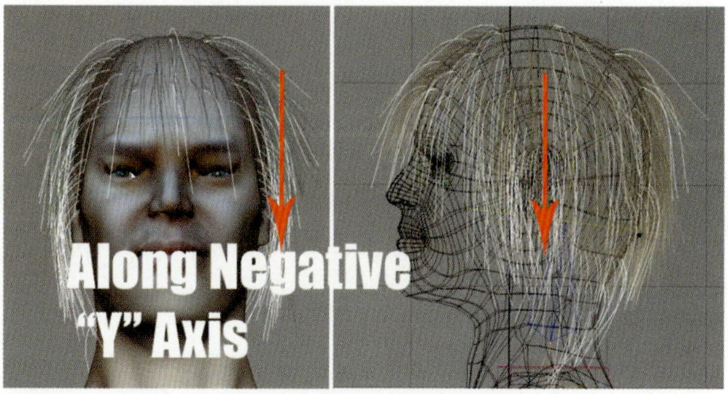

그림 8-132 Along Negative Z Axis

8 Hair Styling 작업–Back Hair Scale : 머리 뒷부분의 일부 Hair를 선택하고 Hair 〉 Modify 〉 Scale 명령을 선택한 후 원하는 크기만큼 Scale 작업을 한다. Select에서 Strands 모드로 전환하여 변형을 하고자 하는 Strand를 선택하고 Modify 〉 Scale 기능으로 줄이거나 늘린다.

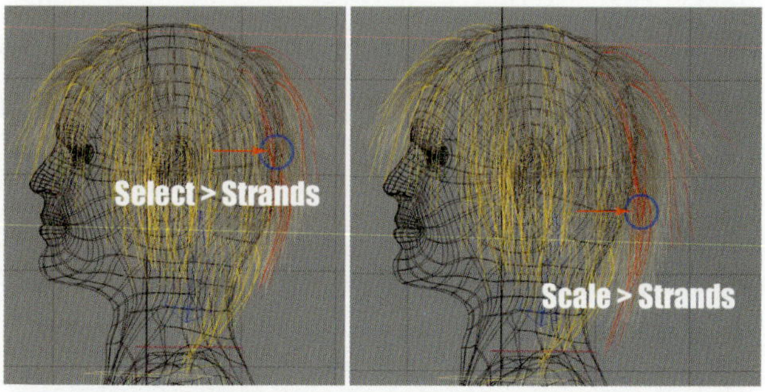

그림 8-133 Hair Styling 1

9 Hair Styling 작업–Front Hair Scale : 머리 앞부분의 Strands를 선택하고 Modify 〉 Scale 기능을 실행한 후 선택한 Hair를 늘리도록 한다.

10 목의 뒷부분 Hair Styling 작업 : 목의 뒷부분의 목을 둘러싼 Hair는 선택 후 바로 줄여준다. Strands를 선택하고 Modify 〉 Scale 기능을 실행한 후 선택한 Hair를 줄이도록 한다.

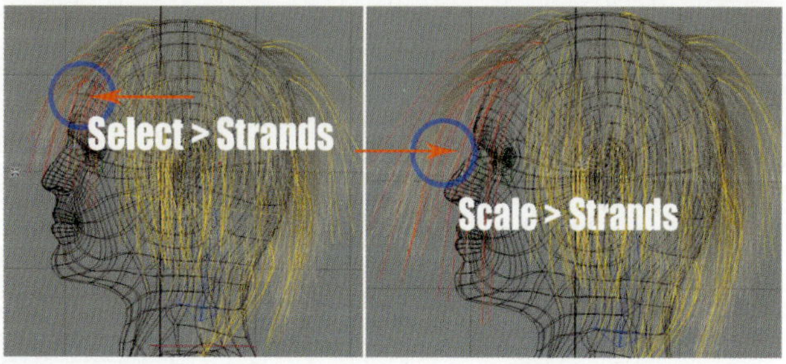

그림 8-134 Hair Styling 2

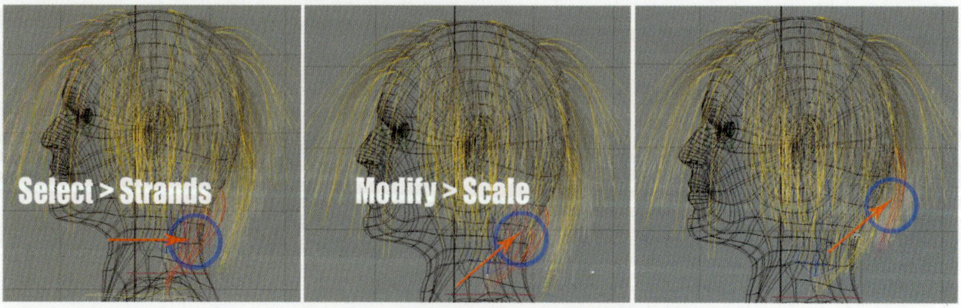

그림 8-135 Hair Styling 3

11 앞머리 Styling 작업 : Select 〉 Tip : 앞머리의 Tip을 선택해서 머리 위로 이동을 시킨다.

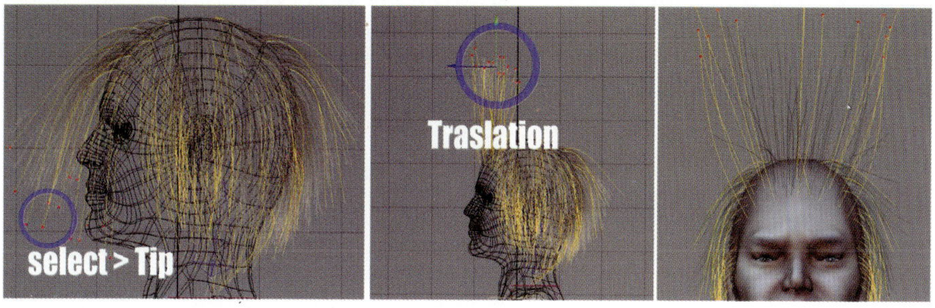

그림 8-136 Hair Styling 4

12 왼쪽 Hire Styling 작업 : Select 〉 Strands－위로 올려진 머리카락 가운데 왼쪽에 있는 Strand group을 선택한다. 선택된 Strands에 대해 Tip 모드로 전환하여 Tip을 선택한다.

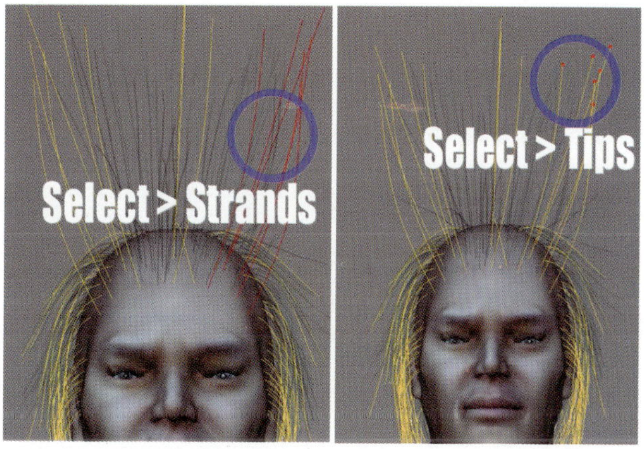

그림 8-137 Hair Styling 5

13 Modify 〉 Clump 기능을 실행하고 마우스 가운데 버튼을 이용하여 선택된 Tip들을 한 곳으로 모은다.

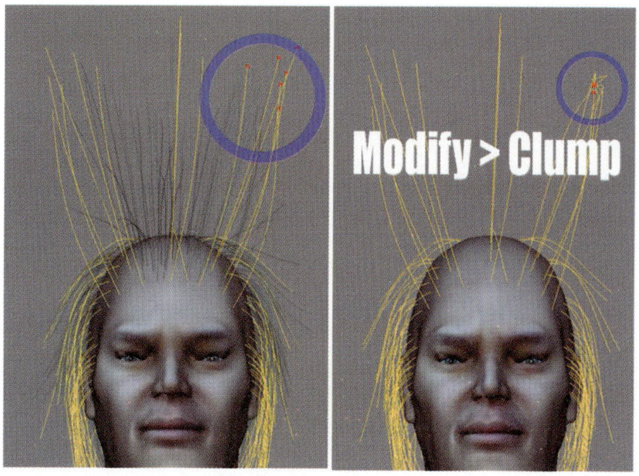

그림 8-138 Hair Styling 6

14 모아진 Tip의 Strands를 다시 선택하여 이번에는 Strands에 대해 Clumping을 한다.

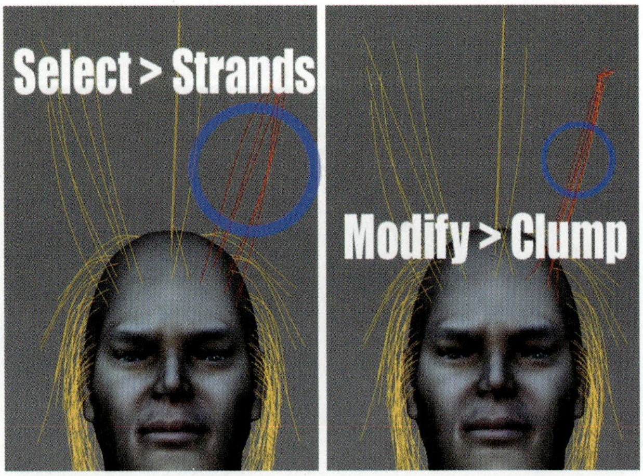

그림 8-139 Hair Styling 7

15 모아진 Strands의 Tip을 다시 선택하여 이동 모드로 전환한 여러 번 회전 및 이동하여 다음 헤어의 형태를 Styling한다.

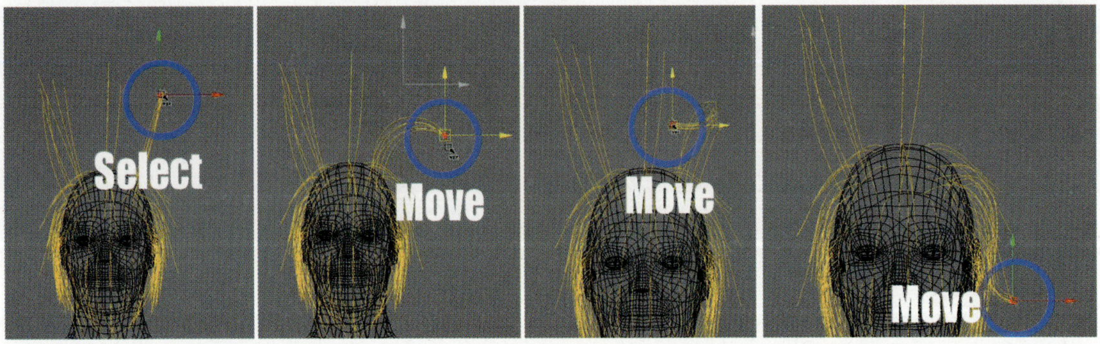

그림 8-140 Hair Styling 8

16 오른쪽 Hair Styling 작업 : Strands에 대해서도 동일한 작업을 실행한다.

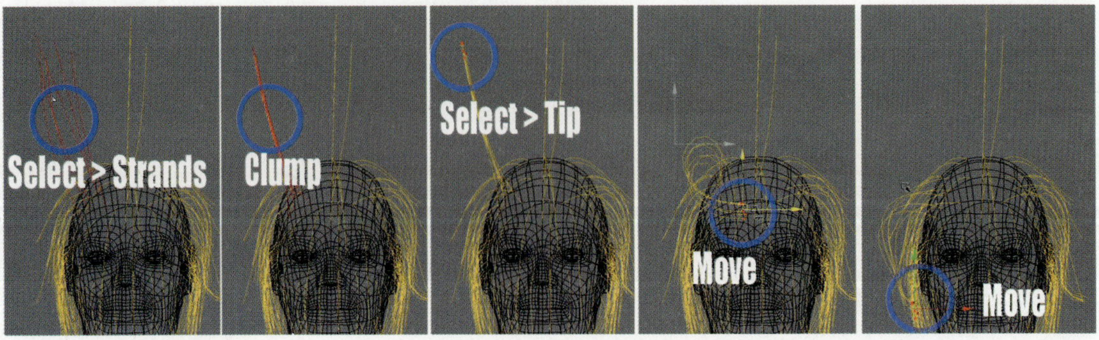

그림 8-141 Hair Styling 9

17 가운데 남은 부분의 Strands에 대해서도 동일한 작업을 한다.

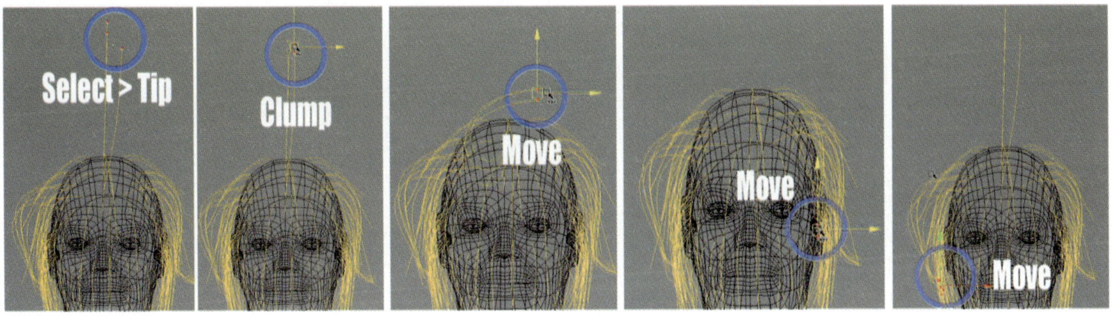

그림 8-142 Hair Styling 10

18 귀 밑으로 쳐진 Strands 부분에 대해서도 동일한 작업을 실행한다.

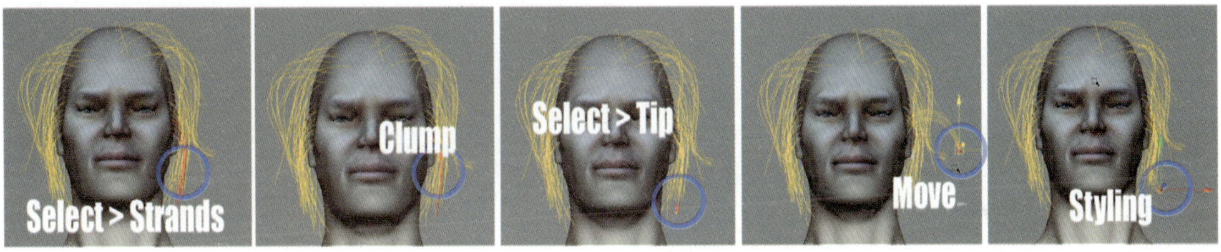

그림 8-143 Hair Styling 11

19 Hair 〉 Puff 〉 Puff Root 기능을 실행하여 Hair 전체의 부피감을 증대하여 준다.

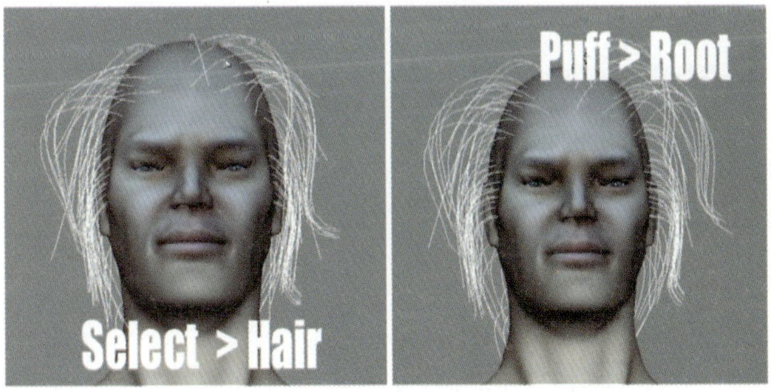

그림 8-144 Hair Styling 12

20 왼쪽 Hair Styling하기 : 오른쪽 Hair Styling 작업과 동일한 작업을 실행한다.

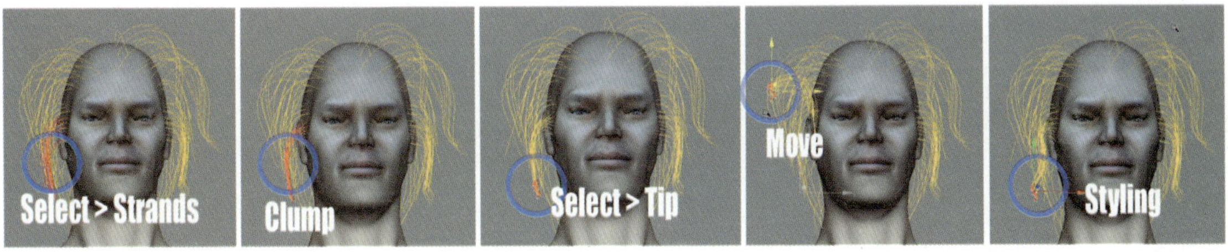

그림 8-145 Hair Styling 13

21 Puff 작업으로 인해 지나치게 Puffing된 영역에 대해서 편집 및 수정 작업을 한다. 특히 머리 뒷부분에 대한 손질이 필요해 보인다.

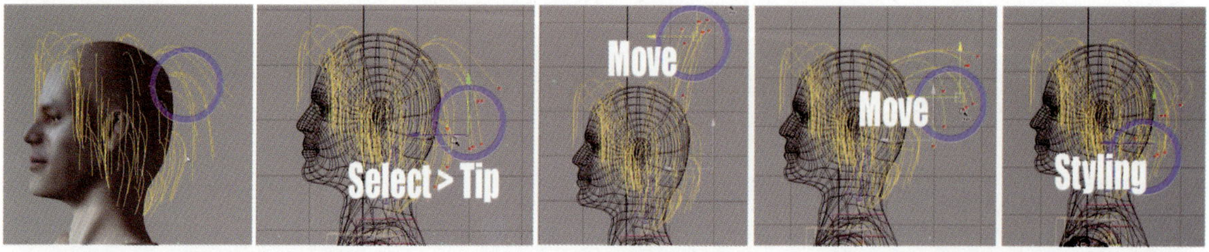

그림 8-146 Hair Styling 14

22 머리 뒷부분의 Strands를 선택한 후 Comb 〉 Along Negative Y Axis 명령을 실행한다.

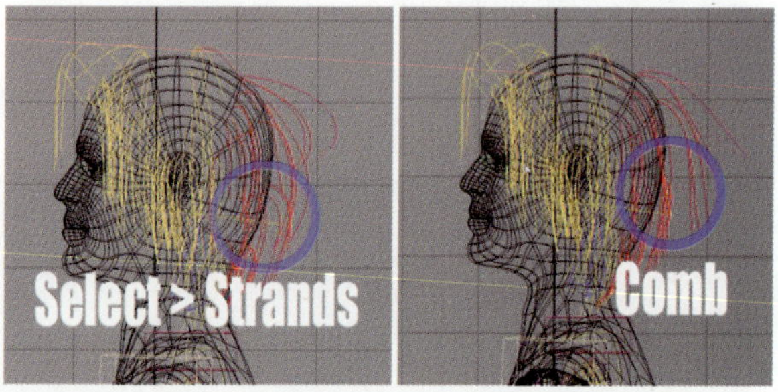

그림 8-147 Hair Styling 15

23 형태에서 벗어난 Tip들을 선택하고 Clump 기능을 활용하여 거의 한 점이 되도록 모은다. 모아진 Tip 영역을 이동하여 원하는 Styling 작업을 한다.

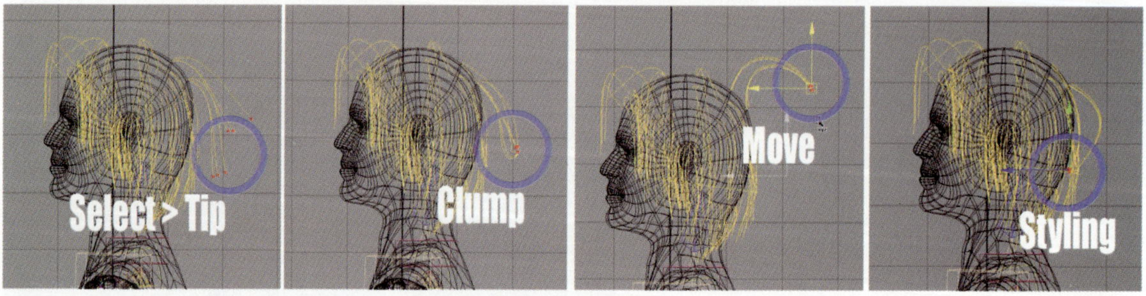

그림 8-148 Hair Styling 16

24 아직 해결되지 않은 영역의 Strands의 Tip을 선택하고 Clump 기능을 활용하여 거의 한 점이 되도록 모은다. 모아진 Tip 영역을 이동하여 원하는 Styling 작업을 한다.

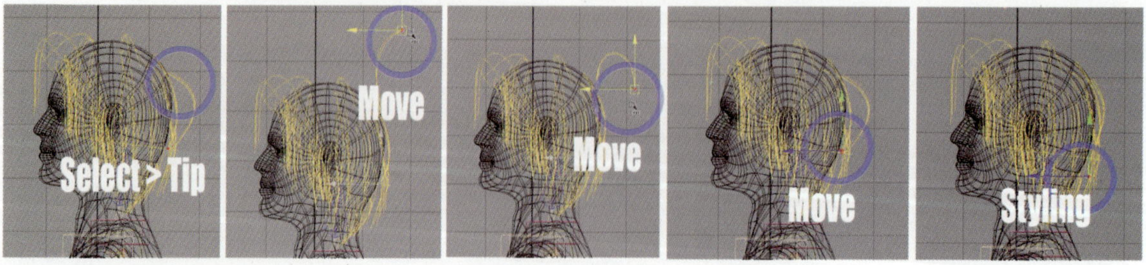

그림 8-149 Hair Styling 17

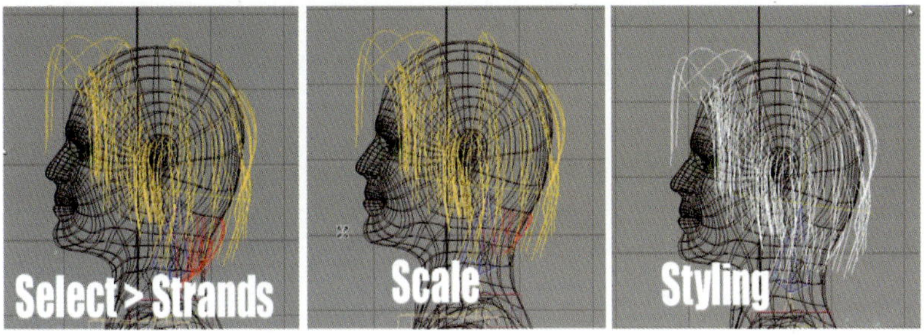

그림 8-150 Hair Styling 18

25 이번에는 수정 및 편집이 필요한 Strands를 선택해서 Scale 작업 모드에서 원하는 머리카락 형태에 맞도록 Scale하도록 한다.

26 Lattice 기능을 활용하여 Hair의 전체적인 모양을 다듬는다. Lattice 기능을 적용하기 전에 그동안 Hair의 모양을 다듬으면서 생긴 History data를 Freeze한다. Hair를 선택하고 Edit 〉 Freeze M을 실행한다.

27 Hair를 선택한 상태에서 Get 〉 Primitive 〉 Lattice 명령을 실행한다.

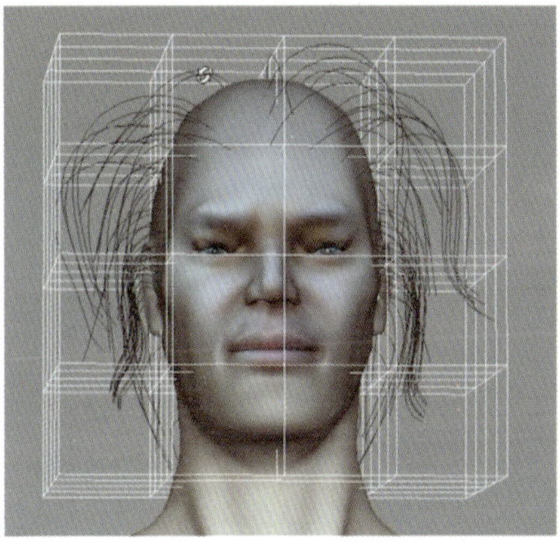

그림 8-151 Hair Styling 19 -Lattice

28 Lattice Point를 선택하여 Move 또는 Scale하여 Hair의 모양을 전체적으로 다듬도록 한다.

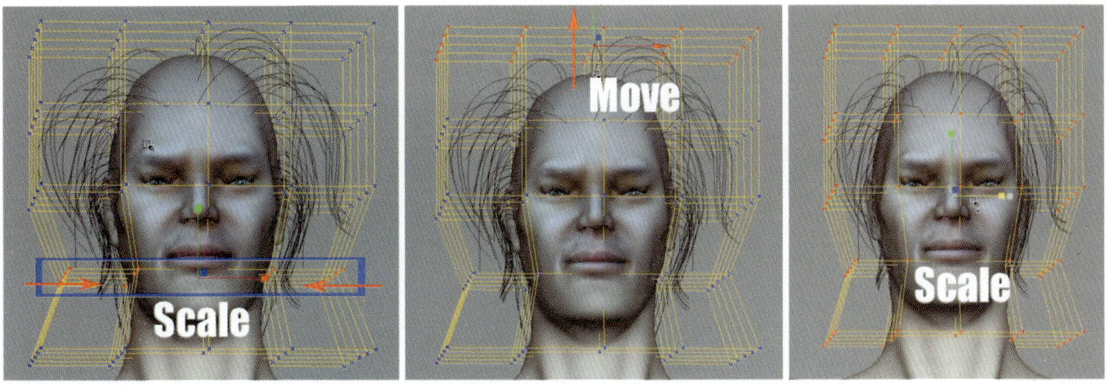

그림 8-152 Scale & Move

29 Display 〉 Render Hairs를 체크하여 Render Hair를 Viewport에 활성화시킨다. 그리고 Render Hair의 %를 올려서(60% 이상) Render Hair의 모양을 확인하면서 Lattice 작업을 계속 진행시킨다.

30 Hair를 선택한 상태에서 Modify 〉 Shader 명령을 실행하여 Hair shader 속성 창을 열고 Diffuse color와 Tip color를 모두 Ambient color와 동일한 Black으로 변경해준다. 이는 Viewport 상에 나타난 Render Hair의 모양을 보다 정확하게 파악할 수 있도록 하기 위함이다.

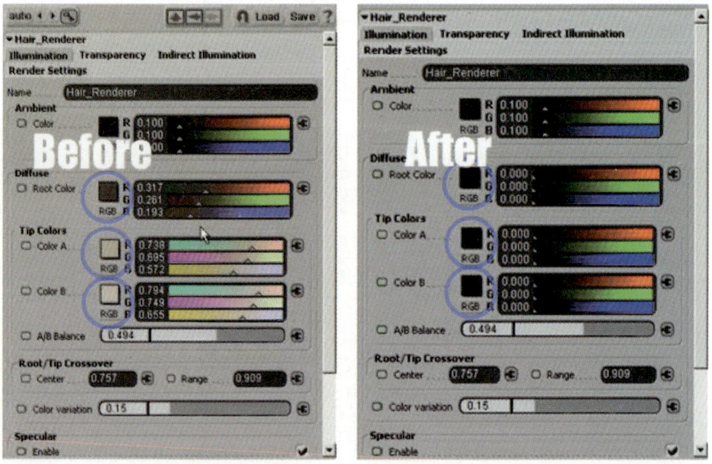

그림 8-153 Shader

31 전체적인 형태를 확인한다.

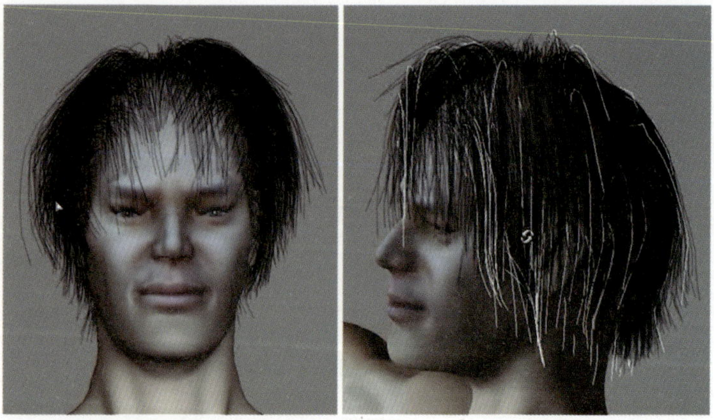

그림 8-154 형태 확인

32 Strand를 선택한 다음 앞머리 중에서 왼쪽 영역의 Hair를 이마로부터 살짝 떨어지게 만들기 위해 Modify 〉 Interp 〉 Split 기능을 실행한다.

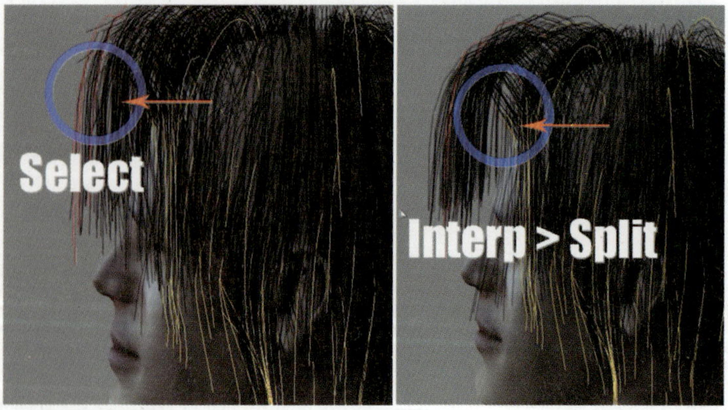

그림 8-155 Split

33 앞머리의 오른쪽 부분도 왼쪽과 동일하게 Strand를 선택 후 Modify > Interp > Split 기능을 실행한다.

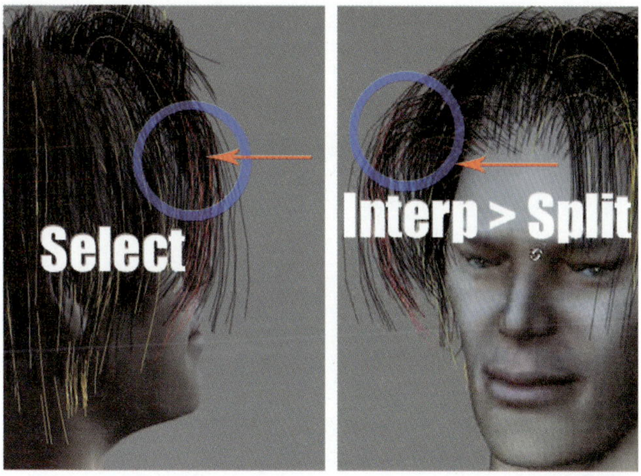

그림 8-156 Split

34 Stretchy 모드 : Hair를 선택하고 Display > Stretch 모드로 전환한다. 이는 Hair의 Type를 Linear 형식으로 변환되며 Hair의 각 Point가 IK base 기반으로 Control이 된다는 의미이다.

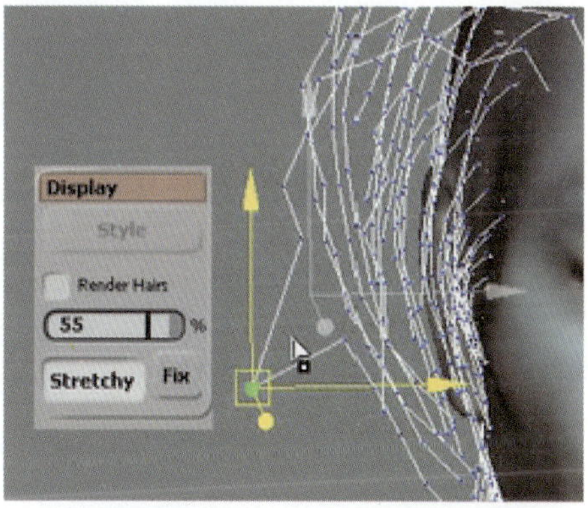

그림 8-157 Stretchy

35 Transform > Proportional 모드로 전환하여 Proportional 속성 창에서 Distance Limit를 범위를 조절한다. 그리고 Hair Point Move를 통해 Hair의 전체적인 모양을 잡아준다.

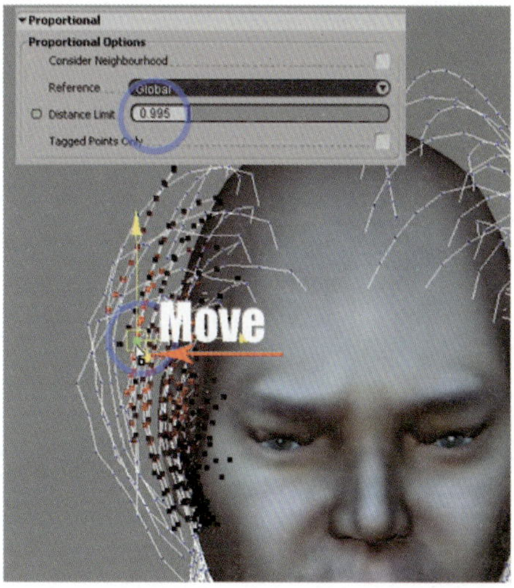

그림 8-158 Proportional 속성 - Distance Limit

36 좌/우, 앞/뒤, 위/아래의 머리 모양을 전체적으로 Proportional의 범위와 Move의 강도를 조절하면서 모양의 변화를 준다.

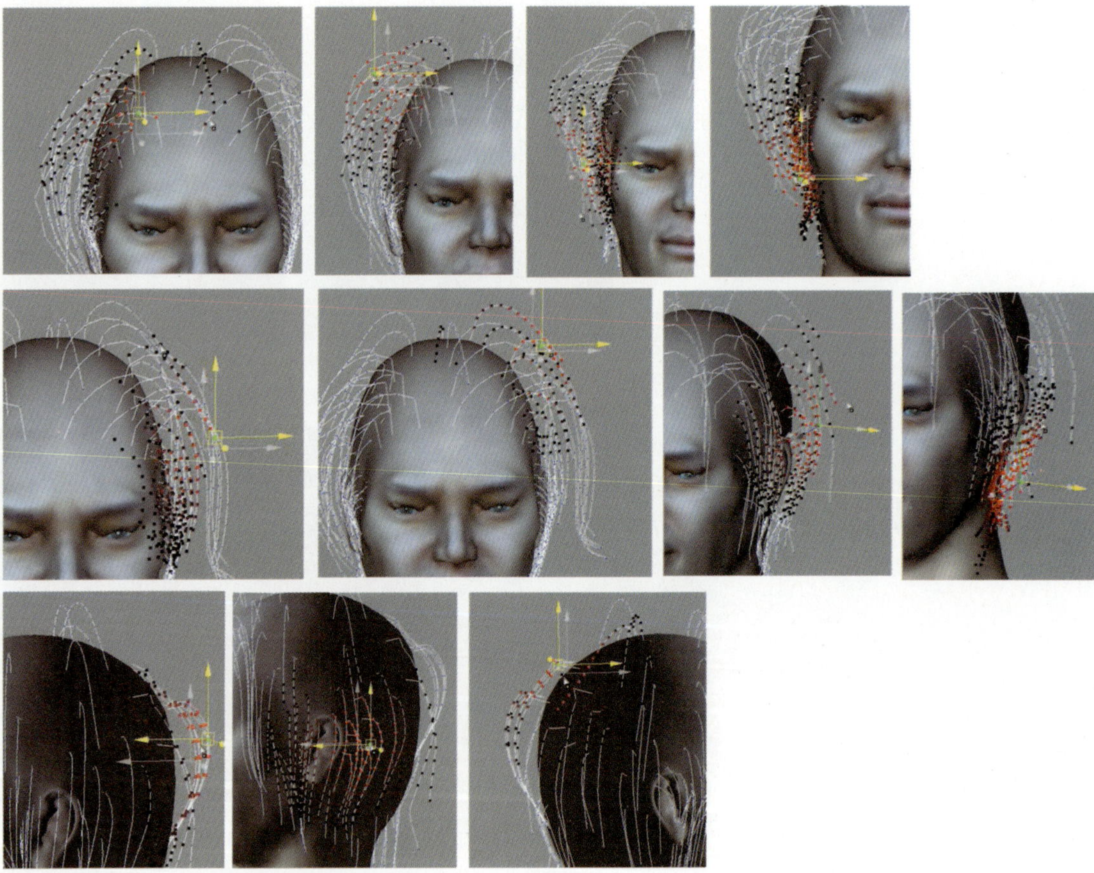

그림 8-159 Hair Styling

37 Hair의 모양을 전체적으로 잡아주고 난 뒤 Hair의 Type을 Stretch 모드에서 Display > Fix 모드로 전환한다. Stretch 모드에서의 Hair 형태와 Fix 모드에서의 Hair의 형태를 비교한 것이다.

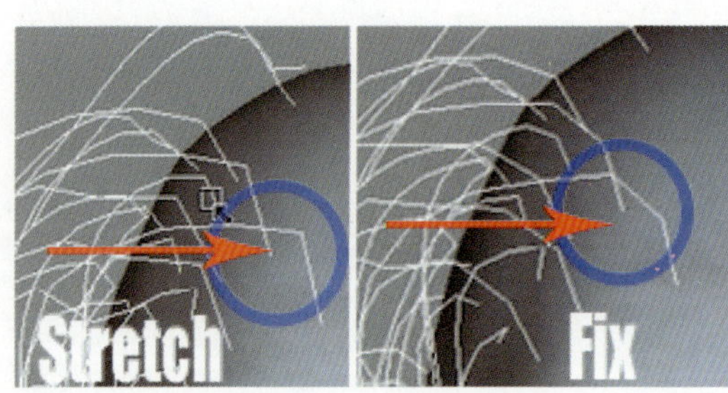

그림 8-160 Fix 모드

38 Render Hair 모드를 활성화하여 변형된 Hair의 결과를 확인한다.

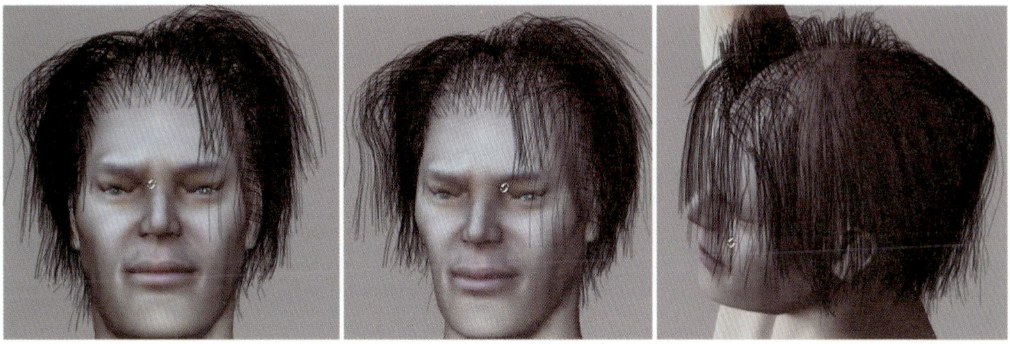

그림 8-161 중간 결과확인

39 Hair 속성 창에서의 옵션 변경 : Hair 속성 창을 열고 Effects 〉 Fizz at root의 수치를 "0"으로 변경하고 Fizz at Tip의 수치도 "0"으로 변경한다. 그 결과를 확인한다.

40 Hair 속성 창을 열고 General의 Hair Segment 수치를 조절하고, Effect 모드의 Fizz와 Kink, Thickness의 수치를 조절하면서 Hair의 변화를 확인한다.

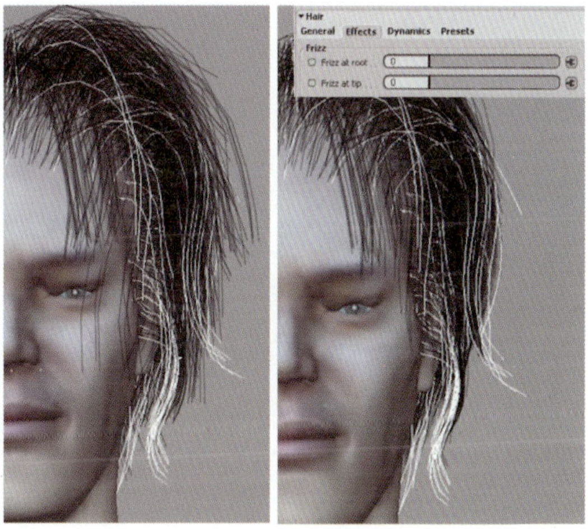

그림 8-162 Fizz at root

41 Preset 모드에서 다양한 Hair의 Preset 형태를 지정해 주면서 Hair 모양의 변화를 확인하도록 한다.

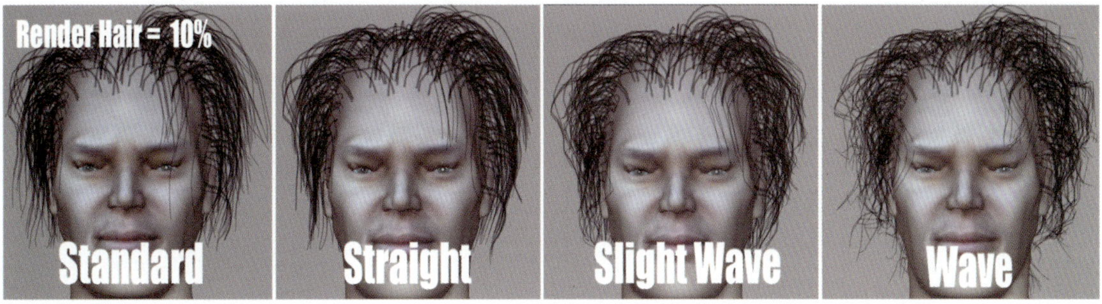

그림 8-163 Preset 모드

42 Render Hair의 수치를 올려서 Preset 형태를 지정해 주면서 Hair 모양의 변화를 확인하도록 한다. Render Hair의 수치를 올려서 작업을 하면 Hair의 모양 변화에 대해 훨씬 직관적으로 확인할 수 있다.

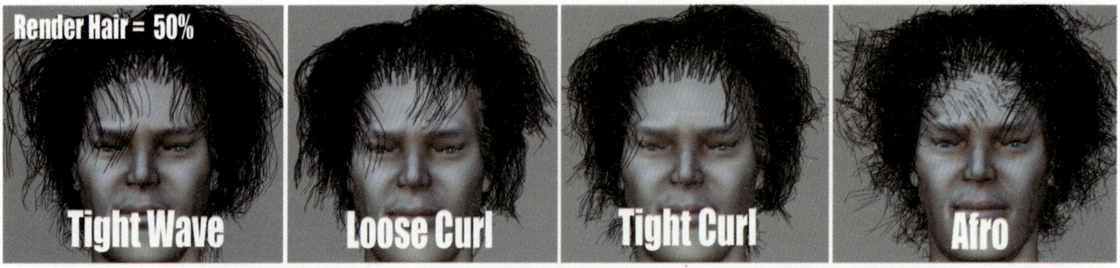

그림 8-164 Render Hair & Hair Preset

43 Hair 속성 창에서 Effect 모드의 Fizz와 Frequence의 수치를 조절하면서 Hair의 변화를 확인한다. 이것은 Hair의 곱슬거리는 정도를 설정하는 것으로 Fizz at Root와 Freeze at Tip의 두 부분을 따로 설정할 수 있다. 수치가 "0"이 되면 곱슬거림이 많이 사라지게 된다.

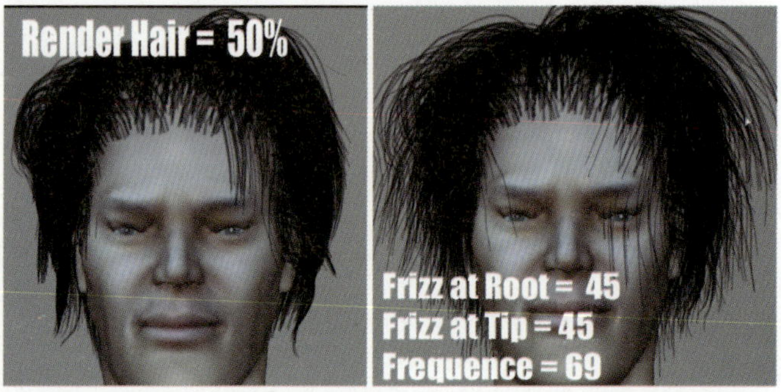

그림 8-165 (그림 8-108) Render Hair & Frizz/Frequence

44 Hair 속성 창에서 Effect 모드의 Kink의 수치를 조절하면서 Hair의 변화를 확인한다. 이것은 꼬임의 정도를 설정하는 것인데 Hair의 개체들이 마치 꽈배기처럼 어느 정도 꼬일 것인가를 설정하게 된다. 위의 Frizz와 Kink의 값이 모두 "0"이면 머리카락의 형태는 Straight(뻗음)의 형태를 가지게 된다.

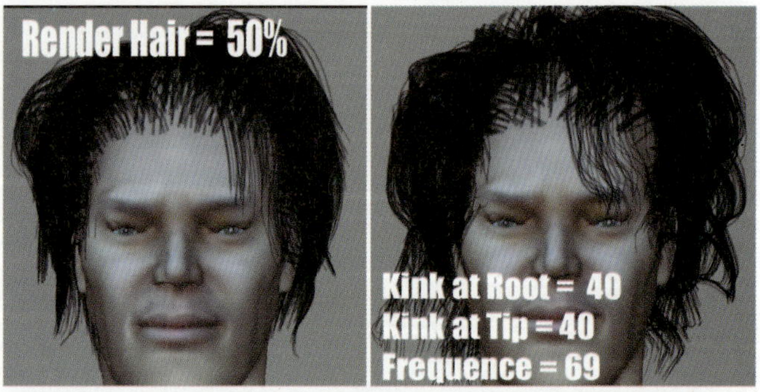

그림 8-166 Render Hair & Kink

45 Hair Type=Wave, Render Hair=100%, Hair Segment=20, Frizz at Root=0, Frizz at Tip=10, Kink at root=1, Kink at root=25,

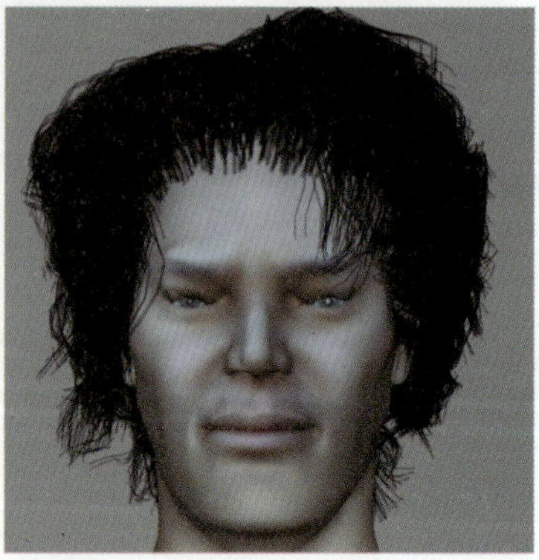

그림 8-167 Render Hair & Frizz/Frequence & Kink

46 결과

그림 8-168 **결과확인**

3. Hair Dynamic 적용

Animation 적용 시 Hair의 움직임을 자연스럽게 만들기 위해 필요한 작업과정으로 Hair에 Head Object의 움직임과 연계하는 Simulation 기능을 적용함으로써 Hair의 자연스러운 움직임을 표현할 수 있다. 지금부터 Head 모델링 데이터가 가지고 있는 애니메이션 움직임에 대해 Hair Object가 반응하는 System 제작 작업을 진행하도록 한다.

그림 8-169 Hair Simulation

1 Head Object에 간단한 Animation을 적용한다. Head를 좌우로 흔들거나, 위/아래로 움직이는 정도면 된다. 그래야 그 움직임에 따라 Hair의 Simulation이 제작되기 때문이다.

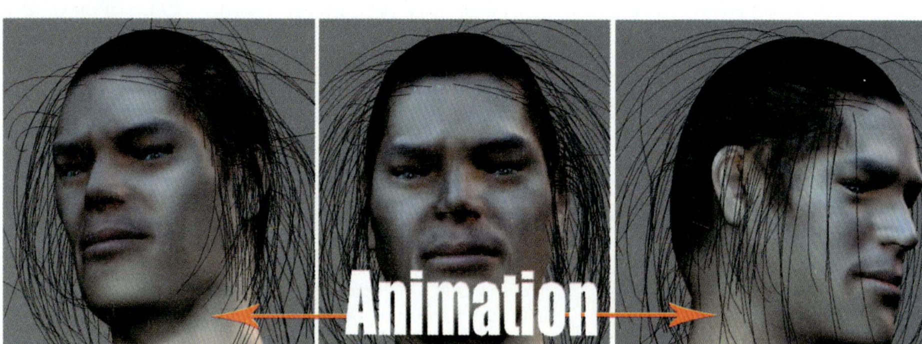

그림 8-170 Animation 적용

2 Hair Object를 선택하고 Create 〉 Dynamic 명령을 실행한다.

그림 8-171 Hair Dynamic

4. Obstacle 지정하기

1 먼저 Hair Object 선택

2 Modify 〉 Environment 〉 Obstacle 명령 실행

3 Face Modeling data 선택

5. Hair Shader

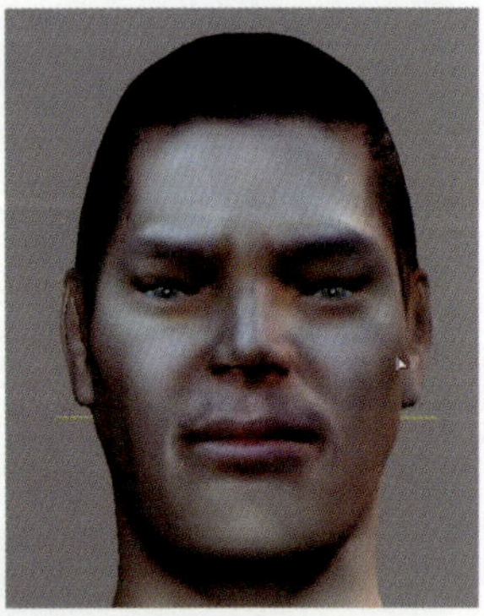

그림 8-172 모델링 데이터

1 Hair Shader 적용 : 먼저 모델링 데이터에 Texture를 적용하도록 한다.

2 Hair 속성 창에서 Render에 관련된 속성 기능 중에 General 〉 Render Settings 〉 Render Type를 Geometry type인지 확인하도록 한다. Geometry Render Type는 Render 속도는 다소 느리지만 Rendering하는 동안 Hair의 각 개체가 Geometry처럼 인식되어 Hair의 전용 Shader로 사용할 수 있으며, Volume은 Rendering 하는 동안 속도가 빨라지지만 Geometry와는 다르게 Hair 전용 Shader만을 사용할 수 있다. 따라서 Hair를 Hair로만 사용할 경우에는 이 옵션을 Volume으로 사용하는 것이 Rendering Time를 줄일 수 있다. 또는 Geometry 속성에 의해 생성되는 모든 효과의 Rendering에 적합하며 Shadow와 같은 다양한 속성에 대해서도 Rendering된다.

3 Render Tree 창 열기 : Hair Object를 선택하고 Render Tree[단축키 : 7] 창을 연다.

4 기본적으로 Hair Renderer 노드가 Hair Material에 연결되어 있다.

5 Hair에 기본 Color 적용하기 : Hair Renderer 노드를 더블 클릭하여 Hair Renderer 속성 창을 연다. Ambient는 어두운 부분의 전체적인 Color로 다른 Material과 다르지 않아 보이나 Diffuse 영역에서 Root Color와 Tip Color로 나눠진다. Hair 실제 속성상 뿌리 부분의 Color와 끝부분의 Color는 굵기나

투명도에 따라 다르게 보인다. 또 하나의 특징 중 하나는 Tip Color 부분이 Color A와 Color B로 나눠져 있다. 이는 Hair의 각 개체의 끝부분의 굵기와 단단함 그리고 윤기 등의 여러 가지 이유로 색상을 두 가지로 구분해 놓은 것이다. Root/Tip Crossover는 뿌리 부분과 끝부분의 색의 변화 기점(Center)과 섞임의 정도 범위(Range)를 결정하게 된다. A/B의 balance 정도를 "1"로 높여서 Color A와 B의 Blend 효과를 증대시키도록 한다. 그리고 Tip Color의 Color A의 색을 붉은 계열 색으로 변경한다. 결과를 확인한다.

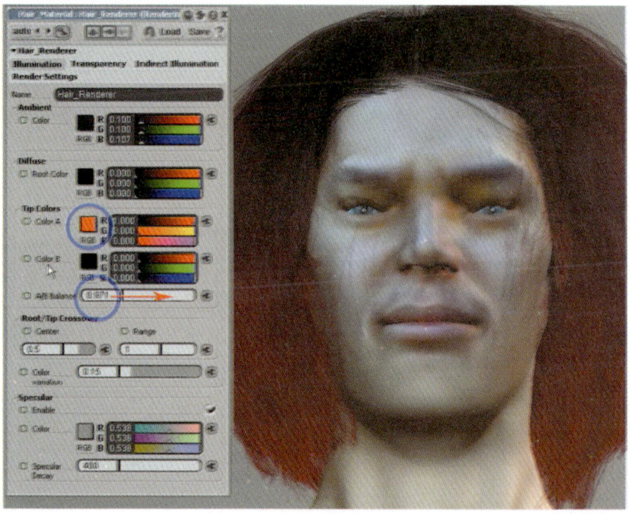

그림 8-173 Tip Color

6 속성 창에서 Root/Tip Crossover tab에서 Color Variation을 "0.9"로 높여준다. 그리고 Tip Color를 변경한다.

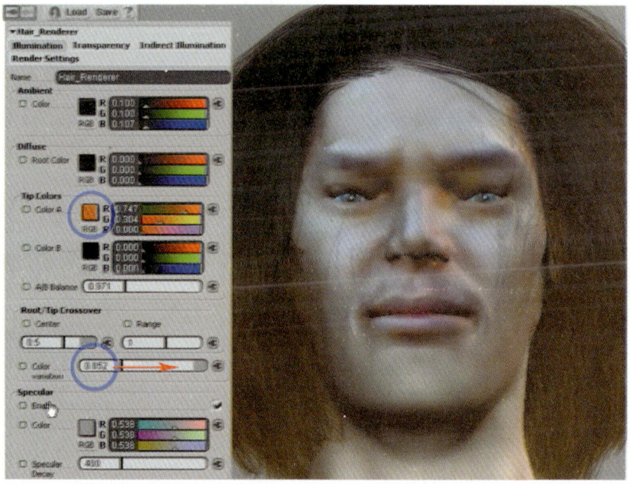

그림 8-174 Color Variation

7 Hair에 Specular효과 적용하기 : Hair의 Color 색을 검은 색으로 지정하고 Hair 속성 창에 있는 Specular tab에서 Specular RGB를 올려준다.

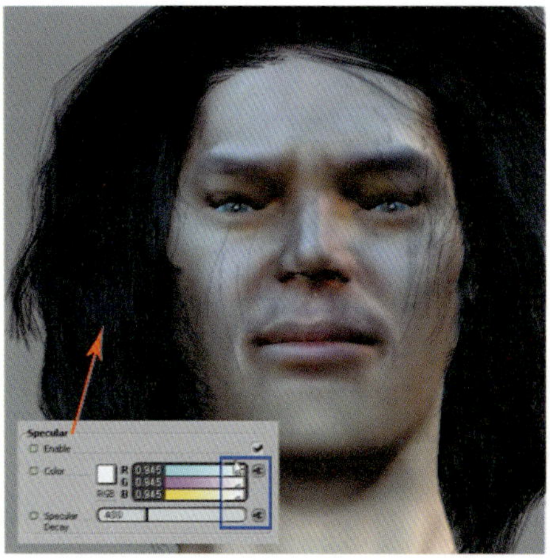

그림 8-175 Hair Specular

8 Hair Geometry Shader : Render Tree에서 Node 〉 Hair 〉 More... 기능을 실행하여 저장된 Hair Geometry Shading preset을 Render Tree 창에 불러온다. 불러온 Shading 노드를 Hair Material의 Surface와 Shadow에 연결한다.

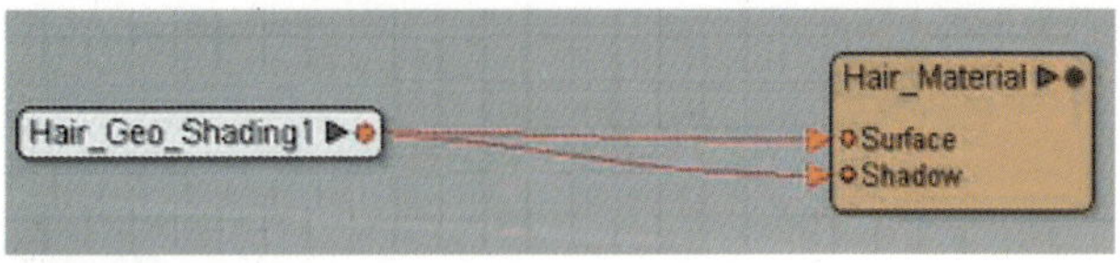

그림 8-176 Hair Geometry Shader

9 Hair Geometry Shader의 속성 창을 열고 Ambient color를 임의의 Color 값으로 변경하고 Diffuse/Ambient Blending의 Use Blend Gradient 옵션을 활성화시킨다.

10 Diffuse/Ambient의 RGB 변경을 통해 원하는 Hair의 Illumination Color 값을 찾는다.

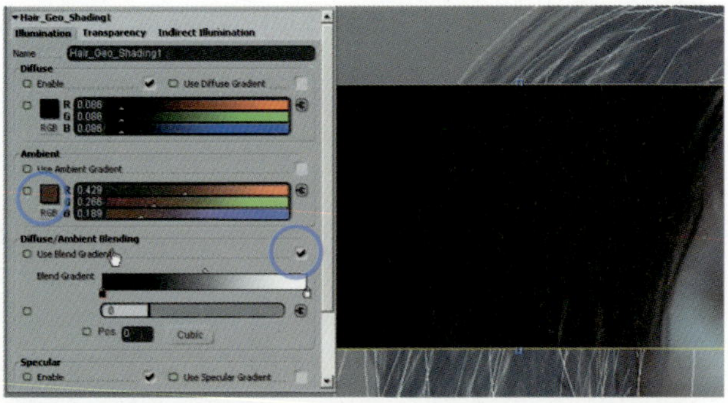

그림 8-177 Use Blend Gradient

11 Transparency tab에서 Length와 Cross의 Parameter를 이용하여 Hair에 약간의 투명한 효과를 주도록 한다.

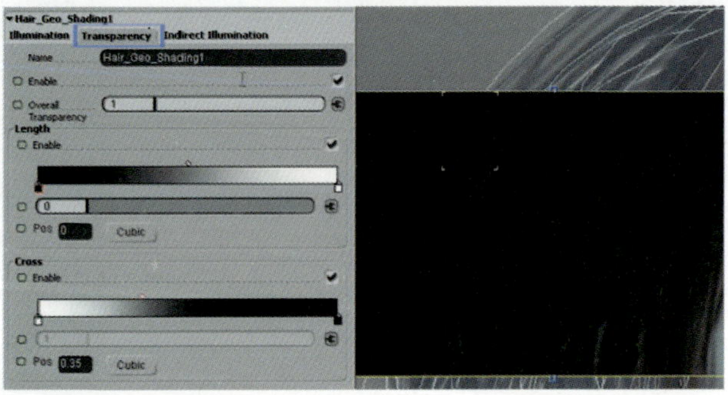

그림 8-178 HairTransparency

12 Indirect Illumination tab에서 Rim 옵션을 활성화한다. 그리고 Intensity 조절을 통해 현재 Rim RGB의 Color 값과 Inner Intensity 값의 변경을 통해 효과를 설정한다.

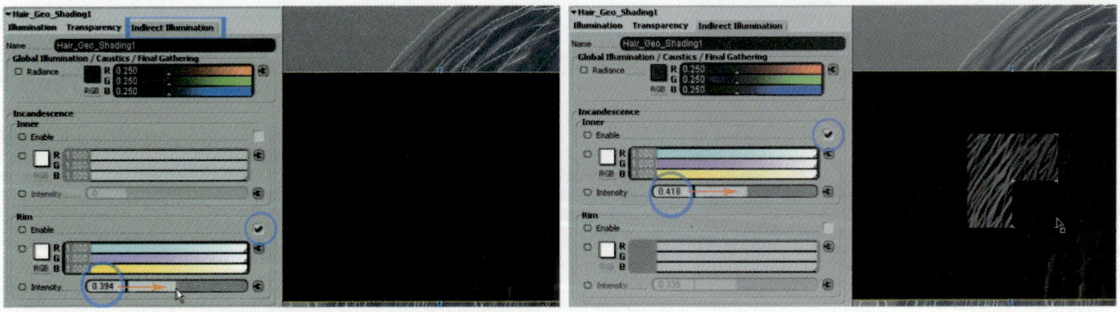

그림 8-179 Indirect Illumination

13 Shadow Map 적용 : Light 속성 창에서 Shadow Map 기능 tab으로 이동한 후 Use Shadow Map 기능을 활성화시키고 Use Volume Shadow Map을 활성화하여 보다 사실적인 Hair Shader를 적용한다.

그림 8-180 Shadow Map

14 Volume Shadow Map 기능 창에서 Shadow Type을 Full Color로 변경한다.

그림 8-181 Shadow Type

15 Volume Shadow Map 〉 Sub Sample의 수치를 "3"으로 지정해준다.

그림 8-182 Sub Sample

16 Volume Map과 Shadow Map 적용의 결과를 확인한다.

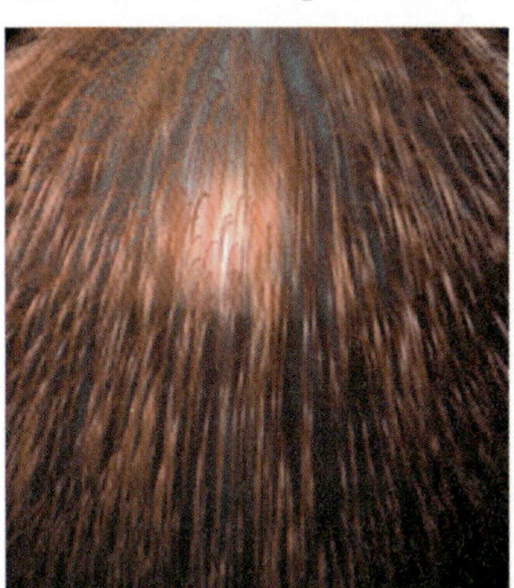

그림 8-183 Volume Map & Shadow Map

17 최종 결과

그림 8-184 최종 결과

8-1-5 Hair 제작실습 3

1 Hair를 사용하여 하나의 소나무 모델을 사용하여 소나무 숲을 만들어 보도록 한다. grid를 사용하여 언덕 Ground를 만들며 cylinder를 응용하여 소나무 모델링 한 그루를 만든다.

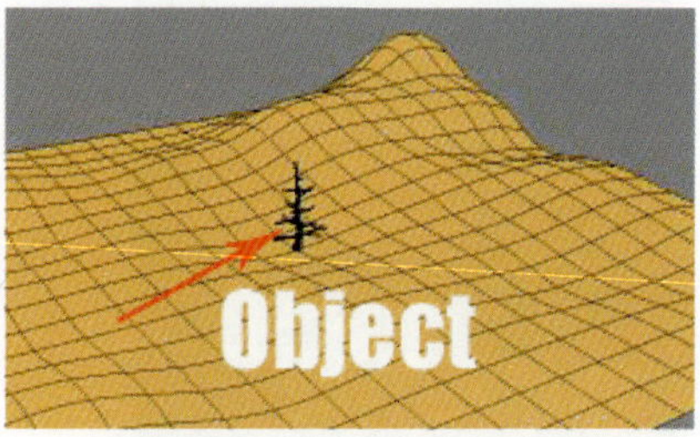

그림 8-185 Scene 제작

2 단축키 [Ctrl +2] 또는 Toolbar에서 [Hair] 기능을 선택한다.

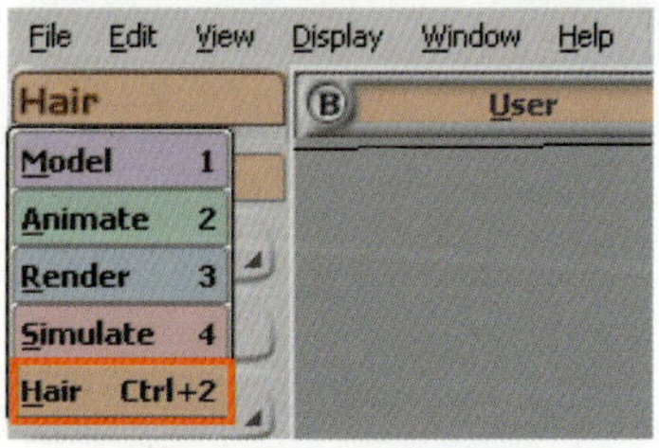

그림 8-186 Hair 기능

3 산림이 울창한 나무숲을 만들거나 많은 양의 같은 물체들을 만들 때 소나무 한 그루를 Hair에 instance 기능을 적용하여 만들어 Softimage 헤어 기능을 사용한다.

Hair를 적용할 grid를 선택한다. Create 〉 hair 〉 from selection 선택한 땅에 Hair 기능이 적용된 것을 확인한다.

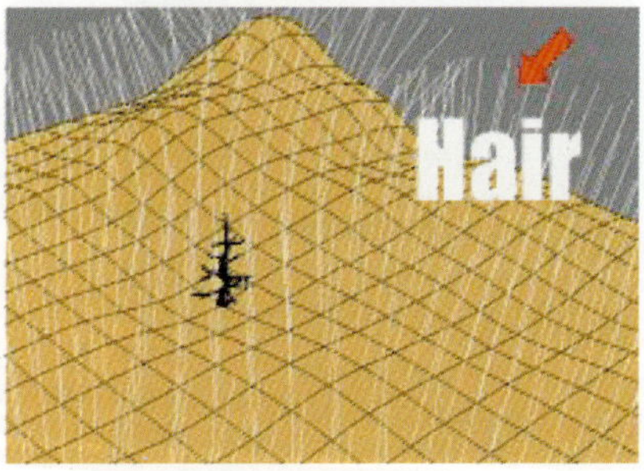

그림 8-187 Hair 적용

4 화살표와 같이 적용한 Hair를 볼 수 있으며, 빨간 원형 안과 같은 hair 컨트롤 창이 형성된다.

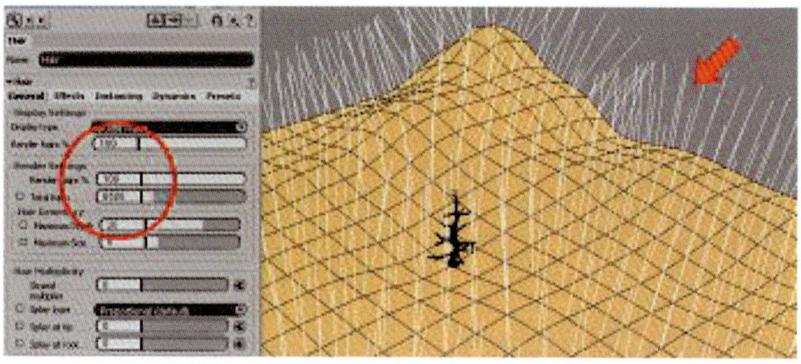

그림 8-188 Hair Control

5 하나의 소나무를 사용하여 Hair에 적용을 하기 위해서는 group을 만들어 주어야 한다. Hair 컨트롤 창에서 Instancing을 선택 후 enabled를 체크하여 활성화시켜준다.

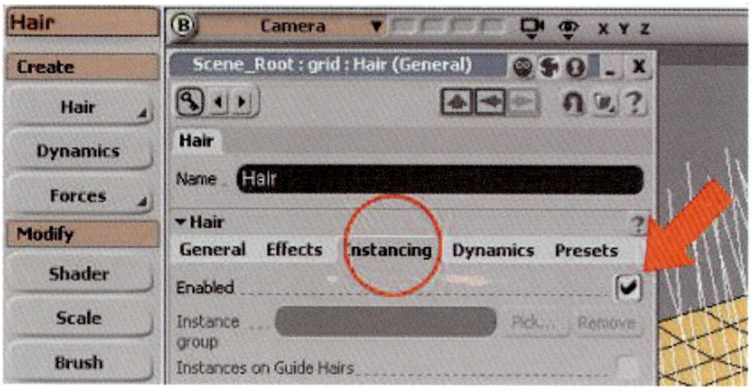

그림 8-189 Instancing

6 보이는 instance group > pick을 선택한다. 화살표와 같이 창이 나타나는데 선택할 물체가 아무것도 없음을 확인할 수 있다.

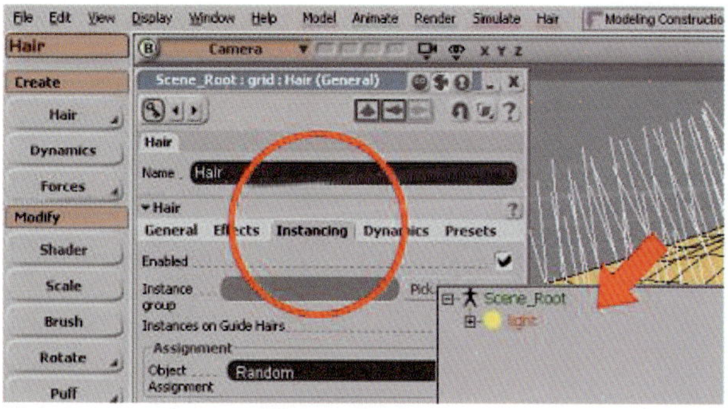

그림 8-190 Pick

7 화살표의 소나무를 선택 후 [Ctrl + G]를 "pine tree_group" 이름으로 그룹을 설정한다.

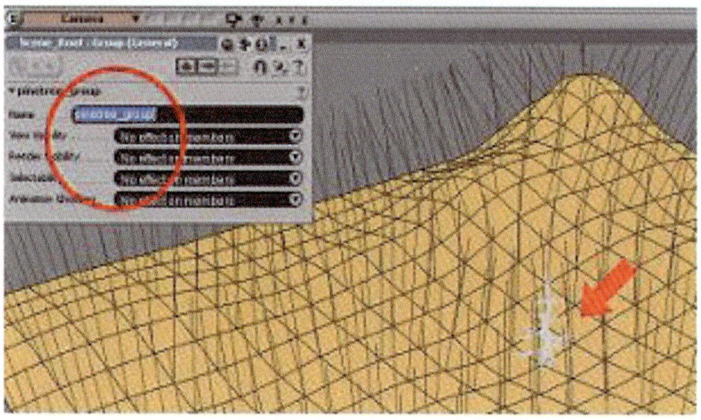

그림 8-191 Renaming

8 화살표 버튼을 2번 클릭하면 Hair 컨트롤 창으로 돌아간다.

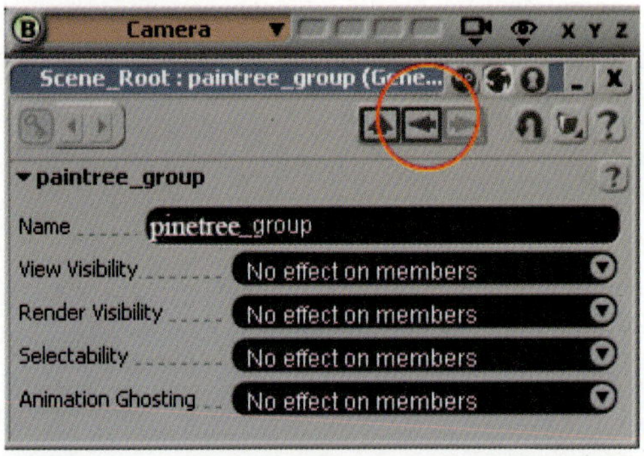

그림 8-192 Hair 속성 창

9 instance group 〉 pick 〉 pine tree_group으로 명한 그룹을 선택한다.

Hair 컨트롤 창이 보이지 않을 경우 Hair 선택 후 enter키를 누르면 창이 뜨게 된다.

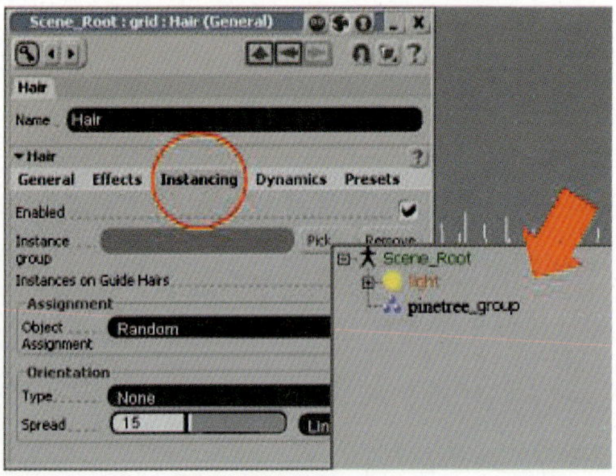

그림 8-193 Instancing Group

10 소나무 숲 instancing 그룹의 선택을 마친 후 General 〉 Render settings에서 Total hair의 숫자를 확인한다. 보이는 것과 같이 6500 total hairs는 6500개의 소나무를 의미한다.

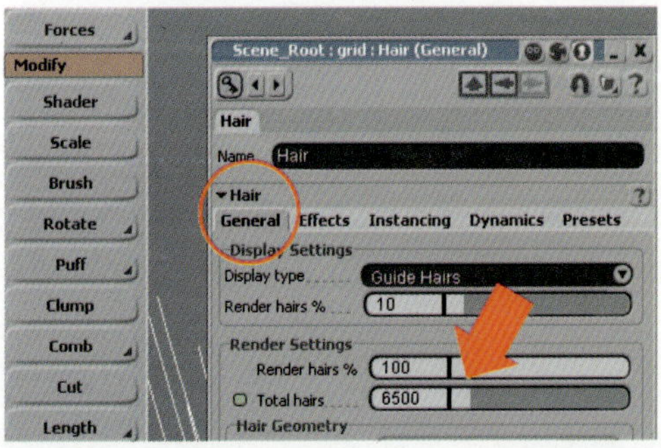

그림 8-194 Render settings

11 Total hair의 수를 6500 〉 200개로 소나무 숫자를 낮추어 준다. 조절 후 [Q]키를 누른 상태에서 하는 마우스로 확인하고자 범위를 선택하여 준다.

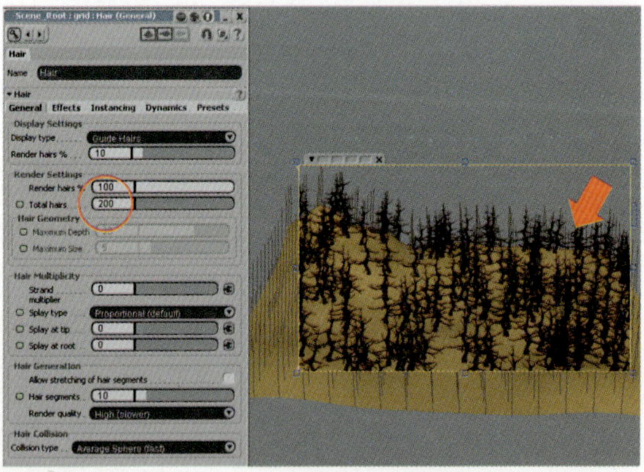

그림 8-195 소나무 숫자를 낮추어 결과확인

12 다음은 나무들의 모양과 크기를 불규칙하게 조절하도록 한다. Effects를 선택한 후 스크롤바를 내려준다. Hair의 굵기를 조절해주는 thickness 아래에 위치하는 Random scale을 조정하여 소나무들의 크기를 불규칙하게 조정하여 준다.

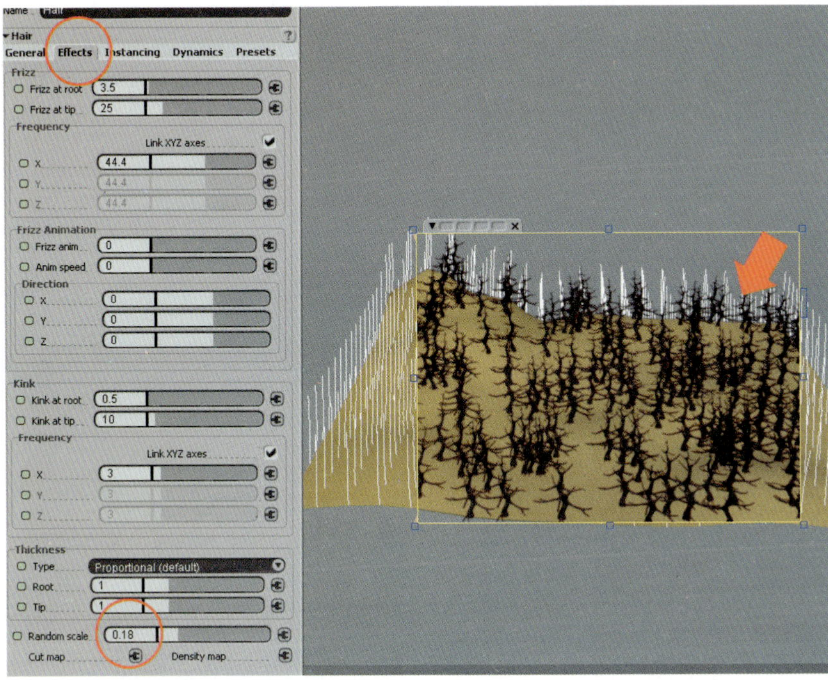

그림 8-196 Random scale을 조정

13 나무들의 크기만 불규칙하게 할 경우 눈에 나무들의 모양이 일정한 패턴을 이루기 때문에 소나무들의 서있는 방향 또한 불규칙적으로 조정해보도록 한다. Instancing〉 orientation 〉 spread 값을 조정하여 준다. 이때 spread 값은 90 정도의 숫자로 조절하여 선인장들의 서있는 방향 조절하여 준다.

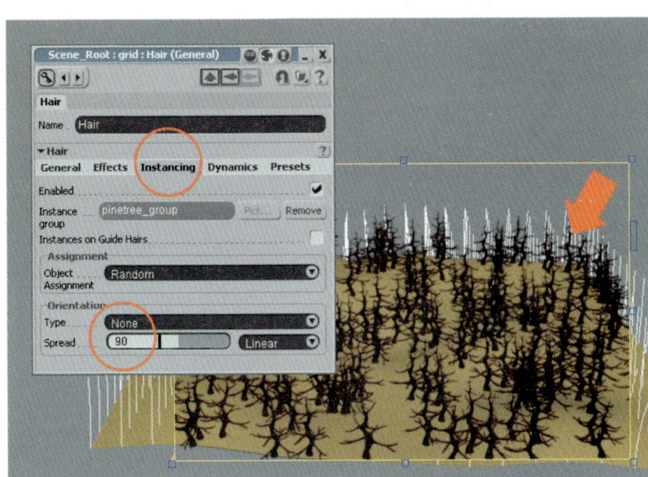

그림 8-197 spread 값을 조정

14 Hair가 적용된 나무들을 전체적으로 표현하여 주면 실제적인 숲의 모양을 만들 수 없기 때문에 Weight map을 적용하여 Weight map을 만들어 원하는 부위만 소나무를 표현하도록 한다. Animate 〉 Property 〉 Weight map을 사용하여 소나무들의 분포도를 조절하도록 한다.

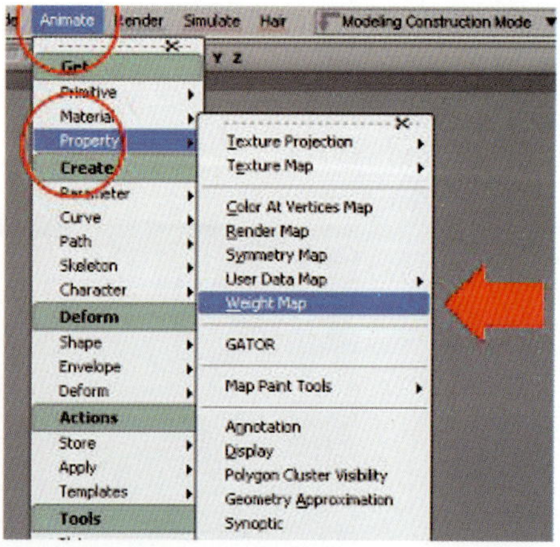

그림 8-198 Weight map

15 영역을 설정할 grid를 선택한 후 W키를 눌러 Weight_map Brush로 보이는 이미지와 같이 Weight map이 파란색으로 칠해진 영역에서만 나무가 표현되도록 한다. 마우스 왼쪽 버튼은 영역설정을 하며 오른쪽 버튼으로는 영역을 제어하는 기능을 수행한다. 가운데 버튼으로는 Brush의 크기를 조절한다.

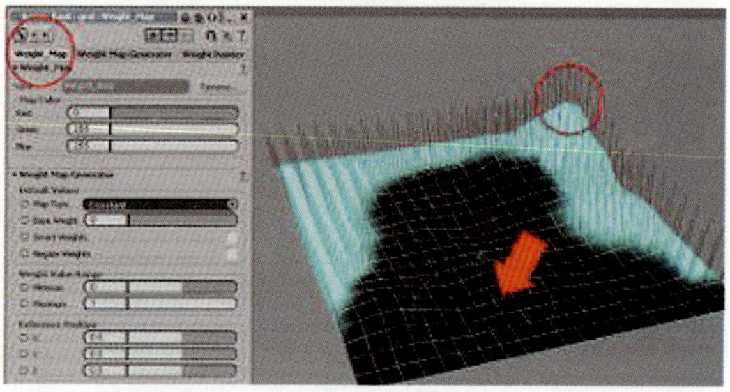

그림 8-199 Weight map Brush

16 Weight-map으로 나무를 표현할 영역을 설정한 후 이것을 나무를 표현할 hair에 적용시키는 작업이다. 적용할 Hair와 grid를 함께 선택한다.

Modify 〉 Transfer map 클릭 후 pick이라는 단어와 커서 모양이 생기는데 이것을 가지고 grid 안의 Weight_Map 선택하여 준다. 단축키 8번을 눌러 explorer 창에서 Grid안의 Cluster에 있는 Weight-map을 선택한다.

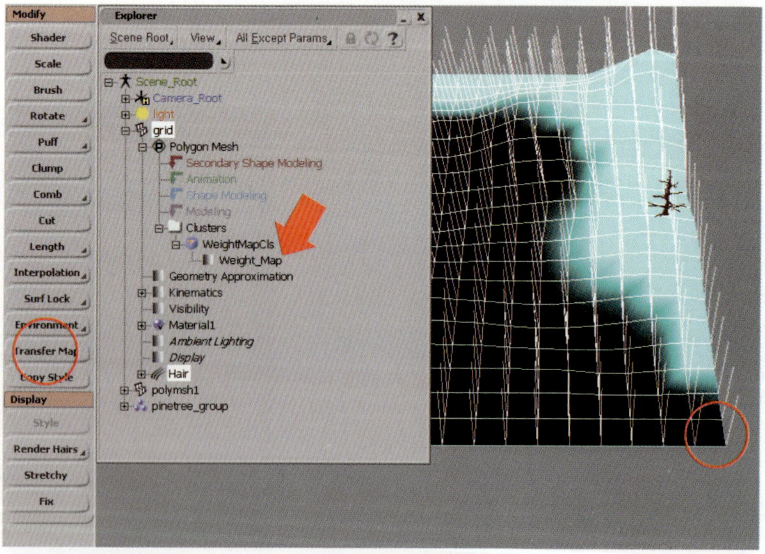

그림 8-200 Weight-map으로 나무를 표현할 영역을 설정

17 Grid 위에 생성된 Hair를 선택한다. 그리고 Enter를 눌러준다. hair에 대한 속성 창을 띄워 창에서 Effects를 선택하여 준다. 스크롤바를 사용하여 thickness 아래로 위치하는 Cut map > Connect를 하여준다. 플러그 모양의 이미지를 선택하면 Connect와 Disconnect 둘 중 하나를 선택하여 되는데 지금은 Weight map을 연결해야 하므로 connect를 선택한다.

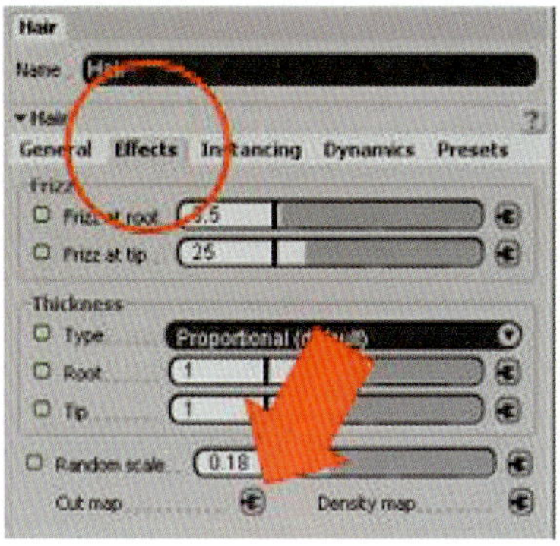

그림 8-201 Connect Cut Map

18 Weight map과 hair를 연결하여 Weight map의 범위에 따라 소나무의 분포도가 결정되도록 하여준다.

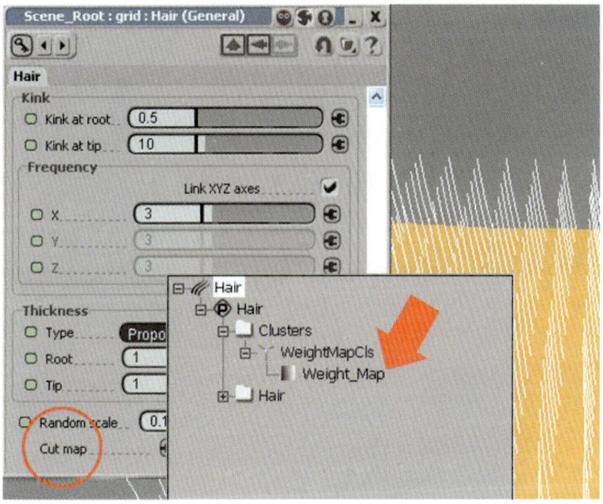

그림 8-202 Cut Map과 Weight map과 연계

19 Connect가 이루어진 후에는 좌측 하단의 플러그 모양의 이미지에 회색에서 붉은색으로 변화되는 것으로 연결되었음을 확인할 수 있는데 이는 weight map의 범위에 따라 소나무 숲의 범위를 변화할 수 있다.

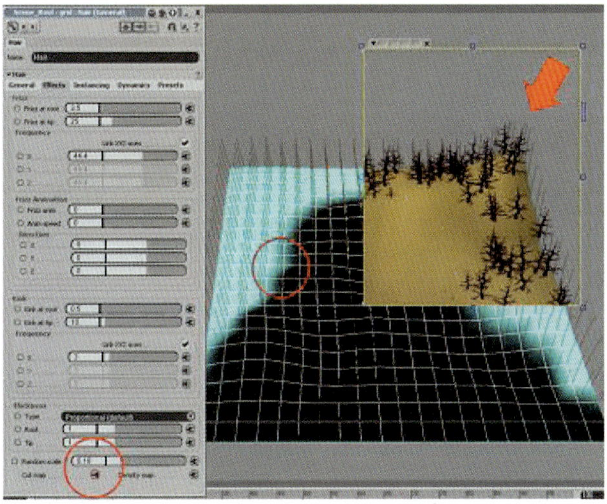

그림 8-203 연계확인

20 Weight_map을 수정할 경우 grid를 선택하고 강하게 색이 적용된 부위일수록 많은 수의 나무와 큰 크기의 나무들이 표현된다. 왼쪽 마우스 클릭은 "+" 오른쪽 마우스 클릭 "-"을 의미하며 중간 마우스는 Brush의 크기조절이 가능하다.

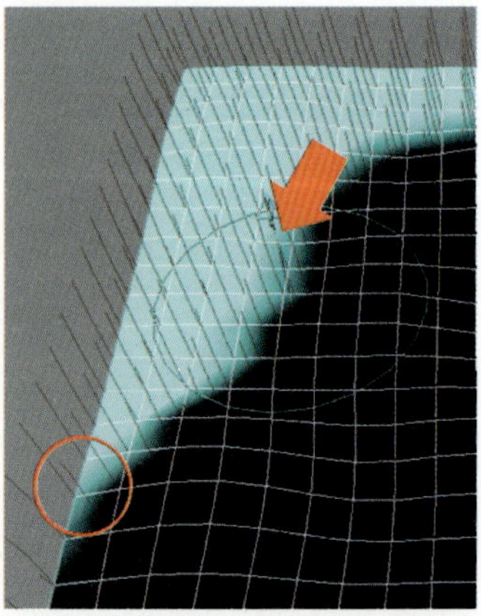

그림 8-204 Brush의 크기조절

21 Hair 기능을 응용하여 소나무 잎을 제작한다. 소나무 기본 모델을 선택한 후 단축키[U]를 솔잎을 표현하고자 하는 위치를 선택하여 준다. 추가선택을 하기 위해서는 Ctrl키를 사용하며, Y키는 영역지정을 통해 Polygon을 선택할 수 있다. 이미지와 같이 선인장의 가시가 나타나야 할 부분 모든 부위를 선택한다.

그림 8-205 영역선택

22 Create 〉 Hair 〉 From Selection을 선택하여 가시를 만들어준다. 화살표의 Total hairs 숫자를 6500 〉 1000으로 낮춰준다.

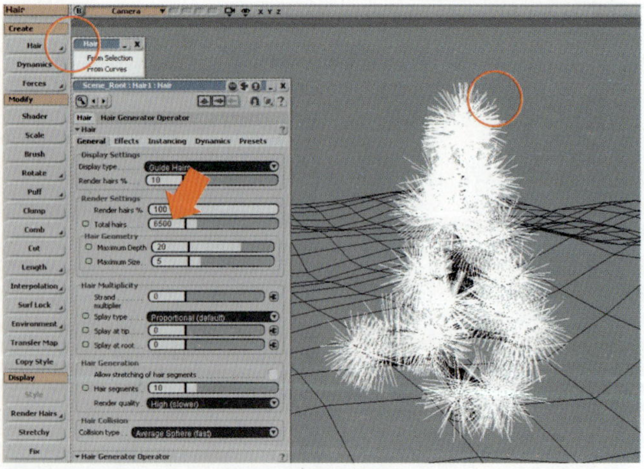

그림 8-206 Total hairs

23 Hair 응용하여 가시를 만들었다. 하지만 솔잎의 길이와 수량을 조절하지 않고서는 원하는 모양과 길이를 구현해 낼 수 없다. Hair 〉 Modify 〉 Scale을 사용하여 길이를 마우스 왼쪽 클릭을 하여 원하는 만큼의 길이로 조정한다.

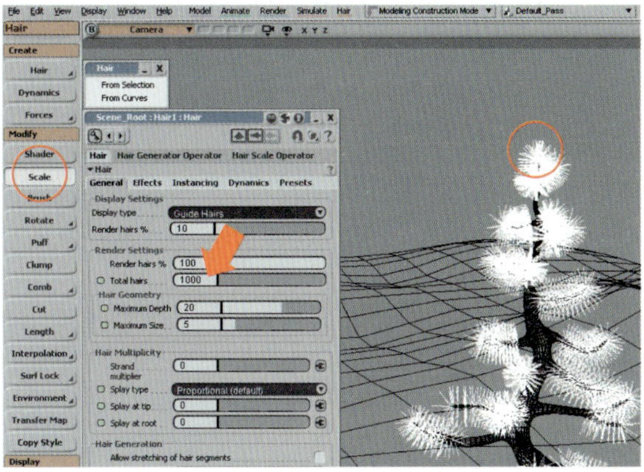

그림 8-207 Scale

24 Hair에서 Effects를 선택 후 스크롤바를 사용하여 Thickness를 찾은 후 소나무 가시의 굵기를 조절하여준다. Root(솔잎의 모근) Tip(가시의 끝 부위)들의 굵기를 조절할 수 있다. 여기에서는 root "1"과 tip "0.5"로 설정하여준다. 가시의 불규칙하게 Random Scale을 조정하여 숫자를 컨트롤 할 수 있다.

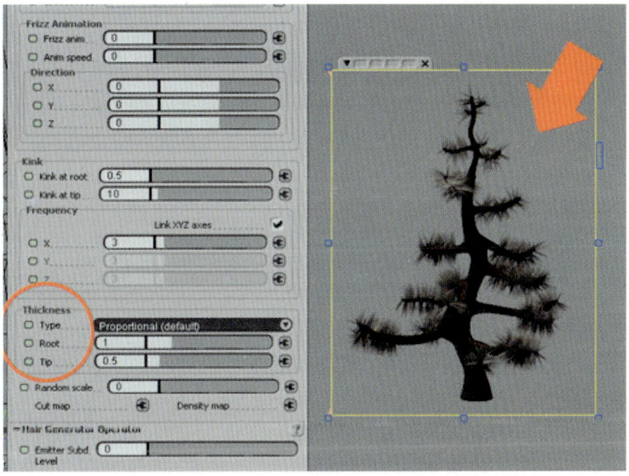

그림 8-208 Thickness

25 Hair를 선택 후 단축키 [7]번을 눌러 Render tree를 열어 소나무 잎의 material 창을 선택하여 Ambient, Diffuse, Tip Colors A, B 등을 조절하여 원하는 색상으로 조정해준다.

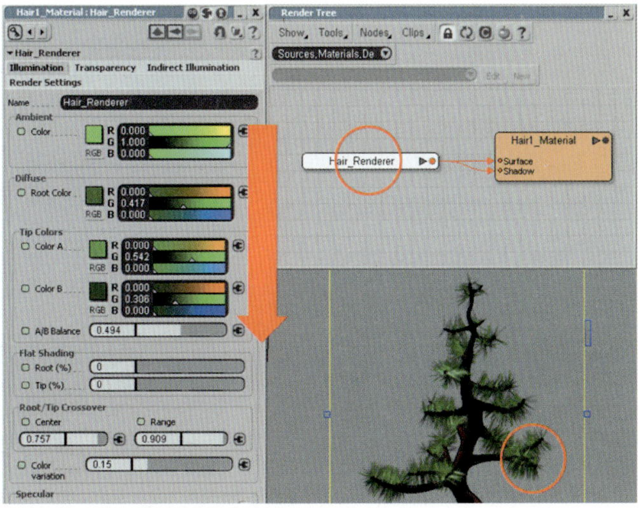

그림 8-209 Hair Renderer

26 Instancing을 사용하여 하나의 소나무를 만들어 대량의 소나무 숲을 만들고, hair를 응용하여 선인장들의 가시를 만들어보았다. 이제 Hair를 응용하여 캐릭터의 머리카락을 심을 때 그리고 Hair를 응용하여 표현하고자 하는 특정 영역에만 효과를 표현할 때 유용이 사용할 수 있다.

그림 8-210 결과확인

8-2 Cloth Simulation

앞 장에서 Fur나 Hair의 움직임이 Key animation의 작업으로 진행되는 것이 아니듯 옷이나 깃발 등의 펄럭임이 있는 사물에 대한 표현 역시 Key animation 제작이라기보다는 Simulation적인 요소가 강하다.

인위적인 움직임의 적용이 아닌 자연스러움 힘의 원리가 적용된 자연스러움이 가장 큰 핵심요소라 할 수 있다. 그렇다면 3D에서 이러한 자연스러운 Cloth의 움직임은 어떻게 표현되는지 지금부터 알아보도록 한다.

그림 8-211 Cloth Simulation

8-2-1 Scene 제작

1 Get 〉 Primitive 〉 Poly. mesh 〉 Grid를 꺼내서 Subdivision 값을 많이 올려서 Component의 수를 증가시킨다. 이는 Cloth의 효과를 높여주는 역할을 한다.

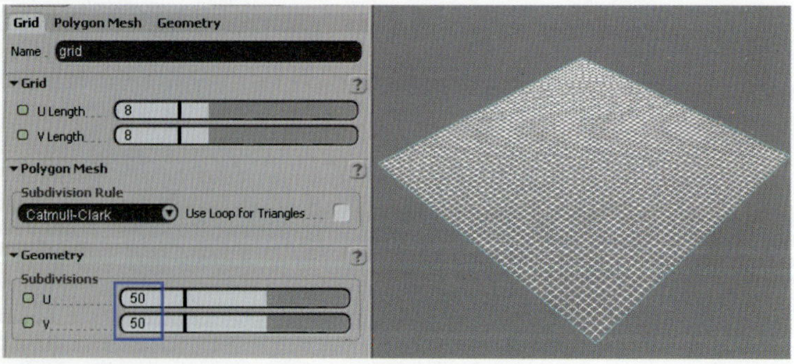

그림 8-212 Grid

2 Get 〉 Primitive 〉 Poly. mesh 〉 Torus를 꺼내서 다음과 같이 속성을 변경한다.

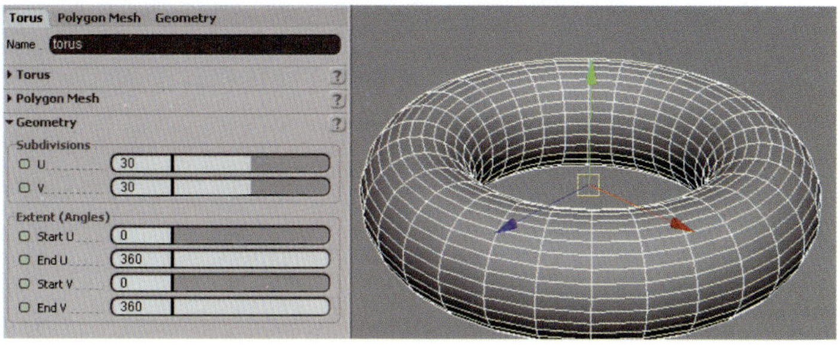

그림 8-213 Torus 속성변경

3 Torus를 Grid 아래에 배치시킨다. Grid와 Torus의 거리는 Grid가 낙하하여 Torus에 떨어질 거리이기 때문에 적당한 거리 값을 유지시키면 된다.

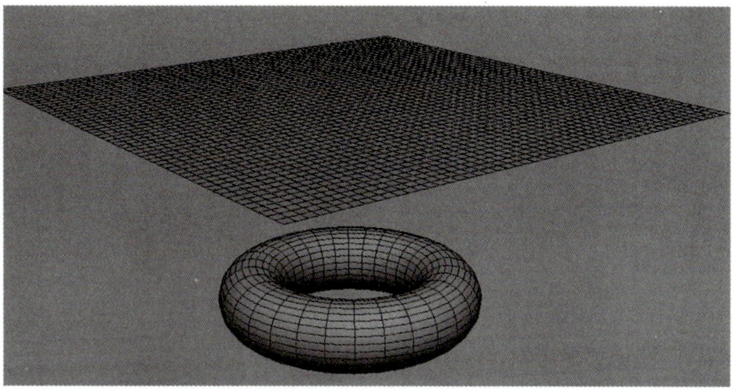

그림 8-214 Scene Setting

8-2-2 Cloth 적용

Grid Object를 선택한 상태에서 Simulate 〉 Create 〉 Cloth 〉 From Selection 명령을 실행한다.

Grid에 적용된 Cloth 효과에 대한 속성 창이 나타난다. Simulation 작업은 환경과 대상에 따라 아주 민감하게 작업되어야 하는 영역 중 하나이기 때문에 속성 창에 나타난 옵션과 함께 그 조절 값들에 대한 많은 테스트와 함께 경험이 쌓여야 좋은 결과를 얻을 수 있다. Cloth 속성 창에 나타난 몇 가지 중요한 속성들에 대해 살펴보도록 한다.

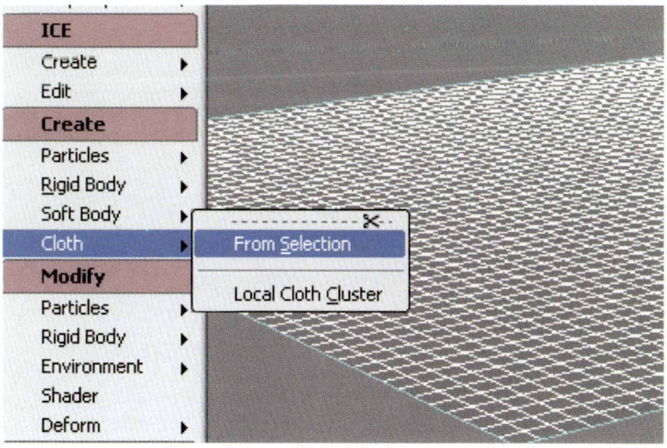

그림 8-215 Cloth 적용

(1) Cloth Operation 〉 Simulation

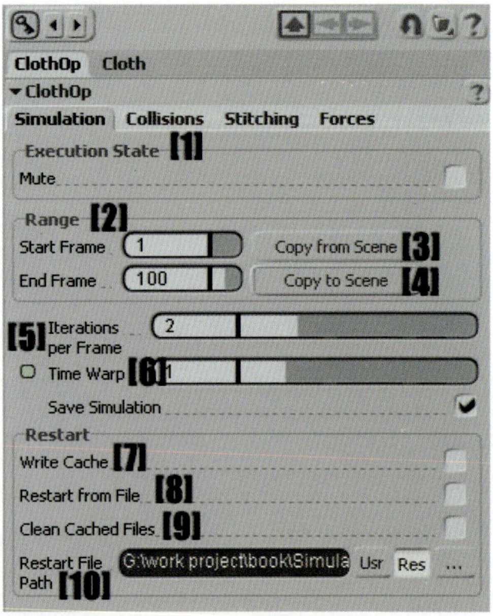

그림 8-216 Cloth 속성

[1] Execution State 〉 Mute : 적용한 Cloth Simulation 효과를 적용할지 적용하지 않을지를 체크를 통해 설정해 줄 수 있다.

[2] Range : Cloth Simulation이 진행될 Start frame과 End frame을 설정할 수 있다.

[3] Copy from Scene : Scene에 설정된 Frame 값이 Cloth Simulation 속성 창에 적용된다.

[4] Copy to Scene : Cloth Simulation 속성 창에 설정된 tart frame과 End frame을 Scene Time line에 적용해 줄 수 있다.

[5] Iterations per frame : Cloth Simulation 실행 시 실행되는 Frame의 간격을 조절할 수 있다. 이는 시간의 중요성에 대해 중요한 요소이므로 테스트 시 간격 조절을 통해 빠르고 효율적으로 테스트 작업을 하게 된다.

[6] Time Wrap : 지정된 Frame 동안 Simulation 진행효과의 속도를 설정할 수 있는 옵션으로 Parameter를 올리면 Cloth Simulation 속도가 느리게 반응을 한다.

[7] Cache : Cache 파일 내에 Cloth simulation 데이터를 저장한다. Cache 파일로 저장된 Simulation을 가진 Scene은 어느 작업환경에서도 재현 가능하며, 이는 Render farm을 사용해서 Rendering 시 유용하게 사용된다.

[8] Restart from File : 저장된 Cloth simulation 데이터를 다시 불러와 재생한다.

[9] Clean Cache files : 저장된 Cloth simulation 데이터를 삭제한다.

[10] Restart File Cache : Cache 파일의 저장 경로를 지정해준다.

(2) Cloth Operation 〉 Collisions

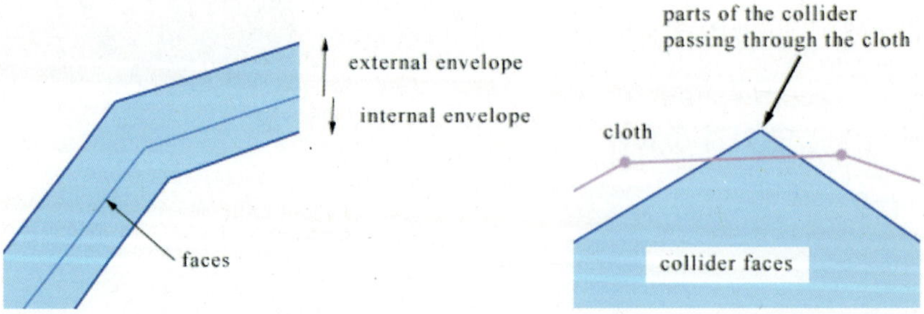

그림 8-217 Collisions의 원리

Cloth simulation은 대부분의 경우 다른 캐릭터(Object)와의 충돌을 통해 일어나는 경우가 많다. 이렇게 정확한 충돌 값을 계산하는 것은 무척 까다롭고 섬세한 작업이다.

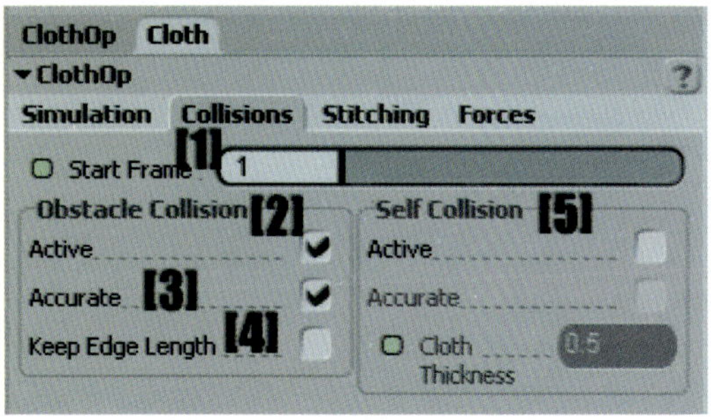

그림 8-218 Cloth Collisions 속성

[1] Start frame : Collision 현상이 시작되는 시점을 임의로 지정할 수 있다.

[2] Obstacle collision 〉 Active : Cloth Object가 장애물 Object를 만났을 때 충돌의 기능을 수행하도록 지시할 수 있는 기능 창이다. Active를 비활성하게 되면 충돌 효과는 나타나지 않는다.

[3] Accurate : Cloth 효과가 나타나는 Object가 충돌할 장애물 Object의 외부 모양에 최대한 정확한 변형을 가지도록 하는 옵션이다.

[4] Keep Edge Length : Cloth 효과가 나타나는 Object가 Stretching되는 현상을 막는다. 만약 옵션을 활성화하면 Cloth 효과가 나타나는 Object는 Stretching 효과가 나타난다.

[5] Self Collision : Cloth 효과가 나타나는 Object가 다른 대상의 장애물 Object가 없더라도 자체적으로 충돌과 같은 현상으로 Cloth simulation 현상이 나타나도록 해주는 기능이다.

그림 8-219 Self Collision 적용 예

(3) Cloth Operation 〉 Stitching

대상 Object가 NURBS data를 사용할 경우 활성화된다.

(4) Cloth Operation 〉 Force

Cloth object에 적용되는 Simulation에 영향을 미치는 여러 형태의 Force 항목이 들어 있는 Tab이다.

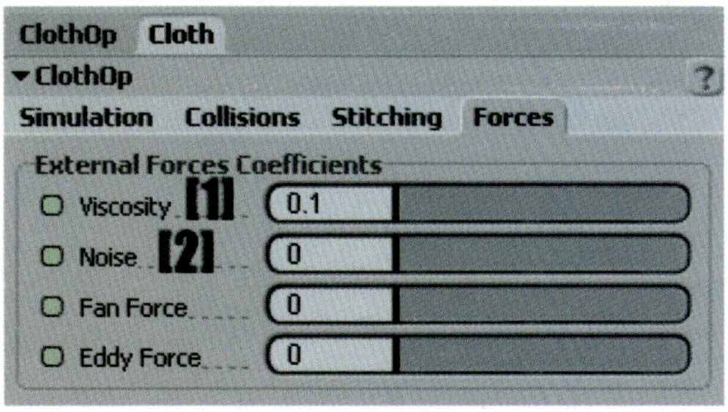

그림 8-220 Cloth Operation의 Force

[1] Viscosity : Cloth Object의 속성상 서로 Shearing 되는 힘의 크기를 조절할 수 있다. 즉 Viscosity 값을 올리면 보다 덜 부드러운 성질의 Cloth simulation 현상이 나타나게 된다.

[2] Noise : Cloth simulation의 불규칙성을 증대시키는 기능으로 Noise의 값을 높일수록 Simulation의 속도의 불규칙성이 증대된다. Cloth에서의 불

규칙성이란 Simulation의 자연스러움의 표현이 증대된다는 의미이므로 Noise의 값을 높일수록 Cloth simulation 현상이 자연스러워진다.

[3] Fan Force : Fan(송풍) 효과로 Cloth simulation에서 펄럭임의 정도를 적용하는 옵션이다. Fan의 특징과 같이 한쪽 방향으로 펄럭임이 적용되며 Parameter 수치를 높일수록 그 현상은 증대된다.

그림 8-221 Fan

[4] Eddy Force : Eddy(회오리) 현상은 Cloth 표면을 따라 발생하는 불규칙성의 움직임으로 Cloth simulation의 불규칙성을 증대시키는 역할을 한다.

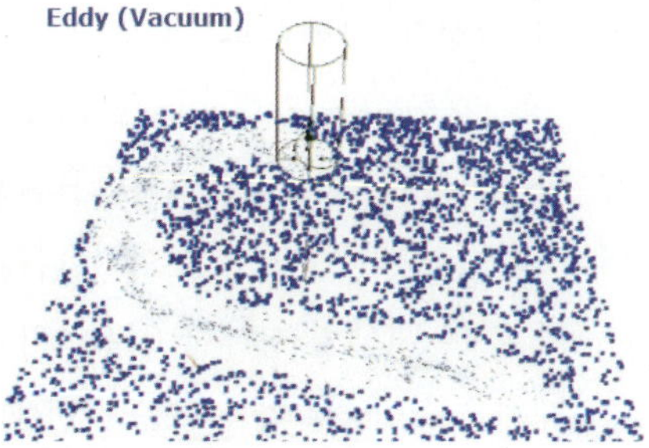

그림 8-222 Eddy Force

(5) Cloth 〉 General

Cloth의 일반적인 속성들이 들어 있는 기능 창으로 Cloth의 효과를 좀 더 다양하게 적용하고자 할 경우 Cloth 〉 General의 속성들의 변화를 통해서 제작할 수 있다.

[1] Name : 현재 적용된 Cloth의 이름을 지정해 줄 수 있다.

[2] Nail : 선택한 Object나 Object의 Component를 기준으로 Cloth의 현상을 적용받지 않는 고정점을 만들어서 Cloth 현상을 적용할 수 있다. 즉 Nail은 Cloth로부터 특정 Vertex를 고정화시킨다. Nail을 생성하기 위해서는 Cloth가 적용된 Object내의 Vertex를 선택하고 Nail 기능을 활성화시킨다.

[3] Mass : Simulation이 적용된 Cloth의 질량 값을 적용해 줄 수 있다. 질량 값이 클수록 Cloth의 움직임이 무겁게 느껴지게 된다. 즉 이 값은 Cloth의 밀도(Mass/Surface)를 정의한다. Cloth의 총 무게는 밀도×면적이다.

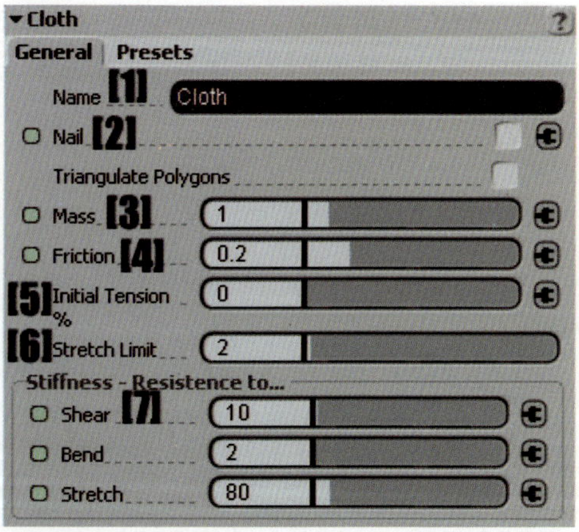

그림 8-223 Cloth 속성

[4] Friction : 마찰계수로 Obstacle로 설정된 Object와 Cloth Object와의 충돌 시 표면에 생성되는 마찰력을 조절할 수 있다. Friction 수치를 증가시키면 Cloth와 장애물간의 마찰력이 증대되어 표면에서 부드럽게 감싸는 현상 대신 보다 격한 회전과 이동 현상이 나타나게 된다.

[5] Initial Tension : Cloth와 Obstacle 사이에 일어나는 장력으로 각각의 Object가 서로 당기는 힘이다.

[6] Stretch Limit : Stretching(늘어남의 정도)되는 크기를 나타내며 Limit parameter를 높일수록 Cloth는 Simulation이 적용되었을 때 늘어나게 된다.

[7] Stiffness : Stiffness는 스프링의 경도, 즉 스프링 효과의 뻣뻣함을 정의한다. 여기에는 스프링의 Stiffness 성질에 따라 세 가지 종류의 Cloth를 적용할 수 있는데 Shear와 Bend 그리고 Stretch이다.

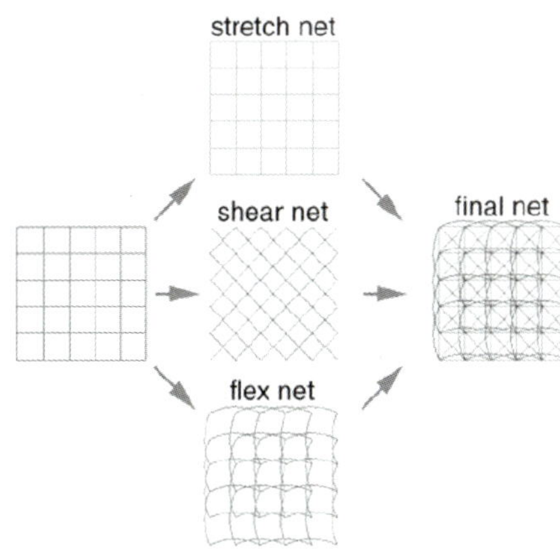

그림 8-224 Stiffness 원리

① Shear

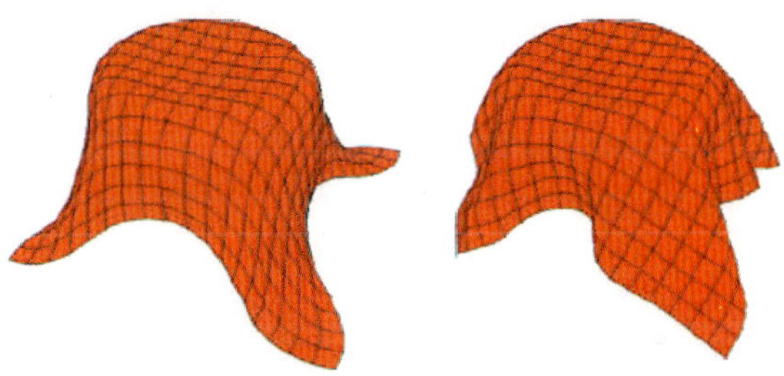

Shear Resistance value of **1** on Silk cloth preset.

Shear Resistance value of **100** on Silk cloth preset.

그림 8-225

② Bend

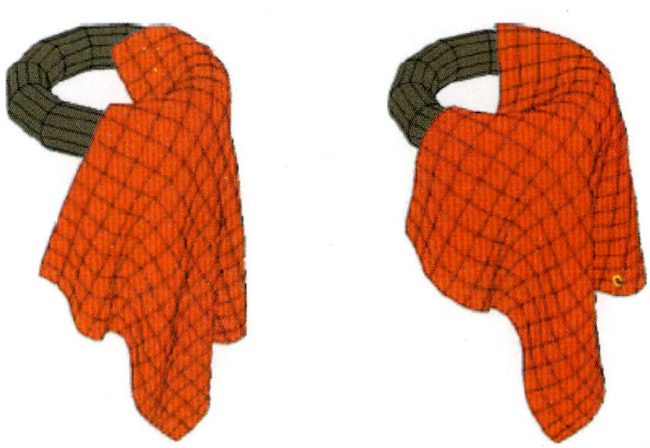

Bend Resistance value of **1** on Silk cloth preset.

Bend Resistance value of **300** on Silk cloth preset.

그림 8-226

③ Stretch

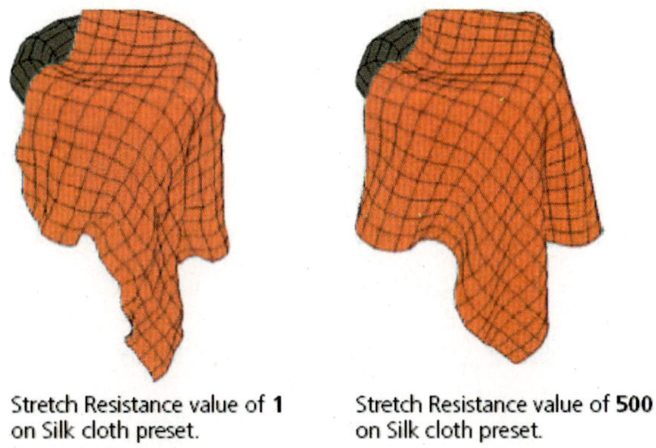

그림 8-227

(6) Cloth 〉 Preset

다양한 Cloth의 종류를 Preset 형식으로 제공한다. 원하는 Cloth의 성질에 대해 Click하여 사용할 수 있다.

그림 8-228 Cloth Preset

8-2-3 Cloth Object에 대해 중력 효과 적용하기

Cloth Object를 선택한 상태에서 Get 〉 Force 〉 Gravity를 적용한다.

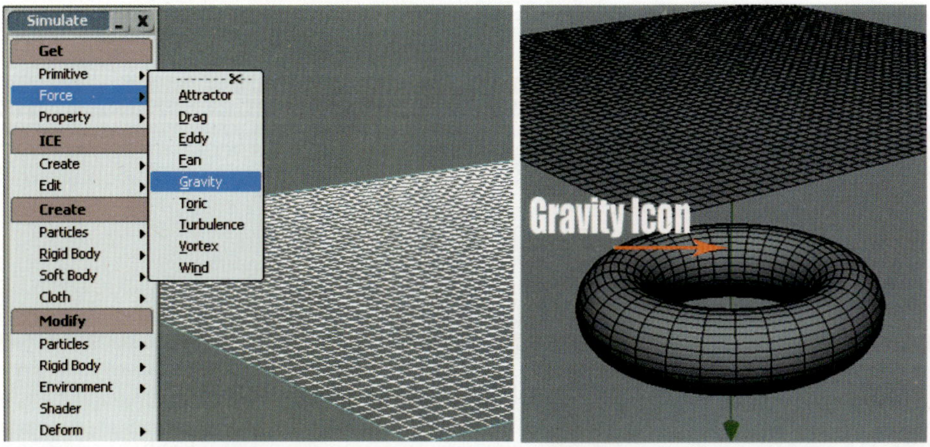

그림 8-229 Gravity

8-2-4 Cloth에 Gravity force를 적용한 결과

Cloth에 Gravity force를 적용한 결과 Gravity 속성 창이 나타난다.

[1] Name : 현재 적용된 Gravity의 이름을 지정해 줄 수 있다.

[2] Mute : Gravity 효과를 적용/미적용할 수 있다.

[3] Strength 〉 Amplitude : Gravity의 강도를 조절할 수 있다.

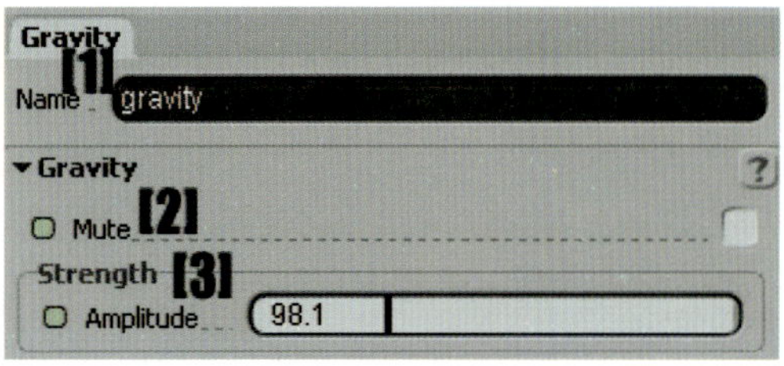

그림 8-230 Gravity force 속성 창

8-2-5 Cloth Object에 대한 장애물(Obstacle) Object 설정하기

Grid Object를 선택하고 Modify 〉 Environment 〉 Set Obstacle 명령을 실행한다. 그 결과 Obstacle로 지정할 Object를 선택하라는 Pick 모드로 전환된다. 이때 장애물로 활용할 Torus를 선택한다.

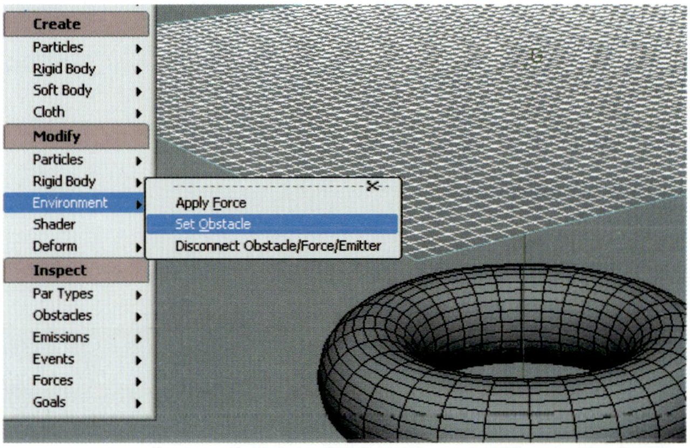

그림 8-231 장애물 설정

8-2-6 생성된 Obstacle 속성 창

생성된 Obstacle 속성 창에 대해 알아보도록 한다.

[1] Mute : Obstacle 효과를 적용하거나 또는 미적용할 경우 사용하는 활성 기능이다.

[2] Obstacle Name : 현재 적용된 Obstacle의 이름을 지정해 줄 수 있다.

[3] Obstacle Type : Cloth Object가 장애물로 지정된 Object의 인식 형태로 Box Type일 경우 실제 Obstacle의 형태와는 무관하게 Box 형태로 인식하고 Plane Type일 경우 평면의 형태로 인식한다. 그리고 Sphere Type일 경우 Sphere 형태로 인식하여 감싼다. 실제 Obstacle의 모양대로 인식시키기 위해서는 Actual Shape의 Type로 지정해준다.

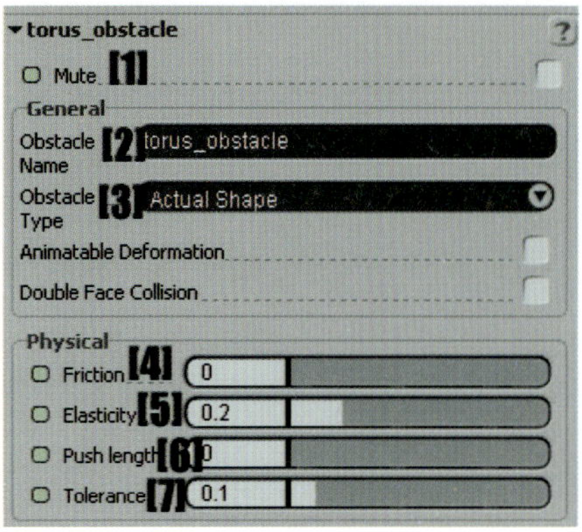

그림 8-232 장애물 속성 창

[4] Friction : 마찰계수로 Obstacle로 설정된 Object와 Cloth Object와의 충돌 시 표면에 생성되는 마찰력을 조절할 수 있다. Friction 수치를 증가시키면 Cloth와 장애물간의 마찰력이 증대되어 표면에서 부드럽게 감싸는 현상 대신 보다 격한 회전과 이동 현상이 나타나게 된다.

[5] Elasticity(탄성) : Cloth와 Obstacle 사이에 일어나는 탄성으로 외부 힘에 의해 변형을 일으킨 물체가 힘에 제거되었을 경우 원래의 모양으로 되돌아가려는 성질이다.

[6] Push Length(표면저항력) : Cloth Object가 장애물 Object의 표면에 닿았을 때 어느 정도의 힘으로 표면에 안착을 하는지에 대한 설정을 해주는 기능이다.

[7] Tolerance 저항력(내성) : Cloth가 Obstacle에 대한 저항 정도를 측정할 수 있는 기능이다.

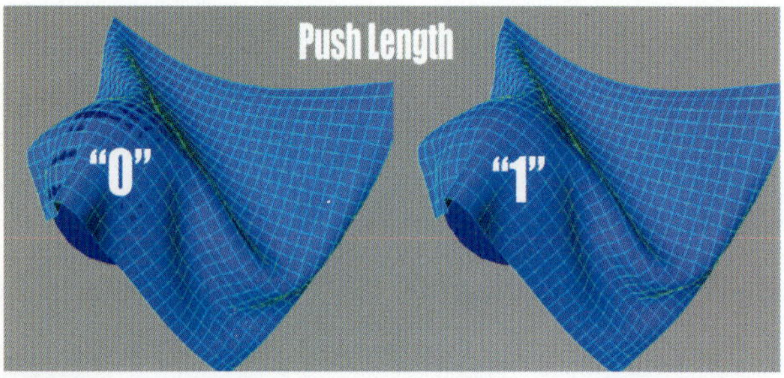

그림 8-233 표면장력

8-2-7 기본 Test

우선 적용된 수치를 기반으로 Simulation을 확인한다. Play 버튼을 눌러 Simulation을 시작한다.

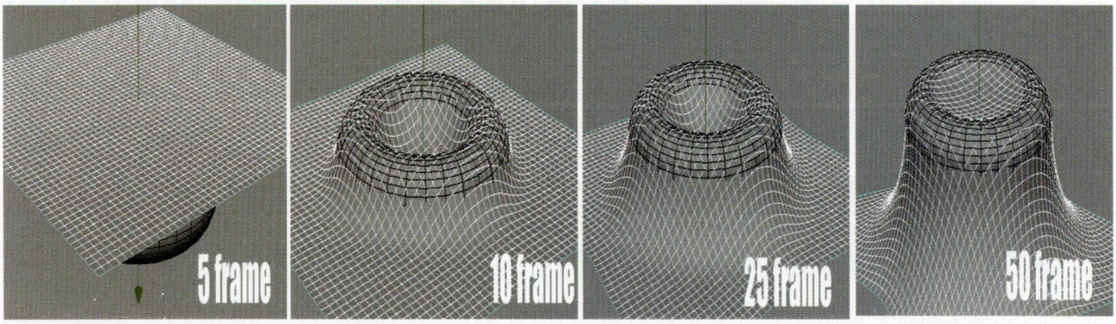

그림 8-234 Simulation 실행

8-2-8 속성 창 열기

Grid에 적용된 Cloth 기능과 Obstacle 그리고 Gravity에 대한 속성은 Grid의 Explorer 창 내의 내부 속성 구조 아래에 순서대로 나타나 있기 때문에 찾아서 옵션 수치를 조절한다. 또 Cloth Operator 속성 창을 열면 적용된 모든 Simulation control 속성들이 포함되어 있다.

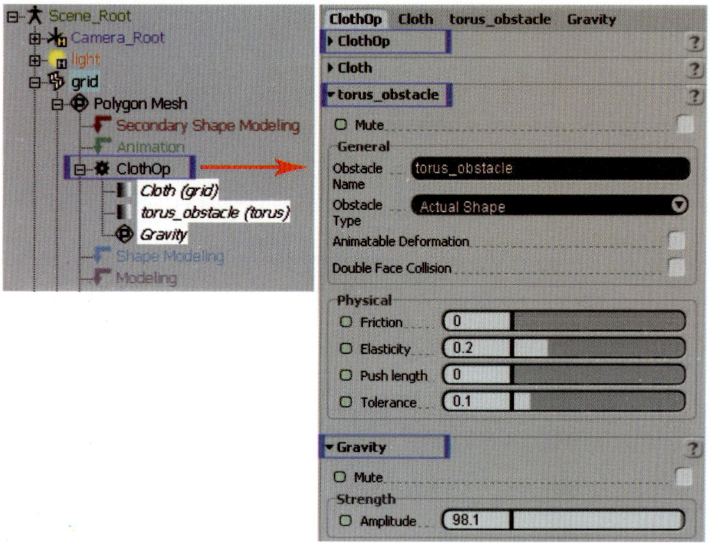

그림 8-235 **속성 창**

8-2-9 Simulation 단위환산

보다 더 정확한 Simulation 적용을 위해서는 각 속성 별로 적용되는 힘의 단위가 잘 적용되어져서 환산되어진 값을 적용할 필요가 있다. Cloth simulation은 물리 방정식에 근거하여 시뮬레이터를 작동시킨다. 각 시뮬레이션의 파라미터는 물리적 의미를 가진 특정 단위로 표현한다. 이 단위들은 3가지 기본적인 단위로 이루어졌다.

Length	L
Time	T
Mass	M

이 기본적인 단위의 결합되어 각 파라미터를 설명하는데 사용된다. 이것을 파라미터의 치수라 부른다. 아래에 보면 치수의 예가 있다. 만약 단위가 바뀌면 많은 파라미터가 Update될 것이다.

Parameter	Dimension
Speed	L/T
Gravity	L/T^2
Density	M/T^2
Stiffness	M/T^2
Damping	M/T

예 지구(G) 위의 중력 값이 $G=9.81m/s^2$ 만약 단위가 센티미터면 (1meter = 100centimeters), 프레임(1second = 30frames) 그럼 G의 값은 다음과 같다.

$G = 9.81m/s^2 = 9.81*(100cm)/(30f)2 = 1.09cm/f2$

Scene 내에 어떤 단위를 쓰냐에 따라 각 파라미터에 다른 단위를 써야 한다.

경우에 따라 다른 치수를 써야 한다.

- 만약 클로스 스케일이 3, 그러나 똑같은 애니메이션을 보관하고 싶고, 중력 값을 3으로, 1초당 프레임 비율이 30프레임 대신 25프레임으로 하고, 똑같이 늘린 시간의 단위를 25/30=0.833. 똑같은 클로스 애니메이션을 보관한다.

$0.833^2 = 0.694$로 모든 스프링 stiffness를 나눈다. 0.833으로 damping을 나눈다.

$0.833^2 = 0.694$로 중력 값을 나눈다.

시뮬레이션을 위한 적절한 값들을 설정하기 위해서는 Scene에서 사용되는 단위가 무엇인지를 알아야 한다. 예를 들면, 클로스가 실제로 1meter × 1meter인 사각형인 경우에 SOFTIMAGE 단위계에서 클로스가 1×1이면 미터 단위를 사용하고, 클로스가 100 × 100이면 Cm 단위를 사용하는 것이다. 마찬가지로 SOFTIMAGE 내에서 그 클로스가 3X3이면 피트 단위이다.

여기에 다른 단위계가 적용된 몇 가지 예가 있다.

Unit	L=m T=24fps M=g	L=cm T=24fps M=g	L=cm T=24fps M=Kg
Gravity	−0.007	−1.7	−1.7
Mass Density	100	0.01	0.00001
Cloth Spring Stiffness	20	20	0.02
Cloth Spring Damping	0.2	0.2	0.0002
Global Damping	0.02	0.02	0.00002

[환산에 사용된 공식]

input 값/단위 : L(length) /meter, T(time)/Seconds, M(mass)/grams

gravity : 9.81×(T×T)/L

mass density : 100×(L×L)/M

spring stiffness = 12500×(T×T)/M

spring damping = 5×T/M

global damping=0.25*M/T

8-2-10 결과확인

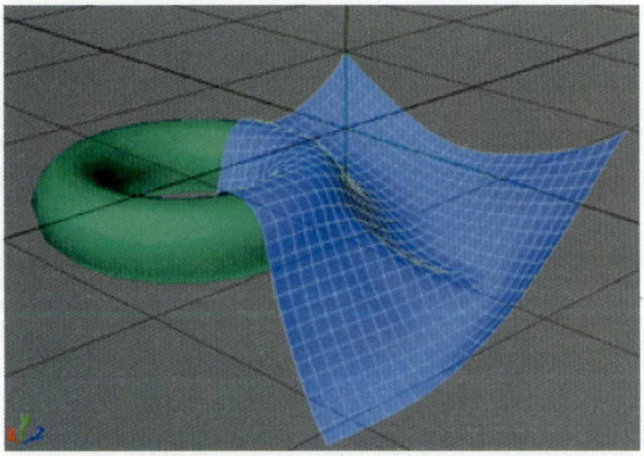

그림 8-236 **최종 결과**

8-3 Rigid Body

8-3-1 Rigid Body 기본 이해하기

마야사용자들에게 익숙한 기능이지만, SOFTIMAGE Rigid Body 기능은 마야의 Rigid Body보다 매우 직관적인 구성을 보여주고 있다.

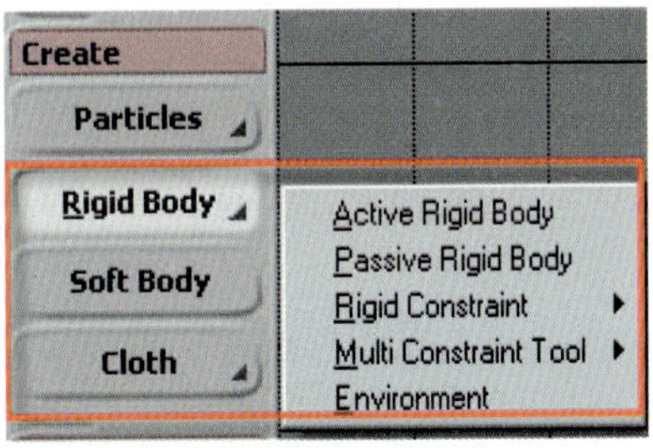

그림 8-237 Rigid Body

1 Rigid Body 기능 기본 사용방법 : Rigid Body 기능 사용방법을 이해하기 위해 간단한 Scene을 구성하고 지정한대로 시뮬레이션을 적용한다. 효과를 좀더 확실하게 보기위해서 Object의 초기 회전 값을 준다. Cube는 Rigid Body > Active Rigid Body를 적용하고 바닥 Grid는 Rigid Body > Passive Rigid Body를 적용한다.

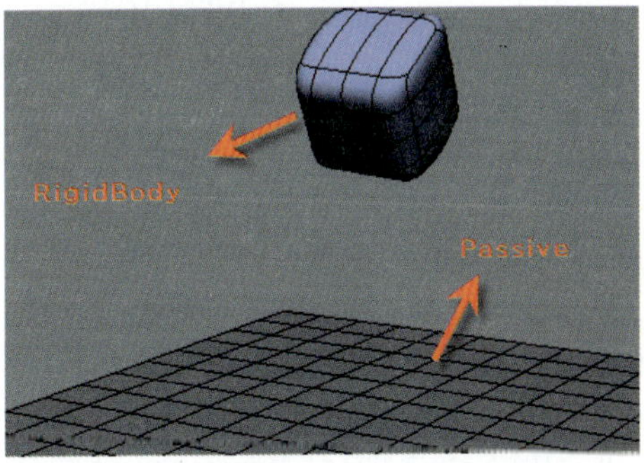

그림 8-238 Rigid Body 기능

2 Object를 선택하고 Force > Gravity 기능을 추가한다. 이는 중력의 영향을 더해주는 기능으로 중력 값의 수치 정도에 따라 중력의 효과에 반응하여 나타나게 된다.

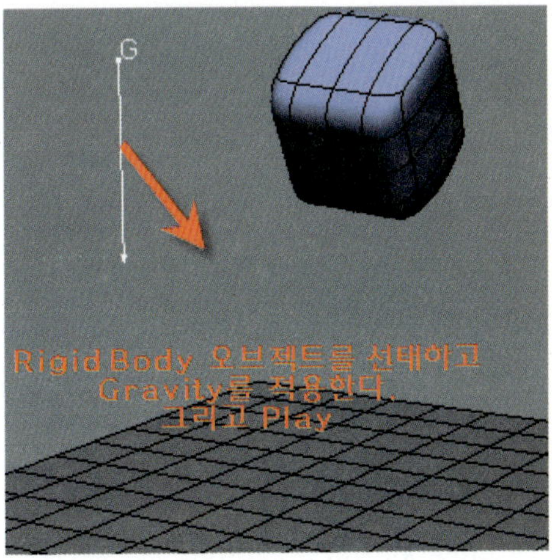

그림 8-239 Gravity 기능

3 Simulation 실행 : Animation Ghost 기능 활용 Viewport 설정 모드에서 Animation Ghost 기능을 체크하고 Scene Layer 창에서 현재 Layer의 Ghost를 체크한다. 그리고 Play Back 버튼을 눌러서 Rigid Body가 적용된 Object의 움직임을 관찰한다.

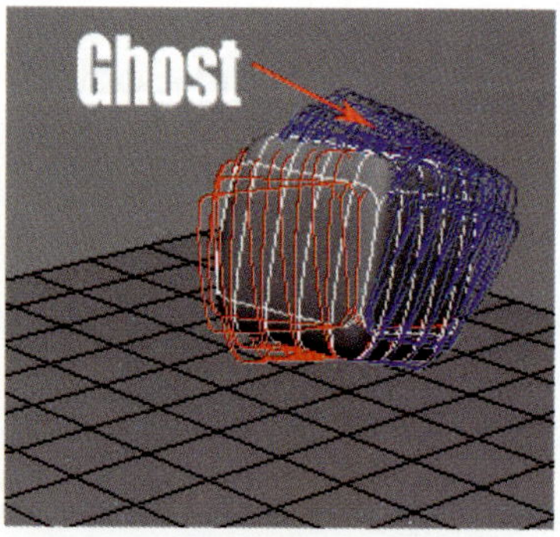

그림 8-240 Animation Ghost

4 Explorer 창에서 Simulation Environment를 열고 Environment 항목을 선택한다. 모든 Rigid Body simulation은 여기 Environment tab에서 컨트롤된다. 즉, Rigid Body의 전반적인 컨트롤을 할 수 있는 곳이다. 특히 Cache, 시뮬레이션의 정확성, 타임 설정과 같은 전반적인 사항들에 시뮬레이션을 적용하게 되면 자동적으로 Environment가 만들어진다.

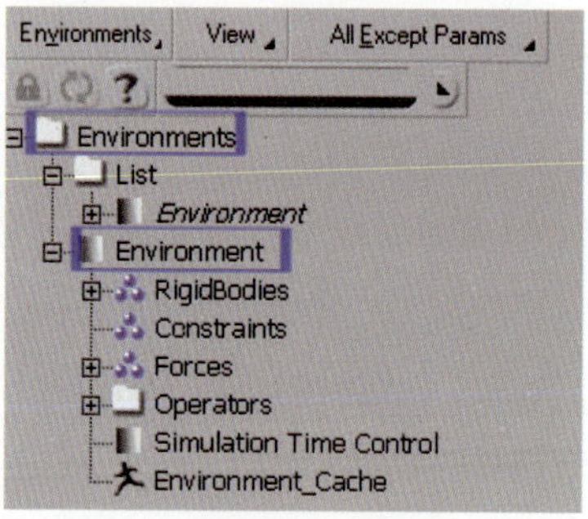

그림 8-241 Explorer 창에서의 Rigid Body simulation

5 만약 추가적으로 Environment을 만들고 싶다면 아래의 명령을 이용한다.

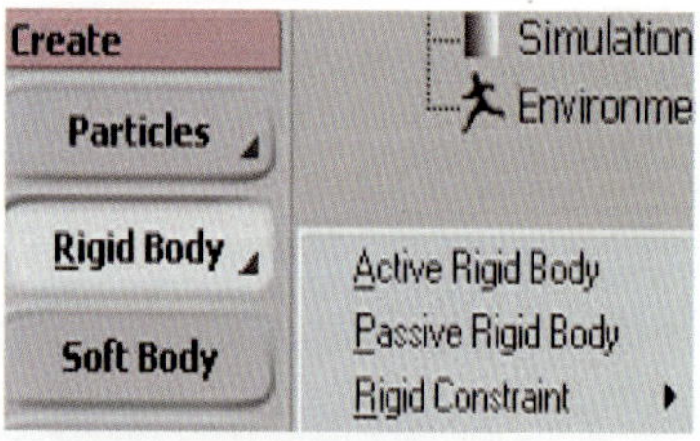

그림 8-242 Environment

6 여러 개의 Environment를 사용하는 이유는 각 시뮬레이션마다 시뮬레이션 환경을 다르게 설정할 수 있기 때문이다. 만약 한 개의 Rigid 시뮬레이션에 2개의 Environment가 존재한다고 가정하자. 그리고 특정 Rigid Body Object는 두 번째 Environment를 자신의 시뮬레이션에 사용하고 싶다면, 원하는 Environment를 선택하고 오른 클릭하여 Set as Current Environment를 실행하면 된다.

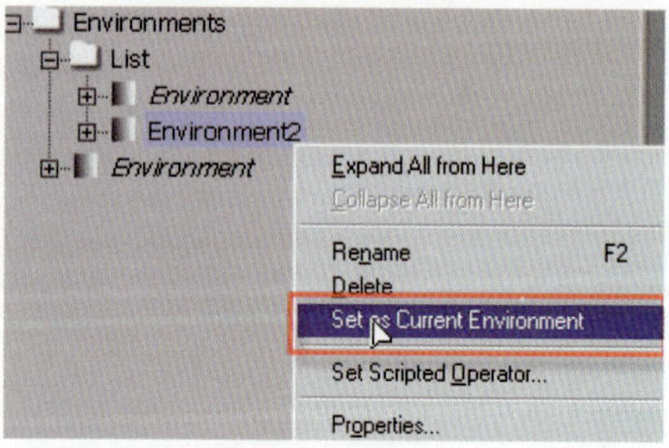

그림 8-243 Set as Current Environment

7 Scene에 Object 추가하기 : Cone Object를 현재의 시뮬레이션 Scene이 추가하였다. 아직 Cone은 아무런 시뮬레이션이 적용되지 않는 상태이다.

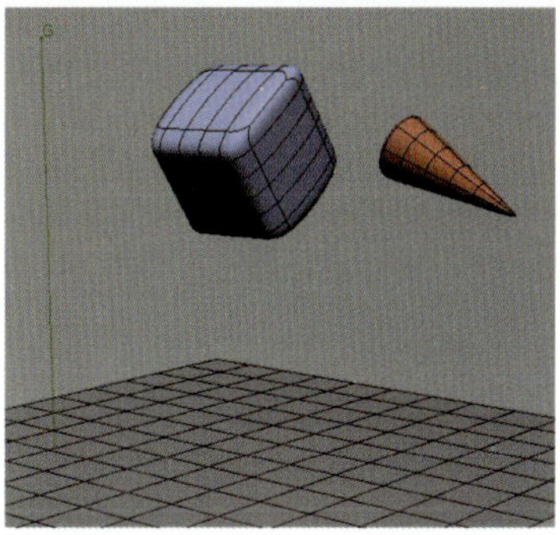

그림 8-244 Scene에 Object 추가

8 Cone Object에 Simulation 적용하기 : 현재의 상태에서 Cone에 다시 한번 Rigid Body를 실행할 수 있지만 같은 Environment를 공유하고자 한다면 두 번 수고를 할 필요가 없다. 간단하게 Drag & Drop으로 해결할 수 있다.

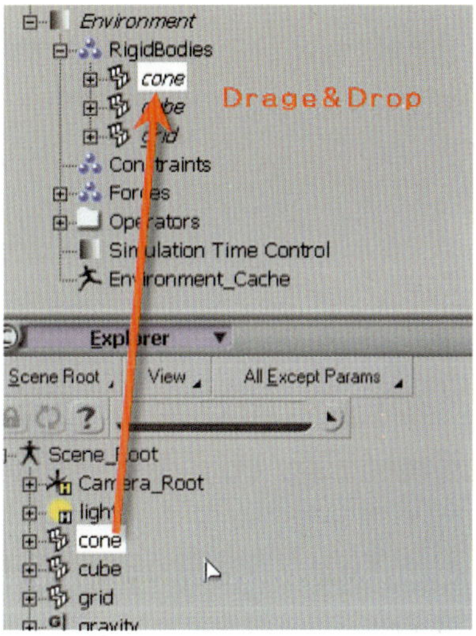

그림 8-245 Drag & Drop

9 그리고 시뮬레이션을 가진 Object를 Rigid에서 제외하고 싶다면 그 Object를 선택하고 Rigid Body 〉 Remove Rigid Body 명령을 선택하면 된다.

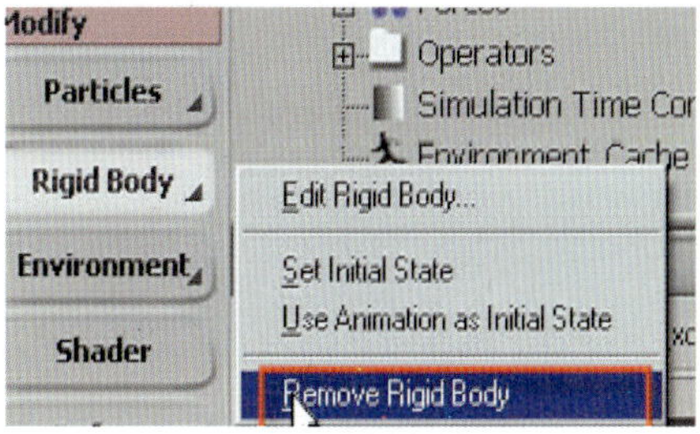

그림 8-246 Remove Rigid Body

10 Rigid Body Objects의 Force 영향권 설정하기 : Center of mass 〉 force가 Rigid Body의 center of mass에 적용, 이것은 Objects가 회전하는 것을 막아준다.Vertices 이 옵션은 느린 시뮬레이션을 가지지만 가장 정확하다. Bounding box는 빠르지만 정확하지 못하다.

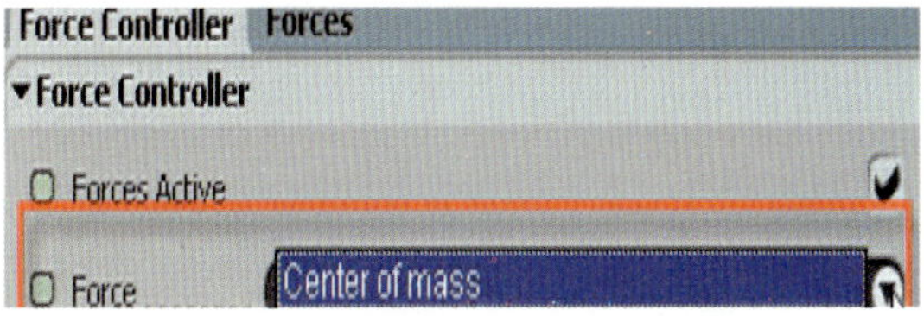

그림 8-247 Force 영향권 설정

11 각각의 Object에 서로 다른 Force Weight 값을 가진 두 개의 Active Rigid Object가 있고, Scene에 force를 적용하게 되면 (참고로 말하지만, Particle과 달리 Rigid body는 원하는 force를 한 번만 적용하면 된다. 구지 Object를 선택하지 않더라도, 예를 들어 중력 값을 적용하게 되면, Scene 전체의 Rigid body가 영향을 받게 된다.)

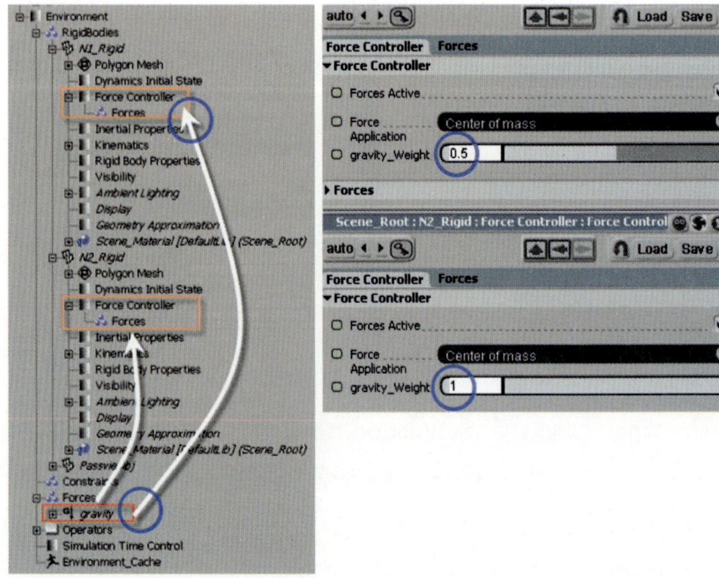

그림 8-248 Gravity Weight

12 두개의 Rigid Object는 같은 Wight값을 가진 force를 가지게 된다. 만약 중력을 적용했다면 1번 Rigid에 20의 Weight 값을, 2번에 40의 Weight 값을 주고 싶다고 하자 (물론 두 번 중력을 적용을 하여도 상관은 없지만, 이것은 Scene 전체의 시뮬레이션을 느리게 만든다). 그럴 경우 각각 다르게 중력 값의 Weight를 설정할 수 있다. 위와 같을 경우 Weight 값이 높은 쪽이 빨리 떨어질 것이다. 또한 각 Object별로 force을 mute할 수 있다.

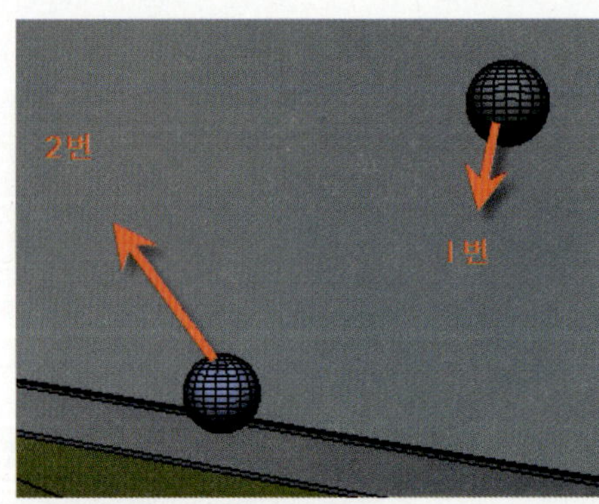

그림 8-249 Weight 수치 조절

13 Inertial Properties Setting (관성에 관련된 설정 옵션) : Rigid의 관성에 대한 성질을 조절한다. Mass/forces가 적용되었을 때 얼마나 빠르게 반응할 것인지를 결정한다. 많은 질량을 가진 Object는 아무래도 외부의 힘에 늦게 반응할 것이다.

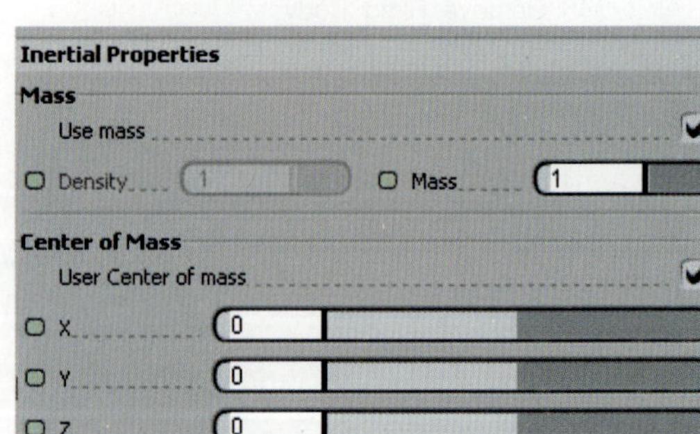

그림 8-250 Inertial Properties Setting

[그림 8-251]은 3개의 Sphere object에 Active와 Wind를 적용한 다음 각각 다른 mass를 가지고 실험을 해본 결과이다.

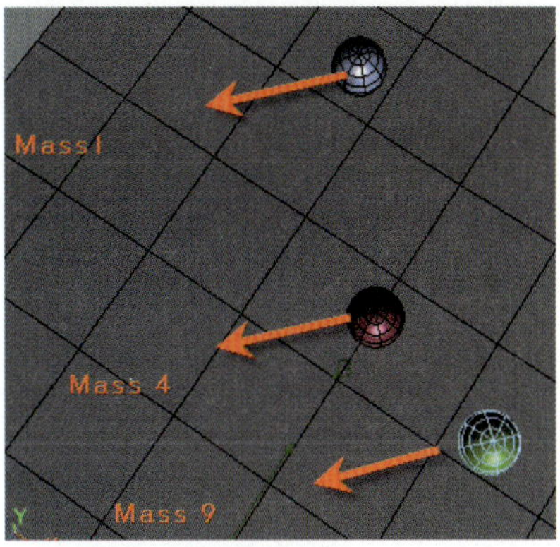

그림 8-251 Mass 적용

SOFTIMAGE는 질량을 기준으로 밀도를 계산한다(Mass를 꺼주면 자동적으로 Density 옵션이 활성화된다). 큰 Object는 작은 Object보다 밀도가 많으므로 질량 값이 크다고 계산을 한다는 의미이다. 사이즈가 큰 Sphere는 바람의 영향에 꼼짝도 안한다. 위의 테스트는 Density를 1로 한 상태에서 한 것이다. 만약 가장 작은 Sphere의 움직임을 둔화시키기 위해서는 인위적으로 density를 높이면 된다.

그림 8-252 Density 적용

14 Center 설정하기 : Setting Object's Center of Mass Center of mass는 Object에 force나 외부 Object와 충돌을 했을 때 어디를 기준으로 회전(반응)을 할 것인지를 결정한다. 기본적으로 center of mass(축약 COM)는 Object의 센터에 놓이게 된다. SOFTIMAGE의 경우 다른 툴에 비해 굉장히 통일성 있는 설정 값을 가지고 있다는 점이 장점이다.

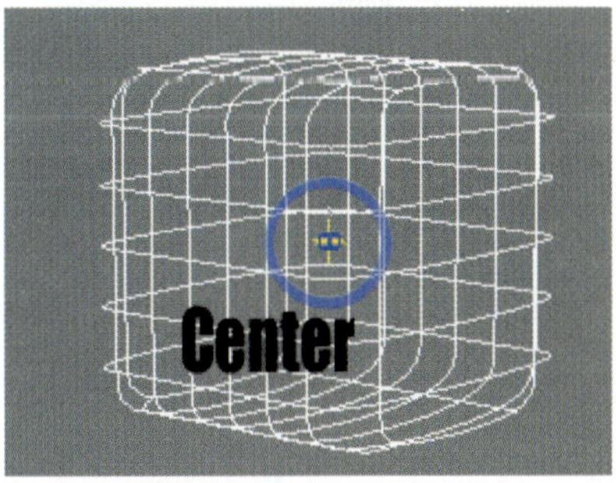

그림 8-253 Center 설정

15 Object의 중심에 com이 있을 때 위와 같이 정직하게 착지를 한다. [그림 8-254]와 같이 센터를 변경하여 실험해보자. Center를 이동시킬 때 Center를 선택하여 Transform 〉 Transition 기능을 이용하여 이동시키는 것보다 Inertial Properties Setting 속성 창에서 X, Y, Z의 변화 값을 이용하여 Center의 이동을 주는 것이 좋다.

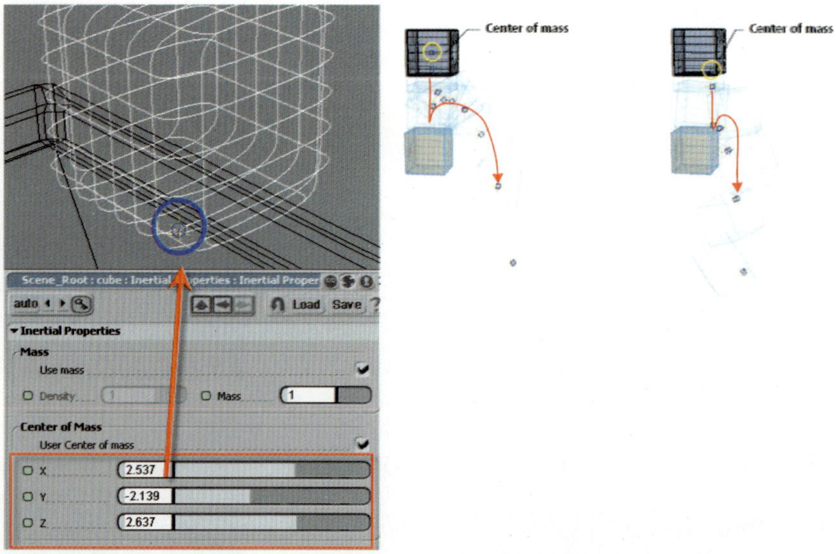

그림 8-254 Inertial Properties Setting

16 Simulation Test : 다음과 같은 결과가 나타난다. Creating Collision with Rigid Body Objects 굉장히 중요한 옵션이다. 만약 각 Object마다 충돌의 타입이 잘못 설정될 경우 시뮬레이션은 제대로 작동하지 않는다.

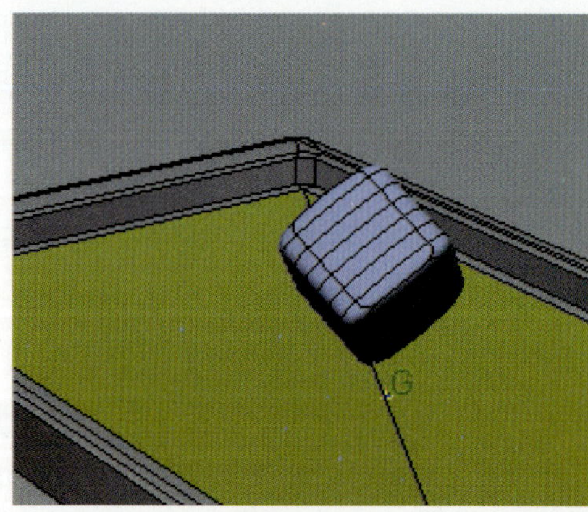

그림 8-255 Simulation Test

17 다음은 Collision Type에 대해 알아보도록 한다. Collision Type이란 Active Object가 Passive Object의 형태를 인식하는 방식이다. Active Object가 Passive Object를 어떤 식으로 인식하느냐에 따라 충돌의 모양(형태)가 완전하게 달라지는 이유도 모두 Collision Type의 설정 때문이다. Grid와 Sphere object를 가진 간단한 모델링 Scene을 구성한다. Sphere는 Rigid Body 〉 Active Rigid Body를 적용하고 바닥 Grid는 Rigid Body 〉 Passive Rigid Body를 각각 적용한다.

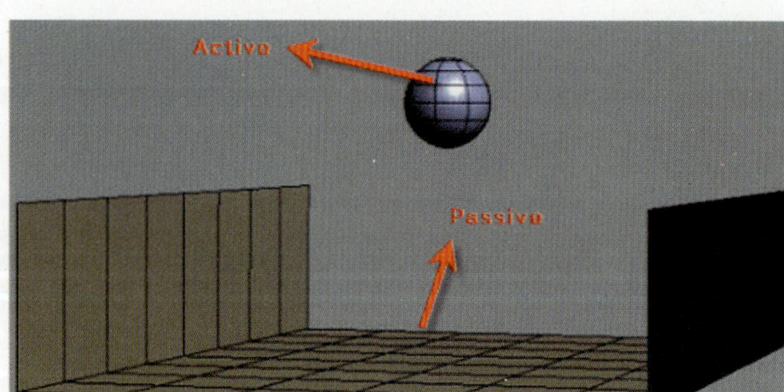

그림 8-256 Collision Type

18 Object를 선택하고 Force > Gravity 기능을 추가한다. 그리고 적용된 Simulation을 실용해 보면 Sphere가 인식하는 Grid의 바닥면(Collision)은 접혀 올라온 지점이다.

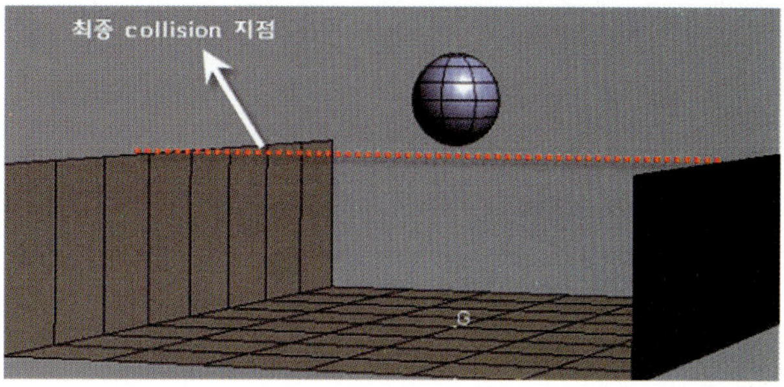

그림 8-257 Gravity 기능

19 Sphere가 바닥으로 떨어지지 않고 점선 부분에 멈추는 것은 Collision Type이 Bounding Type으로 설정되어 있기 때문이다. 즉 끝부분이 접혀 올라간 영역까지 하나의 Box Type으로 인식하기 때문에 그 임의의 Box 라인까지 Sphere가 경계지점으로 인식하기 때문이다.

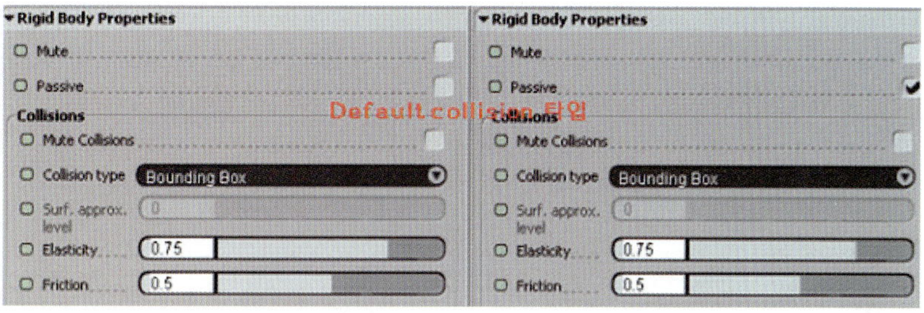

그림 8-258 Collision Type

20 그렇다면 여기서 두 Object는 Default로 서로를 충돌 시 Bounding Box로 인식하게 되어 있다. 그렇다면 둘 중 어떤 것이 문제일까? Active? Passive? 정답은 Passive가 문제인 것이다. 사신을 "Bounding Box"로 감싸고 있기 때문에 Sphere는 바닥까지 뚫고 들어가지 못한다. 단축키[B]키를 눌러 Passive Object의 Bounding 박스의 형태를 파악할 수 있다.

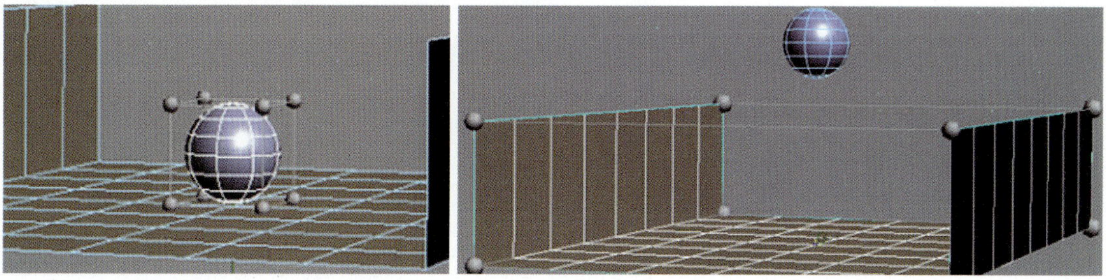

그림 8-259 Collision Type에 따른 결과

21 이제 Passive의 collision type을 actual shape을 바꿔보자.

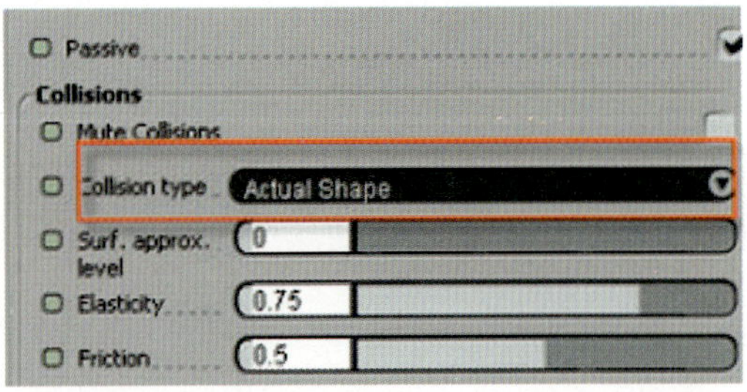

그림 8-260 Collision Type

22 Active Object의 Collision Type의 지정 : 실제 Sphere의 Collision Type을 Bounding Box Type로 설정을 해도 결과에 있어서는 큰 문제는 발생하지 않는다. 하지만, 좀더 정확한 시뮬레이션을 원하면 Sphere의 Collision Type을 Bounding Sphere Type로 바꾼다. 이때 Sphere의 현태를 타원형으로 변경하고 회전 값을 약간 기우뚱하게 바꾸고 시뮬레이션하면, Bounding Box Type과 Bounding Sphere Type의 차이점을 보게 될 것이다.

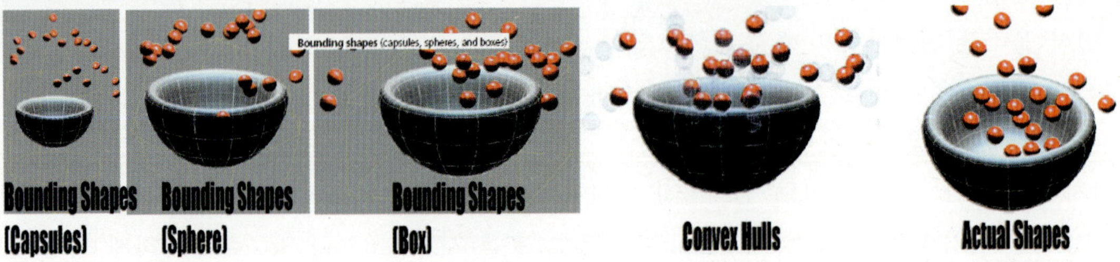

그림 8-261 Collision Type

23 Cube와 Sphere로 다음과 같은 Scene 구성을 한다. 마치 당구장에서 흔히 볼 수 있는 당구대와 당구공 그리고 당구 큐로 구성되어 있다. 당구 큐의 Collision 타입은 정확도에 따라 적당하게 설정해라. 하지만 당구 pool의 Collision 타입은 반드시 actual shape을 지정해야 된다. 당구 큐는 현재 당구공을 치는 애니메이션 데이터를 가지고 있다(Passive Object일 경우 키 애니메이션 적용이 가능하다).

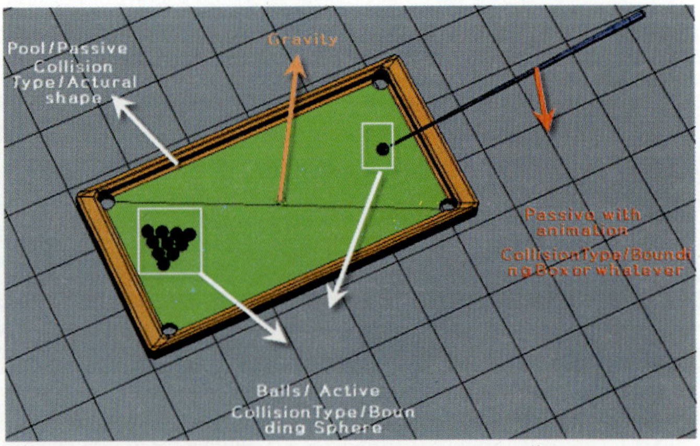

그림 8-262 Scene 적용

24 당구 Pool의 아래 부분은 Inner Box와 Outer Box의 형태로 구성되도록 한다. 당구공이 떨어진 내부 박스와 당구대의 바깥쪽 박스를 만든다. 내부 박스는 반드시 Invert Normal을 하여 안쪽으로 Normal 방향이 향하도록 하여야 한다. 모든 시뮬레이션은 Object의 Normal 방향으로 진행되도록 되어 있기 때문이다.

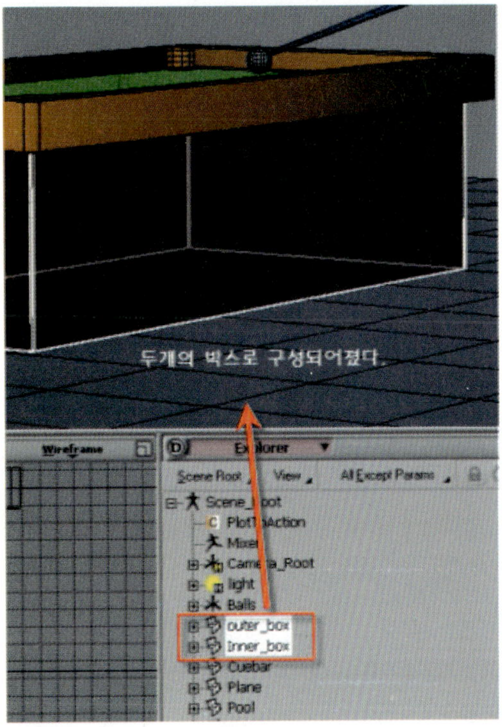

그림 8-263 Rigid Body Setting

25 내부 박스에 Passive를 적용한다. 이제 플레이를 해보면서 각각의 Objet의 마찰력 및 질량 값 반력성 값을 수정하여 자신의 Scene에 맞는 가장 적당한 값을 찾아낸다. 최종적으로 시뮬레이션이 최상이 되었다면, 우리는 Scene의 Optimizing을 위해 시뮬레이션을 plot을 이용하여 Key 애니메이션으로 바꿀 것이다. 먼저 Scene에서 움직임을 가진 모든 Object를 선택한다.

그림 8-264 Passive 적용

26 선택한 모든 Object에 대해 Tools > Plot > All Transformations 명령을 적용한다. 이와 같이 Plot > All Transformations 명령을 이용하여 모든 시뮬레이션을 Key로 저장을 하게 되는 것이다.

그림 8-265 All Transformations

27 Plot 기능으로 Simulation 데이터를 Key 데이터로 전환하기 : Plot 액션을 위한 속성 창이 나타나는데, 수정하고 싶은 부분은 수정을 한다(나중에 수정이 가능하니 Default로 일단 실행하여 본다).

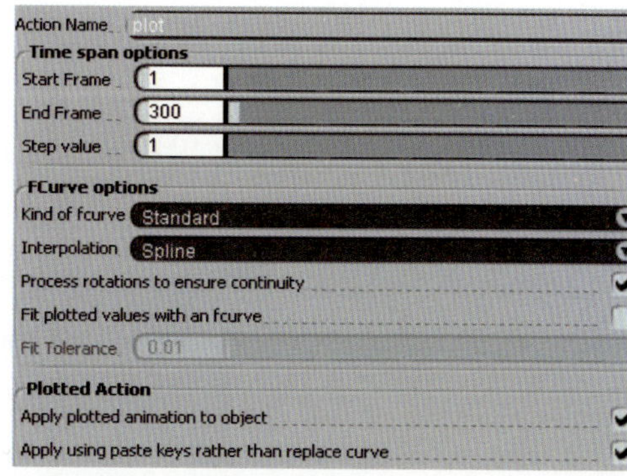

그림 8-266 Plot

28 Simulation 적용 삭제하기 : 이제 Scene의 모든 시뮬레이션을 제거한다. 플레이를 해보면 시뮬레이션을 제거했음에도 불구하고 시뮬레이션이 있는 것처럼 움직일 것이다. 이는 Simulation 데이터가 Key 데이터로 변환되었기 때문이다. f-curve을 열어보면 엄청난 Key frame data를 발견하게 될 것이다. 물론 이제부터 여러분은 임의로 Key frame을 수정할 수 있다.

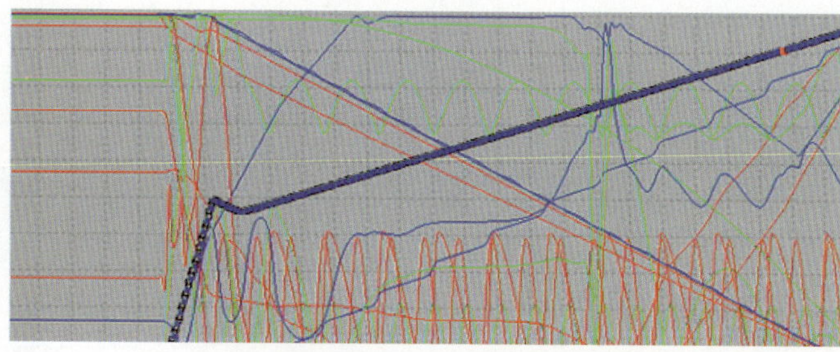
그림 8-267 Key frame data

29 최종 확인

그림 8-268 결과확인

30 최종적으로 자연스러운 시뮬레이션을 되도록 여러 번의 반복과 Simulation 테스트 작업을 거쳐서 만들면 된다. 현재까지 collision 타입의 예제를 알아보았다. 이제 몇 가지 각 타입에 있어서 특이사항을 알아보겠다. Bounding capsule의 경우에는 actual shape을 가진 오브제트만 충돌을 인식한다. Implicity Object일 경우 actual shape으로 지정했다면 자동적으로 bounding sphere로 바뀔 것이다. 왜냐하면 Implicity는 실제 Geometry의 형태가 아니기 때문이다.

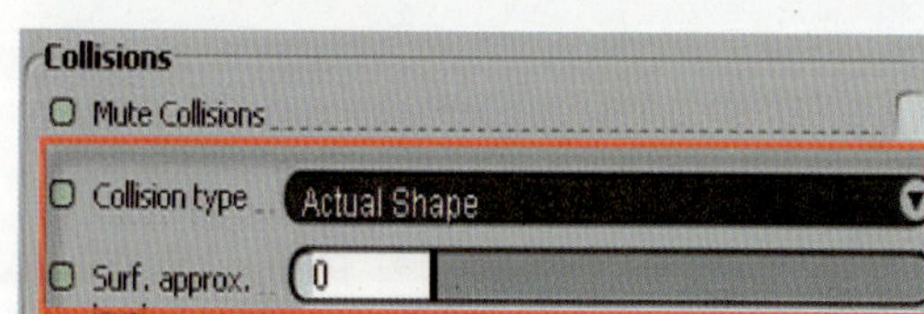

그림 8-269 collision 타입

31 Actual shape일 경우 Surf.approx level 옵션이 활성화되는데, 이것은 Scene에서 rigid body Object가 Nurbs이거나 Subdivision Surface일 경우 정확도를 위해 그 Level을 지정할 수 있다. 탄력성과 마찰력이다. 탄력성이 1이상은 금물이다. 마찰력은 0과 1사이 값에서만 조절가능하다. 오른쪽 옵션의 경우 rigid body Object가 lattice, shape animation, envelopes, waves 등 기타 Deformation을 가지고 있을 경우 이 옵션을 체크를 해주어야 정확한 collision으로 인식한다.

scale, trans, rotation Key data는 해당사항 없다. Deformation을 가진 Object가 아니라면 이 옵션은 결코 추천하고 싶지 않다. 시뮬레이션을 느리게 만드는 주요 요인이기 때문이다.

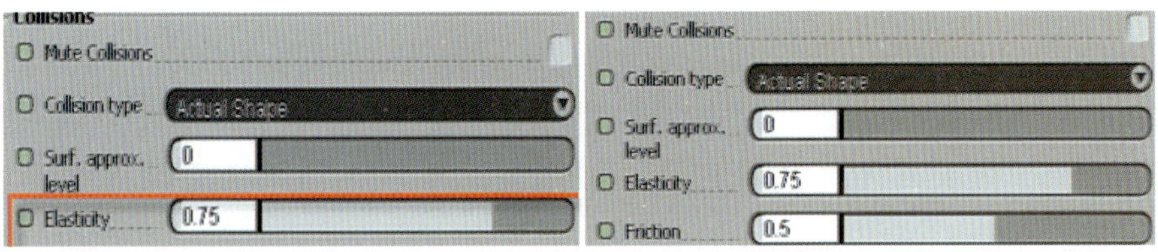

그림 8-270 **탄력성과 마찰력**

32 아래의 옵션은 충돌 시 좀더 정확한 연산을 위해 필요한 옵션이다. 이 파라미터는 Object끼리 충돌 시 서로의 표면을 파고드는 현상을 해결할 수 있다. 낮은 Value는 표면을 파고드는 현상을 줄일 수 있으나, 너무 낮으면 이것은 충돌 시 자연스럽지 않은 느낌의 시뮬레이션 결과를 보여주게 된다.

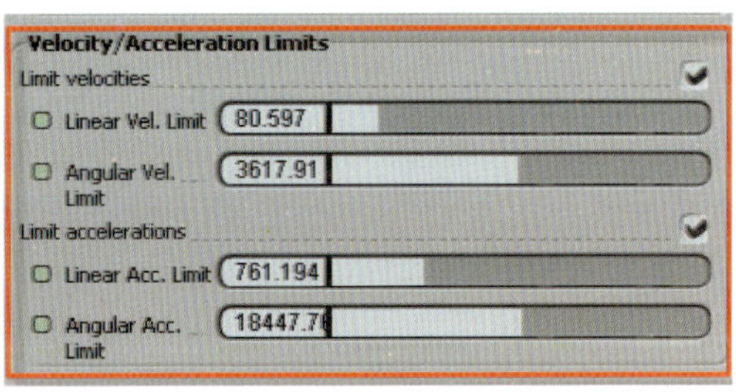

그림 8-271 **표면을 파고드는 현상 수정하기**

33 다음과 같이 구성된 Scene을 구성해본다.

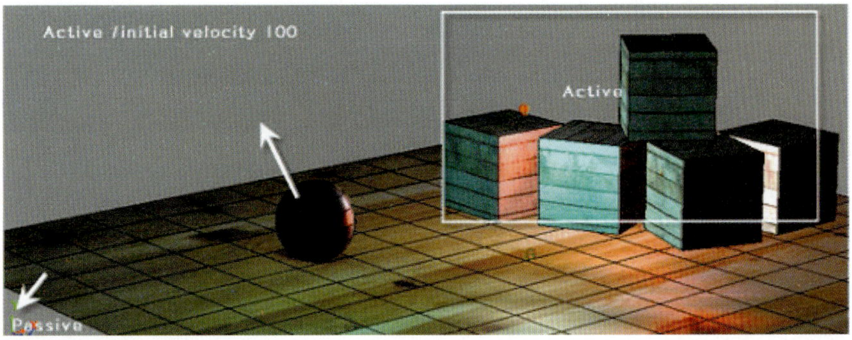

그림 8-272 **예제 Scene 구성**

34 Sphere에 Animation을 적용하여 initial Velocity를 양수 x축 방향으로 100을 지정했다고 가정하자(아래에서 initial 부분에 대해서 설명할 것이다. 일단 이 옵션은 내부의 힘을 가지는 것이다. 여기서

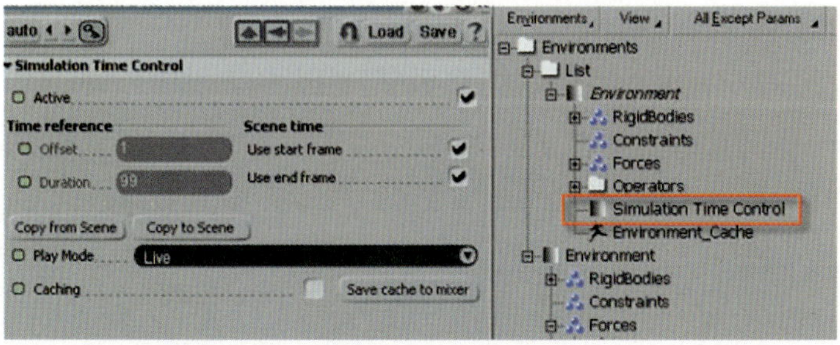

그림 8-273 Play back the rigid body simulation Cache

x 방향, 즉 박스를 향해 전진하도록 만들었다). 이때, 자신의 velocity가 100이라고 하더라고, Velocity /Acceleration을 50으로 설정하게 되면 첫 프레임에서 100의 속도를 가지지만 시뮬레이션이 진행되면 바로 50 이하도 떨어지게 된다. 마찬가지로 박스들의 경우, Sphere에 충돌했을 때 생기는 velocity와 angular(즉 회전반경)을 이 옵션을 활성화함으로써 조정할 수 있다. 하지만 위에서 설명했듯이 너무 낮은 값은 Object는 뻣뻣하게 만든다. 일단 이 옵션은 Simulation의 다른 옵션들을 조절한 다음 좀더 세밀한 움직임을 위해 조절한다고 생각하면 된다. 처음부터 이 옵션을 활성화 시켜 조절하려고 할 필요는 없다. 만약 그렇게 되면 다른 속성들, 즉 mass, collision, 마찰력, 탄력 등의 속성들이 무용지물이 될 가능성이 있다. Play back the rigid body simulation Cache에 대하여 알아보자.

35 caching을 이용하면 보다 빠른 시뮬레이션을 수행하며, 문제점들을 발견하고 수정을 용이하게 할 수 있다. Save cache to mixer/ 이것은 cache을 믹서 클립으로 만드는 기능이다(그러면 위의 당구공 예제의 Plot과 같이 시뮬레이션이 키로 전환되어 수정할 수 있다).

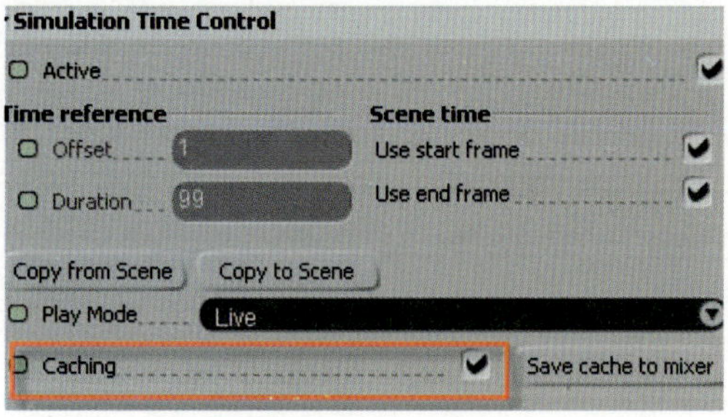

그림 8-274 Caching

36 add clip to mixer는 가능하면 체크하지 않는다. 이것은 바로 cache를 믹서로 올려놓는다. 그렇게 되면 Scene에서는 두 개의 Simulation(믹서의 cache 클립과 Scene의 Original 시뮬레이션)이 작용하기 때문에 이상한 시뮬레이션이 될 수 있다.

그림 8-275 Add clip to mixer

37 Explorer 창에서 Mixer를 확인하면 믹서 source가 생성되었음을 알 수 있다.

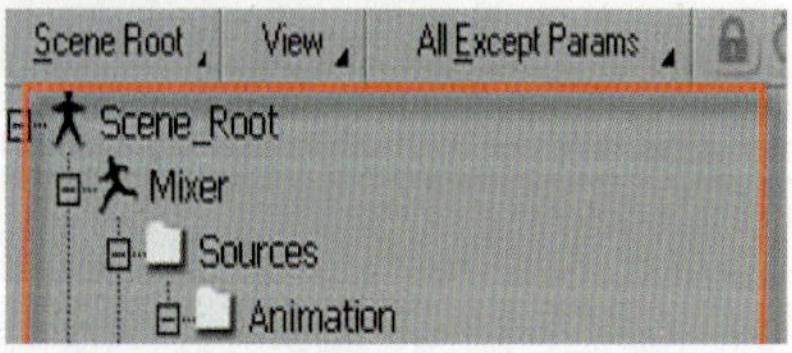

그림 8-276 Mixer

38 Animation Ghost를 활용한 Animation 체크하기 : Active인 sphere가 초기 설정 값에 의해 시뮬레이션이 어떻게 진행될지를 SOFTIMAGE의 아주 편리한 기능인 Ghost를 이용하여 체크하도록 한다. 고스트옵션을 이용하여 시뮬레이션을 진행하지 않더라도 설정 값을 수정할 수 있다.

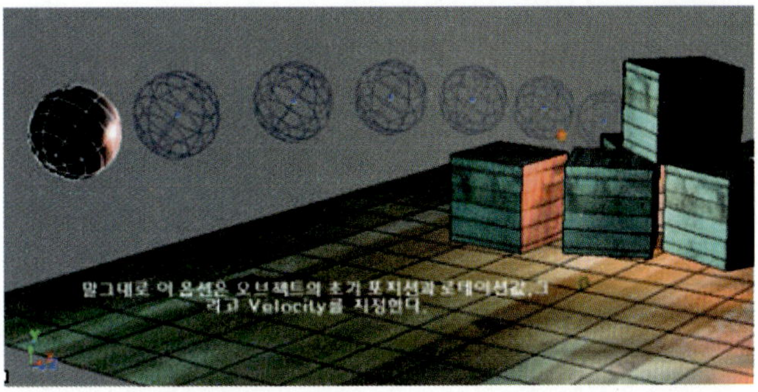

그림 8-277 Animation Ghost

39 Velocity : Velocity는 애니메이션을 가지 Object가 아니더라도 내부의 힘이 발생하여 rigid body Object를 특정방향으로 움직이고 회전하도록 하는 옵션이다.

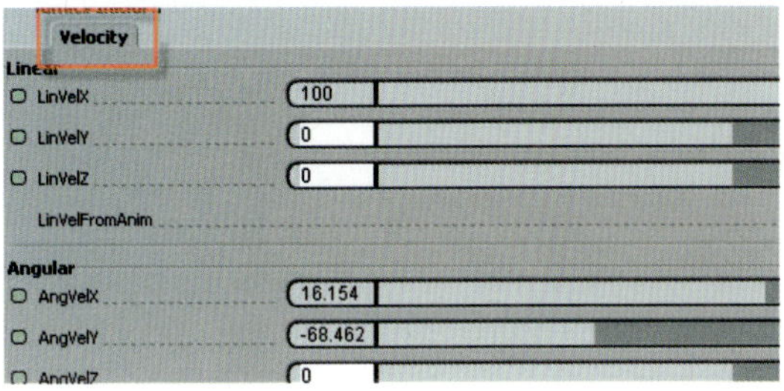

그림 8-278 Velocity

40 Pose From Animation : 이 옵션은 애니메이션을 가진 Object일 경우 이것을 활성화시키면 그 애니메이션에 우선하여 계산을 하는 것이다. 즉, initial 값을 무시된다는 의미이다. active Object는 자체 Key frame data를 만들 수 없다. 그럴 경우 passive와 active의 스위치 키를 줘서 사용한다. 이때 이 옵션을 체크하여 passive일 때는 자체 Key frame대로 움직이고, active로 바뀔 때는 현 상태가 initial 상태로 자연스럽게 바뀌게 한다. 여기서 자체 Key frame이란 것은 scale, rotation, transform 외에 기타 Constrain과 관련된 것을 의미한다.

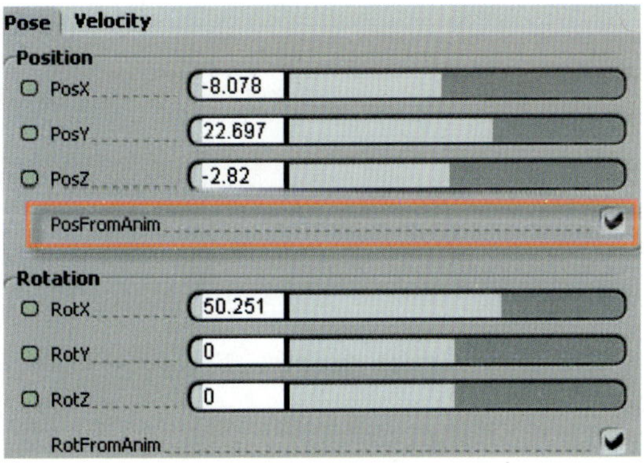

그림 8-279 Pose From Animation

41 만약 각 Object가 Rigid 시뮬레이션이 적용된 뒤 그 초기 위치 값을 바꾸고 싶으면 rigid의 initial state를 통해서 view에서 Object(Passive, Rigid)의 원하는 위치를 정한 뒤 Object를 선택하고 위의 명령을 진행한다. 이것은 매우 중요하다. Rigid의 constrain Object의 위치 값 변경은 위와 같은 방법으로 진행하기 때문이다. 일단 여기까지 Rigid Body의 기본적인 내용을 마치고, 다음 장에서 Rigid 바디의 가장 중요한 옵션을 활용한 Simulation 작업을 진행하도록 한다.

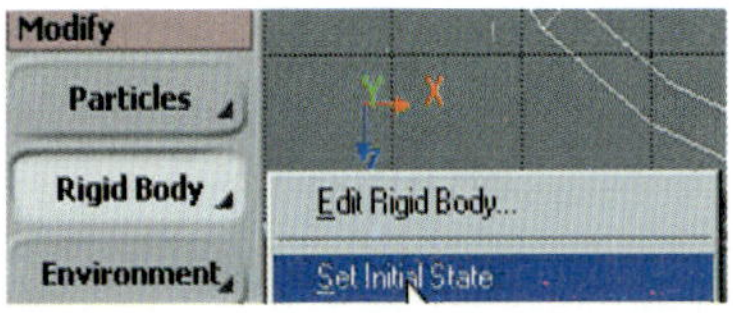

그림 8-280 Simulation

8-3-2 Rigid Body 응용 1

아래와 같은 충돌 장면을 연출해야 할 경우 자동차 Object와 벽 Object, 그리고 바닥면 Object의 요소가 필요하다. 그리고 이들 각각은 서로에게 어떠한 영향을 미치는지에 대해서도 정확히 인지해야 작업을 할 수 있다.

그림 8-281 결과확인

1 먼저 Rigid Body를 이용한 간단한 Simulation 작업을 위한 Scene을 제작한다. 바닥 Grid와 Cube를 여러 개 복사하여 만든 장애물 그리고 충돌 주체인 Sphere를 각각 제작한다.

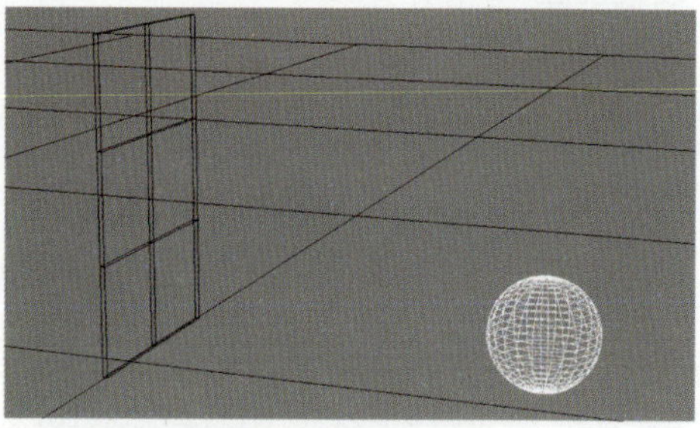

그림 8-282 Test Scene 제작

2 Cube Object에 Rigid Body 〉 Active 설정하기 : 여러 개의 Cube를 한번에 선택하여 Simulation 툴 바에서 Create 〉 Rigid Body 〉 Active 명령을 실행한다. Rigid Body 속성 창에서 Collision Type을 Bounding Box 형태로 둔다.

3 바닥 Grid Object에 Rigid Body 〉 Passive 설정하기 : 바닥 Grid를 선택하고 Simulation 툴 바에서 Create 〉 Rigid Body 〉 Passive 명령을 실행한다. Rigid Body 속성 창에서 Collision Type을 Actual Shape 형태로 변경한다.

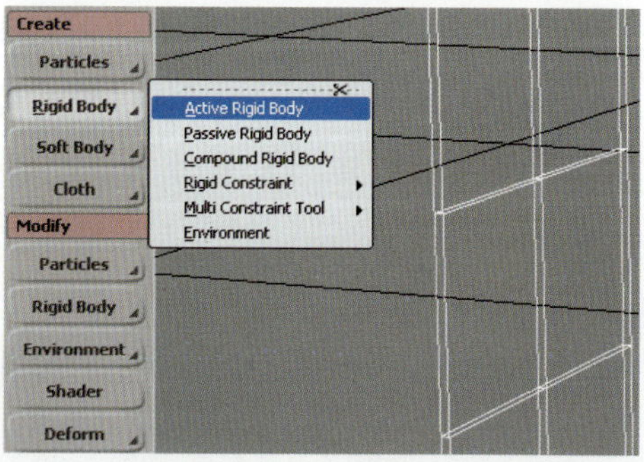

그림 8-283 Rigid Body 〉 Active 명령

4 Sphere Object에 Key animation 적용하기 : 먼저 Sphere Object를 선택하고 장애물 Cube를 통과시키는 1~40frame 정도의 Key Animation을 제작한다.

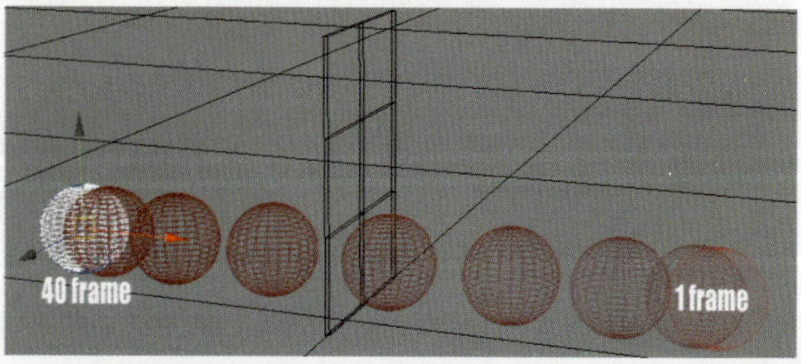

그림 8-284 Rigid Body 〉 Passive 설정 후 Key Animation을 제작

5 Sphere Object에 Rigid Body 〉 Passive 설정하기 : Sphere를 선택하고 Simulation 툴 바에서 Create 〉 Rigid Body 〉 Passive 명령을 실행한다. Rigid Body 속성 창에서 Collision Type을 Actual Shape 형태로 변경한다.

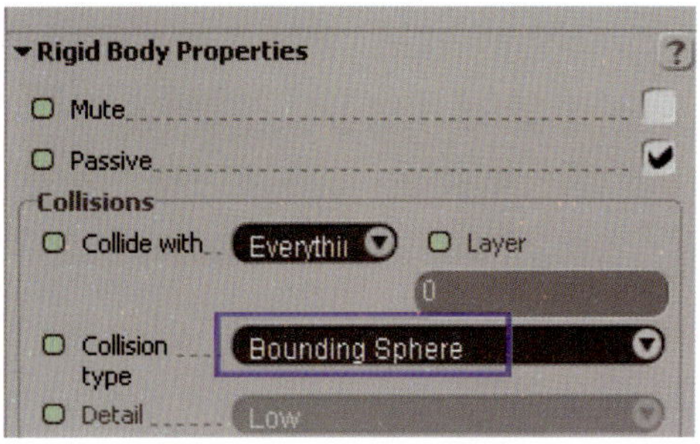

그림 8-285 Rigid Body 〉 Passive 설정

6 현재까지 제작된 결과를 Play 버튼을 눌러 확인하면서 발생된 여러 완전하지 않은 상황에 대해 하나씩 해결해 나간다.

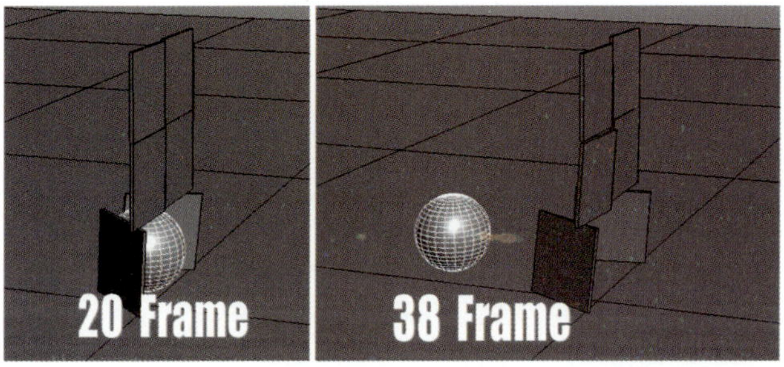

그림 8-286 테스트 결과확인

7 Gravity : 충돌한 장애물 Cube가 아래로 쏟아져 내리지 않고 그냥 공중에 떠있는 이유는 중력 에너지가 적용이 되지 않았기 때문이다. 먼저 Get 〉 Force 〉 Gravity 명령을 실행하여 중력 에너지를 Scene 전체에 적용한다.

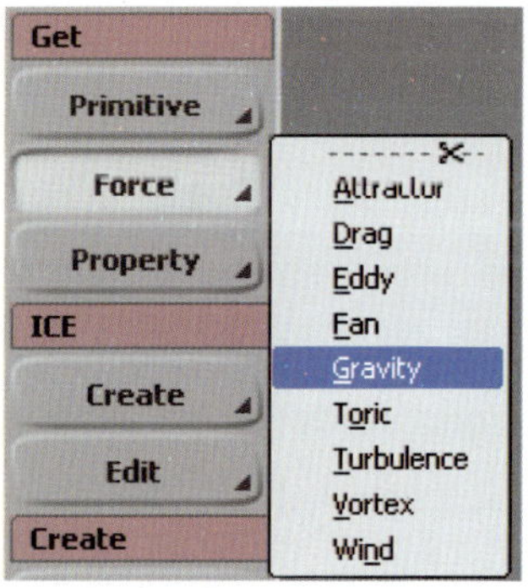

그림 8-287 중력 적용

8 Gravity가 적용된 결과를 확인한다.

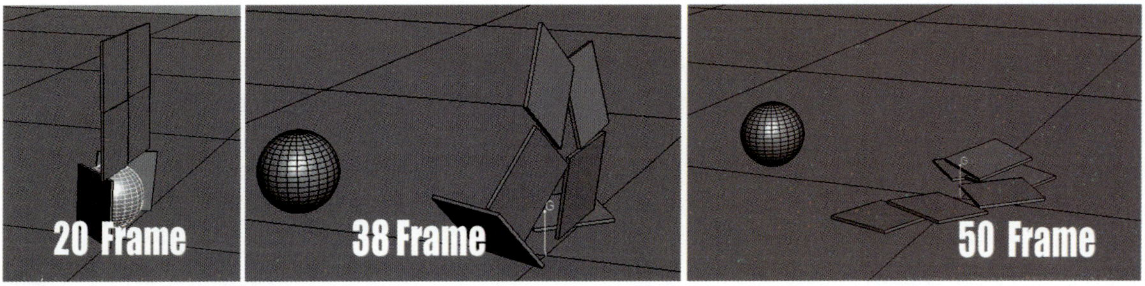

그림 8-288 결과확인

9 Sphere의 질량 값을 조절하기 : 충돌 주체인 Sphere의 질량 값을 변경하면서 충돌의 영향에 어떠한 결과가 미치는지에 대해 분석한다. 먼저 Explorer 창에서 Sphere의 Inertial Properties 속성 창을 선택하여 속성 창을 연다.

10 Inertial Properties 속성 창을 열고 Mass의 값을 4 또는 5 정도로 높여준다. 질량이 높아진 만큼 충돌의 강도가 한층 높아져 보인다.

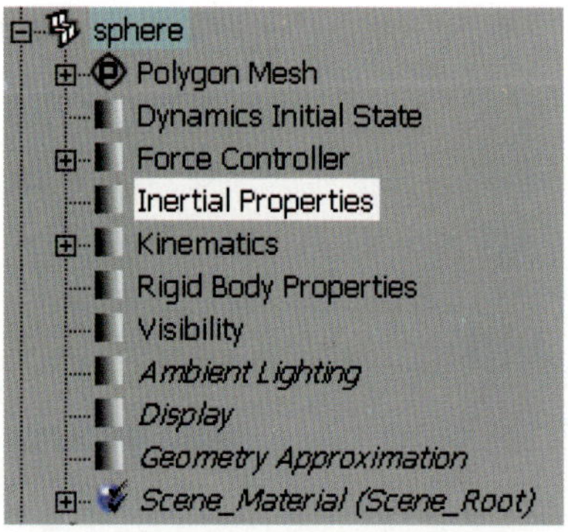

그림 8-289 Sphere의 Inertial Properties 속성 창을 선택

11 현재 한 가지 어색한 부분이 있다면 Key 애니메이션 데이터가 적용된 Sphere의 마지막 정지 Frame의 움직임이다. 이는 Simulation적인 동작이 아니라 Set Key의 정지 동작이므로 대단히 딱딱하고 인위적인 느낌이 너무 표현되어 있다. 즉 자연스러운 움직임이 아니라는 말이다. 그렇다면 이제 Sphere의 충돌 전과 충돌 후 모드로 자연스러운 Simulation 동작을 할 수 있도록 작업을 한다.

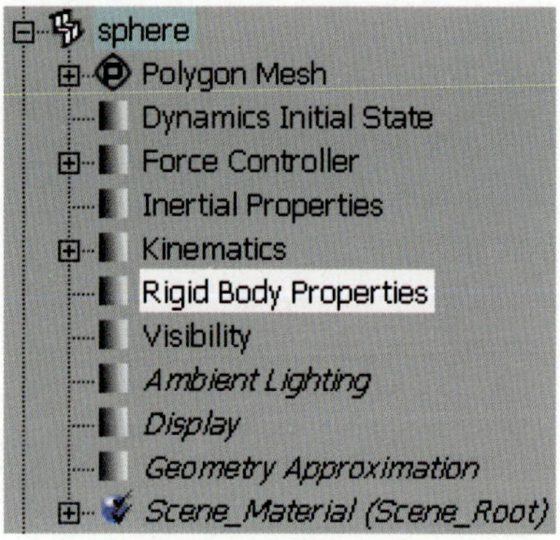

그림 8-290 Rigid Body 속성 창

12 먼저 Explorer 창에서 Sphere의 Rigid Body Properties 속성 창을 열고 Lock 버튼을 활용해서 잠근다. 그리고 Sphere가 Cube와 충돌하기 바로 전 Frame에서(현재 이 Test Scene에서는 약 18frame으로 설정) Passive Type에 대해 Set Key를 적용한다.

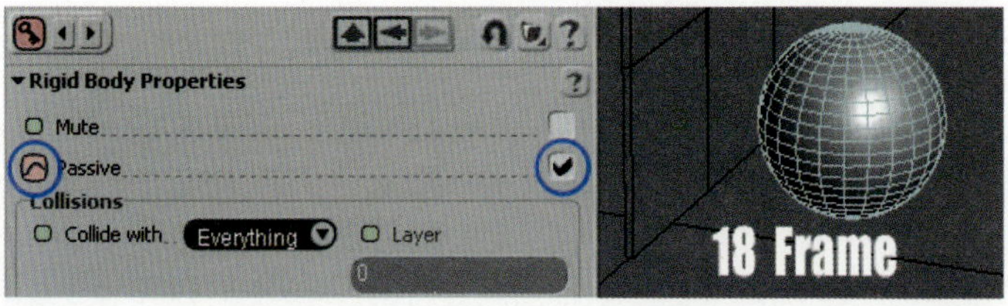

그림 8-291 Set Key ①

13 Sphere가 Cube와 충돌하는 Frame에서(현재 이 Test Scene에서는 약 20frame으로 설정) Passive Type의 체크를 끄고(비활성)난 후 이에 대해 Set Key를 적용한다.

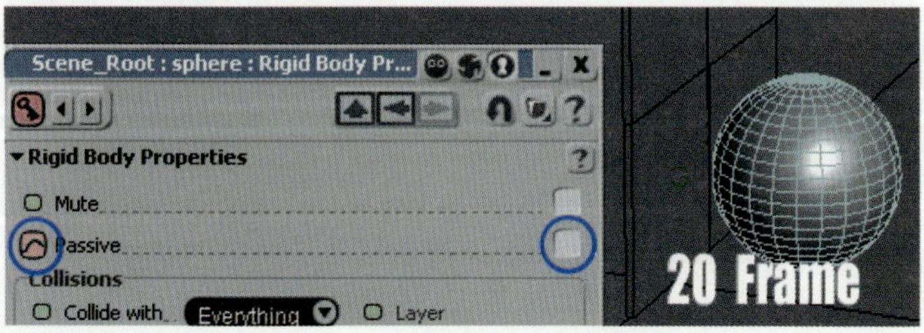

그림 8-292 Set Key ②

14 Sphere의 움직임 관찰하기 : 실제 Sphere의 Key animation이 끝나는 40frame 이후에도 계속적으로 Simulation의 힘이 적용이 된 상태로 보다 더 자연스러운 움직임을 보이게 된다.

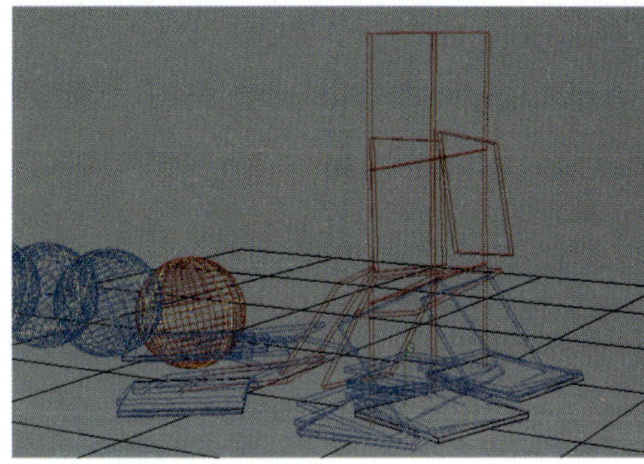

그림 8-293 **결과확인**

8-3-3 Rigid Body Dynamic 응용 2

통나무 통을 나무판에 굴려서 떨어뜨리면서 다른 나무 상자에 부딪치면서 부딪힌 나무 상자들의 충돌 장면을 연출해보도록 한다. 이 장면을 위해 SOFTIMAGE에서 제공한 Tutorial 데이터를 활용한다. 먼저 간단하게 모델링 데이터 Scene을 제작한다.

통나무 통과 나무로 만들어진 판자 그리고 나무 상자 여러 개를 제작하여 쌓는다.

우리가 이번 응용예제를 통해 배우게 될 항목들을 정리하면

그림 8-294 Scene **제작**

① Active와 Passive Object에 대해 Rigid Body Dynamic 효과를 적용하는 것이다.

② 장애물 Object를 설정하며 Initial Velocity를 적용한다.

③ Simulation되는 Object에 대해 Rigid Body 효과를 더해 주는 기능을 익힌다.

④ Rigid Body Dynamic 효과가 적용된 Object의 움직임을 컨트롤할 수 있도록 한다.

1 Scene 제작이 끝나면 Camera의 Viewport를 작업하기 편한 View로 설정한다.

2 Main Barrel(드럼통)을 선택하고 Simulation 툴 바에서 Create 〉 Rigid Body 〉 Active Rigid Body를 적용해준다.

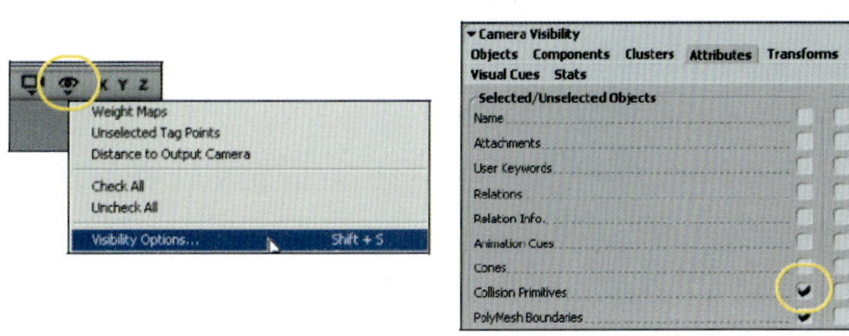

그림 8-295 **환경 설정**

3 Rigid Body 속성 창에서 Collision을 선택하고 Collision Type을 Convex Hull로 지정해준다.

4 이번에는 Wood Plank(드럼통이 타고 내려가는 나무 판자)와 Door Object를 선택하고 Simulation 툴 바에서 Create 〉 Rigid Body 〉 Passive Rigid Body를 적용해준다.

5 Collision Primitive Viewport 옵션 설정하기 : 이번에는 Camera Viewport에서 Visibility Option [단축키 Shift+S]를 열고 Attributes tab에서 Collision Primitives 옵션을 비활성화시킨다.

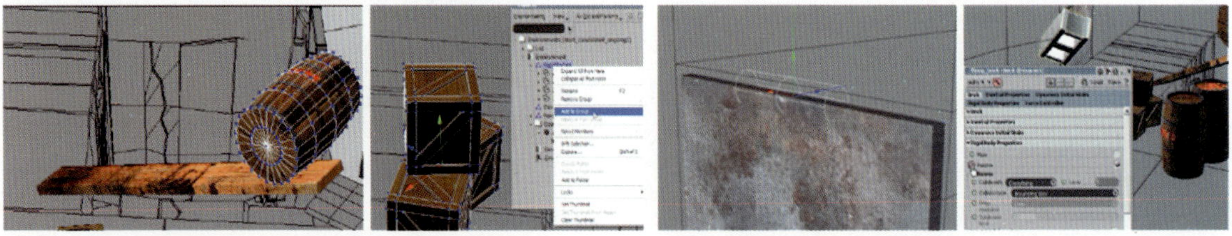

그림 8-296 옵션 설정

6 Ground(바닥면)를 선택하고 Simulation 툴 바에서 Create 〉 Rigid Body 〉 Passive Rigid Body를 적용해준다. 그리고 Collision Type을 Actual Shape으로 지정해준다.

7 Active와 Passive Object와 각각의 Collision Type을 정리하면 다음과 같다.

① 드럼 통 : Active Rigid Body/Collision Type : Convex Hull

② 나무 판 : Passive Rigid Body/Collision Type : Bounding Box

③ 작은 문 : Passive Rigid Body/Collision Type : Bounding Box

④ 바닥 면 : Passive Rigid Body/Collision Type : Actual Shape

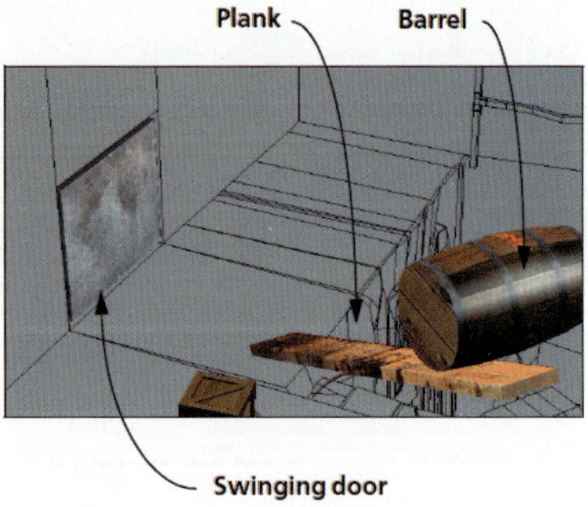

그림 8-297 Collision Type 설정

8 Play Button을 실행하여 지금까지의 Simulation 작업을 Test한다.

9 아무런 현상이 발견되지 않는다. 왜일까? 3D Simulation 작업에 있어서 가장 중요한 Force인 Gravity가 적용되어 있지 않기 때문이다.

10 Simulation 툴 바에서 Get 〉 Force 〉 Gravity 명령을 실행한다.

11 Gravity의 속성 창에서 Strength Amplitude의 값을 29.4로 지정해준다.

SOFTIMAGE의 1Unit를 1m으로 정의했을 때 1m당 9.8m/sec가 기본 Default이다. 지금 드럼통의 높이가 약 Y축으로 약 3Unit만큼 위치되어 있으므로 3*9.8m/sec를 적용했을 때 약 29.4의 Gravity 값을 적용해 줄 수 있다.

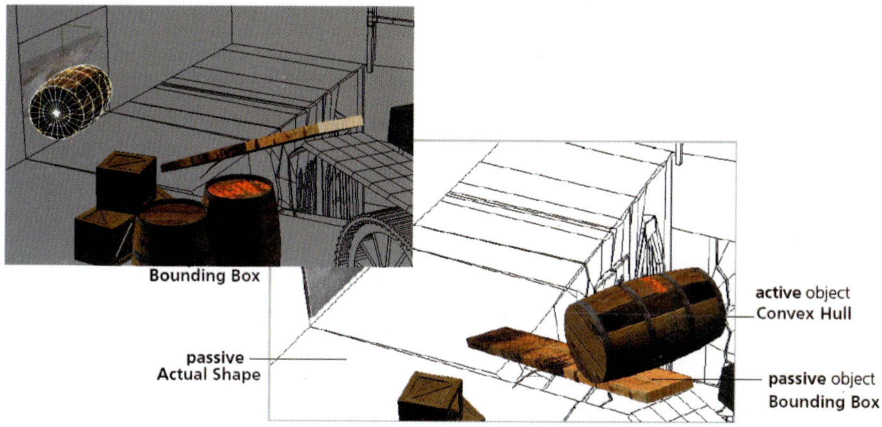

그림 8-298 Gravity 적용

12 Gravity를 적용한 후 Play를 시작하면 이제 드럼통은 나무판을 미끄러지면서 아래로 굴러 내려가기 시작한다. 그리고 좁은 문과 충돌하고 다시 반사되어 반대방향으로 튕겨나간다. 이때 작은 문은 드럼통과의 충돌로 인해 상당히 강하게 튕겨나가게 된다.

13 이제 드럼통의 Simulation 속성 창의 옵션을 변경하면서 자연스러운 Dynamic 효과를 제작하도록 한다. 먼저 드럼통 Object를 선택하고 Modify 〉 Rigid Body 〉 Edit Rigid Body 명령을 실행한다.

14 속성 창을 열고 Inertial Properties tab에서 Mass 값을 25로 지정해준다. Mass는 킬로그램 단위이다.

15 질량 값을 올려준 다음 Play한 결과 드럼통의 무게가 증가된 만큼 충돌의 크기나 굴러가는 속도에 차이가 난다.

16 이번에는 Rigid Body 속성 창을 열고 Elasticity와 Static Friction, 그리고 Dynamic Friction의 수치를 변경하면서 그 변화의 차이를 직접 테스트하도록 한다. Elasticity 수치 "1"은 완전한 Elasticity를 의미한다. 드럼통의 경우 약 0.2 정도의 Elasticity 수치가 적당하다.

17 Play 버튼을 눌러 다시 실행 테스트를 한다.

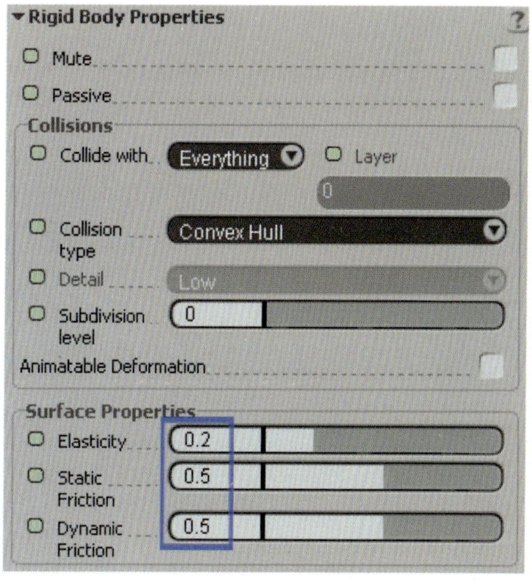

그림 8-299 속성 변경

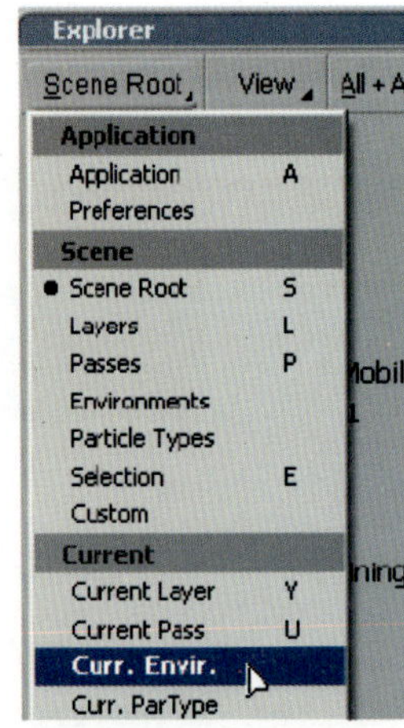

그림 8-300 Curr.Envir 환경 지정

18 Explorer 창을 열어서 Curr.Envir 환경을 지정하여 현재 Scene에 적용된 Environment 정보만을 확인한다. Environment folder는 Rigid Body나 Constrain, Forces, 그리고 기타 다른 Simulation 속성 등 모든 element 요소를 포함하고 있다.

19 Sub steps 옵션 설정 : Explorer 창에서 Operators 노드 아래 PhysX Dynamics Operator 속성 창을 열고 Simulation Accuracy의 수치를 "4에서 8까지" 조절하면서 정확한 Simulation 결과를 찾는다.

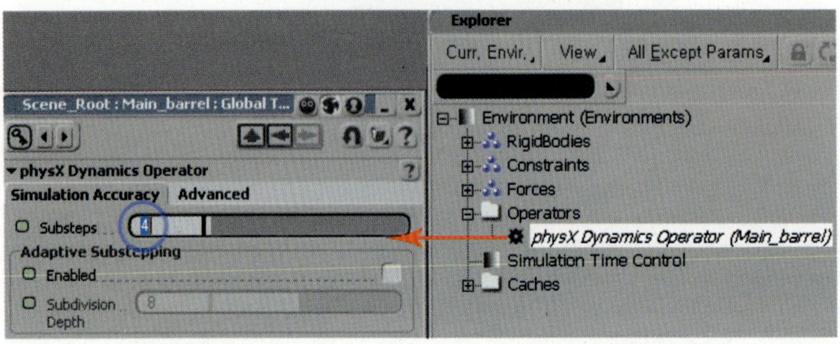

그림 8-301 Sub steps

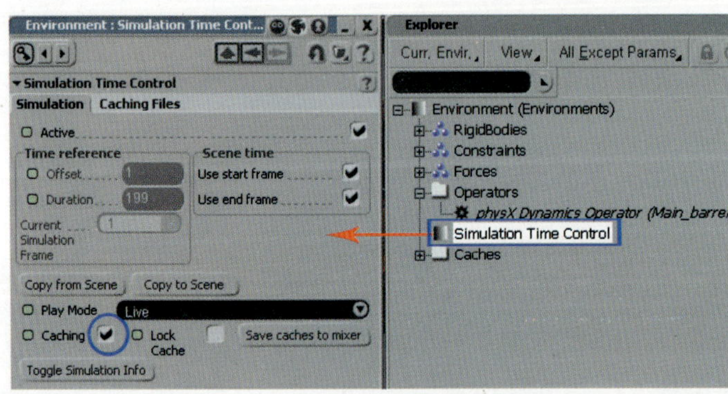

그림 8-302 Caching

20 Caching 옵션 활성 : Explorer 창에서 Operators 노드 아래 Simulation Time Control 속성 창을 열고 Caching 옵션이 활성화되어 있는지 확인한다.

21 드럼통의 Rigid Body 옵션 창을 열고 Elasticity 옵션 값을 0.75로, Friction 값을 0.5로 각각 변경한다.

22 Explorer 창에서 Operators 노드 아래 PhysX Dynamics Operator 속성 창을 열고 Simulation Accuracy의 수치를 4로 고정시킨다.

23 나무 상자들을 제작하여 작은 문 앞에 위치시킨다.

그림 8-303 Scene 구성 추가

24 Rigid Body Group에 새로 제작한 나무 상자들을 포함시키기 : Explorer 창에 있는 Environment 〉 Rigid Body Group에 마우스를 올려놓고 마우스 오른 클릭을 한다. 그리고 Add To Group 명령을 실행한다.

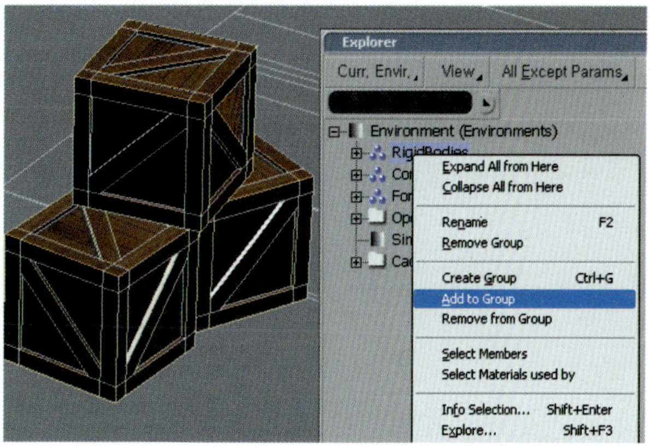

그림 8-304 Add to Group

25 새로 만든 나무 상자들이 선택된 상태에서 Modify 〉 Rigid Body 〉 Edit Rigid Body 명령을 실행한다. 이 경우 하나의 속성 창이지만 Multi 선택되어 있기 때문에 한번의 속성 변경으로 선택된 모든 Object에게 동일하게 적용이 된다.

26 Rigid Body 속성 창에서 Elasticity 수치를 "0.9"로 변경한다.

27 Play 버튼을 눌러 Simulation의 적용을 실행한다.

28 새로 생성된 나무 상자 하나씩 선택하여 Modify 〉 Rigid Body 〉 Edit Rigid Body를 선택한다.

29 Dynamic Initial State Page에서 Velocity tab을 Click하고 Linear Velocity X, Y, Z Parameter를 1과 10 사이에서 임의의 값을 각각 넣는다. 이는 드럼통에 부딪친 나무 상자의 반발력에 대한 위치 이동을 불규칙적으로 만들기 위해서이다.

30 나무 상자 모두에 대해 각각 수치를 변경하고 다시 Play 버튼을 눌러 Simulation 결과를 확인한다.

31 이번에는 날아오는 Object와 드럼통의 충돌 장면을 연출해 보도록 한다. 즉 외부로부터 애니메이션 data를 가진 새로운 Object와 드럼통의 움직임과 연계된 Simulation 환경이다. 먼저 Brick 모델링 데이터를 제작한다. 이때 Passive rigid Body의 성질을 적용하고 Mass는 "5", Elasticity는 "0.3", 그리고 Friction의 수치를 각각 0.75로 설정한다.

32 Rigid Body 속성 창을 Lock으로 잠근다.

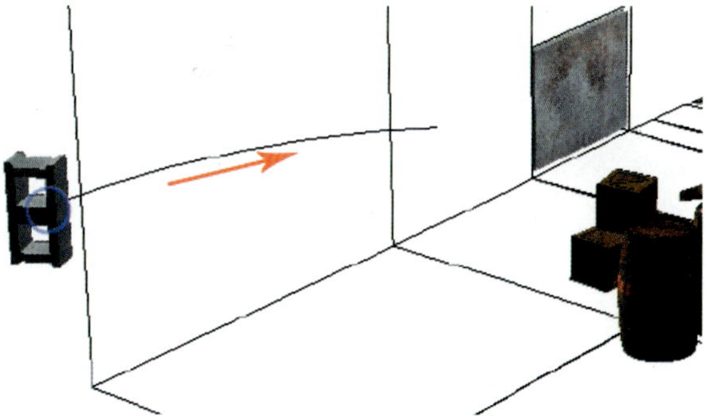

그림 8-305 Animation 제작

33 7Frame으로 이동한 뒤 Rigid Body 속성 창에서 Passive parameter에 Set Key를 적용한다.

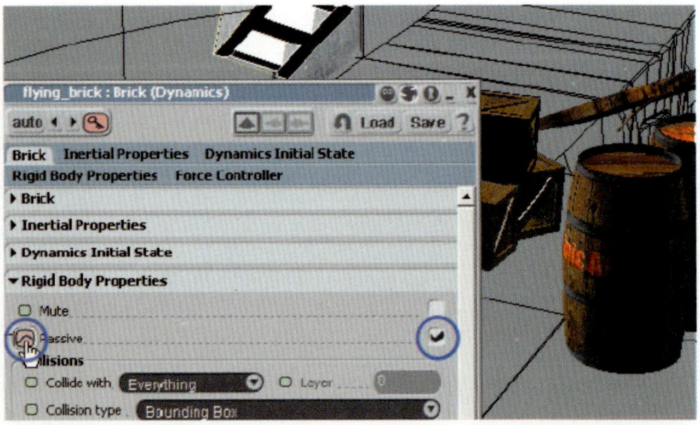

그림 8-306 Passive parameter Set Key

34 8 Frame에 Passive parameter가 비활성화된 상태에서 Set Key를 적용한다.

35 결과를 확인한다. Brick은 드럼통과 충돌하여 벽으로 튕겨져 나가고 벽과 충돌 후 다시 반사되어 나무 상자와 충돌하게 된다. Brick과 충돌한 드럼통은 나무 판을 타고 내려오다가 Brick과 충돌 후 바닥 아래로 떨어져 나간다.

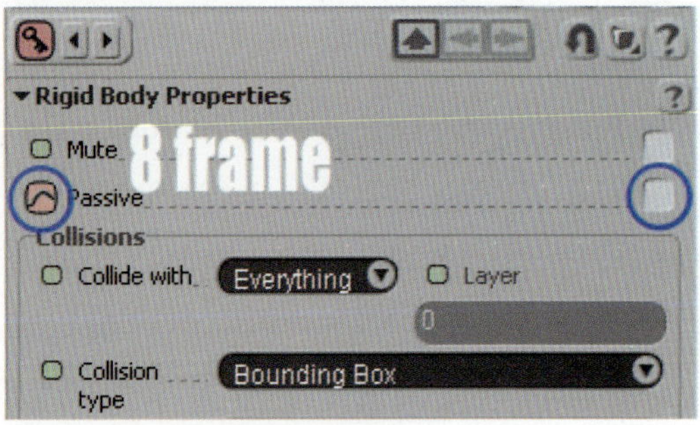

그림 8-307 Passive parameter Set Key

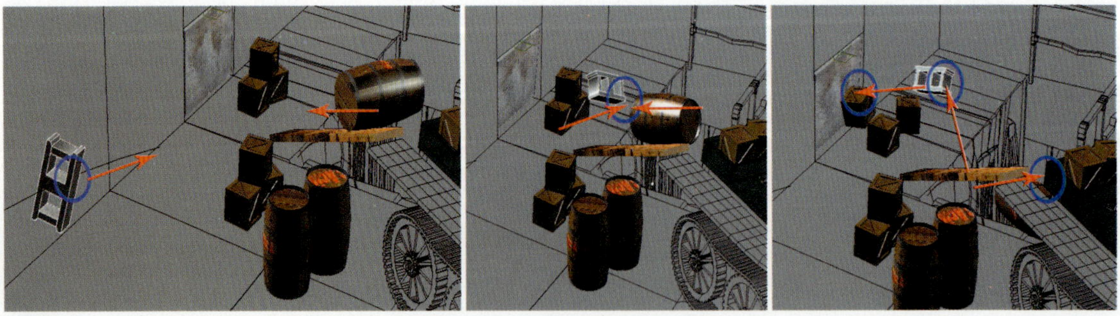

그림 8-308 결과확인

제9장 입체영상 제작

그림 9-1

사람이 공간상의 사물을 보았을 때 느끼는 입체감의 원리는 왼쪽과 오른쪽 두 눈이 떨어진 간격만큼 수평으로 위치 차이가 있는 영상을 각각 받아들여 하나의 이미지로 합성하기 때문이다. 이때 두 눈 사이의 거리를 양안시차(binocular disparity)라고 하며 여러 가지 요인 중 입체의 깊이감 형성에 가장 큰 영향을 미치는 요소이다. 이에 착안해 눈에 보이는 실제영상과 동일한 영상을 각 눈에 입력함으로써 입체감을 구현할 수 있다. 특성이 동일한 2대의 카메라를 양안간격만큼 벌려놓고 촬영한 후 왼쪽 카메라로 찍은 영상은 왼쪽 눈에만 보이게 하고 오른쪽 카메라로 찍은 영상은 오른쪽 눈에만 보이게 하면 스크린 같은 평면에 투사된 이미지라도 깊이감 있는 입체영상을 볼 수 있다.

9-1 입체영상 제작 역사

(1) 1833 : 영국의 Charles Wheatstone 스테레오스코프(Stereoscope) 발명

(2) 1838 : 영국의 Charles Wheatstone 스테레오스코프(Stereoscope) 발표

그림 9-2 Charles Wheatstone의 첫 번째 mirror stereoscopic

(3) 1839년 12월 7일 : 프랑스의 다게르(Daguerre)는 판사진법을 발명(은판사진법 : "다게레오 타입(Giroux Daguerreotype)"이라는 최초의 사진현상방법)

그림 9-3 다게레오 타입 카메라

(4) 1849년 : 스코틀랜드의 다비드부르스터(David Brewster) 프리즘을 사용한 실용적 입체경을 고안

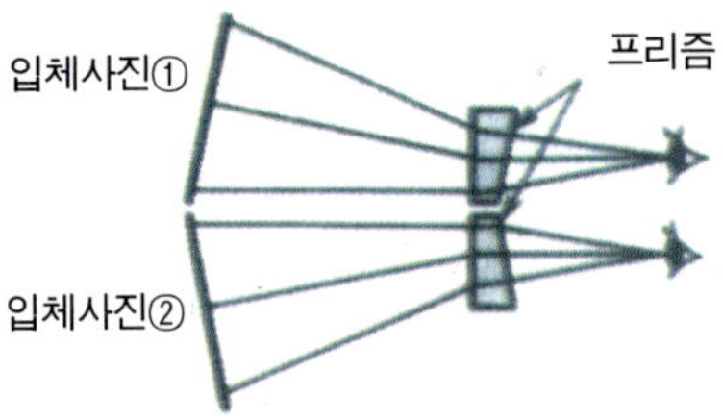

그림 9-4 브루스터 프리즘식 입체경과 브루스터 프리즘식 입체경의 원리도

(5) 1850~1920 : 스테레오 사진시대 1 : 스테레오사진(Stereo photography): 좌우 50~70mm 간격으로 동시에 찍은 두 장의 사진을 두 개의 확대 렌즈가 달린 입체경(立體鏡 : stereo viewer 또는 stereoscope)으로 보면 입체감 있는 시각상을 얻게 된다. 1850~1920년 사이에 수백만장의 입체사진이 생산되고 다양한 스테레오 카메라와 입체경이 발매되었다.

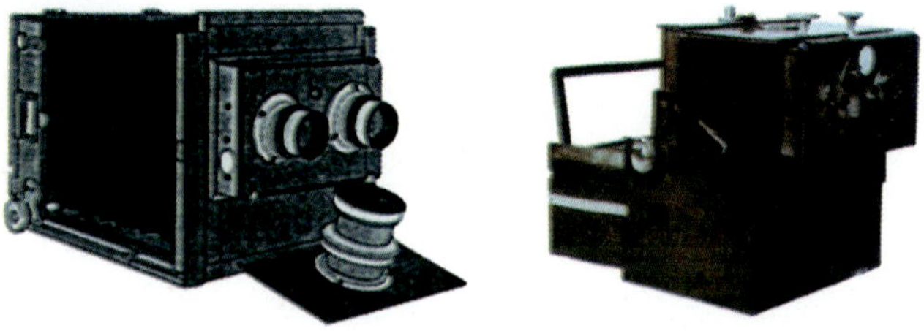

그림 9-5 판매된 최초의 트윈렌즈 스테레오 카메라

(6) 1850~1920 : 스테레오 사진시대 2

① 파월 카메라 : 1858년 파월(T. H. Powell)의 디자인으로 입체사진 카메라가 영국에서 특허되었다. 이 소형 카메라는 반복적으로 교환할 수 있는 뒷판이 있고 트랙에 설치되어 있다.

② 리처드 베라스코프 카메라(Richard Verascope camera) : 1894년 9월에 발표되어 1930년대까지 판매되었다. 프랑스의 쥘리차드(Jules Richard)가 1893년 영국에서 특허 출원한 것을 기초로 한 것이었다.

③ 프랑스의 거몬트 스테레오 카메라(Guamont stereo camera)

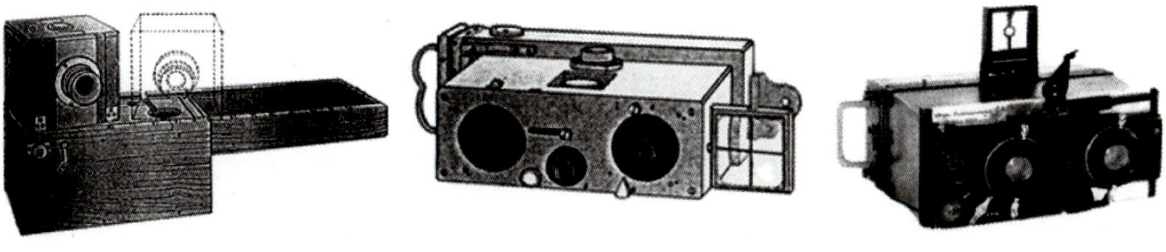

파월 카메라 리처드 베라스코프 카메라 거몬트 스테레오 카메라

그림 9-6 파월 카메라 · 리처드 베라스코프 카메라 · 거몬트 스테레오 카메라

(7) 1850-1920 : 스테레오 사진시대 3 : 기본적인 사양이지만 잘 작동되는 빨간색의 더블 벨로즈 폴딩 카메라(double-bellows folding camera)로 화면 사이즈는 $3\frac{1}{4} \times 2\frac{1}{2}$(83 × 64mm)용이었다.

그림 9-7 1903년 코닥 스테레오 브로니 카메라

(8) 1858 : D'Almeida에 의해 애너글리프(Anaglyph) 방식이 발표되었다.

그림 9-8 에펠탑, 1911과 1925년의 애너글러스 안경

(9) 1903년 : 미국의 F.E Lves 패럴랙스 스테레오그램(Parallax Stereogram) 원리는 제안(그림 9-9) 스테레오그램(Parallax Stereogram) 원리이다.

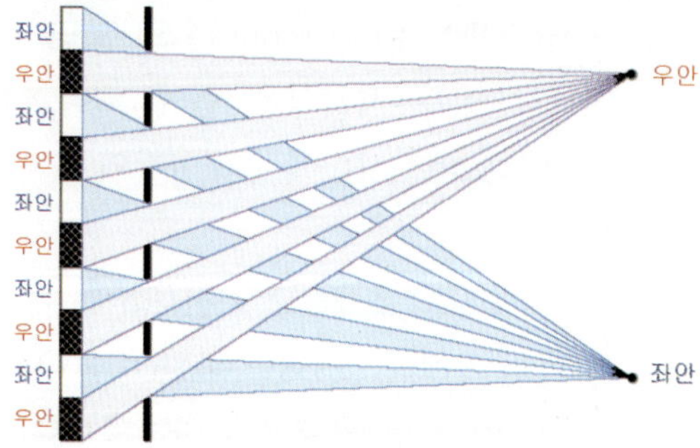

그림 9-9 스테레오그램(Parallax Stereogram) 원리

(10) 1932년 : 미국의 H.E.Lves 렌티큘라 스테레오 특허를 취득했다.

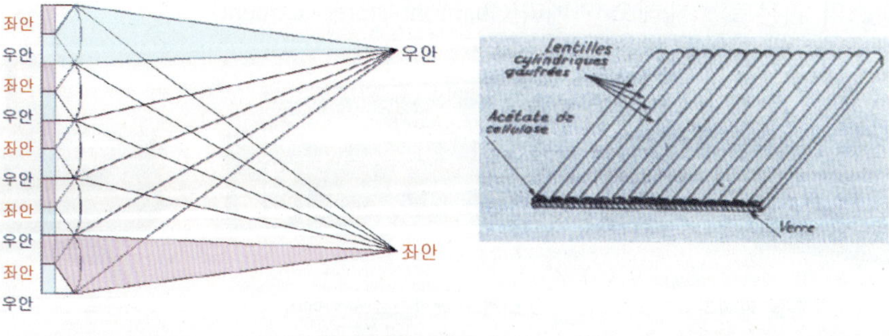

그림 9-10 렌티큘라 스크린의 다이아그램(1942)

(11) 홀로그래피 시대

① 1948년 영국의 Dennis Gabor X-ray를 이용한 홀로그래피

② 1962년 미국의 Emmet Leith 레이저를 광원으로 한 실용적인 홀로그래피 제안

그림 9-11 Gabor 홀로그래피/Emmet Leith 홀로그래피

(12) 1950년대 : 편광 안경방식 입체영화시대로 1950년대 초 3D영화의 붐이 조성

그림 9-12 3D영화 Bwana Devil(1952) 촬영현장

(13) 1950년대 이후의 홀로그래피 연구

그림 9-13 1950년대 이후의 홀로그래피 연구

① Venus de Milo(1976년) 1M*1.5M의 레이저 트랜스미션 홀로그램

② Egg and Jewell(1978년) 레인보우 홀로그램

③ In the role of a policeman(1984년) 360도 스테레오그래픽 홀로그램

(14) 1980년대 : 3D TV 연구 활발

① Stereoscopic TV 제안(1928)

② 1950년대와 1970년대 약간의 실험결과 발표

③ 적/녹 애너글리프 방송(NDR, 1982)

④ 고화질 Stereoscopic TV(유럽, 일본, 1983, 1985, 1987 at Berlin fairs)

⑤ Time has come for 3D TV : 편광을 이용한 2채널 기술을 사용하는 3D TV

(15) 3D 산업의 국책사업 시대

① 유럽 1992~1998 : COST 230

- Stereoscopic Television 연구
- Standards, Technology and Signal Processing

② 유럽 1995~1999 : ACTS

- PANORAMA (Package for New Ope Rational Auto stereoscopic Multi view systems and Applications)
- look-around capability를 제공하여 입체장면을 적응적으로 관찰할 수 있도록 한 비디오시스템 연구

③ 일본 1992~1996(1차), 1997~2001(2차)

TAOJ(Telecommunications Advancement Organization of Japan) 고도입체 동화상 통신 프로젝트

(16) 1997 NASA의 화성탐사 로봇 패스파인더

그림 9-14 화성탐사 로봇 패스파인더의 입체 전송

(17) 일본 나가노 동계올림픽 입체 방송 중계

(18) 한 · 일 월드컵 3D 중계 : 한국전자통신연구원 3D TV 연구팀에 의해 개발 및 완료

그림 9-15 한 · 일 월드컵 3D 중계

(19) 2007년 현대 IT기술 : 3D 모니터 개발

(20) 2008년 삼성 P에 3D 영상 TV개발 완료

(21) 2009년 LG 3차원 LCD TV 상용화

(22) 향후 2012년 UDTV 방송, 입체 TV 방송, 실감 방송시대

그림 9-16 Full HD 3D TV 하드웨어

9-2 입체영상 제작의 원리

9-2-1 원 리

3차원 입체영상 기술은 1838년 영국의 Charles Wheatstone 스테레오스코프 발표 이후로 국내외 연구소 학교기관 등에서 3차원 입체영상 신호처리와 관련한 스테레오 및 홀로그램 기술에 대한 기반기술이 활발히 연구되고 있다.

최근 삼성, LG, KBS 등 대기업 및 연구소에서는 멀티미디어 산업의 급속한 발전에 따라 LCD 산업 이후의 차세대 첨단 기술 분야로서 3차원 입체영상 장치의 개발이 진행되고 있다. 3차원 입체영상 기술은 LCD, PDP 등 평판 디스플레이의 시장 확대와 함께 차세대 멀티미디어 정보산업 분야의 핵심기술이 되고 있으며, 응용분야로는 개인용 모니터, 게임기, 의료기, 산업계측기 등이 있다.

3D 입체영상은 현실 세계인 3차원 세계의 사실적(Reality) 전달이 가능한 유일한 영상 매체이다. 임장감(Presence feeling), 실재감, 자연감, 선명감 등의 장점이 있다. 3D 입체영상 제작기법은 인간의 눈이 가로방향으로 약 65mm 떨어져서 존재하는 양안시차(binocular disparity)는 입체감의 가장 중요한 요인이다. 좌/우의 눈은 각각 서로 다른 2차원의 상을 보게 되고 이 두상이 망막을 통해 뇌로 전달되면 뇌는 이를 정확히 서로 융합하여 3차원 영상의 원근감과 실재감을 재생하는 것이다. 이러한 구조를 Stereoscopy(스테레오스코프)라고 한다.

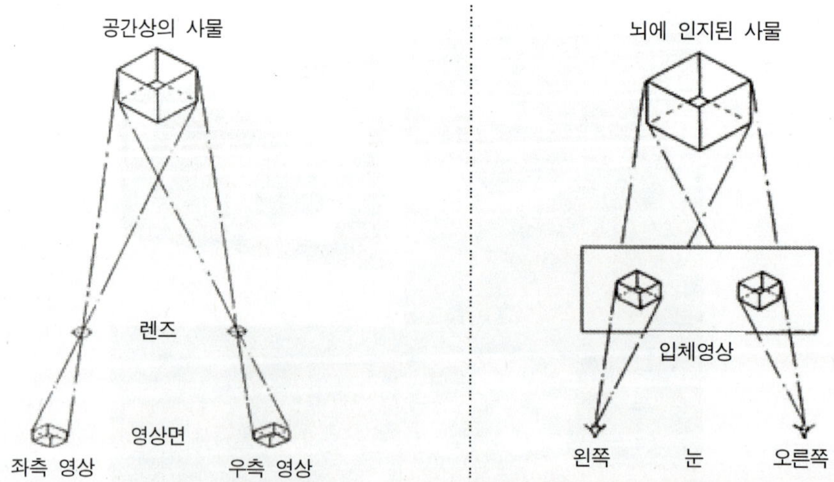

그림 9-17

9-2-2 종 류

입체영상이란 실상에서 느끼는 광각의 차이를 인위적으로 구성하여 입체감을 느끼게 하는 영상을 말하며 표현방법에 따라서 여러 가지로 분류된다. 우선 하드웨어적으로 입체영상을 보기 위한 안경을 착용하는 방식(안경식)과 착용하지 않는 방식(무안경식)으로 구분할 수 있다. 그리고 입체 제작방식에 따른 분류를 할 수 있다. 입체영상을 표현하기 위하여 2장의 영상을 이용하는 방법으로부터 24장 이상의 많은 영상으로 구성하는 방법이 있으나, 사람의 뇌에서 합성될 때는 2장의 영상만이 필요하고 3장 이상의 다수의 영상으로 구성된 입체영상에서도 3장 이상의 영상이 동시에 관람자의 시야에 들어오면 어지러움 발생 또는 선명도 저하의 결과를 초래하게 된다.

1. 안경착용 유무에 따른 분류

(1) 안경식

안경식 렌즈입체경(Side by side) 좌우에 해당하는 영상이 연이어 놓여지고(사진 또는 컬러필름) 이를 렌즈를 통해 두 눈에 따로따로 결상되게 함으로써 입체를 느끼게 하는 방식이다. 적청안경(애널그리프) 방식은 왼쪽 눈의 이미지는 적색으로 오른쪽의 이미지는 청색으로 나타내고 눈에 적청 방식의 안경을 착용함으로써 입체를 느끼는 방식 편광안경 입체영화관이나 입체 슬라이드에서 가장 많이 활용하는 방법으로서 두 대의 영사기에 각각 수직, 수평방향으로만 빛을 투사하게 하는 편광 필터를 씌우고 사람의 눈에도 같은 종류의 필터가 부착된 편광안경을 씌움으로써 입체를 느끼는 방식으로 LCD SG(Liquid Crystal Display Shuttered Glasses) 전기를 가하면 LCD의 빛의 방향이 바뀌는 성질을 이용하여 빛을 통과시키거나 통과하지 못하도록 할 수 있다.

이러한 원리를 TV나 모니터의 영상 디스플레이에 적용시켜 한쪽 눈에 해당하는 영상만 통과할 수 있도록 LCD를 제어하면 두 눈에 서로 다른 영상을 보게 할 수 있다. 즉 모니터 화면과 동기 되어 매우 빠르게 셔터를 열고 닫게 함으로써 입체를 보게 하는 방식 현재 PC상에서 구현할 수 있는 가장 경제적인 입체구현 방법이다. HMD(Head Mounted Display) TV 영상이 일초에 60개의 영상을 디스플레이하게 되어 있는 원리를 이용하여 좌우에 해당하는 영상을 HMD LCD상에 각각 디스플레이함으로써 두 눈이 서로 다른 영상을 보게 함으로써 입체를 느끼게 하는 방식이다.

(2) 무안경식

안경식 렌티큘러 좌우의 영상이 디스플레이될 수 있는 소자 앞에 하나의 좌우간격에 해당하는 반원통형 렌티큘러 시트를 부착하여 좌우 각각의 눈에 좌우에 해당하는 영상만 보이도록 함으로써 입체를 느끼게 하는 방식으로, 패럴랙스 베리어 좌우의 영상이 시차장벽 뒤에 놓이게 하므로 좌우에 각각 다른 영상이 보이게 함으로써 입체를 느끼게 하는 방식 패럴랙스 일루미네이션 후면에 조명라인이 놓이고 전면에 LCD가 놓여 조명라인을 통해 밝혀진 LCD 라인이 좌우에만 보이게 함으로써 입체를 구현하는 방법이다. 제조사 : Dimensional Technologies 기타 방식 인간에게 입체감을 제공하는 요소 중 몇 가지의 특성을 이용하여 입체감을 제공하는 방법이다.

〈표 9-1〉 안경착용 유무에 따른 분류

안경방식	편광방식
	시분할방식
무안경방식	팬티큘러
	패럴랙스베리어
	초다시점
완전3차원 방식	Integral Photography
	Volumetric
	홀로그래피
인터랙티브 방식	시점추적기술
시스템 기술	HMD
	CAVE

2. 제작 기법에 따른 분류

(1) 스테레오그라피

2장의 좌우 영상으로 입체를 구성하는 방식으로 다음과 같은 방식이 있다.

① LCD shutter Glasses를 이용하는 모든 입체방식이다.
② 편광안경을 이용하는 모든 입체방식이다.
③ R-B Filter을 이용하는 입체방식(anaglyph 방식)이다.
④ 모니터를 이용한 무안경식이다.

(2) 렌티큘러

좌우의 영상이 디스플레이될 수 있는 소자 앞에 하나의 좌우간격에 해당하는 반원통형 렌즈를 배열한 렌티큘러판을 부착하여 좌우 각각의 눈에 좌우에 해당하는 영상만 보이도록 함으로써 입체를 느끼게 하는 방식으로 기둥 렌즈 필터를 이용하는 입체방식이라고도 한다.

① 최소 2장의 사진에서 18장의 사진을 이용하는 방식이 있다.
② 인쇄술과 렌즈의 해상력에 따라 사진의 숫자가 결정된다.
③ 인쇄방법 : 4장~8장의 사진을 수록한다.
④ 사진인화방식 : 6장~18장의 사진을 수록한다.

(3) 레이저 홀로그램

레이저를 이용한 홀로그램 인쇄기법에 의해 입체를 구성한다.

① 최소 8장의 사진에서 24장 이상의 사진을 수록할 수 있다.
② 빛의 굴절각을 이용하여 필터를 대신한다.

(4) 색안경방식

좌안의 이미지는 적색으로 우안의 이미지는 청색으로 나타내고 눈에 적/청방식의 안경을 착용함으로써 입체를 느끼는 방식이다.

(5) 편광방식

입체영화관이나 입체슬라이드에서 가장 많이 활용하는 방법으로서 두 대의 영사기에 각각 수직, 수평방향으로만 빛을 투사하게 하는 편광 필터를 씌우고 사람의 눈에 같은 종류의 필터가 부착된 편광안경을 쓰게 함으로써 입체를 느끼는 방식이다.

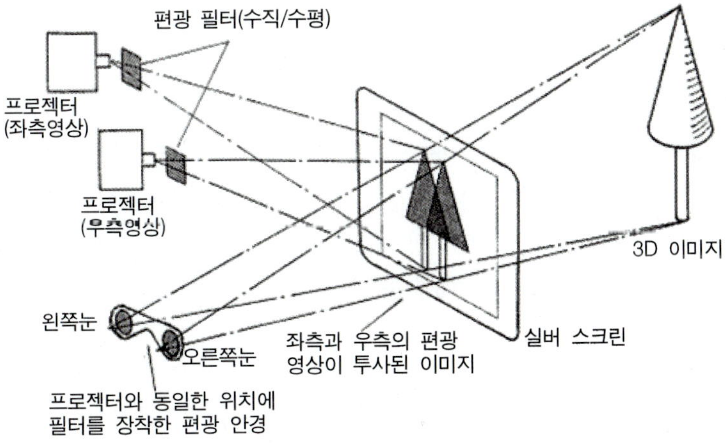

그림 9-18 편광 안경식 시스템의 개요

(6) 시분할방식

시차가 있는 좌/우화상을 순차적으로 번갈아 절환하여 양쪽 눈에 제시하면 특수한 셔터 안경을 착용한 관람자는 입체화된 영상을 감상할 수 있다.

(7) 패럴랙스 배리어

패럴랙스 배리어로 불리는 가느다란 슬릿상의 개구부(Aperture) 뒤쪽에 적당한 간격을 두고 좌우 2안분의 화상을 교대로 배치하여 특정한 시점에서 이 개구부를 통해 보았을 때 좌/우에 각각 다른 영상이 보이게 함으로써 입체를 느끼게 하는 방식이다.

(8) 인테그럴 포토그래피(IP)

렌티큘러 방식은 좌우 방향에 대해서만 입체감이 얻어지고 상하 방향의 정보는 없는 반면 인테그럴 방식은 1장의 인화판에 완전한 3차원의 화상을 기록하여 그 실상을 재생할 수 있다. 즉, 특수한 렌즈인 Fly`s eye Lens(곤충의 안구모양)를 촬영부위 사물의 초점면에 여러 개를 배치하면 촬영부에 무수한 사물의 상들이 맺힌다. 이 영상들은 렌즈의 다른 방향에서 바라본 물체가 뒤집어진 상이 되는데 현상 후 촬영 시와 완전히 같은 경로를 역으로 재생시키면 3차원의 실상이 생성된다.

(9) Volumetric

특수 렌즈의 결상(結像) 작용을 이용하여 양안시차 화상 혹은 복수안 화상을 양안에 제시하여 입체감을 느끼게 하는 방식으로 RIFT(Real Image Floating Technology)가 여기에 해당된다. 그 원리는 관찰자는 프로젝터로부터의 투영 상을 대형 오목거울의 스크린에 반사시켜서 본다. 일반적으로 표시된 화상을 직접 관찰하기 보다도 오목거울을 통하여 그 허상을 관찰하는 편이 깊이감이 더 있다.

(10) 홀로그래피

입체감이 생기는 요인인 초점 조절, 폭주 각, 양안시차, 운동시차 등 모든 요인을 갖춘 완전한 3차원 화상이 얻어지는 방식이다. 레이저에서 나온 가느다란 빔을 렌즈로 펴서 구면파로 하고, 이 구면파가 피사체에 부딪혀서 반사한 산란광(물체광이라고도 함)과 거울로 반사시킨 흩어짐이 없는 평행광을 사진필름에 닿게 하여 중첩시킨다. 이때 두 개의 빛이 겹쳐진 부분에서는 두 개의 광파가 이루는 각도에 대응한 간섭무늬가 생긴다. 이 간섭무늬를 사진필름에 노광한 다음 기록하여 형상 처리한 것을 홀로그램이라고 한다. 보통의 카메라는 광의 강도 정보만을 인화지에 기록하지만(Photography), 홀로그래피는 간섭 패턴을 기록 재생하는 기술이다(Holography).

(11) 시점추적기술

파장에 대응한 필터를 장착한 CCD 카메라 2대로 관찰자의 좌우얼굴의 반면상을 따로따로 촬영하여 그 화상을 컬러액정패널의 백라이트용 광원이 되는 CRT 위에 표시한다. 이 CRT의 발광화상을 프레넬 렌즈로 확대하여 지향성을 갖는 액정패널용 조명광원을 구성하고 있다. 단색 CRT 위의 얼굴화상의 크기와 위치를 조정함으로써 관찰자의 우안은 우안 반면의 상을, 또 좌안은 좌안 반면의 상을 관찰할 수 있다.

(12) HMD(Head-Mount Display)

TV 영상이 일초에 60개의 영상을 디스플레이하게 되어 있는 원리를 이용하여 좌/우에 해당하는 영상을 HMD LCD 상에 각각 디스플레이함으로써 두 눈이 서로 다른 영상을 보게 함으로써 입체를 느끼게 하는 방식이다.

9-3 제작 Processing

9-3-1 입체영상 구현에 필요한 외부환경

① 영상의 설정에 따른 Tool 선정
- 동영상, 정지영상
- 실사영상, Computer Graph

② 시스템의 선정
- 모니터, TV, 스크린
- Size 선정(크기별)

③ 상영 시간별 구분 : 돌출과 깊이의 효과 정도

④ 관람 대상 설정

9-3-2 입체영상 구현을 위한 제작순서

① 카메라 설정
- 삼각법
- 사각법
- 평행이동

② Rendering 사이즈 설정
- 화면크기
- 편집여유

③ 카메라 Setting(간격과 기울기, 회전, Focus)

④ Object의 이동방향과 속도, Resizing, 위치설정

⑤ Layer 설정

⑥ 최대 돌출량과 깊이(화면 사이즈별 분리 설정)

⑦ 이중영상 방지법(Contrast 비율, 분리간격, 상하오차)

⑧ 화면 구조물의 형태와 색상(수평구조물, 단일색상)

⑨ 좌우 카메라 위치 편차에 의한 Hidden Object 처리

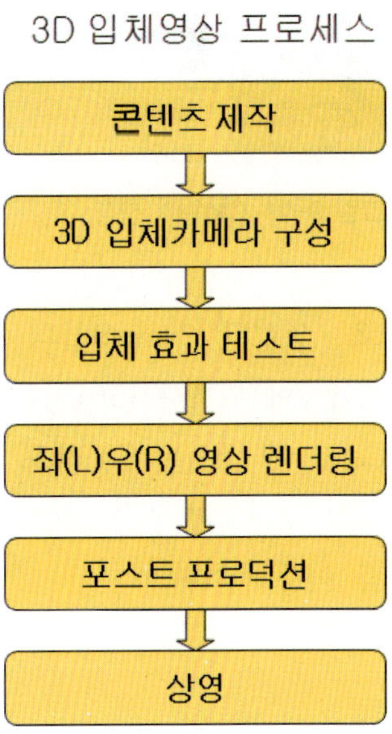

그림 9-19 3D 입체영상 제작 프로세싱

9-4 입체영상 제작

9-4-1 기본 Setting

1 기본적으로 입체영상은 두 개의 오른쪽 눈의 초점과 일치하는 카메라와 왼쪽 눈의 초점과 일치하는 카메라, 즉 두 대의 카메라가 필요하다. 우선 대상이 되는 Object를 하나 꺼낸다.

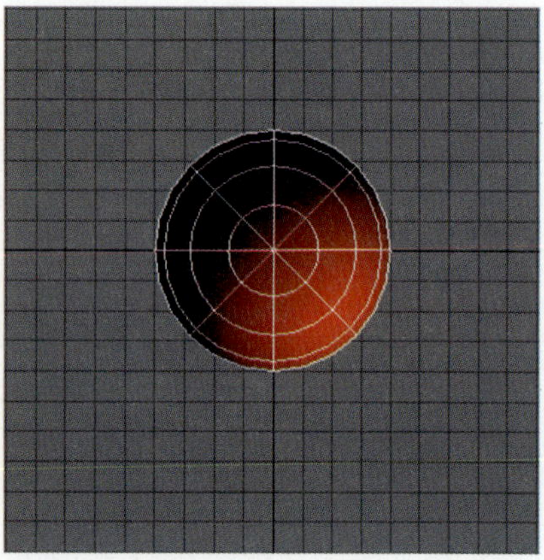

그림 9-20 대상 Object

2 양안 Camera 제작하기 : Default Camera를 둔 상태에서 오른쪽과 왼쪽 Camera를 각각 꺼내서 이름을 Light Camera와 Left Camera로 지정해준다.

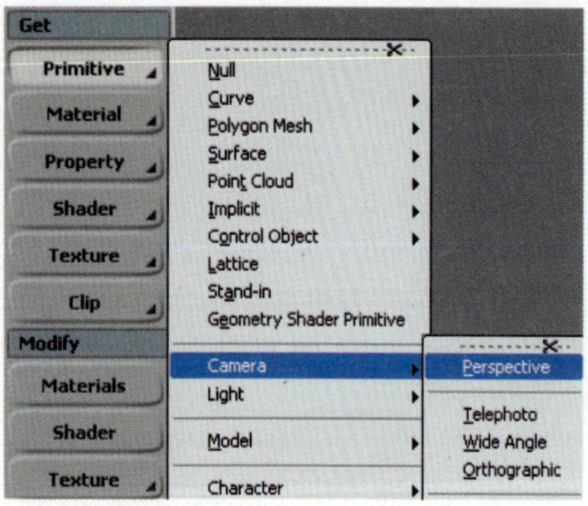

그림 9-21 Camera 생성

3 생성된 Camera들의 초점을 Sphere의 Center에 위치시키고 (처음 생성 시 자동으로 Center에 생성된다.) 새로 생성한 Camera를 각각 오른쪽과 왼쪽 방향으로 동일한 거리만큼 이동시킨다.

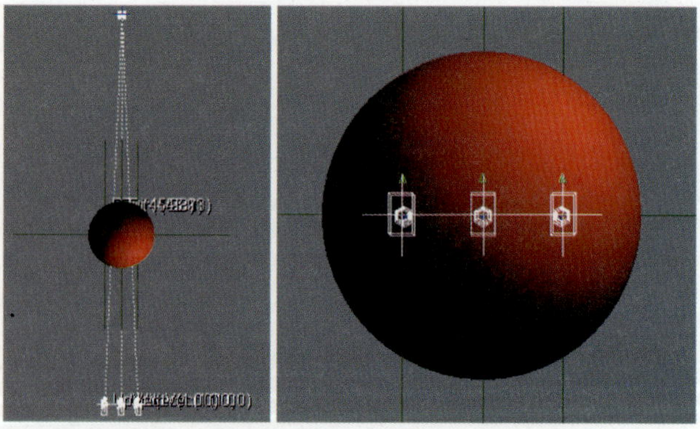

그림 9-22 Camera setting

4 일단 기본적인 Setting은 마쳤으므로 각각의 Camera 모드에 맞춰서 Rendering을 걸도록 한다. Render 옵션에서 Light Camera와 Left Camera 각각 지정한 후 Rendering을 걸면 Light Camera Rendering 결과와 Left Camera Rendering 결과가 나오게 된다.

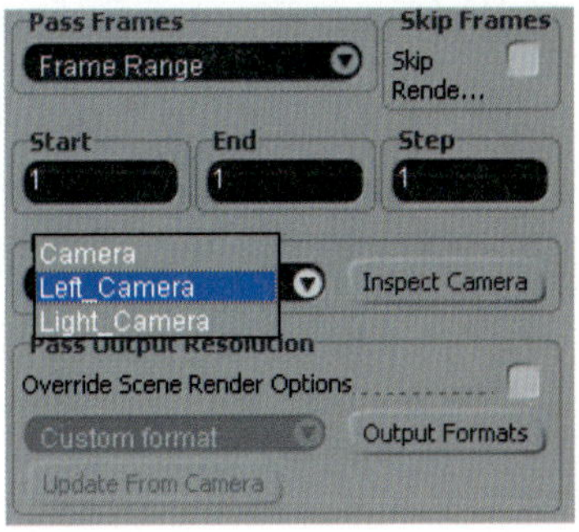

그림 9-23 Camera 지정

5 결과확인

그림 9-24 Render 결과

9-4-2 Up grade Setting

생각보다는 간단하다고 느낄 수 있으나 위 Setting의 경우 스틸이미지에 대한 작업에 간단하게 활용할 수 있으나, Object가 이동을 하거나 Dynamic한 움직임이 있는 Scene일 경우에는 Object의 움직임에 따른 다양한 Setting 값들이 필요하다. 대상 Object의 Dynamic한 움직임만큼이나 Camera의 Test가 필요한 부분이다. 이 경우에는 간단한 Link 작업을 통해 어느 정도 효율적으로 제작할 수 있지만 전문적인 Stereo Setting이 되어 있는 Script나 Plug in의 설치가 필요하다.

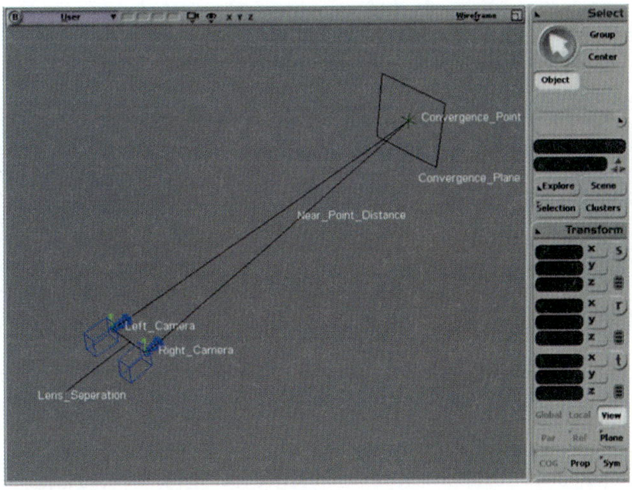

그림 9-25

(1) Scene 구성

우선 Object를 하나를 두면 입체에 대한 대상이 비교할 Object가 없기 때문에 Test 시에 Object의 이동 및 Camara의 거리와 각도 조절에 다소 어려움을 느낄 수 있기 때문에 대상 Object의 앞뒤로 Background Object를 위치시킨다.

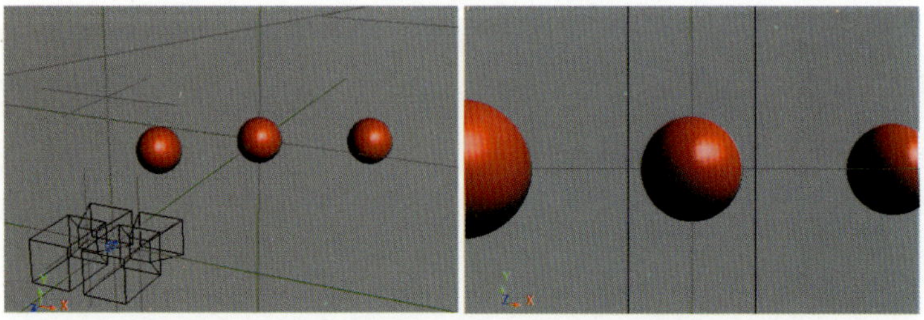

그림 9-26 Scene Setting

(2) 양안 Camera 장치하기

오른쪽과 왼쪽 Camera를 동시에 컨트롤할 수 있는 Controller(Null)를 꺼내고 양안 카메라 가운데 정면(Center Camera 정면)에 위치시킨다. 실제 작업은 Center Camera를 보면서 Scene 작업을 하기 때문에 양안 Camera는 Center Camera의 위치에 항상 고정될 수 있도록 Constrain 관계를 설정해준다. 다시 말해 좌/우측 두 대의 Camera를 Center Camera에 고정시키는 작업이다.

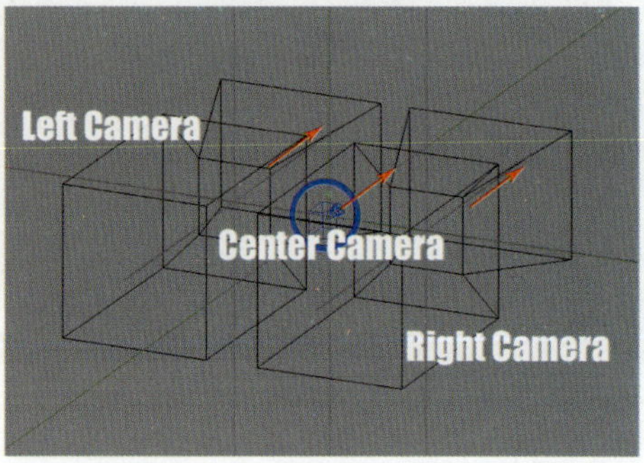

그림 9-27 Camera Setting

(3) Camera 초점 Setting

초점의 기능을 수행할 Null을 하나 꺼내서 Center Camera 앞에 위치시키고 Center Camera가 항상 이 Null의 방향을 바라볼 수 있도록 Constrain 〉 Direction 기능을 적용해준다.

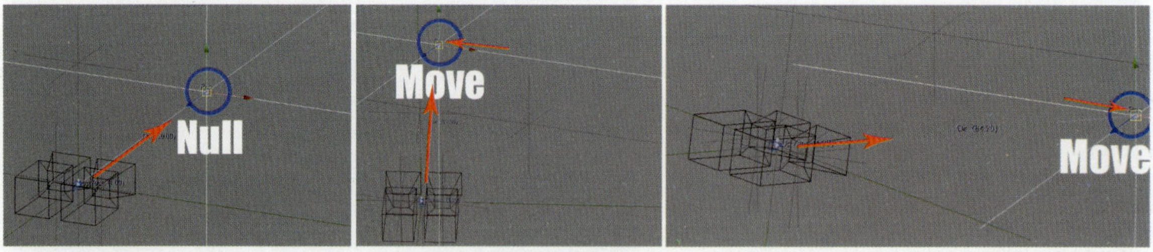

그림 9-28 Null Controller

(4) 대상 Object를 Null Controller에 구속시키기

대상 Object가 움직임이 있을 경우 Camera는 항상 대상 Object를 주시해야 하기 때문에 대상 Object를 Null에 구속시켜서 항상 Camera가 대상 Object를 주시할 수 있도록 한다.

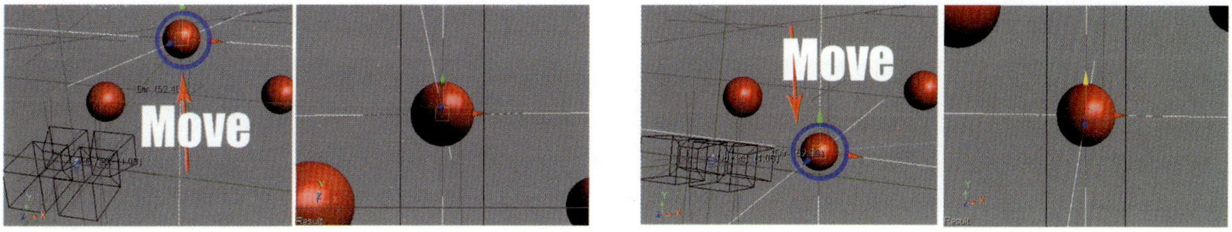

그림 9-29 bject 구속

(5) 간단한 Rig 구조 제작하여 Scene의 변동성에 대한 효율적인 작업 환경 구축하기

Object의 움직임에 대해 수많은 입체 Test를 해야 하는데 그 때마다 Setting을 다시 해야 한다. 번거롭고 시간을 많이 소모시키는 작업 공정 중 하나다. 그러므로 이러한 비효율성을 제거하여 작업의 효율성을 높이는 것 또한 실무 제작에서는 중요한 능력 중 하나로 인정받을 수 있는 실력 중 하나다.

그리고 이러한 기본적인 Rig Setting은 Scene의 경우의 만큼이나 다양하기 때문에 제작자는 자신의 작업에 가장 잘 적합한 Rig 구조를 직접 제작할 수 있어야 한다.

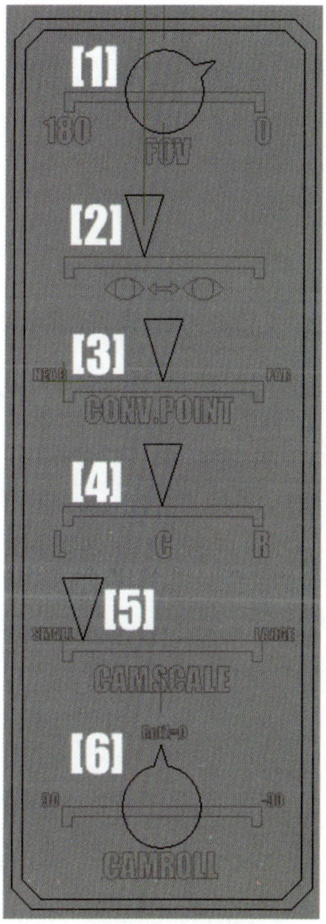

그림 9-30 양안 Camera Control Rig

[1] 초점 위치 Controller : 회전 아이콘을 선택하여 좌/우로 회전을 시키면서 Center Viewport의 내상 Object의 움직임을 관찰했을 때 Camera의 Lens의 각도를 조절하여 사물의 Close Up, Out을 보다 편리하게 컨트롤할 수 있도록 한다.

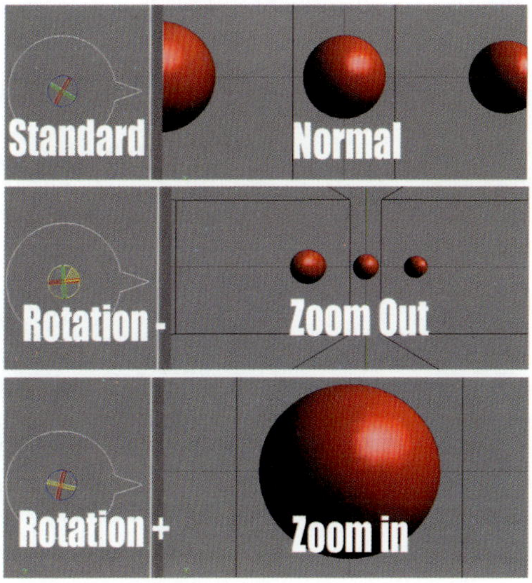

그림 9-31 초점 위치 조절 Rig Test 결과

[2] 양인 거리 조절 Rig

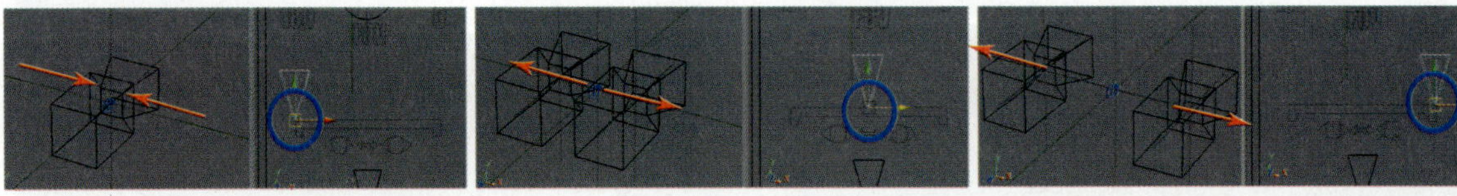

그림 9-32 양인 거리 조절 Rig Test 결과

[3] 양안 Camera Interest(초점) 거리 조절 Rig

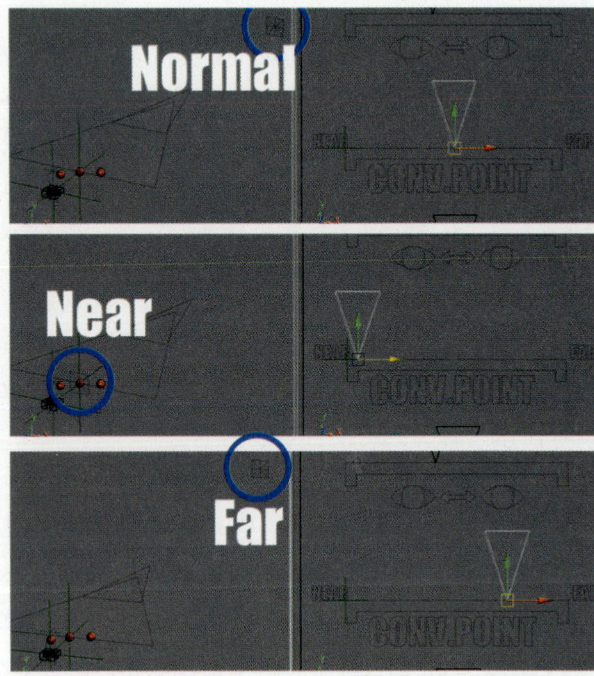

그림 9-33 Camera Interest(초점) 거리 조절

[4] One Camera View Mode : 양안 Camera View 모드에서 Light나 Left Camera Single 모드로 전환하고자 할 경우에 사용할 수 있는 Rig다. 이것은 실제 Rendering되는 각각의 양안 시점으로 대상 Object를 확인할 수 있도록 하는 효율적인 Rig 시스템이다.

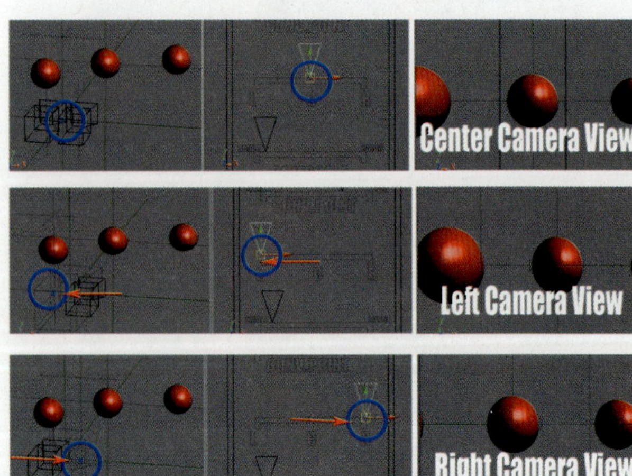

그림 9-34 One Camera View Mode

[5] 양안 카메라의 크기 조절 Rig : 양안 카메라의 크기 조절시 Interest의 거리 값이 멀어지거나 가깝게 변화를 하게 된다.

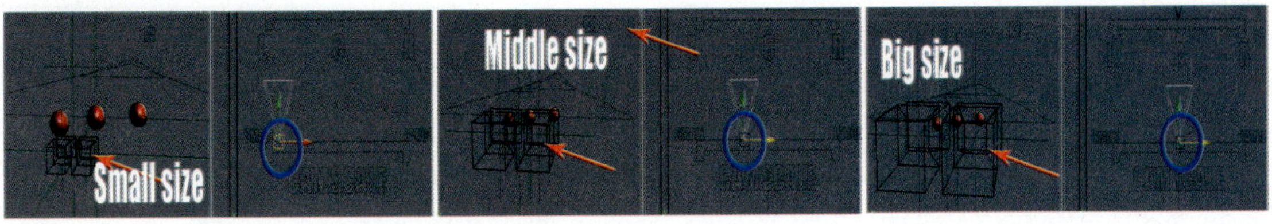

그림 9-35 양안 카메라의 크기 조절

[6] Camera의 회전(Rolling)을 컨트롤 할 수 있는 Rig이다.

이와 같이 다양한 Camera의 변화를 컨트롤할 수 있는 Rig Setting을 한 후에 Camera 촬영을 하게 되면 보다 효율적인 Test를 할 수 있기 때문에 작업의 시간 단축은 물론 작업의 품질을 높이는데 상당한 기여를 할 수 있다.

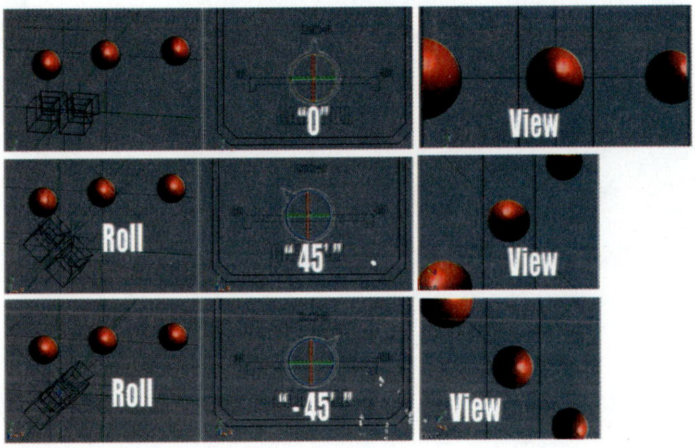

그림 9-36 Camera Rolling 컨트롤

9-4-3 촬 영

1 Scene Setting : 위에서 제작한 Camera의 Rig 시스템을 활용하여 자신이 입체 Rendering하고자 하는 Scene에 대해 Setting을 한다.

그림 9-37 Scene Setting

2 Scene Setting이 끝나면 Left와 Right Camera View 모드에서 각각 Rendering을 건다.

3 Left Camera 모드로 전환한 다음 Render 옵션에서 Render Camera 설정을 한다.

4 Render Image를 뽑는다.

5 Right Camera 모드로 전환한 다음 Render 옵션에서 Render Camera 설정을 한다.

6 Render Image를 뽑는다.

그림 9-38 Left Render 결과

그림 9-39 Right Render 결과

9-4-4 Photoshop에서 적/청 안경방식의 입체영상 이미지 만들기

1 이미지 불러오기 : 각각 Left와 Right Camera로 Rendering한 결과를 포토샵에 불러온다.

2 Layer 정리 : 불러온 이미지 중에서 임의의 이미지 창인 Layer 창에서 Background Layer를 더블 클릭하여 Layer의 이름을 "Layer0"으로 Setting한다.

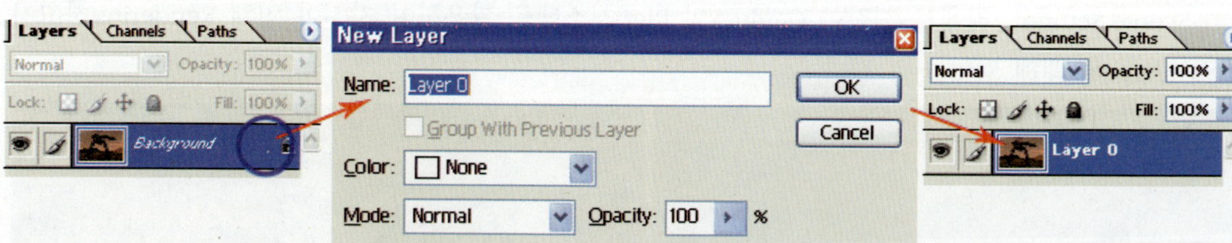

그림 9-40 Layer의 이름 변경하기

3 두 개의 이미지를 하나의 작업 창으로 합친다. 새로 이름 지정한 이미지를 마우스로 클릭한 후 Drag하여 다른 이미지 창으로 이동시킨다.

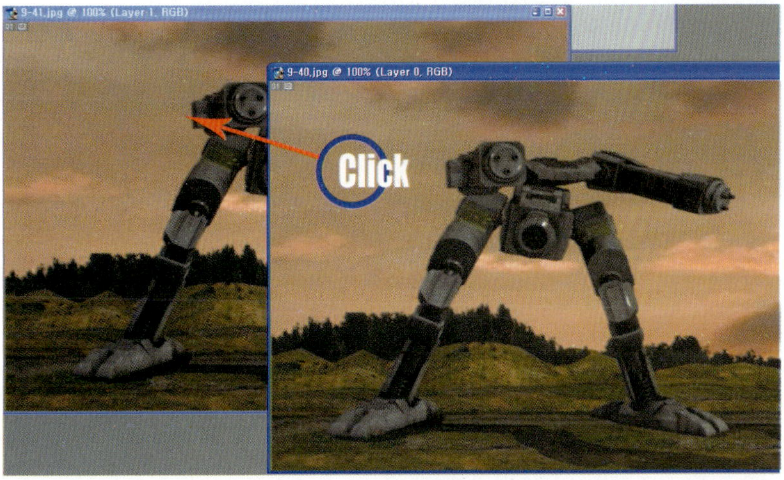

그림 9-41 이미지 합치기

4 양안시차에 의한 이미지의 차이에 대한 결과확인하기 : 임의의 Layer 이미지의 Layer 해상도를 50%로 낮춰서 두 개의 양안 이미지가 겹쳐 보이는지 확인한다.

그림 9-42 이미지 차이 확인

5 Layer 복사하기 : Background Layer를 복사한다. Background Layer 위에 마우스를 올려놓고 마우스 오른 버튼을 선택하여 나타나는 기능 중에 Duplicate Layer 명령을 실행하여 Background Layer를 복사한다.

6 Layer 이름 변경하기 : 각각의 Layer를 더블 클릭하여 이름을 “Red”, “Green”, “Blue”로 변경해준다.

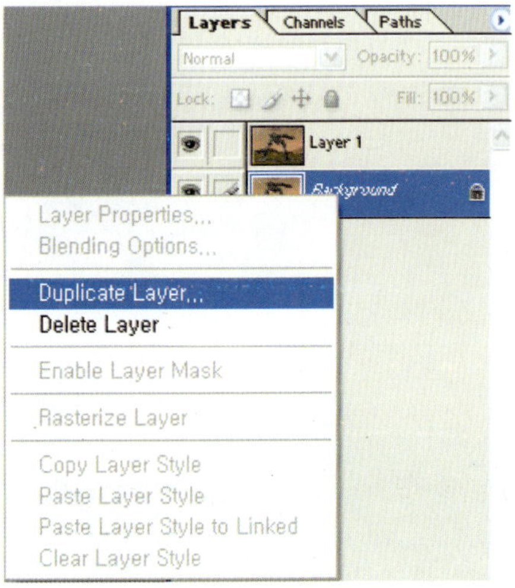

그림 9-43

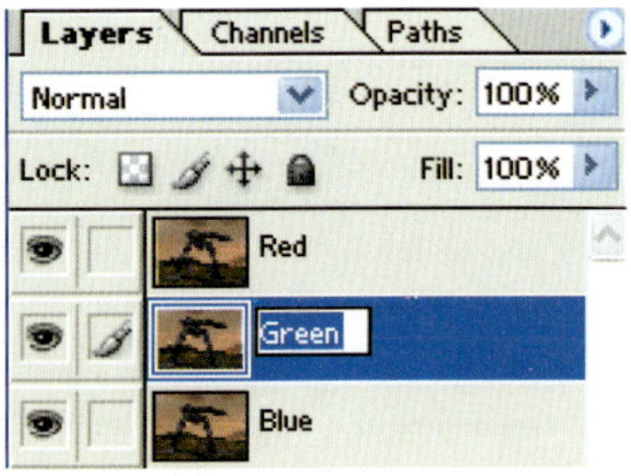

그림 9-44

7 Channel color 선택 : Red layer를 선택한 상태에서 Channel tab으로 이동한다. Green Channel을 선택한다.

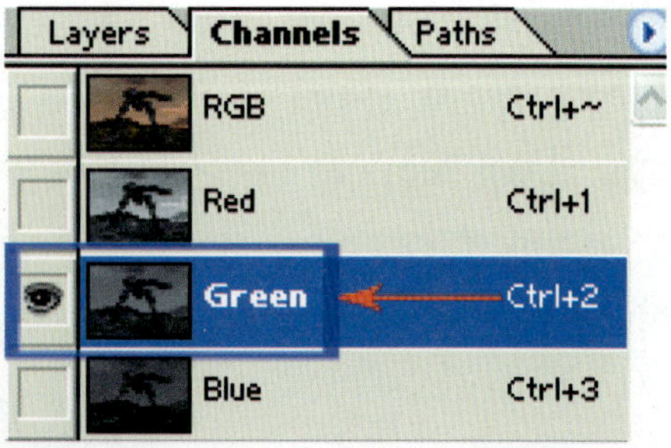

그림 9-45

8 Channel color 변경 : Red layer의 Green Channel만 선택된 상태에서 메인 메뉴에서 Edit 〉 Fill 단축키 [Shift +] 기능을 실행하여 Black color를 적용한다.

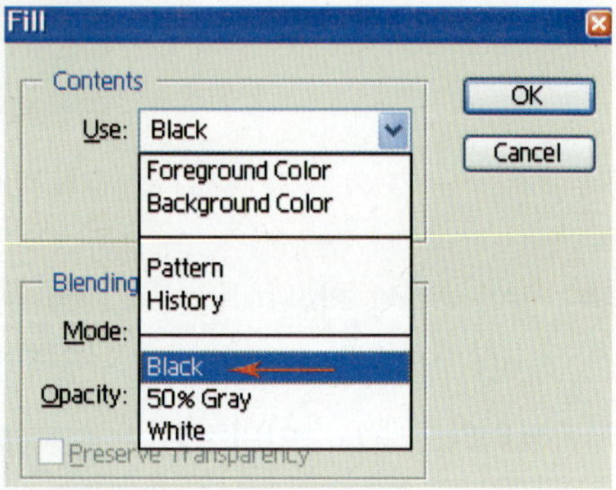

그림 9-46

9 Red layer의 Blue Channel도 동일한 작업을 반복하여 적용해준다. 즉 Black color를 적용해준다.

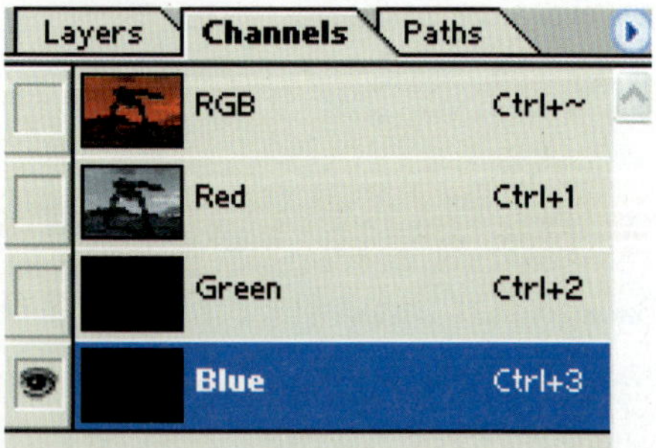

그림 9-47 Black color를 적용

10 그래서 Red Layer에는 Red color 값만을 적용하도록 한다.

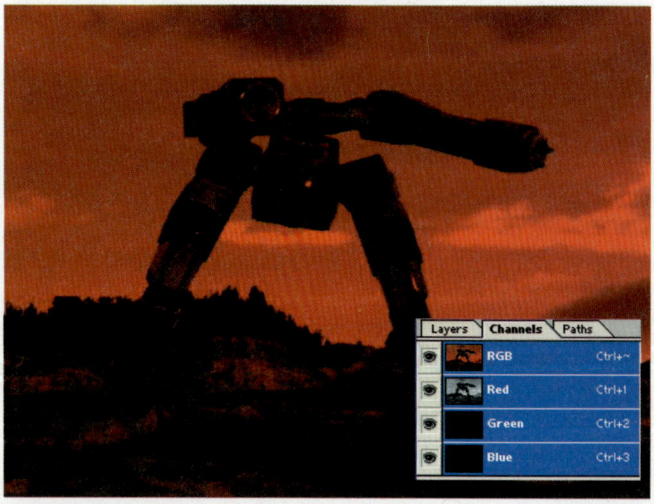

그림 9-48 Red color 값만을 적용한 결과

11 동일한 방법으로 Blue와 Green에도 동일한 작업을 적용한다. 각각의 Layer에 해당되는 Color 값을 적용할 수 있는 자유를 주도록 한다.

12 먼저 Green Layer를 선택하고 Channel tab으로 이동한 뒤 Red와 Blue Channel에 Black color를 적용한다.

13 나머지 Blue Layer를 선택하고 Channel tab으로 이동한 뒤 Red와 Green Channel에 Black color를 적용한다. 즉, Channel에서 Layer에 해당되는 Color만 남기고 모두 Black color를 지정해 주는 것이다.

14 Layer의 View(eye) Icon을 선택/해제하면서 결과를 확인한다.

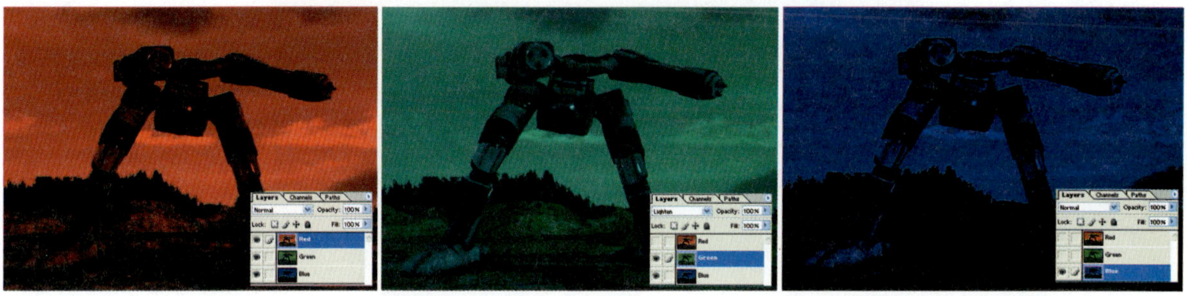

그림 9-49 각각의 Layer에 해당 Color만을 적용한 결과

15 Red Layer를 선택하고 Layer Pattern에서 Lighten 모드를 지정해준다.

그림 9-50 Layer 〉 Lighten

16 동일한 방법으로 Green Layer를 선택하고 Layer Pattern에서 Lighten 모드를 지정해준다.

그림 9-51 Layer 〉 Lighten

저자약력

■ 김 용 관

- 숭실대학교 디지털콘텐츠 전공 석사
- 숭실대학교 미디어아트 전공 박사
- SOFTIMAGE|XSI 국제공인강사 인증
- (주)한빛소프트-게임/애니메이션 개발 및 교육
- (주)애니플-영상/애니메이션 제작 총괄
- 배재대학교 게임공학과 겸임교수
- 유한대학 애니메이션학과 겸임교수
- 인천대학교 컴퓨터 애니메이션학과 출강
- 숭실대학교 미디어학과 출강
- SOFTIMAGE|XSI ATC 출강
- 인천정보산업진흥원 객원교수 출강
- 대전문화산업진흥원 객원교수 출강

〈저 서〉

- SOFTIMAGE|XSI 마스터하기 I (Manual편), 2005
- SOFTIMAGE|XSI 마스터하기 II (Tutorial편), 2008
- 캐릭터 애니메이션, 2009
- 캐릭터 모델링, 2009
- 캐릭터 텍스처링, 2010

캐릭터 렌더링

2011년 1월 5일 1판 1쇄 발행

저 자 김 용 관
발행인 남 승 우

발행처 도서출판 상尚 학學 당堂

서울시 동작구 사당로9가길 6(사당동 220-43)
TEL : 02) 595-1692~4
FAX : 02) 595-1394
E-mail : namdoo6@unitel.co.kr
신고 : 2-155호 (1968. 11. 29)

정가 37,000원

ISBN 978-89-93383-99-7 93000